Franz Miklosich

Altslovenische Lautlehre

Franz Miklosich

Altslovenische Lautlehre

ISBN/EAN: 9783743312791

Hergestellt in Europa, USA, Kanada, Australien, Japan

Cover: Foto ©Thomas Meinert / pixelio.de

Manufactured and distributed by brebook publishing software
(www.brebook.com)

Franz Miklosich

Altslovenische Lautlehre

ALTSLOVENISCHE

UTLEHRE

VON

FRANZ MIKLOSICH.

DRITTE BEARBEITUNG.

WIEN, 1878.

WILHELM BRAUMÜLLER

K. K. HOF- UND UNIVERSITÄTSBUCHHÄNDLER.

Lautlehre der altslovenischen sprache.

ERSTER TEIL.

Vocalismus.

A, i, u *sind die drei grundpfeiler des vocalismus der arischen sprachen. Dies lehrt die sprachwissenschaft in übereinstimmung mit der physiologie. Alle übrigen vocale sind aus diesen drei entstanden.*

Erstes capitel.

Die einzelnen vocale.

A-vocale der altslovenischen sprache und der slavischen sprachen überhaupt sind die aus dem a der arischen ursprache entstandenen vocale. Diese arische ursprache ist nicht das altindische: allein dieses steht der arischen ursprache unter allen bekannten arischen sprachen am allernächsten, so dass man es an die stelle der arischen ursprache in allen puncten treten lassen darf, in denen die wissenschaft nicht eine abweichung nachzuweisen vermag. So ist für das aind. pūrṇa voll als ursprachlich parna anzusetzen, das eigentlich ein particip von par füllen ist und dem aslov. plънъ aus pelnъ, p. pełny, entspricht. Die slavische grammatik hat die frage zu beantworten: welche schicksale hat das ursprachliche a in den slavischen sprachen erfahren? Es sind demnach hier auch jene fälle zu behandeln, in denen ursprachliches a durch keinen vocal vertreten ist: dies ist der fall im oben

1

angeführten plъnъ, *das dem ursprachlichen parna entspricht und* plnъ
lautete. Eine besondere kategorie bilden jene wenig zahlreichen worte,
in denen ursprachliches a wie ursprachliches i oder u behandelt wird.

A. Die a-vocale.

Der a-vocal kömmt im aslov. auf einer vierfachen stufe vor:

I. 1. A. *Auf der ersten stufe des a-lautes steht* e: *aslov.* peką
coquo, aind. pačāmi. *Der in die periode der ursprache zu versetzende
übergang des ursprünglichen a in a*ᵉ, *das durch* a₁ *bezeichnet werden
kann, slav.* e, *beruht wahrscheinlich auf dem accente, der ursprünglich
chromatisch war, d. h. in einem höheren tone der accentuierten silbe dem
niedrigeren der nicht accentuierten silben gegenüber bestand. W. Scherer,
Zur geschichte der deutschen sprache seite 121. Zeitschrift 23. seite
115. 131.*

B. *Aus dem* e *entwickelte sich schon in der slavischen ursprache
nicht selten der i-laut* ь: zvьnêti *sonare aus* zven, *wie* zvonъ *sonus
zeigt.* bьrati *colligere aus* ber, *wie* berą *colligo und* borъ *in* sъborъ
collectio dartut. Der übergang des slavischen e *in* ь *beruht, wie
mir scheint, teils auf dem exspiratorischen accente, d. h. auf einem
relativen forte der accentuierten silbe dem piano der nicht accentuierten
silben gegenüber, Zeitschrift 33. seite 115, teils auf dem mangel
des accentes. Das forte und die accentlosigkeit der silbe hat dieselbe
wirkung:* dvьrь. bьráti.

2. A. *Die lautverbindungen* er, el *gehen vor consonanten in einigen
sprachen durch schwund des* e *in silbenbildendes* r, l *über, das aslov.
durch* rъ, lъ *oder* rь, lь *bezeichnet wird:* črъpati, črъpati *haurire
aus* čerpati. mlъzą, mlъzą *mulgeo aus* melzą. *Die worte lauten*
črpati, mlzą.

B. *Dieselben lautverbindungen* er, el *gehen vor consonanten in
einigen sprachen durch metathese des* r, l *und dehnung des* e *zu* ê *in*
rê, lê *über:* mrêti *mori aus* merti. mlêti *molere aus* melti. *Es gibt
fälle, in denen verwandlung des* er, el *in* r, l *oder in* rê, lê *eintreten
kann:* mrêti, mrъti *mori aus* merti. mlêsti, *mlъsti, s.* musti *aus*
mlsti, *mulgere aus* melsti, w. melz. *Die sprache gelangt manchmal auf
verschiedenen wegen zu ihrem ziele, das in diesem falle die vermeidung
der lautgruppe ist, die durch* tert *bezeichnet werden kann, woraus
entweder* trъt *oder* trêt *wird. Der hypothese, der grund der differenz
zwischen* mrъtь *in* sъmrъtь *und* mrêti *sei im accente zu suchen, scheinen
die doppelformen* mrêti *und* mrъti *entgegen zu stehen. Es bleibt nur*

die vermutung übrig, mrêti *und* mrъti *seien in verschiedenen perioden der sprachentwickelung entstanden und die ältere habe sich neben der jüngeren erhalten. Die dehnung des* e *in den hieher gehörigen fällen hat keine functionelle bedeutung wie in dem iterativen* pogrêbati *im gegensatze zu dem perfectiven* pogreti *aus* pogrebti. *Sie beruht auf physiologischen gründen.*

3. *en geht vor consonanten und im auslaute in einigen sprachen in das nasal lautende* ę *über:* desętь *decem aus* desentь, *d. i.* de-sen-tь (desem-tь), *wie aind.* daśati *zehnzahl, decade aus* daśan-ti (daśam-ti). načęti *incipere aus* načenti, načьną: čьn *beruht auf* ken, *wie* konь *in* iskoni *zeigt.* sêmę *semen aus* sêmen, *sg. g.* sêmene. jęti, ęti *prehendere aus* jemti, emti. imą *für* jьmą *aus* jemą. *Die aoriste* načę *und* naję, *wofür auch* načętъ *und* najętъ *vorkömmt, beruhen auf* načęs *oder* načęt, najęs *oder* najęt.

II. Auf der zweiten stufe des a-lautes steht ê: *neben dem aus* a *erwachsenen* ê *besitzt die sprache ein aus* i *hervorgegangenes* ê. *Dieser a-laut ist allen jenen sprachen eigen, die den laut e haben; hieher gehören die europäischen und das armenische.* ê *ist durchaus jüngeren ursprungs: es steht ursprachlichem* ā *gegenüber wie in* dê, *aind.* dhā, *oder ist auf slavischem boden durch dehnung des* e *entstanden:* vêsъ *duxi aus* ved-sъ. ê *als dehnung des* e *verhält sich zu diesem wie* i *zu* ь, *wie* y *zu* ъ *und wie* a *zu* o, *vielleicht auch wie* r̄, l̄ *zu* r, l.

III. 1. A. Auf der dritten stufe des a-lautes steht o. o *entspricht dem lit. und germ.* a. *Bezzenberger, Über die a-reihe usw. 43. Das slavische schliesst sich hinsichtlich des* o *zunächst dem griech. an: man beachte das* o *der neutra und worte wie* -φόρος, *aslov.* -borъ, *aus* φερ. *Die steigerung des* e *zu* o *ist als die erste steigerung des* a₁ *anzusehen, es verhält sich nämlich* e *zu* o *wie* a₁ *zu* a₂, aa (ā), *im gegensatze zu jenem* ā, *das aus* āa *hervorgegangen. Auch das* o *in worten wie* bogъ, *aind.* bhaga, *entsteht aus ursprünglichem* a₂; *es ist eben so alt wie das* e *in* berą, *aind.* bharāmi. *Da* e *von hellerer,* o *hingegen von dunklerer klangfarbe ist als* a, *so kann es sich nicht in einer der entstehung des* e *analogen weise entwickelt haben. Hier scheint das gewicht des lautes massgebend zu sein, eine ansicht, mit der die gleichstellung des* o *und* aa *zusammenhängt.* o *als steigerung des* e *verhält sich zu diesem wie* oj, ê *zu* i, *wie* ov, u *zu* u.

B. Aus dem o *entwickelte sich schon in der slavischen ursprache nicht selten der u-laut* ъ: dъm *in* dъmą *flo, aind.* dham. *Das herabsinken des* o *zu* ъ *beruht auf denselben gründen wie die schwächung*

des c *zu* ь, *entweder auf dem forte des accentes oder auf der accent-
losigkeit:* въ, дъмѫ́.

2. *A. Dass* or, ol *vor consonanten durch schwund des* o *in silben-
bildendes* r, l *übergehe, scheint in abrede gestellt werden zu sollen.*

B. Die lautverbindungen or, ol *gehen vor consonanten in einigen
sprachen durch metathese des* r, l *und dehnung des* o *zu* a *in* ra, la
über: smradъ *foetor aus dem durch steigerung des* c *zu* o *und das
suffix* ъ *aus* smerd *entstandenen* smordъ. mladъ *iuvenis aus dem
durch steigerung des* e *zu* o *und das suffix* ъ *aus* meld *erwachsenen*
moldъ. *Die dehnung des* o *zu* a *hat hier keine functionelle bedeutung
wie in dem iterativen* utapati *immergi im gegensatze zu dem perfec-
tiven* utonѫti *von* utop. *Jene dehnung beruht auf physiologischen
ursachen.*

3. on *geht vor consonanten in einigen sprachen in das nasal
lautende* ѫ *über:* mogѫtъ *possunt aus* mogo-ntъ *von* mog. *Dasselbe
gilt von* om *vor consonanten und im auslaute:* dѫti *flare steht für*
domti, *aind.* dham, *aslov. praes.* дъмѫ. *Auch der sg. acc.* rybѫ *scheint
unmittelbar auf* rybo-m *zu beruhen. Ein aorist* dѫ, *wofür* dѫtъ *möglich
ist, würde als aus* dѫs, dѫt *entstanden zu betrachten sein.* vѫzъ *vin-
culum entsteht aus* vonzъ, *das sich zu* vęz, *d. i.* venz, *genau so
verhält wie* brodъ *zu* bred, *das daher die steigerung des* e *zu* o *enthält.*

IV. Auf der vierten stufe des a-*lautes steht* a, *das uns entweder
als ursprüngliches* ā *oder als gleichfalls in die ursprache zurückreichende
steigerung eines* a *gilt:* da, *aind.* dā. *Was das aus einer steigerung
hervorgegangene* a *anlangt, so ist es aus der verbindung von* āa, *im
gegensatze zu* aa, *entstanden; dieses* a *verdankt demnach seine ent-
stehung der zweiten steigerung: aind.* sādaja- *aus* sāadaja-, *w.* sad,
lautet slav. sadi-; *sowie aind.* śrāvaja- *aus* śr-ā-uaja-, *w.* śru, *slav.*
slavi- *entspricht.*

B. Die i-vocale.

Der i-*vocal kömmt im aslov. auf einer dreifachen stufe vor:*

I. 1. Auf der ersten stufe des i-*lautes steht* ь: *aslov.* čьtѫ
numero, *aind.* čit animadvertere. ь *ist aus* i *wahrscheinlich so ent-
standen wie* ъ *aus* e, *nämlich teils durch den exspiratorischen accent,
teils durch den mangel des accentes:* дьнь. svьtěti. ь *aus* i *mag älter
sein als* ъ *aus* c, *da jenes auf dem ursprünglichen* i, *dieses auf dem
aus dem ursprünglichen* a *entstandenen* c *beruht.*

2. Die lautverbindungen rĭ, lĭ *gehen zunächst in* rь, lь *über,
woraus vor consonanten durch schwund des* ь *silbenbildendes* r, l *ent-
steht, das aslov. durch* rъ, lъ *oder durch* rь, lь *bezeichnet wird:*

krъsnąti *aus* krĭsnąti, krьsnąti, *wie aus* krês- *in* krêsiti *hervorgeht.*
glъbnąti *aus* glĭbnąti, glьbnąti: *dieses ist indessen bei* glъbnąti *nicht
ganz sicher. Formen wie* krsnąti *sind nicht nur dem aslov., sondern
auch dem nsl., kroat., serb., čech., sie waren ehedem auch dem bulg.
bekannt, stammen demnach aus diesem und einem in der bildung der
verba iterativa liegenden grunde aus einer sehr fernen vergangenheit.
Für das hohe alter der formen wie* lpêti (lьpêti) *kann zwar die ver-
breitung derselben, jedoch nicht die bildung der verba iterativa geltend
gemacht werden.*

II. Auf der zweiten stufe des i-lautes steht i. *Der laut ist
urslavisch, jedoch, abgesehen von den worten, in denen er altem* ī
*gegenübertritt, erst auf dem boden der slavischen sprachen entstanden,
er mag nun ehemaligen diphthongen gegenüberstehen oder durch dehnung
von* ь *entstanden sein:* lizati, *lit.* laižīti. počitati *von* čьt.· *Als dehnungs-
laut ist* i *aus* ь *durch stärkere exspiration entstanden.* i *aus* ь *ent-
spricht dem* ê *aus* e, *dem* a *aus* o *und dem* y *aus* ъ, *vielleicht auch
dem* r̄, l̄ *aus* r, l. *in* pogribati *steht* i *für* ê *aus* e, *da die wurzel*
greb, *nicht etwa* grъb *lautet.*

III. Auf der dritten stufe des i-lautes steht oj, ê, *jenes vor
vocalen, dieses vor consonanten:* pojъ *in* upoj ebrietas *von* pi. lêpъ
viscum: *aind.* rip, lip. oj, ê *entsprechen aind.* aj, ē, *beides aus ur-
sprachlichem* ai. oj *und* ê *sind steigerungen des* i, *d. i. laute, die
aus* i *durch vorschiebung eines alten* a *hervorgegangen sind.*

Eine vierte stufe des i-lautes ist im slav. unnachweisbar. napa-
jati *ist nicht unmittelbar auf* pi, *sondern auf* napoiti, *d. i.* napojiti,
zurückzuführen, aus dem es durch dehnung des o *zu* a *hervorgegangen.*

C. Die u-vocale.

Der u-vocal kömmt im aslov. auf einer vierfachen stufe vor:
I. 1. Auf der ersten stufe des u-lautes steht ъ: *aslov.* bъdêti
vigilare, *aind.* budh. ъ *ist aus* u *wahrscheinlich ebenso hervorgegangen
wie* ь *aus* i: mъhъ, sъhnąti. ъ *aus* u *mag älter sein als* ъ *aus* o:
jenes entsteht aus ursprünglichem u, *dieses setzt ein auf ursprünglichem*
a *beruhendes* o *voraus.*

2. Die lautverbindungen rŭ, lŭ *gehen zunächst in* rъ, lъ *über,
woraus sich vor consonanten durch schwund des* ъ *silbenbildendes* r, l
entwickelte, das rъ, lъ *oder* rь, lь *geschrieben wird.* drъvo *aus* drŭ-vo:
aind. dru. blъha *aus* blŭha: *lit.* blusa. *Von formen wie* drъvo, blъha
gilt dasselbe, was oben von den formen wie krъsnąti *gesagt worden;
während formen wie* rъdêti, lъgati *wie* lъpêti *zu beurteilen sind.*

II. Auf der zweiten stufe des u-lautes steht y. Der laut ist urslavisch, jedoch nicht aus früherer zeit überkommen, sondern erst auf slavischem boden erwachsen, er mag nun einem älteren gedehnten u gegenüberstehen oder durch dehnung, stärkere exspiration bei der aussprache des ъ entstehen: dymъ, *aind.* dhūma. vъzbydati *expergefieri, iterativum von* bъd. *Der dehnungslaut y entspricht dem i aus ь, dem ê aus e und dem a aus o, vielleicht auch dem r̄, l̄ aus r, l. Auch das aus a entstandene ъ wird zu y gedehnt:* sylati *von* sъl *aus* sol, *aind.* sar.

III. Auf der dritten stufe des u-lautes steht ov, u, *jenes vor vocalen, dieses vor consonanten:* sloves *in* slovo. sluti *clarum esse, beides von* slŭ, *aind.* śru. ov, u *entsprechen aind.* av, ō, *beides aus ursprachlichem* au. ov *und* u *sind steigerungen des* u, *d. i. laute, die aus u durch vorschiebung eines a entstanden sind.*

IV. Auf der vierten stufe des u-lautes steht av *vor vocalen,* va *vor consonanten:* slava *von* slŭ, kvasъ *von* kŭs. av *und* va *sind steigerungen des* u, *indem sie aus dem letzteren durch vorschiebung eines ā entstanden sind: vergl. aind.* śrāvaja- *aus* śru. av *in* blago-slavlja- *benedicere* εὐφημεῖν *ist nicht als die zweite steigerung des* u, *sondern als die dehnung des* ov *in* blagoslovi *aufzufassen.*

Wenn man sagt, o und a seien auf e, oj und ê auf ь, ov und u so wie av und va auf ъ zurückzuführen, so wird ein process, der sich in der ursprache vollzog, in die slavische periode verlegt; richtig ist nur die darstellung, nach welcher sich aus a - aa, āa, aus i - ai und aus u - au, āu entwickelt hat, aus welchen lauten slav. e, o, a; ь, oj, ê; ъ, ov, u, av, va *entstanden sind. Dagegen ist es vollkommen richtig, wenn gesagt wird, es seien die vocale* e, ь, ъ *zu* ê, i, y *gedehnt worden, denn dieser process hat sich in der slavischen periode vollzogen. In der dehnung gehen die slavischen sprachen zu sehr ihren besonderen weg, als dass man die dehnungen in die lituslavische, geschweige denn in eine noch ältere periode zu versetzen berechtigt wäre.*

Übersicht der vocale.

	A-vocale.	I-vocale.	U-vocale.
I.	e, ь	ь	ъ
II.	ê	i	y
III.	o, ъ	oj, ê	ov, u
IV.	a	—	av, va

A. Die a-vocale.

I. Erste stufe.

1. A) Ungeschwächtes e.

1. *Der name des buchstabens* e *ist* jestь, ѥстѣ, ѥстѣ. *Das* e *in* bedro *ist natürlich nicht praejotiert:* pjetalь *lam. 1. 101. ist nicht aslov.* e *ist daher im alphabete eigentlich unbenannt, was darin seinen grund hat, dass es im aslov. im anlaut kein unpraejotiertes* e *gibt. Es wird zwar behauptet, es habe in der älteren periode des aslov. unpraejotiertes* e *im anlaut und ebenso im inlaut nach vocalen bestanden, wobei man sich auf formen beruft wie* ezero *neben dem für jünger erklärten* jezero, smêeši sę *neben dem für minder ursprünglich gehaltenen* smêješi sę, *indem man meint, es sei, wo* ezero, smêeši *geschrieben wird, auch so gesprochen worden. Dass hier von älteren und jüngeren spracherscheinungen nicht die rede sein kann, zeigt das vorkommen praejotierter und unpraejotierter formen in demselben denkmahl. Wer nun meint, auch* smêeši *habe* smêješi *gelautet, braucht sich nicht auf die aussprache der späteren zeit und der gegenwart zu berufen, er kann für seine ansicht auch formen wie* kopije *anführen, das ohne* j kopio *lauten würde, wie man* mosêomь *neben* mosêjemь, iliopolьskъ *starine 9. 29. nachweisen kann.* smêješi *ist demnach eben so alt als* kopije. *Wenn man* nêstь *nur aus* ne estь, *nicht aus* ne jestь *glaubt erklären zu können, so irrt man wohl:* nêstь *kann auch auf* nejestь *zurückgeführt werden; wahrscheinlich ist jedoch die entstehung des* nêstь *aus* né jstь, *wie nsl.* nêmam *aus* né jmam. nê *in* nêkъto *entsteht aus* né vê. *Vergl. darüber 4. seite 171. In allen drei fällen ist das verbum enklitisch.*

2. E *ist der reflex des ursprachlichen kurzen* a, a_1, *in einer bedeutenden anzahl wichtiger worte:* berą. bezъ. četyri. desętь. desьnъ. devętь *usw. Dem* e *entspricht lit. lett.* e: bezъ, *lett.* bez, *lit.* be. bredą, *lit.* bredu. čemerъ, *lit.* kemerai. jela, *lit.* eglê *für* edlê. jezero, *lit.* ežeras *usw. In einigen fällen bietet lit. und lett.* a *für slav.* e: česati, *lit.* kasti. jedva, *lit.* advos. kremy, *lett.* krams. lepenь, *lit.* lapas. stežerъ, *lit.* stagaras. večerъ, *lit.* vakaras. vesna, *lit.* vasara. žezlъ, *lit.* žagarai *usw. Das* e *dieser worte ist auf slavischem boden entstanden. Wie im lit., so entspricht auch in den anderen europäischen sprachen ursprachlichem* a_1 *regelmässig der vocal* e: *aind.* daśan. *aslov.* desętь. *lit.* dešimtis *aus* dešemtis. *ahd.* zëhan. *griech.* δέκα. *lat.* decem. *cambr.* dec *usw.*

3. Im folgenden werden die e enthaltenden formen angeführt und zwar in drei gruppen verteilt. Die erste gruppe enthält jene worte, die das e in ihrem wurzelhaften bestandteile bieten: wurzeln. Dieses verzeichniss enthält auch die meisten entlehnten worte. Darauf folgen die worte, deren e in dem stammbildungssuffixe sich vorfindet: stämme. Die letzte gruppe umfasst die worte, in denen das e einen bestandteil des wortbildungssuffixes ausmacht: worte. In der ersten gruppe ist manches problematisch, was sich aus dem texte von selbst ergeben wird: diese worte sind aufgeführt um weitere untersuchungen hervorzurufen.

α) Wurzeln. bedro *femur.* berą *lego. inf.* bьrati: *aind.* bhar, bharati. *got.* bairan. *as.* beran. *griech.* φέρω. *lat. fero.* besĕda *verbum.* bezъ *sine: lett. bez. lit. be, das sein z eingebüsst hat. aind.* bahis *draussen, ausserhalb.* blekati *balare: vergl.* blějati. bredą *vado transeo: lit.* bredu, bristi. brehati *latrare: eine w. bars würde* brêhati *oder* brьhati *ergeben.* cerъ *terebinthus. nsl. b. s.* cer: *lat.* cerrus. čehlъ *velamen. r.* čecholъ. č. čechel: *vergl. pr. kekulis badelaken und* česati. čeljadь *familia:* jadь *ist suffix: das wort bedeutet r. auch eine menge von insekten kolos.* 54. čeljustь *maxilla: vergl. pr. scalus kinn.* čelo *frons.* čemerъ *venenum: lit.* kemerai *alpkraut. ahd.* hemera*; lit.* čemerei *enzian ist entlehnt.* čen *s.* čьn. čepurije *nodi arborum.* čerь *armilla, catena in russ. quellen: Fick* 2. 531. *vergleicht lett. kept haften.* česati *pectere: lit.* kasti *graben. Damit hängt vielleicht* kosa *coma zusammen: vergl. pr.* coysnis *kamm und aind.* kaš, kašati *reiben, kratzen.* četa *agmen.* četyri *quatuor: lit.* keturi. *lett.* četri. *aind.* čatvāras *pl. nom.; alit.* ketveri *ist* četverъ. čeznąti *deficere.* debelъ *crassus scheint mit* dobrъ, debrъ *verwandt, wofür es klr. auch gebraucht wird bibl. I: vergl. pr.* debikan *acc. dick, feist.* *degъtь: *r.* degotь *theer: lit.* degutas, dagutas, *das für entlehnt gilt. pr.* daggat. delė: odelêti, odolêti *vincere, mit dem dat.* dely *dolium.* dem *s.* dьm. derą *excorio: lit.* diriu. *aind.* dar, drnāti. desętь *decem: lit.* dešimtis. *aind.* dašati. desiti, dositi *invenire: vergl. aind.* dāš, dāšati *gewähren.* dašasja *gefällig sein.* desna *gingiva: got.* tahjan. *griech.* δάχνω. *aind.* daš, dašati *beissen.* desьnъ *dexter: lit.* dešinė. *got.* taihsva-. *aind.* dakšiṇa: *k ist vor s ausgefallen.* devętь *novem: aind.* navati *aus* navam, *eig. die neunzahl. lit.* devīni. *pr.* nevīnts. deždą *pono aus* de-d[ê]ją: *w.* dê. de *ist die reduplicationssilbe. Falsch ist* dêždą: *aind.* dadhāmi. drevlje *comparat. olim: p.* drzewiej. *Vergl. aind.* drav, dravati *laufen.* gleznъ, gležnь *talus. nsl.* gleženj: *vergl. lit. slêsnas.* gnetą *comprimo: ahd. knetan. Die schreibungen* gnêsti *und* gujesti *sind falsch.* goncz *s.* goньz. grebą *scabo.* grebenь: *lett. grebt schrappen. got. graban.* greznъ *uva: vergl.* grozdъ. hrep: hrepetanije *fremitus.* jeb: *s.* jebem *coeo cum femina: aind. jabh.* jedo: jedckyj *quidam: vergl. ahd. ethes-wer J. Schmidt 1. 171.* jedinъ *unus.* jedva *vix. nsl.* jedvaj. *b.* jedva, odva. *r.* edva, ledva, ledvê. *č.* ledva. *p.* ledwo, ledwie: *lit. advos, vos; advu.* jej *imo ja.* jela *aus* jedla *abies: č.* jedle. *p.* jodła *und lit.* eglê. *pr.* addle. jelc *neben* lê *semi-.* jelenь *cervus: lit.* elnis. *Vergl.* alъnь. jelьha: *s.* jelha *mon.-serb. č.* olšc: *lit. ełksnis, alksnis.* jem *s.* jьm. jes- *esse: lit. esmi. pr. asmai.* jese *ecce: je ist der sg. n. von* jъ. jesenь *autumnus: pr. assanis. got. asani-. ahd. aran m. erni f. ernte.* jesetrъ *stör. r.* osëtrъ. *p.* jesiotr: *lit. asêtras aus dem r., unverwandt* erškêtras. *pr. esketres. Vergl. r.* ostrečëkъ *art barsch. In* jesetrъ *steckt wohl die w.* os, *aind.* aś, *scharf sein.* ješuti, ješutь *in jüngeren glagolitischen quellen neben dem wohl älteren* ašutь *invanum: vergl. pr. ensus.* jeterъ *quidam: aind. jatara welcher von zweien relat.:* je-terъ *aus* jo-terъ, *wie* ko-teryj *zeigt.* jezero *lacus: lit. eżeras. lett. ezers. pr. assaran.* ježь *erinaceus: lit. eżîs. ahd. igil.* klenъ: klen *acer in den lebenden sprachen: lit. klevas. ags.* hlin. *s.* klijen *und* kun *aus* kln. klepati *pulsare.* zaklenąti *claudere.* klepьca *tendicula.* zaklepъ *clausura: Fick 2. 540. vergleicht lit. kilpa bogen, schlinge.* kleveta *calumnia. b.* klevetъ: *vergl. lit. klepoju, klapoju mit aslov.* poklepъ *calumnia und aind. karp, krpatē jammern.* klevrêtъ *conservus: mlat. collibertus.* *kmenъ, kъmenъ: *č.* kmen *stamm: vergl. lit. kamenas stammende. Geitler, Lit. stud. 64.* kmetь, kъmetь *magnatum unus. p.* kmieć: *lit. kumetis ist entlehnt. Vergl. lat. comit: comes; an griech.* κωμήτης *ist nicht zu denken.* krek[ъ]tati *coaxare: vergl.* klekъtati, klegъtati. *lit. klegu lache.* kremy *silex: lett. krams.* lebedь *cygnus: ahd. alpiz, albiz. Daneben p.* łabędź, *das aslov.* *labędь *entspräche. Das verhältniss von* lebedь *zu p.* łabędź *erklärt sich aus den urformen* elb-, olb-. ledъ *glacies: lit. ledas. pr. ladis.* lem: lemešь *aratrum: lett. lemesis. pr. lim-twei brechen. Vergl.* lomiti. lepenь *folium: lit. lapas.* leso *lacus aus einer r. quelle: vergl. pr. layson, das auf* lêso *deutet.* letêti *volare aus* lek-: *lit. lêkti. lett. lēkt. lakstît iterat.* lez: lêzą *repo.* lêstvica, lьstvica: *vergl.* laziti *und sed.* sck. ležati *iacēre* lešti *decumbere: got. ligan: germ. leg. griech.* λέχεται. *Falsch ist* prilêžьnъ. mečьka *ursa. b.* mečkъ: *lit. meška ist entlehnt.* medъ *mel: lit. medus, midus. as. medu. ahd. metu. griech.* μέθυ. *aind.*

madhu süss; honig, met. meknąti *madefieri: vergl.* mokrъ. men *comprimere s.* mьn. men *putare s.* mьn. mene *mei: abaktr. mana.* mer *s.* mьr. меторьнъ, петорьнъ *s. rusticus: vergl. griech.* μέροπες. mctą *iacio, verro: lit. metu. pr. mests partic. Vergl. lat. mitto.* meжda *medium: lit. vidus. got. midja-. aind. madhja.* ne *non: lit. ne. got. ni. ahd. ně, ni. aind. na.* nebo *caelum: lit. debesis. ahd. nebul. griech.* νέφος. *aind. nabhas: vergl. Zeitschrift 23. 270.* nejęsytь *pelecanus, eig. der unersättliche V. Thomson, The relations between ancient Russia and Scandinavia 58.* *nenja: neńa *klr. mater. b.* neni *frater natu maior: aind. nanā mater.* ner *s.* nьr. nestera *consobrina aus* nep-s-tera: *aind. naptar m.* nesti *ferre: lit. nešti. griech.* νεκ: ἤνεγκον. netij ἀδελφιδοῦς *aus* neptij: *got. nithja-. aind. napāt, naptar m. napti f.* netopyrь *vespertilio:* neto *wahrscheinlich aus* nekto: *aind. nakta.* nevodъ *sagena.* nez *s.* nьz. papeжь *papa aus dem ahd. bābes.* pečalь *cura aus* pe-čjalь: *vergl.* peką sę *curo.* pečatь *sigillum.* peką *coquo.* pьci *coque: aind.* ·pač, pačati. pečenь *in r. quellen hepar: vergl. lit.* kepł. pcl *in* pepelъ *aus und neben* popelъ *cinis: lit. pelena. pr. pelanne. Vergl.* popaliti *comburere.* *pelehъ: *č.* pelech, pelouch, peleš *lager, lager des wildes, höhle. p.* pielesz *wird von Geitler mit r.* pela, *lit. pelai, palea, in verbindung gebracht. O slovanských kmenech na u 95.* pelena *fascia aus* pelna. pelesъ *pullus aus* pelsъ: *lit. palšas.* pelynъ *absinthium: vergl. lit. pelěti. lett. pelēt schimmeln.* pen *s.* pьn. per *fulcire s.* pьr. per *contendere s.* pьr. perą *ferio, lavo. inf.* pьrati: *vergl.* pьr. perą *feror, volo. inf.* pьrati: *vergl.* pьr. pero *penna: vergl.* perą *volo. Man denkt an aind. patra, parna und sparna.* peštь, peštera *specus.* plemę *tribus: aind. phal, phalati früchte bringen. Vergl.* plodъ. pleskati *plaudere: lit. plaskoti, plezgéti, pleškéti.* plesna *basis aus* pelsna: *got. fairznā-. aind. pāršni.* plešte *humerus aus* pletje: *vergl. lett. plecis, plecs.* pletą *plecto für* plektą: *ahd. flёhtan. griech.* πλέκειν. rebro *costa: ahd. ribbi.* reką *dico.* rьci *dic ist schwächung für* reci; *in* rékati *neben* ricati *ist e zu ê gedehnt, in* rokъ *zu o gesteigert. Anders J. Schmidt 1. 26. w. ist* rek: *lit. rékti, rékiu clamare. Vergl. aind.* arč, arčati. remenь *lorum,* remykъ, *wohl entlehnt: ahd. riomo, riumo. ir. ruim. Vergl.* matz. *70.* remeslo, remьstvo *ars: lit. reme-sas handwerker ist entlehnt.* rešeto *cribrum: vergl. lit. rétis. Stamm vielleicht* réh, *daher* réšeto *wie* teneto. retь *aemulatio: vergl. aind. rti streit. abaktr. -ereti.* sebe *sui: nach dem sg. dat.* sebê, tebê. sebrъ *rusticus: s.* sebar *wird mit* σάβειροι *Zeuss 711 zusammen-*

gestellt. Fick 2. 677. vergleicht das aus dem r. (sjabrъ) *entlehnte lit.
sêbras teilhaber usw., das mit aind. sabhā zusammenhangen soll.* sedlo
sella: *w.* sed, *wovon* sêdêti sedere. sedmь *septem: lit.* septīni. *aind.*
saptan. sek: sêkǫ seco. sekyra, sêkyra: *vergl. lcz.* sed. selo
fundus hängt mit sed, sêd *sedere zusammen. Vergl. č.* selo *neben*
sedlák. *Fick 2. 673. bringt* selo *mit ahd. sal haus, wohnung und lat.
solum zusammen: vergl. Zeitschr. 23. 126.* ser *s.* sьr. sestra *soror:
lit.* sesũ, *sg. g.* sesers. *pr.* swestro. *got.* svistar-. *aind.* svasar. setьnъ
extremus: vergl. got. seithu *spät.* skver *s.* skvьr. srebro, sьrebro
aurum: lit. sidabras. *got.* silubra-: srêbro *ist falsch.* steg: ostegъ
vestis: lit. stêgti *dachdecken. pr. ab-stog-cle decke. aind.* sthag, sthagati
decken. *steg: *r.* stegatь *stechen: vergl. got.* stikan, stak. stel
s. stьl. stenati *gemere: lit.* stenêti. *pr.* stinons. *aind.* stan, stanati.
stepenь *gradus: lit.* stipinîs *speiche, leiter, sprosse.* stipinas *leitersprosse.*
stipti *steif werden.* stapterti *stehen bleiben.* ster *s.* stьr. stežerъ *car-
do: lit.* stagaras, stegeris *stengel.* sveklъ *beta ist entlehnt. lit.* sviklas:
griech. σεῦτλον. svekrъ *socer: lit.* šešuras. *got.* svaihran-. *aind.* śvaśura.
lat. socer *aus* svecer. svepiti *agitare: vergl. lit.* supti *schwingen. anord.*
svīfa. *In* ve *erblicke ich eine seltenere form der steigerung des u. Vergl. lit.*
dvêsu *atme mit dus und* hvatiti *mit* hytiti. ščelь *r. rima: lit.* skelti
trans., skilti intrans. spalten. ahd. sceran. šed *s.* šьd. šeperati *so-
nare.* šestъ *r. pertica: lit.* šêkštas *block. lett.* sēksts. šestь *sex:
lit.* šeši. *got.* saihs. *aind.* šaš. štedrъ *misericors hängt mit* štędêti
zusammen. štenьcь *catulus.* te *et hängt mit dem pron.* tъ *zu-
sammen, so wie* i *et mit* jъ. tebe *te nach dem sg. dat.* tebê. tekǫ
curro. tьcí *curre.* teklъ *resina: lit.* teku, tekêti. *aind.* tak, takti *da-
hinschiessen. abaktr.* tač *laufen, fliessen.* *teknǫti: *nsl.* tekne *es
gedeiht, schmeckt: lit.* tekti *hinreichen. ne* tikti *nicht gedeihen. Vergl.
got.* theihan. *ahd.* dīhan, *dẽh J. Schmidt 1. 52. 77.* telêga *currus.
nsl.* tolige *pl.* telę *vitulus: lit.* telas. *Vergl. aind.* taruṇa *zart,
jung.* tarṇa *kalb. griech.* τέρην. ten *s.* tьn. teneto, tonoto *rete.
klr.* teneto *bibl. I: lit.* tinklas *entspräche einem aslov.* tęlo *aus*
tendlo: *aind.* tan, tanōti. *got.* thanjan. *ahd.* done *spannung.* tepǫ
ferio: lit. tapšterêti; *damit ist vielleicht* tъrъtati *calcare und* tąpъ
obtusus verwandt. teplъ *neben* toplъ *calidus: aind.* tap, tapati.
ter *s.* tьr. tesati *caedere: lit.* tašīti *durativ. lett.* test. *aind.* takš,
takšati. teta *amita: lit.* teta. *Vergl. aind.* tāta *vater.* tetrêvъ
phasianus aus tetervъ: *lit.* tetervas. *pr.* tatarvis. trepati *palpare: lit.*
trepti. *pr.* trapt. trepetъ *tremor. nsl.* trepati *klopfen, blinzeln,
mit dem vorigen zusammenzustellen.* tretii *tertius: lit.* trečias. *pr.*

tirts, acc. tĩrtian. *got.* thridja-. *lat.* tertius. *aind.* trtĩja. *Einmahl*
trьtii *zogr.: e soll aus dem* i *entstehen; das wort ist mir dunkel.*
večerъ *vespera neben* vьčéra *heri: lit.* vakaras, vakar. vedą *duco:*
lit. vedu. *pr.* wes-twei. abaktr. vad. vedro *serenitas: vergl. as. weder,*
eig. blitzschlag. ahd. wetar. aind. vadhas blitzwaffe. Man beachte lit.
gēdras heiter. velêti *velle: lit. veliti anraten. aind. var, vrṇōti sich*
erwählen; daher auch das denominative voliti *usw.* velij, velikъ
magnus: vergl. p. wiele. *lit. vala macht.* velьbądъ *camelus ist got.*
ulbandus: vergl. den flussnamen utus, jetzt vid. veprь *aper: ahd.*
epar. lat. aper. ver *claudere s.* vьr. ver *scaturire s.* vьr. veriga
catena: vergl. aind. var, varatē bedecken, gefangen halten, hemmen,
wehren und aslov. ver, vrêti *in* zavrêti, zavrą *usw.* veselъ *hilaris: pr.*
wessals. lett. vesels gesund. vergl. griech. ἔκηλος (Fέκηλος). vesna *ver:*
lit. vasara. vergl. aind. vas, učchati aufleuchten. veštь *res aus*
vektь: *got. vaihti-. ahd. wiht sache.* vetъhъ *vetus: lit. vetušas. lat.*
vetus. vezą *veho: lit. vežu. got. vigan. griech.* ὄχος. *aind. vah, vahati.*
zelo *olus: lit. želti grünen, žalias grün, žolê kraut. pr. sālin. ahd.*
gelo. lat. holus. aind. hari gelb. abaktr. zairi. zemlja *terra: lit. žemê.*
lett. zeme. pr. same. semmê. semmai herab. griech. χαμαί. *abaktr. zem*
(sg. nom. zāo). zer *s.* zьr. zven *s.* zvьn. že *vero: pr. ga. lit. gi.*
aind. gha, ha. vergl. aslov. go. žegą *uro: man vergleicht mit unrecht*
lit. degu. Szyrwid 238 bietet pagajštis für p. ožog. *žegъzulja cuculus*
aus *žegъza, *žega, *č.* žežhule: *vergl. r.* zegzica. *pr. geguse. lit. ge-*
gužê. želati *desiderare.* želądъкъ *stomachus: vergl. aind. hirā aus*
gharā darm. griech. χολάδες. *lit. žarna. Es ist mit dem folgenden verwandt.*
želądь *glans. wr. żłudź treff: vergl. lit. gilê.* žely *testudo: griech.* χέλυς.
žely *ulcus: lit. gelti schwären. gelonis eiter. lett. gjilas art pferdekrank-*
heit. žem *s.* žьm. žen *s.* žьn. žena *femina: pr. genno, ganna. got.*
qinōn-. griech. γυνή. *vergl. aind. ģani, gnā. abaktr. ghena.* ženą *pello,*
inf. gъnati *aus vorslavischem* gan: *lit. genu, giti. genesis viehtrift.*
pr. gun-twei. žer *vorare s.* žьr. žer *sacrificare s.* žьr. žeratъкъ
aus und neben žaratъкъ *favilla.* žeravь *grus: lit. gervê. lett.*
dzerve. griech. γέρανος. *lat. grus: e ist eingeschaltet.* žestokъ *durus.*
žezlъ, žьzlъ *virga. lit. žagarai.*

  β) S t ä m m e. večerъ *vespera: lit. vakaras.* stežerъ *cardo: lit. sta-*
garas. četverъ, četvorъ: *lit. ketverai 2. seite 90.* plêvelъ *palea.* imela
viscum: vergl. lit. amalas, amalis mispel 2. seite 108. črъvenъ *ruber 2.*
seite 126. grebenь *pecten 2. seite 127.* jesenь *autumnus 2. seite 127.*
dъšter, *sg. nom.* dъšti, *filia 2. seite 174.* koteryj *neben* kotoryj *qui inter-*
rog. vergl. vъtorъ *alter aus* ątorъ *2. seite 175.* bljustelь *custos.* datelь

dator 2. *seite 175.* ide *ubi.* inъde *alibi* 2. *seite 208: unrichtig* -dê. brê-
men *onus, sg. nom.* brêmę, kamen *lapis, sg. nom.* kamenь, kamy.
stamen- *in* ustameniti: *vergl. lit. stomŭ statura* 2. *seite 236.* mašteha
ist wohl matjeha *für* mat(er)jeha *oder* mat(r)jeha 2. *seite 288.* kolcs
rota, sg. nom. kolo. sloves *verbum, sg. nom.* slovo 2. *seite 320: es
steht aind. as, got. is usw. gegenüber Bezzenberger, Über die a-reihe
usw.* 40. grabežь *rapina* 2. *seite 337.* lemešь *aratrum aus* lemeh(ъ)jъ,
eig. der brechende 2. *seite 343 usw. In der bildung der verbalstämme
begegnet uns im slav. das zur bildung der praes.-stümme dienende e,
aind. a:* pečeši, pečetъ; pečeta, pečetc; pečete *aind.* pačasi, pačati;
pačathas, pačatas; pačatha. *e weicht dem o aus* ā, a_2, *aa in der I. sg.:*
peką, *aind.* pačāmi, *aus* pek-o-mi, pek-o-m, *und in der III. pl.*
pekątъ, *aind.* pačanti, *aus* pek-o-ntъ. *Ehedem mag dieselbe ver-
tretung des* a_1 *durch o auch in der I. dual. und in der 1. pl. einge-
treten sein: das, nach meiner ansicht einer anderen function dienende,
c im einfachen aorist weicht in den angeführten personen dem o:* prid-
o-vê, prid-o-mъ *venimus neben* prid-e-vê, prid-e-mъ *venīmus, wobei
allerdings zu bemerken ist, dass* pridovê *nur in jüngeren glago-
litischen quellen vorkömmt, dass ferner auch in der II. pl. o für e
eintreten kann:* pridote *venistis: es spricht demnach nur einige wahr-
scheinlichkeit dafür, dass ehedem im slav. im praesens o für aind.*
a_1 *eintrat. Es wird ferner aind.* a_1 *durch o vertreten im partic.
praes. act.* peky *aus* peką *und dieses aus* pek-o-nts *und* pek-o-nt,
aind. stamm pačant. *Welche veränderungen das praesens-e im impf.
erleidet, wird dort gezeigt werden, wo von dem a-laut zweiter stufe,
ê, die rede sein wird. Im impt. tritt ê für altes ai ein, das griech.*
ɛι *gegenübersteht. Im einfachen und im zusammengesetzten aorist, so
wie im imperfect tritt e als bindevocal auf* 3. *seite 70. Im einfachen
aorist steht der bindevocal zwischen stamm- und personalendung:* ved-e
duxisti aus ved-e-s, ved-e *duxit aus* ved-e-t; ved-e-ta, ved-e-te;
ved-e-te. *Es entspricht demnach e in der II. sg. aind. as, in der III.
sg. aind. at; sonst aind. a. In den anderen personen tritt, wie wahr-
scheinlich ehedem im praes., o für aind.* ā, a_1, *ein:* ъ *in* ved-ъ *duxi
aus aind. am: für ein altes* ved-o-m *scheint griech.* ἔϱυγον *zu sprechen,
womit* vlъkъ *griech.* λύϰον *zu vergleichen ist.* ved-o-vê. ved-o-mъ.
ved-ą *aus* ved-o-nt. *Damit ist zu vergleichen* vês-ъ *duxi aus* vês-o-m;
vês-o-vê; vês-o-mъ: *die III. pl. lautet* vês-ę, *das nur aus* ves-e-nt
erklärt werden kann. Man vergleiche ferners ved-o-hъ; ved-o-h-
o-vê, ved-o-sta, ved-o-ste; ved-o-h-o-mъ, ved-o-ste, ved-o-š-ę
aus ved-o-h-e-nt; *und* vêdê-h-ъ, vêdêa-h-ъ, vedêa-š-e, vedêa-š-e;

vedêa-h-o-vê, vedêa-š-e-ta, vedêa-š-e-te; vedêa-h-o-mъ, vedêa-š-e-te,
vedêa-h-ą *aus* vedêa-h·o-nt. *Neben* vedêa-š-e-ta *usw. kömmt* vedêa-
h-o-tъ *usw. vor. Vereinzelt und wohl falsch ist* raždežehomъ ἐξεκύ-
σαμεν *greg.-naz. 101. für* raždegohomъ.

γ) Worte. *In der declination begegnen wir dem* e *im sg. voc. der*
ъ(a)-*stämme; im pl. nom. der* ъ(u)- *so wie der* ь(i)- *und der consonan-
tischen stämme; im sg. acc. gen. loc. der consonantischen stämme so wie
im sg. gen. der personalpronomina. Das* e *des sg. voc.* rabe *ist europäisch:
lat. eque. griech.* ἵππε. *lit. vilke. Bezzenberger, Über die a-reihe usw. 42.*
e *ist eine schwächung des* o, *wie* o *eine solche des* a: ženo, žena.
Das e *des pl. nom. von* synove *ist aind. as:* sūnavas. ije, ьje *von*
gostije, gostьje *ist wahrscheinlich auf* -ajas *zurückzuführen: vergl.
aind.* sādajasi *aslov.* sadiši *aus* sadiješi. *Dasselbe gilt von* trije *und
von dem nach* trije *gebildeten* četyrije. *Das slav. scheidet im pl. nom.
. die genera, indem die masc.* ije, *die fem.* i *haben:* gostije, nošti:
*das letztere ist ein pl. acc. Weder aind. noch lit. kennen diese schei-
dung. Die pl. nom. auf* e, *wie* boľьše, byvъše, bądąšte *machen
schwierigkeiten: man ist geneigt sie als formen von* i-*stämmen aufzu-
fassen, wobei man sich auf formen wie* grabitclije *und* dêlatele,
weniger darauf berufen kann, dass consonantische stämme häufig i-
stämme werden: boľšjъ *ist ein vocalischer dem* grabiteljъ *analoger
stamm. Vergl. Bezzenberger 158. Das* e *des pl. nom.* kamene,
matere *usw. ist aind. as:* marutas. vāčas. e *ist europäisch nach
Bezzenberger, Über die a-reihe usw. 43. Das* e *des sg. acc. von*
kamenc, crъkъve, matere, dьne *steht aind. as, nicht aind. am gegen-
über, wenn, was wahrscheinlich, die genannten worte eigentliche sg.
gen. sind. Vergl. A. Leskien, Die declination usw. 60. Wie* kamene,
ist auch desęte *in* dva na desęte *zu deuten, obgleich* desęte *in dieser
verbindung auch als sg. loc. aufgefasst werden kann. Die sg. acc.
auf* e *sind, so viel mir deren in gedruckten und in ungedruckten
quellen vorgekommen sind, im dritten bande der vergleichenden grammatik
verzeichnet. Auch die sg. loc. auf* e crъkъve, slovese *usw. scheinen
eigentliche sg. gen. zu sein. Im sg. gen. ist aslov.* e *aind. as:* kamenc,
matere, imene, slovese. e *entspricht hier griech.* c, *lat.* u: γένους *aus*
γένεος, γένεσος; generus *aus* generos, *später* generis: *nach Geitler, Lit.
stud. 58, ist* matere *aus* materьe *entstanden. Was den auslaut von*
menc, tebe, sebe *anlangt, so ist der sg. gen.* mene *identisch mit
abaktr.* mana, *das auslautende* e *ist daher das auslautende* a *von*
mana. *Das* c *von* tebe *ist das* a *des abaktr.* tava, *während das* b
aus dem sg. dat. stammt, der aind. tubhjam *lautet. Analog erklärt*

sich sebe, *dem kein sg. dat. auf bhjam zur seite steht. Anders erklärt*
mene *Bezzenberger 165. Schwierig ist die erklärung von* vele-, velь-:
veledušije, velьdušije *magnanimitas. Geitler 11. fasst* vele *als den*
sg. nom. n. eines i-stammes auf, der aus veli *so wie lut. leve aus*
levi entstanden sei. Sicher ist, dass die anderen i-stämme etwas ähn-
liches nicht darbieten 2. seite 55; 3. seite 37. In kamenemъ *steht*
das zweite e für ь: *anders Bezzenberger, Über die a-reihe usw. 53.*
In der conjugation hat die I. pl. regelmässig die endung mъ: jesmъ.
Daneben finden wir selbst in alten quellen my *(woraus* mi *3. seite 68),*
me *und* mo: uvêmy *cloz. I. 810.* alъčamy *sup. 323. 1.* bychomy
sup. 324. 22. prêbądêmy *sup. 329. 24.* uvêmy *sup. 371. 13.* uzrimy
sup. 283. 13. imamy *sup. 326. 21; 422. 10.* imêmy *sup. 383. 14.*
naplъnjajemy *sup. 323. 10.* pomęnąhomy *sup. 330. 17.* priobrę-
štamy *sup. 337. 3.* bądemy, poživemy *sborn. saec. XI.* ljubimy
apost.-ochrid. vêmy *bon. svrl.* jamy *ev.-deč. Sreznevskij 390.* esmy
apost.-ochrid. jesmy *ephr.-syr. Sreznevskij 398.* obrêtohomy *man.*
glagolemy *hankenst.* imamy *šiš. 60.* jesmy, jesьmy *šiš. 12. 35. 66.*
209 usw. pijemy *ev.-šiš.* vêmy *pat. 86. 271. 310.* damy *pat.* sьnêmy
pat. jamy *pat.* likujmi *sup. 236. 25;* ubijamo *assem.* stvorimo
nicol. živemo *šiš. 35.* vêmo *ev.-šiš.* vьpijemo *lam. 1. 148.* imahmo
pat. 79. bysmo. poznasmo. razumêsmo *glag.;* vêrueme. imame.
jame. esme *apost.-ochrid.* byhome. imame. esme *bon.* dame, sьtvo-
rime *greg.-lab.* me *schliesst sich an aind. mas an. Was* mъ *anlangt,*
so möchte man es mit dem auslaut von vlъkъ, *aind. vrkas, lupus*
zusammenstellen, wenn hier ъ *sicher aind. as wäre. In späteren quellen*
findet man mo, *das auch im nsl. usw. vorkömmt.* y *in* my *wird auf*
einen nasalen vocal als auslaut zurückgeführt, der aus dem lit. mens,
męs *erschlossen werden könne; andere ziehen das pr. mai heran, das*
durch moi *zu* my *geworden sei. Vergl. Bezzenberger 195. Geitler,*
Fonologie 36. Andere endlich nehmen als primär masi, *als secundär* mam
(oder man) *an, J. Schmidt, Jenaer Literaturzeitung 1877. 179. Die II. pl.*
hat die personalendung te (pečete), *welche aind. ta gegenübersteht*
und dem lit. te, *griech.* τε *entspricht. e ist demnach hier so zu beur-*
teilen wie im sg. voc. rabe. *Dieselbe personalendung* te *hat die*
III. dual., die mit dem aind. tas so zusammenhängt wie slovese
mit śravasas. Dunkel ist mir die personalendung der II. dual. ta,
die aind. thas gegenübersteht. Auch das lit. ta weicht ab. Für ta
findet sich lit. auch tau Geitler, Lit. stud. 60. Die stumpfen personal-
endungen des dual. und der I. und II. des pl. sind durch die vollen
verdrängt worden.

*4. In vielen fällen tritt im inlaute, selten im auslaute, e für ь
ein; der grund dieser erscheinung ist in der ähnlichkeit beider laute
zu suchen: ь ist der diesem e zu grunde liegende laut, nicht umge-
kehrt. e für ь findet sich sehr häufig in worten, deren vocalischer
auslaut offenbar schon sehr früh stumm geworden:* pạtcтъ, pạtьmь
neben pạtьmi, *kein* pạtemi. *zogr.* dnesь. bêsenъ. dlъženъ. isti-
nenъ. podobenъ. povinenъ. priskrъbenъ. pravedьnici. sъśedъśetъ.
Befremdend ist povêste μηνύσῃ *io. 11. 57, womit man nsl.* jeste *ver-
gleichen kann. cloz.* agnecь *I. 850.* vêrenъ *II. 20.* dlъženъ *I. 89.*
lạkavenъ *I. 409.* meči *I. 771.* mladênecь *I. 6.* mladenecъ *I. 21.*
nesmyslenъ *I. 325.* obcětъniky *I. 513.* pavelъ *I. 284.* pravednaa
I. 63. pravedъno *I. 641.* pravedъnoe *I. 328. 949.* proklenъśe
I. 107. prъvênecь *I. 902.* čestь *I. 31.* čcstьjạ *I. 25.* človêkolju-
becь *I. 546. II. 67.* śedъ *I. 500. II. 92.* vъśedъ *II. 136.* prišedъ
I. 591. 713. 953. prišedъšju *I. 333.* prišedy *I. 41.* śelъ *I. 345.*
ạgъlenъ *I. 568.* denь *I. 78. 93. 491. 643 neben* dьnь *625.* dьnesь
I. 34. 757. 791, im ganzen zehnmahl, neben dьnьsь *295. und* dьnъsь
875. Man beachte vъskresъśjumu *1. 749.* krestъ *I. 608. 633.* kre-
stьênъ *I. 142. assem.* agnecь. bliznecь. bolenъ. vesь *omnis, vicus.*
vêrenъ. dvcrь. denь. ženeskъ. legьko. lạkavestviê. naćenъ. ovecь.
oselъ. otecъ. ocetъ. povinenъ. pravedny *und* pravьdenъ. ga-
spcnъśe. studenecь. sьnetъ. testь. vъśedъ. ośedъ. egýpetъ. *marien-
codex.* vesь *omnis, vicus.* prišelъ. *sup.* vesь *omnis 70. 28.* vъzemi
233. 10. vъzetъ *18. 29.* vъzetъ *91. 23.* vьncmi *16. 4.* lestьmi *41. 28.*
mestь *22. 23.* meča *259. 4.* naćenъśe *23. 12.* oblegъči *58. 1.* poćelъ
68. 24. prêlestь *78. 14.* sьnetъ *72. 7.* temьnyj *54. 18.* čestь *44. 14.*
śedъ *12. 5; 163. 12.* śelъ *26. 7.* blagolêpenъ *22. 18.* burcnъ *57. 18.*
vêrenъ *387. 27.* drobenъ *16. 17. und so sehr häufig im suff.* ьnъ. *Ähn-
lich ist* domenъ *51. 22. neben* domnъ *50. 14;* vênecь *109. 7.* žьgecь
167. 7. koпecь *7. 13.* lьstecь *52. 7. usw. im suff.* ьсь. *Ebenso*
ovecъ *164. 26.* dêvestvъnyj *275. 12.* estestvo *70. 27.* nećuvestьnъ
16. 11. cêsarestvije *14. 23; 65. 23.* grъčeskъ *110. 12.* krъstija-
neskъ *121. 14; 163. 1.* sodomeskъ *134. 22.* slъnečьnyję *48. 20.*
srъdečьnyj *191. 26.* tẹžekъ *66. 20.* skrъžetъ *174. 2. neben* skъžъtaaśe
16. 24. polezna *206. 28.* pravednikъ *161. 1.* dьnesь *20. 1.* vlъsebъ-
nạjạ *5. 23. se hic 273. 12. sav.-kn.* donedeže *50.* egýpetъ *139.*
čcsogo *26. bon.* otečьstvo. vesъ *omnis. slêpč.* božesky. pcsihъ
glavъ. *pat.-mih.* denь tь. *Im ostrom. kömmt* e *für* ь *nur zweimahl
vor:* mečьnikъ *288.* prišedъj *55. In der aus einem russ.-slov.
original stammenden krmč.-mih.* obъśteno. vъplъśtcśago. roždeśago.

stvoreše. sobestva. vь neme. *Aus* gnojьnъ *wird* gnojenъ *und* gno-
iuъ, *kyrillisch* гнⷪⷩиⷩъ *geschrieben.* rjujenъ, rjuinъ рюиⷩъ *usw.*
In einem menaeum des XIV. jahrhunderts zap. 2. 2. 69. rastelitъ.
čeljade. prosvěštešemu. čjuvestvo *für* rastъlitъ *usw.*

Verschieden sind die formen, in denen für ursprüngliches ьj
die lautverbindung ej *eintritt:* dьnej, kostej *neben* dьnij, kostij *aus*
dьnьj, kostьj, *formen, die ziemlich selten vorkommen. Die nicht not-*
wendige dehnung des ь *zu* i *in diesen formen beruht auf dem fol-*
genden j.

Selten steht ь *für* e: elisavьtь. ižь *(vergl. nsl.* kir *aus* -že) *oft.*
mladьnьсь. vьtъhъ *zogr.* vьskrъsnьtъ *sav.-kn. 36.* slovьsьmь *greg.-naz.*
porьpьětьtь *pat.-mih.* estь. imatь. pietь 2. *pl. ev.-buk.* jefьsa. jerь-
tici. vьselьnьskyj *krmč.-mih.*

5. E entsteht häufig aus o durch einwirkung eines dem o vor-
hergehenden j. Es ist dies ein fall der angleichung, assimilation des
o an das dem i verwandte j. Diese tritt natürlich auch nach den
aus der verbindung des j mit einem vorhergehenden consonanten ent-
standenen lauten ein, daher nach ŕ, ľ, ń; št, žd *usw.:* kopьje, ko-
pije; kopьjemь; kopьjema; kopьjemъ *neben* selo; selomь; se-
loma; selomъ. *Was von* kopьje, *gilt von* morje, polje, lože, lice
usw. aus morio, morijo, morьje *usw.* likio, likijo, likьje *usw.; daher*
tvoŕěšemь, hvalěštemь *aus* tvorьsiomь, tvorьsijomь, tvorьsьjemь *usw.*
Das gesetz der assimilation durchdringt das altslovenische in der
stamm- und wortbildung. Dasselbe gilt von den übrigen slavischen
sprachen, die indessen abweichungen darbieten. zmijeve, dъždeve
neben synove; staje, vonje, ovьce *neben* rybo; mojego, mojemu, mo-
jemь, mojeję, mojej, mojeją, mojeju; sego *aus* sjogo, semu, semь,
seję, sej, seją, seju *neben* togo, tomu, tomь, toję, toj, toją, toju. *Im*
partic. praes. pass. pijemъ, koljemъ *neben* teromъ *usw.; daher auch*
besêdovaašete *neben* glagolahota *vergl. 3. seite 71;* sujeta, ništeta *neben*
čistota; dobljestь, gorestь, *genau* gorjestь *aus* gorjostь, *neben* bělostь;
učiteljevъ; jeli, seli *aus* sjoli *neben* toli; selikъ *aus* sjolikъ *neben*
tolikъ; vьsegda *neben* togda; vojevati, plištevati *neben* kupovati
usw.; gnojetočivъ. vojevoda. *Die assimilation findet häufig auch in*
entlehnten worten statt: mosêсtь *zogr., d. i.* mosêješ. ijerdanъ,
jerdanъ *slěpč.* ierdanъ *assem. bon.* ierʹdanъ, erdanъ, ierdanьskъ
ostrom., d. i. ijerd- *neben* iordanъ *marc. 10. 1.-zogr.* iorьdanь *lam.*
1. 12: ἰορδάνης. jerganъ *bon.:* ὄργανον. ievъ ἰώβ *izv. 698. daneben*
alfeovъ. anьdrêovъ. mosêomь. olêomь. farisêomъ *zogr.* ijudêomъ
cloz. I. alfeovъ. andreovъ. zevedeovъ. ijudeomъ. iereomъ. mo-

seomъ. fariseomъ *assem.* ijudeomъ. moseovi. fariseovъ *sup.* iereomъ
ostrom. *dabei ist zu bemerken, dass in den angeführten worten der
hiatus nicht aufgehoben ist, dass daher die formen mit* eo *aus dem
mangel des* j *zu erklären sind. Jüngere quellen bieten dergleichen
erscheinungen auch in nicht entlehnten worten:* bijeniomь *triod.* dêa-
niomь *pl. dat. pat.-krk.* kameniohь *prol.* gnojojadьсь. *Diese formen
erklären sich aus dem bulgarischen. Befremdend ist* vitьlêomъ
cloz. I. 884. vitleomь *ant.* vithleomъ *assem. neben* vitьlemь *cloz.
I. 892. aus* βηθλεέμ. geonna *bon.* geona. geonьskъ *ostrom. aus*
γέεννα.

Selten ist unter den angegebenen bedingungen e *für* a: ponuž-
dejušte *krmč.-mih. 6. b. für* ponuždajušte. jenuarь *ostrom.* genvarь
neben januarь ἰανουάριος. *Man füge hinzu* čekati *neben* čajati. udru-
čevajušti *starine 9. 54.*

6. *Da sowohl* o *als* e *auf ursprünglichem kurzen* a *beruhen, so
kann es nicht wunder nehmen, dass in manchen formen* o *und* e *mit
einander wechseln, teils in derselben, teils in verschiedenen sprachen.*
četvorъ *neben* četverъ. odolêti *neben* odelêti *vincere.* dobrъ: debrêe
marc. 9. 42. 43..45. 47.-zogr. dekapelьskъ *marc. 7. 31.-zogr.* dori
neben deri *usque:* dori *ist wohl aus* dože i *entstanden und ist mit
lit. dar noch unverwandt.* došiti *izv. 650 neben* desiti. dosьnъ *svjat.
neben* desьnъ. go *neben* že *vero:* aind. gha, ha. *Auch* zi *gehört hieher
4. seite 117.* inogъ, inegъ μονιός. kolêno: *vergl. lit. kelîs.* kolь
quantum: lit. keli. kotorati *neben* koterati. kotoryj *neben* koteryj,
nsl. kteri: *lit. katras.* kromê, okromê *procul, praeterea: klr.* z
okrcma, *slovak.* krom, krem. matorъ, materъ *in* zamatorêti, za-
materêti *senescere.* pastorъka *privigna: nsl.* pasterka *aus* pa-dъšterъ-
ka. pipolovati *neben* pipelovati. proti *contra: p.* przeciw. prozviterъ
neben prezviterъ *lam. 1. 30. 153:* πρεσβύτερος. soboją, toboją *sg. instr.
neben* sebe, sebê; tebe, tebê. *Auf dem thema* sva *beruht auch* svobъ,
pr. subs, in svoboda *usw.* stenati *neben* stonati. stoborъ, *nsl.* steber.
tonoto *neben* teneto *rete.* toplъ *neben* teplъ. žьdo *neben* žьde. ior-
danъ *neben* ierdanъ: *das letztere beruht auf* ijerdanъ. *Eigentümlich
ist* olêj *neben* elêj ἔλαιον. popelъ *kann in* pepelъ *übergehen. Andere
halten* pepelъ *für eine reduplicierte form, die wohl* pelpelъ, plêpelъ
lauten würde: popelъ *ist eig.* popaljeno. grobъ *neben* grebъ, za-
klopъ *neben* zaklepъ, omotъ *neben* ometъ, plotъ *neben* pletъ, tokъ
neben tckъ *unterscheiden sich von einander dadurch, dass* e *entweder
gesteigert wurde oder ungesteigert blieb: die steigerung ist nicht durch-
aus notwendig. Man füge* drobьnъ *hinzu: b.* drebni *milad. 144.*

krevato, krovatъ, *s.* krevet, κράβατος, κρεβάτι. *Neben* trapeza *findet man* trepeza τράπεζα.

7. *Zwischen* ž *und* r, l *erscheint in manchen worten* e *eingeschaltet.* želêdьba *aus und neben* žlêdьba *mulcta: th.* želd. želêzo *aus* žlêzo *ferrum: th.* želzo. žeravъ *grus, s.* ždrao, *steht für* žravь *und dieses für* žrêvь: *lit.* gervê, *wie* tetrêvь *neben* tetravъ *vorkömmt.* želądь *glans, wr.* žludź *treff, so wie* želądъkъ *stomachus sind anders aufzufassen.* Die *lebenden sprachen meiden noch häufiger die verbindung von* č, ž, š *mit* r, l, *daher* b. čeren *aus* črênъ. *č.* černý *aus* črънъ. *r.* čelovêkъ *lautet aslov.* človêkъ *usw. Ein einschub des* e *hat auch in* pelena *aus* pelna, pelesъ *aus* pelsъ *stattgefunden; eben so in* sverêpъ *ferus aus* svrêpъ.

8. *In anderen fällen ist ein vocal, manchmal* e *ausgestossen:* grê *in* grêti, *aind.* ghar; kri, *woher* kroj, *aind.* kar; stri, *woher* stroj, *aind.* star. *Wenn* brati *legere geschrieben wird, so erscheint* ь *zwischen* b *und* r *vernachlässigt: wir haben die reihe* bar *(aind.* bhar), ber, bьr, br. *Es ist indessen dies eine ansicht, die nicht vollkommen sicher begründet werden kann: vergl.* brakъ *conubium, das von der w.* ber *wohl nicht getrennt werden kann. Austossung des* e *findet statt in* bratrъ, *aind.* bhrātar. jętry, *lett.* jentere, *lit.* gentê, *g.* genters, *aind.* jātar, *griech.* εἰνάτερες. *Dagegen* dъštere, materc. *In* svekry, *aind.* śvaśrū, *ist* ъ, u *schon ursprachlich ausgefallen:* svekrъ, *aind.* śvaśura.

Das anlautende je *von* jestъ *und* jemu *fällt in einigen verbindungen im zogr. ab:* debrêe emu stъ καλόν ἐστιν αὐτῷ *marc. 9. 42.* blaženъ stъ μακάριός ἐστιν. *Dazu stimmt* si es, sta *estis bell.-troj.* ishodęstju mu ἐκπορευομένου αὐτοῦ *marc. 10. 17.* prišьdъšju mu ἐλθόντι αὐτῷ *matth. 8. 28.* vъšьdъšju mu εἰσελθόντα αὐτόν *marc. 9. 28. Das verbum substantivum ist wahrscheinlich enklitisch. Auch* mu *lehnt sich in den lebenden sprachen an das vorhergehende wort, doch könnte in den angeführten verbindungen nicht* mu *stehen.*

B) Zu ь geschwächtes e.

1. *Die vocale* ь *und* ъ *werden jener* jerь, *dieser* jerъ *genannt, namen, in denen, abweichend von den benennungen der anderen buchstaben, das zu benennende am schlusse des wortes steht; der grund dieser abweichung liegt darin, dass weder* ь *noch* ъ *im anlaute stehen kann.*

2. ь *und* ъ *dürfen als halbvocale bezeichnet werden, im gegensatze zu allen übrigen, die voll genannt werden können.*

Dass ь *und* ъ *ursprünglich nicht etwa blosse, zur bezeichnung irgend einer aussprechsweise anderer buchstaben bestimmte zeichen, sondern wahre buchstaben waren, dass sie demnach laute ausdrückten, geht aus der einrichtung beider altslovenischen alphabete hervor, nach welcher die modificationen in der aussprache einzelner buchstaben durch über der linie stehende zeichen angedeutet werden, wie* 'etwa* ŕ, ĺ, ń. *Dasselbe ergibt sich daraus, dass es eine nicht geringe anzahl von worten gibt, die unaussprechbar wären, wenn man* ь *und* ъ *nicht als wahre buchstaben gelten lassen wollte, wie etwa* svъtêti, sъtъ. *Dass* ь *und* ъ *laute bezeichneten, erhellt auch daraus, dass in alten hirmologien auch über ihnen noten stehen:* hŏdĭvĕ, pŏbĕ̆dĭnŭjŭ. *Izvêstija 4. 256. Zap. 2. 2. 36. Katkovъ 22.*

3. ь *und* ъ *lautete nach meiner ansicht wie verklingendes* i *und* u. *Der erstere laut scheint im ganzen bereiche der slavischen sprachen heutzutage nicht vorzukommen: denn dass ihn die Bulgaren kennen, wie man behauptet, ist erst vollkommen sicher zu stellen. Was jedoch den laut des* ъ *anlangt, so ist derselbe sowohl im neuslovenischen als namentlich im bulgarischen, das nicht nur für aslov.* ь *und* ъ *den laut des* ъ *bietet, sondern auch unbetontes* a *zu* ъ *herabsinken lässt, sehr häufig. Befremdend ist der halbvocal im serb. der Crna gora in* dьn, dьnьk, sьn, sьnьk, kъd, petьk *usw. Vuk Stef. Karadžić, Poslovice XXVII. Man wäre geneigt, diesen laut im serb. als aus dem alban. eingedrungen zu betrachten, aus der sprache eines volksstammes, welcher nicht nur der Crna gora benachbart ist, sondern zur bildung der slav. nationalität jener gegenden wesentlich beigetragen hat, wenn nicht* ь *in den angeführten worten aslov.* ъ *oder* ь *entspräche. Ausserhalb der slav. sprachen begegnen wir dem laut des* ъ *im rumun. Diez 1. 332, im fz. 407, im alban., endlich im armen., dessen* е̣ *von Lepsius, Standard alphabet. London 1863., durch* е̣ *bezeichnet wird, und das sich nach Patkanov dem harten* i *der russen (*ы*) und dem* e *muet der Franzosen nähert, daher* he̦nar *und* hnar. *Journal asiatique VI. série. Vol. XVI. 164, 182, 183. Dass* ь *und* ъ *selbst in den ältesten quellen sehr oft durch* e *und* o *ersetzt werden, hat nicht darin seinen grund, als ob diese aussprechsweise von* ь *und* ъ *die ältere wäre, sondern darin, dass schwaches* i *und* u *von schnell gesprochenem* e *und* o *kaum unterschieden werden können. Diese aussprache galt sicher zur zeit der festsetzung des älteren der beiden altslovenischen alphabete, des glagolitischen; sie verlor sich schon im altslovenischen allmählich und wich den lauten* o *und* e, *jedoch so, dass sich beide reihen von lauten lange zeit neben einander erhielten, oder so, dass in bestimmten verbindungen* ъ, ь, *in*

anderen o, e *gesprochen wurde, oder endlich auch so, dass in einem
teile des sprachgebietes die halbvocale, in einem andern die vollen
vocale die oberhand hatten, wie noch gegenwärtig im osten des nsl.
sprachgebietes die vollen vocale herrschen, während im westen der
halbvocal sich geltend macht. Was den schwund des halbvocales an-
langt, so schwand vor allen* ъ *als laut im auslaute und* ь *und* ъ *in
leichter aussprechbaren consonantengruppen; die zeit, wann dies ge-
schehen, lässt sich nicht bestimmen: als gewiss darf jedoch angesehen
werden, dass schon zur zeit der entstehung unserer älteren quellen* rь,
lь, nь *in bestimmten fällen wie weiches* r, l, n *(daher* r̂ь, l̂ь, n̂ь)
klangen, dass demnach zu jener zeit der dem ь *eigene laut in den
bestimmten worten nicht mehr bestand. Ein grund für die ansicht,
dass schon sehr früh auslautendes* ъ *stumm war, dürfte sich aus fol-
gender betrachtung ergeben: das suffix* ьnъ *büsst häufig sein* ь *ein,
wenn an die stelle des* ъ *ein voller vocal tritt: aus* krasьnъ *geht*
krasna *sup. 427. 13, aus* umьnъ *geht* umni *49. 6. hervor; da nun
vor* nъ *der halbvocal nur sehr selten, vor* na, ni *hingegen sehr häufig
ausfällt, so darf als der grund des ausfallens des* ь *in den vollen
vocalen, in den lauten* a, i, *der der erhaltung des* ь *hingegen in dem
halbvocal* ъ, *in dessen stummheit gesucht werden. In der tat sind*
krasnъ *und* umnъ *nur dann leicht aussprechbar, wenn das aus-
lautende* ъ *ausgesprochen wird. Vergl. A. Leskien, Die vocale* ъ *und*
ь *in den s. g. altslovenischen denkmälern des kirchenslavischen. Aus
den berichten der königl. sächs. gesellschaft der wissenschaften, 1875.
Seite 43, 54. Die gründe dafür, dass* krъtъ, vlъkъ *im altslovenischen
wie* krtъ, vlkъ *lauteten, werden unten bei* r, l, n *angegeben.*

2. *Dass ein halbvocal nicht gedehnt sein kann, ist selbstverständ-
lich. In vielen fällen wird er accentlos sein, wie etwa im aslov.* zьrjá
specto; *er muss es jedoch nicht sein, wie* dьnь, sъtъ *usw. zeigen und
wie sich aus bulg.* berь, běčvъ, vьnkašen *usw., so wie aus rum.*
víduvъ, zugrívi, kъldári *usw. ergibt. Diez 1. 334.*

3. *Da selbst in den ältesten denkmählern nicht nur* ь *und* ъ
mit e *und* o, *sondern auch die beiden halbvocale mit einander wechseln,
so liegt dem sprachforscher ob, festzustellen, nicht nur in welchen
fällen halbvocale, sondern auch in welchen jeder von beiden zu setzen
ist. Die erstere aufgabe unterliegt bei den meisten worten geringer
schwierigkeit. Mit zuhilfenahme der lebenden slavischen sprachen wird
sich dies mit sicherheit bestimmen lassen. Aus dem nsl. sg. gen.* dne,
početka *neben dem sg. nom.* dan, den *und* početek *ergibt sich, dass an
der stelle des* a, e *in* dan, den *und des zweiten* e *in* početek *im aslov.*

*ein halbvocal stehen müsse. Desto schwieriger als die beantwortung
der frage, ob ь oder ъ zu setzen ist. Man hat zur zählung seine zu-
flucht genommen und jenen vocal gelten lassen, welcher in der majori-
tät der fälle nachweisbar ist. Allein die arithmetik kann nur in
jenen nicht häufigen füllen die frage lösen, wo der eine der beiden
halbvocale in einem bestimmten worte so selten ist, dass man ihn als
schreibfehler ansehen kann. Man kann zählend herausfinden, dass*
bьdeti *zu schreiben ist. Man hat ferner die verwandten sprachen zu
rate gezogen und ist auf diese weise zu feststellungen aus objectiven
gründen gelangt, obgleich das mittel manchmahl versagte: so ergäbe
die vergleichung des lit. tik (ištikti stossen), lett. tik (aiztikt berühren)
die schreibung* tьk *allidere. Das sicherste mittel die frage hinsicht-
lich des ь und ъ zu entscheiden bietet das slavische, vor allem das
altslovenische selbst. Aus* vъzbydati *expergefieri so wie aus* buditi *ex-
citare folgt mit notwendigkeit* bъdêti, *so wie sich aus* pritycati *offen-
dere die schreibung* tъk *ergibt. Trotz aller dieser mittel bleibt manches
unsicher.*

4. Die halbvocale ь *und* ъ *sind in ihrer verbindung eine spe-
cifisch slavische erscheinung; sie sind urslavisch, indem sie von den
entsprechenden formen der slavischen sprachen vorausgesetzt werden. In
dieser hinsicht steht das aslov. auf dem standpuncte des urslavischen.
Beiden halbvocalen liegen andere vocale zu grunde; hier soll kurz
gezeigt werden, woraus* ь *entstanden ist.* α) ь *hat sich in einer grossen
anzahl von worten aus dem kurzen i der ursprache entwickelt:* čь *in*
čьto: *aind.* ki. čьtą: *aind.* čit. dьnь: *aind.* dina. mьg: *aind.* mih
(migh). pьs *in* pьsati: *aind.* piš. svьt: *aind.* švit *usw.* mьzda *ent-
spricht jedoch abaktr.* mîzdha. *got.* mizdōn-. *griech.* μισθός. *Die* ь
*enthaltenden worte werden weiter unten vollständig verzeichnet und bei
jedem einzelnen die entstehung des* ь *erklärt, richtiger zu erklären
versucht werden. Auch in entlehnten worten werden häufig i und die
damit verwandten vocale durch* ь *wiedergegeben:* padьjakъ *tichonr.
2. 295.* poddьjakъ ὑποδιάκονος. dьmitra *sav.-kn. 129.* dьêvolъ *cloz.
zogr.* irodьêdy. marьê *neben* mariê. semьonъ. tiverьê. tьmiênъ θυ-
μίαμα (*serb.* tamjan, tamljan) *zogr.* venьjaminъ *sup. usw.* gobьzъ:
vergl. got. gabiga-, gabeiga-. lьnъ: *ahd.* lîn. mьša: *ahd.* missa. stьklo:
got. stikla-. *Vergl. auch* sьrebro: *pr.* sirablan *sg. acc. got.* silubra-.

Die frage, wie ь *aus i entstanden ist, wird verschieden beant-
wortet: die einen meinen, es sei* ь *unmittelbar an die stelle von i ge-
treten, während andere der ansicht sind, i sei zu e, und e zu* ь *(i-
e-ь) geworden,* ь *sei in den hierher gehörigen worten um eine stufe*

schwächer als e. *Geitler, Fonologie 8. Für die letztere ansicht wird der umstand angeführt, dass* e *mit* ь *wechselt, indem* denь *neben* дьнь *vorkomme: die tatsache ist unzweifelhaft und es gibt kein denkmahl, in welchem formen wie* denь *nicht vorkämen. Allein für das höhere alter des* e *vor dem* ь *gibt es für die vorslavische periode keinen beweis, und die vorstellung,* e *sei erst im slavischen allmählig in* ь *übergegangen, kann nicht begründet werden. Man kann die behauptung nicht etwa durch berufung auf das lit. lett. stützen, da diese sprachen in den betreffenden worten* i, *nicht* e, *bieten:* дьm : *lett. dimt.* kotьlъ: *lit. katilas.* lьpêti: *lip.* lьnъ: *linas.* mьg: *mĩžu.* pьklъ: *pikis.* svьt: *švit usw. Wenn man für die entstehung des* ь *aus* e *die worte* seli, sekratъ *anführt, so geschieht dies mit unrecht, da* se *in den genannten formen aus* sjo *entstanden ist. Während die entstehung des* ь *aus* e *in den hieher gehörigen formen nicht bewiesen werden kann, darf für das höhere alter des* ь *vor dem* e *der umstand angeführt werden, dass die lebenden slavischen sprachen dort, wo für das altslovenische* ь *postuliert wird, gleichfalls* ь *voraussetzen: nsl.* ves, vsa, vse *ist nur aus aslov.* vьsь, vьsa, vьse *begreiflich; die zurückführung von* vsa, vse *auf eine form* vesь *würde gegen die lautgesetze verstossen.* č. mzda *setzt* mьzda *voraus und widerspricht einem urslavischen* mezda. β) ь *in worten wie* šьvenъ *sutus entsteht aus* jŭ, *daher* šь-v-enъ. *Der inf.* šiti *entspricht nicht dem lit.* siuti, *sondern einem* siauti. γ) *wurzelhaftes* e *ist häufig zu* ь *geschwächt und schliesslich ausgestossen worden. aind.* bhar *ist slav.* ber, *eine form, die dem praes.* berą *und . allen von der w.* ber *abgeleiteten stämmen:* borъ, birati *aus* bêrati *zu grunde liegt. Aus* ber *entstand* bьr, *manchmal minder genau* bъr *geschrieben:* bьrati, bъrati, brati.

Hier entsteht die frage, auf welche weise sich ь *aus altem* a *entwickelt habe. Es darf angenommen werden, es sei zuerst* e *aus* a *und aus* e *erst* ь *hervorgegangen. Auch für das aind. wird zwischen* a *und* i - e, *richtiger* aʹ, aͅ, *als mittelstufe vermutet. Zur begründung dieser ansicht ist, abgesehen von physiologischen erwägungen, auf die tatsache hinzuweisen, dass die* e *-formen im lit. vorhanden sind:* lьgъkъ: lengvas. pьsъ: peku. žьly: gelonis. jьm: jemt. Neben minu, aslov. mьnêti, findet man menu. aslov. tьma steht aind. timira, tamas und lit. temti, tamsa gegenüber. Dass der übergang des* a *in* e *durch* o (a-o-e-ь) *vermittelt worden sei, ist unwahrscheinlich, weil* o *den übergang von* a *zu* u, *nicht zu* i *(und* ь *ist ein i-laut) bildet.*

Wie das auf i zurückgehende ь, *so liegt auch das auf* a *beruhende* ь *den lebenden slavischen sprachen zu grunde: so ist nsl.*

začnem *nur aus* čьпѫ, *nicht etwa aus* čeną, *begreiflich, so kann p.*
ćma *nur aus* tьma *erklärt werden. Daraus geht zugleich das hohe
alter des* ь *auch in den hieher gehörigen worten hervor. Wenn
bemerkt wird, e aus a habe bestanden, bevor es eine slavische
sprache gab, so ist dies wohl zuzugeben, allein das angenommene sla-
vische e ist seinem ursprunge nach verschieden von dem slavischen;
jenes ist unmittelbar aus a, dieses aus* ь *hervorgegangen: ursprachlich
a, vorslavisch, litauisch e, urslavisch* ь. *Ähnlich ist i im aind. śvit
verschieden von dem i im aslov.* svitati: *jenes ist ursprünglich, dieses
ist auf* svьt *zurückzuführen.* svita *ist als iterativum, abweichend von*
svêtъ, *aind. śvēta, keine vom slavischen ererbte, sondern von dem-
selben erst gebildete form; dagegen kann von einem vorslavischen e
in* denь *nicht gesprochen werden: in der vorslavischen periode hatte
das wort* i, *urslavisch ist* dьnь.

5. *Es gibt auch formen, deren* ь *in der slavischen periode aus* e,
das älterem a gegenübersteht, hervorgegangen ist: hieher gehört vьčera
heri von večerъ, *lit. vakaras; ferner* рьсі sę, рьсêtе sę *von* pek;
рьсі, рьсêtе *von* rek; tьсі, tьсêtе *von* tek; *ebenso* žeg, *dessen e
häufig in* ь *übergeht,* žьzi. *Auf* žьg *beruht nsl.* žgati, žgem *usw.
Über* рьсêtе sę, рьсі, рьсêta *zogr. vergl. 3. seite 103. Dieselbe
schwächung des e tritt ein in* mьnê, mьnoją *neben* mene *und* mę
aus men: *vergl. lit.* manę, manęs, man, *niederlit.* munę, munęs, mun.
Man merke сьsaгь gradь *sabb. 13. aus* cêsarь gradъ: *aus* сьsaгь
ist r. саrъ *entstanden.*

6. *Die schwächung des a zu i kömmt wohl in allen arischen
sprachen vor: ich erwähne hier nur des got., wo man bir (bairan)
für aslov.* bьr, tir *(tairan) für aslov.* dьr *findet. Das germanische
bietet fast alle modificationen des alten a dar, die dem slav. eigen
sind: ahd. pĕran: berą. got. bairan aus biran:* bьrati. *got. praet.
bar:* borъ *subst. got. bērum:* birati *aus* bêrati. *got. baurans aus
burans würde aslov.* bъranъ *lauten, das jedoch nur in folge der
verwechslung der halbvocale vorkömmt. In bar wie in* borъ *stehen
die vocale a und o aind. ā (aa) gegenüber, beide sind daher als
steigerungen des e aus älterem a anzusehen, wie das aind. ā
eine solche ist. Im pl. und dual. erwartet man den wurzelvocal,
statt dessen seine dehnung ē eintritt, die ebenso in der germanischen
periode entstanden ist, wie die formen bêrati (birati) in der slavischen.*

In der negation ni, *lit. nei, erblicken manche das ursprüngliche
na, aus dem es sich durch* ne *entwickelt habe Zeitschrift 23. 276:
mir scheint dies unrichtig. Vergl. 4. seite 170.*

Hier führe ich auch die sg. nominative dъšti *und* mati *an, die auf* dъštê. matê *aus* dъêter, mater *beruhen: lit.* duktê. ê *fasse ich als ersatzdehnung auf. Ähnlich ist das herabsinken des auslautenden* ê *zu* i *in* vedi, pьci *neben* vedête, pьcête. dêlaj *beruht auf* dêlajê, dêlaji.

7. Die ь aus e enthaltenden formen. Wurzeln. bьbrъ *fiber in* bьbrovina. bebrъ. *Für einen halbvocal spricht* s. dabar *aus* babar, *für* ь *ahd.* bibar, *lit.* bebrus, *pr.* bebrus, beberniks, *lat.* fiber; *gegen* ь *klr.* bobcr, *r.* bobrъ. *Man vergleicht aind.* babhru *rotbraun, eine ichneumonart.* abaktr. bauri, baura- biber. bьrati, berą *legere.* sъbьrašę, *minder gut* sъbъrašę *zogr.* birati: *got.* bairan, *ahd.* pёran. *aind.* bhar, bharati. čьną: počьną, počęti *incipere.* počinati. konь *in* iskoni *ab initio. w.* ken. dvьrь *ianua.* dvьrь *zogr. nsl.* dveri *neben* duri. *r.* dverь. *p.* drzwi *aus* dwrzy. *kaš.* dwierze. *pr.* dauris. *lit.* durīs *pl. lett.* durvis. *got.* daura-. *abakt.* dvara. *aind.* dvār. *Dem* dvьrь *und dem* dvorъ *liegt* dver *zu grunde.* dъl: prodъliti: prodъlą *sup. 367. 23.* dьlina, dьlje *longitudo.* dъl *beruht auf* del: *vergl.* dlъgъ *aus* delgъ. dьm *in* odьmêti sę *respondere. nsl.* odmêvati se: *lett.* dimt, demu *sonare.* dьrati, derą *scindere.* razdъra *zogr.* dirati. dêra *neben* dira *scissura. got.* tairan *aus* tiran. *aind.* dar, dṛnāti. dāra. *griech.* δέρω. gonъznąti *und* goneznąti *salvari.* gonoziti *salvare: got.* ganisan, *ahd.* nesan. grъmêti *aus* grъmêti *tonare.* grimati *wohl für* grêmati. gromъ *tonitru: griech.* χρεμίζω, χρόμος. *w.* grem. *lit. abweichend:* grumenti. jьga: iga *quando.* jьga *hängt mit dem pronomen* jъ *zusammen.* i *in* iže *steht für* jъ. jьm *aus* jem: imą, jęti *prehendere.* imъ. poimъ. priimъ *neben* priemъ *zogr.* izьmъ. otьmetъ *neben* otъimetъ. vъnьmъ καθελών, συνέδριον. vъnъmati. vъnemъêa sę *zogr.* vъzьmą, vъzьmъ *usw.* imati. jemlją. *Hieher gehört* razьmьnica μάκελλον. razemnica *slêpč.* razumьnica *šiš. 1. cor. 10. 25. lit.* imti, imu, *aor.* êmiau. *pr.* imt, enimt. *lett.* jemt, ńemt: jemt *zeigt, dass* ńemt *nicht zu aind.* nam *gehört. aind.* jam, *europ., nach Fick 2. 709. 715, em.* klьną, klęti *exsecrari.* klinati: *vergl. pr.* perklantīt, *das ein* klen *voraussetzt. Brückner 192 hält das pr. wort für entlehnt: p.* kląć, klątwa. lьgъkъ *levis. nsl.* lehck. *r.* legokъ. lьgota. *Mit* lьgъ *steht* lьza, polьza, lьzê *in verbindung. lit.* lengvus, lengvas. lьgъ *in* lьgъkъ *ist ein* u-*stamm. got.* leihta-. *ahd.* līhti. *griech.* ἐλαχύς. *aind.* laghu, raghu *von* rañh, lañgh *springen. abaktr.* renõja *leicht. ahd.* ringi. *aslov.* lьstьnъ *facilis. b.* lesen. *s.* last. lastan, lasan *gehört nicht hieher: man hat it.* lesto, *wohl mit unrecht, verglichen.* lьvъ *leo. r.* levъ, *sg. gen.* lьva. *p.*

lew, *sg. gen.* lwa. *lit. lêvas ist entlehnt. lit. liutas ist vielleicht das*
slav. ljutъ *Brückner 105.* mьčь *neben* mečь *ensis. s.* mač. *r.* mečь,
meča, *ar. sg. gen.* mča: *got.* mēkja-. *as.* māki. mьdlъ *tardus. nsl.*
medel, medloven. *r.* medlitь. *Man beachte* meleda *aufschub. aind.*
mrdu: *aslov.* mudъ *beruht zunächst auf einer w.* mŭd, mądъ *tardus*
auf aind. mand. *aslov.* mądъ *liegt dem rum.* premъnd *procrastino zu*
grunde. mьną, męti *comprimere. r.* minatь. *lit.* minti, *praet.* mīniau.
aind. mnā *aus* manā *in* čarma-mna *gerber. Vergl. r.* mjaka (*aslov.*
meka) in kože-mjaka. lit. minikas. mьnêti, mьnją *putare.* mьn-, *ein-*
mahl mn: usąmnê *zogr.; daher* mętъ *in* pamętъ. pomęnąti *neben* po-
mênąti. pominati. *lit.* minu, menu, minti *neben* manau, manîti. *lett.*
minēt. *got.* man *ich glaube.* gamunan, gaminthi. *aind.* man. *Das nomen*
-mênъ *beruht auf einer i-w., nsl.* spomin *auf dem iterativum* mi-
nati. mьnь: *nsl.* menek, menič *gadus lotta. s. (slav.)* mlić (mlich) *bei*
Linde. r. menь. *č.* meň, mník. *slovak.* mień. *p.* miętus. *ns.* mjenk.
mьrą, mrêti *mori.* umъrуj *ostrom.* umъretъ. umъru. umъrъěь.
umъrъšaego *und* umrêti. umrêtъ. umrêšę; umrъlъ, umrъla *zogr.*
umerъšimi *cloz. 1. 803. und* umъrêti 476. umrъlъ *sav.-kn. 71. und*
umrъša 124. mirati. morъ *mors. nsl.* merjem. *lit.* mirti *aus* merti,
mirštu. *aind.* mar. nъrą, nrêti *ingredi.* nirati. ponorъ. *lit.* nerti
tauchen. naras. *Daneben* nъrg: nyriti. nura. nьzą, *wahrscheinlich*
nisti, *penetrare.* nъz- *zogr.* nizati *infigere.* pronoziti. nožь *neben* nъz:
pronuziti *transfigere. Vergl. auch* nogъtь *unguis, das die bessere*
form ist. lit. nëžêti *jucken ist in bedeutung und form verschieden.*
Ascoli, Studj 2. 167. осьtъ *acetum. got.* akēta-, akeita-. ošьb: ošibь
cauda: w. heb: *vergl.* hob- *in* hobotъ. *griech.* ὄφη *cauda Curtius*
383. pьną, pęti, *mit praefixen, extendere.* pьn-, *einmahl* pъn: ras-
pъnątъ *zogr.* pinati. въpona. pąto *fessel aus* pon-to: *w.* pen. *vergl.*
lit. pinti *flechten.* painioti. pantis *fessel. got.* spinnan, spann *J. Schmidt 2.*
495. Fick 2. 599 verbindet damit auch pьnь *truncus. nsl.* penj. *r.* penь.
p. pień, *sg. gen.* pnia. pьrгъ *piper: griech.* πέπερι. *p.* pieprz. *lit.*
pipirras *und lett.* pipars *sind aus dem slav. entlehnt. lat.* piper. *ahd.*
fefor. pьrati, perą *ferire, calcare, lavare.* popьrana *cloz. 1. 342.*
pirati. *polab.* pàrét *lavare. lit.* perti, periu *baden, eig. schlagen, mit*
dem badequast. Vergleiche aind. sphar, spharati *auseinanderziehen,*
spannen. pьrati, perą *ferri, volare.* pirati. *vergl. lit.* sparnas *flügel.*
aind. parṇa. pьrą, prêti *fulcire.* pirati. podъrorъ. *lit.* spirti, spi-
riu. spardīti. *lett.* spert, speru. spars *schwung.* pьrją, prêti *con-*
tendere. sąpьra *sav.-kn. 51.* pirati. въpьrъ *zogr. Vergl. aind.* prtanā
pugna. pьsъ *canis.* pьsotъ *neben* psi *zogr. nsl.* pes, *sg. gen.* psa.

p. pies, *sg.* gen. psa. *lit. pekus. pr. pecku. got. faihu. ahd. fihu. aind. paśu.* pьzdêti: *nsl.* pczdêti *pedere. klr.* pezďity, bzďity. *lit. bezdêti. lett. bezdēt. Vergl.* prъd. skvьrą, skvrêti. *nsl.* cvrem, cvrêti. *p.* skwarł. skwierać. skwar. stьblo *caulis. nsl.* steblo. *p.* ździebło, zdzbło, dźbło *aus* śćbło. *r.* steblь. *pr. stibinis. lit. stambas, stambras neben stimbras baumstumpf. staibas. stêbas. lett. stabs pfosten.* stebbe. *aind.* stabh, stambh, stambhatē *stützen.* stьgno *femur. klr.* stchno. *p.* scięgno. *ahd. skincho. Vergl. aind. khaṅǵ aus skaṅǵ hinken.* stьlati, stelją *sternere.* postьlašę *zogr.* postelanь *luc. 22. 12.- nik.* stьl- *sav.-kn. 72.* stilati. stolъ. *vergl.* stьrą. stьrą, strêti *sternere.* prostьri. prostьrъ *und* prostьrêtъ. prostьrê *zogr.* prosterь *cloz. 1. 695. 696.* prostъrêti *2. 28.* stirati. storъ. *s.* sterem, sterati. *griech.* στόρνυμι. *lat. sternere. aind. star, strṇōti. Hieher gehört* strana. prostranъ. *Vergl. w.* stri *in* stroj. scrą, sьrati : *nsl.* scrjcm, srati *cacare :* aslov. *nicht nachgewiesen.* štьbьtati *fritinnire. p.* szczebiotać. *Das wort steht hier nicht vollkommen sicher.* šьdъ *qui ivit.* šьlъ. *nsl.* šel, šla *aus* hed, *woher* hodъ, *aind. sad, womit von anderen* šьd *durch* sjad, sjъd *vermittelt wird.* ušidь *fugax beruht vielleicht auf einem iterat.* šidati. *Mit* šьdъ - hodъ *vergleiche man* šьр : šьpьtati *sibilare. s.* šanuti *lispeln aus* šapnuti. šaptati. *č.* šeplati; čьn - konь; (šьb) ošibь - hobotъ. tьlo *pavimentum eig. ‚das festgestampfte'. nsl.* tla. *p.* tło. *pr. talus. aind. tala.* tьma *tenebrae. nsl.* tema, tama. *klr.* temrjava. *p.* ćma. *lit. temti. timsras bleifarbig. tamsa. tamsus. as. thim. aind. tamas, tamisra neben timira. abaktr.* temaṅh. *air.* temel. tьma *numerus infinitus stellt Fick 2. 572 als* tьma *zu* tyti. tьną, tęti : *nsl.* tnem, teti *scindere.* tnachu *fris. ar.* potьną. tinati. *p.* potnę, pociąć. tьn *aus* tьm : *ar.* ašče kto tьmetь dъlžьbita smolnjanina vъ Rizê ili na gotьskomь bêrêzê, to tomu za nь platiti, kto izetjalъ *izv. 601. griech.* τέμνω. tьnьkъ *tenuis. r.* tonokъ. ú *in* cieńki *beruht nicht auf* nь, *sondern auf dem folgenden* k. *Im r.* tonokъ *scheint die zweite auf die erste silbe eingewirkt zu haben, denn* tьnъ *in* tьnъkъ *ist ein u- stamm. lit. tenvas. lett. tīvs. got. thanjan. and. thunnr. ahd. dunni. lat. tenuis. griech.* τείνω. *τανἰς. aind. tanu: w. tan.* tьrą, trêti *terere.* tьrąšte. otьre *zogr.* sъtьreni *cloz. 1. 781.* otьrъši *mariencodex.* tirati. torъ. *lat. tero. griech.* τρ-ύω. *Mit* tьr *hängt* tьl *zusammen :* tьlêti *corrumpi.* istьliti *perdere :* istьlitъ *cloz. 1. 450.* neistьlênenъ *1. 907.* tьzъ, tьzьnъ *cognominis scheint auf dem pronomen* tъžde *zu beruhen. klr.* tesko *verch. 69.* vьl: dovьletъ *sufficit.* dovьlętъ *sufficiunt zogr.* dovьlьnъ *cloz. 1. 585.* dovъlê *734. Vergl.*

velêti. vol- *in* voliti. volja. *lit. velīti. got. viljan. valjan (aslov.* vo-
liti). *griech.* βέλομαι, βούλομαι. *aind. var, varati, vṛṇōti sich er-*
wählen. vьrą, vrêti *claudere.* virati. vorъ. otvoriti. *s.* uvrijeti
inserere. pr. etwert öffnen. lit. verti, veriu auf- und zutun. atverti
auftun. lett. vert, veru. aind. var, vṛṇōti umschliessen. vьrją, vrêti
scaturire, bullire. nsl. vrem, vrêti. virati. vorъ. *lit. virti, verru, verdu.*
zvьnêti *sonare. r.* zvenêtь. *aslov.* zvonъ. zьrją, zьrêti *spectare.* zi-
rati. zorъ. zьr-, zъr-, zr-, *je einmahl* zogr. zьr- *cloz.* stets mit ь. pro-
zьrją, zьręšte, uzьrite *und* zazъrêahą, uzrêvъši zogr. *lit. žěrêti, žě-*
riu schimmern. žiurêti, žiuriu sehen. Damit hängt zrêti *maturescere*
zusammen: in vъzьrêetъ zogr. *befremdet* ь. žьdati, žьdą *und* židati,
židą. žьdêti *exspectare:* žditь *exspectat. nsl.* ždêti *immotum iacere.*
p. ždać *exspectare: w.* ged. godъ *tempus (vergl.* čajati *und* časъ).
klr. pohodyty *warten. lett.* gaidīt *exspectare. lit.* geisti, geidu *cu-*
pere. pr. gēide *exspectant.* žьmą, žęti *comprimere.* žimati. *Fick 2.*
559 vergleicht. aind. ǵāmi *verwandt: man beachte* blizъ *prope und*
lett. blaizīt *quetschen.* žьnją, žęti *demetere.* žinati. *Vergl. lit.* geniu,
genêti *asteln. žьrą,* žrêti *vorare. nsl.* žerjem, žrêti. žirati. *lit. gerti,*
geriu trinken. aind. gar, girati. žьrą, žreti *sacrificare.* žьrêahą zogr.
požьri *cloz. 1. 311.* žirati. *lit. girti, giriu rühmen. pr. gir-snan acc.*
lob. aind. ghar, gṛṇāti anrufen.

    Hier mag auch znati *noscere erwähnt werden, das wie das lit.*
pažinti, žinoti, žinau. lett. zināt. *pr.* sinnat *zeigt, einst* zьnati *aus*
genati *gelautet hat: vergl. abaktr.* zan. *got.* kun *in* kuntha-. *air.*
gen *neben aind.* ǵ́ā́. *griech.* γνω. *lat.* gno. *ahd.* knā. *air.* gna *in*
gnath *bekannt.*

    Über die schreibung der worte wie bьrati *vergleiche A. Leskien,*
Die vocale ъ *und* ь *usw.* 77.

    8. *Ursprachliche a-formen sind slav. i-formen geworden in* blьsk:
blêskъ, blьskъ *splendor. lit.* blizgu, blīskiu. *aind.* bhrāǵ, bhrāǵatē.
Vergl. lьštati sę *von* lьsk. sk *in* blьsk *ist aus* zg *hervorgegangen,*
wie aus brêzgъ *erhellt.* mьn : mьnêti, mьnją *putare.* mьn, *ein-*
mahl mn *in* usąmnê zogr. *Den beweis, dass* blьsk *und* mьn i-w.
sind, bilden die nomina blêskъ *und* mênъ *in* pomênъ, mêniti, *da*
nomina nicht auf dehnung, sondern auf steigerung beruhen, und
die steigerung ê *ein* i *voraussetzt; doch gibt es von* mьn *auch a-*
formen: pamętь *aus* pamentь *usw. Vergl. J. Schmidt 1. 11; 2.*
476. 495. Eigentümlich ist scêpiti *findere, das mit der w.* skep
zusammenhängt, žaliti *lugere neben* žьlati. *Die verba iterativa aller*
wurzeln, in denen ь *aus* e, a *entsteht, werden scheinbar von i-formen*

gebildet, so dass neben morъ *aus* mer (mrêti *aus* merti), mirati
wie aus мьr (мыrą) *besteht. Man könnte diese differenz aus dem
nicht hohen alter der verba iterativa erklären wollen. Es ist indessen
sehr wahrscheinlich, dass* mirati *auf einem älteren* mêrati *beruht,
wie* pogribati *für und neben* pogrêbati *aus* greb *besteht: dafür
spricht, dass dem* i *der formen wie* mirati *in den lebenden sprachen
der reflex nicht nur des* i, *sondern auch des* ê *gegenübersteht. Darüber
wird unter dem* a-vocal ê *gehandelt.*

2. tert wird trъt (trt) oder trêt.

Die lautgruppen tert, telt, *d. h. alle lautgruppen, in denen auf*
er, el *ein consonant folgt, bieten den sprachorganen einiger slavischen
völker schwierigkeiten dar, sie werden daher gemieden und A) da-
durch ersetzt, dass der vocal* e *schwindet, wodurch* r, l *silbenbildend
werden; B) dadurch, dass bei der metathese des* r, ·l *der vocal* e
gedehnt, d. h. in ê *verwandelt wird. Das klr., wr., r., p., os., ns.
haben den vocal bewahrt:* urslavisch berdo: *aslov.* brъdo, *d. i.* brdo.
r. berdo. *In den unter* B) *fallenden worten hat das klr., wr., r.
zwischen* r, l *und den folgenden consonanten ein* e *eingeschaltet:* ver-
teno: *aslov.* vrêteno. *r.* vereteno.

A. *Ursprachliches* bargha (bhargha), *aind.* *barha, *wird ur-
slavisch* berzъ, *daraus aslov.* brъzъ *citus d. i.* brzъ. *nsl., kr., s., č.,
ehedem auch b.* brz. *Ursprachliches und aind.* marǵ *wird lit.* melž,
urslavisch melz, *daraus aslov.* mlъzą *mulgeo, d. i.* mlzą; *nsl.* mou-
zem, muzem; *s.* muzem *aus* mlzem. *B. Ursprachliches* marti *wird
urslavisch* merti, *daraus aslov.* mrêti *mori: nsl.* mrêti. *Ursprach-
liches* parna *wird aind.* paṇa *lohn aus* parṇa, *lit.* pelnas, *urslavisch*
pelnъ, *daraus aslov.* plênъ *praeda; nsl.* plên.

A. tert *wird* trъt (trt).

brъzъ *citus. r.* borzyj. četvrъtъ *quartus. r.* četvertyj. *lit.*
ketvirtas. črъpati *neben* črêpati *haurire. r.* čerpatь. črъtati *in-
cidere. r.* čerta. *lit.* kertu *vb. aind.* kart. črъvь *vermis. r.* červь.
aind. krmi *aus* karmi. dlъgъ *longus. r.* dolgъ, dologъ. *aind.* dīr-
gha. *urspr.* dargha. drъg: drъžati *tenere. r.* deržatь. drъzъ
audax. r. derzkij. glъkъ *tumultus. r.* golkъ. *p.* giełk. grъlo
guttur. r. gorlo. *p.* gardło: grъlo *ist urslavisch* gerdlo, *w.* ger.
aind. gar *schlingen.* grъstь *pugillus. r.* gorstь. *p.* garść, *w.* gert.
krъkъ *collum. p.* kark. *aind.* krka *kehlkopf.* krъnъ *mutilus. r.*

kornyj. *urspr. karna.* aind. *kīrṇa. w.* ker, aind. *kar.* krъъ: *č.*
krъati *deficere.* aind. *karś abmagern, krśa mager.* mlъknąti *conti-*
cescere. r. molčatь. *p.* milczeć. *aind. marč.* mlъnij *fulgur. r.*
molnija. *aind. w. marṇ zermalmen.* mrъg: *r.* morgatь *winken. lit.*
mirgêti flimmern. w. merg. mrъknąti *obscurari. lit. merkti. w.*
merk. mrъtь: *vъmrъtь mors. lit. mirtis. urspr. marti. aind. mrti,*
w. mer. mrъvica *mica. klr.* merva. *w.* mer, *suff.* va. mrъznąti
congelari. r. merznutь. mrъznąti *abominari. r.* merzitъ. plъkъ
turba. r. polkъ. plъzą, plêzą *repo.* prъd: *nsl.* perdêti *pedere.*
aind. **pard, parda. griech.* πέρδω. prъga χίδρα. *r.* perga. prъh:
nsl. prhati *salire, volare.* prъsi *pectus. r.* persi. *aind. parśu.*
prъstъ *digitus. lit. pirštas. r.* perstъ. *Vergl. aind. sparś berühren.*
prъvъ *primus. r.* pervyj. *urspr. parva. aind. pūrva.* smrъdêti *foe-*
tere. r. smerdêtъ. *p.* śmierdzieć. srъdьce *cor. r.* serdce. *p.* serce.
Für die baltischen und slavischen sprachen und für das armenische ist
als urform śard anzusehen. srъpъ *falx. r.* serp. *p.* sierp. *griech.*
ἅρπη. *lat. sarpere.* stlъpъ *columna. r.* stolpъ. *p.* stłup, słup. strъgą,
strêgą *custodio. lit. sergu.* strънь *stipula. r.* sternja. svrъbъ
scabies. r. sverbъ. svrъčati *sonum edere. lit. švirkšti.* štrъbina
fragmentum. aind. kharba aus skarba. tlъką *pulso. r.* tolku.
trъgati, trъzati *vellere. r.* torgatь, terzatь. trъnъ *spina. r.* ternъ.
trъpnąti *torpere. r.* terpnutь. *lit. tirpti.* vlъgъkъ *humidus. r.* volg-
nutь. *lit. vilgîti.* vlъką *traho. r.* vleku, voloku. *lit. vilkti.* vlъkъ
lupus. r. volkъ. *p.* wilk. *lit. vilkas.* vlъna *fluctus. r.* volna. *lit.*
vilnis. vrъba *salix. r.* verba. *p.* wierzba. *lit. virbas rute.* vrъgą
iaciam. r. vergatь. *p.* wierzgać. *Vergl. aind. varǵ wenden.* vrъhъ
cacumen. r. verchъ, verьchъ. *p.* wierzch. *aind. varśman das oberste.*
w. vers. vrъkati, vrъčati *sonum edere. lit. verkti.* vrъsa: *klr.*
vorsa *pilus. aind. etwa vrsa nach dem abaktr. vareśa haar.* vrъtêti
circumagere. r. vertêtъ. *aind. vart.* vrъzą *mit praefixen ligare, sol-*
vere. r. zlъva *glos. r.* zolva. *p.* żełwica, żołwica. zrъcalo *speculum.*
r. zercalo. zrъno *granum. r.* zerno. *lit. žirnis. ahd. chorn, kёrno.*
žlъčь, zlъčь *bilis. r.* želčь. žlъna *galbula. r.* želna. *p.* żołna. *lett.*
dzilna. žlъtъ *flavus. r.* želtyj. *lit. geltas.* žrъny *pistrinum. r.*
žernovъ. *lit. girnos. got. qvairnu-. Seltener als aus* tert *entsteht die*
form trъt (trt) *aus* tret: *vergl.* grъmêti *tonare aus* grem-, *woher*
gromъ. *Hieher gehört auch* grъkъ *graecus. Ein* rъt *aus* ert *scheint*
nicht vorzukommen. Vergl. meine abhandlung ‚Über den ursprung
der worte von der form aslov. trъt‘. *Denkschriften, Band XXVII.*

B. tert *wird* trêt.

brêgъ *ripa*. *r.* beregъ. brêmę *onus*. *r.* beremja *neben dem unvolkstümlichen* bremja. brêza *betula*. *r.* bereza. brôžda *praegnans*. *r.* bereza. črêda *grex*. *klr.* čereda. črêpъ *testa*. *r.* čerepъ. črêšnja *cerasus*. *r.* čerešnja. črêtъ: *nsl.* črêt *sumpfige waldung*. *r.* čeretъ. črêvo *venter*. *r.* čcrevo. drêvo *arbor*. *r.* derevo. mlêti *molere*. *r.* moloth *aus* moltь: *hier tritt der wechsel von* e *und* o *ein*. mrêža *rete*. *r.* mereža. plêpelica *coturnix*. *r.* perepelъ. slêzena *splen*. *r.* selezënka. srêda *medium*. *r.* sereda. srênъ: *nsl.* srên *pruina*. *r.* sercnъ. strêgą, strъgą *custodio*. *r.* steregu. strêti *extendere*. *r.* stereth. tetrêvь *phasianus*. *r.* teterovъ. trêbiti *purgare*. *r.* terebitь. trêmъ *turris*. *r.* teremъ. vrêdъ *lepra*. *r.* veredъ. vrêsъ: *nsl.* vrês *erica*. *r.* veresъ. vrêtište *cilicium*. *r.* veretišče. žlêdica *schneeregen*. *klr.* oželeda. žlêza *glandula*. *r.* železa. žlêzo, *daraus* želêzo *ferrum*. *r.* želêzo *für* železo. žrêbę *pullus equi*. *r.* žerebcсъ. žrêlo *guttur*. *r.* žerelo. *Ebenso* rêdъ *in* rêdъkъ *rarus aus* erdъ, *wie das lit.* erdvas *zeigt*. *Vergl. meine abhandlung:* ‚Über den ursprung der worte von der form aslov. trêt und trat.' *Denkschriften, Band XXVIII*.

Bei diesen formen ist von einem urslavischen tert, telt *auszugehen, worauf vor allem die formen* trъt, *d. i.* trt, tert, tert; tlъt, *d. i.* tlt, telt, telt *beruhen. Diese verteilen sich nach drei zonen, von denen die zone A) das sprachgebiet der Slovenen, der Chorvaten und Serben und das der Čechen, daher die slovenische, d. i. die alt-, neu-, dakisch- und bulgarisch-slovenische, die kroatische, serbische und čechische sprache umfasst; die zone B) begreift das sprachgebiet der Russen, daher die gross-, klein- und weissrussische sprache; in die zone C) fällt das sprachgebiet der Polen mit den Kaschuben, der Polaben, die unter dem namen Lechen zusammengefasst werden können, und der Sorben (Serben), daher die polnische sprache mit dem kaschubischen, das polabische, das ober- und das niederserbische. In A) schwindet der vocal* e, *der sich in B) und C) erhält, daher* vert, *in A) aslov.* vrъtêti, *d. i.* vrtêti. *nsl.* vrtêti *usw.; in B) r.* vertеtь *usw.; in C) p.* wiercieć *usw. Vergl. oben seite 29. Aus urslavischem* tert, telt *entstehen, vielleicht durch den einfluss des accentes, auch die formen* trêt, teret, tret; tlêt, telet, tlet. *In A) tritt metathese des* r, l *und dehnung des* e *zu* ê *ein, während in B) zwischen* r, l *und* t *der vocal* e *eingeschaltet und in C) der ursprüngliche vocal* c *metathesis erleidet, daher* bergъ *in A) aslov.* brêgъ, *nsl.* brêg *usw.*

In B) r. bcregъ *usw. und in C)* brzeg *für* breg *usw., das aus*
bereg *nicht erklärt werden kann: daraus entstünde p.* bierzeg.

3. ent wird ęt.

1. Der buchstabe ę, **ѧ**, *heisst im alphabete* ję, *der buchstabe* ą,
ѫ, *hingegen* ją, *was die Griechen durch* ἰέ, ἰὲ *wiedergeben. Das abece-*
narium bulgaricum weist mit unrecht dem ją *den namen* hie *zu: dass*
durch hie *etwa der laut* bulg. jъ *aus* ją *bezeichnet werde, ist schon für*
das IX.—X. jahrhundert nicht unmöglich.

2. Dass ę *und* ą *wie nasales* e *und* o, *d. i.* e *und* o, *denen*
der nasenton mitgeteilt ist (Brücke 66), ausgesprochen wurden, ergibt
sich aus folgenden tatsachen: α) *in den aus dem griechischen stam-*
menden worten entspricht ę *dem* e, i *mit folgendem* n, m; ą *hingegen*
dem o, a, u *mit folgendem* n, m: oksiręhь ὀξύρυγχος *pat.-mih.* de-
kębrь Δεκέμβριος *sup. 420. 24.* nojębrь νοέμβριος. septęvrij, septębrь
σεπτέμβριος. oktębrij, oktębrь ὀκτώβριος, *nach dem vorhergehenden.* pę-
tikosti πεντηκοστή *pat.-mih. ostrom;* drągarь *drungarius, qui drungo*
seu turmae militari praeest, von δρούγγος *drungus: die Griechen haben*
das wort von den Lateinern, diese von den Deutschen erhalten. frągъ
φράγγος *prol.* ląginъ λογγῖνος *ostrom.* archimądritъ ἀρχιμανδρίτης *pat.-*
mih.; aus κωνσταντίνος *wird* kъsnętinь *adj. sup. 146. 2; 148. 12;*
149. 5; 206. 27; 207. 1. Umgekehrt entspricht dem ę *slavischer*
worte im griechischen eine mit n *oder* m *schliessende silbe:* svętoplъkъ
σφεντόπληκτος *in der vita Clementis 8 usw. Man vergleiche ausserdem*
ląšta *mit lancea,* trąba *mit it. tromba.* β) *in dem gleichen verhält-*
nisse wie das griech., befindet sich das deutsche zum aslov.: kъnęzь, *ahd.*
kuning. pênęgъ, *ahd. phenning.* štelęgъ, sklęzь, *ahd. skillinc, got. skil-*
linga-. useręgъ, *got. ausan- und* *hrigga-. *Man vergleiche* kladęzь
puteus, das wohl mit einem deutschen namen auf ing *zusammenhängt.*
vitęzь *heros, das mit dem anord. vikingr zusammenzustellen ist: pira-*
tae, quos illi withingos appellant Adam Bremensis. Das r. jagъ *in*
korljagъ: korljazi. varjagъ *entspricht aslov.* ęgъ *aus deutschem ing:*
ahd. charling. anord. væringr. mlat. varingus. mgriech. βάραγγος.
jatvjagъ *bei Nestor, name eines den Litauern verwandten volksstammes*
(jednego z Litwą języka), entspricht dem jazwingi *polnischer chronisten,*
p. wohl *jaćwiądz, *wofür als collect.* jaćwiże *aus dem wr. oder klr.*
Linde 2. 249. Zeuss 677. hądogъ *peritus ist got. handuga-.* pągva
corymbus, got. pugga- oder puggi-. velьbądъ, *got. ulbandu-.* sąbota *ver-*
rät ahd. einfluss: sambaz in sambaztag. got. plinsjan aus plensjan ist
aslov. plęsati. *got. kintus entspricht aslov.* cęta. *Der name des*

mährisch-slovenischen fürsten, der bei Cosmas svatopulch heisst, entbehrt in den gleichzeitigen quellen nie des nasals: zuventapu 879. sfentopulcho 880. zventopolcum usw. zuuentibald im salzburger verbrüderungsbuch. santpulc Aquileja, wo auch sondoke vorkömmt, etwa sѫdъ. γ) dasselbe gilt vom rumunischen: oglindъ speculum: ględati. lindinъ loca inculta: lędina. sfinci sacrare: svętiti. respъntie bivium: raspątije. sъmbъtъ sabbatum: sѫbota. tъmp obtusus: tѫpъ. Auf rumun. lautgesetzen beruhen rъnd series: rędъ. sfъnt sanctus: svętъ, während munkъ labor, mѫka, auf magy. munka zurückgeht. Vergl. lunkъ. porunkъ. pungъ mit aslov. lѫka. porѫčiti. pѫgva. δ) die slavischen worte im magy. bestätigen gleichfalls die nasalität von ę und ѫ: ménta mentha: męta. péntek dies veneris: pętъkъ. rend ordo: rędъ. szent sanctus: svętъ. bolond stultus: blѫdъ. korong circulus: krѫgъ. szombat sabbatum: sѫbota. galamb columba: golѫbь. parants praeceptum: porѫčiti. munka labor: mѫka; gúzs vimen, aslov. gѫžvica, ist s. gužva. Die art und weise, wie griechische worte im aslov. und wie aslov. worte im griech. transscribiert werden; die form der deutschen worte im sloven., so wie der sloven. im deutschen; endlich die form der aus dem sloven. in das rum. und das magy. aufgenommenen worte spricht demnach für die nasale aussprache der buchstaben ę und ѫ. Dieses resultat wird auch durch den umstand bestätigt, dass die vocale ę und ѫ sowohl in den wurzelhaften bestandteilen der worte als auch in den stamm- und wortbildenden suffixen mit n oder m schliessenden silben der verwandten sprachen gegenüberstehen: pętь quinque. aind. paṅkti. lit. penkti. ѫgљь carbo. aind. aṅgara. lit. anglis usw. ę und ѫ sieht man im aslov. aus mit n oder m schliessenden silben entstehen: čęti aus čьnti, čenti, praes. čьnѫ. dѫti aus dъmti, domti, praes. dъmѫ usw., daher Ѫ glagoletь sę gugnivo izvêst. 4. 257. Von den slavischen sprachen kennen den nasalismus das polnische mit dem kašubischen und das polabische, ferner das slovenische, d. i. die sprache jener Slaven, welche, im sechsten jahrhundert am linken ufer der unteren Donau sitzend, bei Prokopios und Jornandes σκλαβηνοί, sclaveni hiessen: von diesen zog ein teil über die Donau nach dem süden und erhielt da nach einem den Hunnen und den Türken verwandten volke den namen Bulgaren; ein anderer wanderte nach dem westen und drang in die norischen alpen: die sprache dieser Slovenen, die man die norisch-slovenische nennen könnte, bezeichne ich als die neuslovenische; ein teil setzte sich in Pannonien fest und verbreitete sich über die Donau an den fuss der Karpaten: die sprache dieser Slovenen heisst mir altslovenisch, man könnte sie pannonisch-slovenisch nennen; ein

*teil endlich behielt seine sitze: die sprache dieses teils mag dakisch-
slovenisch genannt werden.* Alle vier dialekte des slovenischen be-
sassen noch in historischer zeit die nasalen vocale. *Das altslovenische
hatte sie bis zu seinem erlöschen nach dem einbruch der Magyaren
gegen ende des neunten jahrhunderts; das dakisch-slovenische bewahrte
sie bis zu seinem aussterben zu anfang unseres jahrhunderts. Das neu-
slovenische hat in seinem ältesten, aus dem zehnten jahrhundert stam-
menden denkmahl spuren des nasalen vocales* ą: sunt sątъ; poronso
porącą; mogoncka (mogouka) mogąšta *neben* zodni sądьny; mo
für mą, moją; prigemlioki prijemljąšti; moki mąky; boido poidą;
vosich vążihъ; musenik *neben* mosenik mąčenikъ; choku hoštą;
für ę *steht in dem freisinger denkmahl* en *nur einmahl:* v uensih
vъ vęštъšihъ, *sonst* e: spe sъpę; zveta svęta, *während in einer ur-
kunde kaiser Arnulf's von 898* zwentibolh *für* svętoplъkъ *zu lesen ist.
Spuren des nasalismus finden sich im nsl. noch heutzutage:* dentev,
dentve *für* detelja, *p.* dzięcielina, *in Canale;* miesenc *rês. 58.* me-
senc *neben* mesec, venet. miesac, *aslov.* mêsęcь; žvenk, zvękъ; *im
Gailtale* (v zilski dolini) *Kärntens spricht man noch* lenča lęšta;
ulenči, ulęžem, *aslov.* lęg, leg; srcnčati **sъ̨ręštati für* sъrêsti, *praes.*
sъręštą; venč vęšte. *Vergl.* mencati conterere mit *aslov.* mękъkъ. *Der
ortsname, der aslov.* ląka *(Lak in Krain) lautete, findet sich in folgenden
formen:* lonca *973.* lonka *1074.* lonca *1215.* lonk *1230. 1278.*
lonke *1283 neben* loka *1248. 1253.* lok *1251. 1252. 1253. 1257.
1268. 1280. ebenso* lovnca *in Istrien 1067.* lonk *in Steiermark 1181.
Vergl. Muchar 2. 57. Aus dem gesagten ergibt sich, dass im nsl. die
nasalen vocale nicht wie mit einem schlage vernichtet worden, sondern
allmählig geschwunden sind: den ausgangspunkt der verderbniss, wo-
durch* ę, ą *in* e, o *übergiengen, kann ich nicht angeben, wohl aber
geht aus den obigen tatsachen hervor, dass sich in einigen gegenden
die nasale in einer grösseren anzahl von worten, überhaupt namentlich
in den aus der masse des wortschatzes einigermassen heraustretenden
eigennamen erhalten haben. Man wird nicht fehlen, wenn man an-
nimmt, dass schon im neunten jahrhunderte, im zeitalter der wirksam-
keit der Slavenapostel in Pannonien, das nsl., d. i. das norisch-sloven.,
die nasalen vocale nur in einzelnen worten kannte. Wer dasselbe vom
bulgarischen annimmt, wird von der wahrheit nicht weit abirren. Es
ist zu constatieren, dass nasale formen im bulgarischen in alter zeit
nicht selten sind; aus der lebenden sprache fehlen uns zur zeit
verlässliche angaben: aus alter zeit sind anzuführen:* σουνδίασκον, σουν-
δέασκον, σουντιασκές, *aslov.* *sątêska, *as.* sutêska, *in einer urkunde von*

1020. sfentogorani, *aslov.* * svętogorjane, *von 1274.* σφεντίσθλαβος, σφενδόστλαβος *bei Pachymeres und Kantakuzenos, aslov.* svętoslavъ. πρωτοκνένζη, *einem aslov.* protoknęzi *entsprechend. C. Sathas, Biblio-theca I. 234.* ζόμπρος, ζούμπρος, *aslov.* ząbrъ. *V. Grigorovič erzählt, er habe in der nähe von Ochrida und Bitolja in einigen worten nasale vernommen:* mъndr, da bądeš (*wohl:* bъndeš) živ: *aslov.* mądrъ, da bądeši živъ. *Derselbe will in Dibra und bei Saloniki o für ą wie im nsl. gehört haben. Nach anderen wird bei Kostur und in der Dibra* mondro, ronka, mъndro, rънka *gesprochen. Die Pomaken, muhammedanische Bulgaren im gebirge Rhodope, sprechen dem ver-nehmen nach* rънka *für aslov.* rąka. *Von ortsnamen werden angeführt* longa, *wofür ein anderer reisender* leko, *wohl* lънga, lъga, *gehört hat.* lag *neben* lenk, *d. i.* lънg. dambovo *usw. Heutzutage findet man demnach spuren nasaler vocale in einzelnen wörtern im südwest-lichen Macedonien. K. J. Jireček, Starobulharské nosovky im Časopis 1875. 325. Man beachte in der heutigen sprache* grendi puljes *2. 45.* jarembicъ milad. *387 neben* gerebicъ *419.* pendeset, deven-deset *und aus prol.-rad.* čendo. pen'desetъ, pen'desetorica; *ferner aus dem späten griechisch* λόγγος *für* lągъ *und unter den slavischen ortsnamen Griechenlands* λογκά ląka: κακινόβχ *in Epirus und* kapi-njani *in Macedonien sind* kъp- *aus* kąp-; *ngriech.* γρέντχ *für aslov.* gręda *ist wohl* ghréda, *der ortsname* λιχντίνχ *für aslov.* lędina *wohl* ljadina *zu lesen. Die entwickelung der nasalen vocale im bulg. ist die, dass aus* ę (en) e, *aus* ą *zunächst* ъn, ъ *geworden ist. Formen wie* mondro, modro *sind demnach für die heutige sprache wenig wahr-scheinlich; selbst in älterer zeit mag dem* ογγ *in* λόγγος *bulg.* ъng *entsprochen haben: dem* sombota *bon., so wie dem* sobota *lam. 1. 37. stehen* skąndelnikъ, skąndelъni, skąndelънêhъ *rom. 9. 21; 2. tim. 2. 20; 2. cor. 4. 7.* slêpč. *Sreznevskij, Pamjatniki 115. a und* sънgraždane *apostol.-ochrid. 98. a gegenüber und zeugen für die aus-sprache* ъn, ъ *gegen* on, o. *In entlehnten worten findet man* ęn *und* ąn: kostęn'tinъ *ostrom.* konstęntinê grada *cloz. II. 24.* pęn'tikostiinъ *ostrom.* dekęmbrъ *sup. 216. 12.* arhimąndritъ *pat.-mih.* pąn'tъ-skumu *πωντικῶ zogr.* pąntъstêmъ *sup. 131. 2 und das oben ange-führte* skąnd-. *Aus diesen tatsachen ergibt sich für mich als resultat die ansicht, dass im neunten jahrhunderte ein aslov. text mit regel-rechtem gebrauche der nasalen vocale weder bei den Slovenen Noricums noch bei denen Bulgariens entstehen konnte.*

3. en, em *kann weder im auslaute noch vor consonanten stehen, dasselbe geht in beiden füllen in* ę *über:* imę *aus* imen. načęti *aus*

načenti, načьną. *Dieses gesetz gilt auch in den entlehnten worten:* dekǫvrij δεκέμβριος *usw.; koleda ist calendae, καλάνδαι. Metathese ist eingetreten in* Bιγνῖκος *der vita Clementis aus Wiching, wofür man etwa* vihęgъ, vihęzь *erwarten möchte. Dass dessen ungeachtet* jemlją *gesagt wird, hat seinen grund wohl darin, dass diese form in ziemlich später zeit aus* jemьlją, jemiją *entstanden ist; so ist auch* lomlją *aus* lomьlją, lomiją *zu beurteilen.*

4. *Dem aslov.* ę *und seinen reflexen in den anderen slavischen sprachen liegt* en *aus älterem* an, d. i. a_1n, *zu grunde.* en *ist demnach als urslavisch anzusehen. Dass in der tat* ę *aus* en, *nicht etwa aus* in *entstanden ist, ergibt sich daraus, dass aus* imen *der sg. nom. acc.* imę *hervorgeht, während sich aus* pęti-ns *als pl. acc.* pęti, *nicht* pętę, *aus* ἐρέβινθος revitъ, *aus* πλίνθος plita *neben* plinъta, *aus* mensa, *wohl zunächst* minsa, misa *(Vergl. J. Schmidt. 1. 80—85.) ergibt, so wie daraus, dass* i *vor* n *manchmahl in* e *verwandelt wird: aslov.* korentъ *(pride* vъ korentъ slěpč. *129.) corinthus. aslov.* jendikti *indictio. kr.* pengati *pingere mar. Vergl. lit. enkaustas Bezzenberger 58. Wenn daher die III. pl. praes. von* moli - molętъ *lautet, so beruht dieselbe zunächst auf* molentъ; *ebenso ist* gorętъ *zu erklären. Hinsichtlich der entwickelung des urslav.* en *im auslaute und vor consonanten zerfallen die slav. sprachen in zwei reihen. In der ersten geht* en *in* ja *über: dies geschieht im čech., oserb., nserb. und in den russ. sprachen, daher* č. pět *quinque, dem slovak.* pät *gegenübersteht. os.* pjeć. *ns.* pješ *aus* pjat *usw. r.* pjatь *für aslov.* pętь *aus* pentь, penktъ, *aind. pankti. Wie* ja *aus* en *entsteht, ist schwer zu erklären: vielleicht ist* e *durch ersatzdehnung für das geschwundene* n *zu* ê *geworden, aus dem sich* ja *hier ebenso entwickelt hat wie* ja *in* ičazati *für* ičêzati, *das auf* ičez- *beruht. Freilich (und dies kann gegen diese ansicht geltend gemacht werden) sind die ferneren schicksale des* ja *für* ê *aus* e *von denen des* ja *für* ê *aus* en *verschieden: aus* trъpjati *wird aslov.* trъpêti, *während sich* r. pjatь *aus* penti *unverändert erhält. Nach* j *und* č, ž, š *bieten beide lautreihen im r. usw. dasselbe gepräge: aslov.* stojati, *r.* stojatь; *aslov.* jęti, *r.* jatь. *Zur behauptung, der unterschied liege in dem relativen alter der formen, fehlen gründe. In der anderen reihe slav. sprachen trat an die stelle des* en *das nasale* ę: *es geschah dies im poln. so wie im kašubischen und polabischen, im slovenischen, d. i. im pannonisch-(alt-), norisch- (neu)-, dakisch- und bulgarisch-slovenischen und im kroat. und serb., daher p.* pięć. *aslov.* pętь. *nsl. usw. pet. Hier unterscheiden sich kroat. und serb. von den anderen sprachen derselben*

reihe dadurch, dass sie schon sehr früh ę durch e ersetzt haben, indem in historischer zeit nur die form pet *nachgewiesen werden kann: s.* pêt, *während in den anderen sprachen* ę *seinen nasenton erst in historischer zeit eingebüsst, im aslov. und im dakisch-slov. ihn bis zum aussterben dieser sprachen bewahrt hat. Wenn im poln. für ursprüngliches* en *nicht nur* ię *sondern auch* ią *steht, so ist dies folge der eigentümlichen lautgesetze des poln. Das nsl. scheint in dem dem aslov.* ę *entsprechenden* e, *das sowohl von dem* e *in* pletem *als auch von* ê *in* pêti *verschieden ist, eine erinnerung an den einstigen nasal bewahrt zu haben:* pet quinque, *aslov.* pętь, *und* pet, *pl. gen. von* pęta, *aslov.* pęta calx, *lauten ganz gleich:* e *für* ę *ist gedehnt. Noch im zehnten jahrhundert findet sich* ę, *ja einzelne worte mit nasaliertem* e *existieren selbst heute noch. Das nsl. nähert sich im äussersten westen seines gebietes den sprachen erster reihe. Man hört nämlich im Görzischen:* čati: počati. začati, *aslov.* čęti. gladati (jutro zjutri vas bom pogladala), *aslov.* ględati. grad (gram, naj grajo pogladat. kam pa graste?), *aslov.* gręd. jati: vzati, *aslov.* jęti. jatra, *aslov.* jętra. klati (mati je otroka zaklala), *aslov.* klęti. pata, *aslov.* pęta. zabsti (v noge me zabe), *aslov.* zęb. žajen, *aslov.* žęždьnъ. senožat, *aslov.* sênožętь. *Man beachte auch* razati *für aslov.* rêzati. *Auch im kroat. steht nach* j, č, ž *oft a für aslov.* ę: jati, podjati, ujati, *aslov.* jęti. čado, *aslov.* čędo. čati: počati. počalo *neben* počelo, *aslov.* čęti. počelo. žadja, *aslov.* žęžda. *Dass das čech. im neunten jahrhunderte nasale gehabt habe, ist ein irrtum: auch den prager fragmenten sind die laute* ę *und* ą *fremd.*

5. Die ǫ enthaltenden formen. a) Wurzeln. agnędъ *populus nigra. nsl.* jagned. *s.* jagnjed. *ač.* jehněd *palma matz. 17, der* agnę *vergleicht. Das wort ist dunkel.* blędą *deliro, nugor. nsl.* bledem, blesti: *lit.* blend: blęsti *s sich verdunkeln. lett. blendu sehe nicht recht. blinda unstäter mensch. blŭdu schwatze. got. blinda-.* bręknąti *sonare. nsl.* brenkati. *s.* brečati. *r.* brenčatь. brjakatь. *č.* břinčeti. bručeti. *p.* brzęczyć. *os.* brunkać. *lit. brinkšteréti. mhd. brehen J. Schmidt 2. 336.* bręzg *in* bręznąti *sonare. r.* brjazžatь: *vergl. lit. brizgêti.* cęta numus. klr. *ćatka. r.* cata. *č.* ceta. *p.* cętka. *got. kintus: lit. cêta ist entlehnt. vergl. matz. 23.* čędo *infans. Man merke* isaakь sarino čendo *im serb.-slov. prol.-rad. 18. ahd. kind. čędo ist ein dunkles wort: matz. 24. vergleicht aind. kandala germen.* čęp: *vergl. č.* čapnuti *mit lett. kampt fassen; nsl.* čepěti *mit č.* čapěti *hocken.* čęstъ *densus: lit. kimštas gestopft. kemšu, kimšti; kamšiti stopfen.* čęstь *pars wohl aus* sčęstь: *vergl. aind.*

chid, chinatti spalten. abaktr. *ščid, ščindajěiti.* čęti *in* počęti, počьną *incipere:* vergl. konati. dčka *in p.* dziȩk, dziȩka. *č.* díka, děk, *lit. děka, pr. dinckun acc., sind entlehnt: nhd. dank.* desętь *decem: lit. dešimtis. got. taihun. aind. dašati f.* δεκάς *aus dašan, urspr.* dakam *Ascoli, Studj critici 2. 232. 234.* devętь *novem: lit. devīni. devintas. pr. nevīnts neunter. aind. navan.* abaktr. *navaiti f.* ἐννέας. *urspr. navam Ascoli, Studj critici 2. 234.* dętelja: *nsl.* detelja, *im fernsten westen* dentev, *klee. p.* dzięcielina *usw.* dętlъ, dętelъ *picus: lett.* demu, dimt *sonare.* dręb: *r.* drjabnutь *flaccescere.* drjablyj: *vergl. lit. drimbu, dribti herabhangen. drambalus schmeerbauch.* dręselъ, dręhlъ, dręsъkъ *tristis: vergl. lit. drumsti trüben.* dręzg-: *r.* drjazgъ *limus: vergl. lit. drumzdinti trüben. drumstas bodensatz, hefe Geitler, O slovanských kmenech na u 96.* dręzga, dręska *silva.* ględêti *spectare. ahd. glizan. mhd. glīzen, glinzen.* gręda *trabs. nsl.* greda *iz drevcsa trub. r.* grjada. *p.* grzęda. *magy. gerenda. ngriech.* γρέντα, γρεντιά. *lit. grinda; granda: vergl. grendu schinde, daher* gręda *cig. etwa ,geschälter stamm'. grindžiu, gristi dielen kursch. 322. pr. grandico bohle. grandis grindelring: nsl.* gredelj *scapus aratri. č.* hřídel. *p.* grządziel. *magy. gerendely ist fremd: ahd. grindil.* grędą *eo. got. gridischritt.* gręznąti *immergi.* gręza *coenum. nsl.* grezь *f. klr.* hrjaž: *lit. grimsti, aor. grimzdau, immergi. gremsti, aor. gremzau. gramzditi, gramzdinu immergere.* hlębь *catarrhacta. vergl. r.* chljabatь *crepare. Geitler, Lit. stud. 71, vergleicht das r. wort mit lit. šluboti hinken, das vielleicht für šlub- stehe. Man denkt auch an lit. klumboti vacillare.* hlęd *in* ohlęnąti *debilem fieri.* ohlędanije *negligentia.* hręst: *p.* chrzęstnąć *sonum edere. r.* chrjastnutь, chrjasnutь. *klr.* chrustity: *vergl.* hrąstъ. hręstъkъ *cartilago. p.* chrzęstka, chrząstka. *klr.* chrjašč, chrjastka, chrustka. *r.* chrjaščь *neben nsl.* hrustancc. jarębь *perdix. nsl.* jercb. *b.* jarembicъ *milad. 387. neben* gerebicъ *419: vergl.* erebičice *rebum šarcna 443: lit. jêrubê, êrubê ist wohl entlehnt. lett. irbe. ja ist wahrscheinlich das aind. ā in ā-nīla bläulich.* jęb: *so würde aslov. der anlaut des r.* jabedьnik *magistratus genus, rabula, aus dem anord. embætti lauten, das ahd. ambahti entspricht. klr.* jabeda *calumnia bibl. I.* jęčaja ἀγή *iunctura: slêpč. wird* ęčъja, *sonst* jačaja *geschrieben. Das wort ist dunkel.* jęčьmy *hordeum.* jędê *prope, unrichtig* ądê: jędêčędьcь σικαχός. *got. innakunda-. alat. endo, indu. lat. indigena.* jędro *nucleus, testiculus. nsl.* jedro. *klr.* jadro *usw. lett. īdras, aus indras, kern. aind. ançļa ci, hode. sāndra kerniy.* jędro *cito. nsl.* jedrno, jadrno. jęk *in* jęčati *gemere. nsl.* ječati.

jôk *fletus.* jôkati. *p.* jąkać. jčk. jęt: *vergl. r.* jantarь *sucinum*
mit lit. jentaras, *gintaras. lett. dzinters, zìlars. pr. gentars. mlat.*
gentarum; vergl. auch magy. gyanta harz. gyantár bergharz matz.
38. 389. jęti, imą *prehendere. lit. imti aus emti, imu, aor. êmiau.*
pr. imt. lett. jemt, *ńemt. lat. emere. aind. jam, jamati.* jętr-: оbъ-
jętriti *ardere facere. č.* jítŕiti *eitern machen. p.* jątrzyć.: *damit wurde*
lit. aitrus *herbe, geil verglichen.* jętro *iecur. griech.* ἔντερα: *vergl.*
aind. antra eingeweide J. Schmidt 2. 469. jętry εἰνάτηρ *fratria.*
lat. ianitrices. s. jetrva. *klr.* jatrovka *bibl. I. p.* jątrew. *lit. gentê*
g. genters für jen- und intê. lett. jentere *und ētere, ētala. aind.* jā-
tar *aus jantar: y ist wie y in* svekry *zu beurteilen.* jęza *morbus.*
nsl. jeza *ira: vergl. lett. igt schmerz haben.* īdzināt *verdriesslich machen*
aus indz-: vergl. klr. jaha. *p.* jędza *böses weib bibl. I.* językъ
d. i. języ-kъ *lingua. r.* jazykъ: *als dial. wird* ljazykъ *angeführt:*
ein aslov. lęzykъ *erinnert an lat.* lingere. *pr. insuwis d. i. inzuvis*
aus linzuvis. lit. lëžuvis. *armen.* lezu. *deminut.* lezovak. *Man vergleicht*
jedoch aind. ǵuhū́, ǵihvā *fūr* djanghvā *zeitschrift 23. 134. abaktr.*
hizu. klęk *in* klęčati *claudicare, inclinari, knieen. nsl.* klečati.
klęs *in p.* klęsnąć *einsinken. č.* klesnouti. klęt: *vergl. r.* kljača
mähre, stute mit pr. klente kuh Geitler, Lit. stud. 65. klęti, klьną
maledicere. pr. klantemmai *wir fluchen. klantīt.* kolęda χαλάνδαι *ca-
lendae. b.* koladъ *und* kolende *matz. 208. lit. kalêdos.* komęga:
p. komięga. *r.* komjaga *hohes flussschiff matz. 211.* kręg: *slovak.*
kráž, kráža: *kolo to je* kráž, *kráža,* kruh *slabik. 35.* krížem
krážem *zickzack:* kráž *wilrde aslov.* krčžь *lauten.* kręk *in p.* krząk-
nąć, chrząchnąć *grunzen, sich räuspern. r.* krjaknutь. kręt *in*
kręnąti *deflectere, gubernare. nsl.* krenoti, kretati *leviter movere.*
b. krenъ *vb. r.* krjanutь *dial.: aind.* krt, *krṇatti spinnen, winden*
vergl. J. Schmidt 1. 65. 122. *kъnęga: p.* księga *setzt eine nasa-
lierte form voraus. aslov.* kennt *nur* kъńiga. *lit. hat* knīgos *und*
kningos. Vergl. matz. 43. kъnęgъ, kъnęzь *princeps. p.* ksiądz.
lit. kunigas. *lett.* kungs. *pr.* konagis. *ahd.* kuning. lędina *terra*
inculta. nsl. ledina: *lett. līst, līdu roden. līdums rodung. Vergl. pr.*
lindan sg. acc. tal. got. landa-. lędvь *f. lumbus. nsl.* ledje, ledovje.
p. lędźwie. *ahd. lentī. Auszugehen ist von randh: aind.* randhra *öff-
nung, höhlung, blösse, schwäche, daher lat. lumb. germ. lend. slav.*
lend. lęg: *vergl. r.* ljagatь *hinten ausschlagen mit lit. lingůti*
wackeln. r. ljagva *rana. Geitler, Lit. stud. 67.* lęg *decumbere: der*
nasale vocal ist auf die praesensformen beschränkt. Vergl. jedoch
lęžaja. ę *soll in dem* n, *na der verba wie aind. bhid, woher bhind-*

mås neben bhinådmi, begründet sein: vergl. lęg. ręt. sęd.   lǫhъ *alter
nationalname für Pole:* klr. Iach. ar. ljach. lit. lenkas *aus* lǫhъ.
magy. lengyel.   lęk *mit praefixen curvare, reflexiv:* perterreri. polǫčь
f. *laqueus.* klr. Iak. r. uljaknutъ sja. ljakij *buckelig.* č. lek *terror.*
č. křivolaký *milanderartig Geitler, Lit. stud. 67. p.* lękać się. *lit.
lenkti trans., linkti intrans. linkus. lett. lenkt beugen. likt krumm
werden vergl. J. Schmidt 1. 107. 108.*   lęšta *lens. lit. lenšis. lett.
lēca.* lęžaja *gallina. eig. die brütende:* lęge *praesensstamm von der
w.* leg. *p.* lęgnę. *os.* lahnyć.   mękъkъ *mollis:* lit. minkīti *kneten.
minkštas weich. menkas. lett. mīkt aus minkt weich werden. p.* miękiny
palea; r. mjaka *in* kožemjaka, *woher lit.* kažemēkas, *beruht auf* męki:
męčiti. *vergl.* męti.   męso *caro. pr. mensā, menso. lit. mēsa. lett. mē-
sa. got.* mimza-. *aind.* māsa: *vergl.* męzdra *corticis pars interior.*
męso *setzt wie das got. wort ein aind.* māsa *voraus.*   mętą *turbo.
nsl.* metem, mesti *butter rühren. pr. mandiwelis quirlstock: vergl. lit.
menturê quirlstock, das an r.* motorja *rolle erinnert, welches jedoch wohl
zu* motati *gehört. aind.* math, mathnāti, manthati.   męti, mьną *com-
primere. lit.* minti, minu. minkīti: *hieher gehört nsl.* mencati, man-
cati *conterere J. Schmidt 1. 108. 109.*   mętva, męta μίνθη *mentha.
nsl.* meta, metva. *s.* metva. *r.* mjata. *p.* mięta. *lit.* mēta *ist ent-
lehnt. Wahrscheinlich ist* mętva *fremd matz. 62.*   mętъ *in* pamętь
memoria: -men-tъ. *lit.* pomētis. *lat.* mens, mentis. *aind.* mati. *po-
*męnati *neben* pomēnati *meminisse: w.* men: mьnēti. *lit.* minēti.
aind. man, manjatē.   mosęzь: *p.* mosiądz *messing. č. os.* mosaz:
mhd. messing matz. 60.   olędь: *ar.* oljadь: *griech.* χελάνδιον. pê-
nęgъ, pênęzь *numus. pr.* penningans *pl. acc. ahd.* phenning.   pędь
palmus. nsl. pedenj. *b.* pedъ. *p.* piędź *von* pen: pьną, pęti.   pęlo
dunkel: obratite pęlo *moe pat.-mih. 176.* pęs: opęsnēti: opęsnê
licemь pat.-mih. 52: vergl. opusnêti *mutari. Das wort ist dunkel.*
pęstь *pugnus: vergl. ahd.* fūst. pęstь *scheint zu aind.* piš, pinašţi
pinsere zu gehören: pęs-tъ.   pęta *calx. nsl.* peta. *b.* petъ. *p.*
pięta. *lit. pr.* pentis. *Fick 2. 600. stellt* pęta *zu* pьn. *Hieher gehört*
pętьno *calcar. lit.* pentinas: *vergl. calcar von calx.* opętь, vъspętь
retrorsum: lit. apent, atpenč, *älter* atpenti, *wird von Bezzen-
berger 71. als sg. loc.* atpentīje *von* atpentis *rückweg erklärt.* pęti,
pьną *extendere. lit.* pinti *aus* penti. *aor.* pęsъ, pęhъ.   pętro *la-
cunar. p.* piętro *stockwerk. č.* patro *gerüst, stockwerk:* pętro *scheint
mit* pen, *suff.* tro, *zusammenzuhangen.* pętь *quinque aus* pęk-
tъ: *lit.* penki. *aind.* pańkti πεντάς.   plęsati *saltare. nsl.* plesati.
p. pląsać: *davon got.* plinsjan *aus* plensjan. pręd *in* vъspręnąti

resipiscere, surgere. s. predati *trepidare. r.* prjadatь *salire. Vergl.*
mhd. spranz das aufspringen, aufspriessen. prądъ *im p.* prąd. prędki.
vergl. J. Schmidt 2. 231. prędą *neo. lett.* sprēdu, sprēst; prēdu,
prēst *aus* sprend, *eig. wohl ‚drehen'.* sprēslice *handspindel. Vergl. lit.*
sprandus nacken. pręg *im nsl.* prezati *aufspringen:* sočivje proza
legumina erumpunt. grah se preza. *s.* prezati *e somno circumspicere.*
ahd. springan. vergl. prążajetь sę σπαράσσει αὐτόν *luc. 9. 39, das auf* *prą-
žiti *beruht. nsl.* sprôžiti puško. pręgą *iungo. aind.* prj́, prktē, prṅktē.
pręslo *ordo: die eig. bedeutung ist dunkel. r.* prjasla *pertica dial.*
p. przęsło *reihe, stockwerk: vergl.* prędą. prętati *comprimere, sedare,*
componere. nsl. spreten *geschickt. s.* spretan *klein. p.* sprzątać *ab-*
räumen. Vergl. klr. pretaty śa *sich verstecken.* retęzь *catena.*
klr. retaź. *p.* rzeciądz, wrzeciadz, *woraus man auf ein deutsches*
-ing schliessen könnte: pr. ratinsis. *lit.* rêtêžis *stachel, halsband sind*
entlehnt. rębь *perdix izv. 548. 550.* rębъ. *lit.* raibas. *pr.* roaban.
lett. raibs *gesprenkelt.* rubenis *birkhuhn. Hieher gehört auch* jastrębъ,
urspr. jastrębь, *accipiter. nsl.* jastreb, jastrob: *vergl.* jarębь *J. Schmidt*
2. 493. rędъ *ordo: lit.* rêdas *ist entlehnt. Vergl. lit.* rinditi *an-*
ordnen. lett. rinda *reihe.* ridu *ordne. Vergl. J. Schmidt 1. 36. 61.*
ręg: *aslov.* orążije *instrumenta, currus, gladius vergleicht man mit*
lit. rengiu *sich mühsam anschicken kursch. 320.* ręg *im nsl.* regnoti
se *ringi. r.* rjažь *netz mit grossen öffnungen.* ruga *zerrissenes kleid.*
lit. riženti *die zähne weisen. lat.* ringi. rīma *(rigma). Vergl.* rągъ.
rępъ *in nsl.* rep *cauda. p.* rząp *caulis caudae: vergl. nhd. rumpf.*
niederd. rump. *dän.* rumpe *steiss, schwanz.* ręsa *iulus. nsl.* resa
arista. p. rząsa, rzęsa *wasserlinse, augenwimper. klr.* risnyća *aus*
rjasnyća *wimper. r.* rjasnica *tichonr. 2. 359.* ręt *in* rętie *praesensth.*
zu rêt *in* obrêt: obrêsti *invenire, das zu lit.* randu, *rasti invenire*
gestellt wird J. Schmidt 1. 36. 44. 61. sęd *praesensth. von der*
w. sed: sêsti. sęd *tritt auch in den inf. formen auf: r.* sjastь,
sjalъ *kolos. 15. p.* siąść. sędra *gutta. č.* sádra *sinter, gyps. ahd.*
sintar. vergl. aind. sindhu *meer, fluss. lit.* šandrus *auswurf usw.*
sęgnąti *extendere.* posęgnąti *tangere.* prisęga *insiurandum. nsl.*
segnoti. prisegnoti *iurare. lit.* segti, *segiu schnallen, umbinden.*
prisěkti schwören. aind. sajǵ, *sajjatē, sañjatē haften. abhi-šaṅga*
schwur J. Schmidt 2. 499. sęknąti *fluere.* isęčetъ ljuby mnogyhъ
sav.-kn. 29. č. vysáklý. *r.* sjaknutь. *izsjaklyj. p.* sięknąć: *jako*
woda siąknie w ziemię; r. sěkatь *humidum fieri, mingere gehört zu*
sьk: sьcati. *vergl.* sunkti, *sunkiu seihen.* sekti, *senku. seklus seicht.*
lett. sikt *versiegen. aind.* sič, siṅčati. *a-saščant nicht versiegend.* sęk

beruht auf senk, *es hat demnach übertritt in die* a-*reihe stattgefunden*
J. Schmidt 1. 64, *daher* sąk- *aus* sonk- *in* isącziti *siccare.* sęśtь
φρόνιμος *prudens sup.* 242. 20. *wohl* sentjъ: *lit. sintieti denken Geitler,*
Lit. stud. 83: *aind.* sant, *woher germ.* santha- *wahr zeitschrift* 23. 118,
würde wohl sąśtь *ergeben.* sęti, sętъ, sę *inquit: vergl. aind. svan*
sonare. skilęža: nêstь naša loza, nъ inako, jako skilęži podobno.
Vergl. griech. ἔστλιγξ *matz.* 307. skъlęzь, sklęzь *numus. ahd.*
skillinc. got. skillinga-. svęd: prisvęnąti, prismęnąti *torrefieri.*
Hieher gehört vęd: vęnąti *marcescere.* nsl. venoti. smôd *senge.*
povôditi *räuchern. s.* svud, smud. *č.* svadnouti. uditi *maso. p.* wę-
dzić. wędzonka. swąd. swędra *schmutzfleck. Vergl. anord.* svidha
brennen Fick 2. 693. J. *Schmidt* 1. 58. svętъ *sanctus. p.* świąty.
lit. šventas. *pr.* swints. *lett.* svêts. *abaktr.* śpeñta. šęga *scurrilitas.*
nsl. šega. *b.* šegъ: *damit hängt wohl* šęhavъ *inconstans zusammen.*
šętati sę *fremere. nsl. s. ist* šetati se *ambulare.* štędêti *parcere.*
klr. ščadyty *und* skudyty *sparen: vergl. lit.* skundu *nach Mikuckij,*
Otčety 5. tęg: tęgnąti *tendere, trahere. nsl.* tegnoti. *r.* tjag: tja-
nutь. *Hieher gehört wohl auch aslov.* tęžati III. *arare, opus facere,*
acquirere. tęgъ *labor. nsl.* teg *getreide.* težati *arbeiten. aslov.* tęzati
rixari. klr. samotež, samotužky *durch eigene kraft verch.* 62: tęžati
opus facere, das wohl auch mit pr. tēnsit *machen zusammenhängt, ver-*
gleicht Fick 2. 373. *mit as.* thing. *ahd.* dinc *und hält entlehnung aus*
dem deutschen für möglich. tęg *ist mit aind.* tan *verwandt: vergl. got.*
thanjan *neben* thinsan. *lat.* tendere. tęklъ *aequalis: vergl. lit.* tinku,
tikti *sich wozu schicken, passen.* tęsk: istęsklъ ἐκτακείς *emaceratus.*
tęti, tьną *scindere fehlt in den aslov. quellen: p.* ciąć, tnę. n *aus*
m: aže kъto tьmetь dъlžъbita *izv.* 601. *griech.* τέμνω. tętiva· *chorda.*
nsl. tetiva. *b.* tetivъ. *lit.* temptīva. tempti *spannen:* tętiva *steht dem-*
nach für tęptiva. tęžьkъ *gravis.* otęgъčati *gravari:* tęgъ-kъ. *lit.*
stengti, stengiu *schwer tragen. vergl. jedoch* tingus *träge.* tingau, tinkti
träge werden. stingti *gerinnen.* tręsti, tręsą *movere. r.* trjasti,
trjachnutь: *wahrscheinlich* trem-s, *lit.* trimti. *as.* thrimman. *lat.* tre-
mere. *griech.* τρέμειν. *Andere denken an aind.* tras *Potebnja, Kъ istorii*
usw. 117. useręgъ *inauris. kr.* userez: s userezmi *mar. r.* serьga,
serёžka: *aus dem got.* ausan- *und* *hrigga-. nhd.* ohrring. vęštij
maior: stamm wohl vęt. vęterь: *p.* więcierz *fischreuse. lit.* ventaras.
vęzati *ligare für* ęzati *aus* enzati. *lat.* ango. *griech.* ἄγχω. *aind.*
añgh *in* añghatā. añghu *usw. Vergl.* ęza. ęzъ-kъ. *č.* vaz, vaz *šije*
cervix: aslov. *vęzъ. klr.* vjazy, poperek, chrebet *bibl.* I. *pr.* winsus
(vinžus) *hals Geitler, Lit. stud.* 72. *Vergl. auch č.* vaz (jméno od

vázání) *ulmus. p.* wiąz. *lit. vinkšna. man beachte nsl.* tvezem, tvesti
und anord. thvengr schuhriemen. vitęzь *heros. nsl.* vitez. *r.* vitjazь.
*Von einem germ. namen auf -ing: anord. víkingr. withingi bei
Adam Brem. Man vergleicht lit. vītis matz. 88.* zębnąti *germinare,
eig. wohl ,spalten'. s.* zenuti *bei Stulli. lit. žembêti, žembu. Vergl.
das folgende und lett.* dīgt *stechen und dīgt keimen biel. 1. 343.*
zębą *dilacero, daher* ząbъ: *vergl.* zębą *frigeo. abaktr. zemb zer-
malmen.* zętь *gener. lit. gentis: žentas ist entlehnt Brückner 157.
verwandt sind lett. znōts. aind. gñāti naher blutsverwandter zeit-
schrift 23. 278, verschieden aind. jamātar. griech.* γιμβρός. zvęgą
cano, nur in r. quellen: zvjagu. *lit. žvengti, žvengiu. žvangêti. žvigti,
žvingu. žvēgti, žvēgiu. lett. zvēgt, zvēdzu. zvaigāt: vergl.* zvьnêti.
zvęknąti *sonare. nsl.* zveknoti, zvenčati. *b.* dzveknъ *vb., daher* zvąkъ
neben ząkъ: *vergl.* zvьnêti.   žędati *sitire, das dem* žadati *nicht
gleich ist: dieses beruht auf* žêdati. *Mit* žędati *vergleiche man lit.
gend in pasigendu sich sehnen, eig. sich vor sehnsucht aufreiben Geitler,
Fonologie 29. gandžeus lieber, eher Lit. stud. 83.* žęlo *aculeus: vergl.
lit. ginkla wehr, waffe, sachlich genauer* gelů. *p.* żądło. *nsl.* želo
trub. lex. neben žalo *rib. und* žalec *im osten: w. slav.* žen, gъnati,
*daher eig. das werkzeug zum treiben des viehes, was allerdings mit
der jetzigen bedeutung der slav. worte nicht übereinstimmt.* žęti,
žьмą *comprimere: vergl. griech.* γέντο *aus* γέμτο, γέμω, γόμος *usw.
Hieher dürfte* žętelь κλοιός *collare, wofür vielleicht unrichtig* žęželь,
*gehören: Bezzenberger, Beiträge 282, vergleicht lit. dzentilas, čentilas
kleinod.* žęti, žьnją *demetere: vergl. lit. genu, genêti die äste am
baume behauen.*

β) **S t ä m m e.** *Suffix* ęt: lьv-ent *aus* lьv(ъ)-ent: lьvę *catulus
leonis.* otroč-ent *aus* otrok(ъ)-ent: otročę *infans 2. seite 190. Das
suffix* ęt *ist ein deminutivsuffix, das im lit. und im lat. in der form
int-a, ent-a aus ant-a an adjectiva antritt: lit. jauninta in jaunintelia,
sg. nom. m. jaunintelis ziemlich jung, von jauna. lat. gracilento von
gracilo. Bezzenberger 109. Suffix* nt *im partic. praes. act.:* bijo-nt:
biję, *sg. gen. m. n.* bijąšta. gredo-nt: gredę, *in jüngeren quellen*
grędy, *sg. gen. m. n.* grędąšta. hvali-nt: hvalę, *zunächst aus* hva-
lent, *sg. gen. m. n.* hvalęšta. *Die form* grędę *liegt den analogen
partic. der lebenden slav. sprachen zu grunde. Mit dem partic. praes.
act. hängt das subst.* mogątь *zusammen. Man vergl. auch p.* majątek
neben majętny, *dem č.* majetek, majetný *entspricht: nsl.* imêtek *ist
anders zu deuten 2. seite 202.* ędъ: skarędъ *foedus.* govędo *bos aus*
gu-ędo *2. seite 210. lett.* gŭvs *vacca.* *Suffix* men, en: *die masc. haben*

im sg. nom. -мень, -снь *oder* -иy, -ę: камен: камень, kamy. koren: корень, korę. *Die neutr. haben* -mę: imen: imę. kamy *neben* korę *und* imę *befremdet 2. seite 236. Man beachte* vrêmi *in* rastoješteje vrêmi *anth. 170. B. b. vielleicht für* vrêmy. çсь: мêсçсь *mensis.* zajęсь *lepus 2. seite 293. Das vorhandensein eines slav. suffixes* çзь *oder* ęгъ *kann weder durch das lit. meilingas benignus noch durch das in russ. quellen vorkommende* rabotjagъ, *das aslov.* rabotęгъ *lauten würde, dargetan werden:* ęгъ *ist auch in* rabotęгъ *germanischen ursprungs, wie das entsprechende ing im roman.: it. maggioringo der vornehmere. Vergl. Diez 2. 353. Es wird wohl auch* retęзь *catena, lit. rêtêžis, pr. ratinsis, fremd sein.*

γ) **Worte.** *Im sg. gen. steht der form* dušę *von* duša, dušja *die form* ryby *von* ryba *gegenüber. So wie* ę *in* dušę, *ist* ę *in* toję, *sg. gen. f. der pronominalen declination von* ta, *zu beurteilen: stamm ist* toja: *vom stamm* ta *selbst wird der sg. gen. f. im aslov. nicht gebildet, es gibt daher kein* ty *3. seite 47. Was vom sg. gen., gilt vom pl. acc.* dušę, ryby, *dem auch die function des pl. nom. zukömmt. Vergl. 3. seite 4. Dieselbe erscheinung tritt im pl. acc. der* ъ-*declination auf, wo dem* mążę raby *gegenübersteht;* ę *neben* y *bietet auch das partic. praes. act.:* bij ę *neben* grędy, *wofür ältere quellen auch* grędę haben. *Derselbe wechsel findet sich endlich in substantiven auf* en: korę, imę *neben* kamy: *sg. gen.* korene, imene, kamene. *Hier ist zu bemerken, dass im nsl., kroat. und serb. nur der reflex von* ę, *nicht auch der von* y *vorkömmt, daher sg. gen., pl. acc. nom.* ribe; *sg. gen., pl. acc. nom.* te; *pl. acc.* robe *und partic. praes. act.* grede, *wie* duše, môže, *kein* ribi *usw.; nur* men *kann* mi *für* my *ergeben:* kami. prami *2. seite 236. Die slavischen sprachen zerfallen demnach hinsichtlich dieses punctes, insofern er die declination der nomina mit unerweichten consonanten betrifft, in zwei kategorien: zur ersten gehört aslov., klr., russ., čech., poln., oserb., nserb.; zur zweiten nsl., kroat., serb.: jene haben* y, *diese* e *aus* ę. *Für die letztere ist die wahrscheinliche entwickelung folgende:* ans, ons, ą, ę, e; *für die erstere findet dies nur bei den nomina mit erweichten consonanten statt:* jans, jons, ją, ję, je, *während bei den nomina mit unerweichten consonanten folgende reihe angenommen werden zu können scheint:* mans, mons, muns, mū, my. *Die annahme der entwickelungsreihe* ans, ę, e *beruht auf der analogie des partic. praes. act., aus dem sich ergibt, dass, abgesehen von verben wie* gori (gorêti), hvali (hvaliti), ę *und* y *auf den auslaut beschränkt sind:* biję, bijąšti; grędy, grędąšti. *Die berufung auf das partic. praes. act. wird durch*

die übereinstimmung von dušę, ryby; mążę, raby *mit* biję, grędy
gerechtfertigt. Der annahme einer reihe jans, jons, jens, jen, ję
widerstreitet bijąšti, *wofür man* bijęšti *erwarten würde, nach* goręšti,
hvalęšti. *Für die reihe* mans, mons, muns, mū, *my spricht lit.*
akmů, *sg. gen.* akmens *neben* akmenio, *aus und neben* akmun *Geitler,
Fonologie 36, aslov.* kamy; *ferner der pl. acc.* vilkus *aus* vilkus,
vilkans; *in russisch Litauen wird das* n *des pl. acc. zum teil noch
gehört und zwar in den zusammengesetzten formen des adjectivs: bal-
tůnsius, Kurschat 135. 251, woraus sich für den pl. acc. der aus-
laut* ůns *ergibt. Dem aslov. pl. acc. m.* ty *entspricht lit.* tus, tůs.
*Indessen ist die übereinstimmung des aslov. mit dem lit. nicht durch-
gängig: rankos ist der sg. gen. und der pl. nom., während* rankas
der pl. acc. ist: das aslov. stellt diesen verschiedenen formen das eine
rąky *entgegen. Der pl. acc. lautet lit.* vilkus, *aslov.* vlъky. *Während
aslov.* vlъky *und* kamy *denselben auslaut bieten, zeigt das lit.* vilkus
und akmů. *Für das urslavische ist im partic. praes. act. der auslaut*
ą *anzunehmen:* grędą, *wofür* grędę, grędy, *aus* gręd-o-nts, gręd-
o-nt. *Nur die verba III. 2. und IV. weichen ab, da* ija, ije *mit aus-
nahme der I. sg. praes. in* i *zusammengezogen ward, daher* gori-nt,
gore-nt, gorę; hvali-nt, hvale-nt, hvalę. goręšta, hvalęšta *im gegen-
satze zu* grędąšta. *Denselben auslaut* ą *nehme ich im sg. gen. für* ryby,
dušę *so wie im pl. acc. nom. für* ryby, dušę *an. Die schwächung
des* ą *zu* ę *ist vielleicht in der betonung begründet, wie dies im p.
vielfältig eintritt. Vergl. Leskien, Die declination usw. 13. 20. 41.
82. 120. Geitler, Lit. stud. 49. Der unterschied besteht darin,
dass* ą *nach unerweichten consonanten in einigen sprachen in der decli-
nation in der schwächung bis* ū, y *fortschritt, während es nach er-
weichten consonanten in keiner sprache bis zu jener äussersten schwä-
chung gelangte, sondern bei* ę *halt machte. Die sg. acc.* mę, tę, sę
lauten pr. mien, tien, sien *und* sin; *lit.* manę, tavę, savę; *lett.* manni,
man, tevi, tev: mę, tę, sę *entstehen aus* men, ten, sen. dadętъ, ja-
dętъ, vêdętъ *haben den bindevocal* e: dad-e-ntъ *usw. Dasselbe tritt
im aorist ein:* vêsę *aus* vês-e-nt; rêšę *aus* rêh-e-nt; greboše *aus*
greboh-e-nt; *dasselbe findet im imperfect* bêšę *aus* bêh-e-nt *statt.*

6. *Wenn* en *vor einem consonanten stehen soll, so wird es in
einheimischen worten mit dem vorhergehenden vocal zu einem nasalen
vocal verschmolzen. In entlehnten worten geschieht entweder dasselbe,
oder es wird* n *von dem folgenden consonanten durch einen halbvocal
getrennt, seltener ausgestossen; manchmal bewahrt das wort seine
fremde form.* a) septęvrij σεπτέμβριος *neben* scptębrъ *lat. september;*

oktębrij ὀκτώβριος *unter dem einflusse von* sçptçvrij *neben* oktçbrь ostrom. *usw. vergl. seite 32.* ioan'na. konъdratъ. man'na, man'nạ. osan'na *zogr.* skanъdalisactъ *zogr. b.* an'na *cloz. 1. 844.* manъna slêpč. aleksanъdrъ ἀλέξανδρος *sup. 50. 13.* anъdrea ἀνδρέας *90. 12.* ag'gelъ, an'gelъ ἄγγελος *448. 29.* anьtoninъ ἀντωνῖνος *122. 15.* anь-tupatъ ἀνθύπατος *83. 14.* kalanьdъ καλάνδαι *61. 1.* kostanьtinъ κων-σταντῖνος *423. 15.* konьstantinъ *140. 24.* konъstantinъ *245. 3.* ta-lanьtъ τάλαντον *279. 23.* trokonьda τροκόνδας *443. 1.* kinъsь *neben* kinosovy *sav.-kn. 27.* an'nê. ken'turionъ κεντουρίων. len'tij λέντιον. ponьtьskъ *ostrom.* skanьdilь *und* punitьskь *luc. 3. 1-nic.* nonьzi-anьzь *prol.-rad. 105. Manchmal folgt auf den nasalen vocal noch n mit oder ohne halbvocal:* dekçmbrь *sup. 216. 12.* pạntьstêmь *131. 2.* kostçn'tinь. pçn'tikostiinъ *ostrom.* β) n *fällt aus:* agelьskъ ἀγ-γελικός *sup. 187. 29.* cÿagelije *euangelium 243. 15.* cvaĝeliju *zogr.* evaĝeliju *slêpč. 88.* sekudь *greg.-lab.* plita *neben* plinьta. revitъ ἐρέβινθος. kostadiñь *neben* kostanьtinь. *Man merke* jebinda *lam. 1. 164.* jchinьdova *1. 149.* chinьdova *luc. 3. 7-nic.* ἐχιδνῶν. kostatinь *sup. 365. 5.* γ) *häufig steht jedoch* n *unmittelbar vor einem consonanten:* sandalijç. ioannъ. lentij *zogr.* antigrafcÿsъ ἀντιγραφεύς *sup. 206. 8.* antinopolь ἀντινόπολις *114. 26.* antonij ἀντώνιος *128. 21.* antupatъ ἀνθύπατος *74. 23.* komentarisij κομενταρήσιος *77. 2.* korÿnthêne κο-ρίνθιοι *409. 11.* lampsačьskъ λαμψακηνός *442. 9.* talauti τάλαντα *280. 16.* terentij τερέντιος *55. 9:* komkanije *267. 11. neben* komъkanije *18. 25. und* komьkanije *302. 17. ist lat. communicatio. Im ostrom. lesen wir* an'gelъ, kostan'tina, len'tij, talan'tъ *und das* pçtikosti *voraussetzende* pçn'tikosti *ostrom. Wenn gesagt wird, es sei falsch im sinne des schreibers des ostrom. das zeichen ' den vocalen ъ oder ь gleichzustellen, der diakon Gregorij habe vielmehr jenes zeichen ge-setzt, wo er es im aslov. original vorfand, so halte ich diese ansicht insoferne für richtig, als ich überzeugt bin, dass dem russ. des eilften jahrhunderts die halbvocale fremd waren. Archiv I., seite 364—367. 369. 375. Eine ausdehnung dieser regel auf pannonische denkmähler könnte ich nicht zugeben.*

II. Zweite stufe: ê.

1. Der name des buchstabens ê, **ѣ**, *ist* êtь, **ѣть**, *griechisch* γέατ, ἰατ, *d. i.* jatь, *im abecenarium bulgaricum* hiet. *dass aus dem namen* jatь *nicht gefolgert werden kann,* ê *habe keinen anderen als den laut* ja *bezeichnet, ergibt sich daraus, dass der laut des* ê, *d. i. des nach* i *sich hinneigenden* e, *fz.* é, *im anfange der worte nicht vorkömmt.*

Das ältere aslov. alphabet, das glagolitische, besitzt für kyrillisch **ѣ** *und* **ꙗ** *nur éin zeichen, woraus jedoch nicht folgt, es hätten zur zeit der herrschaft dieser schrift die laute* ê *und* ja *nicht neben einander existiert.*

2. *Wenn es sich um die aussprache des* ê *handelt, so fragt man nach jenem laute, der dem* ê *zu der zeit und in dem lande zukam, als und wo unsere ältesten aslov. denkmähler entstanden, was bekanntlich im neunten jahrhundert in Pannonien geschah. Diese denkmähler, die älteren glagolitischen, sowie die aus jenen hervorgegangenen kyrillischen, nötigen zur annahme, es sei durch* ê, **ѣ**, *ein zweifacher laut bezeichnet worden, nämlich der laut* ja *und der laut des französischen* é. *Dass* ê *wie* ja *gelautet, erhellt aus den worten, in denen dem* ê *nur dieser laut zukommen kann, weil der vorhergehende consonant ein praejotiertes* n *voraussetzt:* tvorêašč *kann nicht* tvoréaše *gelautet haben, da* r *weich ist, es muss* tvorjaašč *gelesen werden. Dafür sprechen auch worte wie* vetъhaê *statt* vetъhaja, *da dafür auch* vetъhaa *geschrieben wird. Für die aussprache des* ê *als* é *sprechen folgende gründe: 1. lautet aslov.* ê *im nsl. wie* é *in allen betonten silben, in denen die lautgesetze* ja *nicht zulassen:* bêlъ *albus,* nsl. bêl; vrъtêti *vertere, nsl.* vrtêti: *hätte in diesen worten* ê *den laut* ja *gehabt, so müssten dieselben notwendig* bljalъ, vrъštati *lauten.* 2. *entsprechen bestimmte* ê *enthaltende worte magyarischen worten, die an der gleichen stelle das wie franz.* é *klingende* é *enthalten:* cserép, tészta, *aslov.* črêpъ, têsto, *nsl.* črêp, têsto. *Bei der verschiedenheit der laute* ja *und* ê (é) *überrascht der umstand, dass beiden lauten derselbe buchstabe diente: das glagolitische hat für beide nur éin zeichen. Das kyrillische wendet in den ältesten denkmählern häufig* **ѣ** *für* **ꙗ** *an. Das befremdende dieser erscheinung wird durch die bemerkung gemildert, dass beide laute sich ehedem von einander vielleicht nicht so sehr unterschieden, als dies später der fall war und gegenwärtig der fall ist.* ê *wird in lat. denkmählern alter zeit durch* a, e *und* i *wiedergegeben:* ztoimar 873. tichmar 990. uuitmar *IX—X. jahrh.;* dragamer. drisimer, *d. i.* drъžimêrъ *IX—X. jahrh.* goymer 873. chotmer. lutomer. turdamere, *d. i.* tvrъdomêrъ *IX—X. jahrh.;* domamir *IX—X. jahrh.* godemir 990. chotemir 873. sedemir *IX—X. jahrh.* tichomira. vvizemir *verbrüderungsbuch.* witemir 873. *Diese namen gehören wohl alle der slovenischen nationalität an. Den laut* je *hat aslov.* ê *gar nicht, und doch ist es gerade dieser laut, der heutzutage gewöhnlich dem* ê *zugeschrieben wird.*

3. In dem nachstehenden wird das tatsächliche verhältniss von ê zu a, ja ersichtlich gemacht.

ê, a steht in glagolitischen quellen für ja der kyrillischen: zogr. vetъhaê. vъsê, vsê. vъsêkъ, vsêkъ (*kyrill.* vъsjakъ *neben* vъsakъ). vъsêê (*kyrill.* vъsêja). dobraê. zatvarêete *b.* irodiêdina. kaiêfa. vъlьêti. nezaêpą, poñêvica. poslêdьñêê. pristavľêetъ. sviniêmi. taêšę (tajašc) *luc. 1. 24.* tьmiêna. usramľêjątъ sę, usramêjatъ sę *b. d. i. kyrill.* vetъhaja. vъsja, vsja *usw.* avišę sę. bezdъnaa. dobraa. želêznaa. zъlaa. nezaapą, *d. i. kyrill.* javišę sę. bezdъnaja, dobraja *usw.* cloz. bratrьnê *I. 403.* vladyčъnêa *I. 817.* vъsêkъ *I. 78.* domašъnêgo *I. 356.* duhovъnaê *I. 376.* dьnesьñêgo *I. 427.* zatvarêjąštъ *I. 729.* zemьskaê *I. 466.* idolьskaê *I. 609.* iêkovъ *I. 9.* kaplê *I. 928.* nesъmrъtьnaê *I. 719.* ispravlêeši *I. 505.* studъnaê *I. 217.* tvorêašc *I. 250. 388.* êgnьсь *I. 324. 325. neben* agnьсь *850.* êviti *I. 172.* êvlêetъ *I. 60. 642.* êko *I. 66.* božstvъnaa *I. 819.* vъsêčъskaa *II.* ležęštaa *I. 415.* plъtьskaa *I. 817.* svętaa *I. 342.* sъmotrьlivъnaa *I. 816.* takovaa *I. 305. 512.　　marcod.* êdêahą (jadêahą). *assem.* božia. šestaa. klanête sę, klanêemъ sę. mękъkaê. raspьrê, raspъrê. *Dasselbe tritt in den ältesten, noch pannonisch-slovenischen kyrillischen quellen ein.　　sup.* konê *sg. acc. 142. 18.* ognê *sg. g. 4. 21.* vъsedrъžitelê *sg. g. 100. 7.* izdrailê *363. 22.* mąčitelê *60. 1.* roditelê *80. 15.* stroitelê *208. 9.* vasilê *neben* vasilêa *414. 17.* cêsarê *43. 8.* banê *sg. nom. 57. 4.* kaplêmi *37. 13.* pьrêmь *pl. dat. 249. 13.* materê *sg. nom. f. 175. 13.* primyšlêj *165. 6. neben* umyšljaj *3. 22; 76. 22. und* obyčaj *47. 4.* nynê *39. 8. neben häufigem* nynja *20. 2.* dêlê *251. 1.* razdêlêti *57. 22.* vъzbranêti *70. 19.* klanêją *87. 10.* hvalêše *100. 10.* molêše *73. 22.* gonêaše *30. 8.* lênêaše *432. 4.* tvorêêšc *146. 15 und* tvorêše *14. 25. neben* tvorjajaše *360. 4. und* tvorjaêše *205. 29.　　sav.-kn.* volê *59.* ostavlêjete *5.* javlêetъ *76.* êdь *142. Ebenso in den bulgarischen denkmählern.　　pat.-mih.* ustaê sę voda *4.　　hom.-mih.* kaplê.　　bon.* ukrêplêemi. *Aus diesen denkmählern drang dieser gebrauch auch in andere quellen ein.　　nic.* umrьtiê. êdь. *Dasselbe findet im russ. ostrom. statt.* bližьnêago. vъsêkъ. kaplê *für* kaplja *und dieses für* kaplję. molêaše. molêahą. valêašc. krêplêaše. divlêahą. iscêlêahą ἐθεράπευον. cêlêahą sę. pomyšlêete. pomyslêjąšte. klanêaše. tvorêase. razdêlêjąšte. sramlêjǫ sę. êdъ τροφή. êdite. ja *für* ê: bjaahą *erant.* vidjaahą. vêdjaahą. vêdjaašc. živjaaše *vivebat neben* živêaše. idjaasta. idjaaše. imjaašc. mьnjaahą. pьrjaahą sę. hotjaaše. êdjaahą *neben* êdêahъ. *Mit unrecht erwartet Vostokovъ* rastjaaše *für* rastêaše

und stydjaahą *für* stydêahą: rastjaaše *und* stydjaahą *sind aslov.*
unmögliche formen, so oft sie auch in russ. quellen vorkommen.
greg.-naz. a *für* ja: v'sakъ. *ferners* dadjaaše *neben* bądêahą *und*
dovljajetь. *svjat.* budjaše *op. 2. 2. 392. für* bądêaše. *Aus prag.-*
glag.-frag. merke man stāê *für pann.-slov.* svętaja.

ê *steht für* ja, a *nach* č, ž, š *usw.:* čêsъ *stam. 49. und. 136.*
čêjati. čêša *zap. 2. 2. 50.* lьgъčêję *greg.-naz. 97.* mъrzъčêję *izv.*
544. obništê *greg.-naz. 97.* ištêzajetъ *bon.* vъneml'ête *zogr. usw.*
vergl. sramêjušte *krmč.-mih.* izoštrêvaju *tichonr. 2. 402.* bolêrinъ,
boljarinъ *lex.*

Aslov. ê, *das von ja verschieden ist, wird in bulg. und in aus*
solchen stammenden quellen durch ja, a *ersetzt:* ljapota. smjarętъ
sę. krjaposti. djalaęi. drjavo. snjadъ. hljabъ. vjasi *scis.* svjatъ.
srjadê *neben* srêdê. zvjarę *neben* zvêri, zvêrcmъ. trjavą *parem.-*
grig. 69. a. 216. 217. 218. 261. 262. 266. 267. 268. zalo στοδρῶς.
cana *pretium strum.* srjadê *vost. gramm. 10.* calovanie *und. 136.*
icalêvšu *strum.* casarь slêpč. *115. 158.* naracati (narêcati) *chrys.-*
frag. trjabuemъ *vost. gramm. 10.* ne brazi *sbor.-sev. 72. d. i.* ne
brêzi. graha (grêha) *vost. gramm. 10.* plani planь (plêni plênь)
vost. gramm. 10. planjenija (plênjenija) *greg.-naz. 182.* vъ nadrahъ
bon. 132. prjasmykaęštą *neben* prêsmykaemi *parem.-grig.* prjagąd-
nici *vost. gramm. 10.* prjažde *parem.-grig.* vьvrьzate *ev.-mih. c.* tь-
camь *neben* tьcêmь *pat.-mih. 105.* bja *neben* bê *parem.-grig.* čet-
vrjanoga *parem.-grig.* libava estь *vergl. mit* libêvaetь *pat.-mih. 61.*
praprądъ, prêprądъ. posradije *greg.-naz. 184.* svętoplьca: pri sve-
toplьca knęzy *lam. 1. 113.* vь kovčeza tvoemь *pat.-mih. 157.* vavi-
lonъstja *vost. gramm. 10.* vь rąca *pat.-mih. 38. 153.* vъsjahъ
parem.-grig. 218. jacahьže *pat.-mih. 90.* mnozahь *strum.* rozahь
lam. 1. 31. vъstocjahъ *parem.-grig.* sebja *parem.-grig.* tebja *vost.*
gramm. 10. klimentovja poslani dvê *Clementis epistolae duae krmč.-*
mih. Vergl. πρῆλαπος *bei Cedrenus für* prilêpъ. πρισϑριάνα *bei Sky-*
litzes für pirzrênъ. *Dasselbe finden wir in der sprache der dakischen*
Slovenen: beseada, besade *neben* besedi. izbiaga, izbcagna, izbagna.
obliakuvas, oblakoha. veak. veara, vearuva. goliam, goliama *neben*
golemi *und* goliami *adv.* liak, *aslov.* lêkъ. neakam, *aslov.* nêkamo.
sveat, svat *neben* svetot. liab, *aslov.* hlêbъ. čliak, čliakot, člikot,
aslov. človêkъ. teaf, *aslov.* têhъ *neben* grehota. detc. dedi. *Vergl.*
niam, *rum.* neam, *magy.* nem.

ê *steht statt* a: alavêstrъ. trêva. strêna *neben* alavastrь *und*
alavestrъ *zogr.* trêva *sav.-kn.* sъhrênêctъ *bon. 132.* podrêžašę *sub-*

sannarunt 132. naslêdi sę *132.* têjnê *132.* têjna *158.* hrêmina *pat.-mih.* 20. trêva, trava *ostrom.* zrьcêlo *pat.-mih.* 4. 68. prêprądъ *neben* praprądъ.

a *steht für* ê: sanoe *zogr. für und neben* sênoe. blagodatь *für und neben* blagodêtь.

a *wechselt mit* ê: nynê, nyńê *zogr.* nynê, nyńê *cloz. I. 190. 412.* nynê. nyńê. nynja. nyńja *sup.* nynja *greg.-naz.* dêlê *sav.-kn.* 61. *hom.-mih.* dêlja *sup.*

4. *Das aslov.* ê *entsteht aus ursprachlichem a oder ai, das letztere mag durch steigerung des i oder durch verbindung des a mit i entstanden sein, daher aslov.* têkati, *tak;* vêd, *vaid: aind.* vêd, *vid;* vlъcê, *varkai; aind.* vrkê. *Die frage, auf welche weise der* êine *aslov.* laut ê *aus den verschiedenen lauten sich entwickelt, ist eine der schwierigsten der slavischen lautlehre, und ich besorge, es werde meine darstellung des gegenstandes nicht befriedigen. Wenn wir die dem aslov.* ê *in den einzelnen slavischen sprachen gegenüberstehenden laute überblicken, so gewinnen wir für* ê *als wahrscheinlichen urslavischen laut* ja: *aslov.* trъpêti, drъžati *für ein erwartetes* drъžêti; snêgъ; rabêhъ. *nsl.* trpêti, držati; snêg; robčh *und* róbih. *bulg.* trъpêh; trъpjah, *wenn der accent auf der zweiten silbe ruht,* drъžah; snêg, *d. i.* snjag. *kroat.* trpiti, držati; snig; robih. *serb.* trpjeti, držati; snijeg. *klr.* terpity, deržaty; sńih; l'išich, *aslov.* lêsêhъ. *russ.* terpêtь, deržatь; snêgъ, *d. i.* sńegъ; (rabachъ). *č.* trpěti, držeti *aus* držati; sníh, *d. i.* sńih, *neben* snêh, *d. i.* sńch; chlapich *neben* chlapech *aus* chlapěch. *p.* cierpieć *aus* cierpiać, dzierżeć *aus* dzierżać, *partic.* cierpiał, dzierżał; snieg, *d. i.* sńeg *aus* sńag; lesiech, *aslov.* lê-sêhъ. *os.* čerpjeć *aus* čerpjać, dźierżeć *aus* dzierżać; sńeh. *ns.* šerpješ, žaržeš *aus* šerpjaš, žaržaš; sńeg. *Für* ê *aus ursprachlichem a, slav.* e, *so wie für das aus i durch steigerung entstandene ai ergibt sich ja als urslavischer laut; für das aus ai entstandene* ê *des pl. loc. der a- (ъ-, o-) stämme ist ja nicht nachweisbar, wir finden jedoch im aslov. impt.* ja *in worten wie* pijate, ištate, *deren a aus ursprachlichem ai hervorgegangen, das denselben ursprung hat wie das ai des pl. loc. Dabei darf auch an bulg.* têh, *d. i.* tjah, *erinnert werden. Eine schwierigkeit bildet der übergang des a so wie des ai in* ja. *Was vor allem das aus dem a entstandene ja anlangt, so ist bei den hieher gehörigen jungen bildungen nicht von a, sondern unmittelbar von dem slav.* e *auszugehen, das zunächst gedehnt wurde, worauf ja aus* ê *hervorgieng. Eine ähnliche lautentwicklung begegnet uns in den germanischen sprachen: graecus, das dem Goten krēka, lautet im ahd.*

*kreach, kriach; ahd. mias, dem got. mēsa gegenübersteht, entspringt
aus lat. mesa für mensa; ahd. briaf, priastar entstehen aus breve,
presbyter: ia, ea entsprechen dem slav. ja so genau als möglich. Ur-
sprachliches ai ist slav. ja geworden, wahrscheinlich in folge der ab-
neigung des slavischen vor diphthongen: dieselbe abneigung liess aus
kavsъ, w. kus, kvasъ, aus plouti, w. plu, pluti entstehen. Eine
weitere schwierigkeit bietet der übergang des als urslavisch erkannten
ja in die verschiedenen laute, welche in den einzelnen slavischen
sprachen dem aslov. ê gegenüberstehen. Vor allem ist zu bemerken, dass
ja im bulg. pol. usw. erhalten, auch sonst bewahrt ist, wo es an dem
vorhergehenden consonanten einen schutz vor veränderung findet. Es
ist nämlich ja, a in drъžati durch ž erhalten worden, während es
nach p in ê übergegangen ist: trъpêti. Obgleich uns der physiologische
grund der erhaltung des ja, a durch ž unbekannt ist, müssen wir
doch die unbestreitbare tatsache zugeben. Warum in diesem falle dem
ursprachlichen a slavisch weder e noch o, sondern das ältere a gegen-
übersteht, ist eine frage, die sich vielleicht durch den hinweis auf das
hohe alter dieser bildungen erledigen lässt. Die entwickelung des ê,
serb. je, ist die letzte der vielen schwierigkeiten, die wir auf diesem
gebiete finden. Hier ist noch zu bemerken, dass im lit. dem aus a
entstandenen aslov. ê ein anderer laut gegenübersteht als dem aus ai
hervorgegangenen: jener, von Schleicher wie von Kurschat durch ė
bezeichnet, ist das weiche nach i hinklingende e, daher wohl etwa das
ê im nsl. splêtati; dieser von Schleicher durch ë, von Kurschat durch
iė ausgedrückt, ist ein e mit vorschlagendem ĭ. Die frage, ob diese
zwei laute etwa auch in den slavischen sprachen einst geschieden
waren, wird derjenige verneinen, der vom urslavischen ja ausgeht.
Den übergang des ja oder einer dieser nahestehenden lautverbindungen
in ê, e findet man nicht selten: and. sê neben siā aus urgermanischem
sia J. Schmidt 2. 414; zig. avilés aus avil'ás; lit. keles aus kelias.
Wann ja unter gewissen bedingungen in ê übergegangen, lässt sich
natürlich nicht feststellen: es mag hier früher, dort später geschehen
sein. Die ja-periode findet ihren ausdruck noch in den glagolitischen
denkmählern des altslovenischen, deren ê, kyrillisch ѣ, ursprünglich
aller wahrscheinlichkeit nach nur ja bezeichnete, und die die combi-
nation ja, kyrillisch ꙗ, nicht kennen.*

*Nach Šafařík sind hlêbъ, mêna, vêra aus hlaib, maina, vaira
entstanden.*

*5. ê ist nicht nur ein a-, sondern auch ein i-laut. Hier wird
nur vom ersteren gehandelt. Der a-laut ê entsteht aus kurzem a*

4*

in worten, welche im slavischen e *für* a *enthalten, daher* pogrêbati
aus -greb, *got. graban;* sêd *aus* sed, *got. sit, urgerm. set, aind.*
sad; *aus langem* a *entspringt* ê *meist in worten, welche auch in anderen
europäischen sprachen einen* e - *laut bieten :* dêti, *aind.* dhā, *lit* dêti,
got. dē-di-. *Im ersteren falle kann der grund der veränderung in
vielen fällen angegeben werden :* pogrêbati, *das iterativum von po-
greb, ist durch das suffix* a *und dehnung des* e *entstanden. In
anderen fällen ist dies nicht möglich :* sêd, *aus* sed, *aind.* sad.
Warum das. slavische dê *dem aind.* dhā *gegenübersteht, ist nicht
ersichtlich. Man kann allenfalls ein ursprachliches* dha *annehmen
und daraus slav.* de *und aus diesem* dê *entstehen lassen : sicher ist,
dass sich in bestimmten fällen ursprachliches* a_1 *zu* ā *verhält wie slav.*
e *zu* ê.

6. ê *entsteht durch dehnung des* e,. *ursprachlich* a, *in vier
fällen.* α) *Im dienste der function und zwar :* a) *bei der bildung
der verba iterativa :* ugnêtati *premere :* gnet. pogrêbati *und daraus*
pogribati *sepelire :* greb. lêgati *decumbere :* leg. lêtati *volitare :* let.
prêrêkati *neben* prêricati *contradicere :* rek. ištazati *evanescere : w.*
čez, *mit erhaltenem* ja. *Der umstand, dass lebende sprachen neben* i
den reflex des aslov. ê *bieten, scheint geeignet die entstehung des* umi-
rati *aus* umêrati *zu beweisen : nsl.* ozêrati se *rubere, wofür aslov.*
ozirati sę, *allerdings in anderer bedeutung. slovak.* sbierat' *colligere,
aslov.* sъbirati. p. umierać ṃori. kaš. zabjerać. *aslov.* umirati, za-
birati *usw. Alle diese formen sind deverbativ, nicht denominativ. Im
b. findet man* zaplita *und* izmita *auskehren.* prepičja *zu stark
backen für ein aslov.* *-picati ; *auch* izliza *exire.* namira *invenire.*
otsičja *abscindere usw. von* lêz. mêri. sêk. b) *Bei der bildung des auf
dem praes.-stamm beruhenden imperfects :* idêhъ *ibam :* ide. vъzbъ-
nêhъ *expergiscebar :* vъzbъne. divljahъ sę *mirabar :* divlje *aus* divъje.
mažahъ *ungebam :* maže *usw. Das imperfect* bêhъ, bêahъ *eram
beruht auf einem praes.-thema* bvc. *Functionelle dehnung findet sich
auch im lett. bei der bildung iterativer verba :* lit. mêtiti *von met,
das im gegensatze vom lett.* mêtāt *von met in der bildung vom
slav. abweicht.* ê *entsteht aus* e β) *zum ersatze eines nach diesem
ausgefallenen consonanten :* vêsъ *duxi aus* vedsъ *von* ved. rêhъ
dixi zunächst aus rêsъ *und dieses aus* rъksъ. vъžahъ *incendi aus*
vъžegsъ. *So ist wohl auch* nêsmь *aus* nejesmь, *richtiger* nejsmь *zu
beurteilen : das* jesmь *hatte enklitisch sein* e *eingebüsst. (Vergl. lit.
nêra aus* ne ĭra *non est.) So entsteht wohl auch* mêsęcь *aus* men-
sęcь. ê *entspringt aus* e γ) *bei der metathese von* e: mrêti *aus*

merti. mlêsti *aus* melzti. otvrêsъ *aperui aus* otvcrzsъ. žrêlo *aus*
žcrlo. žlêzo, *wofür* želêzo, *aus* žclzo. *Siehe seite* 29. 31. č) *In*
vęzêti *ligari, ligatum esse entspricht* ê, *wie es scheint, aind.* ja,
das verba passiva und neutra bildet: nah-já-tē *ligatur.* náś-ja-ti
interit. Das suffix ê *tritt auch in denominativen verben wie*
bogatê *divitem fieri ein. Dasselbe mag in* zъrêti *spectare angenommen*
werden, wo andere an aja *denken. Neben* ja, aja *wird man durch*
aind. ǵalājatē *es wird zu wasser.* nīlājatē *es wird dunkel versucht an*
ein ursprachlichem ā *gegenüberstehendes* ê *zu denken: dem* nīlā-
jatē *entspricht aslov.* bêlêjetъ *albet. Bei den verba intransitiva*
hat sich ê, *bei den transitiva* a *festgesetzt: in* pitêti, pitati *nutrire*
findet sich ê *neben* a. *slav.* č *steht got.* ai, ahd. lat. ē *gegenüber:*
got. mun: *praet.* munaida. *aslov.* mъnêti. *vit: praet.* vitaith. *aslov.*
vidêti. *ahd.* slaffēn. *lat.* albēre *usw. Vergl.* 2. *seite* 433. *slav.*
ê *ist in*
den verben der dritten classe gedehntes e, *welches auch die älteren*
laute gewesen sein mögen, daher kričati *clamare,* ubožati *pauperem*
fieri neben trъpêti, bogatêti.

7. *Manche auf* ê *auslautende wurzeln sind secundär. Sie ent-*
stehen aus primären durch anfügung des ê *und ausstossung des*
eigentlichen wurzelvocals: grê *calefacere, aind.* ghar, *ǵigharti.* ghrṇa *glut.*
zrê *maturescere, aind.* ǵar, *ǵarati morsch werden.* plê *situ obduci, lit.*
pelu, pelêti. *Man vergl.* drê *in* drêmati *mit griech.* ἔδραθον, *aind.*
drā. *In* grê, zrê *entspricht* ê *aind.* ā, *das gleichfalls secundäre wurzeln*
bildet: ǵñā *kennen aus* ǵan, *slav.* zna. prā *füllen aus* par, *slav.* pcl.
mnā *meinen aus* man, *slav.* mъn. śrā *kochen aus* śar. dhmā *aus* dham,
slav. dъm *usw. So vielleicht auch* skā, *woraus* čhā *schneiden, aus*
sak, *aslov.* sck. *Dergleichen secundäre wurzeln sind zahlreich im*
griech.: βαλ, βλη; θαν, θνη: καλ., κλη; *man,* μνη *usw. Zeitschrift* 23.
284. *Man vergleiche auch aslov.* kri *in* kroj *mit aind.* kar, *stri in*
stroj *mit aind.* star, *slav.* ster.

8. ê *ist, wie bemerkt wurde, in vielen fällen der reflex des aind.*
langen a: bêlъ, *aind.* bhā, *lett.* abweichend bāls. mêra, *aind.* mā.
spêti, *aind.* sphā, *lit.* spêti. vêjati, *aind.* vā, *lit.* vêjas *usw.*

9. *Urslavisches* ja *erhält sich nach* j, *ebenso nach* ŕ, ľ, ń; št,
žd; č, ž, š, *dasselbe mag aus* c *oder aus* i, ai *entstanden sein.*
Zwischen dem ê *aus* e *und dem aus* i, ai *besteht indessen ein unter-*
schied: jad: jamь *edere. w. aind.* ad, atti, *daher* jasti, obъjastivъ
neben obêdъ *prandium und* sъnêsti *comedere. Vergl. lett.* ēdu *neben*
azaids. *nsl.* jêm *und schon in fris.* lichogcdcni *neben* jasli. jad:
jadą *vehi. w. aind.* jā, *daher* prêjado διεπέρασεν *neben* vъzêdi ἐπανά-

γαγε. *nsl.* jêzditi *neben* jahati.   jarina *lana, eig. lana agnina. lit.*
êras agnus. čavъka *monedula: vergl. w. kū crocire. ebenso* obyčaj
mos. promuždaj *cunctator. Nach den genannten consonanten erhält
sich durchaus das ursprüngliche* ja *für* ê *aus* e: stojati. divijati.
kričati *neben* trъpêti, *während* ja *für* ê *aus altem* ai *nur nach* j
bewahrt wird und selbst in diesem falle in ê *übergehen kann, das
dem* i *weicht:* pijate, plačate *aus* plakjate, glagoljate, deždate *aus*
dedjate *usw. 3. seite 90. neben* vedête, rъcête. *Dagegen* piite *d. i.*
pijite, plačite *aus* pijête, plačête. *Im auslaut steht stets* ·i: pii *d. i.*
wohl pij *aus* piji, pijê; plači *usw. Ein* krajahъ, *das man nach* ra-
bêhъ *erwartet, existiert nicht, sondern nur* kraihъ *d. i.* krajihъ *aus*
krajêhъ, *nsl.* krajéh; *ebenso* krai *d. i.* kraji *aus* krajê. *Ob alter
und accent auf diese formen eingewirkt, ist nicht zu ermitteln.* pečalь
cura: w. pek *neben* obrêtêlь. rožanъ e *cornu factus neben* vlasênъ,
kein vlašanъ. thračaninъ *thrax neben* efesêninъ *und* efešaninъ
ephesius. ičazati *evanescere von* čez. sъžagati *comburere von* žeg:
sъžešti. ê *kann in diesem worte in* i *übergehen:* sъžizati. žavati
mandere nur in trigl., daher nicht sicher beglaubigt: w. žju, žьv.
Hieher gehören die comparative wie lьžaj *levior aus* lьgjaj *von*
lьg: lьgъкъ. bujaj *magis stultus.* divьjaj *magis ferus mit erhalte-
nem* a *von* buj. divij. *Auf demselben gesetze beruht der sg. loc. m. n.
der zusammengesetzten declination auf* -êamь: vêčьnêamь *für* -nê-
jamь, *aus* -nêêmь, -nêjemь *3. seite 60. Nicht aslov. sind die im
sbor. 1073 vorkommenden formen* гⷰ҃ти. гⷰ҃дⷩниꙗ. ѥдиночлѣнь-
нⷦꙑ҃кⷧⷨ. нⷭсобьнⷦꙑ҃кⷧⷨ. творитⷦⷩнⷦꙑ҃кⷧⷨ *für* гⷰ҃ти *usw.* гⷰ҃
свⷪѥⷨ *haben doch wohl* jejê. svojejê *gelautet. Sreznevskij, Drevnie
slavj. pam. jus. pisьma einleitung 179. Die lebenden sprachen weichen
in diesem punkte von einander sehr ab: nsl.* jêm *neben* jasli; jêzditi
neben jahati. *klr.* jim; jichaty *usw.*

10. ê *wechselt manchmahl mit* ja, *was so zu verstehen ist, dass
sich* ja *manchmahl erhalten hat. Dies findet statt im suffix* ênъ *adj.;*
mênъ *adj.;* êнъ *in* êninъ *subst.;* êmo *adv.: aslov.* bagrênъ *purpureus
ist dem ostrom.* bagъrjanъ., *das urslav. und r. ist. aslov.* drêvênъ *nsl.*
drevên *ligneus lautet r.* derevjanyj. *aslov.* kamênъ *lapideus.* rožanъ
corneus. voštanъ *cereus. Dem aslov.* vlъnênъ *laneus steht lit. vil-
nonas, vilnonis neben vilninis, dem aslov.* *prъvênъ *in* prъvênьcь
*pirmonis erstling gegenüber: das lett. hat dafür bildungen auf aina:
vilains laneus. Über vilnonis, vilninis vergl. Brückner 153. aslov.*
ramênъ *fortis. nsl.* ramcno. *r.* ramjanyj. rumênъ *ruber. r.* rum-
janyj. *aslov. besteht* ljudêninъ *neben* ljuždaninъ *laicus;* efesêninъ

neben efčešaninъ *ephesius;* rumêninъ *neben* rimljaninъ *romanus usw.*
das lit. bietet izraêlitёnas, pakalnёnas bewohner der niederung, gen-
tainis vetter neben dwarionis bezz. mêščionis *städter.* karaliaučionis.
rimionis bei Szyrwid 331. rīmijonas *Kurschat 158. rimlionis bezz.*
aslov. pomorjaninъ *(richtig* pomorijaninъ) *lautet lit. pamarionis.*
samaritonas, vieles slavisch. aslov. sêm̂o, *selten* samo, *nsl.* sêm *huc.*
vьsêmo *quoquo versus.* jamo *quo aus* sjamo *usw. neben* kamo *usw.*
Man beachte auch vьsêkъ *omnis neben* vьsjakъ *und* vьsakъ *neben*
lit. visokias; prêmъ *rectus neben r.* prjamъ; rumêninъ *beruht auf*
dem suffix ênъ, *das lit. on und* ёn *entsprechen kann:* rimljaninъ
hingegen erwächst aus rimijaninъ, rimьjaninъ *wie* lomlją *aus* lomiją,
lomьją. *Dasselbe gilt von* ljuždaninъ, efčšaninъ *usw. Dass* ê *in*
drevênъ *auf* e *beruht, zeigt* rožanъ. *lit. inja mag dem aslov.* ьnъ
in sьrebrьnъ *entsprechen. Das got. bietet eina für* ênъ: *triveina-*
drêvênъ. *silubreina- neben silubrina-.*

11. Die ê aus e enthaltenden formen. α) Wurzeln. bêg:
bêžati *fugere. lit.* bêgu, bêgti *currere. boginti etwas (eilends) wohin*
schaffen. lett. bēgt. *aind.* bhaǵ *mit abhi sich wohin wenden, eilen. Zweifel-*
haft ist podъbêga *matth. 5. 32-assem. neben* podьpêga *zogr.* potь-
pêga *cloz. I. 132:* č. podbêha *liederliche weibsperson, nach V. Brandl,*
Glossarium 238, in Mähren gebräuchlich: podbêha *hängt zusammen*
mit podbêhnouti se *gravidam fieri. Demnach wäre* podъbêga *die*
richtige schreibung. bêlъ *albus. lett.* bāls *pallidus: lett.* bālt. *lit.* balu,
balti albescere ist denominativ mit verkürztem wurzelvocal. Vergl.
aind. bhāla *glanz: w. aind.* bhā. bêlêgъ *kr.* bilig *signum ist dunkel:*
magy. bélyeg. vergl. bêlъ. cêpiti, scêpiti *findere.* pricêpiti, priscê-
piti *inserere.* proscêpiti *pat.-mih. 42. nsl.* cêpiti. *b.* cepi. *č.* štěpiti
p. szczep. cêpi *beruht auf dem nomen* cêp-, *das wohl nur von dem*
iterat. cêpati *abstammen kann: w.* skep, *r.* skepatь, ščepatь. *Mit* cêp-
hängt cêpênъ *zusammen. č.* scepenêti. scípati: *lit.* cёpas *(ciepas*
Szyrwid 361) ist entlehnt. cêpь *r. catena, daneben* čepь, *das für*
aslov. ausgegeben wird. Vergl. pr. zeeb *d. i.* cêb, cêp : *Fick. 2. 531.*
vergleicht lett. kept *haften.* čadъ *fumus r.: vergl.* kaditi *suffire.*
čarъ, čara *incantatio: in b. quellen* čêrodeicь *magus pat.-mih. 160.*
Vergl. lit. kêrêti, apkeravoti *es einem antun.* keričos *das beschreien.*
aind. krtja *behexung: lit.* čerai. čerauninkas *sind entlehnt.* čaša *po-*
culum. čêša *pat.-mih. 44. nsl.* čaša *habd. b.* čašь *usw. lit.* kiaušê.
kiaušas, kaušas. kiaušas galvas p. czaszka głowy calvaria Szyrwid 34.
pr. kiosi. čavъka: *s.* čavka *monedula. nsl.* kavka. *lit.* kova:
w. kā *crocire.* čavъka *aus* čjavъka. dê: dêti, dêją; deždą *aus*

ded(ê)ją, *falsch* dêždą, *ponere. lit.* dêti, dĉmi, dedu. dêvĉti. *lett.* dēt, dēju. *got.* dē-di-. *ahd.* tā-ti-, *das aslov.* dĉ-tъ *lautet: aind.* dhā. dêdъ *avus. griech.* θεῖος. *vergl. r.* djadja: *lit.* dĕdas *ist entlehnt.* dêlъ *und* dola *pars. lit.* dala, dalis *f.* dalikas. dalīti. *pr.* dellit. dellīks. *got.* dailā-, daili- *f. as.* dēl; *mit aslov.* dêlja, dêlьma *propter nsl.* dêli (za tega dêli) *vergl. lit.* dêliai, dêlei, dêl' *und got. in* dailai *J. Schmidt* 2. 476. dêra, dira *scissura von* dĕrati, dirati: *w. der.* grêhъ *peccatum. lit.* grĕkas *ist entlehnt. Die Vergleichung mit lit.* garšus *böse.* grasus *widerlich wird schon dadurch zweifelhaft, dass* grêhomь ἀκουσίως *und imprudenter bedeutet.* jad: jamь, jasti *edere neben* sъnêmь. obêdъ, *lett.* azaids. *kr.* ujid *morsus. lit.* êsti, êdmi, êdu. *lett.* ēst, ēdu. *pr.* īst. *got.* itan, at, ētum *neben* afētjan. *ahd.* ezan, az, āzum: *aind.* ad, atti. jasli *praesepe. nsl.* jasli *neben* jêm *edo:* jêd, *nicht etwa* jed, ed, *ist urslavisch.* jad: jadą *vehi neben* ja *in* prêêvъše *matth.* 14. 34-*zogr.* č. jeti *aus* jati. *lit.* joti, durat. jodīti. *lett.* jāt, durat. jadīt. *aind.* jā, jāti: *aslov.* jazditi. *nsl.* jêzditi *vehi ist auch in der bedeutung lit.* jodīti, *lett.* jadīt; *ein augmentat. ist* jahati *aus* jasati, *womit hinsichtlich des* s *lit.* eis-ena *eigentümlicher gang von* ei *ire zu vergleichen ist. Man beachte kroat.* jidro *velum,* dojidriti *navi venire aus* *jêdro, *dojêdriti, *aslov.* jadro. jalovъ *sterilis. nsl.* jal *bei Linde.* jalov. *r.* jalъ *sterilis. lett.* ālava: *lett.* jēls *immaturus. lit.* jalus *subamarus hangen mit* jalovъ *wohl nicht zusammen.* jarębь *perdix. nsl.* jereb. *b.* jarebicъ. jarembicъ. erebičice *rebum* (rebom) šarena *milad.* 443. *lit.* jêrubê, êrubê. *lett.* irbe: jarębь *scheint eig.* ‚*etwas bunt' zu bedeuten:* ja, *das auch in* japromъždalь *aliquantum debilis und sonst vorkömmt, ist das aind.* ā *in* āpīta *gelblich,* ānъla *blāulich usw.;* rębъ *hingegen ist lit.* raibas *bunt.* jarъ: *p.* jar *ver. abaktr.* jārě. *got.* jēra-. *ahd.* jār. *nsl.* jar *adj.:* jara *rž.* jarina *sommerfrucht. s.* jar: posijao žito na jar *sementem fecit vernam. klr.* jareć *gerste. p.* jary *diesjährig. Damit hangen offenbar einige tiernamen zusammen: nsl.* jarica *gallina annotina.* jerše *agnus annotinus für* jarišče: *dagegen s.* jarac *caper. lit.* êris, êras. êrītis. *lett.* jērs. *pr.* eristian *lamm. Daher aslov.* jarina *lana. s. lana agnina. Man merke griech.* ἔριον. *lat.* aries. *Fick 2.* 528. *trennt die tiernamen von* jarъ. jarъ *amarus, iratus. s.* jara *hitze. č.* jarý: *vergl. p.* jary *rasch, hell. Fick denkt 2.* 514. *an lett.* ātrs *hastig; näher liegt lit.* ar *in* inartinu *irrito bei Szyrwid 323: lit.* orus *ist seiner bedeutung wegen nicht hieher zu ziehen. Man vergleicht auch aind.* irin *gewalttätig.* irja *kräftig.* irasj *sich gewalttätig benehmen, zürnen. lit.* ira. *griech.* ἔρις; *J. Schmidt* 2. 212. 358. jaskynja: *p.* jaskinia.

č. jeskyně *höhle. Das wort ist dunkel.* jarьmъ *iugum: vergl. aind.
ar in arpaja einfügen. Fick 2. 519.* jašterъ *lacerta.* `č. ještěr.
p. jaszczur. os. jcščer *otter: vergl. nsl.* guščer *und p.* szczur *ratte.*
č. štir *gryllotalpa, scorpio. Eine hypothese bei Geitler, O slovanských
kmenech na u 88. pr. estureyto.* jašjutь, ašjutь *frustra.* č. v ješit,
v ješjut *in vanum: vergl. pr. ensus, woraus man ê aus en,* jêšjutь,
folgern möchte, obgleich ošjutь *auf* ješjutь *und dieses auf* ašjutь *zu
beruhen scheint.* jazъ: *s.* jaz *canalis, eig. agger, damm. nsl.* jêz. *b.*
jaz. *klr.* jiz, jaz *verch. 84. r.* ezъ *dial. č.* jez. *p.* jaz: *vergl. lit. eže.
pr. asy rain.* jaždь: *p.* jaždž, jazgarz *kaulbars. č.* ježdik. *lit. ežgis,
ežegis. pr. assegis.* klêšta *forceps.* klêštiti *premere. nsl.* klêšče
pl.: hieher gehört nsl. klêšč. *klr.* kl'išč. *p.* kleszcz *zecke.* klêtь
domus. lit. klêtis, klêtka. *lett.* klēts. *pr.* klātke, *das vielleicht slav.
ursprungs ist. Vergl. got.* hlēthrā-, hleithrā-. kocênъ: *nsl.* kocên.
s. kočan. *rum.* kočan *caulis: vergl. aslov.* kočani *pl. membrum virile.*
krêslo: *p.* krzesło *lehnstuhl. r.* kresla *pl. lit. krasê und entlehnt krêslas.*
lêkъ *medicina ist fremd: vergl. got.* lêkja-, leikja- *arzt, ahd. lāhhi. lit.
lěkorius ist slav.* lêlja *matris soror: lit. lêlê puppe ist nicht hieher zu
ziehen.* lênъ *piger. lett.* lēns *gelinde, langsam. lit. lena in lenažiedis
modroblady vitreus, plumbeus, caesius, glaucus Szyrwid 154. ahd. linnaň.*
lêpъ *aptus, pulcher. Vergl. lit.* łepus *mollis Szyrwid 148. 190. lepti
verwöhnt werden.* lepinti *verwöhnen. lett.* laipns *mild. as.* lēf *zart.
lat. lepor.* lêska *corylus nsl.: lett.* lagzda, legzda. *lit. lazda: vergl.
aslov.* loza. lêska *beruht wohl auf* lêz-ka *und lit. lazda auf laza.*
lêstъ: *s.* list *celer Crnagora ist nach Geitler, O slovanských kmenech
na u 36, lit. lakstus. Man vergleicht jedoch mit mehr recht it. lesto.*
lêvorъ *planta quaedam: vergl. mgriech.* λιβέριν *forte helleborus.* λιβέριον
sambucus matz. 394. lêzą *repo neben* -lazъ: *laziti iterat. Wie
sêd und sadъ nebst sadi auf sed, so mögen lêz und -lazъ nebst lazi
auf lez beruhen: vergl.* jêd. *sêk aus ed.* sêk *mit einer weiter un-
erklärbaren dehnung des e, woran bei sêd das lit. teilnimmt: dass
sêd etwa mit aind. sīd (sīdati) von sad zusammenhange, dies an-
zunehmen verwehrt sadъ usw.* mê *in* sъmêti *audere. Fick 2. 427.
vergleicht anord. mōhdr, ahd. muot. griech.* μα-ίομαι, μέ-μαα. *Hin-
sichtlich der imperfectivität vergl. 4. seite 311. Andere stellen* sъmê
in der form smê *mit der w.* smi *reflexiv ridere zusammen.* mê-
glostь *pallor: vergl.* smaglъ *fuscus und* hrêbъkъ *mit* hrabrъ.
Geitler, Lit. stud. 67, zieht lit. maigla *aas herbei.* mêlъ *creta. lit.
mêlas gips. molis lehm.* miela *creta Szyrwid 59. 113. lett.* māls *lehm.
Das wort hängt vielleicht mit* mel, molją *zusammen und bedeutet dann*

‚das zerreibliche‘. *Vergl. nsl.* mil. *f. mergelartige erde. kr.* mclo *creta mar.* mêra *mensura: aind. mā, māti, mimītē. lü. mĕra, lett. mērs sind cntlehnt. Hieher mag* sъmêriti *humiliare und* mêrъ *in* lice-mêrъ *simulator gehören.* mêrъ. *in* vladimêrъ *usw. got. gibimērs, valimērs usw. neben hildemirus Grimm 1. 30. 31. -mêrja- kund, berühmt. ahd. māri. Neben* -mêrъ *liest man* -maгъ *und* -mirъ. *Man denkt an aind.* smar, *das in den europäischen sprachen sein s einbüsse J. Schmidt 2. 284.* mêsęcь *mensis: man vergleicht aind. mās, indessen ist die zusammenstellung des* mês *mit* mens *rorzuziehen, weil die europ. sprachen darauf hinweisen: lit. mênů. mênesis J. Schmidt 1. 85.* mêta *ziel.* mêtitь *zielen r.: lit. matau, matīti sehen. lett. matīt fühlen.* mêz- *in* mêzinъ *minor.* mêzinьcь *filius natu minimus. nsl.* mezinec *neben* mazinec *deutet auf* mъz. *klr.* mizyľnyj *digitus auricularis: lit. mažas klein. lett. mazs. pr. massais weniger. Bezzenberger 45 denkt zweifelnd an man-za, das er mit aind. man-āk wenig vergleicht.* nastêžitelь, nastažitelь ἐπίτροπος *procurator ist dunkel.* nevêsta *sponsa. nsl.* nevêsta. nêmъ *mutus, auch* ἀλλόφιλος *Karamzin 2. n. 64. Vergl. lett. mēms. Daher auch* nêmьcь *germanus, trotz des magy. német nicht von den in den Vogesen sesshaften nemetes Zeuss 217.* pečatь *sigillum. nsl.* pečat. *p.* pieczęć: *lit. pečêtê ist slavisch.* pênęgъ, pênęzь *numus. pr. penningans pl. acc. lit. piningas. ahd. phenning: für entlehnung spricht* ęgъ, ęzь. *Vergl. matz. 65.* pêsъkъ *sabulum: aind. pā́su, pāsu, pā́suka. armen. phoši: lit. pĕska ist slav. ursprungs. Die zurückführung auf die w.* pїs, pьh *ist nicht statthaft. Potebnja, Kъ istorii usw. 30.* pêžь *pedes aus* pêhъ *durch* jъ: *p.* piechota. pêhъ, *das man auf* pīh, pьh *zurückführen will, hängt mit aind.* pad, pād *zusammen: dafür spricht lit. pêščas, bei Szyrwid 249 pescias, das wohl nicht entlehnt ist.* pêh- *ist* peds-. *Vergl. lit. pedula in pedulotas Bezzenberger 107. lit. pêdelis socke.* prêmъ *rectus. nsl.* sprêmiti. *r.* prjamъ. rêca: *nsl.* reca, raca *anas. s.* raca. *alb. rosz: vergl. nhd. retschente.* rêdъ *in* porêdy *raro.* rêdъkъ *rarus. Vergl. lat. rête, rārus. griech.* ἀραιός *und lit. rêtis bastsieb. retus locker und, was wohl richtiger, lit. erdvas, ardvas breit, weit, geräumig. lett. ērds, ērdajs locker.* rêka *fluvius beruht trotz lit. rokê feiner regen auf einer i-w.* rêpa *rübe. lit. rapê, ropê. lat. rāpa:* rêpa *ist entlehnt. Damit hängt vielleicht* rêpije *tribulus zusammen. Dunkel ist* rêpij *stimulus.* rêt: obrêsti *invenire, im praes.* obręštą: *ê vielleicht aus e wie in* sêd sêsti *neben* sędą: *J. Schmidt vergleicht 1. 72. 87. 88. lit. randu. got. rēdan. aind. rādh.* rêzati *secare: lit. rêžiu, rêžti neben dem*

iterativum raiżīti. *Vergl. r.* rêzvъ *audax, woraus lit.* rêzvas *frisch:*
w. rez, *daraus r.* razъ. *p.* raz, *wie* sadъ *aus* sed. sêd *in* sêsti,
praes. sędą, *considere.* sêdêti *sedere: lit.* sêdus, sêstis. sêdmi, sêdžu,
sêdêti. sodinti. *lett.* sēst. *pr.* sindats, syndens *sitzend.* sīdons. *got.* sit.
aind. sad, sīdati. *In* sedlo *sella ist der wurzelvocal* e *erhalten. Der*
nasal ist nur dem praes.-thema eigen. sêką, sêšti *secare: lit.* sikis *hieb*
neben posêkelis *hammer. ahd.* seh *pflugmesser, sahs messer. lat. secare.*
Der wurzelvocal hat sich in sckyra *securis erhalten: aind.* čhū *aus* skū
und dieses aus sak. osêkъ *ovile wird mit ahd.* sweiga, *griech.* σηκός
zusammengestellt: es mag jedoch etwa ,verhau' *sein.* sênьci: *nsl.*
sênci *pl. schläfen: vergl. slovak.* sanĕ *pl. Dunkel.* sêrъ σέρρειον
stadt in Thracien. sêti *serere: lit.* sêti, sêju. *lett.* sēt. *pr.* semen.
germ. sādi *f. got.* saian, *d. i.* sājan. *Bezzenberger, Über die a-reihe*
usw. 60. lat. sero *aus* seso, sēvi, sātum. sêvcrъ *boreas. lit.* šiaurīs,
šiaurê. got. skūrā-. *ahd.* scūr. *lat.* caurus, cōrus. *Beitrüge 6. 149.*
Fick 2. 697. slêpati, slъpati *salire. aslov.* slapъ. *nsl. kr. s.* slap:
vergl. aind. sarp, sarpati. *Das wort ist dunkel. Potebnja, Kъ*
istorii usw. 206. bringt ein klr. vysolopyty (jazykъ) *hervorstrecken*
bei. slêpъ *caecus: lit.* slêpti *verbergen.* slapta *heimlichkeit.* spêti
iacere, proficere. spêhъ *festinatio: lit.* spêti *musse haben.* spêtas. *lett.*
spēt *können. ags.* spōvan *erfolg haben.* spēd *glück. ahd.* spuon *von*
statten gehen. spuot. *aind.* sphā, sphājati *gedeihen. griech.* φθα: φθίνω.
stêgъ *vexillum. kr.* stig. *In russ. quellen* stjagъ, *dialekt. für* kolъ,
einem aslov. stęgъ *entsprechend: ahd.* stanga. strêla *sagitta. ahd.*
strāla. *lit.* strēla *ist entlehnt.* šaljcnъ: bogomь *šalenь* θεόπληκτος
a daemonio correptus. nsl. šala *iocus. Vergl. lit.* šiełoti *wüten;* šêlitis
den narren spielen, das wahrscheinlich entlehnt ist: p. szalcć. *r.* ša-
litь. telêga *currus. nsl.* toligc *pl. r.* telêga: *magy.* talyiga. *rum.*
telêgъ. *türk.* tāligha *sind entlehnt. Vergl. lit.* talengê. tolenga *kalesche*
matz. 84. têrjati *sectari.* prêtêriti *pellere. nsl.* tirati *sectari.* po-
tirati *fugare habd.* têrjati *quaerere. s.* tjerati. *Vergl. lit.* tirti *venire*
für terti. têrjati: *r.* tcrjatь *pessumdare. klr.* poterja *verlust bibl.*
I: lit. teroti *perdere.* têsto *massa. lit.* tašła, tešła: *man vergleicht*
têskъ. vê *nos dual. nsl.* vê *f.: lit.* ve *in* vedu. *got.* vit *aus* vet.
aind. vê *in* vajam. vêdro *hydria. nsl.* vêdro *usw.: lit.* vēdras *ist*
entlehnt. Das Wort beruht auf ved, *das mit* voda *zusammenhängt.*
vêhъtь *penniculus, eig. das wehende: vergl. č.* vích. *nsl.* vêter vêha;
vêhet sêna: *w.* vê. *Vergl.* vêjati. vêjati *flare: pr.* wetro. *lit.* vê-
jas *wind.* vêtra *sturmwind. got.* vaian, *d. i.* vājan. *aind.* vā, vāti.
Vergl. vêja, vêtvь *und aind.* vajā *zweig, das vielleicht wie lit.* vītis

rute auf vi zurückgeht. vêko *palpebra. lit.* voka *f. deckel.* vokas
augenlied. lett. vāks *deckel.* vêra *veritas. got.* -vērja- *gläubig. ahd.*
wāra *foedus.* wār: *lit.* vëra, vërnas, vërīti *sind slav. ursprungs.* vê-
verica *sciurus. klr.* viveryća *verch. 7. lit.* voverê, ovêrê *neben vai-*
varas. *pr.* weware. *lett.* vāveris. *Vergl. lat.* viverra. *Das wort scheint*
redupliciert. Vergl. Potebnja, Kъ istorii *usw. 135,* zvêrь *fera. lit.*
žvêris *raubtier. pr.* swīrins *pl. acc.* žaba rana. *pr.* gabawo *kröte:*
w. ǵabh, ǵabhatē *hiare. Hieher gehört auch r.* žabry *kiefern.* žadati
desiderare. lit. godas *habsucht.* godoti *gierig sein. Vergl.* žьdati, *dessen*
ь *aus* e, *a entsprungen ist, und* žędati, *das mit lit.* gend *in pasi-*
gendu *sehne mich zusammenhängt J. Schmidt 1. 73.* žalo *aculeus.*
nsl. žalo, žalec *und* žclo: *lit.* geliu, gelti *stechen.* gelů, gelonis. gilis
stachel: aslov. žęlo. *p.* žądło: *w.* žen. aind. *(ghan),* han, hanti.
žalь: mъnê žalь *es tut mir leid. lit.* žêlêk *erbarme dich ist wohl slav.,*
daneben gaila man *es tut mir leid: w. von* žalь *scheint* žel *in* želêti
(vergl. aind. harj, harjati), *daraus iterat.* žalati, *von diesem* žalь,
žaliti. žalь *f.* sepulcrum. *ar.* žalьnikъ. *Dunkel.* žarъ *in* požarъ
incendium: lit. žêrêti, žêriu *glühen.* pažaras *ist slav. ursprungs.* žas-
nąti sę *stupefieri.* žasiti *terrere. Nach Geitler, Fonologie 101,*
beruht žas *auf einem desiderativ-stamm* gands *von* gand. *Von* gens
gelangt man zu žasъ, *wie es scheint, so wie von* mens *zu* mês.
Vergl. lit. nůgąstis *schrecken Geitler, Lit. stud. 68, und got.* usgeis-
nan *intransit.* usgaisjan *transit.*

β) S t ä m m e. êjъ: obyčaj *consuetudo:* obyk-. brъzêja *neben*
brъžaj *fluentum wie* brъzъ, *neben* brъgъ. promuždaj *cunctator:* mudi,
mudijaj, mudьjaj. verêja *vectis.* lęžaja *gallina:* leg, lęg *die brütende.*
Vergl. lit. kirtêjis *m.* audêje *f. 2. seite 82.* êlь: gybêlь *interitus:*
gyb. mlъčalь *silentium:* mlъk. pištalь *tibia:* pisk. svirêlь *neben*
sviralь *fistula:* *svir *2. seite 109.* ênъ: drêvênъ *ligneus:* drêvo.
vlasênъ *e capillis factus:* vlasъ. pêsъčanъ *ex arena factus:* pêsъkъ.
droždijanъ *e faecibus factus:* droždije. rožanъ *e cornu factus:* rogъ
2. seite 128. efesêninъ *neben* efešaninъ *ephesius:* efesъ. rumêninъ
neben rimljaninъ *romanus:* rimъ. selêninъ, seljaninъ *rusticus:* sclo.
graždaninъ *civis:* gradъ *2. seite 129.* bratênьcь, bratenьcь, *nsl.* bra-
tanec. pьtênьcь *zogr. neben* mladênьcь, mladênecь *iuvenis cloz.*
1. 6. 33. mladêništь *zogr. liest man* mladenьcь *zogr.* mladьnьcь
zogr. Das suffix lautet in russ. quellen stets janъ: derevjanyj, *daher*
auch mêdjanъ. mramorjanъ. vlasjanъ *greg.-naz. 50. 50. 264.* kam-
janъ *ostrom.* prъvênьcь *neben* prьvêsnьcь *greg.-naz. 166. 258.*
271. Das dunkle slovêninъ, *nsl.* slovênec, *lautet in lat. urkunden*

sclauanii 827. vergl. sclauinia 770. Dem slovênьskъ entspricht
mit aslov. oder deutschem suffix sclauanisc-: lingua sclauanisca
970. colonias sclauaniscas c. 1000. lê, woraus li: kolê, koli quando.
selê, seli, slê: do selê hucusque, neben tola zogr. b.: lit. kolei.
šolei. tolei 2. seite 104. ndê: nądê alia. jądê qua relat. kądê
qua interrog. neben inądu. jądu. kądu 2. seite 211. Man vergleiche
auch aslov. besêda; bolêdovati; nsl. molêdva ein zudringlicher
bettler; mrlêd sauertopf; aslov. zъlêdь f. malum. s. zlijediti vulnus
offendere: zъlъ. mênъ: rumênъ ruber 2. seite 237. êkъ: človêkъ
homo 2. seite 246. êgъ: bêlêgъ. bąbrêgъ 2. seite 282. Der auslaut
des comparativs ist bei den meisten stämmen êjъв, êjъ, das, wie das
neutrum dobrêje zeigt, einem älteren ējas entspricht. Was nun das ê
anlangt, so ist es aus altem ai hervorgegangen, dessen a der ur-
sprüngliche auslaut des stammes, dessen i hingegen entweder das ī des
suffixes ȳās oder, da ȳās wahrscheinlich specifisch aind. ist, jenes i ist,
welches durch die spaltung des suffixes jās in ijās entstanden ist. Die
erhaltung des auslautenden a des stammes, das im aind. abfällt (doch
sthējās aus stha) ist für die stamm- und wortbildungslehre nicht ohne
interesse. mladêj, aind. mradījās, nicht mradējās. dobrêj melior.
mъnožaj πλείων. mążaj von mążь. divijaj ferocior neben dem minder
richtigen divьêj greg.-naz. 141: divij. ê wird hier stets wie gedehntes
e behandelt. Überraschend ist božьstêj magis divinus greg.-naz. 77:
božьskъ. Man beachte pr. uraisins pl. acc. m. die älteren. maldai-
sin sg. acc. m. maldaisei pl. n. maldaisins usw. Hinsichtlich des
impf. vergl. seite 52. Wie nsl. vselênji qui semper est auf vselê,
so beruht lit. aukštëjus qui supra est auf aukštai oben. Den com-
parativ aukštesnis höher möchte man mit worten wie gorêšьñь aus
gorêšьñь neben goгьñь supernus zusammenstellen und mit dem lit.
galu-tinis letzter von galas ende worte wie kromêštьñь externus
vergleichen, obgleich hier št nur für tj erklärbar ist: es ist daher
wohl zu teilen: kromêštjъ wie ni-štjъ und ein weiteres suffix njъ
anzunehmen wie im lit.: vergl. apatinis infernus und apača pars in-
ferior aus apatja. Ausser diesen nominalstämmen werden durch ê
die verbalstämme III. gebildet: bъdêti vigilare: bъd. blьstêti, blьštati
splendere: blьsk. kričati clamare: krik. imêti habere: ьm. boga-
têti divitem fieri: bogatъ. omыñьšati minui: mыñьšjъ. mъnožati
augeri: mъnogъ. lit. ê bildet gleichfalls durative verba: avêti fuss-
bekleidung anhaben im gegensatze zu auti; devêti, vilkêti kleider
anhaben; gulêti, gulti; milêti, milti wie aslov. imêti, jęti; bъdêti,
vъzbъnąti usw. Vergl. seite 53.

III. Dritte stufe: o.

1. A) Ungeschwächtes o.

1. *Der name des buchstabens* o *ist* онъ. *Die aussprache des*
o *lässt sich nicht genauer feststellen. Seltener als in den lebenden*
sprachen tritt ein v *vor das ursprünglich anlautende* o: vonja.

2. *Was den ursprung des* o *anlangt, so ist dasselbe der reflex*
des ursprachlichen a, a_1: богъ, *bhaga;* boľij, *bala;* домъ, *dama;*
mozgъ, *majgas usw.* o *entspricht lit.* a: bodą, *badau;* borją, *bariu;*
dola, *dala usw.* o *steht got.* a *gegenüber:* gostь, *gasti-;* mogą, *magan;*
morje, *marein- usw.*

3. o *ist steigerung des* e *in einer grossen anzahl von worten:*
боръ *in* izborъ *electio: w.* ber *in* berą, бьrati. брodъ *vadum: w.*
bred *in* bredą. дорь *in* razdorъ *schisma: w.* der *in* derą, дьrati.
gonъ, goniti *agere: w.* gen *in* ženą, gъnati. grobъ *fovea: w.*
greb *in* grebą. логь *in* naloгъ *invasio: w.* leg *in* lešti. molъ
in moliti *molere: w.* mel *in* melją. morъ *mors, pestis: w.* mer *in*
мьrą. nosъ *in* iznosъ φoρά: w. nes *in* nesą. plotъ *saepes: w.*
plet *in* pletą. pona *in* opona *auleum: w.* pen *in* pęti *aus* penti,
pьną. porъ *in* podъporъ *fulcrum: w.* per, pьrą. rokъ *definitio,*
praestitutum tempus: w. rek *in* reką. stolъ *thronus, sella: w.* stel
in stelją. storъ *in* prostorъ *spatium: w.* ster, stьrą. tokъ *flu-*
xus: w. tek *in* teką. voda *in* vojevoda *bellidux: w.* ved *in* vedą.
vora *in* zavora *rectis: w.* ver *in* vьrą. vorъ *in* izvorъ *fons: w.*
ver *in* vьrją. vozъ *currus: w.* vez *in* vezą. zorъ *aspectus: w.*
zer *in* zьrją. zvonъ *sonus: w.* zven *in* zvьnêti usw. *In* gorêti,
polêti *ist zur steigerung kein grund vorhanden.*

4. o *enthaltende formen.* α) Wurzeln. ąborъkъ *modii genus.*
s. uborak. *p.* węborek. *pr. wiembaris: ahd. einbar, eimbar.* bo
enim: lit. ba *allerdings. vergl. abaktr.* bā, bāṭ *wahrlich.* bobъ
faba: pr. babo. lat. fába: vergl. lett. pupa. Das deutsche wort hat
ein b *verloren.* bodą *pungo: lit. badau, baditi frequent. lett. bedu,*
bedit. lat. fodio, fodere. vergl. griech. βαθύς. βόθινος. bogъ *deus:*
aind. bhaga herr, götterbeiwort, ein vêdengott. abaktr. bagha. apers.
baga gott. phryg. ζεὺς βαγαῖος. bokъ *latus.* bol *in* bolêti *dolere,*
aegrotare: vergl. got. balvjan quälen. boľij *maior: aind. bala*
kräftig. Man vergleicht auch φέρ-τερος. borją *pugno, inf.* brati *aus*
borti: *lit. bariu, barti. ahd. perjan schlagen. aind. bhara kampf.*

borъ *pinetum. nsl.* bor, borovec. bosъ *non calceatus: lit. basas.*
ahd. bar. botêti *pinguescere.* bronъ *albus: aind. bradhna fahl*
Fick. človêkъ *homo. A. Potebnja, Kъ istorii usw.* 79, *trennt* človêkъ: čelo *ist ihm identisch mit* cêlъ *integer,* vêkъ *robur, daher* človêkъ *ein possessives compositum: integrum robur habens.* do *usque ad: lett. da. lit. do: kas taŭci do to?* τί πρὸς σέ; *io. 21. 22.* *Bezzenberger 244.* daboti, boti *ist wr.* dbać. *klr.* dbaty. *Vergl. got.* du. *ahd.* za, ze, zi. *ags.* tō. *abaktr.* da: vaēśman-da *zum hause* οἰκόνδε. da- *praefix. Im zogr. liest man io. 7. 3; 12. 10.* do *für und neben* da; *umgekehrt* da *für und neben* do: dažo, dožo; dori, *das nur in jungen quellen vorkömmt, ist* doži *aus* dožo i. doba *opportunitas.* dobrъ *bonus.* dobľь *fortis aus* dobjъ: *lit. daba art und weise.* dabinti *schmücken.* dabnus *schön. got.* ga-daban *decere. ags. [ge]-* dēfe *stark. Vergl.* debelъ *crassus: pr.* debīkan *sg. acc. gross. Auch* udobljati *so wie vielleicht auch* udolêti, udelêti *vincere für* udoblêti, udeblêti *möchten hieher gehören.* dol, del: odolêti, odelêti *vincere.* wr. peredolić. dola *pars: lit. dala. vergl.* dêlъ. dolъ *vallis.* got. dala-: *aind.* a-dhara *inferior.* domъ *domus: lit. namas für* damas *Fick. lat. domus. griech.* δόμος. δέμειν. *aind. damas. got.* timrjan. drobiti *conterere.* č. drobet. *os.* dŕebić: *vergl. lit.* tru- putīs *brocken.* dropъ: *s.* drop *neben* nsl. tropino *vinacea: vergl.* ahd. trēber. drozgъ, *jetzt auch* drozd *carduelis, richtig* drossel: *lit.* strazdas. droždijo, *selten* droštija *pl., faex. nsl.* droždžo, drožo: *vergl.* drozga *kot: pr.* dragios *pl. anord.* dregg. *ags.* dŭrste. *ahd.* trestir *pl.* trester. *Vergl. J. Schmidt 2. 337.* dvoh: *r.* dvo- chatь, dvošitь *keuchen: w.* dus, *woher auch* duhъ: *lit.* dvasê. dvêsti. dvorъ *aula: lit.* dvaras. *abaktr.* dvara. go *in* negli *aus* negoli. kr. *s.* nego. *pr.* anga *fragepartikel. aind.* gha, ha. *Neben* go *besteht* žo. gobino *copia, fruges: magy.* gabona *getreide aus dem slav.* *Vergl. lit.* gabenti *bringen;* gabjauja *göttinn des reichtums und vor-* *züglich got.* gabein- *reichtum.* gobьzъ *abundans mit* gobino *in ver-* *bindung zu bringen ist wegen des* ьzъ *bedenklich: man vergleicht daher* got. gabiga-: *gobino ist so wie* gobьzъ *dunkel. Vergl. Pott 5. 307.* *Bezzenberger 91. erklärt lit.* gana *genug aus* gabna, *das zu aslov.* gobino *gehöre. Der on. č.* hobzi starć *hängt mit* gvozdь *silva zu-* *sammen.* godъ *opportunitas, tempus.* goditi sę *contingere: lit.* gadas *vereinigung, übereinkunft.* gadījūs: *w. ist* ged *in* žьdati. *wr.* pere- hodzić *ist* pereždać, pereždydać. gogolь *r. anas clangula aus* gog *in* gogotatь *und suffix* olъ: *pr.* gegalis. *lit.* gaigalas. *lett.* gaigalis *colymbus minor.* golъ: *č.* hoch *puer wird mit* nhd. hache

verglichen Matzenauer 388. golǫbь *columba: vergl. pr. gulbis. lit. gulbe olor. ags. culuf-re taube. lat. columba. griech.* κολυμβὸς *taucher.* golêmъ *magnus: vergl. lit. gal vermögen. Zweifelhaft.* golъ *nudus. č.* hole *baumloser berg.* holomek: *vergl. lit. galandu schärfe, wetze. Zweifelhaft.* gomolja, gomulja *maza: vergl. lit. gumulis abgestutzt.* gonêti *sufficere: lit. ganêti. gana. lett. gan satis. Vergl. aind. gaṇa schar, zahl. got. ganah es genügt.* goniti *agere iterat. von* gen: ženą. *lit. ganīti.* gonobiti *nsl. perdere: vergl. lit. ganabīti prügeln.* goneznąti, gonъznąti *salvari: got. ganisan.* gonoziti *servare beruht auf* gonez, *wie got. ganasjan auf ganes.* goneznąti *hängt mit lit. ganīti, das slav.* goniti *lautet, in keiner weise zusammen.* gora *mons: in mehreren sprachen ist das urspr. a zu i geschwächt: lit. girê, giria wald. aind. giri. abaktr. gairi berg Curtius 350.* gorêti *ardere: lit. garas dampf. lett. gars hitze, schwaden. pr. gorme hitze.* garkity *senf.* gorьkъ: *s.* gorak *neben* grk *amarus und* gorij *peior. aind. guru aus garu, comparat. garījūs, schwer. griech.* βαρύς. *got. kaura- aus kuru-, karu-. Man vergleicht auch* χερ-είων. gospodь *dominus: aind. gāspati hausvater. Vergl.* podь. gostъ *in* pogostъ *in russ. quellen regio: pr. gasto ackerstück. Zweifelhaft.* gostь *hospes: got. gasti-. lat. hosti-: vergl. aind. ghas, ghasati. grundbedeutung: der verzehrende.* gošiti *parare: lit. gašiti schmücken.* gotovъ *paratus. Matzenauer 30 verweist auf das sonst ganz unbekannte os.* hot *vorbereitung: die bildung macht schwierigkeiten. lit. gatavas ist entlehnt.* govêti *venerari. b.* govê *ieiunare. č.* hovêti. *klr.* hovity. *r.* govêtь. *lit. gavêti. lett. gavêt: č.* hovêti *ist schonen. Man vergleiche ahd. gawīhjan sanctificare. Andere verwerfen die ansicht von der entlehnung und verweisen auf aind. hū rufen, armen. govel loben. Das wort ist dunkel.* govorъ *tumultus, bulla aquae: vergl. aind. gvar, gvarati fiebern: wenn die zusammenstellung richtig ist, so steht* govorъ *für* gvorъ. *vergl. p.* gwar *murmuratio. Vergl. auch aind. gu, gavatē tönen.* groza *horror. lit. grastis und grumzda minae.* hodъ *ambulatio: w.* hed, šed, *sьd in* šьlъ *usw.* hoh *in* hohotati *cachinnare: vergl. aind. kakh, kakhati.* hotь *cupido wird von Fick mit aind. sati, griech.* ἔϝ-εσις. *lat. sitis zusammengestellt.* hromъ *claudus: aind. srāma lahm. Neben* hromъ *besteht* hramati, *das auf* hramъ *zurückgeht.* hvoja: *r.* chvoja *fichtennadel. nsl.* hojka: *pr. kwaja ist entlehnt.* klokotъ *scaturigo, eig. das sprudeln. Vergl. got. hlahjan und aslov.* klekъtati *clamare.* kloniti *inclinare: vergl.* sloniti *J. Schmidt 2. 252. 253: lit. klonojūs und lett. klanitēs sind entlehnt.* klopьca *neben* klepьca *tendicula stammt von*

klep *claudere*. klosnąti *mordere:* zınij klosnu nogu ego *starine*
9.45. klosьnъ *claudus*. kobyla *equa: vergl. lat. caballus. lit. kumele
und r.* komonь *equus*. komonica *equa. klr.* łuhova komanyća *für*
konjučyna. * kobьcь: *s.* kobac *nisus. klr.* kôbeć. kočani *pl.*
membrum virile: vergl. nsl. kocên. *s.* kočan, kočanj. *lett. kacans,*
kacens caulis. kokma *vas quoddam:* ngriech. κουκούμιον. *lat. cucuma.*
kokotъ *gallus.* kokošь *gallina. p.* kokać. *aind. kakk lachen. Vergl. nsl.*
kokodakati *und lit. kukutis wiedehopf.* koles: *sg. nom.* kolo *rota.*
pr. kelan. anord. hvel: vergl. aind. čar gehen. kolêno *genu: lit.*
kelīs: êno *ist suffix.* kolimogъ *tabernaculum. r.* kolymaga: *lit.*
kalmogas ist entlehnt. kolъ *palus.* kolją *findo.* zakolъ *mactatio.*
lit. kalu hämmere. kūlas ist entlehnt. vergl. aind. kīla J. Schmidt
2. 216. komidъ: vlasi komidi *ist dunkel.* komъ *r. klumpen.*
komolyj. *lit. kamolīs knäuel.* konoba: *nsl. s.* konoba *cella, caupona:*
mlat. canaba. it. canava. konobъ *pelvis: mlat. conabus.* konoplja
cannabis. pr. knapios pl. lett. kańepe: griech. κάνναβıς. *Damit*
verwandt ist konopьcь *funis: mlat. canapus, canapa. anord. hanpr:*
allen diesen worten soll das dunkle aind. śaṇa zu grunde liegen.
końь *equus, etwa für* kobńь: *vergl.* kobyla *und lat. caballus.*
kopati *fodere.* kopije *hasta.* kopyto *ungula. p.* kopiec. *lit. kapoti*
hacken. kapas *grabhügel. pr. kopt. Die w. kap hat die bedeutung:*
graben und hacken. korovъ *profluvium genitale: griech.* κόπος *in*
einer dem sinne des μαλκία *verwandten bedeutung.* koprina *seri-*
cum. b. koprinъ. *Matzenauer 213. denkt an verwandtschaft mit mlat.*
cappa, korgъ *anethum. nsl.* koper: *vergl.* kopêti se: sêno se
kopí. gnoj se kopí, da se dim vidi. *b.* korъr. *klr.* ukrop, okrop.
r. kropъ, ukropъ. kora *cortex. lit. karna bast.* korenь *radix,*
das wohl nicht mit kъrь *frutex verwandt ist.* koryto *canalis,*
concha: vergl. pr. pra-cartis trog. korъda. *p.* kord *degen ist ent-*
lehnt. lit. kardas ist slav. korъ *contumelia.* korьcь *vas quod-*
dam. nsl. korcc *haustrum usw. Man denkt an griech.* κόρος,
vielleicht mit unrecht. kosa, kosmъ *coma: lit. kasa. kasti, kasīti,*
kasinti: kosa *hängt mit* česati *zusammen. Auch* kosa, kosогъ *falx*
dürfte hieher gehören. kosnąti *tangere: vergl. r.* koso *oblique. p.*
ukos *die schräge usw.* košь *corbis: lit. kašius, das jedoch entlehnt*
sein kann. Mit košь *scheint* košulja *indusium verwandt.* kotora
lis: vergl. ahd. hadarā lappen, später streit Fick. kotoryj
koteryj, *nsl.* kteri *qui, urspr. uter. lit. katras. got. hvathar-. griech.*
κότερος, πότερος. *aind. katara.* kotyga, kotuga *vestis: mlat. cotuca.*
kotъ: kotьcь *cella. nsl. b.* kotcc. *s.* kot, kotac *usw.: vergl. mlat.*

cotta. kotъ, kotъka, kotlja *felis.* kotva *ancora, wie nsl.* mačka.
lit. katė. lat. catus. kotьlъ *lebes. nsl. b.* kotel. *s.* kotao *usw. lit.
katilas. pr. catils.* kotьlъ *ist wohl got. katila-: ahd. lautet das wort
chezil, chezin aus lat. catinus.* kovъčegъ *arca. b. s.* kovčeg: *vergl.
ngriech.* κχχίον *vas ligneum, daher wohl* kovъčegъ. *koza capra:
lett. kaza. aind. čhaga, čhāga bock. čhāgā ziege. Hieher scheint auch*
koža *cutis, urspr. etwa ziegenfell, zu gehören: die ableitung von* koža
aus koza *bietet schwierigkeiten. Fick vergleicht mit* koža *anord. hakula.*
krokarъ: *nsl.* krokar *corvus: aind. kark, karkati. lit. krakti. griech.*
κρέκω: *vergl. aslov.* krakati. kroma *margo.* kromê, okromê *procul.*
krop-: *p.* okropny *schauderhaft: vergl. lit. krupus scheu. kraupus
unangenehm (vom wetter.)* kropa, kroplja *gutta: lit. krapīti be-
sprengen.* krošьnja: krošьnica *canistrum. nsl.* krošnja. *r.* krošnja
und korošuja. kvokati: *p.* kwokać *usw. glucken: lit. kvakėti
schreien. kvaksêti glucken.* kъmotrъ *compater.* kъmotra. *č. p.*
kmotr. *nsl.* boter. *pr. komaters: lat. compater.* lobъzati *osculari.*
lobъzъ *osculum: vergl. lit. lupa labium. lupužê deminut. ahd. lefs.*
lodyga *r. knöchel. p.* łodyga *stengel: man vergleicht ahd. lota in
sumar-lota.* logataj *explorator setzt ein denominativum* logati *von*
logъ *das liegen in der bedeutung des auflauerns voraus: vergl. griech.*
λόγος. .logъ: *s.* log: *logom* ležati. *lit. atlagas neben atlakas
brachacker vergl. mit klr.* obłôh, perełôh *usw.* lokati *lambere. nsl.
sorbere:* pes loče vino. *lit. lakti schlappen, zunächst vom hunde. aind.
lak, rak gustare.* lomъ *locus paludosus. magy. lam palus: vergl.
lat. lama.* lono *sinus soll für* lokno *stehen und mit* lэk *biegen ver-
wandt sein.* lopata *pala. nsl. usw.* lopata: *vergl. lit. lopêta. let. lāpsta.
pr. lopto.* lososь *r. lachs. č.* losos: *lit. lašis, lasaša, lašišas. lett.
lasis. pr. lasasso.* loštiga *lactuca. nsl.* ločičje. *s.* loćika. *č.* locika:
št, č. ć, c *aus* kt: *p.* łoczyga *ist entlehnt.* lošь *vilis. b. s.* loš: *vergl.
got. lasiva- und Fick 2. 497.* lotyga *ar. homo nequam: man vergleicht
got. lata- lässig.* loza *vitis: vergl. lit. laža flintenschaft.* modrъ
*lividus wird als ‚zerflossen‘ gedeutet und mit einer w. mad zusammen-
gestellt.* moga *possum: got. magan posse. lett. makts macht: europ.
magh: mit* mogyla *tumulus vergl. aind. mahant gross, woraus eine
w. magh erschlossen werden kann.* mokrъ *humidus soll aus* morkъ
entstanden sein: ich teile mok-rъ *wegen* močiti. moliti *orare aus*
mold-, modl-, mol-. *lit. maldūti: w.* meld. molotrь *foeniculum:
ngriech.* μάλαθρον, μάραθρον. monisto *monile. klr.* namysto *bibl. I.
lit. manele bezz.: vergl. aind. mani am leibe getragenes kleinod, juwel,
perle. ahd. menni halsband. Das suffix* sto *ist singulär.* mora

maga, in den lebenden sprachen ephialtes, incubo ist dunklen ursprungs.
Vergl. ngriech. μώρα *aethiops, incubo.* morje *mare: lit. marês pl.*
pr. mary. got. mari-. marein-. ahd. mari. aind. mīra. morъ *mors,*
pestis: lit. maras. moriti: *lit. marinti.* možьna *pera. nsl.* mošnja:
lit. makšna, makštis, mašna aus dem slav. motiti *sę agitari. nsl.*
motati *weifen. vergl. r.* motorja *rolle. č.* nemotorný *unbehilflich,*
eig. unbeweglich: lit. pamuturti (galvelę) schütteln. *motr- *in*
motriti *spectare: lit. išmatrus scharfsichtig von mat: matau, matīti.*
lett. matu, mast. motyka *ligo. nsl.* motika. *b.* motikъ *usw.: lit.*
matika. mozgъ *medulla: abaktr. mazga. ahd. marag. aind. mağğan,*
mağğas, mağğā. Vergl. lit. smagenos. lett. smadzenes. pr. muzgeno.
mozolь *vibex. nsl.* mozolj *usw.: vergl. ahd. māsā cicatrix.* тъnogъ
multus: got. managa-. noga *pes: lit. nagas fingernagel, kralle,*
huf. pr. nage fuss. ahd. nagal. griech. ὄνυξ. *lat. unguis. ir. inga.*
aind. nakha. Hieher gehört auch nogъtь *unguis. pr. nagutis. Vergl.*
zeitschrift 23. 270. nora *latibulum: w.* ner: nrêti. *Hieher gehört*
auch klr. noryča *nörz mustela lutreola.* nosъ *nasus.* nozdrь: *lit.*
nasrai, wofür auch nastrai vorkommen soll Geitler, Lit. stud. 97.
ahd. nasā. aind. nasa in compositis; sonst nās, nūsā. lit. nosis.
lat. nāsus. noštь *nox: lit. naktis. got. nahti-, nahta-. lat. nocti-.*
griech. νυκτ- *neben* νυκτι-, νυκτο-. *aind. nakti, nakta.* o *in* ozimica
hordeum, eig. wintergerste, ist wohl die praep. o: ozimica *beruht*
demnach auf o zimê. oba *ambo: lit. abu. pr. abbai pl. lett. abbi.*
got. bai. aind. ubhā aus abhā, ambhā. oblъ *rotundus aus* obvlъ,
obvъlъ: *lit. apvalus.* obrinъ *avarus. p.* obrzym, ołbrzym *gigas.*
Grimm, Mythologie 1. 493. obъ, *daraus* o, *circum: pr. eb. got. bi.*
aind. abhi gegen. In vielen fällen deckt sich obъ *mit lit. apë, ap-.*
odrъ *lectus. nsl.* odri *pl. gerüst: lit. ardai stangengestell. Geitler, Lit.*
stud. 77. ogniva *r. penna nutans, os alae dial.: vergl. aind. aǰ*
agere. ognь *ignis: aind. agni. lat. ignis: lit. ugnis f. lett. uguns m.*
lässt an slav. o *aus* u *denken.* ogolъ: *p.* ogoł *universitas.* ogołem *im*
allgemeinen: vergl. lit. aglu, aglumi im ganzen. oko *oculus: lit. akas*
öffnung im eise. akis f. auge: vergl. aslov. dual. oči. aind. akši. Hie-
her gehört auch okno *fenestra.* ole, *b.* olelê *interj.: vergl. aind. rē,*
ararē. e *in* ole *befremdet.* olovo *plumbum: lit. alvas stannum. pr.*
alwis plumbum. olъ *sicera. nsl.* ol *cerevisia: lit. alus. pr. alu. ags.*
ealu. olьha *alnus. lit. alksnis, elksnis. pr. alskande. ahd. elira,*
erila. omela *nsl. s. mistel. č.* jmeli. *slovak.* omelo. *lit. amalis.*
pr. emelno. lett. āmuls. Das wort hängt wohl mit w. em capere zu-
sammen, daher aslov. imela. imelьnikъ *neben* omelьnikъ. o *steht*

je *gegenüber.* опъ *ille: lit.* ans. *aind.* ana. опајссь *lucerna*
nach Matzenauer 265. *wohl die öffnung im dache, durch die das*
licht einfüllt: ἡ ὀπαία (κεραμίς, θυρίς). опако *adv. a tergo, retro.*
got. ibuka-. *ahd.* apah, apuh. *nhd.* übich. *aind.* apūka *hinten liegend.*
apa *ist griech.* ἀπό. *got.* af. оплоѣь, оплоѣьмо *in universum: griech.*
ἀπλῶς. опока *saxum. p.* опока. *Dagegen kr.* опека *later.* or- *in*
оriti *evertere: lit.* irtu, irti *sich auftrennen.* ardau, ardīti *transit. Vergl.*
aind. rtē *ohne.* araṇa *fremd.* оrati, оrją *arare: lit.* arti, ariu. *lett.*
art, aru. *got.* arjan: *lit.* arti *entspräche einem slav.* rati. оrъlъ *aquila:*
lit. arelis, erelis, eris. *got.* aran-. оѕina *r.* еѕpe *populus tremula: lit.*
apušis. *lett.* apse. *pr.* abse. оѕmь *octo: lit.* aštūni. *got.* ahtau. *aind.*
ašṭau: оѕmь *octo, eig.* ὀγδοάς, *aus* оѕmъ, *lit.* ašmas *octavus und dieses*
aus оѕt-mъ. оѕtrogъ *castellum. p.* оѕtrog: *das gleichdeutige* оѕtra-
žije *beweist die ableitung von* strъg: *w.* serg. *Das wort bedeutet eig.*
,*das bewachte'; dagegen hängt nsl. usw.* оѕtroga *calcar mit* оѕtrъ
zusammen: оѕtro-ga. *č. lautet das wort* оѕtroha *neben* оѕtruha. оѕtrъ
acutus: lit. aštras, aštrus. *aind.* aśra. *Verwandt ist* оѕla *cos. Vergl.*
оѕtьnъ. оѕtь *axis: lit.* akstis, akštelis *stachel Geitler, Lit. stud.* 76.
оѕtьnъ *aculeus: lit.* akštinas *mit vor* š *eingeschobenem* k. *Vergl.* оѕtrъ.
оѕъtъ *genus spinae. nsl.* оѕat. *č. p.* оѕet: *es ist wohl keine primäre bil-*
dung: w. оѕ, *aind.* aś. *vergl. lett.* āss *scharf, das aslov.* оѕъ *lauten würde.*
оѕь *axis: lit.* ašis. *pr.* assis. *ahd.* ahsa. *lat.* axis. *griech.* ἄξων. *aind.*
akša *m.* akši *n.* оѕьlъ *asinus: lit.* asilas. *got.* asilu-. *lat.* asinus.
оѕlêdъ *onager* ἄπαξ εἰρημένον. оtava *nsl. usw.* grummet: *vergl.* отъ. *lit.*
atolas. отъ *ab: lit.* at, ata. *got.* ith, id. *aind.* ati: *vergl.* отъ-
lêkъ *mit aind.* atirēka *überrest.* отьсь *pater, deminut. von* *отъ
(отыпь): *got.* attan-. *griech.* ἄττα. овъ *ille: lit.* au-rê *dort. abaktr.*
apers. ava. овьса *ovis, deminut. von* *овь: *lit.* avis. *got.* avistra-
schafstall. ahd. awi. *lat.* ovis. *griech.* ὄϊς. *aind.* avi *m. f. Hieher*
gehört овьnъ *aries: lit.* avinas. овьѕъ *avena: lit.* aviža *haferkorn.*
pl. avižos *hafer.* plodъ *fructus.* ploskъ *latus. nsl.* plosnat. *s.*
ploštimicc *neben* splasnuti. *č.* ploský. *r.* ploskij. *p.* płaski. *klr.*
płaskyj. *Hieher gehört r.* ploskonь. *p.* ploskon. *č.* konopí po-
skonnć, *vielleicht auch č.* ploštice *cimex trotz p.* pluskwa *und lit.*
blakê. *lett.* blakts. po *praep.: lit.* pa. *Dem aslov.* pa *steht lit.* po
gegenüber: pa scheint die ältere form für po zu sein. Hieher gehört
podъ, *wohl auch* pozdê *sero.* podь *in* gospodь *dominus: lit.* patis
m. f. gatte, gattinn, in zusammensetzungen herr, herrinn. got. fadi-.
griech. πόσις. *lat.* potis. *aind.* pati. potьpêga *uxor dimissa gehört wohl*
nicht hieher. Vergl. gospodь. poganinъ *paganus: lit.* pagonas. *pr.*

pogŭnans pl. acc. ist entlehnt. Dass pogaнъ *impurus von* poganinъ *getrennt werden müsse, lässt sich nicht dartun. Vergl. Matz. 68.* polêno *titio ist wohl ,das gespaltene'.* polêti *ardere.* paliti *urere: w. par, slav.* pel, per, *daher auch* popelъ. *p. przeć J. Schmidt 2. 271. An steigerung scheint bei einem verbum III. 2. nicht gedacht werden zu sollen.* planąti *aus* polnąti. polъ *dimidium:' vergl. aind. para weiterhin gelegen, jenseitig:* na onomь polu *jenseits. Das wort ist im slav. ein* u-*stamm geworden. Die Zusammenstellung mit aind. parus knoten, gelenk ist abzuweisen. Verschieden ist r.* polъ *für* poмostъ *Grotъ 75.* polъ: ispolъ *haustrum: nsl.* plati, poljem *haurio. r.* vodopolь. vodopolica *Grotъ 63.* ponica *cella. b.* poпicъ. *Dunklen ursprungs. Vergl. Matz. 280.* poplun *nsl. tegumentum turcicum: ngriech.* πάπλωμα *stragulum aus* ἐράπλωμα. pora *vis, violentia. r.* pora. *s.* oporaviti se *refici, daher rum. porav ferus, eig. violentus.* porъ: *č.* odpor: *lit. atsparas.* *postolъ: *s.* posto, *sg. gen.* postola. *č.* postola. *klr. p.* postoły *pl. Man vergleicht ngriech.* ποστάλιον. *türk. postal. Das wort kann slav. sein: nsl.* podstoli *metl.: matz. 24. denkt an griech.* ὑπόστολος. potъ *sudor. Fick vergleicht lit.* spakas *und deutet* potъ *aus* pok-tъ. pro *praefix, praep.: lit.* pra *praefix. lat. pro. griech.* πρό. *aind.* pra. *Hieher gehört* prokъ, pročь *reliquus. Dem* pro *steht lit.* pra, *dem* pra *lit. pro gegenüber.* prositi *petere: lit.* prašiti. piršti, peršu. *got.* fraihnan. *lat.* preces, procus. *aind.* praśna *frage: w.* praś. proso *milium: vergl. pr.* prassan *acc., das entlehnt sein kann.* prostъ *simplex,* ἁπλωμένος, *extensus steht vielleicht für* prostrъ *von prostr-êti. Man vergl. b.* prostren *simplex. lett.* prasts *ist entlehnt.* proti *versus: lett.* preti, pret. *griech.* προτί, προς. *aind.* prati. prozvitъ *vetulus: griech.* πρεσβύτης. rodъ *partus. aind.* ardh *gedeihen J. Schmidt 2. 295.* rogozъ *papyrus, tapes. nsl.* rogoz *carex: lit.* ragažê *binsendecke.* rogъ *cornu: lit.* ragas. *pr.* ragis: *vergl.* rogatina *ar. pertica. lit.* ragotinê *lanze.* rokъ *praestitutum tempus: w.* rek. roмênьča *situlus. Vergl. Matzenauer 296.* rosa *ros: lit.* rasa *tau. aind.* rasa *saft.* rota *iusiurandum. Vergl. osset. art, ard eid.* sapogъ *calceus: lit.* sopagas *ist entlehnt.* skoba *fibula: lit.* skaba *hufeisen.* kabu, kabêti *haften. aind.* skabh, skabhnāti *usw. heften.* skoblь *radula: lit.* skabu, skabêti *schneiden, hauen.* skaplis *hohlaxt. got.* skaban. skokъ *saltus: vergl. aind.* khač, khačati *hervorspringen und lit.* šokti *springen.* šakinti *springen lassen.* skolьka *ostreum. b.* skojkъ *concha: vergl. ahd.* scala *schale, harte umhüllung der muschel usw., daher* skolьka *schale, schalentier.* skoмati *gemere:*

Fick vergleicht lit. skambu, skambêti tönen. skomrahъ *praestigiator:*
lit. skamarakas ist entlehnt. skopiti *evirare.* skopьсь *eunuchus:*
vergl. lit. skapas, das jedoch entlehnt sein kann. skop-: zaskopije
observatio: vergl. griech. σκοπός *späher.* skora *cortex: lit. skura*
pellis ist entlehnt. skorъ *citus: vergl. ahd. skēro J. Schmidt 2.*
420. skotъ *pecus. b. s.* skot *usw.: got. skatta- geld. ahd. skaz.*
afris. sket geld, vieh. Die frage, ob skotъ *entlehnt ist oder nicht,*
ist schwer zu beantworten: sicher ist, dass der umstand, dass das
wort im deutschen meist geld, nicht vieh bedeutet, was es ursprünglich
bezeichnete, nicht für die entlehnung von seiten der deutschen an-
geführt werden kann. Ist das wort mit aind. skhad spalten verwandt,
dann ist es ursprünglich deutsch. skrobotъ *strepitus: lit. skrebu,*
skrebêti rascheln. slonъ *elephas: lit. slanas neben šlajus: jenes ist*
entlehnt. Man vergleicht ags. hrōn balaena Archiv 3. 212. smokъ
serpens: lit. smakas, das vielleicht entlehnt ist. Vergl. smъk *in* smy-
kati sę *repere.* smola *bitumen: lit. smala teer, das entlehnt sein*
kann. snopъ *fasciculus.* sob-: posobiti *adiuvare.* posobije *soci-*
etas. kr. posoba *auxilium. klr.* posobyt' *bibl. I. r.* posobь *dial.:*
vergl. aind. sabhā gesellschaft und sva, woher sobojǫ *und* sebê.
soha *vallus,* ξύλον: *aind. sas zerhauen, spalten.* posohъ. *č.* sochor
fustis. Fick vergleicht auch lit. šašas schorf. šêkštas holzstück. so-
kačь *coquus.* sokalь *culina. Dunklen ursprungs.* sokъ *succus: lit.*
sakas baumharz. lett. svakas, svekjis: vergl. klr. pasoka *blut bibl. I.*
sokъ *accusator.* sočiti *monstrare. nsl.* obsok *indago. s. č.* sok. *lit.*
sakas. sakīti sagen. sekmê fabel. lat. sec: insece. griech. ἔπ: ἔννεπε.
vergl. aind. sač, sačatē verfolgen. solь *sal: pr. sal. lett. salis. lat. sal.*
griech. ἅλς. somъ *r., nsl. s.* som *wels. č. p.* sum: *lit. šamas.* sopǫ
flo: lit. švapséti, švepsêti lispeln. vergl. sviblivъ *blaesus und č.* šepati
lispeln. soplь *tibia: lit. šapas halm, šapelis deminut.* sosna *abies:*
Geitler, Lit. stud. 70, vergleicht šašas schorf, und meint, der name
sei nach der rinde so benannt. spolinъ, ispolinъ *gigas: vergl. gens*
spalorum bei Jordanes Grimm, Mythologie 1. 493. sporъ *abundans.*
s. spor *durans, lentus: vergl. ahd. spar, sparsam. lit sparus ver-*
schlagsam. stoborъ *columna. nsl.* steber *vergl. J. Schmidt 1. 129.*
stogъ *acervus, eig. pertica circa quam foenum congeritur: das wort*
hängt mit lit. stogis dach aind. stag und griech. στέγω *nicht zusammen.*
ahd. stakkr haufen, heuschober. storъ *in* prostorъ *spatium: w.* ster:
strêti. stroka, sroka *κέντρον: vergl. w.* strъk. stvolъ, cvolь *caulis.*
s. cvolina. *r.* stvolъ. *č.* stvol: *vergl. lit. stùlis baumstamm.* svobъ:
svoboda, *d. i.* svobo-da, *libertas. pr. subs selbst. nsl. usw.* slo-

boda *für* svoboda. škorenj *nsl. usw. stiefel: lit. skarne.* toboļьсь *saccus. nsl.* tobolec. *s.* tobolac. *p.* tobola. *Dunklen ursprungs.* tokъ *fluxus. lit. takas: w.* tek. toliti *placare scheint wie etwa griech.* τλῆναι, τάλαντον *auf einer a-w. zu beruhen: vergl. lit. tilti verstummen, tildīti still machen. got. thulan dulden.* toljaga *und daraus* tojaga *baculum. s.* toljaga, tojaga: *vergl. s.* tolja. *tomiti vexare:* aind. *tam, tāmjati vergehen.* tonoto *neben* teneto *rete: lit. tinklas* netz *aus tenklas, das aslov.* tẹlo, tẹdlo *lauten würde: aind. tan,* tanōti *anspannen.* topiti *immergere: lit. tepti, tepu beschmieren.* topiti *calefacere.* toplъ, teplъ *calidus: lat. tepere. aind. tap, tapati.* toporъ *ascia. nsl.* topor *usw.: vergl. armen. tapar. pers. tabar usw.* tropъ: *klr.* trop *spur: vergl.* trepati. tvorъ *habitus corporis.* tvoriti *facere: lit. tverti, tveriu fassen, zäunen, bei Szyrwid auch machen.* tvarkīti *einrichten Geitler, Lit. stud. 71.* voda *aqua: got. vatan-. lat. unda. griech.* ὕδωρ. *aind. ud, unatti quellen: vergl. lit. vandů.* audra *gewässer. pr. unds, daher* vêdro ὑδρία. *voda oleo: da ząbъ ne* svodetь o петь *damit der zahn nicht darnach rieche* uoмoc.*-bulg. lit. ůdžu, ůsti. lat. odor, oleo. griech.* ὄδ *in* ὄζω. voda *in* vojevoda *bellidux.* -vodъ. voditi. *lit. kariavadas, kariovadas feldhauptmann Bezzenberger 104.* vonja *wohl für* onja *odor: got. anan hauchen. aind. an, aniti. Hieher gehört auch* ąhati. vora: *klr.* obora *viehhof usw.: w.* ver: vrêti. *lit. verti. atverti öffnen. atviras offen. pr. etwêre du öffnest.* vosa *neben* osa *vespa: lit. vapsa bremse. pr. wobse wespe. ahd. wafsa. lat. vespa.* voskъ *cera: lit. vaškas. ahd. wahs.* vozъ *currus.* voziti *vehere iterat.: w.* vez. *lit. vežu und važiůju. lett. važůt.* vъdova *vidua: pr. viddevû. aind. vidhavā.* zobati *edere: lit. žebti. aind. ǵabh, ǵambhatē.* zorъ *visus: w.* zer: zrêti. zvonъ *sonus, tintinnabulum: w.* zven: zvьnêti. *lit. zvanas ist entlehnt.*

In entlehnten worten steht aslov. o *dem a der fremden sprache gegenüber:* gonьznąti *neben* genьznąti *servari: got. ganisan. ahd. ganesan.* kolęda *calendae* καλάνδαι. *nsl. s.* koleda. *lit. kalêdos, kaldos.* koliba *tugurium: griech.* καλύβη. komora *camera. lit. kamara: griech.* καμάρα. konoplja: *cannabis. griech.* κάνναβις. kositerъ *neben* kasiterъ *stannum: griech.* κασσίτερος. kostanь *castanea: griech.* κάστανον. kotьlъ *lebes: got. katila-.* lazorь: *lazarus stockh.* lokva *imber: ahd. lachâ.* осьtъ *acetum: got. akēta-, akeita-.* odrinъ: ἀδριανόπολις. ogurьcь *cucumis: griech.* ἀγγούριον. okrovustija: ἀκροβυστία. olъtarь: *altare.* osarij *neben* asъsarij: ἀσσάριον. ovlija: αὐλή. ploča: *vergl. ngriech.* πλάκα. poganъ, *selten* paganъ:

lat. paganus. popъ *presbyter. pr. paps: ahd. phafo.* poroda:
παράδεισος *Christliche terminologie 49.* solunъ: Θεσσαλονίχη. sotona:
σατανᾶς. *Bei Nestor findet man* obrinъ *avar.* odrênь *adrianopolis.*
ogarjaninъ. oleksandrъ. onьdrêj. onъdronikъ. orêj *ares.* ovramъ.
Dunkel: gotovъ *paratus.* kolimogъ *tabernaculum.* korъda *gladius*
ist entlehnt usw. sokь, *d. i* soć *as. tributum frumentarium ist mlat.*
soca, socagium. r. stopa *grosser becher ist ahd. stouf. mlat. stopus.*
     Wie es kam, dass fremdes a durch slav. o *widergegeben ward,*
ist eine schwierige frage; mir scheint, dass betontes gedehntes a durch
slav. a, *unbetontes und betontes kurzes a hingegen durch slav.* o *er-*
setzt ward. Vergl. J. Schmidt 2. 170.
     β) S t ä m m e. orъ: stoborъ *columna. nsl.* steber. pętorъ
neben pęterъ *2. seite 91.* orjъ: thořь *iltis aus* dъhořь *2. seite 92.*
oljъ: zovoľь, *wohl cantor 2. seite 111.* torъ: vъtorъ *alter. lit.*
antras. got. anthara-. *aind.* antara *2. seite 174.* ovъ *in* adamovъ
adami usw. 2. seite 229 ist wohl eine steigerung des ŭ. okъ: vêd-okъ
gnarus 2. seite 253. In gląbo - kъ *profundus:* vyso - kъ *altus ist* o
für u eingetreten, wie ъ *in* lьgъ - kъ *usw. In den secundären bil-*
dungen wird häufig der anlaut des suffixes richtiger zum stamme zu
ziehen sein : ino-gъ, no-gъ *von* inъ γρύψ, μονιός, *dafür auch* inc-gъ.
p. nog, *das daher mit pr. ankis greif unverwandt ist.* č. jino-ch *2.*
seite 289. črъno-ta. nago-ta. lьgo-ta: *lit. sveika-tu. aind.* ghōra-tā,
und mit schwächung des stammauslautes lit. nobažni-ta. *got.* hauhi-thā-.
kokošь *gallina, eig. die gackernde, ist wohl primär :* kok-ošь. *Ebenso*
živ-otъ *vita: aind.* jīvātu. *lit.* gīvata. *pr.* giwato. *Das* o *im aus-*
laute des ersten gliedes von composita ist vorslavisches a : vojcvoda
bellidux für vojovoda: *stamm* vojъ. mьzdodavьсь *qui mercedem dat:*
stamm mьzda. *aind.* dēvagana *götterschaar: stamm* dēva. *(dharā-*
dhara die erde tragend: stamm dharā). *griech.* Θεσφόρος. ῥιζοτόμος.
Analog ist zvêrovidьnъ *neben* zvêrevidьnъ, *wohl für* zvêrjcvidьnъ,
θηριώδης: *stamm* zvêrь. kostogryzьсь *ossa rodens: stamm* kostь. *Man*
vergleiche mit r. muchomorъ *lit.* musomiris, *das einem aslov.* muha-
morъ *entsprechen würde, dessen a Geitler, Fonologie 7, für litu-slavisch*
hält, das später durch die zahlreicheren composita, deren erstes glied
auf o auslautet, verdrängt worden sei.
     γ) W o r t e. *Der sg. nom. der neutr. a-stämme lautet auf* o,
der der masc. a-stämme auf ъ *aus. Jenes* o *wird auf as zurück-*
geführt, welches zu e *oder zu* o *werde, je nachdem bereits in vor-*
slavischer zeit der vocal zu e *geschwächt war oder noch als* a *erhalten*
ins slavische übergieng, wo es dann zu o *geworden sei.* o *stehe daher*

für as, so oft dessen a im europäischen nicht zu e geworden. Aus demselben grunde sei a in ta-d in slav. o (to) *übergegangen A. Leskien, Die declination usw. 4. 68, daher* slovo *für aind. śravas, und analog* sclo, polje, dobro, doblje, ono *usw. Die erklärung ist plausibel; die einschränkung des* o *auf den auslaut darf nicht auffallen, da sie auch im griech. und im lat. vorkömmt:* γένος, γένεος *aus* γένεσος; *genus aus genos, generis neben älterem generus, generos, obgleich hier der auslaut von* slovese *abweicht. Derjenige, dem* slove *für* slovo *in erinnerung ist, wird jedoch geneigt sein,* lože, *woher* ložesno, *für* ložes *zu halten; nach* igo *erwartet man* logo: *vorslavisch* logos, logeses, *woraus* slav. logo, ložese. *Es ist demnach möglich, dass* slovo *zu* slova, slovu *usw.,* slove *dagegen zu* slovese, slovesi *gehört. Freilich kömmt* slove *ein einziges mahl vor:* čьto estъ slove sc, *eže* reče; τί ἐστιν οὗτος ὁ λόγος; *io. 7. 36.-zogr.; das häufig vorkommende* lože *hat nur in* lice, ličcse *ein analogon. Vergl. nsl.* ole (ule), olesa (ulesa) *2. seite 320. 3. seite 142. Andere meinen, einst habe ein unterschied zwischen* nomina *masc. und neutr. auf a nicht bestanden,* narodo *habe neben* zlato *existiert: erst als die halbvocale entstanden, habe die dissimilation aus* narodo - narodъ *gebildet,* zlato *unberührt gelassen Geitler, Fonologie 13. Das suffix in* togo, sego *usw. glaubte ich mit der partikel aind. gha, ghā identificieren zu sollen 3. seite 47. Nach J. Schmidt, Zeitschrift 23. 292, verhält sich* to *zu* to-go *wie* inъ *zu* ino-gъ μονός *usw. Über das auftreten des* o *in der conjugation ist bereits seite 15. gehandelt worden.*

5. o *fällt aus, wenn an ein secundäres thema ein vocalisch anlautendes suffix antritt:* bratrija *fratres aus* bratro-ija. *Häufig tritt* ov *für* ъ *ein:* sadovije *neben* sadijc *usw., wie unter den* u-vocalen *gezeigt werden wird.*

6. o *ist in manchen worten ein weiter nicht erklärbarer vorschlag, der auch fehlen kann:* obrъvь *neben* brъvь supercilium: aind. bhrū. griech. ὀφρύς. okrinъ *pelvis: vergl. r.* krinka *und aslov.* skrinija, *lat.* scrinium. *Fick 1. 44. denkt an griech.* κέρνος *opferschüssel usw. Das wort ist dunkel.* opany *neben* pany *pelvis: ahd.* pfannā. opašь *neben* b. paškъ *cauda: hier mag* o *für* otъ *stehen:* pahati. oprêsьnъkъ *azymum neben* prêsьnъ. orъvenica *canalis neben* rъvenikъ. ogъrъtati *murmurare neben* rъpъtati. orêhъ *nux: lit.* rëšutas. *lett.* rêksts. orjevati *furere, eig. rugire, neben* rjuti. ostrъvi *cadavera tichonr. 2. 363. neben* strъvo. osva, osa *vespa neben* ὀσφύξ *ist dunkel.* osvênje *neben* svênje *sine. Vergl. s.* osim. *Man füge hinzu klr.* oborôh *fehm für* borôh: *č.* brah.

očretъ *schilf.* osełedec *häring:* r. selьdь. r. oskomina *stumpfheit der zähne.* p. oskomina, skomina, skoma. č. laskominy. r. oso-korъ. p. sokora *populus nigra. Vergl. lit. apsalmas Kurschat* 37.

7. *Abgeworfen wird anlautendes* o *in* brešta *neben* obrešta *res inventa.* paky *neben* opaky *retrorsum:* aind. apāka. *Vergl.* b. besi *hängen.* č. bahniti se *matz.* 15.

8. *Eingeschaltet scheint* o *in* kolêbati *agitare aus* *klêbati, *wenn das wort mit* kelb *im pr.* po-quelb-*ton knieend zusammenzustellen ist. Man vergleiche aslov.* prążь *stipes mit nsl.* porungelj. *aslov.* skovrada *neben* skvrada *sartago aus* skvorda: w. skver. olovo *plumbum: lit.* alvas. *lett.* alva.

9. *In manchen worten wechselt* o *mit* a. do ut *für da:* do i lazarê ubiją̇tъ ἵνα καί *usw.* io. 12. 10-zogr. kolimogъ *neben* kolimagъ. obrêda *neben* abrêdъ *locusta, wahrscheinlich eine art pilz. Vergl. lex. s. v.* oky *neben* aky, jaky *uti.* polica *sup.* 2. 6. *neben* palica. pozderь *neben* pazderь *stipula:* nsl. pezder *usw.* robъ *neben* rabъ *servus.* roditi *neben* raditi *curam gerere.* rozъ *in* rozbiti, rozbojnikъ, rozmyšljati, rostvorivъ *und in* rozvê *sup.* XI. *neben* razъ, razvê. rozvьnъ *neben* razvьnъ *catena.* rozga *palmes neben dem nur éinmahl nachweisbaren* razga. skvožnja *neben* skvažnja. vozotaj *neben* vozataj. *Hier mag auch erwähnt werden, dass das casussuffix* go *im sup. auch* ga *lautet:* jega, koga, kojega, nêkoga. *Vergl. sup.* XI. *Dasselbe tritt im nsl. kr. und s., nicht im* b. *ein.* lokati *lambere und* lakati *neben* alъkati *esurire sind wurzelhaft verschieden. Der wechsel von* o *und* a *ist auffallend, da* o *und* a *ursprachlichem* ă *und* ā *gegenüberstehen. In* otrova *neben* otrava *so wie in* zorja *neben* zarja *erblicke ich, trotz gleicher bedeutung, eine verschiedene steigerung des* u *und des* e: *ähnlich verhält es sich auch mit* tekъ *neben* tokъ.

10. o *wechselt mit* e, *wie seite* 18 *gezeigt ist, und wie für eine classe von worten im nachfolgenden gezeigt werden soll.*

Es gibt eine nicht geringe anzahl von worten, in denen der anlaut e, *je mit dem anlaut* o *wechselt, so dass die eine sprache* je, *die andere (die russische)* o *bietet, oder so, dass in demselben sprachkreise* e, je *und* o *vorkommen. Man kann geneigt sein sich* je *als aus* o *durch vorschlag des* j *und assimilation des* o *zu* e *entstanden vorzustellen: diese ansicht ist jedoch wohl kaum richtig, vielmehr ist es wahrscheinlich, dass älterem kurzen* a *teils nach verschiedenheit der sprachen, teils in derselben sprachfamilie* e, je *oder* o *gegenübergestellt wird. Dass* o *älter sei als* e, je, *lässt sich allgemein nicht dartun.*

Analog dem e, je *und* o *ist im lit. der wechsel von* e *und* a: *ekrutas, akrutas aus dem slav.: vergl. p.* okręt. *eldija, aldija. elksnis, alksnis. elkunê, alkunê. elnis, lett. alnis, pr.* alne. *emalas, amalas. erdvas, ardvas. erelis, arelis. esmi, asu, pr.* asmai. *ešis, ašis: r.* osъ. *ešutas, ašutas. Wenn aus* ladia, lakъtъ *das hohe alter von aldija, alkunê oder von olektis aus alektis, alktis folgt, so zeigt* jelcnь *neben* lani, *dass elnis ebenso alt ist wie lett. alnis, während* rêdъ *in* rêdъkъ *für das höhere alter von erdvas zeugt. lit. e neben a hat sich auf specifisch lit. boden aus älterem kurzen a entwickelt: dasselbe gilt von dem ursprung des slav.* c *neben* o *aus* a.

In dem folgenden verzeichnisse der hieher gehörigen worte wird von der russischen form ausgegangen: odinъ *unus: aslov.* jedinъ *usw.: urform* ad-. odva *vix: aslov.* jedva. *nsl.* jedvaj *habd.* odvaj *hung. lit. advos, vos: vergl. r.* ledva *dial. p.* ledwie. olcj *neben* elej *oleum* Ἐλαιον*: aslov.* olêj, jelêj. *nsl.* olcj, oljc. *č. p.* olej. *lit. alejus aus dem slav.: got. alēva-.* olenь *cervus: aslov.* jelenь. *lit. elnis.* olovo *plumbum: aslov.* jelovo *neben dem regelmässigen* olovo. *lit. alvas.* olьcha, olьša, *dial.* olócha, ëlcha. *klr.* ôľcha, vôľcha *alnus: aslov.* jelъha *oder* jelьha. *nsl.* jolha, jolša. *b.* clhъ. *s.* joha, *alt* elha. *č.* olše. *slk.* olša, jelša. *p.* olcha, olszа. *os. ns.* volša. *lit. alksnis, elksnis.* omela *viscum album. aslov.* imela *neben* omelьnikъ. *nsl.* omela. *s.* imela, mela. *č.* jmelí. *p.* jcmiel *m.* jemiola. *os.* jemjelina. *lit. amalas: w. ist wahrscheinlich* cm, *woraus* jьm, *im prehendere: nur aus* em *lassen sich alle formen erklären.* osenь *auctumnus: aslov.* jesenь. *nsl.* jesen. *pr. asanis.* osëtrъ *accipenser sturio: č.* jesctr. *p.* jesiotr: *vergl. sturio.* osina *populus tremula: nsl.* jesika. *č.* osika. *p.* osa, osina, osika. *s.* jasika: osa *aus* opsa: *lit. epušê neben apušis. nhd. aspe, cspe. vergl. aslov.* osa *mit lit. vapsa. pr. wobse.* ozero *lacus. aslov.* jezcro *usw.: lit. ežeras. pr. assaran sg. acc.* ožyna *klr. rubus fruticosus. r.* eževika. *p.* ježyna: *das wort hängt mit aslov.* ježь *erinaceus zusammen, das r.* čžъ, *klr.* již *lautet. lit. ežis.*

Die durchsicht der angeführten formen zeigt, dass ursprüngliches kurzes a im slav. im anlaute mancher worte durch c *und* o *vertreten wird, und dass die vertretung durch* o *im r. bei bestimmten worten consequent durchgeführt wurde.*

Aslov. jedinъ *usw. beruht demnach nicht auf* odinъ: *noch weniger liegt* jedinъ *dem* odinъ *zu grunde, obgleich nicht in abrede gestellt werden kann, dass das r. in allen seinen dialekten schon in älterer zeit anlautendes* e, *je mit vorliebe durch* o *ersetzt.* oli *quantum Nestor*

36. 10. für jeliko *lavr., doch ist die sache trotz p.* ilе *aus* jelе *nicht sicher.* ole *Nestor 120. VI. für* ele *83. 7.* omuže *Nestor 100. 11. für* aslov. jеmuže. ose *ecce Nestor:* aslov. jese. *оže* quia *Nestor:* aslov. jеže; *ferner in eigennamen: r.* odrênь adrianopolis*: s.* jedrеnе, edrene *neben dem an* drênъ cornus *anklingenden* drenopolje. olena ἐλένη. *klr.* оłусhvеr ἐλευθέριος. *klr.* ołyzar, *r.* elezarъ. *klr.* оmеłаn αἱμιλιανός. oryna *Nestor neben* irina, erina, *d. i.* jeryna εἰρήνη*: s.* jerina. *klr.* ostap εὐστάθιος. *r.* оvdotьja εὐδοκία. *klr.* ovsij εὐσέβιος. *klr.* vôvdja, *wohl* εὐδοκία. *Man filge hinzu r.* оljadь χελάνδιον. оpitеmьja ἐπιτιμία *und* оlьgъ anord. helgi. оlьga *anord. helga, bei den Griechen, denen der name aus varingischem munde bekannt war,* ἔλγα *Cedrenus 2. 329; daneben* esipъ *in* esipovъ. *Man merke* aslov. vitьlêomь *neben* vitьlêmь βηθλεέμ: *vergl. seite 18.*

Noch möge einiges aus einzelnen sprachen erwähnt werden. č. jesep *schotter, das ganz überraschend wahrscheinlich für ein* aslov. osъpъ *steht; p.* jedwab. *č.* hedbaw *entspricht* aslov. gоdоvаblь *sericum aus ahd.* gotawebbi; *ns.* jereł, hereł *neben* os. voroł *aquila: lit. erelis, arelis; b.* ošte. *nsl.* jošče *kroat.:* aslov. ješte. *Im* aslov. *und sonst besteht* go *neben* že: *es entspricht aind. gha, ha. lit. gi. got. ga 4. seite 117. Auf dem wechsel von* e *und* o *beruhen folgende formen:* aslov. mlêko *auf* melko, *r.* moloko *auf* molko; mlêti *auf* melti, mоlоtь *auf* molti; plêva *aus* pelva, polova *auf* polva; vlêk- *auf* velk-, volok- *auf* volk-; žlêbъ *auf* želbъ: žolobъ *aus* žolbъ *für* žеlbъ *zeigt die jugend dieser formen.* оužlabi *neben* оužlеbi *ist specifisch č.; dem* lebedь *liegt* elb-, *dem* labędь *hingegen* olb- *zu grunde.*

In einigen worten ist e *durch assimilation aus* a *nach* j *entstanden: r.* jеryga, jaryga *trunkenbold. r.* jasenь *fraxinus. nsl.* jеsеn. *s.* jasen. *p.* jesion: *ahd. asc. lit.* ûsis, osis *: vergl.* aslov. jašutь, ješuti, оšutь *frustra:* ošutь *scheint nur in russ. quellen vorzukommen. Vergl. über diesen gegenstand seite 18. und Potebnja, Kъ istorii zvukovъ russkago jazyka 17.*

B) Zu ъ geschwächtes o.

1. Wie e *zu* ь, *so wird* o *zu* ъ *geschwächt: es entsprechen einander demnach* lagh, leg, lьg *und* dham, dom, dъm *in* lьgъkъ *levis und* dъmą *flo. Nach dem oben gesagten ist für* lagh *ursprachliches* a_1, *für* dham *ursprachliches* a_2 *anzunehmen. Freilich können so überzeugende gründe für die reihe a, o, ъ nicht gegeben werden, wie sie für a, e, ь in den verwandten europäischen sprachen zu finden sind: lit.* lengvas. *Man könnte sogar für a, ъ und gegen a, o, ъ den umstand geltend machen, dass b. jedes unbetonte a in ъ über-*

geht: dem aslov. sladъkaja *entspricht* slátkъ *oder* slъtká, *je nachdem
die erste oder die zweite silbe betont ist; dass das* r. *dialektisch unter
bestimmten bedingungen nicht nur o sondern auch* a *in* ъ *verwandelt:*
pъšólъ, (pyšólъ) *für* pošólъ, pašólъ; stъrikú (styrikú) *für* starikú
*Potebnja, Dva izslêdovanija 61. 62; dass endlich auch in einigen
neuindischen sprachen kurzes a ähnliches erführt: the bengali short
a sounds at all times so like a short o, that in obscure syllables it
naturally glides into u Beames 1. 133. Dasselbe tritt nicht bloss im
bengal. ein. Dagegen spricht für die reihe a, o, ъ und gegen a, ъ
die erscheinung, dass in der vocalenscale der weg von a zu u (denn
ъ ist unter allen umständen physiologisch ein u-laut) über o führt,
ein weg, den auch das lateinische gieng, als es an die stelle des ur-
sprachlichen as, os den laut us treten liess; dass im aslov. ъ auch
betont sein kann, und dass es sich im aslov. immer nur um den
wechsel von o und ъ, nie um den wechsel von a, ъ handelt. Dabei
ist nicht zu übersehen, dass sich manchmahl ъ vor unseren augen aus
o entwickelt:* mъhlъ *neben* mlъhъ *aus* μολχός *für* μοχλός. *Auch* pъprište
ist sicher aus poprište *stadium entstanden. Dagegen wird* izmъždati
putridum reddere von mozgъ *durch* mъždivъ ἥκων *bedenklich,
während die ableitung von* rotiti *iurare von* rъtъ *apex, os entschieden
verfehlt ist: auch gegen* grъmêti *tonare von* gromъ *ist, abgesehen
von der bedeutung des* ъ *in* grъmeti, *einsprache zu erheben. Dass
sich der übergang von* trepetomь *in* trepetъmь, *von* hotêti *in* hъtêti,
von lakotь *in* lakъtь *(lit. olektis aus olktis) und in* igo *neben* rabъ
*vor unseren augen vollziehe, ist mehr als bloss zweifelhaft. Obgleich
ъ aus o hervorgegangen ist, so ist o doch nicht in allen füllen als
urslavisch anzusehen, eben so wenig als diess bei* c *in worten wie*
denь, dьnь *zu billigen wäre. Im cloz. I. liest man* načęt'kъ *270.
neben* načętokъ *624. und* načętka *224: urslavisch ist* načętъkъ, *da
es allen slavischen sprachen zu grunde liegt, nicht* načętokъ, *aus dem
sich der nsl. sg. g.* načętka *usw. nicht erklären liesse. In solchen worten
ist o für in diesen füllen älteres* ъ *eingetreten wie* c *für älteres* ь.
Vergl. seite 16.

2. o *wechselt manchmahl mit* ъ. *Man vergl.* udolêti, udelêti
und udobljati *vincere neben* udъlêti *bon.; ferner* dъvъlьno *luc. 22.
35.-zogr.* dovъlêti *se cloz. 1. 121.* dovъlê *734.* dovьlьnъ *585.* dovъ-
letъ *sav.-kn. 14.* dovъlъ αὐτάρκεια *antch. mit dem jüngeren* dovolêti.
laloka *neben* lalъkъ *palatum usw.*

3. o *steht für* ъ: ljubovь. smokovьnica. иѕolъša *zogr.* ljubovь
cloz. II. 68. ložь. vozvesclilъ *mariencod.* crъkovь. nc ѐdošъ νήστεις.

воѣса *assem.* smokovijǫ *sav.-kn.* pêsokъ. zolъ *bon.* crъkovi *krmč.-mih.* prisopь *šiš.* plъzokь *psalt.-dêč. 395. Dasselbe tritt ein in* domohъ *aus* domъhъ, *dem* židohъ *folgt.* medo- (medotočьnъ *mellifluus) folgt den* ъ *(a)-stämmen. In allen diesen fällen ist* ъ *urslavisch.*

4. ъ *wechselt in einigen füllen mit* ǫ, *was wohl so zu erklären ist, dass der auslaut* m, n *der aus älterem* om, on *entstandenen lautgruppe* ъm, ъn *abfiel:* въ *aus* въm, som, sǫ. *Dafür zeigt die entwicklung des b.* rъka *aus* rъnka, ronka, rǫka. *Vergl. A. Leskien, der hinsichtlich des pl. gen., Die declination usw. 84, folgende reihe annimmt:* ām, ūm, um. *Bezzenberger 131. Ersterer erklärt 101 das suffix des pl. dat.* mъ *durch bhjams, bams, mams, mans, das pr. vorkömmt, muns, mus. Bezzenberger 142.* nъ *neben* nǫ *sed.* въ *cum neben* sǫ, *aind. sam. lit. su, sa:* sǫ *findet sich in compositis wie* sǫlogъ, sǫložь *consors.* sǫprǫgъ. sǫprotivьnъ. sǫpьrь. sǫsêdъ. sǫvražь *inimicus.* sǫžitь *coniux usw. nsl.* sôdrug *sodalis.* sô-ržica *mischgetreide. r.* sudoroga. *č.* soudruh. *p.* sǫsiek. *aslov.* *sǫrъžica. *nsl.* sôvraž *infensus usw.* въ *ist im erhaltenen stande der sprache praefix und selbständige praeposition:* sъtvoriti. sъ ńimь; *doch* sǫmьnêti sę. *Dass sam nicht nur in* sъ *sondern auch in* sǫ *übergeht, befremdet, wenn man vrkam* vlъкъ *damit vergleicht.* vъ *aus* ъ *in neben* ǫ, *aind. an in an-tara im innern befindlich. griech.* ἐν *usw.* ǫ *hat sich erhalten in* ǫdolь *vallis.* ǫvozъ *p.* wąwoz *vallis.* ǫtrь *intus: aind. antar. got. undar. osk. anter. lat. inter usw. Zwischen* ǫ *und* vъ *tritt derselbe unterschied ein wie zwischen* sǫ *und* въ. kъ *ad hängt nach Herrn W. Miller's ansicht, Zeitschrift 8. 105—107, mit der aind. partikel kam zusammen. Auch im inlaut sehen wir* ǫ *durch* ъ *ersetzt:* hъt, hot *im aslov.* hъtêti, hotêti *velle. nsl.* htêti, hotêti. *p.* chcieć, ochota *usw. beruht wahrscheinlich auf* hǫt, *wie man aus p.* chęć, chutność, *aus dem klr.* chuć, *č.* chut *voluntas folgern darf. Unter diesen umständen erscheint die zusammenstellung mit aind. sati kaum zulässig. Dunkel ist pr. quoit wollen.* sъto *centum. lit.* šimtas. *lett. simts. got. hunda-. griech.* ἑκατόν. *lat. centum. air. cét. brit. cant. aind.* śatá-m. *Vergl. Ascoli, Studj 2. 232.* tъsk *in* tъsknǫti *properare, studere: vergl. p.* tęsknić, tęsknić. *vъtorъ* alter. lit. antras. *lett.* ūtrs. *got.* anthara-. *aind.* antara *verschieden. Vergl.* onъ. *Was in* nъ, *въ*, *vъ, tritt auch im pl. gen. ein, dessen ursprünglicher auslaut gleichfalls in* ъ *übergegangen.* vlъкъ *luporum ist aind. vrkām nach dem vēd. dēvām.* kraj *steht für* krajъ. koń *für* konjъ. rybъ. ovьcь *für* ovьcjъ. synovъ. gostij *für* gostijъ. trij *für* trijъ,

das wie got. thrijē ein ursprachliches trījām, vēd. trīṇām, voraussetzt.
mąžij *für* mąžijъ. mаterъ: *vergl. aind. mātrūm.* lakъtъ *ist seines j
verlustig geworden. Der auslaut des pl. gen. der pronominalen decli-
nation* hъ *beruht auf aind. sām:* têhъ *illorum, aind. tēšām. Der
pl. gen.* nasъ *ist* nasą *für ein erwartetes* nahą *von* na. *Vergl. lit.
ponun, ponung für ponů. dvijung mĕstung für dvĕjů mĕstů Kurschat
149. Mit* nasъ *darf* č. dolás *für* doláсh, dolaneсh *verglichen werden
3. seite 16. Man beachte* drъzъ *audax im vergleich mit lit. per-
drensei adv. zu kühn Bezzenberger 313; aslov.* glъbokъ *neben* glą-
bokъ *profundus.*

5. ъ aus о enthaltende formen. α) W u r z e l n. bъrъ *milii
genus. s.* bar. *p.* ber. *Vergl. got. bariz- in barizeina- hordeaceus.
anord. barr. lat. far, farris.* bъtъ *sceptrum. Vergl. r.* botъ. *s.* bat
usw. matz. 127. dъmą, dąti *flare.* -dуmati: *aind. dham, dhmā. lit.
išdumti ‚pausten‘ prahlerisch reden Bezzenberger. dumpti feuer an-
fachen Geitler, Lit. stud. 63. Das wort hat mit* duną *nichts zu
schaffen:* dąną *hat keine massgebende quelle.* gъmъzati *repere.*
gъmyzati. *nsl.* gomzêti, gomaziti *wimmeln. s.* gamizati, gmizati. *č.*
hcmzot *gewimmel: aind. gam. got. quiman; p.* giemzić, giemzać *hat
die bedeutung ‚jucken‘.* gъnati *neben* gnati *aus* gonati, žeuą, *pellere:
aind. han (ghan): das о von* gonъ *ist wie* e *in* ženą *auf slavischem
boden entstanden:* gen. kъka *neben* kyka, kъkъ *neben* kykъ *crines.
nsl.* kečka: *aind. kača capilli.* kъkъnь *tibia, crus. Vergl. ahd.
hahsa kniekehle. lat. coxa. aind. kakša achselgrube.* kъmotrъ *com-
pater. Vergl.* kupetra, kumъ. *lat. cómpater, cómpter, kómter und
daraus durch metathese* kmotrъ, *woraus sich* ъ *als blos eingeschaltct
ergäbe. Vergl. matz. 234.* kъrь: *č.* keř, *sg. gen.* kře, kři *frutex.
p.* kierz, *sg. gen.* krza. *os. ns.* keŕ. *Vergl. lit. keras hohler baumstumpf.*
mъuogъ *multus. got. managa-. ahd. manac.* skъkъtati *titillare. nsl.
ščegetati. r. ščekotatь. klr.* cektaty. *č.* cektati. sъlati, sъlją *mittere.*
sylati. *aind. sar, sarati laufen.* tъkati, tъką *texere. lat. texere:
aind. takš, takšuti behauen, machen Curtius 219: vergl. pr. tuckoris
weber.* tъknąti: *nsl.* teknôti se, taknôti se *tangere. Vergl. got.
tēkan. griech.* τετχγών. tъpati *palpitare. r.* toptatь. *nsl.* cepet. *p.
podeptać neben* tępać, tupać *calcare. Man bringt das wort mit aslov.
tepą und griech.* τύπτω *in verbindung.* vъuukъ *nepos: lit. anukas.*
vъuukъ *beruht zunächst auf* ъnukъ, оnukъ. vъpiti *clamare. nsl.*
vpiti. *s.* vapiti, upiti. *r.* vopêtь *dial. č.* úpêti. *úp. lit. vapéti reden,
plärren.* vъpiti *entspricht dem got. wōpi in wōpjan. as. wōpjan. ahd.
wuofan. Sicher ist es nicht gleich einem aind. hvāpaja, das slav.*

zvapi *lauten würde. Es scheint von einer w.* vop, *lit. vap (vapu, va-pêti), ausgegangen werden zu sollen:* vъpiją, vъpijčĕi *ist unter dieser voraussetzung als eine alte form für* vъplją, vъpiši *anzusehen, das r. vorkömmt:* voplju, vopišь. *Vergl. Bezzenberger, Die got. a - reihe usw. 41. matz. 91.*

dъm, sъl, tъk *gehen ganz in die u-reihe über, daher die itera-tiva* dymati, sylati, **tykati : p. tykać, während die wurzeln mit* ь *für* e, *a ihrer reihe getreu bleiben, wenn in worten wie* birati i *für* ê *steht. Vergl. seite 52.*

β) S t ä m m e. ь *aus* jъ *(ja) erscheint häufig in der stamm-bildung:* graždь *stabulum aus* gradjъ. voždь *dux aus* vodjъ. vračь *medicus aus* vračjъ: gradi. vodi. vrači 2. *seite 41.* otъdaždь *retri-butio aus* otъdadjъ. kličь *clamor aus* klikjъ. lъžь *homo mendax aus* lъgjъ 2. *seite 72.* kromêštыĭь *externus.* dalьńь *longinquus.* materыĭь *maternus.* otыĭь *paternus aus* otьnjъ: *stamm *otъ. Mit worten wie* dalьńь *usw. vergl. lit. apatinis der untere, apačia unterteil; viršutinis der obere; ožinnis den ziegenbock betreffend 2. seite 155.* otročištь *puerulus aus* otročitjъ 2. *seite 197.* grędąštь *iens aus* grędątjъ 2. *seite 202.* borьcь *pugnator aus* borьkjъ 2. *seite 306.* otьcь. nicь *pronus.* sь *aus* sjъ: *vergl. lit. šis aus šjas.* vьsь *aus* vьsjъ. *Vergl.* mьčь *mit got. mēkja-.* boĭšь *maior aus* boljъsjъ 2. *sзite 322.* terъšь *qui verberavit aus* terъsjъ, terŭ-s-jъ 2. *seite 328 usw.* na ńь *beruht auf* na njъ. našь, vašь *auf* nasjъ, vasjъ. *Die pl. gen.* vêždь, otročištь *sind aus* vêž-djъ, otročištjъ *entstanden. Auch das fremde* izdraiĭь *setzt* izdrailjъ *voraus.* cêsaŕь, *das, wie* в *zeigt, nicht ahd. keisar ist, entspricht einem griech.* καισαριος. *Der impt.* daždь, *selten* daždi, *beruht auf* dadjъ *aus* dadjās 3. *seite 89. 91. Mit dem* ь *aus* jъ *kann verglichen werden* i *im lit. žodis aus žodjas, žodį aus žodjam, das dem* graždь *sg. acc. m. nur darin nicht entspricht, dass es die wandlung des dj nicht ein-treten lässt: so weicht auch der lit. sg. loc. žodīje von* graždi *aus gra-djê ab. Man vergleiche auch got. harjis aus harjas, jis aus jas.*

γ) W o r t e. *Was den übergang des ursprachlichen a in o und* ъ *anlangt, so soll hier vor allem das tatsächliche angeführt werden. Aus-lautendes a wird im sg. n. neutr.* o, *masc. hingegen* ъ: igo *iugum;* vlъkъ *lupus,* tъ *ille,* kъ *in* kъto *quis; in den suffixen:* tъ *für aind. ta usw.* igo *und* vlъkъ *haben vor allen casus mit consonantisch aus-lautenden suffixen in den älteren denkmählern* ъ *neben* o; *in den jüngeren stets* o: igъmь, igomь; vlъkъmь, vlъkomь. *vergl. 3. seite 13.* gnoimь, *d. i.* gnojimь, *ist aus* gnoj·ьmь, *gnojemь* dagegen aus gnojomь *entstanden. Ein pl. dat. auf* ъmъ *ist selten, doch habe ich* grobьmь. jepiskupьmь. slovьmь *aus krmč.-mih., einer serb.-slov. handschrift, notiert, der ein russ. original zu grunde liegt. Vergl. 3. seite 17. 18. 19. 23. 24.* Wie *in diesen füllen, verhalten sich die substantiva auf* ъ *auch dann, wenn ihnen die pronomina* sь *oder* tъ *angefügt werden:* rabъ-tъ *servus ille.* rodъ-sь *generatio haec zogr.* obrazъвъ *zogr. b.* narodosь. obrazosь. pozorosь. prazdьnikosь. rabotъ. rodosь *zogr.* rabotъ *zogr. b.* klevrêtotъ. rabotъ. učenikotъ. inoplemenьnikosь ἀλλογενῆς οὗτος. mirosь. narodosь. obrazosь. pozorosь. rodosь. Man *beachte auch* ležitosь (na padenie) κεῖται οὗτος *aus* ležitъ sь assem. psalomosъ. *Dagegen auch* pątosъ *aus* pątь sъ *bon.* kupecotъ. dêtištosъ *pat.-mih.;* hlêbosъ slêpč. besteht neben hlêbь sь šiš. 1. cor. 11. 27. rodъ sь sav.-kn. 77. mirosь. obrazosь. rodosь *aus einer kyrillischen handschrift des XIV. jahrhunderts zap. 2. 2. 69. Die sprache der dakischen Slovenen bietet* čliako-t, denio-t, prazniko-t. *r.* cholmo-tъ. č. večero-s. Über das bulg. vergl. 3. seite 179. Ebenso *bieten* o *aus altem* a *die pronomina:* togo, tomu, tomь; toju; toję, toj, toją: tъmь greg.-naz. 254 *ist ein schreibfehler. Ferners wird* a *im auslaute des ersten gliedes eines compositum stets durch* o *vertreten:* bogoborьсь θεομάχος; *dasselbe gilt von dem auslaute der themen in ableitungen durch consonantisch anlautende suffixe:* gnilostь *putredo.* rabo-ta *servitus von* gnilъ. rabъ *usw.: vergl. auch* ko-likъ *quantus,* to-likъ *tantus usw.* rabo-ta *ist mit germ. haili-thū zu vergleichen, dessen i aus a entstanden ist. Dass* lьgo-ta *aind. laghu-tā sei, und dass wegen des lit.* lēpus *und* aštrus o *auch in* lêpo-ta, ostro-ta *aus* u *hervorgegangen sei, ist, wie der pl. loc.* domohъ *zeigt, möglich, jedoch wenig wahrscheinlich, da man für* u *regelmässig slav.* ъ *zu erwarten hat, wie* domohъ *auf älterem* domъhъ *beruht. Denselben wechsel von* o *und* ъ *wie in* rabomь, rabъmь *gewahren wir in folgenden füllen:* kogda. koжьdo, koжdo. togda. voliê *infudit zogr.* četvrътokъ, *d. i.* četvrътъ-къ. inogda. kogda. načętokъ, *d. i.* načętъ-къ. sovъkuplêjąšte. togda *cloz.* ko m'nê. koжdo. vo nь. voprosite: man *füge hinzu das für* ъ *eingeschaltete* o *in* kinosъ. lakotь *(lit. *alktis, olektis) mariencod.* koжdo. sonьmištь. sozьda *assem.* ovogda. togda. Man *denke auch an* hotêti *neben* hъtêti *sup.* prêdo nь. sozъda. togda *bon. Vergl.* soto *centum izv. 6. 36. In allen diesen füllen kann* ъ *statt* o *stehen. Singulär ist* pribytьko *krmč.-mih. Aus den angeführten worten ergibt sich, dass im auslaut das masc. immer* ъ, *nie* o *bietet: dass* ъ *zu der zeit, wo die altslovenische schrift festgestellt ward, gesprochen wurde, daran zu zweifeln hat man keinen grund. Im inlaute wechseln in bestimmten füllen auch im neutr.*

6

*die vocale ъ und o, ein wechsel, der darin seinen grund haben kann,
dass die differenz der laute ъ und o so gering war, dass eine ver-
schiedene schreibung möglich war; der jedoch auch dadurch verursacht
worden sein kann, dass eine ältere form neben einer jüngeren bestand:
die sprachen pflegen in ihrer entwickelung reste früherer perioden zu
bewahren. Man könnte auf den einfall geraten,* rabomь *und* rabъmь
seien verschiedenen dialekten eigen. Andere können meinen, rabomь
und rabъmь *seien zu trennen, jenes beruhe auf dem sprachgeschicht-
lich älteren* rabo, *dieses auf dem daraus erwachsenen* rabъ: rabo
wäre als thema, wie Bopp lehrte, rabъ *hingegen als sg. nom. auf-
zufassen, der manchmahl die function des thema usurpiert. Es wäre
demnach eine durch den prototypischen einfluss des sg. nom. herbeige-
führte heteroklisie anzunehmen. Benfey, Hermes usw. 7. 15. Die sache
ist dunkel. Ich halte die letzte ansicht für wahrscheinlich und meine,
dass* padaiiimь *aus* padanjъmь *neben* padaujemь *aus* padaujomь *der
analogie von* gnoimь *und* gnojemь *folgt. Auch die frage ist
schwierig, welche von den beiden formen, rabomь oder rabъmь, als
urslavisch anzusehen sei. Die wahrscheinlichkeit spricht für das erstere.*
rabomь *steht mit* raboma *in verbindung, und* oma *ist der nslov.
ausgang des du. dat.:* rabъma ·*würde wohl* rabma *ergeben. Das
nsl.* rabama, *das im westen des sprachgebietes vorkömmt, ist weder
aus* rabъma, *noch aus* raboma *erklärbar, und im p. em kann, so
scheint es, das vorslavische e, d. i. jenes e, das, im gegensatze zu
dem e in* bierzesz, pieczesz, *den vorhergehenden consonanten nicht
erweicht, den gutturalen nicht verwandelt, sowohl altslovenischem o
als ъ entsprechen. Es entsteht noch die frage, wie man sich* rabъ *zu
erklären habe. Dass* rab-ъ *als sy. acc. auf* rab-ъm *beruht, das
seinen auslaut m abgeworfen, das ist begreiflich. Man sollte nun
meinen,* rabъ *als sg. nom. entstehe auf gleiche weise aus* rab-ъs, *das
seinen auslaut s abgeworfen. Dagegen wird eingewandt, ursprach-
liches as gehe nicht in ъ über: die einwendung stützt sich darauf,
dass die casus überkommen, nicht etwa erst im slavischen aus thema
und casussuffix gebildet sind. Für den sg. nom.* rabъ *aus* rab-am
wird angeführt nesъ *tuli, dessen ъ einem ursprachlichen am gegen-
übersteht.* azъ, *aind.* aham *usw. A. Leskien, Die declination usw. 4.
Demnach wäre der sg. nom.* rabъ *eigentlich ein sy. acc. und die
ansicht fände ihre bestätigung in den zahlreichen fällen, in denen der
pl. nom. durch den acc. ersetzt wird. Vergl. 3. seite 253. 289. 338.
408. 472. 507. Im neupersischen ist in dem der declination zu grunde
liegenden nominalstamme des sg. der alte acc. verborgen, und diesem*

vorgange entsprechende spuren lassen sich bis in das avesta verfolgen.
Wer die mannigfachen spuren der u-declination *in den* a-stämmen
erwägt, wird allerdings versucht sich die sache etwa in folgender
weise zurecht zu legen: rabъ *folgt hinsichtlich des auslautes worten*
wie synъ, *indem a wie* u *in den* u-laut *ъ übergieng, daher* rabovi,
synovi; rabove, synove; *sg. voc.* mążu, synu *usw. Es wäre dies*
die einfachste lösung der frage, wie es kömmt, dass a-stämme *wie*
u-stämme *decliniert werden können. Man kann hiebei auf die mass-*
gebende stellung des sg. nom. hinweisen. Im lit. lautet as wie os,
wo o *einen laut zwischen* u *und* o *bezeichnet. Schleicher, Gram-*
matik 340.

    Hinsichtlich des jъ *sind zwei fälle zu unterscheiden, indem* jъ
ursprünglich im silbenan- und auslaute vorkömmt: jь *für* jъ *aus ja*
zu schreiben hat, wie mir scheint, keine berechtigung. Im silbenanlaut
geht jъ *in* i *über, indem nach dem abfalle des* ъ *der consonant* j *in*
den vocal, zunächst ь *übergeht, woraus sich* i *entwickelt, wie aus*
ъknąti *zunächst* yknąti, *und daraus* vyknąti *entsteht; im s. wird*
aslov. vъ *nach dem verlust des* ъ-u *(anders R. Scholvin im Archiv*
2. 560); daher i *nicht etwa* ji *für* jъ, *aind. jas. Eben so wird aus*
kra-jъ kra-i *und daraus* kraj, *wie etwa aus* dělaji dělaj *entsteht.*
Das thema ist krajo, kraje *wie* rabo, *der sg. nom.* kraj; *wie* kraj
ist moj meus *zu erklären: thema* mo *aus* ma, *suffix* ъ: mo-j-ъ.
Die im Archiv 3. 138 gegen die theorie von dem thema krajъ *geführte*
polemik ignoriert die sprachgeschichte und beruht ausserdem auf dem
missverständnisse, als sei je *behauptet worden,* kraj *habe aslov.* krajъ,
also zweisilbig_ gelautet. Wenn jъ *im auslaute steht, so geht es in* ь
über, welches, wie man meint, nur die bestimmung hat anzuzeigen,
dass der vorhergehende consonant weich zu sprechen ist: aus mytarjъ,
učiteljъ, konjъ *entstehe* mytarь, učitelь, konь; *das gleiche gelte von*
vъrь, *das aus* vъrіjъ, vъrьjъ, vъrjъ *hervorgegangen: dagegen kann*
eingewandt werden, unter dieser voraussetzung sei nicht begreiflich,
warum über r, l, n *das erweichungszeichen steht: es scheint, dass*
auch hier das nach abfall des ъ *unaussprechbare* j *zunächst in*
kurzes i, *und dieses in lautendes, nicht stummes* ь *übergegangen ist.*
Die durch jъ *einmahl hervorgerufene erweichung von* r, l, n *ist*
geblieben, nachdem jъ *in seinem jüngsten reflex stumm geworden.*
sg. nom. ist demnach mytarь *aus* mytarjъ, *thema dagegen* mytarjo,
mytarje *wie* krajo, kraje, rabo; *wie* mytarь *sind zu beurteilen* otьcь
aus otьcjъ. vračь *aus* vračjъ. plaštь *aus* plaštjъ *mit den themen*
otьcjo, otьcje; vračjo; plaštjo *usw. Der sg. instr. lautet demnach*

nach dem thema kraje-mь. mytarjemь. učiteljemь. konjemь.· otьcemь
aus otьcjemь. vracěmь *aus* vračjemь *usw.; nach dem das thema ver-*
tretenden sq. nom. dagegen krajimь *aus* kraimь, krajъmь, *denn* jъ *ist*
im silbenanlaut i; mytaŕьmь. učiteĺьmь. końьmь. otьcьmь. vračьmь.
plaštьmь *aus* mytarjъmь. uciteljъmь *usw.* Aus dem erwähnten
jъ *wird demnach im silbenauslaut* ь, *daher* na n ь, na ńь *aus* na n
jъ, *daher* ideže *aus* jъdcže *oder, wie* je-terъ *zeigt,* je-deže *neben*
dońьdeže. imą *entsteht aus* ьmą *von* em, *das eine* e- *(a) wurzel*
ist: ein vъńьmą *scheint nicht vorzukommen. Auch in* vьsь *wird*
jъ *durch* ь *vertreten, bildet demnach wegen* s *eine ausnahme; der sg.*
instr. m. n. vьsêmь *usw. setzt ein thema* vьsъ, *apers. visa. lit. visas,*
voraus. Das č. vše, všeho, všemu *usw. p.* wsze, wszego, wszcmu
usw. von vьsjъ *steht aslov.* vьse, vьsego *usw. gegenüber 3. seite 367.*
440; wie vьsь *aus* vьsjъ *in* vьsego *usw. ist zu beurteilen* sь *aus* sjъ,
lit. šis. *Anders A. Leskien, Die declination usw. 110. Archiv 3. 211.*

6. ъ *aus* o *wird manchmahl eingeschaltet:* amъbonъ *griech.*
ἄμβων. lakъtь *lit. olektis usw.*

7. Ich habe oben bemerkt, dass pl. dative auf ъmъ *statt* omъ *in*
einer einzigen quelle nachweisbar sind. Dieser umstand macht die
form verdächtig. Ausserdem zeigt sich in mehreren slavischen sprachen
eine differenz zwischen dem sq. instr. und dem pl. dat. hinsichtlich
des auslautes des stammes, die die aufstellung eines pl. dat. auf
ъmъ *neben einem sg. instr. auf* ъmь *als* urslavisch *kaum gestattet.*
Man beachte klr. sq. instr. panem. *pl. dat.* panam; *r.* rabomъ.
rabamъ; *č.* chlapem. chlapům, *daneben* chlapoma; *p.* chłopem.
chłopom; *os. ns.* popom. popam. *Ein reflex der differenz ist viel-*
leicht im lit. sq. instr. vilku *neben dem pl. dat.* vilkāms *und dual.*
dat. vilkām *zu erblicken; desgleichen im ahd. sg. instr.* auf u *neben dem*
got. pl. dat. auf am: vulfam. *Dennoch scheint im* aslov. *der dem*
mъ *vorhergehende vocal in beiden casus derselbe gewesen zu sein,*
wenn auch der pl. dat. ъmъ *nur schwach beglaubigt ist. Für* ъmъ
spricht eine anzahl von pl. dat.-formen der ja-declination: cêsarьmъ.
kypęštьmъ. manastyrъmъ. otьcьmъ *sup.* cêsarъmъ. dêlatelьmъ.
lъžъmъ. mączitelьmъ. ot(ъ)šьdъšъmъ. sъvêdêtelьmъ *sav.-kn.* pohoti-
imь *cloz. aus* cêsarjъmъ. kypęštjъmъ. pohotijъmь *usw., nicht aus*
cêsarjomь *usw.*

2. tort wird trat.

Die lautgruppen tort, tolt, *d. h. alle lautgruppen, in denen*
auf or, ol *ein consonant folgt, bieten den sprachorganen einiger*

slavischen völker schwierigkeiten dar, sie werden daher gemieden und dadurch ersetzt, dass in der zone A. nach der metathese des r, 1 *der vocal* o *gedehnt, d. h. in a verwandelt wird; in der zone B. hat das russ. zwischen die liquidae* r, 1 *und den folgenden consonanten ein* o *eingeschaltet:* gordъ, *aslov.* gradъ, *r.* gorodъ; *während in der zone C. der ursprüngliche vocal umstellung erfährt: p.* grod. *Von* tort, tolt *als den urslavischen formen ist auszugehen.*

    Ursprachliches bardhā *wird urslavisch* borda: *aslov.* brada. *r.* boroda. *p.* broda. *Ursprachliches marda wird urslavisch* moldъ: *aslov.* mladъ. *r.* molodъ. *p.* mlody.

    blato *palus aus* bol-to: *vergl.* zlato: *r.* boloto.   brada *barba. r.* boroda.   *brágъ: č.* brah, brh *schober. klr.* oborôh. *r.* borogъ. *p.* brog. *os.* bróžeń: *lit. baragas ist entlehnt.* brašьno *edulium. r.* borošno.   bravъ *animal. r.* borovъ.   dlanь *vola manus. r.* dolonь.   dlato *scalprum. r.* doloto.   dragъ *carus. r.* dorogъ. gladъ *fames. r.* golodъ.   glagolъ *verbum. r.* gologolъ *in* gologolitь. glasъ *vox. r.* golosъ.   glavnja *titio. r.* golovnja.   gradъ *hortus. r.* gorodъ.   hladъ *refrigerium. r.* cholodъ.   hvrastъ *sarmentum. r.* chvorostъ.   klada *trabs. r.* koloda.   kladęzь *puteus. r.* kolodjazь.   klati *pungere. r.* kolotь.   kračunъ: *b.* kračun *nativitas Christi. r.* koročunъ.   kralь *rex. r.* korolь.   kramola *seditio. r.* koromola.   kratъkъ *brevis. r.* korotkij.   mladъ *tener, iuvenis. r.* molodъ.   mrakъ *tenebrae. r.* morokъ.   mrazъ *gelu. r.* morozъ. nravъ *mos. r.* norovъ: nravъ *ist aslov.; p.* narow, norow *stehen für* nrow.   plamy *flamma. r.* plomja.   plavъ *albus. r.* polovyj. pragъ *limen. r.* porogъ.   praporъ *vexillum. ar.* poroporъ.   prasę *porcus. r.* porosja.   skomrachъ *praestigiator. r.* skomorochъ. sladъkъ *dulcis. r.* solodkij.   slama *stipula. r.* soloma.   slanъ *salsus. r.* solonyj.   slatina *salsugo, palus. r.* solotina: *mit unrecht hält man* solь *für das thema, otina für das suffix und vergleicht* blъvotina: *auszugehen ist von* sol-tъ, *lit. šaltas, woraus* slatъ *wie aus* sol-nъ slanъ; *suffix ist* ina *wie in* blъvotъ-ina.   slavulja *s. salvia.* smradъ *foetor. r.* smorodъ.   strana *regio. r.* storona.   svraka *pica. r.* soroka.   svraka *aus* svorka: *w.* sverk.   vlačiti *trahere. r.* voločitь.   vlaga *humor. r.* vologa.   vlahъ *romane. r.* volochъ. vlasъ *capillus. r.* volosъ: *vergl.* volosъ igumenъ *novg.-lět. 1. 19. ad annum 1187 für* vlasij *Potebnja, Къ istorii usw.* 144.   vrabij *passer. r.* vorobej.   izvragъ ἔκτρωμα. *r.* izvorogъ.   vranъ *corvus. r.* voronъ.   vrata *porta. r.* vorota.   vrazъ: povrazъ *restis. r.* povorozъ.   zlato *aurum. r.* zoloto.   žeravь *grus aus* žravь, *wofür*

man žerêvь *aus* žrêvь *erwartet, daher wr.* žorov: *lit. gervê. Die
formen* ort, olt *werden durch* rat, lat; rot, lot; rot, lot *(ein* orot,
olot *kümmt nicht vor) ersetzt, jedoch umfasst hier die zone B. C.
auch das sprachgebiet der Čechen:* orz- *wird in A.* aslov. raz-; *in
B. C. r. p. č.* roz. oldija *wird in A.* aslov. ladija *neben* alъdija;
in B. C. r. lodъja *usw. Vergl. meine abhandlung: Über den ursprung
der worte von der form* aslov. trôt *und* trat. *Denkschriften, Band
XXVIII. Dem* brada *liegt nicht zunächst* bārda *aus* borda *zu
grunde;* črêpъ *ist nicht zunächst aus* čerpъ *entstanden. Aus ursprüng-
lichem slav.* torot, tolot *entsteht nie* trat, tlat: *vergl.* skorostь, sko-
rota, vъtorozakonije; kolovratъ. *s.* golotina, gologlav *Potebnja,
Kъ istorii usw. 141. Aus slav.* solotina *kann demnach nicht* sla-
tina *werden; eben so wenig kann aus* teret, telet trêt, tlêt *hervor-
gehen: vergl.* velerêčivъ, zelenъ *173.*

3. ont wird at.

1. on, om *kann weder vor consonanten noch im auslaut stehen:*
on, om *geht in beiden füllen in* ą *über:* mogątь *aus* mogontь. dąti
aus domti, dъmą. *In den füllen, in denen vor dem nasalen nicht* o
aus a, *sondern ursprachliches* u *steht, ist ein übergang des* u *in* o
anzunehmen: bądi fieri *aus* bhū-nd. *Vergl.* gąg-n-ivъ *mit* aind. guńǵ.
gąba *mit lit.* gumbas. rąbъ *mit lit.* rumbas. *p.* kąṕ petaso, perna
mit lit. kumpis schinken. tąpъ *mit d. stumpf. Freilich ist in manchen
füllen zweifelhaft, ob nicht ursprünglich* o, *a für* u *stand.* vouja *ist
aus* vonьja, vonija *entstanden; ebenso* lomlją *aus* lomьją, lomiją.

2. Die nasalen vocale ą *und* ę *sind nach verschiedenheit der
zeiten und sprachen den mannigfachsten verwechslungen unterworfen.*

α) ·ą *steht für* ę *in den ältesten quellen in so seltenen füllen,
dass man nicht umhin kann an schreibfehler zu denken.* zogr.
ležąštą. *Im auslaute des sg. gen. f. und des pl. acc.: a)* sъtomь
korъ pьšenicą *luc.* 16. 7. vody vъslêpląštają ϋδατος ἀλλομένου *io. 4.
14. b)* bližьneą vsi *marc. 1. 38.* ijudeją *io. 11. 33. zogr. b. ferners*
vešti, cąžc koližde prosite *matth. 18. 19.* prognêvavъ są *matth. 18. 34.
b.* prêdadątъ *matth. 20. 19.* mogjąi *matth. 19. 12. cloz I.* nądątъ
656, wofür das mir vorliegende photographische facsimile nądętъ
bietet. II. prokaženyją: *ob* nedążъnyją *und* slêpyją *oder* nedążъ-
nyję *und* slêpyję *zu lesen sei, ist nicht auszumachen. Statt* koją viny
iiny, li malą li velik ą *ist wohl* kają *(nicht* koją) vin ą *usw. zu
lesen. Vergl. meine abhandlung: Zum Glagolita Clozianus 196.
assem. bietet diese abweichung häufiger dar:* anny bc̄ą. ne dêjte eją

für ne dêjte eję. isaiją *sg. g.* otъstojąštają. posъlaša. prisêdątъ προσμένουσιν. sъbljudaą *partic.* žjąždą. *Die unzweifelhaft bulgarischen denkmähler bieten ą für ę viel häufiger dar.* slêpč. orąi. vrъhąi *1. cor. 9. 10, im šiš.* orci. vrьhei; nъštądcni coloss. 2. 23. *bon.* ą *pl. acc. m.* sily božiją. jązykъ. jcvaggelъskyą *sg. g. f.* odêąi sę *für* odêjçi sę. plъtъskyą tajny. podvizavъšąą sę *pl. acc. m.* pokryvaą. polagaą. propinaą *partic.* zvêri selъnyą. knigy siją. bêšą. idošą. pisašą *usw.* apost.-ochrid. grądêaše *270.* pijąi *pamjat. 294. lam. I.* panonъskyą oblasti. vyšnęą moravy *112.* bell.-troj. cvêtany gospoždą *sg. g.* eą *sg. g. f.* poąlъ. prêąti. grady svoą. troą *sg. g.* venušą *sg. g.* bêšą. *Die quellen, welche keine nasalen vocale kennen, bewahren spuren der verwechselung derselben in bulgarischen denkmählern:* serb. drugь po druzê sъčetaju sebe hom.-mih. *185, wofür sup. 64. 20.* sъčetaję *bietet.* konu izvodešti ἵππους κινεῖν *prol.-rad. 85.* pristojuštomu προσκείμενος. lišiti se i domašьnuju pištu στερεῖσθαι καὶ τῆς ἀναγκαίας τροφῆς, *wofür* aslov. domašьnjeję pištę, *bulg.-slov.* domašьnąją pištą, *prol.-rad. So sind zu deuten:* otь črьvljenicu. podьležutь. stojutь. otь mariju. otь rašedьšuju se togo dělja zemlju *usw.* molju se *partic.* varugъ *zap. 2. 2. 30. 31: vergl.* varągь *lam. 1. 114. für* varęgъ. izmrêšu *zap. 2. 2. 26.*

β) *ą steht für einen halbvocal und für das dem ъ nahe stehende* y. *bon.* stągna *für* stьgna. stąza *für* stьza. *chrys.-frag.* stąblie *für* stьblie. apost.-ochrid. vidê otvrъstą dvri *vidit apertam ianuam* pamjat. *271. für* otvrъsty. pat.-mih. esmą *sum.* nêsmą *neben* nêsąmь *non sum.* eterą mążą *für* ctery mążę. dosęžąštą vlьny ognьną *für* ogubny: vlьna ognьna *für hölle.* vь hyžą blaženąę theodory *für* blaženyę. vь rizy vetьhą *für* vetьhy. malo vьlię vodą *für* vody. otь ženą *für* ženy. men.-buc. hristovą vêrą otvrъže sę. mązda. ev.-buc. dvêma sątь pênçz(ь). otъ pčelъ sątь. *lam. I.* gradovą prêję *19.* roždъstvo svętąę bogorodicę *17.* pat.-krk. brêgą *für* brêgy *partic. zap. 2. 2.* esąmъ. nêsąmъ *104.* strągąštc *für* strьgąšte. rącêtc. tąmą *21.* bezdąnąją *naz. 63. steht für* bczdъnąją. vъzdąhnąvъ o perevodê *19. Man merke auch* są *neben* sę *für das später regelmässige* sy *ών. Man beachte endlich die schreibung* b. etrąvi, zląvi *bei* milad. *199. für* jetrъvi, zlъvi.

γ) ą *steht für* a. pagubą *für* paguba *zap. 2. 2. 21. Umgekehrt findet man a für* ą: pagubą *für* pagubą *zap. 2. 2. 21.* vъskąa. drugąa. desnąa *50; ähnlich* poslê *für* poslją *21.*

δ) ą *steht für* u. zogr. *dieses denkmahl bietet* mąditъ. mąždaaše. mądъnaa, *was jedoch gerechtfertigt werden kann.* cloz. sądą *I.*

262. *assem.* отъ обоją slyšavъšjuju. pǫti bož
vêrająšte. *ev.-ochrid.* mądьna 77, *das jedocl*
dąšą 282. 29. *ist ein schreibfehler. Dasselbe*
30. 10. *für* slanutъkъ 29. 22; 30. 14.

ε) ę *steht für* ą. *zogr.* tysęšta *neben* t
vъsplačętъ sę. *zogr. b.* vithaniję *matth. 21. 17.*
22. 13. šestjąjç *matth.* 20. 5. *Im cloz. I. liest m*
746. ętrobą. 762. plъtьję. 877. glagolę. 953.
die drei ersten worte in der handschrift das rich
sich aus der columne links der ausgabe, und e
quelle selbst wohl auch glagolą *für* glagolją
Vergl. *meine abhandlung zum Glagolita Clozi*
lъžçšte. otъpuštaętъ. soboję.   *sup.* egýptênyn
neben tysąšta.   *sav.-kniga.* tysęštь 20. 102. *Ne*
wie es scheint, von jeher tysęšta: *nsl.* tisoč
tysuća. *r.* tysjuča. *č.* tisíc. *p.* tysiąc. *Während*
slov. denkmählern ę *für* ą *nur selten auftritt,*
fälle wird in genauen abdrücken jener denkm
geringer werden, ist die setzung des ę *für* ą *in*
häufig, dass man daraus und aus dem umstande
mit ungetrübten vocalen verwechselt werden, zu j
es sei weder ç *noch* ą *nasal gesprochen worden.*
vuçšti *86: ausnahmsweise* imęšti 59.   *psalt.-po*
sbor.-sev. jęglije *pamjat.* 221. p'hajęšte 220.   *p*
97. ištętь 66. poçroždь se 156. rykaęštь 19. sv
men.-grig. zrêhę *pamjat.* 213.   *bell.-troj.* čьstię
für ją. govorç *für* govorją. hytrostię *sg. instr.* ljul
für nasyplją. podъ troç *sg. acc.* vъ tretię postel
I. na gostąję gory 109. złą hartiję 23. jęznicą 34.
osmiję 29. *sg. instr.* vračevьskaję filosofiję 27.
1. *sg. praes. zap.* 2. 2. 30 *beruht auf bulg.* izli

ζ) ç *steht für* ь. *apost.-ochrid.* čjęstivъ.
18. 11. vъznçzь *marc.* 15. 36. *bell.-troj.* obraš
η) ç *steht für* e. *zogr.* bêašç *io.* 10. 6.
dovьlętъ imъ *io.* 6. 7. glagolašę ἐλάλει *io.*
αἴροντες *luc.* 6. 30. *neben* otemľjąštumu. tačšę
svoję *luc.* 1. 20. *pl. nom. f.* zьręšte *neben* sl
Vergl. 3. *seite* 30. *pl. acc. m.* imąšte *marc.* 1.
assem. glagole. svoe. Vergl. reme *io.* 1. 27.
sondern vielmehr für remę. *sup.* se 276. 20.

θ) ę steht für ê. zogr. sçetъ sę slovo marc. 4. 15. In vędę
βλέπων io. 9. 7. scheint vêdêti mit vidêti verwechselt zu sein. cloz.
sędęštago I. 37. für sêdęštago darf bezweifelt werden. assem. rąçę
i nozę. sup. prętę 307. 6. προκναστέλλων steht für prętaję. sav.-kn.
vъ rędъ 28. steht für vrêdъ.

ι) ъ, y steht für ą. zogr. vъ ediną sąbotъ scheint für vъ
ediną sąbotą zu stehen, wenn es nicht richtiger ist in sąbotъ den pl.
gen. zu sehen: τῇ μιᾷ τῶν σαββάτων; neben praprądą findet man pra-
prądъ. cloz. II. koją viny für kają viną, wofür hom.-mih. koju
vinu bietet. assem. vъ sąbotъ luc. 6. 1; 14. 1; 14. 3; 18. 12. vъ
edinъ sąbotъ τῇ μιᾷ τῶν σαββάτων luc. 24. 1. io. 20. 19. neben vъ
sąbotą luc. 6. 2. bon. lъšta lancea pamjat. 56. a. pat.-mih. na
svętyę crъkovь für na svętają. cv.-buc. pętь svoe τὴν πτέρναν αὐτοῦ
io. 13. 18. sъziždь condam. pat.-krk. gybnyštc. misc. mъžь vir.
bell.-troj. naj mъdrъ. cvêtany gospoždą sy. acc. obračenoju
(jemu ženoju) beruht auf bulg. obrъč- für aslov. obrąč-. vъgrinь
auf bulg. vъgrinъ für aslov. vągrinъ, ągrinъ. glъbokъ, d. i. glbokъ,
besteht neben gląbokъ. nъ, sъ, vъ für und neben ną, są, vą oder ą.
vъtoryj entsteht aus ъtoryj, ątoryj usw. glъbokъ und nъ sind mit
gląbokъ, na usw. gleichberechtigt.

κ) o steht für ą. Der grund liegt in der ähnlichkeit der laute.
zogr. ino (crъkovь) nerąkotvoreną sъziždą ἄλλον (ναὸν) ἀχειροποίητον
οἰκοδομήσω marc. 14. 58; daneben pridąšę marc. 5. 15. cloz. duhovъ-
noją sy. acc. f. II. 1. 28. koją viny II. 3. 37. für kają viną.
mogošte I. 180. novoją sy. acc. f. I. 29. vьsêko pravъdą I. 275;
sugobite I. 1. steht für sugubite. mariencod. da sъbodetъ sę slovo
glag. pamjat. 99. assem. grędoštago. sъbodet(ъ) sę. sup. vla-
dyko 388. 8; 392. 27. dręhlo i suho 253. 16. sav.-kn. sąprogъ
45. bon. sobota. greg.-naz. veštь roždenoją i tekąštają γεννητήν
φύσιν καὶ ῥέουσαν 279. Selten ist ą für o: rekąmają sup. 142. 3.
Falsch sind die sg. instr. rąkaą 394. 22. und nąždaą 309. 14.

λ) u steht für ą. zogr. inudu. otъ nuduže. tudu für inądu
usw. budetъ b. cloz. drugują II. 3. 34. razljučati I. 133. mýcê
I. 755. naučenują I. 28. tęžju I. 145. für tęžьją. assem. gla-
golju. skudъly. sup. drъznuvъ 342. 21. goneznuti 331. 14. imu-
étuumu 279. 24. kažuštu 448. 19. minuvъšu 442. 9. Man merke
gnušati sę neben gnąšati sę; nuditi neben nąditi; lučiti sę neben
ląčiti sę: sъluči sę sup. 29. 7; 38. 2; 102. 5 usw. und poląči 220.
13. sъląči sę 206. 17. muditi neben mąditi: vergl. aind. manda
langsam. su neben są in sumьnênijе sup. 73. 20. sugubiti und

sąmьnênije *sup.* 40. *16; 261. 25; 346. 23.* usąmъnêti *assem.* po čto sę sąm'nê *sav.-kn. 21. Das dukisch-slovenische* oblakoha *für aslov.* *oblêkohą, oblêkošę *lautet* oblakohъ, *indem b.* ъ *aslov.* ą *vertritt. Wenn dagegen in krmč.-mih.* izvedoša, pristaša, prosijaša, sьvьkupiša *usw.* und načala, prêbyvaja, otьvraštaja *gelesen wird, so besitzen wir im* a *für* ę *dieser formen einen untrüglichen beweis dafür, dass die krmč.-mih. auf einem r. original beruht, und es ist nicht richtig, dass wir nicht wissen, wie* ę *gelautet hat.*

μ) ь *steht für* ę. zogr. bęštьdьnъ *luc. 20. 28. für* beštędьnъ. *psalt.-mih.* iz rąky grêšničь. *greg.-naz.* javilь вь. molь sę περι-εύχομαι *steht für* molją sę.

ν) ê *steht für* ę. zogr. ovьcê *marc. 6. 35. cloz.* pomêni *I. 662. 666. 689.* pomênêši *497.* pomêną *521: die unaussprechbarkeit eines nasalen vocales vor* n *ist der grund der schreibung* pomêni, *statt des etymologisch richtigen* pomęni, *neben dem* pomêni *im sup. nur éinmahl, 335. 9, vorkömmt. Dagegen sind* pręnąti, svęnąti, vęnąti *von* pręd, svęd, vęd *allein anerkannt. Für* hotê *cloz. I. 441.* raspêlъ *482.* sъvêzašę *783.* sъvêzano *566. der ausgabe hat die handschrift überall* ę *statt* ê. *assem.* bolêštiihъ. oblêzi *luc. 24. 29.* vidêšte. *sav.-kn.* vъspomêni *35. slêpč.* grêdetъ *115.*

Von diesen verwechselungen sind manche für das aslov. von geringer bedeutung; wichtig ist der wechsel von ą *und* ъ. *Wenn man im aslov.* ą, vą *neben* vъ *für* ъ, ną *neben* nъ, są *neben* sъ *findet, so hat diese auf bestimmte worte beschränkte erscheinung keinen zusammenhang mit jenem in bulg. denkmählern so häufig auftretenden wechsel von* ą *und* ъ. *Wie man sich den vorgang von* ą, vą *in* vъ *usw. zu erklären habe, ist zweifelhaft; dagegen kann nicht bestritten werden, dass b.* mъdъr, rъka, *für aslov.* mądrъ, rąka, *aus* mъndrъ, rъnka *hervorgegangen sind. Um den gleichfalls nicht unwichtigen wechsel von* ę *und* ą *zu begreifen, muss man erwägen, dass aslov.* ję *und* ją *im bulg. dadurch leicht zusammenfallen, dass jenes* je, *dieses* jъ *lautet, denn der wechsel beschränkt sich meist auf* ję *und* ją, čę *und* čą *usw. Daher* dêlaą *partic. für* dêlaję. otьjatь *für* otьjętь. ę *für* ją *eam.* vьstajęšti *für* vьstajašti. grędaštaę *sg. acc. f. für* grędąstąją. napastьnaę *sg. acc. f. für* napastьnąją. sąštaę. glagolę *dico.* molę sę *precor.* drьžą sę *partic.* umnožatь sę *III. pl.* žalo. žątva. žąžda. našą *pl. acc. m.* rêšą *dixerunt.* usêknašą. beštaditь sę *usw. aus pat.-mih. Selbstverständlich kommen daneben die richtigen formen vor:* konę *pl. acc.* malyę *pl. acc. m.* načętь *usw. Dieser wechsel ist auf die bulg. denkmähler beschränkt, erstreckt sich jedoch*

*über die bulg. denkmähler aller perioden. Dieser wechsel ist dem
aslov. fremd, denn was man für das vorhandensein desselben in den
aslov. quellen anführen könnte, besteht aus fehlern der schreiber oder
der herausgeber: so ist der bei weitem grösste teil der hieher gezählten
fülle des cloz. I. durch nochmahlige vergleichung der handschrift
beseitigt. Dieses resultat wird bestätigt durch den umfangreichen
codex suprasliensis und die form jener slavischen worte, welche das
magy. aufgenommen, denn diese worte stammen aus dem pannonisch-,
d. i. altslovenischen. Dass den ältesten handschriften dieser wechsel
fremd war, möchte sich auch aus dem ostromir ergeben, der ihn nicht
kennt; während einzelne formen des greg.-naz. auf bulg. einfluss
zurückzuführen sind. Einen solchen einfluss wird man, auch aus
anderen gründen, im jüngern teil des zogr. zugeben müssen, vielleicht
auch bei einigen anderen glagolitischen quellen. Unzweifelhaft sind
verwechselungen von ę und ą in den von mir als pannonisch bezeichneten
quellen so selten, dass sie den charakter derselben nicht ändern, und
darauf kömmt es an. Demnach halte ich die einteilung der aslov.
quellen in pannonische und nicht pannonische, zu denen ich die bul-
garischen rechne, für vollkommen begründet. Die verwechselung des ę
und ą ist fremd dem nsl.*, man wollte denn das sè, delaji, bereji
in folgendem liede als einen fall dieser art ansehen: stojí, stojí en
klôšter nov, | v njem je menihov sedemnéjst, | vsi sè lêpi, vsi sè
mládi, | in drúziga ne dêlaji, | ko svéte mášc béreji. *Iz Racnice
na Goriškem. Man vergleiche auch nsl.* povsed *neben* povsôd *und*
odned *4 seite 166. mit aslov.* vьsądê. otьnjądê. č. všad : odevšad
und p. wszędy, odjǫd. *nsl.* veruječ credibilis *2. seite 203.*

Im dakisch-slov. findet man an für ą *in* band *aslov.* bąd.
dobanda *lucrum.* manka mąka. mans mążь. peant, pantista, pątь.
prant prątъ. randa orądije. rance rącê. zandi sąditъ. sskampa
skąpъ. rasstegnant *crucifixus* rastęgnątъ. stanantic. začenan-
tic -ątije. *Man vergleiche noch* ant *in der III. pl. praes.:* dumant
aslov. dumajątъ. jessant sątъ. panant *cadunt.* ssnant znajątъ:
daneben liest man poronesenic *aslov.* porączenije *und* trombenic
aslov. trąbljenije, *worte, auf welche das magy. parancs und trombita
von einfluss waren.* kolanda *lautet aslov.* kalanъda *und* kolęda.
Das dakisch-slovenische bietet ferner en *für aslov.* ę: csenzto *aslov.*
čęsto. dessenta desętь. deventa devętь. glendame ględajemъ.
massentz mêsęcъ. menszo męso. naporent -rędъ. pent pętь. obren-
stem obręštemъ. rassvenssano razvęzano. szvent svętъ. ssent *sitis*
*žędь. tengli *vergit* *tęglitъ. tensent tężętъ ; *daneben* inssik językъ.

sinte svętojc. posimtc posvęti. *Man vergleiche* ent *in der III. pl.*
praes.: darsent *aslov.* drъzętъ. strasent strašętъ. ssalezent, *d. i.*
wohl sъlzent *aslov.* slъzętъ; *ferner* dcten-to dêtę. gienti jęti. videnstc
vidęšte. *In den bisher angeführten worten ist eine vermengung von*
ę *und* ą *nicht eingetreten. Wenn daneben* bihent bijątъ, čujen čujątъ,
hant *für* htant hъtętъ *zu lesen ist, so sind nur die formen* bihent
und čujen *von bedeutung, doch kaum genügend die behauptung zu*
stützen, im dakisch-slovenischen seien ę *und* ą *verwechselt worden, und*
dies um so weniger, als sich in den aus dem dakisch - slovenischen in
das rum. eingedrungenen worten keine spur einer solchen verwechslung
nachweisen lässt. Dass manchmahl a *für* an *und* e *für* en *steht, wird*
hoffentlich niemand wunder nehmen, der da bemerkt, dass dies meist
nur vor gewissen lauten und lautverbindungen geschieht: kasta *aslov.*
kąšta. stanal *stanalъ. zaginal, ssaginele zagynąlъ. prepodnale
-nąl-. csctbina *čęstьbina. potęgni, rasstegual, rasstegnuha potęgni,
rastęgnąlъ, rastęgnąhą. jelc jęl-. *Im auslaute fällt* n *regelmässig ab:*
dete *aslov.* dêtę *neben* dctcn - to. imc. vremc. sta hъštą. ssa *neben*
jesant sątъ. issbcagna, stana, zagina -ną. biaha bêahą. daha dahą
für dašę. podadoha. dodoha doidohą *für* doidošę. umraziha. smaha
riserunt. befremdend sind: ma. ta. sa *aslov.* mę. tę. sę. ie *eam aslov.*
ją. zal *aslov.* vъzęlъ. *eigentümlich sind* nebentzki *aslov.* nebesьskyj.
pocsentz počьstь, *vielleicht verwechslung mit einem anderen worte:*
-čęstь. glandni gladьni. ssnantie *znatije. *Aus dem hier gesagten*
dürfte es sich erklären, wie es kömmt, dass im rumun. ѫ *und* .ѧ —
beide zeichen entsprechen aslov. ѫ, ą — *teils für* z, *teils für* ın *stehen:*
kąrd grex, *s.* krd. mormąnt *neben* mormınt. kąne *neben* kıne. ągit *neben*
ąngit: .ѧгнт, .ѧнгнт. ąpьrat *neben* ąmpьrat: .ннърат, .ѧннърат. *Es*
ist klar, dass die buchstaben ѫ *und* .ѧ *durch* z *und* ın *ersetzt werden*
können: aslov. ą *lautete im dak.- slov. wie* ъn, *ın und wie* ъ: ı
wurde durch a bezeichnet.

3. ą *ist steigerung von* ę, *d. i.* on *ist steigerung von* en. ąza
vinculum: w. ęz *in* vęzati: blądъ *error: w.* blęd *in* blędą. grąz-
in grąziti *immergere: w.* gręz *in* gręznąti. ląkъ *arcus: w.* lęk *in*
-lęką. mątъ *turba: w.* met *in* mętą. ragъ *ludibrium: w.* ręg *in*
nsl. režati se *ringi.* skądъ *parcus: w.* skęd *in* štędêti. trąsъ
terrae motus: w. tręs *in* tręsą. ząbъ *dens: w.* zęb *in* zębą *usw.*

4. *Dem aslov.* ą *und seinen reflexen in den anderen slavischen*
sprachen liegt on *zu grunde, das demnach als urslav. anzusehen ist.*
Dem urslav. on *steht in den andern europäischen sprachen meist* an,
a,n *gegenüber. Hinsichtlich der entwicklung des* on *im auslaute und vor*

consonanten zerfallen die slav. sprachen in zwei kategorien. In der einen geht on *in* u *über: dies geschieht im čech., oserb., nserb. und in den russ. sprachen: č. usw.* ruka *aus* ronka, lit. ranka. *Die erklärung von* ruka *aus* ronka *ist eben so schwierig wie die von* en *in* ja *in worten wie* pjatь *quinque aus* pentь, *aind.* pańčan. *Es mag der ausfall des* n *die verwandlung des* o *zu* u *zur folge gehabt haben oder es ist* on *in* un *übergegangen, wie etwa aus* ancona *zuerst* *jakun *und daraus* jakin *geworden, ein process, den wir in roma,* rumъ *in* ruminъ, rimъ *noch verfolgen können. Bei dieser deutung hat man* ronka, runka, ruka. *Die entwicklung des* on *zu* u *ist der von* en *zu* ja *nicht analog. Die andere kategorie slav. sprachen umfasst das poln. mit dem kašubischen und polabischen, das slovenische in allen seinen vier dialekten, das kroat. und das serb. Hier gieng* on *in den nasalen vocal* ą *über, daher p.* ręka *aus* rąka, *aslov.* rąka, *nsl.* rôka, *dak.-slov.* ranka, *b.* rъka, *kr. s.* ruka. *Dass ich kroat. und serb. trotz ihrer übereinstimmung mit den sprachen der ersten kategorie von diesen trenne, hat seinen grund in der voraussetzung, dass im kr. und s.* ruka *selbständig aus* ronka *entstanden ist, wie sich kr. und s. in* pet *offenbar an die zweite reihe von sprachen anschliesst: indessen mag sich die sache auch anders verhalten. Dass im poln.* ę *neben* ą *steht,* ręka *neben dem pl. gen.* rąk, *ist folge einer dem poln. eigentümlichen entwicklung. Das aslov. und zum teil das poln. hat den dem urslav.* on *nahestehenden laut* ą. *Das nsl. besitzt in den dem aslov.* ą *entsprechenden* ô *einen dem nasalen* ą *verwandten laut. Man vergleiche* pôt *via, aslov.* pątь, *mit* pot *sudor, aslov.* potъ: *das eigentümliche* ô *in* pôt *liegt zwischen* o *und* on *mitten inne. Das dak.-slov.* ranka *hat höchst wahrscheinlich wie* rъnka *gelautet, eine ansicht, für welche namentlich das rumun., das ja sein slavisches sprachgut dem dak.-slov. verdankt, angeführt werden kann in worten wie* tъnp, *aslov.* tąpъ. *Von dem dak.-slov. entfernt sich das bulg.-slov. dadurch, dass es den nasal nach* ъ *aufgegeben, daher* rъka *aus* rъnka. *Es ist selbstverständlich, dass* rъnka *auf einem älteren* ronka *beruht, von dem im bulg. keine spur nachweisbar ist. Dass dak.-slov.* ąu *der neben pol.* ę *und* ą *vorkommende durch* an *(Malecki 4) ausgedrückte nasal sei, ist unbegründet.*

5. ą *enthaltende formen.* α) Wurzeln. ą, vą *und daraus* vъ *in.* vъ *beruht wohl auf älterem slav.* ъ: ądolь *vallis;* ąpoly *sъmrъtьnъ* ἡμιθνής greg.-naz. 204; uvozъ *per. d. i.* ąvozъ *vallis. klr.* uvôz, vyvôz. *č.* ouvoz. *p.* wąwoz; ątъкъ *stamen. č.* outek. *p.* wątek; *p.* wątor. *r.* utorъ *usw. lit.* į. *got. in. lat. in. griech.* ἐν. *Hieher gehört* ątrъ.

got. *undar. osk. umbr. anter. lat. inter. aind. antar innerhalb. Vergl.*
ną, są *seite* 78. ąborъkъ: uborъkъ *modius in r. quellen. s.* ubo-
rak. *č.* oubor. *p.* węborek. *ns.* bórk: *wahrscheinlich ahd. einbar.
nhd. einer.* Andere denken an ą *und die w.* ber *und an griech.*
ἀμφορεύς. ąda *hamus: lett. ūda und lit. udas aalschnur sind ent-*
lehnt. Mit ąda *sind verwandt klr.* vudyło. *r.* udilo. *č.* udidlo. *p.*
wędzidło *gebiss am zaume. č.* uditi. *p.* wędzić: *lit. udilai pl. ist*
entlehnt. ąglъ *angulus.* ągъlъ: ągъlu *zogr.: lat. angulus.* Man
denkt an zusammenhang mit ązъ *in* ązъkъ *angustus. lit. ankštas*
enge aus ang-tas oder aus anž-tas Bezzenberger 80. ąglь *carbo.*
uglijo *pl. nom.* ugli *pl. acc., daher i-declination: lit. anglis. lett.*
ōgle. aind. aṅgāra. ągorь *in* ągorištь *deminut. anguilla. p.* węgorz.
klr. uhor: jiz na uhry *aalwehr. s.* ugor *neben* jegulja, *unzweifelhaft*
aus *jęgulja, kleiner aal: lit. unguris. pr. anguris. anord. ögli. lat.*
anguiła. griech. ἔγχελυς. ągrinъ *ungarus. nsl.* ôger. *p.* węgrzyn.
lit. vengras. ąhati *odorari. nsl.* vôhati: *aus an-s. Vergl.* vonja
odor. got. anan. aind. an, aniti hauchen. ąkotь *f.* ἔγκινος, *uncinus;*
ancora: lat. uncus. griech. ὄγκος. aind. aṅka haken, bug. abaktr.
aka haken. got. hals-aggan- halskrümmung Zeitschrift 23. 98. Man
merke ląkotь *in derselben bedeutung wie* ąkotь. ąrodъ *stultus, in*
späteren quellen auch jar-, jer-: ą *ist vielleicht das negierende praefix*
an. lat. in. got. un, so dass ąrodъ *eig. etwa incurius wäre.* ąsъ,
vąsъ *mystax. nsl.* vôs. *klr.* vus. *r.* usъ *lana dial.: pr. wanso pflaum.*
lit. ūsai *pl. lett.* ūsa *usw.* Damit hängt zusammen gąsênica, ąsê-
nica, *b.* gъs-, vъs-. ątlъ *perforatus, futilis. nsl.* vôtel. *klr.* utłyj
usw. ątrъ *in* ątro-ba ἔγκατα *intestina. aind. antra, āntra ein-*
geweide aus antara darinnen befindlich. ątrъ *ist auch das thema von*
ątrь, vъ nątrь, *eig. ein nomen f. Vergl.* ą. ąty, ątъka *anas: lit.*
pr. antis. ahd. anut. lat. anas: anati. aind. āti ein wasservogel Zeit-
schrift 23. 268. ąza *vinculum.* ązlъ *aus* ęz: vęz. ązъ-kъ
angustus: lit. ankštas. got. aggvu-. griech. ἐγγύς. aind. *ʰhu.* ąže
funis. nsl. vôže. *Vergl.* vęzati *und* gąžvica *vimen. nsl.* gôža, gôž.
ąžь *serpens. nsl.* vôž. *lit. pr.* angis *m. lett.* ōdzê. *ahd.* unc. *lat.*
anguis. Vergl. ągorь. bąbъlь *oder* bąblь: *p.* bąbel, *sg. gen.* bąbla,
bulla, pustula. *ač.* bubel. bubati. *č.* bublina. *lit. bumbulis bulla.*
Auch bubrêgъ *scheint zu derselben w.* bąb *zu gehören, daher* bąbrêgъ
vergl. matz. 21. bąbьnъ *tympanum: lit. bambêti strepere. lett. bam-*
bēt. bambals scarabaeus. griech. βομβέω: lit. bubnas ist entlehnt. bądą
ero beruht auf by, *aind.* bhū, *das nasaliert ist.* d *ist das* d *in* idą,
jadą. *Den nasal in* bą *durch das lit.* bunu *žemait. zu erklären geht nicht*

an. Bezzenberger 68. *vergleicht lit. glandau, gulandau schärfe, w. gal, und sklandau schwebe, schwanke, w. skal.* bąd**soll nach andern aus bud-na *entstehen. Bei* obrętie *kann man sich den hergang etwa so vorstellen:* obrêt-na, obręt, obrętie. bląd**ъ *error. lett. blandu tagedieb. Vergl.* blędą. čąbrъ : *p.* cząbr, cąbr *satureia. b.* čombcr *milad.* 385. *klr.* ščerbeć, cebreć *thymian. r.* čabrъ. *magy. csombor: griech.* θύμβρος, *das durch* tjumbrъ *in ein aslov.* štąbrъ *übergeht: lit.* čiobrai *ist entlehnt.* dąbъ, *aus* dąbrъ, *arbor, daher* dąbrava. *kroat.* v zcleni dumbrov *pjesm.-kač.* 159. *pr. dumpbis gärberlohe.* dąga *arcus, iris. nsl.* dôga. *b.* dъga. *p.* dęga *schramme. pr. dongo tellerbrett. r.* duga *und* raduga *iris. magy. donga, duga. Vergl. mlat. doga usw. Das wort ist dunkel matz.* 26. dągъ *neben* dęgъ, *wohl etwa: lorum, vinculum:* zvęzana bystь nogama dągomь voluimь *lam.* 1. 33. *Ob* dągъ *oder* dęgъ *zu schreiben, ist zweifelhaft.* dągъ *in* nedągъ *morbus, eig.* ἀσθένεια. *nsl.* nedôžjc. *r.* dužij, djužij *stark. č.* duh *stärke. lit. daugi viel: dužas dick ist entlehnt. Vergl. got. dugan taugen J. Schmidt* 1. 172. *anord. dugr vigor.* dąti, dъmą *flare: aind. dham, dhamati.* drąčiti *vexare.* drągarь *drungarius.* drągъ *tignum. nsl.* drôg. frągъ φράγγος *francus.* gąba *spongia. nsl.* gôba. gôbec *mund. p.* gęba. gąba *ist mit lit. gumbas geschwulst, pilz zu vergleichen. Bei nsl.* gôbec *und p.* gęba *mund denkt man an aind. ĝambh.* gąba *mag das ,schwellende' bezeichnen.* gądą *cithara cano. nsl.* gôdem *hat mit lit. žaid: žaisti spielen nichts zu tun, eher ist gaud: gausti tönen verwandt. gu, gavatē tönen verhält sich zu* gąd *wie bhū zu* bąd. gągnąti *murmurare. p.* gągnąć, gęgnąć. *griech.* γογγύζειν. *aind. guñj, guñjati.* gąstь *densus. nsl.* gôst: *lit. ganstus ist entlehnt.* gąsь *anser. lit. žansis. lett. zōss. pr. sansy d. i. žansi. ahd. gans. aind. hāsa.* gązêlь: *p.* gądziel *ainga: nhd. günsel consolida.* gląbokъ *neben* glъbokъ *profundus. klr.* hłubokyj *neben* hłybokyj : *vergl. aind. ĝrambh, ĝrmbhatē den mund, rachen aufsperren, womit auch as. klioban, nhd. klieben verglichen wird. Andere vergleichen lit. klampus paluster. Verwandt ist wohl pr. gillin acc. tief.* gnąbiti : *p.* gnębić, gnąbić *bedrücken. Vergl. lit. gnaibýti kneifen, kränken. Ähnlich ist aslov.* rębъ *und lit. raibas.* goląbь *columba: vergl. lat. columba. griech.* κόλυμβος: *pr. golimban blau ist entlehnt.* grąbъ *rudis, eig. wohl asper: lit. grubti uneben werden. lett. grumbt runzelig werden. Vergl. jedoch Fick* 2. 347. 550. grądь *pectusculum. nsl.* grudi *habd., eig.* grôdi. *b.* grъd *f.* grągъ *instrumentum quoddam sup.* 196. 28. grąstъkъ *saevus: vergl. lit. grumzdus minax.* grąz- *in* pogrąziti *demergere.* byšą vlъny jako pogrą[zi]ti korabь. *Daher p.* grąž *coenum schlamm um stecken zu bleiben aus* grązi. *č.* hrúziti *tauchen dial. slovak.* hrúzť (ne vie plavať, musí hrúzť). *č.* hřížiti *tauchen ist* gręz-. *Vergl. lit.* gramzdíti, grimzdau *aus* gremzdau *und* gręznąti. haląga *saepes. kr.* haluga. hądogъ *peritus.* hodogъ *slêpč.: got.* handuga-. hąhnati *murmurare. nsl.* hôhnjati. hąpi *neben* hopi: ohąpiti, ohopiti *amplecti.* hlądъ *virga. nsl.* hlôd. *r.* chludъ *dial.* hląpati *mendicare zogr.* hlupati *neben* hljupati *nicol.* hlipati *lam. 1. 16 : minder gut beglaubigt* hlępati. homątъ *iugum, libra. nsl.* homôt. *b.* homъt. *r.* chomutъ, *daraus finn. hamutta. p.* chomąto *usw.: ein dunkles wort. Vergl. matz. 36. Mhd. komat ist nach Weigand slav. ursprungs.* horągy *vexillum: lett. karōgs ist entlehnt.* hrądъ : hrudь vlasьmi οὖλος τὴν τρίχα *prol.-rad., daneben* hredь, *wohl für* hrędъ: *nicht genügend bezeugt.* hrąst-: *vergl. nsl.* hrustanec. *klr.* chrusta *cartilago usw. mit* hręstъkъ *seite 38.* hrąstъ *locusta.* hrąštь *scarabaeus. nsl.* hrôšč. *č.* chroust. *slovak.* chrúst. *polab.* chranst *holzkäfer. Mit unrecht ist lit. kramstus gefrässig verglichen worden. Vergl. ι.* hręst *und p.* chrząszcz. *kaš.* chrost. kądrjavъ *crispus von* *kądrь. nsl.* kôder. kondrovanje *hung. nach dem in alter zeit aus dem slov. entlehnten magy. kondor. b.* kъdrav. *p.* kędzior. *Hieher gehört auch* kądêlь *trama. nsl.* kôdla. *lit. kudla haarzotte.* kąkolь *nigella. magy. konkoly. lit. kūkalas 'aus kunk-. lett. kōkalis. pr. cunclis unkraut. Andere denken an entlehnung des lit. kūkalas.* kąpa : *p.* kępa *flussinsel: lit. kampas Geitler, Lit. stud. 64.* kąpati *lavare. nsl.* kôpati. *Eine hypothese bei J. Schmidt 2. 162.* kąpina *rubus. b.* kъpinъ, kąpona *statera. b.* kъponi. *pl. magy. kompona.* kąp̌ *m. p., das aslov.* kąpľь *lauten würde, schinken: lit. kumpis.* kąsъ *frustum.* kąsiti *mordere. nsl.* kôs. *b.* kъsa *vb.:* kąs- *scheint eine weiterbildung von* * kąd, *lit. kand, durch* s *zu sein. Vergl.* ąhati. tręsti. *lit. kandu, kąsti. lett. kůdu, kůst beissen. J. Schmidt 1. 34 sieht in* sъ *ein nominalsuffix:* kand-sъ. kąšta *tentorium, tugurium, nidus. nsl.* kôča. *b.* kъštъ. *Vergl.* kątъ *und lit. kutis stall. Andere denken an got. hēthjōn- kammer.* kątati *in* sъkątati *sepelire, eig. servare, das* skątati *geschrieben wird, jedoch perfectiv ist. b.* kъta *vb. aufbewahren. pr. kunt: kūnst inf. pflegen, hüten.* kątъ *angulus. nsl.* kôt. *b.* kъt. kążelь : *nsl.* kožêlj *spinnrocken. b.* kъželi. *Das wort ist dunkel: ahd. kunchela aus nlat. conucula usw. ist kaum zu vergleichen.* kląbo *glomus. b.* klъbo. *p.* kłąb. *slovak.* klubko, klbko. kląpъ *scamnum. nsl.* klôp. *lit. pr. klumpis stuhl. lit. klumpu, klupti hocken.* krąčina *cholera, bilis.* krągъ *circulus.* krąglъ *rotundus. ahd. hrinc. slovak.* kruh *und* kráž, kráža. *Vergl. č.* kruh *für* kra

eisklumpen: slovak. stojatá voda je krúh. kr**ą**p-: *p.* krępulec, *č.*
krumpolec *ist das deutsche krummholz, ahd. chrump matz. 221.*
kr**ą**pъ *parvus. p.* krępy. krępować *fest zusammenbinden.* kr**ą**tъ
tortus. kr**ą**titi s**ę** *torqueri.* iskr**ą**titi *etwa extorquere:* koreнь iskru-
tivь ῥίζαν ἐπιφέρων *prol.-rad. nsl.* krôtovica *gedrehtes garn, schlinge.*
krtovica. *klr.* perekrutyty. *p.* kręcić. *aslov.* prikr**ą**tъ *severus. nsl.*
krôto *valde. Vergl.* kręt. kr**ą**tь: ukr**ą**tь *f. moles. Vergl. r.* krja-
tatь *beladen. p.* okręt *navis. lit. krotos pl. schiff Geitler, Lit.
stud. 93: akrūtas ist entlehnt.* lab**ą**dь: *p.* łabędź *cygnus usw.:* **ą**dь
ist suffix. ahd. elbiz aus -binz. l**ą**d : *vergl. č.* loudati se *mit lit.
lendoti kriechen.* l**ą**gъ *nemus. nsl.* lôg. *b.* лъg. *p.* łąg. *ngriech.* λόγ-
γος. *Vergl. J. Schmidt 2. 366.* l**ą**k- *in* l**ą**čiti *separare, definire.
Vergl. pr. lankinan deinan sg. acc. feiertag.* l**ą**k- *in* pol**ą**čiti *neben*
polučiti *obtinere. Vergl. lit. per-lenkis gebühr. linku, linkêti zukommen.
pr. per - lānkei es gebührt.* l**ą**ka *palus. nsl.* lôka, *ehedem in orts-
namen* lonka. *magy. lanka. lit. lanka, lenkê tal, wiese. Damit hängt*
lôčije *carex, eig. wohl palus, zusammen. nsl.* lôčje *carex, iuncus.*
l**ą**ka *malitia, dolus. Vergl.* lęcati *illaqueare von* lęk. polęcь *laqueus.*
l**ą**kъ *curvus, arcus. nsl.* lôk. *b.* лъk. *p.* łęk u siodła *neben* łuk
*arcus. lit. lankas alles gebogene, bogen, bügel usw. lankus biegsam.
lett. lōks. lōcīt beugen. Hieher gehört* l**ą**kotь *hamus, womit Geitler,
Lit. stud. 67, lit. lankatis haspel verbindet, wahrscheinlich auch*
sъl**ą**kъ συγκύπτων, *regelmässig* sl**ą**kъ *geschrieben, was man mit lit.
slenku, slinkti schleichen vergleicht.* l**ą**šta *lancea: lat. lancea lässt*
l**ą**ča *erwarten.* l**ą**tъkъ : lutъkъ *histrio. Vergl. s.* lutka *puppe. č.*
loutka *spielzeug. p.* łątka *puppe.* m**ą**diti *cunctari.* m**ą**dьnъ *tardus
zogr. neben* muditi, mudьnъ *sup. und sonst. nsl.* muditi *usw.: aind.
manda tardus. mad, mand, madati. Vergl.* мьдьlъ. m**ą**do *testiculus.
nsl.* môde, môdi *pl. s.* mudo. *p.* m**ą**da. *Vergl. aind. mad, madati,
mandati wallen, schwelgen. mada brunst, same. griech.* μῆδεα *hoden.*
m**ą**drъ *sapiens. lit. mandrus munter, keck. Vergl. J. Schmidt 1. 170.*
m**ą**ka *cruciatus. nsl.* мôka. *b.* мъkъ. *p.* męka. *č.* muka. *Vergl. lit.
minkīti kneten. mankštīti, mankštau weich machen, bändigen. muka,
munka qual ist entlehnt.* m**ą**ka *ist abzuleiten von einem primären
verbum* męk. *Vergl. got. mūka- sanft J. Schmidt 1. 167.* m**ą**ka
farina. nsl. môka. *p.* m**ą**ka. *č.* mouka *ist in wurzel und grundbe-
deutung mit* m**ą**ka *cruciatus identisch. vergl. griech.* μάσσω *aus* μαχjω
J. Schmidt 1. 121. und mhd. munke vel brey polenta voc.-vrat.
m**ą**tъ *turbatio.* m**ą**titi *turbare. lit. menturê quirl. mentê. lett. menta
schaufel. anord. möndull drehholz. aind. math, mathnāti, manthati*

rühren. *math quirl.* mąžь *vir. nsl.* môž. *p.* mąž : *vergl. got. mana-, mannan-. aind. manu.* ną *sed, woraus jünger* nъ : *vergl.* ą *und* vъ, są *und* sъ. nądıti *neben* nudıti *cogere.* nądь *in* otъnądь *omnino ist ein adverb durch* ь *für* i: *aind.* nūdhita *in not befindlich: nūdh aus nandh, wie mās aus mans, wie khūd aus khand Fick 2. 592. Vergl. č.* nutiti. *p.* nęcić, *das an got.* nauthjan *erinnert, wofür man jedoch p.* nucić *erwartet. Daneben p.* wnęta *und č.* vnada *reiz J. Schmidt 1. 171.* orądije *instrumentum, negotium. nsl.* orôdje. *s.* orudje. *klr.* oruda *sache. ap.* orędzie *nuntium. ač.* orudie *genitalia: ahd. arandi, arunti botschaft, auftrag J. Schmidt 2. 477: matz. 63. hält das wort für slavisch: w. ar ire.* pąkъ *aranea.* pavąza : *p.* pawęza *scutum. mlat. pavensis matz. 64.* pądıti *pellere. nsl.* pôditi. *b.* pъdi *vb. p.* pędzić : *lit. piudīti ist entlehnt. Vergl. aind. pūdaja causat. von pad fallen, gehen.* pągy, pągva *corymbus: got. pugga- geldbeutel. ahd. phunc. mlat. punga. lett. pōga : matz. 66. vergleicht aind. puñga menge, puñga haufe.* pąk-: pąčina *mare.* pąk *in* pąčiti sę *inflari. nsl.* pôčiti *bersten.* pôka *rima lex.* pąpъ *umbilicus: vergl. lit. pampu, pampti schwellen. pamplis. lett. pempis dickbauch. lit. bamba nabel: Geitler, Lit. stud. 68, vergleicht pūpas zitze. Hieher gehört nsl.* popovka. *lit. pumpurīs gemma. r.* pupyrъ *penis.* pąto *compes. nsl.* pôta *f. p.* pęto. *lit. pantis. pr. panto.* pąto *aus* pon-to : *vergl.* pen : pęti, pьną. pątь *iter: pr. pintis, pentes. aind. panthan, pantha. vergl. lat. ponti- in pons.* prąda *in* prêprąda, praprąda *purpura. Ein dunkles wort, es hängt vielleicht mit* pręd *nere oder mit dem thema* pręd *brennen zusammen: r.* pruditь *sja für* žaritь *sja. č.* pruditi *accendere. p.* prędanie *ardere. Die zusammenstellung ist unsicher. Vergl. matz. 69.* prądъ *agger. nsl.* prôd *sandiges ufer. lett. prōds teich.* prądъ *im p.* prąd *schuss, strom, gang des wassers, daher* prędki *schnell. Vergl.* prędati. prąg *in* prążati *lacerare.* prąga *in* poprąga *wohl cingulum. nsl.* prôga *länglicher fleck, etwa „wie ein gürtel". Vergl.* pręg. prąglo *tendicula. Vergl.* pręg. prągъ *locusta. lit. sprugti entspringen. ahd. springan. mhd. sprinke. ahd. howespranca. Vergl.* pręg. prątъ *virga. nsl.* prôt. *b.* prъt. *p.* pręt. prążь *stipes: vergl. nsl.* porungelj. rąbiti *secare. lett. rōbs kerbe.* rąbъ *pannus. nsl.* rôb *saum. p.* ręby. *lit. rumbas: vergl. lat. lamberare scindere. limbus J. Schmidt 1. 159.* rągъ *irrisio. nsl.* ružiti *turpare habd. für* rôžiti. *lit. rangoti. Vergl.* ręg. rąka *manus. nsl.* rôka. *b.* rъkъ. *p.* ręka. *pr. ranko. lett. rōka. Hieher gehört* rąčьka *urceus, eig. gefäss mit handhabe. nsl.* rôčka. rôča *henkel. aslov.* obrąčь *armilla.*

w. scheint ręk zu sein: lit. renku, rinkti auflesen. rankê sammlung.
aprenke armring bezzenb. rążije, orążije ρομφαία. Vergl. lit. rengti s
sich rüsten. rangīti antreiben. rątiti iacere, daneben rjutiti, dás
in den lebenden sprachen seine bestätigung findet: č. routiti, řititi.
p. rzucić. są und daraus sъ, selten su cum: sąlogъ consors thori.
sapьřь adversarius. sąsêdъ vicinus. usąmьnêti neben usъmьnêti. nsl.
sô: sô žitom krell. lit. san: sandora; sq: sąnaris; su praepos. lett.
sa. pr. san, sen. vergl. seite 78. sąditi iudicare, wohl są cum
und dê, aind. dhā, ponere: ich denke an lit. samdīti dingen, eig. ver-
abreden, componere. lett. sōds gericht. vergl. mhd. zander kreisrichter.
Anders J. Schmidt 1. 36. sąk- in isąčiti siccare. Potebnja, Kъ
istorii usw. 218. Vergl. sęk. sąkъ surculus. nsl. sôk, sôčje. p.
sęk. lit. šaka ast. aind. śākhā ast. śaṅku pfahl. sąpъ vultur. p.
sęp. č. sup: vergl. klr. supyty finster blicken. skądêlъ testa,
tegula. skądъlъ. skądolь κέραμος luc. 5. 19.-zogr. skądêlьnikъ. ską-
dolьnikъ κεράμιον luc. 22. 10-zogr. skądelьnikъ assem. skąndelьnikъ
slêpč. nsl. škandêla, skodêla, zdêla. mlat. scutella. mgriech. σκουτέλλον.
ahd. scuzzilā schüssel, irdene schüssel, alles irdene. Vergl. auch mlat.
scandula, scindula matz. 76. skądъ inops. skądn defectus. klr.
skudyty, ščądyty sparen. oskudnyj, oščadnyj sparsam. lit. skan-
dinti verderben bezzenb.: w. skęd in štędêti. Andere vergleichen lit.
praskunda dolor. skąka: r. skuka taedium. vergl. lit. kanka leid,
qual Geitler, Lit. stud. 65. skapъ sordidus, avarus. lit. skupas
ist entlehnt; dagegen lett. skōps. vergl. Fick 1. 808. sląka: p.
słomka schnepfe vielleicht aus slonka, sląka. kr. sluka bei Linde.
klr. słômka aus dem p. neben sołomka. slovak. sluka, sljuka. lit.
slanka. lett. slōka. pr. slanke. magy. szolonka. spądъ modius.
kr. s. spud. p. spąd: matz. 77. vergleicht lit. spangis. dän. spand.
schwed. spann, wobei jedoch zu bemerken, dass das wort pannonisch ist.
stąpa: r. stupa. nsl. stôpa. p. stępa mortarium: vergl. stąpiti gradi,
etwa auch calcare. ahd. stamph, staph fussstapfe. Vergl. stopa, stepenь
matz. 78. stąpiti gradi. nsl. stôpiti usw. Vergl. J. Schmidt 1. 129.
155. Unverwandt ist aind. sthūpaja still stehen machen, causat. von sthā.
strąga: s. struga, mjesto gdje se ovce muzu; stružnjak mulctrae
genus. p. strągiew dolii genus. alb. štrungъ. rum. strungъ melkstall.
magy. esztrenga. Das wort stammt aus dem rum. matz. 314. strąkъ:
s. struk. r. strukъ. č. struk, strouk siliqua. slovak. hrachu struk.
p. strąk. nsl. strok, wohl strôk, bei Linde. svądъ: nsl. smôd senge.
povôditi räuchern: povôjeno meso. s. svud, smud. č. uditi maso.
p. smędzić. wędzić. wędzonka. swąd. swędra schmutzfleck. anord.

svidha brennen Fick 2. 693. J. Schmidt 1. 58. Vergl. svęd. štąkъ:
štukъ *strepitus. p.* szczęk. tąča ὄμβρος. *nsl.* tôča *grando. Unver-*
wandt ist lit. tvinkti, tvinkstu *anschwellen.* tąga *angor. nsl.* togota.
b. tъgъ. *p.* tęga: *lit.* tužiti *s ist entlehnt. vergl.* tągъ. tągъ:
r. tugoj *steif, gespannt. p.* tęgi. *klr.* tuhyj *steif. č.* stuhnouti. *aslov.*
tęgnąti *tendere. lit. pa-tingstu werde steif. tingus faul. tingêti faul*
sein. lett. stingt. *vergl.* tąga. *Hieher gehört* sъtąga ἱμάντωσις *con-*
iunctio: vergl. lit. atstuga *riemen.* tąh: utąhnąti *cessare. p.* tęchnąć
fallen, sich legen: stęchła puchlina *desedit tumor. Unverwandt ist r.* tuch-
nuть *muffen.* tąpъ *obtusus. nsl.* tôp *neben* tumpast, tempast. *magy.*
tompa. *lit. tempti, tempiu; tampīti ausdehnen. lett. tups stumpf. vergl.*
got. dumba- stumm J. Schmidt 1. 172. 180. tąsk: istąsknąti *evanes-*
cere. utęsknąti: *vielleicht* tъsk-. tątьnъ *sonus: vergl. titinoti für*
titinoti prahlen. tątnoti *klappern. lat. tintinare. aind. tanjatū tosen,*
das mit stan zusammengestellt wird. lit. tatno er klappert. žem. tytnoti Geitler, Lit. stud. 116. trąba *tuba. nsl.* trôba. *magy.* toromba.
ahd. trumba: *lit.* triuba *krummhorn ist entlehnt. Vergl. matz. 84.*
trąbъ: otrąbi *pl. furfur. nsl.* otrôbi. *p.* otręby. trądъ *morbus*
quidam, dysenteria. nsl. trôd *kolik.* trudni vudi. *p.* trąd *aussatz.*
vergl. ags. athrunden geschwollen. lit. trěda durchfall J. Schmidt
1. 57. 160. s. trudovnik. *p.* trędownik *scrophularia.* trądъ *poly-*
porus fomentarius feuerschwamm. nsl. trôt. *s.* trud. *r.* trutъ. *č.* troud.
vergl. lit. trandīs staub, den der holzwurm macht: w. wahrschein-
lich trend *von ter in* trêti. trąsъ *terrae motus. nsl.* trôsiti.
klr. trusyty *usw. von* tręs. trątъ *fucus. nsl.* trôt. *p.* trąd. *č.* trout,
troud, troup. *slovak.* trút *crabro. rum. trьnd.* trątъ *agmen, custo-*
dia. Dunkel. vardąga: *p.* wardęga *iumentum matz. 87.* velьbądъ
camelus: got. ulbandu-: pr. veloblundis *maultier ist slav.* verąg:
p. nadwerężyć *debilitare, laedere matz. 366.* vrąga: *p.* wręga
winkelholz an den schiffsrippen. vergl. ags. vringen winden matz. 372.
vъnąkъ: vъnukъ *nepos scheint aus älterem* vъnąkъ *entstanden zu*
sein. p. wnęk, wnęczka *beskid. für* wnuk, wnuczka. *lit. anukas.*
Die sache ist indessen zweifelhaft. ząbrь *bos iubatus, daraus*
mgriech. ζόμβρος. *r.* zubrь, *daraus p.* zubr. *Vergl. lit. žebris und stum-*
bras. lett. sumbrs, sūbrs, stumbrs. pr. wissambris, wissambers. *aslov.*
zcbrь *ist eig. b.* zъbrь. ząbъ *dens. nsl.* zôb. *p.* ząb. *lit.* žamba
fresse. žambas kante eines balkens. lett. zōbs zahn: zęb. *vergl. klr.*
zobyla *mundstück verch. 61. aind. gambha gebiss.* zvąkъ *sonus:*
zvęk *in* zvęknąti. želądъkъ *stomachus: man vergleicht lit. skilandis*
schweinemagen. želądь *glans. lat. glandi-. vergl. seite 19.*

Der name des flusses jantra, heutzutage b. jetra, lautete griech. ἄθρος. lat. iatrus.

β) Stämme. ndu, ndê: das n des suffixes schmilzt mit dem auslaute des thema zu ą zusammen: inądu, inądê aliā aus ino-ndu usw. Vergl. vъnądu und vъnêjądu 2. seite 211: pr. isquendau, isstwendau woher ist otъ kądu. *pьstrągъ salmo fario. p. pstrąg. č. pstruh. magy. pisztrang: stamm pьstrъ. Hieher gehört aslov. *ostrąga. nsl. ostrôžnica brombeere: bei den Resianern soll ostrôga vorkommen. č. ostružiny. p. ostręgi, drzewko cienkie i kolące: stamm ostrъ. tysąšta neben tysęšta mille hat die form eines partic. praes. act.: stamm tys: germ. thūsundja f. n. got. thūsundjā f. ahd. dūsunt. ną in verben: zinąti hiscere 2. seite 423. Dem praes.- stamm zi-ne steht der inf.-stamm zi-na, wie im got. dem full-ne full-nō gegenüber.

γ) Worte. sg. acc. der a-declination: rybą: ą ist aind. ūm. sg. instr. der a-declination: rybą neben dem jüngeren rybają. rybą ist rybami, rybam, ebenso vezą aus vezami, vezam. Die formen rybą und rybają sind gleich alt: lit. bietet ranka, das für ranką steht. L. Geitler, Lit. stud. 56. rybają beruht auf dem thema ryboja wie aslov. sg. g. f. toję auf dem thema toja: toję für *tę, nsl. te, von ta usw. 3. seite 28. Ähnlich ist aind. aśvajā neben älterem aśvā, dessen ā jedoch mit aslov. ą nichts zu tun hat; ähnlich ist auch der lit. sg. loc. rankoje für das erwartete ranke: o für a steht wie in geroji, wie ī für i in smertije, wie ū für u in dangūje. oją wird von anderen aus ajām erklärt, wie der sg. i. der ā-stämme ursprünglich statt ajā gelautet habe. Vergl. A. Leskien, Die declination usw. 70. Geitler, O slovanských kmenech na u 26. Den serb. sg. i. kosti führe ich auf kostimi, kostim zurück, den andere durch die annahme eines abfalls des ju für ją erklären. Man merke lit. akimi als die ursprüngliche form, woraus aki, d. i. akį; daneben von einem ā-stamme akia wie ranka und akiu wie runku Kurschat 174. 194. s. kosti entspricht dem lit. aki, d. i. akį, und kann aus kostiją, kostьją nicht entstanden sein, da in diesem falle ь der auslaut wäre. Daneben besteht kostju, das auf kostija beruht, von dem auch aslov. kostiją abzuleiten ist. Schleicher, Compendium 581, sieht in kostija einen durch a gebildeten sg. i., an den dann das suffix mi, m gefügt worden sei. Der aslov. sg. i. der pronomia der I. und II. person und des reflexivs lautet mьnoją, toboją, soboją, wofür lebende sprachen auch die reflexe von mьną, tobą, sobą bieten: mьną verhält sich zu mьnoją wie rybą zu rybają. Nach anderen soll mьną, č. mnú, durch zusammenziehung des oją zu ą aus mьnoją, rybą *aus* ryboją *entstanden sein. Ich kann mich von der richtigkeit dieser ansicht nicht überzeugen:* ą *bietet jedoch der erklärung unter allen umständen schwierigkeiten dar. A. Leskien, Die declination usw. 70. R. Scholvin, Archiv 2. 502. Die I. sg. praes. der verba mit dem praesensvocal lautet auf* ą *aus:* vezą *zunächst aus* vezom, vezomi, *vezam usw. Die III. pl. hat den auslaut* ątъ: vezątъ *zunächst aus* vezontъ. sątъ *sunt beruht auf santi,* sontъ. *Die III. pl. impf. lautet auf* ą *aus:* vezêahą *aus -sant, aslov.* -hont; *nur das impf.* bêhъ *bildet* bêšę *aus* bêhent. *Im bulg. hat auch der aor. den auslaut* ą: dadohъ *aus* dadohą. *aslov.* bądą ἔστωσαν *ist aus* bądê-nt *entstanden.*

IV. Vierte stufe: a.

1. *Der buchstabe* a *heisst im alphabete* azъ, лзꙗ.

2. *Die aussprache ist die nicht genauer praecisierbare des heutigen* a.

3. *Slavisches* a *entspricht regelmässig aind.* ā: da *dare:* aind. dā *usw.* kra *secare, aind.* kar, *ist zu beurteilen wie aind.* dhmā *aus* dham, *aslov.* dъm. *Wenn ich im nachfolgenden manchmahl auch slav.* a *neben aind.* ă *stelle, so betrachte ich die betreffenden fälle teils als ausnahmen von der regel, teils als vorläufige, genauerer prüfung bedürftige annahmen :* azъ, padą, pasą *usw. Die behauptung, es gebe keinen einzigen sicheren fall eines slav.* a *für ursprachliches* ă *ausser* azъ, *und selbst dieser gebe zu zweifeln veranlassung, scheint mir gewagt.*

4. a *ist zweite steigerung des* e (a₁). gaga *im klr.* zhaha. r. *izgaga neben* izžoga *sodbrennen: w.* žeg *in* žegą. lazъ *in* izlazъ *exitus: w.* lez *in* lêzą. *vergl.* sadъ. pal- *in* paliti *urere: w.* pel *in* pepelъ *aus und neben* popelъ. par- *in* pariti *volare: w.* per *in* pьrati. sadъ *planta: w.* sed *in* sêsti. skvara χνίσσα *nidor: w.* skver *in* skvrêti *aus* skverti. varъ *aestus: w.* ver *in* vьrją, vьriši *usw. Vergl. lit.* žadu, žadêti *sagen, sprechen mit aslov.* gadati, *das durativ, folglich denominativ ist; pr.* gnode *teigtrog mit* guet *in* gnetą *kneten.*

5. a *entsteht durch dehnung des* o, *ursprachlich* a₂, *in drei fällen : 1. im dienste der function bei der bildung der verba iterativa:* nabadati *infigere: bod.* razdvajati sę *dividi:* dvoi, *d. i.* dvoji. gonažati *salvare:* gonozi. zakalati *mactare:* kol. prêpokajati ἀναπαύειν: koi, *d. i.* koji. izlamati *effringere:* izlomi. ulavljati *insidiari:* lovi. omakati *humectare:* omoči, omoki. skakati *salire:* skoči,

skoki. utapati *immergi:* top *in* utonąti. *2. zum ersatze eines nach dem* o *ausgefallenen consonanten:* probasъ *transfixi aus* probod-sъ. *3. bei der metathese von* r, l: vrata *aus* vorta. zlato *aus* zolto. ralo *aus* orlo. *Vergl. seite 84.*

Die dehnung des o *zu* a *scheint auf einer zu* a *hinneigenden aussprache des* o *zu beruhen. Vergl. J. Schmidt 2. 170—172.*

6. Dem a *in* dělati *vom nomen* dělo *wird aind.* aja, *von anderen* ā-ja *gegenübergestellt: dasselbe gilt von dem* a *der mehrzahl der verba V. 2. 3. 4:* orati, stenati, stъlati; bъrati, dъrati, gnati; dějati, lijati, smijati *usw. Vergl. seite 53. Dagegen ist* brati *sę pugnare,* klati *mactare aus* borti, kolti *durch metathetische dehnung des* o *entstanden. Verschieden ist das* a *in* gra: grajati: *lit. groti. ags.* crāvan. **granąti, s.* granuti *illucescere.* znati *usw.: diese verba beruhen auf secundären wurzeln wie aind.* psā *auf* bhas, *griech.* πλᾱ *auf* πελ, *lat.* strā *auf* ster *usw. J. Schmidt 2. 325.*

7. Wenn man neben viděti *die form* drъžati, *neben* krotěj *die form* mъnožaj *usw. findet, so ist das* ja *in* drъžati, mъnožaj *usw. der ältere, durch* ž *geschützte,* ê *der jüngere, aus* ja *entstandene, laut. Das gleiche gilt von* jamь, *nsl.* jêmь edo. *ičazati evanescere usw. aus den* w. jed, *čcz usw. Vergl. seite 50.*

8. a *entwickelt sich nicht selten aus* je *durch assimilation an vorhergehendes* a : *dies geschieht: 1. im sg. gen. m. n. in der zusammengesetzten declination: aus* kuplьnaego *zogr. entsteht* kuplьnaago *3. seite 59. Wenn im sg. loc. m. n. neben dem ausgang* êjemь, êemь, êêmь *der ausgang* êamь *besteht, so liegt der grund darin, dass der ausgang des sg. loc. der* ъ(a)-stämme êjemь *in* êêmь, êjêmь, êjamь *übergeht.* grobьnêjamь *sup. 337. 12.* vêčьnêamь. *Abweichend ist das russ.-slov.* svoitьnêiêmь *svjat. d. i.* -êjemь *seite 54. Selten ist* dobrêimь *op. 2. 2. 78. 3. seite 59, dessen* i *aus* je *entstanden ist wie* neštetuimъ *aus* neštetujemъ. *in* kająšteimь sę *ist* kająšte *der stamm 3. seite 59. 2. in der conjugation: A. im praes. der verba III. 1:* razumêatъ *intelligit mariencod. srez. 95. aus* razumêjetъ. *Diese form wie die form* vêčьnêamь *beruht auf der reihe* êêtъ, êjêtъ, êjatъ, êatъ. *B. im praes. der verba V. 1:* gnêvaaši *aus* gnêvaješi. *Hieher gehört* imaamь habeo *aus* *imajemь, *wofür auch* imêją. imaaši *aus* imaješi. imaatь ostrom. imaamъ. imaate. *Die bedeutung sowie die form* imêją *macht die annahme wahrscheinlich,* ima *stehe für* imê, *3. seite 130, wie* vъpati *für* vъpêti. *Wenn das imperfect von* sъbljudati, *praes.-thema* sъbljudaje, sъbljudaahъ *aus* -ajahъ *lautet, so liegt der grund des zweiten*

a *darin, dass nach j der ursprüngliche laut für ê erhalten wurde.*
Vergl. pletêhъ *aus* plete. 2. *seite 92.*

9. a *entsteht aus* aa *für* aje: dobrago. vêčъnago *zogr.* apostolъ-
skago *prag.-frag. aus* dobraago *usw.* 3. *seite 59.* imatъ *aus* imaatъ.
obličatъ *prag.-frag. aus* obličaatъ. podobatъ slêpč. *aus* podobaatъ
zogr. podobajetь 1. *tim.* 2. 10-šiš. podobahъ *aus* podobaahъ. *Man
beachte* zapêją, *wofür* zaapêją greg.-naz. 106. prêdanie *neben* prêda-
anie *zogr. Dasselbe findet man im* r. počitašь *für* -taešь. umyšlešь *aus*
-šleešь-, -šljaešь kol. 15. 16 : *in den anderen sprachen gilt nur* am,
aš *usw. aus* ajem, aješ *usw.* aa *steht manchmahl ohne erkennbaren
grund:* bêlaahъ. mъnogaamъ svjat. taako mlad. istezaavъ. sъbra-
avъšemъ. otvêštaavъšе. pitaavyj. slyšaašą. slyšaahomъ. pilaatъ.
varaavą triod.-grig.-srez. 333—342.

10. a *ist wie* o *manchmahl ein blosser, weiter nicht erklärbarer
vorschlag.* amorea *morea* μωραία, *das aus* ῥωμαία, *nicht aus dem
slav.* more *entstanden ist.* apony lanx. azamyslije prudentia.
vergl. abrêdъ *und* obrêda.

11. a **enthaltende formen.** α) **Wurzeln.** alъkati, alkati *esu-
rire. lit.* alkti. azъ, jazъ *ego* ἐγών: *lit.* aš *für* až. *lett. es. pr. es,
as. armen. es. aind.* aham. baba *vetula: lit.* boba. *aind.* bābā.
bagno: *č.* bahno. *p.* bagno *palus: lit.* bognas *ist entlehnt.* bagrъ
purpura: vergl. klr. bahrjanka *fichtenpech, das die Bojki· kauen
verch.* 72. bajati *fabulari, incantare, mederi.* obavati: *griech* φα:
φάναι, φημί. *lat.* fa: fari. *aind.* bhā *bedeutet splendere.* balij *medicus ist
der durch zaubersprüche heilende und hat mit lit.* ne-atbolis *ein unacht-
samer nichts gemein.* banja *bulneum. Vergl. mlat.* banna. banъ
banus, *bei den Byzantinern* βοεάνος, *ist fremd.* baranъ *vervex.*
bašta *pater ist fremd.* bratrъ *frater: lit.* brolis. *got.* brōthar-.
griech. φράτηρ. *aind.* bhrātar. čaša *poculum. pr.* kiosi *Geitler, Lit.
stud.* 65. čьbanъ, čьvanъ *sextarius. s.* džban, žban. *p.* dzbanek:
lit. zbonas, izbonas *ist entlehnt.* da: *r.* da, daže: *lit.* do *Geitler,
Lit. stud.* 63. dati *dare: lit.* dûti, davjau. *lett.* dōt. *pr.* dāt. *aind.*
dā. *Aus* davati *hat man eine* w. du *erschlossen, da doch* da-v-ati *wie*
da-j-ati *zu teilen ist.* dračь saliunca. *nsl.* drač *usw.: w. wohl* dra
aus der. dračь dyrrhachium. gadati *coniicere: lit.* godīti. *Gleich-
bedeutend ist* gatati, *das im consonantismus mit got.* qvithan *über-
einstimmt.* gadъ *animal reptile. č.* had. *p.* gad *usw.* galiti *exsilire*
σχιρτᾶν. ganiti: *č.* haniti *schmähen: p.* ganic. *Vergl. lett.* gānīt.
gaziti *vado transire.* gra *im· s.* granuti *effulgere ist eine secun-
däre w.: vergl. aind.* ghar, *womit auch die w.* zеr *zusammenhängt.*

grajati *crocitare:* nsl. grajati *schelten:* lit. *groti, secundäre* w. gra, *aind. gar.* hrakati *screare. Vergl. nsl.* hrkati. *r.* charkatъ. ja *et: aind. ā. Mit diesem ā hängt auch das ja bei adj. wie in* jaskudъ *zusammen: vergl. aind. anīla bläulich.* jablъko *malum: lit. obŭlas, obelis malus. pr. woble. ahd. aphol.* jagnę, agnę *agnus: lat. agnus. Fick 1. 479 stellt* agnę *zu agina, zu dem sich* agnę *verhalte wie ig. varana widder zu ig. varnā wolle. Entlehnung ist sehr unwahrscheinlich.* jagoda *bacca: lit. ŭga, lett. ōga. Secundäres suffix da:* jago-da. jajc *ovum: lat. ōvum. griech.* ᾠόν *für* ὤＦιον. *Das wort wird auf avi zurückgeführt; der ausfall des v erregt bedenken. nordeurop. āja aus āvja nach zeitschrift 23. 295.* jalovъ, *r.* jalъ, *sterilis: lett. ālava, das jedoch vielleicht entlehnt ist.* jama *fovea: europ. āmā, w. am, daher* jama *für* ama *nach zeitschrift 13. 86.* jar: *nsl.* jarek *fossa: vergl. r.* jarъ *ripa declivis.* jarь: *nsl.* jar *veris mit dem secundären suffix* ъ: *abaktr. jāre. apers. jāra jahr. got.* jĕra-: jarъ *hängt mit den aries bedeutenden nomina nicht zusammen.* jarьmъ *iugum: w. vergl. ar: griech.* ἀρκρίσκω. *lat. artus. aind. ara radspeiche.* arpaja *einfügen.* jasenъ: *s.* jasen *fraxinus. r.* jasenь. *p.* jesion: *lit. ŭsis. p. woasis. lett. osis. ahd. ask.* jasika *s. populus tremula. r.* osina. *p.* osa, osika, osina: *pr. abse. lett. apsa. lit. apušis. ahd. aspa: slav.* jas- *steht für* japs-. jasъ: pojasъ *cingulum: lit. josti, josmi cinctum esse. lett. jōst. griech.* ζως: ἔζωσμαι. *abaktr. jāh gürten.* javê, avê *manifesto. p. na* jaẃ, na jawie: *lit. ovije im wachen. aind. āvis adv. offenbar. ā-vid f. bekanntsein. glag.* êviti, aviti *ist mit dem kyrill.* javiti *identisch. Der anlaut von āvis wird für die praepos. ā gehalten.* javorъ: *nsl. b.* javor *platanus usw.: lit. jovaras kann entlehnt sein. Vergl. deutsch ahorn.* jazьno, azьno *corium: lit. ožīs. lett. āzis ziegenbock. pr. wosee (vozê) ziege.* jedva *vix: lit. advos.* kaditi *suffitum facere: vergl. pr. kadegis wachholder.* kaganьсь *ar. lampas. klr.* kahaneć, kahneć. č. kahan. p. kaganiec. *Vergl. matz. 39.* kajati sę *poenitere.* kamy *lapis: lit. akmŭ, sg. gen. akmens. ahd. hamar. aind. aśman. griech.* ἄχμων. *Vergl.* naglъ. kaniti *excitare lam. 1. 98.* kariti *ar. lugere. as. karьba. slovak.* kar *epulum funebre. Vergl. ahd. charōn usw. matz. 41.* kašьlь *tussis: lit. kosti, kosmi, kosu. kosulis. lett. kāsa. pr. cosy kehle. ahd. huosto. aind. kās, kāsatē. kŭs. kāsa.* kladą *pono: lit. kloti decken. apklostīti bedecken: letzteres beruht auf klod.* krajati *scindere. Secundäre w. von kar.* krakati *crocire: lit. krokiu.* lajati *latrare: lit. loti. lett. lāt. got. laian. aind. rā, rājati.* lajno πλίνθος. *Vergl. nsl.* lajno *stercus. Matz. 394 denkt an mgriech.* λαί-

νιον *figlinum.* lalъкъ *palatum. nsl.* lalok *palear. r.* lalki *pl.;* laloka
gingiva *dial. p.* łałok *wamme.* lapa: *p.* łapa *tatze: got. lōfan-*
flache *hand J. Schmidt 2. 164.* lapota *rumex acutus. griech.* λάπα-
θον *matz. 237.* lapъtъ: *s.* lapat *frustum. lit. lopas Geitler, Lit.*
stud. *67. matz.* 54. *Vergl. r.* lopotь *fimbria.* lapy, lapь *amplius* ἔτι.
laska *adulatio wird mit aind.* laš, lašati *begehren zusammengestellt.*
lava *ar. scamnum: lit.* lova, *das jedoch entlehnt sein may matz.* 54.
makъ *papaver: pr. moke. griech.* μήκων. *ahd. māgo.* manęti,
majati *nuere: lit. moti. mojis wink. lett. māt.* mati *mater : lit. motê.*
ahd. muoter. *lat. mater. griech.* μήτηρ. *aind. mātar.* mazati *ungere:*
lit. mozoti ist entlehnt. na *in. lit. nů. pr. no. got. ana. griech.*
ἀνά. *abaktr.* ana *auf.* nada: vnada *č. reiz, köder: vergl. lit. nodai*
zauberkünste *und* nąditi *seite 98. p.* wnęta reiz. naglъ *praeceps:*
aind. ańga *flink zeitschrift 23. 268. lit. nůglas, in den älteren texten*
naglas *J. Schmidt 2. 165. Bezzenberger 49. vergl.* kamy. nagъ
nudus: *lett. nōks. got. naqvada-. ahd. nahhut. aind. nagna: lit. nůgas*
ist entlehnt. nakъ: vъznakъ ὕπτιος *supinus : vergl. aind.* ańka
haken. *got. halsaggan- halskrümmung zeitschrift 23. 98. ahd. ancha*
genick, *nicht ahd. hnach. mhd. nac.* napъ *mercenarius : das dunkle*
wort wird von matz. 261. *mit ahd. knappo zusammengestellt.* nasъ
nos *beruht auf dem slav.* na. *Ebenso* vasъ *vos auf* va. natь: *č.*
naτ. *p. os.* nać. *ns.* naś *blätter der küchenkräuter: pr. noatis. lit.*
noterê. *lett. nātres pl. nessel. č.* naτ *zu noterê wie* maτ *zu moterê Geitler,*
Lit. stud. 68. navь *cadaver. r.* navьe *für* mertvecь. navij *adj.*
Grotъ 172. *lett. nāve f. mors. pr. nowis rumpf. got. navi- todter.*
navistra- *grab Fick 2. 592. Man vergleicht aslov.* nyti *ermatten, indem*
man nav *als steigerung von nu ansieht. Vergl. matz. 398.* ogarъ
as. canis venatici *genus matz. 263.* opaky *adv.* ὄπισθεν : *aind.*
apāka *rückwärts gelegen.* pa *in der composition für* po. *lit.* po.
padą *cado : aind. pad, padjatē.* pahati *agitare, daher* opašь *cauda.*
nsl. pahati, pahljati: *vergl. r.* pachatь *arare. p.* pachać *fodere.*
pasmo: *nsl.* pasmo *strähne: lit. posmas. lett. pōsms, spōsms.* pasą
weide. *r.* zapasatь *providere dial.* pasti sja *cavere. p.* zapas *penus :*
aind. spaš *sehen, bewachen. ahd. spehōn. lat. specere. griech.* σκέπτομαι.
plaštь *pallium. pr. ploaste bettlaken.* platъ *panus: got. plata- ist*
aus dem slav. entlehnt. pra *in der composition für* pro. prag:
pražiti *frigere. nsl. usw.* pražiti. *b.* praži. *s.* pržiti. *p.* pražyć: *lit.*
sproginti, spraginti. *magy. parázs pruna.* račiti *velle: as. rōkjan.*
ahd. ruochan: *lit. ročiti ist entlehnt.* raditi *neben* roditi *curare.*
radъ *lubens: lit. rodas willig ist entlehnt. pr. reide, reidei. got.*

garēdan. as. rādan. aind. rādh, rādhati geraten. Hieher gehört radi
propter: apers. rādij: avahjā rādij wegen jenes. raj *paradisus:*
aind. rāi besitz, habe; suche: w. rā spenden. lit. rojus, lett. raja
sind entlehnt. Mit raj *soll r.* rajduga, ravduga *zusammenhangen.* rakъ
cancer: pr. rokis. Man vergleicht aind. karka: rakъ aus krakъ *wie*
rogъ aus krogъ *Fick 1. 524.* rana *vulnus: unverwandt ist aind. arus.*
lit. rona ist entlehnt. rarъ *sonus.* rakati sǫ *clamare. č.* rar-oh
falco: lit. rêti. lett. rāt schelten. raragas ist entlehnt. aind. rā, rājati.
r. rajatь *sonare dial. lit. rojoti.* salo *adeps. nsl. s.* salo. *č.* sádlo.
p. sadło, *wohl für* sъsalo: *vergl. pr. saltan speck.* samъ *ipse: aind.*
sama. griech. ὁμός. ahd. sum. sani *nsl. schlitten: vergl. lett. sańas.*
sanъ *dignitas. Fick 1. 789. vergleicht aind. san, sanati ehren. abaktr.*
han, hanaiti würdig sei. Wenn die zusammenstellung richtig ist, ist
a in sanъ *wohl als zweite steigerung anzusehen.* sirjadь *m. wohl*
funiculus: griech. σειράδιον matz. 305; bei jadь *scheint an das suffix*
jadь *gedacht werden zu sollen.* smag: *č.* smahnouti *siccari. klr.*
smažyty *braten bibl. I.* stati, stanǫ *consistere: lit. stoti sich stellen.*
stovêti stehen. pr. po-stāt. lat. stare. griech. στῆναι. aind. sthā. Hieher
gehört stado *grex: lit. stodas ist entlehnt.* stanъ *stand: lit. stonas.*
aind. sthāna. starъ *senex: lit. storas dick; dagegen J. Schmidt 2.*
212. 358. stavъ *bestand: lit. stova stelle. lett. stāvs.* staviti *wird*
von Geitler, Fonologie 64, als zweite steigerung einer w.: stu auf-
gefasst: die erste steigerung fehle. špakъ: *č.* špaček *sturnus: lit.*
spakas ist wahrscheinlich entlehnt. svatъ *affinis: lit. svotas ist ent-*
lehnt. taj *clam, d. i.* ta-j-ъ. taiti *celare.* tatь *fur: aind. stēna,*
tāju dieb. abaktr. tāja diebstahl. air. táid: w. stā. tajati *liquefieri:*
aind. tā, tājatē sich ausdehnen. abaktr. tāta wegfliessend. ags. thāvan.
griech. τήκω. taskati: *r.* taskatь *schleppen: vergl. lit. tasīti. aind.*
tās J. Schmidt 1. 70. tata: *č.* táta *pater: aind. tāta. lit. têta.*
pr. thetis. lat. tăta. vabiti *allicere: lit. vobiti, lett. vābīt sind ent-*
lehnt. vada *calumnia.* sъvada *contentio. p.* zwada: *lit. vadinti, in*
älteren texten vandinti rufen. ahd. far-wāzan. aind. vad, vadati
sprechen. vādas. lit. vaida. vaidiju Szyrwid 389. 461. Verschieden
ist vadi: *p.* zawadzić. *lit. voditi.* vaganъ: *s.* vagan *hölzerne*
schüssel, metzen. č. vahan *gefäss: pr. vogonis stülpschüssel. lit. vogonê*
butterbüchse Geitler, Lit. stud. 73. vajati *sculpere.* vapъ *color:* ·
vergl. griech. βαφή und pr. woapis matz. 363. Geitler, Lit. stud. 73.
zajęcь *lepus. lit. zuikis aus zaikis. lett. zakjis.* zdar, zdara *č. wohl-*
ergehen kann von zdařiti *se gelingen nicht getrennt werden. Es*
hängt mit aslov. sъdê *zusammen, wohin auch č.* zdáti *se, nsl.* zdêti *se,*

gehört. *Die zusammenstellung mit* lit. *dora einigkeit mag gelehrter sein.* zmaj nsl. s. *draco hängt mit* zmij *zusammen.* znati *noscere :* aind. *ǵñā. secundāre w. von ǵan: abaktr.* zan. lit. *žin.* žabra : *r. č.* žabra *branchia : vergl.* lit. *žobrīs zärte, ein fisch.* žalь *ripa.* vergl. matz. *376. alb. zāl kies, sand.* žarъ : požarъ *incendium.* žaratъkъ *neben* žeratъkъ. nsl. *žar aestus.* žarek *aestuosus, amarus.* slovak. žara *aurora.* lit. *žêrê. Dunkel.* žvale pl. nsl. *zaum ist wohl auf* žvati *zurückzuführen : vergl. gebiss, fz. mors, und hat mit* lit. *žuslai nichts zu schaffen.*
a *entspricht neben* o *in fremden worten häufig dem* a. kadь κάδος *cadus : lit. kodis ist entlehnt.* kamara, kamora, komara, komora: *griech.* καμάρα. kanonъ κανών. kastelь *castellum bell.-troj.* kratyrъ κρατήρ. lavra λαύρα. maljo s. pl. f. *lanugo : griech.* μαλλός. *ngriech.* μαλλίον matz. *248.* mar *in* zamarьnъ, *etwa futilis, ist wohl entlehnt : ahd. maro mürbe. Dagegen* matz. *58. 59.* monastyrь, manastyrъ, monostyrъ μαναστήριον. nakara s. *crotaculum : mgriech.* ἀνάκαρα. nalogij ἀναλόγιον. panica, apony, opanica *pelvis : ahd. phannā.* pavъ *pavo.* plastyrь ἔμπλαστρον. poklisarъ ἀπο-κρισιάριος. pravija βραβεῖον *žiž.* skamija *scamnum : lit. skomia ist aus dem slav. entlehnt.* talij *ramus : vergl. r.* talъ *salix cinerea und griech.* θαλλός. varovati *cavere.* prêvariti *decipere bell.-troj.* nsl. varati *observare, decipere.* vardêti, vardêvati *fovere. kr.* var imati *custodire luč. b.* vardi. ahd. *biwarōn. got. -varda- wärter usw.* matz. *363.* vatra: s. *klr. slovak.* vatra *ignis, ein dunkles wort, das* matz. *87. mit abaktr. ātar, aind. athar- zusammenstellt. Richtiger ist die vergleichung mit* rumun. vatrъ *focus, fundus domus.* zagarъ *as. canis venatici genus. ngriech.* ζαγάριον matz. *92.*

β) Stämme. arjъ: klevetarь *accusator.* grъnьčarь *figulus 2. seite 88. ahd. āri. got. arja-.* aljъ: sokalь *coquus 2. seite 107.* anъ: prostranъ *spatiosus.* poljana *campus 2. seite 124.* anь: grъtanь *guttur 2. seite 125.* ta: krasta *scabies.* blagota *bonitas.* plъnota *plenitudo. aind. pūrṇatā. germ. follithā 2. seite 162.* tva: britva *novacula.* ratva, oratva *aratio. got. fijathvā. frijathvā 2. seite 178.* atъ: svatъ *affinis : lit. svotas. lett. svāti pl.* bogatъ *dives 2. seite 182.* astъ: pleštastъ *latis humeris 2. seite 185.* ada: gramada *rogus 2. seite 208.* jadь: ploštadь *planities 2. seite 209.* avъ: rąkavъ *manica : lit. rankovė.* dąbrava *nemus 2. seite 220.* akъ: prosijakъ *mendicus.* jakъ *qualis relat. : lit. jokias.* sjakъ *talis : lit. šokias.* kakъ *qualis interrog. : lit. kokias.* takъ *talis : lit. tokias. vergl. saldokas ziemlich süss 2. seite 240.* jъag: krъčagъ *vas fictile 2. seite 281.* ačjъ: kolačь *libum 2. seite 332.*

Das verbalsuffix a: pьsati *scribere.* dajati, davati *dare.* prêbъdêvati
vigilare. pohvaštati *rapere.* javljati *ostendere usw. 2. seite 454.*

γ) Worte. *Das* a *des sg. gen.* raba. sela *entspricht dem* āt
des sg. ablativs im aind. und abaktr.: aśvāt, aśpāt. *Das* a *des dual.
nom.* raba *ist das* ā *des gleichen casus im aind.:* aśvā, *wofür später*
aśvāu. ma *von* rabъma, raboma. rąkama *beruht auf einem dem
aind.* bhjām *entsprechenden* mām, *wobei anzunehmen, das auslautende
m sei vor der speciellen entwickelung des slavischen geschwunden.
A. Leskien, Die declination usw. 107. Das* a *des pl. nom.* sela *ist
das* ā *des aind. pl. nom.* jugā. *Das* a *von* ryba *ist das* ā *der
aind. fem. im sg. nom.:* aśvā. a *erhält sich in* rybama, rybamъ
usw. Der dual. nom. vê *schliesst sich an* ženê, *der dual. acc.* na
an raba *an. Anders A. Leskien, Die declination usw. 148. 149.* doma
domi, vъčera *heri werden als sg. gen. aufgefasst, wohl kaum mit
recht: lett.* vakarā *abends ist ein sg. loc. biel. 274. vergl.* jedva
vix mit lit. advōs, vōs. *Die suffixe* ma, mê, mi *sind casussuffixe:*
aslov. dêlьma. *nsl.* vêkoma, vêkomaj, vêkomê. *r.* polma *entzwei.*
vesьma. okromja. *Vergl. 2. seite 234:* m *ist wohl aind. bh: die
auslautenden vocale entsprechen vielleicht einem älteren* ja. *Bei* m
für bh *möchte man an die got. adverbia wie* ubilaba *denken, die
jedoch anders gedeutet werden zeitschrift 23. 93. Auffallend ist
das* a *in der II. dual.:* bereta, *wo* ta *für aind.* thas, *neben der III.*
berete, *wo* te *für aind.* tas *steht.*

A. Die i-vocale.

I. Erste stufe:

1. ь.

1. ь *entspricht ursprachlichem* i. *Es ist nicht in seinem laute,
sondern nur in seinem ursprunge von dem aus* e, a *entstandenen* ь
verschieden, über welches seite 19. gehandelt ist. Man vergleiche
trьmъ. trьmi. trьhъ (*po* trьhъ *dnьhъ* zogr.) *mit aind.* tribhjas.
tribhis. triśu. *Der nom. n. und f.* tri *ist vielleicht der aind. acc.*
trīn, *während das m.* trьje *neben* trije, *der pl. g.* trьj, trij, trej
nach gostь *gebildet erscheint: wie* tri *kann auch* gosti *erklärt werden.
In einigen fällen scheint* ъ *für* ь *zu stehen:* bezъ *sine: aind.* bahis
draussen. dъska *tabula: griech.* δίσκος. obъ *circum:* aind. abhi. otъ
ab: aind. ati. tъkmo, tъkъmo, tokmo, tъčiją *solum, das wahr-
scheinlich mit lit. tik in* tikti, tinku *passen zusammenhängt, wofür*
tъkъmъ *aequalis spricht.* vъnъ, vonъ *foras, im* zogr. vъnъ *neben*

vьnê, izvьnu, *das mit pr. winna heraus, iz winadu auswendig und aind. vinā ohne zu vergleichen ist. Dass im slav. den personalendungen aind. ti und nti einst* tь *und* ntь *gegenüberstanden, ist gewiss, allein im erhaltenen zustande des aslov. finden wir in einheimischen quellen stets* tъ, ntъ; *russische denkmähler bieten* tь, ntь. *Dasselbe tritt auch im aor. und imperf. ein, formen, in welche* tъ, ntъ *wahrscheinlich aus dem praes. eingedrungen sind:* sъnêstъ. pojętъ. klętъ. načętъ. dastъ. obitъ. pitъ. vъsrêtъ. umrêtъ. prostьrêtъ. bystъ *neben* bystь *zogr.* možaašetъ *matth. 22. 46. zogr. b. vergl. A. Leskien, Die vocale* ъ *und* ь *usw. 64.*

i *für* ь *hat sich nur selten erhalten:* sęti *inquit cloz. I. 281.* daždi *drev. glag. pam. 247.* kъzni, milosti *prag.-frag.* viždi. krêposti moja *bon. 132.* zavisti *apost.-ochrid. 98.* smokvi *pent.* hoti *pent.* crъkъvi *ephr. 3. seite 36. 39. Das* i *von* ljubvi *ist wohl analog dem von* hoti. *Vergl. Daničić, Istorija 13.* buduti ἔσονται *marc. 13. 8.-nicol.* isypljuti βάλλουσιν *luc. 14. 35. ibid.* mneti δοκοῦσιν *matth. 6. 8. ibid.* pitêeti τρέφει *matth. 6. 26. ibid.* podobaeti δεῖ *marc. 13. 7. ibid.* primuti δέξονται *luc. 16. 4. ibid.* davyj tebê oblasti siją *ev.-buc. In russ. quellen steht häufig* ti *für* tь, *zumahl vor* i, j: kto si suti *izv. 559;* ljubljahuti i. moljahuti i. obolačašeti i. poznajeti i. tvoriti ju *usw. Potebnja, Kъ istorii usw. 125. Man füge hinzu* človêkoljubicъ *parem.-grig. für* -bьcь *oder* -becъ. gąslimi *bon.* velimi *georg. für* velьmi. *vergl. č.* hosti. choti. smrti *usw. 3. seite 36. 355. Archiv 3. 203.* choti *lässt sich nicht aus* chotьā *erklären.*

2. ь *enthaltende* formen. α) Wurzeln. blьskъ *splendor: lit.* bliškiu, blizgu. blêskъ. bьtarь *dolium, wohl richtiger als* bъtarь *trotz des* r. botarь, *ist das griech.* πιθάριον *matz. 127. 385, der auch an mlat.* butar *erinnert.* cvьtą *floreo, daher* procvitati. *inf.* cvisti. cvêtъ *flos: lit.* kvëtka *ist aus dem p.* (kwiatka) *oder aus dem wr.* (kvitok) *entlehnt.* cvьt (kvьt) *ist nur slav. nachweisbar. In späteren quellen findet man* cьvt-, cъvt-. čь *in* počьvenije *requies* ἄνεσις, κοίμησις: *urspr. ski, aind.* kši *wohnen, weilen. In* počiti *ist* ь *zu* i *gedehnt.* sk *lässt* šč, *št erwarten.* čь *in* čьto *quid: aind.* ki *in kim. kis. kijant.* či *in* čid. *abaktr.* či *in* čis *usw.* čьto. čьvo *neben* čevo *zogr.:* uničьžiti *aus* ničьže. čьbrъ *labrum. s.* čabar. *r.* čeberъ, čoborъ. *č. p.* džber *aus* čber. *lit.* kibiras. *ahd.* zwibar, zubar: *matz. 26. hält* čьbrъ *für slav., sich auf lit.* kibiras *stützend.* čьpagъ *pectorale. s.* čpag, špag *funda.* čьparogъ *ungula.* čьtą *numero, daher* čitati: *aind.* čit, čētati. čьtątъ. čьti. čьli. pričьtenъ *zogr.* čьbanъ *sextarius. s.* džban *usw.* dьnь *dies. r.* denь. *p.* dzień, *sg. gen.*

dnia. *abweichend lit.* děna. *pr.* deina: *aind.* dina. дьпь *zogr.*
дьпь *cloz. I. 625.* дьпi *31.* дьпемь *458.* дьпемъ *910: w. div
leuchten.* gobьzъ *abundans: got.* gabiga- *neben* gabeiga-. kotьlъ
lebes. lit. katilas. got. katila-. krъs: vъskrъsnǫti *excitari: w.*
kris, *daher* krês- *in* krêsiti. krъstъ, krьstъ *christus, das aslov.*
krstъ *gelautet hat: griech.* χριστός. lьпъ *linum. r.* lenъ, *sg. gen.*
lьпa. *lit. linas. lett. lini. pr. linno. ahd. lin. griech.* λίνον. *lat. linum.*
lьpêti *adhaerere, daher* prilipati. *r.* lьпutь. *p.* lnǫć. *č.* lep, *sg. g.*
lpu. *lit. lipti, limpu. lett. līpt, līpu. aind. lip, rip, limpati.* lьsk *in*
lьštati *sę splendere. Vergl. p.* lsknǫć *und* łyskać. *r.* loskъ. lьstь
fraus. r. lestь, *sg. g.* lьsti, lesti. *č.* lest, *sg. g.* lsti. lestny. *got.
listi-, das mit leisan erfahren zusammengestellt wird.* lьstь *wird, wohl
ohne grund, für entlehnt gehalten.* lьstь *zogr.* lьsti *cloz. I. 573.*
lьstęšte *336.* prêlьštenyję *598. neben* lъsti *858. Vergl. J. Schmidt
2. 465. Unverwandt sind* lihъ. lêha *Fick 2. 653.* mьg *träufeln:*
mьgla *nubes. lit. migla. nsl.* mzêti *saftig sein:* travnik *vode* mzi.
s. mižati *V mingere. klr.* mža *sprühregen verch. 35. lit.* mīsti, mīžu.
lett. mēznu, mīst. mīzlis *ziemer: vergl.* miza *rinde. aind. mih,* mēhati
aus migh *beträufeln, harnen.* mih *nebel.* mihira *wolke. griech.* ὀμίχλη.
ὀμιχεῖν *J. Schmidt 1. 134. Hieher gehört* mêzga *succus.* mьgnǫti *nic-
tare.* mizati. mêžiti. *nsl.* magnôti, megnôti, mignôti. mžati,
žmati. žmêriti. *s.* magnuti. *r.* mignutь. žmuritь. *č.* mhouřiti. *p.*
mžy mi się. mgnǫć *neben* mignǫć. *lit. migti,* mĕgmi *dormire.*
miginti *sopire.* mĕgas *somnus. lett. migt,* mēgu. *pr. ismigê obdor-
mivit.* mьńij *minor.* mьńij, mъńij *zogr.: got.* mins, minnizđn-. *lat.*
minus. *Vergl. nsl.* minsih *fris. d. i.* mьńьšiihъ mьstь *vindicta,
eig. etwa: vergeltung.* mьsti *zogr.* mьstislavъ: misti(s)clau *IX—X.
jahrh. lit. mitas kosten. vergl.* mitê *wechselweise. aind.* mith, mēthati
unter anderem: altercari, *daher wohl* mьt-tь. mьša *missa. lit.* mišê:
ahd. missa, *aus dem lat.* mьšelъ *turpis quaestus. r.* obnichnutь
sja. obmišulitь sja. obmešetitь sja, obmišenitь sja *falli: aind.* miša
betrug, täuschung. aind. muš, mōšati *furari passt nicht.* mьzda
merces. mьzda, mъzda *zogr. r. č. os.* mzda. *got.* mizdōn-. *ahd.* miata.
ags. meord. *nhd.* miete. *griech.* μισθός: *abaktr.* mīzhda *lohn. aind.*
mijēdha *opfermahl aus* mjēdha, mēdha. *Delbrück vermutet eine ver-
bindung von* māsa *fleisch und* dhā *setzen.* mьzgъ *neben* mьskъ
mulus: die zusammenstellung mit w. mis, *aind.* miš, *ist falsch, die
berechtigung des* ь *nicht bewiesen.* obьštь *communis ist aind.* abhi
um, aslov. obъ *aus älterem* obi, *mit dem suff. tja, hat demnach mit*
veštь *res, got.* vaihti-, *nichts zu schaffen. Die bedeutung von* obьštь

ist nur aus abhi begreiflich: rund herum seiend. pьhati *ferire. lit.*
paisīti. pësta. lett. paisīt. lat. pinso: aind. piš, pinašṭi pinsere, daher
pьšeno. pьšenica *triticum.* pьšenica *zogr.* pьklъ *pix: lit. pikis.*
lett. pikjis pech: lit. pekla abgrund ist entlehnt. Ebenso pr. pyculs
hölle. griech. πίσσα *aus* πικϳα. *lat. pix, picis.* pьsati, pišą *scribere.*
i statt ь ist in die inf.-tempora eingedrungen: pisano, pьsano *usw.:*
aind. piš, pīšati: pr. peisāton ist slav. ursprungs. rьvьnъ *aemulans.*
stьgna *platea.* stьgny, stьgnahъ *zogr. p.* ściegno *vestigium: vergl.*
stьza *semita. aind. stigh (noch unbelegt), im slav. und sonst mit*
gedehntem w.-vocal: stignąti. *got. steigan. griech.* στείχω; *lett. stiga.*
stьgno *femur. klr.* stehno *oberschenkel. p.* scięgno. *ahd. scincho:*
man beachte den nasal im p. stьklo *vitrum.* stьklênica *zogr.: got.*
stikla- becher: lit. stiklas und lett. stikls. pr. sticlo sind entlehnt. stьza
semita. stьzę *zogr. p.* stdza *für* śćdza: *vergl.* stьgna.   sьrebro
argentum. pr. sirablan acc. lit. sidabras. lett. sidrabs. got. silubra-.
svьtêti *lucere.* svьnąti *illucescere aus* svьtnąti, *daher* svitati. svêtъ.
lit. švisti, švintu. vergl. aind. śvit, śvētati: śvid ist unbelegt. svьtęštją
cloz. I. 676. prosvьtê sę *58: in späteren quellen auch* sъvt-.   sьcati
mingere. sьčь *urina. ahd. sīhan seihen. mhd. seich urina. aind. sič, siṅčati*
netzen. Damit hängt sęknąti *fluere zusammen. klr.* sykłyny *urina*
scheint einverbum sikati *vorauszusetzen.* sęknąti *ist in die a-reihe über-*
gegangen J. Schmidt 1. 63. tьk *in* tьkъmo *tantum scheint mit lit.*
tikéti, tinku passen, tikras recht zusammenzuhangen: tьkьma *greg.-naz.*
284. neben tъkъmo. tъkъma. tъkьmu. tъkmo *und* tokmo *zogr.* tčno
sup. lit. tiktaj nur: man kann hiebei auch an tъčiti *putare denken. lit.*
tikêti glauben: russ.-slov. točiti.   tьstь *uxoris pater.* tьstь. tьšta *zogr.*
p. cieść, *sg. gen.* ćcia, cieścia. *r.* tcstь, *sg. gen.* tcstja, *dial.* tstja.
Das wort ist dunkel. vьdova *vidua. pr. widdewū (widewā). got.*
viduvōn-. ahd. wituwū. aind. vidhavā. Man vergleicht aind. vidh
(vjadh) dividere. vьsь *vicus.* vьsi *zogr. lit. vëš in vëšpats. got. veih-sa-.*
aind. viš. vēsa haus. lat. vicus. griech. οἶκος.   vьsь *omnis aus* vьsjъ.
vьsь, vъsądê *zogr. lit. visas, wofür man višas erwartet. pr. wissa.*
wisse-mūkin. apers. viša. aind. viśva.   zьdati, ziždą; zidati, zidają
condere. zъdati. sъzъdati. sъzidati. sъzydati *zogr.* zidъ, zizdъ, zьdъ
murus. Das wort wird mit lit. žěsti, žědu, žědžu bilden (aus ton, wachs)
in verbindung gebracht, obgleich zьdati *nie diese bedeutung hat;*
pr. seydis (zejdis) wand ist entlehnt: auf sъdъ *domus gestützt,*
dachte ich ehedem an sъ *und* dê, *eine ansicht, die ich auch jetzt*
zu gunsten des lit. žěd nicht entschieden aufgeben kann. Aus den
casus obliqui sъda, sъdu *usw. entstand* sda, sdu *und daraus*

zda, zdu, *s.* zad, *daneben* zid, *das zunächst auf* zidati *zurück-zuführen ist.*

β) Stämme. ĭ *geht natürlich auch in stammbildungs- und in wortbildungssuffixen in* ь *über. Das suffix* ia *nimmt die form* ьjъ *an, dessen* j *den hiatus aufhebt:* božьjъ, *woraus* božьj *zogr.*, *neben* božijъ, *woraus* božij *divinus: th.* bogъ. *Der comparativ lautet auf* ьj *und auf* ij *für* ьjъs, ijъs *aus:* krêpľьj, *daraus* krêpľej, *und* krêpľij, *wie* božьj *und* božij. *Mit ausnahme des sg. n. m. werden alle formen des comparativs von einem auf* jъs *auslautenden thema gebildet: sg. n. f.* krêpľьši, *sg. g. m. n.* krêpľьša, *sg. nom. n.* krêplje *aus* krêpľьs, *dessen auslaut* e *dem genus n. seinen ursprung verdankt.* krêpľь *verhält sich zu* krepľij *wie* ovьčь *zu* ovьčij *aus* ovьca *und suffix* ia. *Vergl. 2. seite 62. 72. Der unterschied besteht darin, dass* ovьčь *und* ovьčij *neben einander gebraucht werden, während* krêpľij *und* krêpľь *jedes in bestimmten formen auftritt. 'Einigermassen dunkel ist mir* velьj *zogr.* velij, veli *zogr.* magnus, *neben dem ein* veľij *nicht vorkömmt:* vele. velьmoža. velьglasьno. velьni *adv. usw.* velь *scheint ein urspr.* i-*stamm zu sein,* velij *ist ein* ъ(a)-*stamm.* vele *hält L. Geitler, Fonologie 11, für einen sg. nom. n. aus* veli *wie lat.* leve *aus* levi. ь *kömmt als vertreter eines kurzen* i *vor* in *zahlreichen stämmen m. f.:* črъvь *vermis:* aind. *krmi.* medvêdь *ursus:* êdь *setzt ein* êdi *voraus.* ljudь *in* ljudije *leute, daher* ljudьmъ *sup. 256. 10.* ljudьhъ *ostrom.* ovь *in* ovьca *ovis.* rêčь *sermo 2. seite 53.* drъžanьje, drъžanije *possessio.* bytьje, bytije γένεσις *2. seite 64.* bratrьja, bratrija *fratres.* rabьja, rabija *servi 2. seite 69.* dъbrь *vallis.* nozdrь *nasus 2. seite 87.* izraslь *germen.* ъhlь *sarmenta 2. seite 103: beide worte beruhen wohl auf dem partic. auf* lъ: izraslъ-ь. dêtêlь *actio.* obitêlь · deversorium 2. seite 109. dьnь *dies.* ognь *ignis.* branь *pugna.* danь *vectigal, lit.* danis *2. seite 118.* grъtanь *guttur.* jablanь *malus 2. seite 125.* korenь *radix.* grebenь *pecten.* srъšenь, strъšenь *oestrus 2. seite 127.* tatь *fur.* gospodь *dominus, daher* gospodьmь *sup. 141. 11. Man füge hinzu* pątь *via, daher* pątьmь *sup. 86. 15.* zvêrь *fera, daher* zvêrьmъ *sup. 410. 18:* navь *mortuus, lett.* nāve *mors, ist man geneigt auf* nū (nyti *languere) zurückzuführen.* borь *pugna.* brъvь *supercilium.* dvьrь *ianua, daher* dvьrьmъ *sup. 187. 7; 428. 12.* krъvь ·*sanguis, daher* krъvьmъ *sup. 162. 13.* lučь *lux.* ovь *axis.* rъžь *secale.* ъkrъbь *cura.* ъolь *sal.* žlъčь *fel.* žrъdь *pertica usw.* pętь. šestь. sedmь *usw.; so auch elisa-*vьtь *zogr. Das auslautende* ь *einiger adj. und adv. beruht gleichfalls auf altem* i: ątrь *intro.* udobь *facile.* dvogubь *duplex.* iskrь *prope,*

das auf kraj *beruht.* različь *diversus.* отъпѧдь *omnino.* въспетъ *retro.*
isplънь *plenus.* pravь *recte.* prêprostь *simplex.* vysprь *sursum.*
poslêdь *neben* poslêdi ἔσχατον *zogr.* osobь *seorsim.* svobodь *liber.*
отъвгънь *modo contrario.* въvгъьstь *aequalis.* očivêstь *manifesto:*
pr. akiwysti. възогъ *maturus usw. 3. seite 37.* ѧglь *m. carbo, lit.*
anglis *f.:* ѧglь *scheint ursprünglich nach der i-declination flectiert*
worden zu sein. orьlъ *aquila: vergl. lit. erelis.* osьlъ *asinus: lit.*
asilas. *got.* asilus. jaslь: jasli *praesepe, daher* jaslьhъ *ostrom.* bezu-
mьnъ. desьnъ *dexter: lit. dešinai adv.* istinьnъ. lѧkavьnъ. vêčьnъ
aeternus. jedьnъ *neben* jedinъ *unus.* ovьnъ *aries.* grivьna *collare:*
lit. grivina, grivna. Man beachte na zudinem dine *fris.: aslov.* na
sѧdьnêmь dьne. *lit. avinas schafbock.* žѧsinas *gänserich. miltinas voll*
mehl 2. seite 145. pr. deynayno morgenstern: *dьnьna. dalьnь *lon-
ginquus.* materьnь *maternus.* pêsnь *cantus.* žiznь *vita.* malomoštь
aegrotus: malomoštьmь *pat.-mik.* zѧtь *gener.* lêtь: lêtь jestь ἔξεστιν.
pamѧtь *memoria.* pѧstь *pugnus.* strastь *passio, daher* strastьmъ *sup.*
392. 1. veštь *res, daher* veštьma *sup. 43. 12. 2. seite 165.* pečatь
sigillum: pečatьmь *sup. 341. 15; 341. 7.* тъčьtъ *imaginatio.* skrъ-
žьtъ *stridor 2. seite 188.* vêtvь *ramus 2. seite 182.* drъzostь *audacia.*
boljestь *morbus 2. seite 169.* balьstvo *medicina.* jestьstvo οὐσία.
veličьstvije *magnitudo: daneben* nevêždъstvьe *cloz. I. 151. usw. 2.*
seite 65. 179: vergl. lit. ista, istê: *draugista. paslistê botschaft*
Bezzenberger 99. pѧdь *palma 2. seite 207.* pravьda *veritas.* vražьda
inimicitia: lit. krivida, krivda ist entlehnt 2. seite 211. ovьde, ovъde
ibi. sьde *hic 2. seite 208.* ploštadь *planities 2. seite 209.* strêžьba
neben stražьba *custodia: lit. sodiba ackerstück und lett. sōdiba gericht*
sind entlehnt 2. seite 213. jelьma, jelьmi *quantum neben* jelь. kolьma,
kolьmi *quantum neben* kolь. tolьma, tolьmi *tantum neben* tolь. bolь-
šьmi, bolьšimi *magis 2. seite 234.* gorьkъ *amarus.* tѧžьkъ *gravis*
neben tѧgъkъ *in* otѧgъčati. žežьkъ *neben* žegъkъ *igneus.* skačьkъ
locusta 2. seite 256: dass dem tѧgъkъ *ein* u - *stamm zu grunde liegt,*
lit. tingu-, ist wohl zuzugeben: wie sich jedoch daraus tѧžьkъ *ent-
wickelt, ist nicht dargelegt: nach Geitler, O slovanských kmenech na*
u 119, ist tѧžьkъ tѧg(u)ikъ. dêtьskъ *puerilis.* južьskъ *australis.*
osьlьskъ *asininus: lit. steht -iškas (pr. deiwiskai adv.) dem* -ьskъ
gegenüber 2. seite 278. êgnьсь, agnесь *agnus.* kurьсь *emtor.* vênьсь
corona. čѧdьсе *puer 2. seite 306. vergl.* mladênьсь *mit pr. malde-
nikis.* ovьsь *avena: lit. aviža. pr. wyse, dem a abgefallen. Der
jüngere, bulgarische teil des zogr. bietet* crъkъvъ. krъvъ. oblastь.
sedmъ. skrъbъ. съшгътъ. zapovêdъ.

γ) Worte. *Der halbvocal* ь *steht im auslaut des sg. instr. der themen auf* ъ(a), o(a), ъ(u), ь(i) m. *und im sg. instr. und loc. m. n. der pronominalen, daher auch in den genannten casus der zusammengesetzten declination; ferners in der I. sg. praes. der ohne das suffix* e *conjugierenden verba: zogr.* есшь, нѣсшь. iспровѣшь, съвѣшь. dаmь, podашь. ѣшь, съпѣшь *und* imашь: *dagegen I. pl.:* esшъ. вѣшъ. dаmъ. ѣшъ *neben* propovѣшъ χηρύξω *marc. 1. 38. cloz.* prêdаmь i *I. 216. 229. II. 95. 101. 112 usw.* prêdamii *I. 171. 172. aus* prêdаmь i *wie* раmętiimъ *aus* раmętь imъ *1. 318. zogr.* glasъmь veliemь. glasomь. nečistomь duhomь. gnêvomь. въ iêkovomь i ioannomь. isaiemь. licemь. mosêomь. nebomь. ogńemь. pątьmь, pątemь. slovomь. učiteľemь. hramomь. vêtromь. čiшь. svoimь. moimь. въ ńimь. emь. po ńemь. ni o komь že. čemь. onomь. въ edinomь domu. kająšteimь sę svętymь. pri mori galilejscêmь *usw. abweichend:* тъštaniemъ. въ tomъ domu. svoimъ. ogneшь negasąštimъ, *häufig in dem jüngern, aus Bulgarien stammenden zogr. b.* zlatomъ. imъže. tvoemъ. o neшъže *usw. cloz.* bliscanimь *I. 557. 821.* bogomь. božiemь *1. 821.* bratomь *I. 500.* vênьcemь *I. 675.* vązomь *I. 533.* glasomь *II. 17.* govênьemь *I. 142. 544.* dosa žḍenьemь *II. 80.* duhomь *I. 13. 551.* dьnemь *I. 458.* zakonomь *1. 139. 286.* imenemь *I. 922. 936. 950.* ispytaniemь *I. 74. 78.* ispytanimь *I. 240.* ispytanьemь *1. 73.* malomь *I. 702.* mnogomь *I. 407.* mънogomь *I. 544.* nedągomь *I. 447.* językomь *I. 27.* obrazomь *I. 459.* ōсmь *I. 551.* očištenьemь *1. 405.* radanьemь *I. 180.* povelênьemь *I. 564.* podobnomь *I. 466.* poslušanьemь *I. 543.* roсътenьemь *I. 569. 570.* psanьimь *I. 55.* pêskomь *I. 566.* razumomь *I. 53.* svêtomь *I. 562.* slovomь *1. 702. II. 152.* srьdьcemь *I. 17. 149.* strahomь *I. 65. 143.* trъpêlьs[t]vomь *I. 77.* trepetomь *I. 110.* trąsomь *I. 684.* umilenьemь *I. 407.* učenikomь *II. 35.* hotêniimь *I. 197.* hṃь *I. 660.* cêlomądrьstviemь *I. 406.* človêkoljubьstvьemь *I 550.* językomь *I. 27.* imьže *604. 605.* nimь *809.* simь *150.* têmь *219. 286. 482. 949. 605. 606.* svoimь *500.* edinêmь *458.* emьže *cloz. I. 582.* nemьže *I. 508. 721. 861.* semь *154. 489.* tomь *86. 176. 392.* tvoemь *663. 666. 689.* edinomь *586.* zakonnymь *74.* izvêstъnymь *73.* kymь *458.* ljubovъnymь *534.* novymь *27.* psanymь *149.* svętymь *139. 551.* съrazъnymь *73.* sąštimь *447.* ukoriznьnymь *675.* vetъsêmь *354.* grobьnêmь *755.* nepobêdimêmь *780.* heruvimьscêmь *38. abweichend:* bogomъ *1. 3.* drъznovenьemъ *I. 535.* strahomъ *I. 110.* sъtrъpêlьstvomъ *I. 77.* vьsêčъskymъ *I. 468.* dъnevъnymъ *I. 561. Die*

8*

übrigen glagolitischen quellen verfahren willkürlich : bogomь *neben*
licemъ. duhomъ. moѕeomъ. ognemъ *assem.* glaѕomь veliemь.
kameniemь. ѕlovomь. ѕapьremь *neben* ubruѕomъ. ukroemъ. iѕpovemь
ii *mariencod. und* vêmъ ii οἶδα αὐτόν. prêdamъ ii *tradam eum assem.*
Das ursprüngliche ti *der III. sg. und pl. praes. ist früh in* tъ *statt*
in tь *übergegangen :* eѕtъ *neben* eѕtь. êѕtъ *zogr.* eѕtъ *cloz.* vêѕtъ.
povêѕtъ. jaѕtъ *sup., dagegen* êѕtь *ostrom. 3. seite 63. 64. Über die*
aoristformen wie jętъ ʼvergl. *3. seite 68 und oben seite 110. Eben so*
schwankend sind die kyrillischen quellen. Im cod. sup. findet man
eine anzahl von stellen, an denen die erste hand mъ *schrieb, das eine*
spätere in mь *veränderte :* mnogocênьnyimь *5. 12.* adomъ. ѕvoimь
ѕlovomь *7. 23.* ѕlovomь *8. 27.* velikomь glaѕomь *9. 13.* moimь
10. 7. usw. Auch sav.-kn. schwankt : moemь *1.* о̄сьmь moimь *2.* o
vѕemь mirê *2.* o imeni tvoemь *3.* vъ nemь *4.* drъznoveniemь *5.*
o vemь *5. neben* o imeni moemъ *4.* drъznoveniemъ *5.* prêdъ
о̄ѕemъ vašimъ nebeѕьѕkymъ *8.* vъ očeѕe tvoemъ *11.* ѕъ zevedeomъ
о̄ѕьmь ima *11. usw. Der ostromir enthält wenig ausnahmen von den*
oben angegebenen regeln : brъniemъ *38. c.* vašiimъ *56. a.* učiteljemъ
233. d. Der uralte greg.-naz. schwankt wie die anderen kyrillischen
denkmähler. Vergl. 3. seite 534—538. Die bulgarischen quellen
gebrauchen teilweise entweder nur ъ *oder nur* ь *: jenes tritt bei slêpč.,*
dieses bei pat.-mih. ein. Beachtenswert ist die in dieser hinsicht ein-
tretende differenz zwischen dem älteren und dem jüngeren teile (b.) des
zogr. : der erstere entfernt sich hinsichtlich des hier in frage kommen-
den punktes nicht vom cloz., während der letztere ъ *und* ь *regellos*
gebraucht : dьnь, zapovêdь, ѕedmь, ѕъmгъtь, krъvь *und* dъnъ,
zapovêdъ, ѕedmъ, ѕъmгъtъ, krъvъ *usw. Diese differenz macht es*
nicht unwahrscheinlich, dass der ältere teil einen pannonischen, der
jüngere teil einen bulgarischen Slovenen zum urheber hat. Vergl.
A. Leskien, Über die vocale ъ *und* ь *usw. 59.*

     vlъk-omь, tê-mь *entsprechen einem ursprachlichen vrka-bhi,*
tā-bhi, to-mь *dem aind. ta-smin.*

     3. In der gruppe ьj *erleidet* ь *mannigfache veränderungen.*
Entsprechend sind die wandlungen des ъ *und* ъj *: das gemeinschaft-*
liche besteht in dem eintritte der zweiten stufe: i, y *für die erste :*
ь, ъ. *Der grund der verwandlung liegt in der schwierigkeit der*
aussprache des ь, ъ *vor* j *in betonten silben und im auslaute.*
Andere sehen in božija *aus* božьja *usw. eine assimilation. Wenn* j
nach dem abfall des ъ *im auslaute steht, so bleibt das ursprüngliche*
ьj *selten erhalten, es geht vielmehr in den älteren quellen in* ij, *in*

den jüngeren in cj *über, das jedoch schon in den ältesten quellen ab
und zu nachweisbar ist. Nach Geitler, Fonologie 12, stammt der
pl. g.* dьnej *von einem thema* dьne, *das für* dьnь *vorausgesetzt wird.*
ьj: božьj *zogr.* ij: velij *zogr.* ej: kostej *zogr. Steht* ьj *im inlaute,
dann erhält es sich sehr häufig; es kann jedoch in* ij *übergehen:* ьja:
velьê *zogr., d. i.* velьja. ija: irodiêdina *usw.* ladiję. ladii, *d. i.* ladiji.
ladiicą, *d. i.* ladijicą. lihoimiê *sg. gen.* tretiiceją, *d. i.* tretijiceją.
zogr. ije: obêdaniemъ. orążiemь *sav.-kn. 56. 87.* podražatelije *lam.
1. 163. Neben* ьjemь *aus* ьjomь *besteht* ьimь, iimь *aus* ьjъmь:
hotêniimь *cloz.* psanьimь *cloz., d. i.* psańimь. blagovolenьimь *fol.-
mac. 229, d. i.* blagovoleńimь. bliscanimь, *d. i.* bliscańimь. udare-
nimъ, *d. i.* udareńimъ. povelênьmь *steht für* povelênьimь. *Vergl.
seite 83. Aus* ьji *für* ьjê *entsteht* iji, ii, *daneben* i, *d. i.* ji: bliscani,
d. i. bliscańi *izv. 468.* ostri *luc. 21. 24. für* ostrii *aus* ostrьjê.

befremdend ist, dass, während man krъviją *für und neben* krъvьją
findet, während demnach der praejotierte vocal den übergang des ь
in i *begünstigt, die verbalstämme ihr auslautendes* i, *dieses mag nun
wurzelhaft oder suffixal sein, vor praejotierten vocalen zu* ь *herab-
sinken lassen können:* ubьenъ *cloz.* bьjąšte *zogr.:* bi. izlьê *cloz.*
vъlьêti: li. рьją *zogr.:* pi. vъsьêvъ: si. vъzърьêše *cloz.* vъpьêhą:
vъpi. omočьj *neben* omočij *zogr.:* omoči. prьjają: pri. *Das* i *erhält
sich ausnahmslos vor consonanten:* biti. liti; bihъ. lihъ; bilъ, lilъ;
eben so im iterativen pivati, *während das gleichfalls iterative* ubijati
auch ubьjati *lauten kann. Die vergleichung von* viti *und* cvisti *passt
nicht, wie* cvьlъ *zeigt: ein* vьlъ *gibt es nicht. Was den sg. acc. f.*
sьją, sijją *usw. betrifft, so fasse ich dessen* ь, i *als einen einschub auf,
daher* sьją, sijją *für* sją: *vergl.* sьi (prinosъ) *glag.-kiov. 532. anders
verhält es sich mit lit.* šią. *Aus dem gesagten lassen sich die hier
angeführten, in den ältesten quellen vorkommenden formen erklären.*
zogr. abьe *und* abie. bьčếе, bьêahą, bьjąšte, bьenъ, razbьjątъ,
ubьjątъ, ubьêmъ, ubьenu, ubьistva, ubьêjąšte. bliscanьemь. božьê,
božьju, božьją *und* božiê. bratrьê, bratrьją *und* bratriją. velьê,
velьemь, velьję *und* veliê. veselьe. navodьju. vražьją. vърьêhą *und*
vъpietъ, vъpiêaše. sъvêdeniê. nevêrьju. dьévolъ. želênьemь. žitьe.
žrêbьję. zelьê. zınьję. lihoimiê. irodьêdê, irodъêdê, irodъady *und*
irodiêdina. vъlьêti, vъzlьê *und* voliê, prêliêjąštą. ljudьe. lobьzanьê.
marьê *und* mariê. žitomêrenьe. podъnožьju. očьju. orążimi. рьją,
рьetъ, рьêahą, рьję, pьênicami, рьênьstvomь, ispьeta *und* piete.
raspątьê. rêpьê. svinьję *und* sviniję. semьonъ. sьją, sьję *und* sijją,
sijję. tiverьê. trьstьją. nautrьê. ušьju. počietъ. ištędьê *und* tьmiêna.

cloz. abьe *I. 305. 632.* bezakonьe *365.* bezakonьê *683.* bezmlъvьc
757. 758. 759. bezumьe *364. 389.* bezumьê *184.* besъmrьtьe *605.*
besьmrъtьju *747.* blagodêtьją *549.* bliscanimь *821.* bratrьe *541.*
bratrьję *84.* bratьê *108. 745.* brьnьe *920.* brьnьê *926.* bręcanьê *51.*
bytьc *557.* bьetъ *822.* velьe *139. 156.* velьju *140.* velьê *833.*
velьją *99. 479.* vlastьją *90.* vъzъpьêše *898.* vъpьetъ *349. 687.*
vъskrъsenьju *741.* vъstanьju *742.* vъsьêvъ *588.* vêtvьe *36.* govênь-
emь *142. 544.* dosaždenьe *569.* drъznovenьemъ *535.* dьêvolъ *433.*
437. dьêvola *717.* dьêvolê *610.* žitьe *64.* žitьê *357.* izlьê *572.*
ispovêdanьê *712.* ispravlenьe *741.* ispytanimь *240.* ispytanьemь
74. 78. ispytanьju *141.* istьlênьe *66.* ishoždenьe *857.* iscêlenьe *461.*
600. kazanьe *221.* krovьją *316.* krotostьją *543.* krъstenьe *98.*
krъstьênomъ *98.* krestьênь *142.* krъštenьe *109.* krъštenьê *101.*
lobъzanьê *526.* ljubodêanьe *112.* ljudьe *774. 841.* ljudьem(ъ) *772.*
mlъčanьe *759.* mъdlostьją *209.* nakazanьê *254.* naslêdovanьe *601.*
nebytьê *556.* nevêždъstvьju *151.* nečъstьe *137.* noštьją *681.* obъ-
štenьe *324. 547.* orąžьê *769.* osąždenьe *631. 673.* osąždenьju *153.*
638. otъpuštenьc *393.* očištenьemь *405.* padanьemь *180.* plъtьją
761. povelênьe *294. 321.* povelênьemь *564.* povelênьju *724.* povь-
êetъ sę *888.* pogrebenьe *889. 903. 935.* podêlьe *704.* poklanênьe
578. poroždenьe *882. 897. 918.* poroždenьju *914.* poslušanьemь
543. posêštenьe *797.* posąždenьe *140.* počьtenьemь *569. 570.*
poštenьju *141.* prinošenьê *464.* pričęstьe *96.* pričęštenьc *658.*
prêdanьe *242.* prêdanьi *248.* prêzьrênьe *156.* psanьê *673.* psanьimь
55. pêsnьją *703.* rabьe *327.* razdrušenьe *618. 720.* različenьe *107.*
različьe *255.* razuьstvьc *238.* semьonъ *910.* sъmirenьe *521.* sъmo-
trenьe *794.* sъmrьtьją *651.* sъmêrenьe *796.* sъnitьe *795.* s̄psenьe
484. 591. 789. 791. 848. 861. 945. spsenьê *539.* sьêetъ *334.*
sьêti *680.* sьją *144. 273. 413. 569.* sądьje *7. 770.* sadьêmъ *934.*
sądьją *934.* tvoritьe *100.* tečenьc *562.* ubьcnъ *464.* umilenьemь
407. učenьe *220.* učenьê *225. 585.* uêdenьju *68.* hotêniimь *197.*
cêlovanьê *527.* čestьją *25.* človêkoljubьstvьe *389.* človêkoljubьstvь-
emь *550.* človêkoljubьstvьê *182.* čьtenьe *554.* šętanьê *772. neben*
povelênie *296.* cêlomądrъstviemь *406. abweichend* noštьją *883. 884.*
953. osąždenьe *431.* očьju *4. assem.* prьjetъ *und* prijętъ. *sup.*
bêdьje *279. 21.* bьjetъ. dьjavolъ. pьjątъ. *usw. sav.-kn.* dьnьj д҃ны
dierum 77. okamenenьj окаменены *sg. loc. 61. psalt.-sluck.* nakaza-
nьju. pątьe. pênьe. ponošenьe. poučenьe. *mladên.* kranьjevo mêsto.
triod.-mih. vcuьjaminь. šiš. pьjanica. *tur.* tatьje. *svjat.* prь-
jaznь. *antch.* pletoslovesьje πλοϰολογία. *izv.* prolьja. očьją *für* očьju.

Aus ursprünglichem ьj *kann* ej *und* ij *entstehen, das sein auslautendes* j *einbüssen kann. Wir haben demnach* ьj, ej, ij, i, *kyrillisch* ьн, ѥн, нн, ıı. zogr. božij *und* boži *nicht nur im sg.* nom. m., *sondern auch im sing.* loc. m. n.: *im letzteren falle ist* božii božiji *zu lesen ;* boři *und* boľbi, boľij *b.* boleznij, branij. veli *und* velьi, velij. vęštьi *und* vęštij, vęštej, *dieses b.* zapovêdьj *und* zapovêdij. negašąštej *sg.* nom. m. marc. 9. 43; 9. 45. prêgrêšenьj *pl. g.* gredąštьj marc. 10. 30. divij. dêtij. zdanii *sg.* loc. zelij *pl. g.* ili eliae *sg. dat.* imênii *sg.* loc. kostej *pl. g.* vъskrili *und* vъskrilii. krъvij *pl. g.* vъskrъsnovenii *sg.* loc. ladii. lučij. mosi *sg. n.* omočьj *und* omočij. ostri *sg.* loc. otьčьstvi *und* otьčьstvii *sg.* loc. proči *sg.* nom. raspątii *sg.* loc. roždenii *sg.* loc. usъpenii *sg.* loc. sądi *sg. n.* sądii *sg. dat.* trъnii *sg.* loc. učeni, učenii *sg.* loc. c̄rsi, *d. i.* cêsarьstvi, *sg.* loc. ątrii *in iz* ątrii ἔσωθεν marc. 7. 23. *steht für* ątri *sg. g. von* ątrь.

4. ь *kann ausfallen oder durch* e *oder* ъ *ersetzt werden :*

a) crъk'vnêemь. čto. desnoe. mnogocênnь. orli. povinnъ. psa, psano, napsanьe. vremenni. vsi *omnes.* vsi *vici.* zakonnikъ. želêznaa zogr. prêstapnąją *cloz. I. 595.* protivna *470.* vêrna *148.* istinnь *865.* povinna *152.* srьdca *4.* starci *3.* starcь *33.* tvorcь *267. 599.* vъpsano *83.* vsi. včera. vêrny. gradca. srebro *neben* sьrebro. ovcamъ. rimska. tma *assem.* psati *neben* napьsati *und* pisa, psano *sav.-kn. 40.* napsatъ *134. und sogar* vsь *25.* sъpsavъša *bon.* bogoslovcь. tvorca. tьmnici *krmč.-mih. Man merke* poslustvo, *Sreznevskij, Drevnija slavj. pamj. jus. pisьma 317, für* poslušьstvo.

b) bêscnъ. istinenъ. podobenъ. povincnъ. priskrъbenъ *zogr.* kamenemь *beruht auf* kamenьmь; dvьrehъ *auf* dvьrьhъ, *wofür auch* dvьrihъ *vorkömmt.*

c) beštьstъna. bêdъnu. bêsъnuınu. divъna. dьnevъnyję. izvêstъno. kupъno. lozъnaago. nadьnevъny. nepravьdъny. osьtъno. selъnyhъ. silъnyję *usw.* zogr.

2. trït wird trъt (trt).

Nachdem im inlautenden ri *das kurze* i *zu* ь *geschwächt worden war, entwickelte sich aus* rь *in der sprache der vorfahren der Slovenen, Serben, Chorvaten und Čechen das silbenbildende* r: vъskrъsnąti, *w.* krïв, krьs; *so auch* trъmisъ, *griech.* τριμίσιον; trьmъ, trьmi, trьhъ, *aind.* tribhjas, tribhis, trišu, *lauteten wohl auch* trъmъ, *d. i.* trmъ *usw.* li *hat diesem processe widerstanden:* blьsnąti, *w.* blïsk, blьsk, *lit.* blizg *für* blisk, *iterativ* blistati, *nicht* blstati, blĭstati. *Dasselbe gilt vom anlautenden* li: lьpêti *haerere, iterativ* lipati. *Vergl. meine abhandlung: Über den ursprung der worte von der form* aslov. trъt. *Denkschriften band XXVII.*

II. Zweite stufe: i.

1. *Der name des buchstabens* i *ist* иже нҗкє, *und* і: *jener kömmt dem an die stelle des griech.* η *getretenen* н, *dieser dem aus dem* ι *gebildeten* ι *zu. Im laute weichen sie von einander nicht ab. Beide zeichen finden sich nicht nur im cyrillischen, sondern auch im glagolitischen alphabete: auch letzteres erscheint demnach durch das griechische alphabet beeinflusst.*

Verdoppelung des i *ist selten und wohl willkürlich:* siice *hom.- mih. So ist auch* obiimetъ. otiimetъ *hom.-mih. aufzufassen.*

2. i *setzt einen vorslavischen langen oder diphthongischen laut voraus, wie die vergleichung der verwandten sprachen in den meisten fällen zeigt:* y, *welches sich zu* ъ *gerade so verhält wie* i *zu* ь, *entspricht langem aind.* ū. čistъ *purus: lit.* skīstas. `        ` griva *iuba:* aind. grīvā. i *in* iti, idą *ire: lit.* eiti. pr. *eit und got.* iddja. aind. i: ēmi, ētum *usw.* libavъ, libêvъ *gracilis. s.* librast: *lit.* laibas macer. č. libĕvý *ist pulposus.* lihva *usura gilt als entlehnt: vergl. got.* leihvan. *Dasselbe findet im im nicht wurzelhaften teile der worte statt:* jariua lana: *lit.* êrëna lammfleisch. novina: *lit.* naujëna. i *aus* ê, *er:* dъšti filia: *lit.* duktê. *Ebenso* mati *mater: lit.* mõtê. pr. mūti. aind. mātā *J. Schmidt 1. 13. 25. Man vergleiche pr.* brāti *voc. und* noatis nessel. lit. noterê. lett. nātra. *Nach Geitler, Fonologie 68, gelangt man zu* mati *auf folgende weise:* matrьa, matrьjê, matrьi, matri, mati. lani *kann für* lanь *stehen: vergl. jedoch lit.* lonê.

Man beachte die verschiedene behandlung von i *und* u: *dem* ēs *des aind. sg. g. so wie dem* ē *des aind. sg. voc. steht slav.* i *gegenüber, während dem* ōs *des aind. sg. g. und dem* ō *des aind. sg. voc. slav.* u *entspricht.* i *und* u *stehen im slav. auf verschiedener,* ē *und* ō *im aind. auf gleicher stufe. Derselbe unterschied tritt bei dem inf. ein, wo man neben* liti *nicht nur* byti *sondern auch* pluti, suti *aus* sъpti *findet. Wenn man jedoch bedenkt, dass das* i *des sg. g. und voc.* gosti, kosti *einem aind.* ē, *lit.* ë, *gegenübersteht, so wird für diese formen die gleichheit von* i *und* u *wieder hergestellt, denn* gosti *und* kosti *beruhen auf* gostê, kostê *gerade so, wie sich* pьci *auf* pьcê *stützt. Gewisse* ê *gehen im auslaute in* i *über.*

3. i *entsteht auf slavischem boden aus* ja. sikъ *talis: r.* sjakъ *aus* sjъ *und suffix* akъ *wie* takъ *von* tъ *und demselben suffix* akъ. rabyńi *serva.* pustyńi *desertum aus* rabynja. pustynja, *wie die declination dartut.* Vergl. lit. bêgunê: pustīnê *ist entlehnt. Eben so sg. nom. f.* dobrêjši. tvorьši. hvaḽešti *aus* dobrêjsja. tvorьsja. hvaḽętja. *Nach einer anderen ansicht soll* i *von* sąšti *nicht aus* ja *zusammengezogen, sondern der auslaut des stammes sein. Hieher gehört auch* mlъnii, mosii, *d. i. ursprünglich* mlъniji, mosiji, *aus* mlъnija, mosija: *sg. g.* mlъniję, mosiję *usw. Da auch* mlъni, mosi *zogr.* krъmьči *sup. 360. 27.* ladi *šiš. 252. geschrieben wird, so scheint mir, dass sich schon früh aus* mlъniji, mosiji *die formen* mlъnij, mosij *entwickelt haben, während andere* i *aus* ii *durch contraction entstehen lassen Archiv 2. 500. Die frage nach der geltung des auslautenden* i *nach vocalen taucht öfters auf: sie kann auf verschiedene weise beantwortet werden. Der laut* j *bestand zweifelsohne im aslov. und wurde in den ältesten quellen durch* i *bezeichnet. Nach meiner ansicht ist* kraj, *nicht etwa* krai *zu lesen;* dêlaj *entsteht aus ursprünglichem* dêlaji, delajê; dobrêj *und* dobłij *aus* dobrêji, dobrêjê *und* dobłiji, dobłijê; *eben so* toj *und* jej *aus* toji, tojê *und* jeji, jejê *usw. Ein zwingender beweis lässt sich für keine der beiden möglichen ansichten erbringen, wie so oft in fragen über die laute einer längst verklungenen sprache. Vergl. aind.* ī *aus* jā *im aind.* takšņī *griech.* τέκταινα *aus* τέκτανja. *got.* thivi *aus* thivja *zeitschrift 23. 120. Ich lasse* hvaḽešti, tvorьši, dobrêjši *aus* -tja, -sja *hervorgehen, andere meinen, das* št *und* š *der angeführten formen sei aus den obliquen casus übertragen Archiv 3. 211.*

4. i *entspringt aus* ê *in den verba iterativa, ist daher seinem ursprunge nach ein* a-*laut. Dabei ist zu beachten, dass nach* ž *sowohl* i *als* a — *und dieses ist älter* — *vorkömmt, während sich nach anderen consonanten* i *und* ê *findet: nur vor* r, l *tritt aslov. stets* i *ein. 1.* въžigati *neben* въžizati *comburere und* въžagati *(*въžazati *kömmt nicht vor) von* žeg; *von* čez *findet sich nur* ištazati *deficere, kein* ištizati. *2.* pogribati *neben* pogrêbati *sepelire von* greb. *въplê-tati neben* въplitati *connectere von* plet. prêricati *neben* prêrêkati *contradicere von* rck: *in russ. quellen auch* narêcati. isticati *effluere neben* prêtôcati *und* prêtêkati *praeterfluere von* tek.

5. *Aus anlautendem* jъ *wird* i *und zwar dadurch, dass* ъ *ausfällt und* j *vocalisiert wird. 1. Aus* jъ *is, aind.* ja, *wird* i, *das als sg. acc. m. vorkömmt und im aslov. nicht* ji *auszusprechen ist. Wenn* jъ *an ein vorhergehendes wort sich anlehnt, d. h. enklitisch wird,*

bewahrt es seine geltung als jъ: нá ńь *aus* нá njъ, *daher auch* ide
aus jъde *und do* ńьdeže. *Im dual. nom. n. f. hingegen ist* i *wie* ji
zu sprechen, denn es ist jê; *im pl. nom. m. lautet* i *gleichfalls* ji,
denn es ist ji *aus* jê; *dasselbe tritt ein im sg. inst. m. n.* imь, *d. i.*
jimь *aus* jêmь, *im dual. dat. instr.* ima, *d. i.* jima *aus* jêma *usw.*
2. *Aus* jъgo *iugum, aind. juga, wird* igo, *das aslov. so, nicht etwa*
jigo *lautet.* jьm *aus* jem, *em prehendere, aind. jam, wird anlautend*
im, *aslov. nicht* jim, *daher* imą, imeši *usw., inf.* jęti *für* ęti *aus*
emti. *Das iterativum lautet* imają *und* jemlją, *in welch letzterer*
form das ursprachliche a als c *auftritt. Kömmt* im *in den inlaut,*
dann sinkt i *zu* ь *herab, oder vielmehr* j *fällt aus:* vъnьmą. vъzьmą.
   6. i *entwickelt sich aus* je *durch assimilation an vorhergehendes*
i. *Dies geschieht im sg. loc. m. n. der zusammengesetzten declination:*
aus byvъšijemь *entsteht* bivъšiimь.
   7. ii *kann zu* i *zusammengezogen werden*: bližьńimь *aus* bližь-
niimь 3. *seite* 60. *Dasselbe tritt bei den verba der vierten classe*
ein: aus slavijetъ *entwickelt sich zunächst* slaviitъ *und daraus* slavitъ.
Hier mag auch pameti-imъ *cloz. 1. 318. aus* pamętь jimъ *erwähnt*
werden: bê prazdьnikъ pameti-imъ vъin'naê *erat festum memoria*
eis continua.
   8. i *entsteht durch dehnung des* ь, *ursprachlich* ĭ.
   Functionelle dehnung tritt bei der bildung der verba iterativa
ein: bliscati *fulgere:* blьsk. počitati *honorare:* čьt. prilipati *adhae-*
rere: lьp. mizati *nutare:* mьg. svitati *illucescere:* svьt.
   Compensatorische dehnung findet bei dem bindevocallosen sig-
matischen aoriste ein: procvisъ *efflorui aus* cvьt-sъ: cvьt. čisъ *legi*
aus čьt-sъ: čьt. *Vergl.* čislo *numerus aus* cьt-tlo. pьsati *scribere beruht*
vielleicht auf pis, *aind.* piś, pišą *vielleicht auf* pins, *aind.* pĭšāmi.
tri *pl, nom. acc. f. n. ist wohl aind.* trīn; *so stützt sich auch das* i
in gosti *auf* ĭn, *obwohl hier* ī *allein die dehnung erklärt: vergl.*
kosti *mit aind. gatīs.* čismę *numerus entspringt aus* čьt-smen, *wie*
das lit. ver-smê quelle von ver zeigt. Compensatorische dehnung
scheint auch einzutreten, wenn vor consonanten i *aus* in *entsteht.*
blizъ *abalienatus.* blizь *prope,* blizньca *gemini, pudenda, wohl testi-*
culi, eig. die (einander) nahen, das mit got. bliggvan, lat. fligere aus
flingere in zusammenhang gebracht wird. Zeitschrift 23. 84. *Vergl.*
blizna *cicatrix. klr.* błyzna *wundmahl, fadenbruch. č.* ubližiti *offen-*
dere. lett. blaizīt *quetschen, schlagen.* imę *nomen aus* inmen *oder* jen-
men *aus der urform anman J. Schmidt zeitschrift 23. 267. pr. emmens,*
ęmnes. *alb.* emъn. isto, *sg. g.* istese, *neben* jesto, jestese, *testiculi,*

renes: lit. inkstas ren neben insczios (inščos) Bezzenb. iščos eingeweide.
pr. inxcze. lett. īkstis: stamm in, daher eig. ,inwendiges' Bezzenberger
40. Vergl. J. Schmidt 1. 81; 2. 470. iva *salix: pr. inwis eibe. lit. jēva.*
lett. ēva faulbaum. īve eibe. Man vergleiche plita *neben* plinъta πλίν-
θος: *lit. plita ist entlehnt.* revitъ *in* revitovъ ἐρεβίνθου. *ahd. arawīz.*
misa *mensa. So ist vielleicht auch* kъñiga *littera zu erklären, da das*
p. księga *auf ein älteres* knǫga, kъnęga *deutet, das mit einem* kъninga
so zusammenhangen mag wie p. ksiądz, księdza *mit einem german.*
kuninga-. Auf in *wird* i *im suffixe* ikъ *und* ica *zurückgeführt,*
indem man worte wie aslov. dvor-ьn-ikъ, vrat-ьn-ikъ *und lit. dvar-*
in-inkas, mês-in-inkas zusammenstellt J. Schmidt 1. 81. Hiebei ist
jedoch das suffix jakъ *zu berücksichtigen, welches mit* ikъ *die gleiche*
function hat 2. seite 244.

Accentuelle dehnung gewahre ich in den inf. cvisti *florere:* cvьt.
čisti *numerare:* čьt. *vergl. č.* kvísti. čisti *und* bûsti: bod. housti:
hud, *aslov.* gǫd. krásti: krad. přisti: před, *aslov.* pręd, *wo die*
dehnung durch den accent bewirkt erscheint. čistь *für* čьstь *honor ist*
selten. Man merke die praesensformen pišǫ *scribo:* pьs. židǫ *exspecto:*
žьd. *Die auf* ī *auslautenden verbalwurzeln dehnen* ī *in allen formen,*
nur vor j *kann* ь *stehen bleiben:* počiti *quiescere.* počijǫ, počьjǫ *usw.*

9. i *steht ursprachlichem* ī *gegenüber in folgenden fällen: 1. im*
pl. instr. aller nomina mit ausnahme der ъ(a)- *und der* o- *und jener*
themen, die den ъ(a)- *und* o-*themen folgen:* rybami. synъmi. gostьmi,
trьmi. materьmi. nami. vami. têmi *neben* raby *usw. Nach Leskien,*
Die declination usw. 100, beruht mi *auf ursprachlichem bhims; Bezzen-*
berger, Beiträge usw. 141, vergleicht lit. meis (kekschemeis) aus
ursprachlichem bhajas. 2. archaistisch ist i *in der I. III. sg. praes.:*
jesmi. protešeti i. *Vergl. 3. seite 33. 34. Das aslov. suffix der III.*
sg. ist tъ *für* tь *aus* ti. *Regelmässig ist* i *in der II. sg. praes.:* berčši,
dasi aus dad-si: *aind. bharasi. Man beachte, dass in den lebenden*
sprachen š, *d. i.* šь, *für* ši *eintritt: nsl.* berčš *usw. si in* jesi *hat sich*
überall, in dasy. jisy. visy *im klr. erhalten. Hinsichtlich des* i *im*
auslaut des sg. nom. einiger i-*themen vergl. seite 100.*

10. *In manchen fällen wird* ь *durch* i *ersetzt. Dies geschieht*
nach j: gnoiinъ *assem., d. i.* gnojinъ *aus* gnojьnъ *putridus. Selten*
sind formen wie različinъ *lam. 1. 38. 103. Es geschieht ferners im*
anlaut, wo weder ъ *noch* ь *stehen kann: so wie für* ъ *der vocal*
der zweiten stufe, y, *eintritt, so wird* ь *durch* i *ersetzt:* izъ *ex:*
lit. iš aus iž. lett. iz: istъ *verus, lit. iščas, scheint auf* jes-tъ *zu*
beruhen.

11. i *ist manchmahl als vorsatz oder als einschub eingetreten.*
a) igra *ludus, eig. wohl clamor, von w. gar sonare:* č. hra. *p.* gra.
ispolinъ *neben* spolinъ *gigas: vergl. die gens spalorum bei Jornandes
c. 4. Zeuss 67. Dass die Spalen ein slavisches volk gewesen seien, ist
in geringem grade wahrscheinlich, da riesen wohl kaum je mit einem
namen des eigenen volkes bezeichnet werden. Grimm, Mythologie
485—524.* ispyti *neben* spyti *frustra: vergl. die PN.* č. spitibor.
spitihněv. *p.* spycimierz *usw. Die bildung der slav. personennamen
101.* istъba *tentorium: ahd. stupa. Man beachte das vorzüglich in
den lebenden sprachen häufige* išыlъ *für* šыlъ *von* šьd: prêišьdь *prol.-
rad.* ikra *ova piscium, sura. nsl.* ikre *glandines (morbus) ist zu
vergleichen mit p.* ikra *ova piscium, sura neben* kra *glandines, frag-
mentum glaciei.* č. kra *(ledová). kirchenslav.* kra *ili* ikra *ledjanaja bei
Linde. Neben dem klr.* iverъ. *r.* iverenь *besteht p.* wior *hobelspan.
r.* imžitь *für* mžitъ: *w.* mьg. *Lit.* iškada. iškala *schola.* istuba.
b) obijcmljutь *izv. 681.* obistupiti *tichonr. 2. 329.* obizrêti *circum-
spicere izv. 635. Man vergleiche jedoch aind. abhi und lit. apibêkti.
apipilti neben at-a-dъti. at-a-traukti. už-u-ženkti Kurschat 49. 126.*
    12. i enthaltende formen. α) Wurzeln.   bi: biti *percutere.
Das wort ist dunkel.*   bid: obidêti *iniuria afficere.* bêda. *lit. abida,
abiditi sind entlehnt.*   birje *ns. festum pentecostes ist das ahd. fîra
feier aus lat. feria matz. 112.*   biserъ, bisrъ, bisьrъ *margarita.
nsl. s.* č. biser. *Dunkel.*   blizъ *abalienatus.* blizь *prope: vergl.
seite 122.*   bri: briti *tondere.* britva *novacula. w. aind. *bhar. abaktr.
bar schneiden, zu dem sich* bri *verhält wie* kri *in* kroj *zu* kar, *wie*
stri *in* stroj *zu star. Vergl. J. Schmidt 1. 27; 2. 493. Curtius 299.*
bridъkъ *acerbus, amarus, acutus. nsl.* bridek *acutus: vergl. etwa* bri.
ciganinъ: *nsl. b. s. usw.* cigan, *ehedem* aciganinъ. *griech.* ἀθίγγανος,
τσίγγανος.   cipela *s. calceus. magy. czipellö: mlat. zipellus, zepellus
matz. 132.*   či: počiti *quiescere: w. kši, kšêti weilen aus ski.*
čigotъ *lictor. Ein dunkles wort.*   činъ *ordo: w. wahrscheinlich aind.
či, činōti aneinander reihen, schichten, aufbauen.*   čislo, čismę
numerus: w. čьt. i *ist die dehnung des* ь *zum ersatz des* t: čьt-tlo.
čьt-smen. *lit.* skaitlus, skaitlius, *dessen suffix nicht dem des slav.
čislo entspricht. lett.* skaitls, skaits. skaitīt.   čistъ *purus: lit.* skīstas,
kīstas: čīstas ist entlehnt. Vergl. J. Schmidt 1. 97: neben* čistъ
besteht cêstъ *in* cêstiti.   čižь: *r.* čižъ *acanthis. p.* czyž *usw. pr.
czilix für czisix. Vergl. mhd. zīse matz. 25.*   divij *ferus. nsl.* divji.
r. dikij *usw. vergl. Fick 1. 638: lit. dīkas frech ist entlehnt.*   divo,
divese; divъ *miraculum, portentum.* diviti sę *mirari.* č. divati *se*

spectare. lit. dīvas wunder ist entlehnt: w. aind. dhī wahrnehmen.
abaktr. dī sehen, daher wohl di-v-o. divъ: *s.* div *gigas ist das*
türk. dīv. pers. dēv usw.: dagegen matz. 27. drista: *nsl.* drista
dysenteria: vergl. lit. trĕdžu, trĕsti. trĕda; daher wohl drid-ta: *damit*
hängt auch p. trznąć *zusammen.* dvignąti *movere. Fick. 1. 112.*
stellt eine w. dvagh auf: abaktr. dvaozh treiben. lit. daužti stossen,
schlagen. Man beachte got. vigan bewegen und vergleiche aslov. po-
dvigъ *certamen mit got. vigana- krieg. Andere denken an ahd. zwangan*
vellere zeitschrift 23. 207. glina *argilla: vergl.* glъb *in* glъbêti
infigi. gni: gniti *putrescere.* gnoj. gnida *lens. č.* hnida. *polab.*
gnaidâi. *lit. glindas:* gnida *steht für knida. griech.* κόνις (κονιδ). *ags.*
hnitu. ahd. niz f. Fick 2. 67. gribъ: *r.* gribъ. *p.* grzyb *fungus:*
lit. grĕbas, žem. grĭbas, *ist entlehnt.* gridinъ *ar. satelles: anord.*
gridh domicilium. gridhmadhr servus: lit. grīniča cubiculum famulare
ist slav. matz. 32. gripъ: *akr.* grip *sagena. s.* grib. *griech.* γρῖπος
matz. 32. griva *iuba: vergl. aind. grīvā nacken.* griža: *nsl.*
griža *darmwinde hat man mit* gryzą *zusammengestellt: man vergl.*
jedoch lit. grižžas. i ille *in* iže *qui aus jas, dessen j nach abfall*
des s und a in i *übergieng, das demnach nicht* ji *lautet. Ähnlich ist*
auch ide *ubi.* iga *quando relat. zu deuten. Hiemit hängt auch das*
anderen pronomina angehängte i *zusammen. Vergl. 2. seite 120:* i *ent-*
spricht dem lit. ai: tasai; ašei für ašai ist bulg. azi. Auch die
conjunction i *et ist hieher zu ziehen.* igla *acus, daneben* igъla *in*
igъlinъ. *nsl.* igla. *kr.* jagla. *č.* jehla. *pr. ayculo. Vergl. J. Schmidt*
1. 76. igo *iugum. lit. jungas. got. juka-. lat. iungo. iugum. griech.*
ζεύγνυμι, ζυγόν. *aind. juǵ. J. Schmidt 1. 130:* igo *aus* jъgo *wie* i
aus jъ, *jas. An die reihe* jągo. jъgo. igo *ist wohl nicht zu denken.*
igra *ludus. nsl.* igra. *klr.* ihra, hra: i *ist wahrscheinlich prothetisch.*
ikra *ova piscium. lit. ikras wade. ikrai rogen. pr. iccroy wade:* i *ist*
vielleicht prothetisch. ilъ *lutum. nsl.* il. *griech.* Ἰλύς. ilьсь: *č.*
jilec. *p.* jelca, jedlca *scutulum gladii: ahd. hëlzā schwertgriff matz.*
185. afz. helt, heux. it. elsa, elso. imela *viscum. p.* jemioła.
r. omela. *č.* jméli. *pr. emelno mistel. lit. emalas, amalis. lett. āmals.*
Man denkt an die w. jьm, em. imę *nomen aus anman. armen. th.*
anwan. pr. emmens, emnes J. Schmidt zeitschrift 23. 267. Man denkt
auch hier an die w. jьm, em, *jam Fick 2. 527. Vergl. J. Schmidt 1.*
27. 80. inije, inij *pruina. nsl.* imjo, ivje. *b.* inej. *s.* inje: *lit. īnis ist*
entlehnt. Man vergleicht auch pr. ennoys fieber. inъ *unus in* ino-rogъ
μονόκερως. ino-kъ *monachus.* inogъ, inegъ, negъ μονιός. γρύψ. *lit.*
v-ēnas. pr. ains. got. aina-. alat. oinos. air. óin, oen. aind. ê-ka.

Identisch damit ist inъ *alius:* vergl. aind. *ê-ka unus, alius. Unverwandt ist* aind. anja. iskati *quaerere aus* jêskati. *lit.* jĕškoti *und* jêškoti *Kurschat 78. lett.* ēskāt. *ahd.* eiskōn. *aind.* iš, iččhati *aus* iskati. isto, istese *testiculus.* istesa, obistie *renes. nsl.* obist. *lit.* inkstas, insczios *bezzenb.* niere. iščos *eingeweide. pr.* inxcze. *anord.* eista *J. Schmidt 1. 81; 2. 470.* istъ ὁ ἔντως *qui vere est: w. as. slav.* jes: *in* jestьstvo ϭύϭία *hat sich* je *erhalten.* istъba *tentorium. nsl. usw.* izba. *ar.* istъba. *lit.* stuba, istuba. *lett.* istaba: *ahd.* stubā. *mlat.* stuba. *it.* stufa. *fz.* étuve. iti, idą ire. *lit. eiti, eimi, einu. lett.* ĭt. *lat. ire. griech.* εἶμι. *aind. i, ēti.* iva *ar. salix. nsl. s. usw.* iva. *lit.* ëva; êva, jêva *bei Kurschat 78. pr. inwis taxus. ahd.* īwa. *matz. 37. J. Schmidt 1. 48.* izъ *ex nach J. Schmidt 1. 12. aus* jьzъ. *lit.* iš *für* iž. ižica *stamen. Dunkel.* jelito č. *darm, wurst. p.* jelito *darm. ns.* jelito *der grosse magen des rindviehs. Vergl. pr. laitian wurst.* klinъ *cuneus: lit.* klīnas *ist wohl entlehnt: man vergleicht* kol, klati. kňiga, kъňiga *littera.* kňigy *pl. litterae, liber: p.* księga *deutet auf* knenga: *vergl.* ksiądz, aslov. kъnęzь, *und german.* kuninga-. kri *in* kroj *und* kroiti *scindere: vergl.* bri. *Mit der w.* kar *hängt auch* krajati *zusammen: secund. w.* kra. krikъ, klikъ *clamor.* kričati *clamare.* kliknąti *exclamare: lit.* klikti, krīkštōti *J. Schmidt 2. 462.* krilo *ala. nsl.* krilo. *p.* skrzydło: *lit.* skrëlas, *im suffix abweichend.* skrëti *rund drehen, tanzen. lett.* skrēt *laufen, fliegen.* krinъ, krina *modius.* okrinъ *patera. s.* krina. *ar.* krinъ, okrinъ. *č.* okřin. *p.* krzynow *matz. 52: vergl.* okrinъ. krivъ *curvus. lit. kreivas. lat. curvus J. Schmidt 2. 492.* križь *crux: lit.* krīžius *ist entlehnt. ahd. chriuze:* i *ist demnach* ju. križьma, krizma χρίϭμα. *nsl.* križma. *č.* křižmo. li *vel scheint aus* ljubo *entstanden zu sein. Vergl. 4. seite 167: anders Leskien, Die declination usw. 49.* li: liti, liju *und* lijati, lêją *fundere.* polivati *ist besser bezeugt als* polêvati. *lit.* lëti *giessen. pr.* islīuns *effusus. lit.* līti. *lett.* lĭt *regnen.* libavъ, libêvъ *gracilis. s.* librast. *lit. laibas dünn, zart, schlank: č.* libĕvý *ist pulposus.* lihva *usura. č.* lichva. *p.* lichwa. *Man vergleicht* lihoimanije *aviditas und* lihъ *abundans von einer w. lih:* lihva *wäre demnach eine primäre bildung durch* va *wie etwa* mlъva *aus* melva, mrъva *aus* merva: *w.* mer. vlъhvъ *aus* vlъh, vlъs. *matz. 56. Man hat sonst* lihva *mit got.* leihvan. *ahd.* līhan *und dieses mit aind.* rič, rēčati *zusammengestellt. Man vergl. lit.* līkoti, līkau *leihen. pr.* polikins. *Mit* lihъ *abundans ist lit.* lëkas. *lett.* lēks *überflüssig unverwandt. Man beachte auch č.* licha *in:* suda či licha *par oder unpar, wofür lit.* lĭčnas *unpar Kurschat 223: vergl.*

likius überschuss, daher vielleicht lihъ *aus* liksъ. lihъ *expers.*
r. lichij *böse: lit. lĕsas mager. iš-si-lĕsti mager werden. Dieses* lihъ
ist wahrscheinlich von dem unter lihva *behandelten verschieden.*
likъ *chorus: man vergleicht lĕkt springen und got. laika- tanz. aind.*
rēǵ, rēǵati *hüpfen.* likъ *in* selikъ, tolikъ *tantus.* kolikъ *quantus*
ist mit liko *in* ličese *verwandt und mag zunächst die qualität bezeichnen.*
Andere knüpfen an seli. toli. koli *an J. Schmidt 1. 90; anderen*
ist lik *aus* lьak *entstanden Geitler, Fonologie 51.* lik *in* ličьba:
p. liczba *numerus.* liczyć: *vergl. lit. likīs numerus.* lik: ličiti
evulgare. *liko, ličese, *facies, neben* lice: i *soll aus in hervor-*
gehen J. Schmidt 1. 89. Vergl. lit. laygnan wange. ličiti *formare.*
licemêrъ *simulator.* linь: *r.* linь. *p.* lin *usw. schleie: lit. līnas.*
pr. linis. lipa: *nsl. usw.* lipa *tilia: lit. lĕpa. pr. lipe: vergl. w.* lьp.
listъ *folium: vergl. lit. laiškas blatt, lakštas.* lisъ *vulpes: vergl.*
lett. lapse. lišaj *impetigo: stamm* lih. liva *africus: ngriech.* λίβις
matz. 242. lizati *lambere: lit. lĕžti, lĕžiu. laižīti, laižau. got.*
bilaigōn. *lat.* lingo. *griech.* λείχω. *aind.* rih, lih, *rihati, lēḍhi.* mi
mihi. *Vergl.* ti *tibi.* si *sibi: aind.* mē. tē. mi: minąti *praeterire.*
mimo *praeter.* milo φερνή *dos.* milъ *miserabilis. lit. mīlus freund-*
lich. mĕlas *amoenus.* mīlêti *amare.* meilê *amor.* malonê *gnade*
J. Schmidt 2. 485. mirъ: *kr. s.* mir *murus. Aus dem lat.: das*
wort ist in Dalmatien aufgenommen. mirъ *pax, mundus. p.* mir
pax Archiv 3. 50. lit. mĕrus *ziel. lett.* mērs *friede. Bei* mirъ *pax*
denkt Fick 2. 436. an abaktr. *mithra vertrag, freund.* misa
patina. č. misa. *p.* misa *usw.: lat.* mensa. *got.* mēsa- *n. tisch. ahd.*
mias. ir. mias *J. Schmidt 1. 45. 81.* misati se *nsl. pilos amittere:*
ahd. mūzōn *aus dem lat.* mutare. *Dasselbe lautet s.* mitariti se, *das,*
in Dalmatien entlehnt, unmittelbar aus dem lat. stammt. mitê,
mitusъ *alterne. klr.* mytma, na mytuš *verch. 36: got.* missō *einander.*
aind. mithas. i *befremdet.* mlinъ, blinъ *placenta. nsl.* mlinec. *b.*
mlin: *lit.* blīnai *und nhd. blinze sind entlehnt. Vergl.* klinъ. mъnihъ,
mnihъ *monachus. lit.* minīkas, mnīkas: *aus dem ahd.* munih *mōnachus.*
ni *neque. lit. nei.* nicь *pronus. nsl.* poniknôti *in terra perdi.* vnic
verkehrt. b. nickom. *kr.* vodu nikom piti. nice *humi luč. s.* ničice:
ničiti *vernichten, lit.* naikīti, *ist trotz des lit. auf* ni-čь *zurückzuführen.*
niknąti, nicati *germinare. nsl.* niknôti. *b.* niknъ *vb. usw.* ništь
humilis aus ni-tja. nitь *filum. lit.* nītis *J. Geitler, Lit. stud. 68.*
98: vergl. got. nē-thlā-. *ahd.* nāan. nadala. *lit.* nere. *griech.* νέω
J. Schmidt 1. 8. 27. ńiva *ager. nsl.* njiva *usw.* nizъ *deorsum.*
aind. ni: ni-zъ. obi, obъ, o *praeposition, praefix, circum:* obizrêti:

aind. abhi.   okrinъ *pelvis neben* krinъ. *č.* okřin. *ns.* hokšin *Bezzenberger, Über die a-reihe usw. 31, vergleicht got.* hvairnja- *hirn, schädel. anord.* hverna *topf, schale. griech.* χέρνοϛ.   pikanina *urina. č.* pikati, pičkati *mingere.*   pikusъ: *č.* pikous *teufel vergleicht L. Geitler, Lit. stud. 68, mit lit.* pikulas *gott des zornes.*   pila *serra. nsl. usw.* pila. *lit.* pêla: *ahd.* fila.   pilę: *b.* pilc *pullus gallinaceus. s.* pile. pilica. pilež. *lit.* pīlis *anas domestica. Man denkt bei diesem worte an b. s.* pule *asellus und an lat.* pullus. *got.* fulan- *vergl. matz. 65.*   piljukъ. *s.* piljuga *nisus vergleiche man mit pr.* pele *weihe.*   piljcvati: *slovak.* piľovat' *diligentem esse. p.* pilny, *das mit* plъnъ *verwandt sein mag.*   pinka *slovak. fringilla. č.* pěnkava. *lett.* pińkjis. *ahd.* fincho. *magy.* pinty: *vergl. matz. 65.*   pipati *palpare. nsl. s.* pipati. *b.* pipa *vb.*   pipela, pipola *tibia. lit.* pīpele. pīpti *pfeifen Kurschat 320. Hieher gehört auch s.* piplo *gallinula, pullus. pr.* pepelis. pippalins *pl. acc. vogel. usw. Vergl. matz. 66.*   pisati *neben* pьsati, pišą *scribere.* pismę *aus* pьs-smen *usw.: lit.* ižpaisau *p.* rysuję *Szyrwid 329. pr.* peisāt. piskati *tibia canere: w.* pi.   pitati, pitêti *alere. lit.* pëtus *mittagmahl. aind.* pitu *cibus: vergl. got.* fōdjan.   piti *bibere.* pirъ *convivium, eig.* συμπόσιον. *aind.* pā, *pipatē,* pibati: *pī scheint im p.* napawać *neben* napajać *aus* napoić *erhalten.*   pizda: *nsl. usw.* pizda *vulva. lit.* pise, *pīze,* pīzda *cunnus.* pisti, *pisu. lett.* pist, *pisu futuere. pr.* peizda *podex: w. ist wahrscheinlich* pis. *Vergl. mhd.* visellīn *penis. aind.* pasas. *griech.* πέοϛ. *lat.* pēnis.   plištь *tumultus: vergl.* pljuskъ.   pri *apud. lit.* pri, *prë Kurschat 128.* prëdas *zugabe. pr. prei. lett.* prē: *prēds.*   pri: prijati *favere.* prijaznь. *got.* frijōn. *aind.* prī, *prīṇāti. abaktr.* frī. *lit.* prëtelius *ist das slav.* prijateľ. ri: rinąti *trudere. aind.* rī, *ri,* riṇāti, *rijati J. Schmidt 2. 250.* riga *r. trockenscheune. L. Geitler, Lit. stud. 69, vergleicht lit.* reja (*rëja*) *scheune.*   rimъ *roma.* ruminъ, rumьskъ *romanus deutet auf die reihe:* rumъ. rjumъ. rimъ. *lit.* rīmas *ist entlehnt.*   riskati, ristati *currere. klr.* rysť *via bibl. I. lit.* rišča *trab: w.* ri.   ritь *podex. L. Geitler, Lit. stud. 69, vergleicht lit.* rêtas *lende: die vocale stimmen nicht.*   riza *vestis. Dunkel.*   si: sijati, sinąti *splendere: vergl. aind.* sjēta, *sjēna albus.*   sigъ *r. salmo lavaretus: vergl. lit.* sīkis *f.*   sik: *nsl.* sičati *sibilare.* sikora. *lett.* sīkt.   sikъ *talis neben* sjakъ, *lit.* šokias, *und* sicь *von* sь, *d. i.* sjъ. *Vergl. das suffix* jakъ *neben* ikъ *2 seite 244.*   sila *vis: lit.* sīla *ist wohl entlehnt. pr.* seilin *fleiss, kraft. Vergl. s.* dosinuti *se potiri.*   silo *laqueus. č.* sidlo: *lit.* -sēti *anbinden. lett.* sēt. *got.* in-sail-jan *an seilen herablassen. Vergl.* sitije *iuncus.* sińь *hyacinthinus: vergl.* si, sijati. sip: *r.* sipnutь *raucescere.* sirъ *orbus.* sitije *iuncus collect. p.* sit. sito *cribrum. kr.* sijaṭi *secernere. lit. sijoti. sëtas. lett. sĭjat. sĭts. pr. siduko siebtopf: vergl. s.* sitan *minutus. lit. sĭtnas.* sivъ *cinereus. lit. šĭvas. šëmas. pr. syvan. aind. šjēta, šjēna albus: vergl.* si, sijati. skrinija *arca. nsl.* škrinja. *č.* skřínĕ. *p.* skrzynia. *lett.* skrĭns. *lat. scrinium. ahd. skrĭni.* skrižalь *tabula, petra. klr.* skryživka *scheibe verch. 64.* skrižiti *frendere: vergl.* skrъžьtati. slina *saliva. nsl. usw.* slina. *klr.* slyna. *r.* slina *neben* sljuna *J. Schmidt 2. 259. lett. slēnas, slēkas. lit. seilê. lett. seilas.* sliva *prunus. lit. slĭva. pr. slywaytos pl. ahd. slēā, slēhā.* slizati: *p.* ślizać, ślizgać *auf dem eise gleiten.* sližь: *p.* śliž *cobitis. lit. sližis.* smijati sę, smêją sę *ridere: aind. smi, smajatē.* smilьnъ: *č.* smilný *lascivus.* smilnik *fornicator.* smilstvi *res venerea: vergl. lit. pasmilinti verleiten.* smillus *näscher.* smailus *zeigefinger und* smalstĭbê *leckerbissen.* stig: stignąti *venire neben* stьza *via. got. steigan. ahd. stĭgan. lit. staigti. lett. steigt. stigga fussweg. griech.* στείχω. *aind. stigh, unbelegt.* stri *in* stroj *administratio: w. star.* strigą *tondeo: vergl. ahd. strĭhhan streichen J. Schmidt 1. 55.* svib: svibovina, sibovina *lignum corneum.* siba *cornus sanguinea: vergl. pr. sidis.* sviblivъ *blaesus: vergl. lit. sveplêti lispeln.* svila *sericum.* svinija *sus. pr. seweynis saustall. swintian schwein.* svinьcь: *nsl.* svincc. *r.* svinecъ *plumbum. lit. švinas. lett. svins: w. etwa aind. švit, daher* svinьcь *das leuchtende aus* svitnьcь. *Nach Archiv 3. 196. ist lit. švinas aus* *šuvanas, *urform* kuvanas, *griech.* κύανος, *entstanden.* sviriti *tibia canere.* svistati *neben* zvizdati *sibilare.* svita *vestis. Dunkel.* ši: šiti, šiją *suere.* šьvenъ *sutus.* šьvъ *sutura. lit. siuti, siu-v-u. got. siujan. ahd. siuwan: aind. siv, sĭvjati, partic. sjūta, wird mit si, sinōti in verbindung gebracht J. Schmidt 2. 262.* šiba *virga. Damit mögen* ošibь *und* hobotъ *cauda zusammenhangen: auszugehen ist von* sab, *woraus* heb, *durch steigerung* hob *in* hobotъ; šcb, šьb, *durch dehnung* šib *in* šibati. *Vergl. Fick 2. 692.* šidь *in* ušidъ, ušidь *fugax. Auszugehen ist von* sad, *woraus* hed, *durch steigerung* hod *in* hodъ; šed, šьd, *durch dehnung* šida *in* *šidati. šiditi *irridere. č.* šiditi. *p.* szydzić. *ns.* šužiš. *lit. šidditi keifen.* šija *iugulum.* šipъкъ *rosa. nsl.* šččipek. širokъ *latus.* špila *nsl. art nadel. r.* špilька. *p.* szpilka: *ahd.* spillā *aus* spinalā, spinilā *vom ahd.* spinnan, *woher auch spindel.* špilja *nsl. caverna: ngriech.* σπηλιά. špilьmanъ *histrio: ahd.* spiliman, *auch schauspieler. Ein durch die in der Geschichte Serbiens als bergleute eine rolle spielenden* sasi *Sachsen*

nach den Balkanländern verpflanztes wort. lit. *špëlmonas bei Dona-*
leitis. štirъ: p. szczery *rein, lauter.* r. ščiryj. č. čirý *neben* širý.
lit. *čiras ist entlehnt.* got. *skeira-.* ags. *skīr.* mhd. *schīr.* lit. *skīrti,*
skiru scheiden und skīras besonder J. Schmidt 2. 419.   štitъ *scu-*
tum: vergl. lit. *skīdas.* pr. *staitan.* lat. *scutum.* švitoriti: č. švíto-
řiti *zwitschern.* Vergl. lit. *vīturoti.*   ti *et: vergl. den pronominal-*
stamm tъ.   tihъ *tranquillus. Man vergleicht mit unrecht* tuhnạti:
lit. *tīkas ist entlehnt.*   tikati *adsimulare J. Schmidt 1. 52.*   tikrъ,
tikъ *speculum hängt mit* tikati *zusammen,* i *ist daher wohl richtig:*
tikrъ, tikъrъ *lam. 1. 94. 155.* vъ tik'rê *mladên.* tъkъrъ *lam. 1. 155.*
tykъrъ *lam. 1. 95.* tykъrъ *greg.-naz. 121.* tykъrъ *147.*   timêno
lutum: vergl. klr. timenyća *unreinlichkeit am leibe, das jedoch mit*
têmę *zusammenhängt.*   tina *lutum.*   tinь f. *lorum wird mit der*
w. *tan extendere in zusammenhang gebracht J. Schmidt 1. 23.*
tisa *pinus.* tisъ *taxus.* s. tis. č. tis. p. cis. magy. *tisza: mit* tisъ
vergleicht L. Geitler, Lit. *stud. 68,* lit. *pratësas mastbaum.*   tiskati
premere: kr. tisk *prope in* tisk uz varoš *erinnert an* blizu. *Man*
vergleiche tištati, tištạ, tištiši *contendere.* nsl. tiščati.   tri *tres.* got.
threis. griech. τρεῖς. aind. *tri, dem in den composita* trъ, trь *entspricht.*
tri *ist wohl gleich dem aind. trīn acc. m.;* trije *ist wie* gostije *gebildet.*
trizъ *entspricht* lit. *treigīs trimus.*   vi: viti *circumvolvere.* lit. *vīju,*
vīti. pr. *witwan acc. weide.* lett. *vīt: vergl.* vitь *res torta mit* lit. *vītis*
weidenrute. abaktr. *vaēti weide.* vitlъ *machina.*   vidêti *videre:* lit. *vīz-*
dêti, veizdêti, veizdmi schauen, daneben vīsti, vīstu erblicken. vaidinti
sehen lassen: vidêti *ist demnach wohl als durativum anzusehen, das*
jedoch auch perfectiv gebraucht wird 4. seite 296. Vergl. s. vednuti.
got. *vitan.* lat. *videre.* griech. Fιδ: ἰδεῖν. aind. *vid,* vētti.   vidati s. *mederi:*
matz. *87. vergleicht* lit. *vaistas medicina und aind. vaidja medicus:*
w. vid.   vigеńь: nsl. vigenj *nagelschmiede.* s. viganj. č. výheň,
výhně. os. vuheń. magy. *vinnye:* matz. *87. denkt an* got. *auhna-,*
das mit ahd. *ofan zusammengestellt wird.*   vihljati: r. vichljatь
schleudern: L. Geitler, Lit. *stud. 72.* Rad 41. *158, vergleicht* lit.
vīkšloti zausen: w. vinks.   vihrъ *turbo.* nsl. viher. r. vichorь *usw.:*
lit. *vësulas L. Geitler,* Lit. *stud, 72.*   viklati č. *wackeln: L. Geitler,*
Lit. *stud. 72, vergleicht vikrus lebhaft. vinkrumas lebhaftigkeit.*
vila *nympha.*   vilica *fuscina aus* vidl-: w. *vielleicht* vi *torquere.*
vina *causa:* lett. *vaina schuld.*   vino *vinum:* lit. *vīnas.* lett. *vīns.* got.
veina-.   vir ъ *vortex,* lit. *vīrus, stammt von* -virati, vrêti.   visêti
pendere.   visk: visnạti *muttire.*   visk-: klr. vysky *schläfen.*
bibl. I.   višnja *weichsel:* lit. *vëšna, vīšna.* pr. *wisnaytos pl. ngriech.*

ƺιϭννιά *sind entlehnt. Vergl. matz.* 88.   vitati *habitare. Vergl. lett.*
vitēt *zutrinken. lit.* vëta *locus.*   vitęzь *heros. Vergl. anord.* vīkingr
bellator.   viza *nsl. usw. accipenser* huso. *Vergl. ahd.* hūso. *matz.*
89.   vitva: *p.* witwa *salix viminalis. pr. witwo. Vergl.* vi: viti.
zi *in* sьzi, onъzi *usw. abaktr. zi. aind. gha, ha 4. seite 117.   zi:*
zijati, zêją, zijają *hiare. p.* zipnąć. *lit. žioti, žiopsoti. aind.* hā (ghā),
ġihītē *aufspringen, weichen.*   zima *hiems. lit. žëma. pr. semo. lett.*
zēma: *ursprachlich ghjama schnee, winter Ascoli, Studj* 2. 158. 237.
zmij *draco. s.* zmaj, *das ein aslov.* zmьj *voraussetzt.* zъmъê *sg. nom.*
zap. 2. 2. 99.   žica *nervus, wohl aus* ziica, žijica. *b.* žicъ. *s.* žica:
lit. gï̈ja *filum.*   židinъ, žĭdovinъ *iudaeus. lit. žĭdas. lett. žĭds:* ju
in žu, ži *wie im kr.* žežin *mar. aus ieiunium.*   židъkъ *succosus*
ὑϭαρός: židькoje i nepostojannoje *pisme mladên.*   žila *vena. nsl.*
žila. *klr.* žyłka *faser: lit.* gĭslê, ginsla. *pr.* gislo *L. Geitler, Lit. stud.*
84. Vergl. žica.   žirъ *pascuum. Man vergleicht lit.* gērus *deliciae:*
es beruht jedoch wohl auf žirati *iterat. von* žer, žrêti: gērus *wũrde*
žarъ *ergeben.*   živ: žiti, živą *vivere. lit.* gĭvas. gĭvulas *tier. pr.* givĭt:
geits brot wird mit žito *zusammengestellt. got.* quiva-, *sg. nom.* quius.
griech. βίος. *lat. vivere. aind.* ġĭv, gĭvati. *abaktr.* gĭvja *lebendig. Vergl.*
lit. gĭti *aufleben, genesen. gajus leicht heilend, womit man aslov.* goj
pax, goilo *sedatio verbinden kann.*

     i *findet sich in entlehnten worten.* 1. dijakъ ϭιάϰονος. dina
antch. kь dinê πρὸς τὸν ϭεῖνα.   ikonomъ οἰϰονόμος zogr. ivanъ
Ἰϭάννης. *livra* *λίβρα *aus lat. libra für* λίτρον *io.* 10. 39.-*zogr.*
assem. nic.   miro μύρον.   2. skrinija, skrinja *arca.* skrińica
loculus. lit. skrinê. *Mit* skrinija *ist wohl* krina *modius und* krinica
hydria, trotz abweichender bedeutung, gleicher abstammung. 3. misa
lanx: got. mēsa-. *ahd.* mias, mëas *aus lat.* mensa.   mъnihъ *mo-*
nachus: ahd. munih.   tiunъ, tivunъ *verwalter, diener, davon lit.*
tijunas *amtmann: anord. thjónn diener.*

     Anlautendes i *füllt in fremden worten nicht selten ab:* lirikь
lam. 1. 35. raklij ἡράϰλιος. spanija *rom.* 15. 28.-slêpč. ŝiŝ. *rom.* 15.
24.-ŝiŝ. *neben* ispanija *slêpč.*

     Dass manches unerklärt bleibt, ist wohl selbstverständlich. Zu
den unerklärten worten gehört visêti *pendere: aind.* viŝ, *dessen* i
nicht auf ê *zurückgeführt werden kann. Man kann bei* visêti *daran*
denken, dass der vocal der verba III. auch sonst auf der zweiten
stufe steht: slyšati *im gegensatze zu* slъh *im* č. poslechnouti; *so*
könnte auch vidêti *erklärt werden, doch ist dies wegen des lit.*
unsicher. Man denke an polêti *ardere.* stojati *stare.*

9*

β) Stämme. ijъ: babij *anilis*. božij *divinus*. byčij *tauri*.
Das suffix ijъ *ist wie das suffix* jъ *das ursprachliche suffix ia* 2.
seite 62. 72. babij *daher aus* babiъ. *Aus ia hat sich* jъ *und* ьjъ,
ijъ *entwickelt, daher* laskočь *und* laskočij. li *neben dem älteren*
lê: koli, kolê. toli, tolê. seli, selê. *lit. kolei. tolei. siolei* 2. *seite*
104. inъ: vlastelinъ *nobilis*. ljudinъ *laicus*. rumêninъ, ruminъ,
rimljaninъ *romanus;* dъěterinъ *filiae*. ijudinъ *iudae*. neprijazninъ
diaboli; blьvotina *vomitus*. dolina *vallis*. zvêrina *caro ferina* 2. *seite*
129. *Vergl. lit.* īna, ёna *in krumīnas grosses, dichtes gesträuch von
krumas, aslov.* grъmъ. *beržīnas birkenhain von beržas.* êrёna *lamm-
fleisch.* žvêrёna *wildpret.* naujёna, naujīna *etwa* novina *Kurschat* 87.
tijъ: hoditij *eundi.* pitij *potabilis.* nesъtrъpêtij *intolerabilis* 2. *seite*
171: netij *ist* nep-tij *wie griech.* ἀνεψιός *aus* ἀνεπ-τιος *zeigt.* itъ: podo-
bitъ *imitator;* brêgovitъ *montuosus.* vodotrądovitъ *hydropicus* 2.
seite 193. istъ: grъlistъ *magnum collum habens.* mravistъ *formicis
refertus.* pleštistъ *amplos humeros habens* 2. *seite* 196. itjъ: otro-
čištь *puerulus.* alъništь, laništь *hinnuleus.* lьvištь, lьvovištь *catulus
leonis* 2. *seite* 197. *Dem aslov.* ištь *entspricht lit.* aitja, *ītja: abro-
maitis sohn des abromas.* elnaitis *aslov.* alъништь, laništь. *karpaitis.
paukštitis vögelchen von paukštis. bernītis jüngling von bernas Kur-
schat* 97. šьdi: trišьdi, trišьdy, trišьdu. trišti, triždi *ter.* četyrišti
quater. pętišti *quinquies* 2. *seite* 204. ivъ: blędivъ *nugax.* zvêro-
jadivъ *bestiarum carne se nutriens.* lъživъ *mendax* 2. *seite* 223.
tętiva *chorda entspricht dem lit. temptīva.* mi *neben* mê, ma:
bolьmi, bolьma *magis.* jelьmi, jelьma *quantopere relat.* kolьmi,
kolьma *quantopere interrog.* 2. *seite* 234. ima: dêvima *puella.*
krъčimъ *faber.* otьčimъ *vitricus von* otьсь 2. *seite* 238. ikъ:
nožikъ *culter.* zlatikъ *nummus (aureus);* sikъ *talis;* dlъžьnikъ *debitor*
2. *seite* 246. *Dem* ikъ *stellt das lit. in vielen worten* inka *(lett.
īka) entgegen:* dvorьnikъ *dvarininkas J. Schmidt* 1. 82. 106. *Man
beachte, dass nsl. das suffix* ikъ *dem suffix* jakъ *gleich ist:* svêč-
nik, svêčnjak 2. *seite* 244 *und dass* sikъ *talis gleichfalls auf* sjakъ
beruht. isko, iske: borište *palaestra.* gnoište *fimetum.* kapište
delubrum 2. *seite* 274. igъ: jarigъ *cilicium;* veriga *für und neben*
veruga *catena* 2. *seite* 282. *Neben* igъ *gilt das suffix* jagъ 2. *seite*
281. ihъ: ženihъ *sponsus* 2. *seite* 288. *Neben* ihъ *findet sich* jahъ
2. *seite* 287. icь: agnicь *agnus.* gvozdicь *parvus clavus.* kora-
blicь *navicula* 2. *seite* 293: icь *ist wohl eine ältere form des suffixes*
ьсь *aus* ьkjъ. sicь *talis ist lit. šiokias.* ica: čarodeica *maga.*
glumica *scaenica.* plęsica *saltatrix* 2. *seite* 294: ica *ist in vielen*

füllen ikъ *und* ja; *in anderen das fem. von* ьсь *aus* ькjъ. *Vergl.*
J. Schmidt 1. 83. Das i von desьnica. matica. *vêverica ist nach*
Geitler, Fonologie 51, der auslaut i für ja *des thema: lit. dešinê.*
motê. voverê. ijъs: boľij *maior.* brъžij *citior.* ljuštij *vehementior*
2. seite 322. ičь: kotoričь *homo rixosus.* nevodičь *piscator:* nevodъ.
zazoričь *osor 2. seite 336. Vergl.* ikъ *und* icь. *Das i der verbal-*
stämme wie slavi *beruht auf dem aind.* aja: *śrāvaja: das gleiche*
gilt von allen verben der vierten classe. aja *ist zunächst in* ije
übergegangen, woraus sich, wahrscheinlich durch die wirkung des
accentes, i *entwickelt hat:* slǎviši *celebras aus* slǎviješi *neben* vъpí-
jеši *clamas aus ursprünglichem* vъpiješi *und dem zur ersten classe*
gehörigen pьjéši. ije *hat sich ausser im aslov.* vъpijеši *erhalten im*
ns. porožijo *pariet für ein aslov.* porodijetъ, *abgesehen vom aslov.*
poroždą *pariam, das zunächst auf* porodijom *beruht. Der sg. loc.*
m. n. poslêdьňiimь, poslêdьňiimь *beruht auf* poslêdьňijеmь. *Der pl.*
nom. m. gostije, gostьje *ist auf eine urform* góstaja *zurückzuführen:*
vergl. aind. kavájas m. neben gátajas f. Das lit. bietet ákīs von ǎkìs.
Vergl. Geitler, Fonologie 67. Auch das lange i im s. und im č.:
slavī *zeugt für dessen entstehung aus* ije. *Man vergleiche jedoch nicht*
den sg. i. imêniimь *und* imenimь, *da diese formen wohl aus* imêni-
jъmь *entspringen: auch die berufung auf* pristavijenъ *sup. 11. 2. ist*
zurückzuweisen, da i *aus* aja *entsteht, daher* pristavi-j-enъ. gostiti
hospitio excipere ist aus gostь *entstanden wie* bêditi *cogere aus* bêda
durch das verbalsuffix i, *und die ableitung des* gostiti *aus* gostь
mit dehnung des ь *zu* i *ist unrichtig, trotz des aind.* arātījati
malignus est aus arāti *malignitas: nicht* hvali, *sondern* hvalь *sei als*
thema der conjugation anzusehen. Vergl. 2. seite 450. Dasselbe gilt
von der erklärung des adj. neplodъvinъ *aus* neplodъvъ *mit dehnung*
des ь *zu* i: *vergl.* gospožd(a)-inъ *mit* gospožda. *lit. stellt dem slav.*
i *sein* ī *oder in entgegen:* krīkštīti, krъstiti. *měriti,* mêriti. *marinti,*
moriti. *tekinti, wofür man* takinti *erwartet,* točiti. *budinti, pr. bau-*
dint, buditi. *Vergl. Zeitschrift 23. 120.*

γ) Worte. *pl. nom. der* ъ(a)-*declination:* rabi. i *ist aind.*
ê *in* tê, *aslov.* ti. *Vergl. lit. vilkai.* jě (*aslov.* i *d. i.* ji). *lett. gréki*
aus grêkai. *griech.* ἵππͻι. *lat. equī. pl. instr. der* a(ā)-*declination:*
rybami. i *steht unregelmässig aind. i in bhis gegenüber. J. Schmidt*
1. 12. verweist auf abaktr. bīs. Vergl. Bezzenberger 125. sg. gen.
der ь(i)-*declination:* gosti. kosti. *Das i dieser form steht aind. ēs,*
lit. ĕs, gegenüber: aind. patēs, avēs. lit. vagĕs, naktĕs. sg. dat. loc.
der ь(i)-*declination:* gosti. kosti. i *wird als* i-i *gedeutet:* gosti-i.

kosti-i. *Das zweite* i *ist das suffix des sg. loc., beim dat. aus* jê
(ê *für ursprachliches* ai) *entstanden: dat. aind.* patjē, patajē. lit.
nakčiai: *vagis folgt den* a-*stämmen:* vagiui; *loc.* lit. vagĭje, naktĭje,
dialekt. širdẽje *und* širdê. *Vergl. Leskien, Die declination usw.* 51.
52. aind. ajē *kann auf* iji *und dieses wohl auf* ii *zurückgeführt
werden:* slaviši *ist aind.* śrāvajasi. *sg. voc. der* ь(i)-*declination:*
gosti. kosti. *Der auslaut der aind. form ist* ē: patē. avē, *der der*
lit. ẽ: vagẽ. naktẽ. *dual. nom der* ь(i)-*declination:* gosti. kosti.
Das i *dieses casus entspricht aind.* ī: patī, avī. *lit.* nakti; *vagis
folgt den* a-*stämmen:* vagiu. *dual. gen. der* ь(i)-*declination:*
gostiju. kostiju. *Die ältere form ist* gostьju. kostьju *d. i.* gostь-j-u,
kostь-j-u: u *ist aind.* ōs. *Anders lit.* nakčū *aus* naktjū. *pl. nom.
der* ь(i)-*declination f.:* kosti. kosti *ist der aind. acc. auf* īs. *pl.
nom. der* ь(i)-*declination m.:* ije *in* gostije, *älter* gostьje *ent-
spricht aind.* ajas. *pl. acc. der* ь(i)-*declination:* gosti. kosti. *Das*
i *dieser form entspricht aind.* īn, īs: avīn, avīs f. *pl. gen. der*
ь(i)-*declination:* gostij. kostij. *Die form lautet eigentlich* gostьj,
kostьj *aus* kostь-j-ъ, gostь-j-ъ, *dessen* ъ *aus* ām *sich entwickelt hat.
Die auf* i *auslautenden casus der consonantischen themen sind nach
der* ь(i)-*declination gebildet: so sg. loc. dat.* imeni. *dual. nom.* imeni
usw. Die enklitischen pronominalformen: mi, ti *lauten aind.* mē, tē;
si *setzt ein* svē, sē *voraus. griech.* μοί, σοί, σι. *Die I. sg. praes.:*
jesmi *für* jesmь *ist eine aus uralter zeit bewahrte form 3. seite 63.
Die II. sg. praes.:* vedeši. dasi. *Das* i *dieser form wird durch das*
ai, ei *des pr. erklärt:* as-sai, as-sei *du bist J. Schmidt 1. 12. Man
beachte, dass die lebenden sprachen zum aind. stimmen: nsl.* vedeš
für aslov. vedeši. *aind.* -si. *Nach der angeführten erklärung wäre
von* sê *auszugehen, von dem man jedoch selbst dann zu keinem* ši
gelangt, wenn man als mittelstufe hê *annimmt, da dieses* sê *ergäbe.*
ši *aus* hi *ist vielleicht eine archaistische form des aslov. Der inf.*
vesti. *Das* i *dieser form erklärt sich aus dem* ẽ *des lit., das in
reflexiven verben (*vežtẽ s vehi, *aslov.* vesti sę), *dialektisch auch ausser-
dem (*eitẽ *für* eiti *Kurschat 45) vorkömmt. Man vergleiche das oben
über den sg. gen. dat. loc. von* gostь, kostь *gesagte. Der inf. wird
als dat. aufgefasst:* ti *aus* tiji, tijê, *dessen* i *das alte kurze* i *ist
Leskien, Die declination usw. 51. Bezzenberger, Beiträge usw. 228.
Die form* bimъ: *das* i *dieser form scheint dem* ī *im aind.* avēdīm
Schleicher, Comp. 812, zu entsprechen 3. seite 88. bimъ *ist demnach*
bvimъ. *Vergl. Bezzenberger, Beiträge usw. 207.* i *vertritt nach* j *usw.
älteres* ê, *denn es geht* ê *nach* j *und nach allen* j *enthaltenden*

lauten in i *über:* kraji, krajihъ *aus* krajê, krajêhъ. końi, końihъ
aus końê, końêhъ. otьci, otьcihъ *aus* otьcê, otьcêhъ. kъnęzi, kъnę-
zihъ *aus* kъnęzê, kъnęzêhъ. plaštibъ *aus* plaštêhъ. dual. *nom.*
aus kopijê; *ferners* kopiihъ *aus* kopijêhъ. poŕi, poŕihъ *aus* poŕè,
poŕêhъ. *dual. nom.* stai, *d. i.* staji, *aus* stajê *usw.* imь, *d. i.* jimь, simь;
ima, *d. i.* jima, sima; ihъ, *d. i.* jihъ, sihъ; imъ, *d. i.* jimъ, simъ
entspringen aus jêmь, sêmь; jêma, sêma; jêhъ, sêhъ; jêmъ, sêmъ,
wie aus têmь, têma, têhъ, têmъ *erhellt.* čimь *neben* têmь. *Der*
übergang des ê *in* i *ist wirkung der assimilation. Im impt. geht*
auslautendes ê *in* i *über, denn es steht* vezi *in der II. und III. sg.*
für vezês, vezêt, *wie* vezêmъ, vezête *dartun.* i *in* vezi *ist aind.* ē
(ai), lit. ĕ. *Falsch ist* privedite *ostrom. für* privedête. dêlaj *age*
beruht auf dêlaji *und dieses auf* dêlajê; *ähnlich ist* dêlajte *aus* dêla-
jite, dêlajête *zu erklären.* daždь *ist aus gleichfalls vorkommenden*
daždi *und dieses aus* dadjā *hervorgegangen: in* dadite *war ja zu* i
geworden, bevor die regel der verwandlung des dja *in* dža, žda
durchdrang, was, wie die verschiedene behandlung des dja *in ver-*
schiedenen sprachen zeigt, spät geschehen ist. Jünger ist demnach i
für ja *in* sąsti *aus* sątja, *lit.* êsanti. *Wenn vor dem dem aind.* ē
(ai) entsprechenden aslov. ê *ein* j *oder ein das* j *enthaltender consonant*
steht, so geht ê, *urslavisch* ja, *in a über, indem* j *vor dem* a *schwindet:*
pijate; glagoljate, vъnemljate, *d. i.* glagoľate, vъnemľate; pla-
čate, pleštate, vęžate *aus* pijête; glagoljête, vъnemljête; plakjête,
pleskjête, vęzjête *von den praesensthemen* pije; glagolie, vъnemlie;
plakie, pleskie, vęzie. *Richtiger würde man sagen, dass sich in dem*
bezeichneten falle ja *erhält, nicht in* ê *übergeht. Es wird demnach*
dieses ê *anders behandelt als das gleichfalls dem aind.* ē *(ai) ent-*
sprechende im sg. loc. wie kraji *aus* krajê. krajihъ *aus* krajêhъ.
Das ja *der formen wie* pijate, glagoljate *geht in späteren quellen in*
ji *über, daher* pijite, *woraus* pijte, glagoľite. *Hieher gehört der sg.*
dat. loc. f. toi, *d. i.* toji, *aus* tojê *von* toja, mojei, *d. i.* mojeji, *aus*
mojejê *von* mojeja *usw., wie* stai, staji *aus* stajê *von* staja. *Daraus*
ergibt sich, dass die form einst toji, mojeji *lautete; ähnlich ist der*
impt. pii, *d. i.* piji: *freilich muss gefragt werden, ob sich die formen*
toji, piji *lange erhalten konnten, eine frage, die desshalb berechtigt*
ist, weil heutzutage nur toj, pij *gesagt wird, trotz* staji *aus* stajê
von staja: toji, piji *konnten leichter einsilbig werden als das durch*
so viele zweisilbige formen geschützte staji. *Auch der impt.* sъmotri
beruht auf sъmotrijê, *wofür ein* sъmotrii *nicht vorkömmt, es wäre*
denn im sъmotriimъ *sup. 39. 17.*

i *vertritt nach* j *usw. älteres* y *im pl.* i. *der* ъ(a)-*declination:*
krai, *d.* i. kraji *aus* krajy. końi *aus* konjy. otьci *aus* otьcjy.
kъnęzi *aus* kъnęzjy *usw. Ich erblicke in der vertretung des* y *durch*
i *eine assimilation.*

III. *Dritte stufe:* oj, ê.

1. ê *entsteht aus altem* ai, *dieses mag aus der steigerung des* i
oder aus der verbindung eines ă *mit* i *hervorgegangen sein: aslov.*
svêtъ, *aind.* śvêta *aus* śvaita. *aslov.* êhъ *in* rabêhъ: *aind.* ēṣu *aus*
ēṣu *in* śivēṣu *beruht auf* aisu. *Jünger als das* ê *aus* ai *ist das aus*
a, e *durch dehnung entstandene:* sêd *in* sêdêti *aus* sad, sed, *worüber*
seite 59. gehandelt ist. ê *aus* ai *kann nur vor consonanten stehen;*
vor vocalen erhält sich das alte ai *als* oj: pêti *aus* paiti; *dagegen*
pojǫ: *w.* pi. *Ein solcher wechsel kann bei dem eines* i-*elementes ent-*
behrenden ê *aus* a, e *nicht eintreten:* dêti, *aind.* dhā, *und* dê-j-ǫ.

2. ê *entwickelt sich aus* je *durch assimilation an vorhergehendes*
ê. *Dies geschieht im sg. loc. m. n. der zusammengesetzten declination:*
aus novêjemь *entsteht* novêêmь, *das dem* novêjamь, novêamь *aus*
novêjêmь *weichen kann.* êê *kann zu* ê *zusammengezogen werden:*
novêmь 3. *seite 59.*

3. *Aslov.* ê *entspricht griechischem* αι, *seltener* ε.

Zogr. galilêjskъ. kananêj χανανίτης. kananêjskъ. nazarêaninъ.
olêj: *lit.* alejus, *got.* alēva-. prêtorъ πραιτόριον. farisêj. zevedêa;
daneben alьfeovъ. arimateję. galileê. galileaninъ. iudea *io. 11. 33.*
pl. acc. pretorъ, pritorъ. *Auch für* η *steht* ê: statêrъ *zogr. b.*
mosêovi. mosêomь. ε *wird durch* e *und* ê *ersetzt:* arhierej. trepeza;
an'drêa. anьdrêovъ. nazarêtъ. arhierêj. ian'nêevъ *luc. 3. 24.* suka-
mêni. cêsarь χαῖσαρ, *got.* kaisar, *ahd.* keisar, *findet sich in allen*
denkmählern; selten ist cesarь *greg., daraus* cьsarь, csarь, carь.
kesarь *assem. cloz.* arimatêję 1. 754. ijudêj 1. 184. 298. 336.
340. 906. ijudêjskъ 1. 269. 277. evrêjskъ 1. 482. farysêj 1.
389. ierêj 1. 417. 769. 844. *und* ijudeomъ 1. 788. trapeza 1.
398. 404. 474. 536. 562. *neben* trapêza 1. 330. 413. 426.
trêpêza 1. 396. *assem.* olêj; eleonьskъ. ijudeiskъ. *sup.* farisêj 301.
4. arimatheję. demonъskъ. farisej. fariseinъ 290. 20. galilej.
ijudej. matthej. nazarej. pretorъ, pretorij. vithlejcmъ, vithlemъ.
ierej, ijerej. vasilej, vasilêj. *sav.-kn.* olêj 79; galilejê 7. pretorь
123. *ostrom.* sadukej. samarejskъ. farisej. cesarь. *ev.-tur.* gali-
lêjskъ. ijudêjskъ. olêj. farisêj; galilejskъ. ijudej. farisej. *ant.*

halьdêjskь. jelisêj. jevrêj. *brev.* dêmunь. eprêmь ἐφραίμ. pê-
nikь φοίνιξ.

4. ê, oj enthaltende formen. x) Wurzeln. bêsъ *daemon* 2.

seite 318. lit. baisa terror. baisus terribilis: w. bi: bojati sę. blêskъ,
oblêskъ *splendor: w.* blĩsk, blьsk. *Dass* blêskъ *aus* beleskъ *ent-
standen sei, wie Geitler, Fonologie 42, meint, ist unrichtig.* boj: bojati
sę *timere: w.* bi. *aind.* bhĩ, bhajatē. bojъ: boj *flagellum: w.* bi:
biti. cêd-: cêditi *colare: w.* cĩd, *lit. skedu.* cêglъ, cêgъbъ, *älter*
scêglъ, *solus. s.* cigli. *p.* szczegoł *das einzelne, besondere. Vergl. nhd.
heik-el.* cêlъ *integer. pr. kaila- in kailūstiskan acc. gesundheit. got.
haila-. ahd. heil: lit. čelas ist entlehnt.* cêna *pretium. lit. kaina bei
Geitler, Fonologie 38. Die ältere form ist* scêna. cêst- *in* cêstiti
purgare neben čistъ. čistiti: *lit. skaistas.* cêv- *in* cêvьnica *lyra, eig.
fistula. nsl.* cêv: *die vergleichung mit lit. šeiva, lett. saiva und mit
der aind. w. śvi schwellen ist zweifelhaft.* cvêliti *affligere, eig. facere
ut quis lamentetur: č.* kvěliti: *w.* cvĩl, cvьl: cvilêti *lamentari.* cvêtъ
flos: w. cvĩt, cvьt. cvьtą *floreo.* dêb *etwa beschleichen:* susana udê-
bena bystь otъ bezakonъnu starcu *sup. 102. 20. Dunkel.* dêlo
*opus. lit. dailê kunst. dailus zierlich. pr. dĩlan acc. werk. Die ver-
gleichung mit* dê *ist falsch.* dêlъ: *as.* dêlь *collis. rumun. dêl. Dunkel.*
dêtę *infans, eig. das gesäugte: stamm* dêtъ. *Vergl.* doji. stoj. dêverь
levir. lit. dēveris. aind. dēvar. dêža: *nsl.* dêža *situla. kr.* diža
mulctrum. klr. dῐža. *č.* dĩže. *Entlehnt: mhd. dese: lit. dežka Szyrwid
51. ist slav.* doji: doiti *mamman praebere: w. wahrscheinlich* di.
Vergl. aind. dhā, dhajati. *griech.* θη, θῆσθαι. dvojъ: dvoj *duplex. lit.
dveji. griech.* δοιός. *aind. dvaja: stamm dvi.* glênъ φλέγμα *pituita,*
φλεγμόνη *suppuratio,* χυμός *succus.* glêni, rekъše gnêvьnojc *svjat.
nsl.* glên *pituita.* glen *conferva wasserfaden Let. mat. slov. 1875.
219. Dunkel.* gnêdъ: *r.* gnêdyj *braun. č.* hnědý. *p.* gniady.
nsl. gned *art trauben, mit braunroten beeren Let. mat. slov. 1875.
219. Dunkel.* gnêtiti *accendere. nsl.* nêtiti. *Vergl. pr. knais - tis
brand.* gnêvъ *ira. Vergl. lit. gnevĩti kränken. Dunkel. Es ist
wahrscheinlich eig.* φλέγμα *pituita und mit* gnoj *zusammenhangend.*
gnêzdo *nidus. aind.* nĩda *aus nisda, ni sad: g ist unerklärt.* gnojъ:
gnoj *putrefactio: w.* gni: gniti. *Vergl.* gnêvъ. gojъ: goj *as. pax.
s.* gojiti *mästen mik. č.* hojiti *heilen. lit. gĩti heilen. gajus heilbar.
aind. gaja lebensgeister. w.* gi, *ži, verwandt mit živ.* golêmъ
*magnus. Geitler, O slovanských kmenech na u 72, vergleicht lit. lai-
mus prosper und hält* go *für eine verstärkende vorsilbe (předsuvka);
Fick 2. 551 denkt an lit. galēti, galiu vermögen.* hlêbъ *panis ist*

*germanisch: ahd. hleib, hlaib. got. hlaiba-. anord. hleifr: lit. klepas,
lett. klaipas sind aus dem slav. entlehnt.* hlêvъ *stabulum*, hlê-
vina *domus sind wahrscheinlich germanisch: lett. klēvs ist slav. Vergl.
got. hlija- tentorium.* hmêlь *humulus: ê ist nicht sicher. Vergl.
matz. 36.* jadro *sinus, eig. wohl schwellung. Fick 2. 291. 511.
vergleicht griech.* οἶδμα, οἶδος: *w. id.* jazva *foramen, vulnus. č.* jizva.
*p. ejswo vulnus. lett. aiza spalte im eise. Für ja aus jê, dessen
ê aus ai entstand, spricht der impt.* pijate *bibite aus* pijête, *dessen
ê auch aus altem ai hervorgegangen. Vergl.* grędête, imête, рьсête.
klêjъ: klêj, klij *gluten: lit. klijei. pl.* kojъ: pokoj *quies: w.* ki,
či. *aind. kši aus ski: kšaja wohnsitz.* korêlъkъ, kurъlъkъ, kurilъ
larva, persona. Dunkel. krêsъ τροπή. *nsl.* krês *ignis festivus
johannisfeuer. Vergl. pr. kresze, wie es scheint, ein heidnisches fest: ut
eorum kresze amplius non celebrent Nesselmann 80.* krojъ: okroj,
okrojnica *vestis: w.* kri *aus aind. kar.* lêha *area: pr. lyso beet.*
lêka, lêkъ *r. rechnung: p.* lik *das zählen.* liczyć. lêkъ: otъlêkъ
reliquiae. č. liknavý. *lit. likti, lĕkmi zurückbleiben.* lêkъ *medicina
ist gotisch: got. lēkja- medicus. ahd. lāhhi.* lêkъ *ludus. likъ chorus.
got. laiki- tanz. laikan hüpfen. Vergl. lit. laigīti hüpfen. aing. rēǵ,
rēǵati. Das slav. wort scheint gotischen ursprungs, wie got. plinsjan
slavischen.* lêpъ *viscum: w.* lĭp, lьp. lьpêti *adhaerere.* lêsa *craticula.
nsl.* lêsa. *klr.* lĭsa. *Dunkel.* lêvъ *sinister. nsl.* lêv. *griech.* λαιός *aus
λαιϝός.* lêvъ: *nsl.* lêv *schlangenhaut. Dunkel.* lojъ: loj *adeps: w.* li:
liti, lijǫ; lijati, lêjǫ. mêg: mêžiti *oculos claudere.* mьgnǫti, mьžati.
lit. migti. pr. maiggun acc. somnus. mêhъ *uter. pr. moasis blasebalg:
aind. mēša widder, vliess.* mêna *mutatio. lit. mainas. lett. miju, mīt.*
mêsto *locus: lit. mĕstas. pr. mestan acc. sind entlehnt.* mêsъ: sъmêsъ
*commixtio. lit. mišti intranṣ., maišīti trans. pr. maysotan gemengt. aind.
miš: mišra.* mêzga *succus: w.* mĭg, mьg. *aind. migh: mih, mêhati.*
obojъ: oboj *ambo. lit. abeji. aind. ubhaja. Vergl.* dvojъ. ocêlь *f.
chalybs. nsl.* ocel: *ahd. ecchil. mlat. acuale.* orêhъ *nux: pr. reisis. lit.
rĕšutas.* pêna *spuma. pr. spoayno. ahd. feim. lat. spūma. aind. phĕna
aus spĕna.* pêsta: *p.* piasta *nabe. č.* pista *schlägel. lit. pĕsta stampfe:
w.* pĭs, pьs *in* pьhati. *aind. piš, pinašṭi.* pêti, pojǫ *canere: w.* pi.
Vergl. pi-sk-ati. pojъ *in* poiti *iungere. r.* pripoj *lötung.* pojъ:
prêpoj *potatio: w.* pi, piti. rênь *littus r.: klr.* ôdrinok, zarinok
wird als misce *nad* rikoju *erklärt. Večernyći 1863. 48. Dunkel.*
rojъ: roj *examen apum: w.* ri, rinǫti. sê φέρε, *age sup. 159. 12.*
sê da, sê du, sê nu: *vergl. got. sai, das wohl wie* sê *zum pronominal-
stamm sa gehört.* sêmь *persona: lit. šeimīna. pr. seimīns gesinde.*

sêtь *laqueus. lit. sëtas. pr. saytan: aind. si, sināti, sināti binden.*
snêgъ *nix: lit. snigti. snëgas. pr. snaygis.* sojъ : *b.* osoj, *d. i.* otsoj,
schattiger ort: si, sijati *leuchten.* stoj : stojati *stare: w. sti. aind.*
sthā. svêtъ *lux. w.* svĭt, svьt. *aind. śvit, śvētati: pr. swetan, swi-*
tai welt ist entlehnt. svêžь, svêžanъ *recens frisch. č.* svěži. *p.*
świeży: *lit.* svëžus, *švëžies ist entlehnt. Dunkel.* trojъ : troj
triplex. lit. treji. aind. traja: stamm tri. vêdê, vêmь *scio. pr. waist*
inf. scire: w. vid, vidêti. vêtъ, vêšte (*aus* vêtje) *consilium.*
p. wietnica *rathaus Archiv 3. 62. pr. wayte aussprache. waitiūt*
reden. vêža *cella penaria, tentorium. nsl.* vêža *atrium. p.* wieža.
Dunkel: lit. vêžê *geleise hat mit* vêža *nichts gemein.* vêžlivъ
artig hängt vielleicht mit vêd *zusammen:* *vêždlivъ. *lit. vëžlivas ist*
entlehnt. vojъ: povoj *fascia: w.* vi, viti. zêlъ *vehemens. lit.*
gailus. Vergl. nsl. zalo *nimis lex.* zlo *valde.* zênica *pupilla.*
Vergl. r. pozêtь *spectare und* zênьki *augen: Fick 2. 343. verweist*
auf aind. gańgaṇa-bhavant *schimmernd; andere stellen* zênica *einem*
zrênica *gleich.*

In dem vorstehenden verzeichnisse stehen manche worte, deren ê
nicht mit sicherheit auf i *zurückgeführt werden kann: diese worte*
sind als dunkel bezeichnet.

β) Stämme. *In stämmen scheint* ê *aus* ai *nicht vorzukommen,*
man wollte denn ê *in* têmь, berête *zum thematischen bestandteile*
der worte rechnen, was sich bei têmь *hinsichtlich des* i, *bei* berête
sowohl hinsichtlich des i *als auch des* a *verteidigen lässt.*

γ) Worte. *1. declination. a) sg. dat. der subst. und adj. auf*
a(ā): rybê. *Das lit. bietet* ai *aus* ūi: *mergai; das aind.* ājāi: śivājāi.
Der auslaut der pron. mънê. tebê. sebê *ist der von* rybê. *b) sg. loc.*
der subst. und adj. auf ъ(a) *und* o(a) *so wie der auf* a(ā): rabê. selê.
rybê. *das* ê *in* rabê. selê *steht aind.* ē, *d. i.* ai, *gegenüber (*śivē), *was*
im auslaut gegen die regel ist. Für das ê *in* rybê *hat das lit.* oje:
mergoje. Hieher gehört wohl auch cê: cê i καί τοι, καί περ: *man*
vergleiche pr. kai *wie lit.* kaips, kaip *und tai. gerai: stamm ist das*
pronomen kъ (ka). *Daneben findet sich das befremdende* ča: ča i; *die*
adverba dobrê *usw.* skvozê. ponê *saltem: č.* poně *neben p.* pono *for-*
tasse. Über den sg. dat. loc. rybê *vergleiche man Leskien, Die decli-*
nation usw. 50. velьmê. okromê, kromê. *kr.* razmi. *c) pl. loc. der*
subst. und adj. auf ъ(a) *und* o(a): rabêhъ. selêhъ. êhъ *ist aind.*
ēšu, *d. i.* aisu, *dessen* i *zwischen stamm und suffix* su, *slav.* hъ,
eingesetzt ist. rabъhъ, *wofür auch* rabohъ, *folgt den* ъ(u)-*stämmen.*
d) dual. nom. der nom. und adj. auf o(a) *und auf* a(ā): selê.

rybê. dvê. *In beiden fällen steht* ê *für aind.* ē. *Es findet demnach hier dieselbe unregelmässigkeit statt wie im sg. loc.* rabê. selè. *lit.* dvë *ist die ältere form für dvi. aind.* dvë *Bezzenberger 177. Der dual. nom.* vê *bietet den auslaut von* rybê; *ebenso* tê. *e) von den ein* ê *enthaltenden pronominalen casus der pronominalen declination ist der sg. instr. m. n.* têmь *eine neubildung:* têmь, *wofür aind.* tēna, *setzt* taimi *voraus, worin an* ta *mit dem eingesetzten* i *das suffix* mь (rabъ-mь) *gefügt erscheint. Der dual. dat. instr.* têma *setzt* taima *voraus. Der pl. gen.* têhъ *entspricht dem aind.* tēšām, *jedoch mit dem unterschiede, dass* têhъ *allen genera dient, während* tēšām *nur m. und n. ist und für das* f. tāsām *zur seite hat. Vergl. Bezzenberger 170. 174. Der pl. loc.* têhъ *entspricht aind.* tēšu: *auch hier hat das fem. im aind. eine eigene form:* tāsu. *Der pl. dat.* têmъ *lautet aind.* tēbhjas: f. *ist* tābhjas. *Der pl. instr.* têmi *beruht auf* tēbhis, *wofür aind.* tāis; *das* f. *lautet* tābhis. *Der dual. gen. loc.* toju, *aind.* tajōs, *ist nicht aus* tê-u *zu erklären: dafür darf nicht die ganz junge form* dvêju *neben* dvoju *angeführt werden. Das lit. stimmt zum aslov. nur im pl. dat. und im dual. dat. instr. masc.:* tëmus, tëmdvëm, *das got. nur im pl. dat. aller genera:* thaim. *Die erklärung der differenz zwischen* têmь *und* rabomь, têmъ *und* rabomъ *usw. ist der forschung noch nicht gelungen. Bopp, Vocalismus 129, beruft sich auf die veränderlichkeit, welcher alles unter der sonne unterworfen sei; andere denken an stammerweiterung. Das* i *der pron. findet sich in der nominalen declination nur im pl. loc.* rabêhъ, selêhъ. *Nach* j *geht das* ê *in* i *über:* stai, d. i. staji, sg. dat.; krai, d. i. kraji, poľi, d. i. polji, stai, d. i. staji, sg. loc. *neben* rybê, rabê, selê; imь, d. i. jimь, sg. instr. m. n.; ima, d. i. jima, dual. dat.; ihъ, d. i. jihъ, pl. gen. *neben* têmь. têma. têhъ *usw. eben so* čimь sg. instr. *neben* têmь *usw. In éinem falle steht* a *nach* j: isusъ srête ê, d. i. ja *dual. acc.* f. *matth. 28. 9.-assem.* isus sъrête ja sav.-kn. 116. ὁ Ἰησοῦς ἀπήντησεν αὐταῖς, *wo alle anderen quellen* i, d. i. ji *für* jê, *haben. Es wäre zu gewagt auf diese form die vermutung zu gründen, es sei ursprünglich auch hier* ê *aus* ai *nach* j *in* a *verwandelt worden. 2. Conjugation. Die personalendung der I. du. stimmt mit dem pronomen* vê *überein: lit.* va *neben* vo-s. *Hieher gehört der dem aind. optativ entsprechende imperativ: hier entspricht aslov.* berêvê, berêta, berêta; berêmъ, berête *aind.* bharēva, bharētam, bharētām; bharēma, bharēta. *Ein nach* bądą ἔστωσαν *gebildetes* berą *würde einem aind.* bharējant, *wofür* bharējus, *gegenüberstehen. Nach* j *geht dieses* ê *in den ältesten denkmählern in* a, *in den*

jüngeren in i *über:* pijate *aus* pijête. koljate *aus* koljête *usw.*
neben pijte, koľite *aus* pijite, koljite. plačate, vъzištate *aus* plačjate,
vъzištjate *neben* plačite, vъzištite *seite 135. 3. seite 90: dagegen* pьcête,
mozête. *Das auslautende* ê *wird stets durch* i *ersetzt:* beri, aind.
bharēs, bharēt; pij *aus* piji; pьci. *Lit. gehört hieher der permissiv:*
te vežê vehat, vehant: aslov. vezi *vehat; pr. ideiti edite. Vergl.*
Bezzenberger 209. 214; got. der conjunctiv: bairais, bairai, aslov.
beri; *bairaiva, aslov.* berêvê; *bairaima, aslov.* berêmъ. *griech.* φέρσις,
φέρσι *aus* φέροιτ, *aslov.* beri *usw.*

C. Die u-vocale.

I. Erste stufe.

1. ъ.

1. ъ *entspricht ursprachlichem* u: bъd *in* bъdêti: *aind. budh.*
dъšti: *aind.* duhitar. mъk *in* mъknati: *aind. muč.* rъ *in* rъvati;
aind. ru. rъd *in* rъdêti sę: *aind. rudh in rudhira.* snъha: *aind.*
snušā. sъh *in* sъhnati: *aind. šuš für suš.* sъp *in* sъpati: *aind.*
svap aus sup. tъštъ: *aind. tuččha aus tuskja. Aus* u *entsteht* ъ *auch*
in folgenden worten: dъbrъ: *lit, dubti.* dъh *in* dъhnati: *lit. dusu.*
dъno: *lit. dugnas.* gъb *in* gъnati: *lit. gubti.* lъg *in* lъgati: *got.*
liugan. mъhъ: *lit. musai.* pъta: *lit. putītis.* rъžъ: *lit. rugis.* smъk
im nsl. presmeknôti: *lit. smukti.* sъk. *r.* skatь: *lit. sukti.* sъp *in*
suti: *lit. supti.* vetъhъ: *lit. vetušas. Man füge hinzu* *igъla: igъ-
linъ: *pr. ayculo. Auch in entlehnten wörtern steht* ъ *für* u *und*
die verwandten vocale: istъba: *ahd. stubā.* kъblъ: *mhd. kubel.*
kъmotrъ: *mlat. compater.* kъnęzь: *got. *kunigga-.* mъstъ: *lat.*
mustum. mъtъ: *ahd. mutti. Dagegen* dъska: *griech.* δίσκος; *eben so*
skъlęzь *kn.-sav. 27: got. skilligga-. ahd. scillinc. Aus aslov.* y *in den*
frequentativen verben wie -dymati, gъmyzati, -sylati *folgt zwar, dass*
ъ *zu schreiben ist, nicht aber, dass* ъ *aus* u *hervorgegangen, da*
auch ъ *aus* a *in* y *übergeht. Auch im auslaut steht* ъ *für* u: olъ:
lit. alus. medъ: *lit. medus. griech.* μέθυ. *aind. madhu.* polъ, *sg.*
gen. loc. polu. synъ: *lit. sūnus. got. sunu-. aind. sūnu.* vrъhъ:
lit. viršus. Vergl. 2. seite 30. Dasselbe tritt ein bei lьgъkъ
levis aus lьgъ-kъ: *aind. laghu.* oblъ *rotundus: vergl. lit. apvalus,*
woraus jedoch nicht mit nothwendigkeit folgt, oblъ *sei ein u-stamm.*
pьsъ *canis: lit. peku pecus.* sladъkъ *suavis aus* sladъ-kъ: *lit.*
saldus.

*Es ist behauptet worden, u sei nicht unmittelbar, sondern
durch o in ъ übergegangen: aus* synuмь *sei erst* synoмь *und dann*
synъмь *entstanden. Geitler, Fonologie 6. 7. 8. Diese behauptung
ist eben so unrichtig wie die ansicht, i sei durch* e *in* ь *über-
gegangen: ursprachliches u und i sind um eine stufe herabgesunken,
d. h. zu* ъ *und* ь *geworden. Das lit. bietet u, nicht etwa a,
als dessen regelrechter reflex slav.* o *anzusehen ist:* bъd : *bud.* dъh :
dus. gъb: *gub usw. Der satz, dass die lebenden sprachen* ъ *und
nicht o voraussetzen, ist ebenso festzuhalten, wie der, dass in
worten wie* dьnь *dem vocal nicht* e, *sondern* ь *zu grunde liegt:* snъha
ist nach meiner ansicht älter als snoha, *dieses ist aus jenem hervor-
gegangen, und die heutigen formen: nsl.* sncha *und* snaha, *s.*
snaha, *r.* snoha *usw. beruhen sämmtlich auf der form* snъha,
und wenn gesagt wird, das russische schwanke zwischen dem älteren
o (legokъ) *und dem jüngeren* ъ (legka), *indem bei dem an-
wachsen des wortes am ende* o *zu* ъ *geschwächt sei, so meine ich,
dass sich in* legokъ ъ *als* o *erhalten, in* legka *hingegen laut-
gesetzlich ausgefallen sei. Der accent hat auf diese erscheinung keinen
einfluss.*

2. ъ enthaltende formen. α) Wurzeln. blъha *pulex. r.*
blocha. *lit.* blusa.   brъnija *lorica: ahd. brunjā.*   brъvь *super-
cilium: aind. bhrū.* bъčela *apis, eig. die summende: w.* bъk, *aind.
bukk, daraus* bučati. *lit. bukčus stammler. Nicht wegen lit. bitelê aus*
bьtkela. bъčьva *dolium. b.* bъčvъ. *r.* bočka.   bъd : bъdêti *vigi-
lare.* vъzbъnǫti *expergefieri.* bъdrъ, bъždrь *vigil. Aus* bъd *wird*
vъzbydati *expergefieri und* buditi *excitare (aus* *bud-) *gebildet.*
bьd- *zogr. nsl.* bdêti. *pr.* budē *vigilant. lit.* busti, budêti. budrus.
budinti *wecken. pasibaudêti. aind. budh, bōdhati erwachen. got. biudan
bieten, d. i. wissen lassen. Damit hängt vielleicht* bljudǫ *zusammen.*
bъhъ: на bъhъ, bъhъma, bъšijǫ *omnino.* bъšьнь *qui omnino est.
s. u bah. baš. b.* bъh *denial morse. Das wort wird von Geitler, O
slovanských kmenech na u 9, mit lit. butinas wirklich zusammen-
gestellt.*   drъg : *nsl.* drgati *tremere: vergl. lit. drugis febris.*   drъva
ligna: aind. dru. dъb *in* dybati *clam ire. b.* debjъ *schleiche: klr.*
dbaty *aufmerken. Daraus lit. daboti, boti Potebnja, Kъ istorii usw.
34.* dъbrъ *vallis.* dьbrъ *zogr.: für* ъ *spricht p.* debrza. *Man ver-
gleiche lit. dubti hohl sein. duburīs höhle. dubus tief. dauba tal. got.
diupa-. Vergl. aslov.* dupľê *cavus J. Schmidt 1. 164. und* dъno.
dъgna *cicatrix.*   dъh *in* dъhnǫti *spirare. r.* dochnuть, *daher* -dy-
hati. duhъ. *lit.* dusu, dusti *graviter spiritum ducere. Hieher gehört*

тъногь *aus* дъh-огь. *č.* tchoř *felis, eig. iltis.* дъna *morbus quidam.*
p. dna, denna niemoc. *č.* dna. дъno *fundus. lit. dugnas aus*
dubnas. lett. dibbens. pr. dambo. Vergl. дъbrь. дъ̈ska *asser, tabula.*
p. deska. *r.* doska, dska. *griech.* δίσκος. *ahd. tisk. anord. diskr.:* ъ
ist trotz des griech. ι *zu schreiben.* дъ̈šti, *sg. gen.* дъ̈štere, *filia.*
r. dočь. *pr.* duckti. *poducre stieftochter. lit. duktê, sg. g. dukters.*
got. dauhtar-. aind. duhitar. глъh *in* oglъhnąti *surdum fieri.* gluhъ.
гnьsь *neben* gnusь *sordes, scelus. mhd. gnist purgamenta.* гъb *in*
гъnąti *plicare, woraus* gybati *und* sъgubъ. *wr.* hbać. *klr.* bhaty:
(korovaj bhaty) *aus* hbaty. *Dieselbe w. bedeutet movere. lett. gubt sich*
bücken. istъba *tentorium, daraus nsl.* izba *usw. lit. stuba. lett. istaba.*
ahd. stubā. krъh: krъ̈šiti *frangere.* krъha *mica. nsl.* krhnôti
decerpere. r. krocha: *lit. krušti, krušu. Hinsichtlich des š vergl. man*
vetušas. krъvь *sanguis.* kroviją *cloz. I. 313.* krovъją *316. aind. kru*
in krūra blutig. kъ, kyti *nutare:* pokъvanije glavy *izv. 495.*
kъjąšte glavami *antch.* kъblъ *modius. b.* kъbel. *s.* kabao. *klr.*
kobeł. *č.* kbel. *p.* kubeł. *lit. kubilis. lett. kubuls. mhd. kubel,*
kübel. mlat. cupellus. kъh *in* kъhnąti *sternutare, daher* kyhati. *s.*
kihnuti, *durch einwirkung von* kyhati. *Vergl.* aind. *kšu (kšauti) aus*
kus. r. čchatь, čichnutь, čknutь *aus* kjüch-. kъmetь *magnatum*
unus. nsl. kmet *agricola. s.* kmet *usw., daraus lit. kumetīs.* kъnęzь,
kъnęgъ *princeps: got.* *kunigga-. ahd. kuning.* kъsъnъ *tardus.*
lobъzati *osculari. Fick 2. 452. vergleicht lit. lupa lippe. lupužê*
lippchen: davon -lobyzati. lъbъ *calvaria: vergl. pr. lobis schädel.*
lъg *in* lъgati *mentiri, daher* -lygati. *got. liugan, laug, lugans.*
ahd. lug. lъk: *p.* łkać, łykać *schluchzen. č.* lkáti. lъžica *cochlear*
aus *lъža. r.* ložka. *p.* łyžka *für* łžka: *w. ist wohl* lъg, *womit*
griech. λυγ (σλυγ), λύζω, *alb. geg. lughu, tosk. l'ughę und ahd.*
sluccan deglutire zu vergleichen. mъčьtъ *imaginatio, varietas.*
mъha: mъ̈šica *culex. č.* mšice: *lit. musinas. musulai pl. pr. muso.*
mъhъ *muscus. lit. musai kahm. ahd. mos.* mъk *in* mъknąti *movere,*
daher -mykati. mъčati *iactare als verbum III:* vlъnami mъčimi
sup. 115. 20: lit. mukti sich ablösen. maukti, maukiu ziehend gleiten
lassen, abstreifen. mukti, munkti entfliehen. aind. muč, muñčati loslassen.
mъnihъ *monachus: ahd. munich.* mъstъ *mustum. č.* mest, *sg. gen.*
mstu: *lat. mustum.* mъtъ *modius. č.* met, *sg.* mtu: *ahd. mutti.*
nepъ̈ševati *putare.* nъг: nyrati *immergi ist iterativ.* nur- *in*
iznuriti *consumere, eig. wohl eximere. Daneben besteht die a-w.*
nъг. nъ̈štvy *mactra. nsl.* naćke. *b.* nъ̈štvi. *nserb.* njacki. pêsъkъ
sabulum. Vergl. aind. pāśuka. plъtь *caro. r.* plotь: *vergl. lett. pluta.*

pъta, pъtica *avis*. pьticь *neben* pticamъ, pticę. pьtênьca *zogr. lit.*
putītis aus putītjas, das aslov. pъtištь *lautet. lit. paukštis. lett. putns*
vogel. lat. putus, pullus, putillus. aind. putra. Minder wahrscheinlich
ist die vergleichung mit aind. pat volare.　rъ *in* rъvati, rъvą *evellere*
neben ryti, ryją *fodere. lit. ravêti, rauti. lett. raut. lat. ruo. aind.*
ru, ravatē.　rъd *in* rъdêti sę *rubere, daher* ryždь *für und neben*
rъždь. ruda. *r.* ruda *auch blut, daher* rudometъ. *č.* rudý. *p.* rudawy.
lit. rudêti. rudas. rauda. raudonas. lett. ruds. rudains. got. rauda-.
griech. ἐρυθρός. ἐρεύθω. *air. ruád. aind.* rudh *in* rudhira. *Davon*
rъžda *rubigo. r.* rža.　rъžь *secale. r.* rožь. *lit. rugīs. lett. rudzi.*
ahd. rocco. *w. wahrscheinlich* rŭg: *vergl. lit.* rukštas *sauer aus rug-*
tas. lett. raugs *sauerteig.* raudzēt. *Roggenbrot hat einen säuerlichen*
geschmack.　smъk *im nsl.* presmeknôti *pertransire, eig. trahere,*
davon aslov. -smykati. smučati *repere. lit. smukti, smunku gleiten.*
smuklis. lett. šmukt.　snъha *nurus. nsl.* sneha, snaha, *falsch* sinaha.
b. snъha. *ahd.* snura. *alb.* nuse. *aind.* snušā.　strъgati *neben dem*
denominativum strugati *radere: griech.* στρεύγεσθαι.　sъh *in* sъhnǫti
siccumfieri, davon -syhati. suhъ. *p.* schnąć. *lit. susti, susu. aind.* suš *für*
suš. abaktr. huš.　sъk *im r.* skatь, sku *torquere, davon aslov.* sukati.
lit. sukti, suku. lett. sukt.　sъmêti *audere. Das wort ist dunkel. Vergl.*
rumun. sumec *verwegen.*　sъp *in* sъpati *dormire, davon* -sypati. sъpъ.
usъnąti. *p.* sypiać *für* sypać. *aind. svap, svapiti. lit. sapnas. lett. sapnis.*
anord. sofa. griech. ὕπνος. *lat. somnus: w. wohl* sup.　sъp *in* sъpą,
suti *fundere. nsl.* suti, spem, *daher* -sypati. supъ, supъ *turris. pr.*
suppis damm. aslov. nasъpъ. *Mit lit.* supti, supu *schaukeln, vergl. aslov.*
svepiti *agitare und lat.* supare, dissipare *J. Schmidt 2. 460.*　sъs
in sъsati, sъsą *sugere. lett. sūkt.* sъs *nach Fick 2. 675. aus* sъks.
sъtъ *favus. Das wort wird mit der w.* su *suere zusammengestellt,*
die slav. in der form sjъ, *sju* erscheint.　trъstь *arundo: lit. stru-*
stis halm.　tъk *in* tъkati *texere, davon r.* vytykatь. zatokъ, *daher*
nicht tъk. *Es ist wohl eine a-w. Vergl. seite 79. pr.* teckint *machen.*
tъk *in* tъknǫti *figere, pungere, davon* tykati *pungere. Man ver-*
gleiche aslov. pritycati *comparare.* pritykati *offendere und p.* doty-
kać się *tangere; ferners r.* točka *punctum und* točь vъ točь *précisé-*
ment, worte, die mit aslov. tъkъmo *wohl schwerlich verwandt*
sind.　tъpati *palpitare.* tъrъtъ *strepitus. r.* toptatь. *nsl.* cepet.
p. podeptać *neben* tupać, tępać *calcare. Man bringt das wort mit*
aslov. tepą *und mit griech.* τυπ *in* τύπτω *in verbindung.*　tъsk *in*
tъsnąti, tъštati ἐπείγειν *properare, studere. p.* tesknić, tęsknić.
tъštь *vacuus. nsl.* na tešče *nüchtern: lit. tuščas, tuštas ist entlehnt.*

Eben so lett. tukš. aind. tuččhja aus tuskja. vetъhъ *vetus. lit.*
vetušas. lat. vetus, vetus-tus. vъnъ, *richtig* vьnъ, *foras. r.* vonъ:
vergl. seite 109. vъšь *pediculus. nsl.* uš, vuš: *lit. utis, lett. uts.* ъšь,
vъšь *beruht vielleicht auf ut-h-ъ. Vergl. auch lit. vêvêsa, vévesa viehlaus.* vъtrь *faber: pr. wutris faber ferrarius. autre officina ferraria. jutryna festes schloss Fick 2. 525. Geitler, Lit. stud. 73.* vъzъ ·
ἀνά: *lit. už. alt ąžu Bezzenberger 44: vergl. pr. unsai, unsei hinauf. Demnach ist* vъzъ *wahrscheinlich* vązъ *und dieses* vą *(für* vъ*) und* zъ, *wie*
nizъ ni *und* zъ, prêzъ prê *und* zъ, razъ *lit. ar, pr. er, lett. ar und*
zъ. *Allerdings weicht in diesen fällen die bedeutung der praepositionen mit* zъ *sehr ab von der der themen.* zъlъ *malus: vergl.*
aind. ǵur, ǵuratē *in verfall kommen:* zъlъ *wäre demnach urspr.*
schwach. Andere ergleichen aind. guru gravis. zъvati, *auch* zvati,
zovą *vocare: aind. hu, havatē. abaktr. zu, zavaiti.* zъvati *ist wohl*
zъ-v-ati.

Dass blъha *und* brъnija blha *und* brnija; lъgati *und* rъdêti
sę *usw.* lgati *und* rdêti sę *gelautet haben, wird unter den r-consonanten darzutun versucht. Die worte sind hier aufgeführt worden,*
weil dieselben in einer allerdings sehr frühen, der entstehung des aslov.
vorhergegangenen zeit und in den demselben nächst verwandten sprachen
den laut ŭ *enthielten und enthalten.*

β) Stämme. ъ *kommt als vertreter eines kurzen u vor in den*
nach der ъ(u)*-declination flectierenden nomina:* medъ *mel: aind.*
madhu. lit. medus, midus. pr. meddo. as. medu. ahd. metu. griech.
μέθυ.ʼair. *med(u).* vrъhъ *cacumen: lit. viršus usw., daher* medъmь
usw. 2. seite 53. 3. seite 30. Das partic. praet. act. I: pletъ *aus*
pletъs, byvъ *aus* by-v-ъs 2. *seite 328. Zu den u-stämmen gehörten*
ursprünglich die adjectiva, die gegenwärtig auf ъ-kъ *oder auf* o-kъ
auslauten: blizъkъ: *vergl.* blizu. lьgъkъ: *aind. laghu. lit. lengvas.*
gląbokъ: *vergl. griech.* γλαφυ-ρός. vysokъ: *vergl. got. auhu-ma.*
Geitler, Fonologie 6. Hieher gehört auch pêsъkъ *sabulum: vergl.*
aind. pãsu, pãsuka. nogъtь *kann mit pr. nagu-tis lat. unguis verglichen*
werden. Man kann jedoch in der jagd nach u-stämmen von der wahrheit weit abirren, was jenen begegnet, die in mъnogъ *wegen* mъnogъmi *valde, in* gluhъ *wegen* gluhovati *usw. u-stämme erblicken.*
rêdъkъ: *vergl. lit. erdvas, ardvas. Häufiger ist in den stämmen* ъ
aus kurzem a: baj *fascinatio für* bajъ, *d. i. bajas 2. seite 2 usw.*

γ) Worte. *Im pl. loc., wo su in* hъ *übergeht:* rybahъ. synъhъ.
rabêhъ. mêstêhъ. *Im supinum:* prognatъ: prognatь ego grędą
pat.-mih.: tъ *ist tsm. lit. tu, tun Bezzenberger 230.*

3. *Durch die halbvocale werden in fremden worten minder gewöhnliche consonantengruppen getrennt.* av'va. far'firą *luc. 16. 19.* kaferъnaumъ. lep'tê. mat'tea. mъpazъ, mъpavь, mъpasą *neben* mnasą. nar'dьny. rak'ka. rav'vi *neben* rabbi. tek'tonъ. *Man merke* k'vasa *und* dъva *neben* dva. nekъli *luc. 20. 12. ist mit* negoli, neželi *gleichbedeutend. Dunkel ist* dohъtorъ *marc. 4. 38. zogr. b. bietet* kinъsъ. skanъdalisactъ. razъvê *und sogar* sъvoemu. olokavъtomata. pas'hą. pavъlu *neben* pavelъ. titьlь *cloz.* zakьheu *assem.* dip'tuha *glag.-sin.* didragъmy *sav.-kn. 22.* filipьrêhь *žiš.* rav'vi *ostrom.* gotьthinь *prol.-rad.* drehьlь *hom.-mih.: dagegen* manasь *anth. neben* mnasь *sup.;* iskarь *nic. für* iskrь *ist serb. Es ist selbstverständlich, dass von der entstehung dieser halbvocale nicht gesprochen werden kann. Hier mag* p. kieł, *sg. g.* kła, *r.* klykъ *hauzahn, s.* kaljac, *erwähnt werden: diese worte beruhen auf urslav.* kъlъ, *das wohl nicht von* kol *in* klati *abgeleitet werden kann.*

4. ъ *steht für* ь: črъmъnuetъ sę. dьnevъnyję, nadьnevъny. edъnače. sъpъmъêstъ sę. sъpъmъ. sъpъmišta. sъmyslъno. pravъdą. pravьdъna. ravъno. sъrebra. potrêbъnu. tъma, *stets so.* tъšta. vъdovica. vъsakoę. zemъnyhъ *zogr. Noch öfter und zwar nicht selten an stellen, wo es in zogr. a. nie oder sehr selten vorkömmt, tritt* ъ *für* ь *in zogr. b. auf:* avraamlъ. bolъši. čъli. načъnъšju. čъto. na nъ. kolъ kratъ. lêtъ. vъzložъ. polъza. sъmrътъ. mytarъ. ognъnają. oselъsky. sedъmъ. skrъbъ. poslêdъ. sъde. žъdъ. prišъlъca. učitelъ. zapovêdъ. oblastъ. oženъ sę: *zogr. b. gebraucht* ь *nur selten, das dem slêpč. unbekannt ist.* balъstva. bezočьstvo. 'ubožъno. ст̄ъ. začъnątь. čъto. dlъžъni. drъzostъ. gospodъ. hądožъstviê. neistovъstvo. moštъ. pêsnъ. plъtъscêj. poganъskъ. pravъdą. račъšą. roždъstvo, rožъstvo. silънъ. naslêdъstvujątъ. sъtrъpêlъsvomъ. tъmê. ustъpama. vêčъnago. vêčъnumu. nevêždъstvьju. nepovinъnь. oblastъ. vražъdą. obličająštъ. prêspêjąštъ. sąštъ. zatvarêjąštъ *und* tъštъ *cloz.* propъni *mariencod.* čъto. služъbą. vъ nъ *(d. i.* vъ ńь) *sav.-kn. 4. 6. 7.* ložъ. svobodъ. vъsę *neben* vьsę. žъnęj *usw. ostrom.* čъto. donъdeže. drehlъstvъmь *sborn. 1073.* myslъ. pogybêlъ. tvarъ *greg.-naz.* čъto. pravъdoą *psalt.-eug.* vъzdaždъ. prišъlъcъ. vъsę *psalt.-sluck.* križъnъmъ. vъkušъ. sъtvorъšago *prag.-frag. Der pl. gen.* dъnъ *cloz. 1. 904. beruht auf* dьnjъ, *dessen* j *vernachlässigt ist.*

5. ь *steht für* ъ: azь *neben* azъ. blizь. bьdite, bьdrъ. 'domь. glasь *neben* glasъ. êdъšê. krotьci. petrь. prêdь *neben* prêdъ. poslêdъ *zogr. b.* vamь. nepovinъnь *cloz.* vь nъ *in eum assem.*

оnь *sup.* bogatь. prêdьtekъ. vъseljenêj. sьsьci. vъstocê *ostrom.*
byhomь. dêlomъ *pl. dat.* inêhь.

6. ь *ist aus* jъ *für ju, iu hervorgegangen.* blъvati *vomere
beruht auf* biǔ-v-ati. bljują *auf* biują. klъvati, klьvą *und* kljują
rostro tundere. nsl. kljuvati, kljujem. plъvati, pljują. pljunąti
neben plinąti *spuere. nsl.* pljuvati, pljujem. *fъvati:* rъvanije
rugitus, rjuti *rugire.* šьvъ *sutura. lit. siuvas in apsiuvas: daraus*
r. podošva, počva *aus* podšva. šьvьcь *sutor. lit. siuvikas. partic.*
šьvenъ *aus* sjǔ-v-e-nъ. žьvati, žьvą, žują *mandere. In diesen worten
steht* ь *ursprünglichem* iǔ *gegenüber, das folgende* v *ist des hiatus
wegen eingeschaltet, oder, was vielen plausibler sein wird, aus dem
u hervorgegangen. Wer* ь *dem* i, v *dem* u *gleichstellt, wird weder*
plъvati, *noch* šьvъ *erklären können: statt des ersteren müsste man*
pьvati, *statt des letzteren* sьvъ *erwarten. So mag auch* ь *in* čьbrъ,
ahd. zubar, zwibar, entstanden sein. Nicht anders *čьhnąti. klr.* čchnutь
bibl. I, woraus čihati, *das wie* kъhnąti, kyhati *auf einer w. küs
beruht. č.* šle *band entspricht, wie es scheint, lit. siulê nat, saum,
faden und steht, wenn dies richtig, einem aslov.* šьlja *aus* sjъlja,
sjùlja *gegenüber L. Geitler, Lit. stud. 60. Die partic. praet. act. I.
der verba IV. wie* roždь γεννήσας *aus* rodjъ, rodju, rodiu, rodius;
eine andere erklärung nimmt folgende reihe an: rodiu, *dessen* i
mit ursprachlichem i *nichts gemein haben soll,* rodeo, rodejo, rodьje,
rodje, rožde *(in* roždej, *das neben* roždij *vorkömmt) und durch
schwächung des* e *zu* ь: roždь; *ebenso soll* tvorь, krašь *entstanden
sein, Geitler, Fonologie 12. 13, formen, die ich aus* tvorjъ, krasjъ
erkläre. Fick, 2. 654, denkt bei lъštą sę *splendeo an ein* ljuktją,
eine ansicht, der nsl. leščati se, *nicht* lečati se, *kr.* laskati se *usw.
entgegen steht.*

7. ъ *fällt aus und ab.* ъ *muss abfallen nach* j, *daher nicht
nur* kraj, *sondern auch* koňь, otьcь, vračь, košь *usw. aus* krajъ,
konjъ, otьcjъ, vračjъ, košjъ *usw.* ъ *kann fehlen, etwa wie* ь *(ver-
gleiche seite 119):* iglinъ. mękka. mnogo: kъňiga *bewahrt sein*
ъ *zogr.; in anderen fällen fehlt* ъ *regelmässig: dies trifft das aus-
lautende* ъ *der praefixe und praepositionen:* iziti. ohoditi *aus* otho-
diti. izdrešti *und* izrešti. vъzdrydati *und* vъzrydati. vъždelêti *aus*
vъzželêti *usw. neben* nizъhoždenьju. nizъloži. otъrešti *zogr. b.* izъ-
spošę *lam. 1. 33.* für isъpošę. iz-domu. iz-vъsi. iz-ustъ. iz-ątrii.
is-korabľê. ob-onъ polъ. bečьstii. beštьsti. bestraha *zogr.* bezu-
bytьka *krmč.-mih. Vor praejotierten vocalen erhält sich der aus-
lautende halbvocal des praefixes oder die praejotation schwindet:*

10*

obьetъ *d. i.* obьjetъ. obьjemljątъ *neben* obemljątъ *zogr.* na obь-
jetehь εἰς τὰς ἀγκάλας *bis prol.-rad. 119.* razьjariti *frag.-serb.* podь-
jętъ. uzьjarimь se *lam. 1. 151.* podъjemlemъ *izv. 668. Auslau-
tendes ъ der entlehnten worte fehlt nicht selten:* isus *neben* isusъ
zogr. mariencod. amin ἀμήν *neben* aminъ, aminь, *dieses am häufigsten
zogr.* avivos *sup. 187. 23.* arios *392. 24.* zanithas *187. 22.* isus
83. 7. litus *6. 6.* maris *187. 23 neben* marisъ *198. 24.* maro-
thas *187. 22.* masrath *189. 13.* nersis *187. 23 neben* nersisъ
198. 24. nikal *50. 19.* sakerdon *50. 14.* simveithis *198. 24.*
simvoithis *187. 23.* siroth *189. 13.* filiktimon *50. 17.* theodul
50. 18. tholas *200. 26.* amin *ostrom. fünfzehnmahl.* ahatis *svjat.-
mat. 10.*

8. *In vielen fällen ist es zweifelhaft, ob der ausfall eines halb-
vocals oder eine consonantengruppe anzunehmen sei.* pêtlъ *gallus,*
svêtlъ *lucidus,* sedlo *sella sollen aus* pêtьlъ, svêtьlъ, svêtelъ, sedъlo
*entstanden sein: diese schreibungen kämen neben jenen vor und für diese
spräche das gesetz, dem zu folge* tl, dl *unvereinbar seien. Dass die
angeführten worte auch mit halb- oder selbst vollen vocalen vor-
kommen, lehrt das lexicon; was jedoch die regel hinsichtlich des* tl,
dl *anlangt, so ist sie selbst in der ersten ordnung der slavischen
sprachen — in der zweiten gilt sie gar nicht — so wenig durch-
gedrungen, dass die der altslovenischen nächst verwandte sprache, die
neuslovenische, neben* plcli — plcdli, *neben* krali — kradli *kennt
3. seite 163. Die ansicht, als ob die regel ehedem energischer durch-
geführt worden wäre als später, ist das widerspiel dessen, was die
forschung ergibt. Man kann zweifeln, ob* mьdlьnъ *oder* mьdьlьnъ,
obidlivъ *oder* obidьlivъ *richtiger ist.* sъląkъ *ist genauere schreibung
als* sląkъ. *Ob* ąglъ *oder* ągъlъ *anzusetzen sei, erscheint zweifelhaft:
cloz. 1. 868.* ągъlcnъ *spricht für die letztere form. Aus aind.* angāra
ein aslov. ąglь *für* ąglъ *zu folgern, halte ich nicht für zulässig. Dass*
oblъ *mit lit.* apvalus *zusammenhängt, ist zuzugeben, ein* obъlъ *dadurch
jedoch kaum zu begründen. Durch das deminutivum* okъnьce *kann*
okъno *für* okno *nicht bewiesen werden; ebenso wenig* svekъrъ *statt*
svekrъ *durch lit.* šešura. dъva *und* zъvati *findet man neben* dva *und*
zvati. *Dass* znati *zwischen* z *und* n *den halbvocal* ь *eingebüsst habe,
wird durch lit.* žinōti *wahrscheinlich, die frage ist nur, wann* ь *aus-
gefallen: die schreibung* zьnati *ist nicht zu rechtfertigen. In* brati
hat sich zwischen b *und* r *der vocal* ь *verloren; in* gnati, *wofür
auch* gъnati *vorkömmt, ist ausfall des* ъ *aus* a *anzunehmen.* sedъmъ
septem liest man in zogr. b. für sedmь. *Für* jarьmъ *iugum spricht*

wohl das p. jarzmo; *greg.-naz. 221 bietet* vihъrъmъ; *slêpč. 306.*
esъmъ, *sup. sogar* jesemъ. *Dass in* imenьmь ь *nicht eingeschaltet,
sondern* imenь *neben* imen *als stamm besteht, braucht nur bemerkt
zu werden.*

*Nachdem im inlautenden ru, lu das ursprünglich kurze oder
kurz gewordene u in ъ übergegangen war, entwickelte sich aus* rъ,
lъ *im laufe der zeit in der sprache der vorfahren der Slovenen,
Serben, Chorvaten und Čechen das silbenbildende* r, l: brъvъ *d. i.*
brvь. *aind. bhrū.* blъha, *d. i.* blha. *lit. blusa. So auch* brъnija, *ahd.
brunjā. Anlautendes ru, lu bewahrt den halbvocal, ergibt demnach kein
silbenbildendes* r, l: rъdêti sę *rubere.* lъgati *mentiri, daher iterativ*
obrydati sę, oblygati. *Vergl. meine abhandlung: Über den ursprung
der worte von der form aslov.* trъt. *Denkschriften, Band XXVII.*

II. Zweite stufe: y.

1. y, *kyrillisch* ъı *oder* ън, *in jüngeren quellen* ъı, *heisst im
alphabete* jery, ıеръı, *ein name, der den zu bezeichnenden laut am
wortende enthält, weil derselbe eben so wenig wie* ь *und* ъ *im anlaute
stehen kann.*

*2. Was die aussprache des y betrifft, so ist dem buchstaben der-
selbe laut zuzuschreiben, welchen* y, ı *noch jetzt im poln., klruss. und
russ. bezeichnet. Brücke 30. rechnet y zu den schwer zu bestimmenden
vocalen: er hörte es als ein unvollkommen gebildetes u^i. Nach
meiner ansicht ist von* ъ, *d. i. von dem laute auszugehen, der von
Lepsius unbestimmter vocal genannt und durch* e *bezeichnet wird, und
man wird den laut y hervorbringen, wenn man* ъ, e *mit grösserer
energie ausspricht, eine energie, die, wie es scheint, notwendig ist,
um die stimmbänder einander zu nähern. Der laut des y findet sich
in den türkischen sprachen; der rumun. laut* ж *in worten wie* mormąnt
мормжнт *ist das russ.* ı, *nur wird es mit vertieftem klang der
stimme gesprochen. Von diesem standpuncte aus ist die schreibung* ъı,
ън *erklärbar, da man bei energischer aussprache des* ъ, e *nach diesem
laute in der tat· unwillkürlich ein i, j hervorbringt, das um so deut-
licher gehört wird, je kräftiger* ъ, e *ausgesprochen wird. Wenn man
demnach ein unvollkommen gebildetes u^i hört, so ist dies ganz richtig:
die unvollkommenheit liegt darin, dass u wie* ъ *lautet. Wer daher* ъ
durch e *bezeichnen würde, würde durchaus nicht irren, wenn er y,* ъı
durch e^i *umschriebe. Man kann sich die schreibung* ъı, ън *auch
durch die annahme erklären, man habe in worten wie* добрън, *worin*

ⰏН *aus* Ⱏ *und* Н *entstanden ist, deutlicher als in anderen beide laute vernommen und dann* ⰟІ, ⰟН *auch dort angewandt, wo das nahe verwandte einheitliche* y *gehört wurde. Mit dieser lautlichen geltung des* y, ⰟІ *hängt seine stellung im systeme des slavischen vocalismus zusammen:* y *steht zwischen* Ⱏ *und* u, ογ, *es ist gewichtvoller als das erstere, weniger gewichtvoll als das letztere. Es entspricht daher dem slavischen* i, *das gleichfalls zwischen* ь *und* ê *zu stellen ist. Der unterschied zwischen* y *und* i *besteht darin, dass in der* u - *reihe der zwischen* Ⱏ *und* u, ογ *stehende laut* Ⱏ^i *eine eigene bezeichnung hat und haben muss, während* i *ein wirkliches* i *ist, allerdings, wie oben gezeigt wurde, kein aind.* i. *Die aussprache des* y, ⰟІ *als* e^i *in dem angegebenen sinne ist nach meiner ansicht uralt und ich kann die behauptung, es sei im neunten jahrhunderte aslov.* bujti *für* byti *gesprochen worden, nicht als richtig anerkennen, denn die lateinische umschreibung des* y, ⰟІ *durch* ui *wäre nur dann für jene behauptung beweisend, wenn dem lateinisch transscribierenden der laut* ẹ *geläufig und in seinem alphabete ein zeichen dafür vorhanden gewesen wäre: da dies nicht der fall war, so schrieb man, was man zu hören glaubte, wie man heutzutage teils* ü, *teils* uj *zum ausdrucke desselben lautes anwendet, obgleich p.* być *weder* büć *noch* bujć *lautet. Mit dieser ansicht von dem wesen des* Ⱏ *und* y *sind die tatsächlichen erscheinungen in vollkommenem einklange. Man kann nämlich leicht wahrnehmen, dass* Ⱏ *in manchen fällen in* y *übergeht; es sind dies fälle, in denen dem* Ⱏ *eine energischere aussprache notwendig zukommen muss, wodurch es zu* y *verstärkt, gedehnt wird. Dies findet vor dem* j *statt, daher* dobryj, ⰄⰑⰁⰓⰟІН *für und neben* dobrьj, ⰄⰑⰁⰓⰟН, *so wie der pl. gen.* gostij *aus* gostьj *entsteht.*

3. Wie ь *und* Ⱏ, *so ist auch* y, ⰟІ *ein dem slavischen eigener, allerdings nicht ausschliesslich eigener laut. Dass die slavische ursprache diesen laut besass, erhellt aus der übereinstimmung aller slavischen sprachen in dem gebrauche desselben. Die sprachen, denen der laut* y, ⰟІ *heutzutage unbekannt ist, hatten denselben in einer älteren periode; in allen beruht der gegenwärtige zustand auf dem ehemaligen vorhandensein des* y, ⰟІ. *Unrichtig wäre die annahme,* y *sei in allen fällen jünger als* Ⱏ; *es ist vielmehr unzweifelhaft, dass der auslaut von* svekry *nicht auf dem auslaut von* svekrⰟ *beruht, dass demnach beide worte neben einander bestanden,* svekrⰟ *als nachfolger eines dem ursprachlichen* svaśura, *aind.* śvaśura, svekry *hingegen als stellvertreter eines dem ursprachlichen* svaśrū, *aind.* śvaśrū, *entsprechenden wortes. Auch das kann nicht zugegeben werden, alle* y *seien aus* Ⱏ

entstanden, vielmehr sind die laute, aus denen sich y *entwickelt hat,
sehr mannigfaltig, wie weiter unten gezeigt werden soll.* Aus dem
gesagten ergibt sich, dass in der ältesten zeit in ꙑ, ꙑн beide laute
ъ und і nur dann gehört wurden, wenn ꙑ, ꙑн mit besonderem nach-
druck ausgesprochen ward: *aslov.* synъ *lautete demnach wie* p. syn.
Damit stimmt nicht nur die entstehung des lautes y *aus* ъ, *sondern
auch der umstand überein, dass selbst formen wie* dobryihъ, d. i.
ursprünglich dobryjihъ, *häufig in* dobryhъ *übergehen.*

Die vorstellung, y, ꙑ *sei ein aus* ъ *und* і *zusammengesetzter laut,
ist nach meinem dafürhalten physiologisch unrichtig: dass sie sich vom
standpunkte der etymologie nicht begründen lasse, ist keines beweises
bedürftig. In* synъ *tritt ein* і *nicht ein, und was von* synъ, *gilt von
allen ähnlichen worten. Nach meiner ansicht ist* y *häufig unmittelbar
der reflex des ursprachlichen* ū, *während andere annehmen, aus* ū *sei
zunächst* ui, *aus diesem erst* y *geworden; jenem begegne man noch
in einer anzahl litauischer formen, es sei jedoch im lit. einigermassen
eingeschrumpft (jaksi* zakrněl), *während das slav. auf der bahn fort-
geschritten sei. Diese vermittlungsrolle des lit.* ui *zwischen* ū *und* y
wird in folgenden formen angenommen: builas *wilder körbel: aslov.*
bylije *planta.* buitis *existenz: aslov.* bytije. kuikê *elle:* kyk im č.
kyčel *hilfte.* kuila *hodenbruch: aslov.* kyla. luinas *hornlos: aind.*
lūna *abgeschnitten. pr.* luysis. *lit.* lušis: *aslov.* rysь. skuitau *furo,
deliro: aslov.* skytają sę *vagor.* smuikas *geige: aslov.* smykati *streichen:
zu vergleichen ist* smykъ *im p.* smyczek, *r.* smyčokъ *fidelbogen.*
stuinus *kräftig: aind.* sthūṇā *columna, eig., wie man meint, validus.*
suika *neben* sunka *saft. lit. dialekt.* suitis. *lett.* suits *überflüssig: aslov.*
sytъ. tuinas *zaun: aslov.* tynъ. *Den übergang vom lit.* lunkas *bast
und dem aslov.* lyko *soll* luika- *bilden:* lūka-, *luika-* lyko. · *Wenn
man die angeführten lit. worte, deren zusammenstellung mit dem ent-
sprechenden slav. zugegeben werden muss, prüft, so findet man, dass
die mehrzahl der lit. worte aus dem slav. entlehnt ist, und so ferne
bei diesen die vertretung des slav.* y *durch lit.* ui *vorkömmt (muilas,
r.* mylo), *müssen sie ausser der betrachtung bleiben. Was nach
abzug dieser worte erübrigt, ist nicht geeignet, die lehre, der laut* ui
sei als vorstufe des y *anzusehen, annehmbar zu machen. Geitler,
Fonologie 34. Lit. stud. 49. Man wird sich wohl nicht auf fz.* ui
aus o *berufen:* cuir *corium.* huis *ostium.* muid *modius, noch weniger
auf aeolisches* υι *aus* οι: ἀτέρυι *für* ἑτέροι *Hirzel, Aeol. 9.*

Hat aslov. y *den normalen laut des pol.* y, *russ.* ы, *so kann
dasselbe nicht als diphthong angesehen werden; es ist ein eigenartiger*

vocal, dem wir, wie bemerkt, auch in anderen sprachen begegnen: türk.
von Lepsius durch i̧ *bezeichnet:* baɫyk *fisch.*

Der laut y *wird in* lat. *urkunden früherer zeit selten durch*
oi, ui, *regelmässig durch* u *wiedergegeben:* spoitimar annal.-fuld.
spytiмêгъ. tabomiuzl dux obodritorum *für* -muizl. dobramuzlj salzb.-
verbrüderungsbuch. dabramusclo dobromyslъ. miramusele *für* mira-
muscle miromyslъ. -musclus -myslъ. musclonna. primusl prêmyslъ.
semmemuscle zemimyslъ. sobemuscla. seuemuscle. uuitamusclo *aus*
Aquileja IX.—X. *jahrh.*

4. *Dass* y *und* ъ *in der aussprache einander nahe standen, ergibt*
sich daraus, dass nicht selten das eine an der stelle des andern steht.

a) ъ *steht für* y: (i)nъе̢ rabъ *mit über* ъ *stehendem* i ἄλλους δούλους
matth. 21. 36. zogr. *b.* vъ cr̅kъ εἰς τὸ ἱερόν 21. 23. ibid. *für* inyje,
crъky. duhovъnъhъ cloz. 1. 50. slъšati 180. vêrъnъmъ 112. vladъka
265. vъ къ časъ ποίᾳ ὥρᾳ. nъnê. prêbъvaetъ assem. nebogъmъ
sup. 286. 26. für nebogyimъ. bъvъšju sav.-kn. 81. nedąžъnъe̢ 20.
obъčaju 117. vъšъnihъ 134. ljubь pat.-mih. 148 für ljubъ, ljuby.
pokrъvati. ljubъ (ne sъtvoriši) iac. 2. 11.-slêpč. bъtija parem.-grig.
217. sъ ὑπάρχων luc. 16. 23.-ev.-buc. bъstъ. križъnъmъ prag.-frag.
rъby *für* ryby ostrom. nъ ἡμᾶς greg.-naz. bъlъ 106. mъčą̃štema.
razmъslъmъ 227. rasъpana 161. kъją̃šte glavami antch. ljubъ kuju
къ komu op. 2. 2. 305. bъvajetь svjat.-mat. 6. bъti ippol. 35. 139.
Damit vergleiche man izobolijc prol.-rad. *für* izobylije περιουσία.

b) y *für* ъ: byždrь *für* bъždrь: vergl. *auch* ryždь *mit* rъdêti.
myšьca *mit* mъšica. kyznemъ apost.-ochrid. 98. 282. isьsyše exaruit
pat.-mih. 34. *für* isъše. usypьši ej 118. kykь 116. b. *für* kъkъ
slêpč. *Man merke auch* sъzydana zogr., *wofür sonst entweder* -zъd-
oder -zid-. *Man vergl. auch* uvêmy cloz. 1. 810 *neben* uvêmъ 176.
812 *und* iskry ant.-hom. 224. *für* iskrь.

5. *Da der laut des* y *nur der verstärkte laut des* ъ *ist, so ist*
die bezeichnung des y *durch* ъı *richtig, die durch* ьı *unrichtig. In*
den pannonisch-slovenischen denkmählern bildet ъı, ън *die regel,* ьı
die mehr oder weniger seltene ausnahme: vьн, vêkьн *und* vêkьı.
prêbьнvaję̢ assem. bьıhь sup. 99. 20. bьıvьšu 160. 2. vьн 52. 2.
vêrьı 182. 3. ženьı 99. 29. nogьı 160. 4. nьн 59. 7. pakьı 100. 2.
pętьıi 129. 8. sъborьı 146. 14. sьıdьı 195. 12. sevьıгovъ 218. 14.
tьı 99. 28. *Wenn man diese geringe anzahl von* ьı *und den bedeu-*
tenden umfang des denkmahls erwägt, so wird man ьı *für* ъı *im*
sup. *als ausnahme ansehen.* ъı *und* ън *haben gleiche geltung:* bънstъ
vън. nънnê *neben* bъıste. nъınê assem. *In den bulgarisch-slovenischen*

denkmählern gewinnt das ꙑ *immer mehr die oberhand, bis es zuletzt
allein angewandt wird. Schon das pat.-mih. und der služebnik aus
dem XII.-XIII. jahrhundert bieten nur* ꙑ. *Drev. slav. pamjat.
63; dasselbe gilt vom Pogodin'schen psalter aus dem XII.-XIV.
jahrhundert 54; vom Norov'schen psalter aus dem XIII. jahrhundert
61; vom evangelium aus Zographos aus dem XIV. jahrhundert
123, während ein sbornik aus derselben zeit* ꙑ *und* ъ_ꙇ *hat 72. Dass
die bulg. denkmähler, die nur* ъ *kennen, wie der apost.-slêpč., auch
nur* ъ_ꙇ *darbieten, ist natürlich Drev. slav. pamjat. 301. apost.-
ochrid. 269. Die serbisch-slovenischen quellen bieten regelmässig* ꙑ
dar, ън *gehört zu den seltenen ausnahmen, und hat sich wohl nur
aus der vorlage des schreibers eingeschlichen: so liest man in krmč.-
mih.* bъistь, strastъnъtje, *was nicht befremdet, wenn man bedenkt,
dass das denkmahl aus einer russisch-slovenischen vorlage geflossen ist.
Da die Russen die beiden halbvocale* ъ *und* ь *in der aussprache
unterscheiden, so hat sich bei ihnen die schreibweise* ън *oder* ъꙇ
erhalten. Nur ausnahmsweise findet man ꙑ *in den ältesten denk-
mählern, wie z. b. in den sborniks von 1073 und 1076. zap. 2. 2. 9.
Der ostromir kennt nur* ъꙇ. *In einem russ.-sloven. evangelium aus
dem XIV. jahrhundert steht schon meist* ꙑ *für* ъꙇ; *ebenso im obi-
hodъ aus derselben zeit; ein evangelium aus dem jahre 1401 bewahrt*
ъꙇ; *eine novgoroder urkunde von 1452 enthält* ъꙇ *nur éinmahl.* ъꙇ
*fängt gegen das ende des XIV. jahrhunderts an zu schwinden und
findet sich in den handschriften des XV. jahrhunderts schon selten.
Man ist geneigt, diese veränderung dem einfluss serbischer hand-
schriften zuzuschreiben:* znakь ꙑ vêrojatno vozъimêlъ načalo u
Serbovъ *Vostokovъ in izv. I. 102. zap. 2. 2. 9. 70. Da das russische
nach den gutturalen* к *für* ы *hat, so ist begreiflich, dass man den
altslovenisch unzulässigen verbindungen* ki, gi, chi *für* ky, gy, chy
*in dem masse häufiger begegnet, als die wirkung der altslovenischen
tradition schwächer wird.*

*Die formen der zusammengesetzten declination bieten nicht geringe
verschiedenheiten dar: die ältesten quellen haben* ъꙇ *oder, was das-
selbe ist,* ън; *die späteren denkmähler bieten* ъꙇн. zogr. člověčьskъꙇ.
nečistъꙇ. oslabľenъꙇ. sądъnъꙇ. svętъꙇ. vъzljubľenъꙇ. mrъtvъꙇhъ.
nebesьskъꙇmь. nečistъꙇmъ. svętъꙇmъ *usw.* cloz. blaženън *I. 20.
241. II. 91.* slavъnън *I. 40.* věčъnън *I. 40. 107.* krъštenън *I.
120.* nikън *I. 146.* blaženъꙇmь *II. 17.* povъꙇmь *I. 27.* zakon-
nъꙇmь *I. 74.* svętъꙇmь *I. 139.* kъꙇmь *I. 458; ebenso I. 675.
II. 17.* starъꙇhъ *I. 34.* pravedъnъꙇhъ *I. 63.* pêsnъnъꙇhъ *I. 359.*

dobrънmь, zъlънmъ *I. 257.* drugънmъ *I. 397.* duhovърънmi *I.*
52. bezumърънmi *I. 388.* mrъtvънmi *I. 803 usw. Daneben liest*
man npravedърънн *I. 773.* blagъннmъ *I. 548.* nevidimъннimi *I.*
559. sup. takovън. poimън. *Dass zwischen* ън *und* ъı *kein unter-*
schied obwaltet, zeigen die schreibungen vodън *323. 23.* plodън *30.*
20. nesънtъstvo *30. 19.* prêbъннšę *12. 18.* mǫčcnikън *156. 13.*
pomънšlenije *182. 11. Im ostromir finden wir* vodьnъı *109.*
kotorъı *276.* svętъı *274.* šcstъı *269.* prêdavъı *184.* osmън *279.*
prišьdън *55. 142.* sън *8.* umьгън *usw. Im greg.-naz.* istъı. svętъı.
prêblaženън. svętън. čjudesnън *usw.* ъı *und* ън *erscheinen in*
den ältesten denkmählern überwiegend Sreznevskij, Drev. slav. pamj.
einl. 182. vergl. 52. 58. 65. 66. 68. 69 usw. Auch in den späteren
quellen ist ъı, *ън gar nicht selten.*

6. y *entspricht einem vorslavischen langen* u, *wie* i *einem vor-*
slavischen langen i. byti : aind. bhū. dymъ : aind. dhūma. grysti :
lit. graužiu, griaužu: vergl. pr. grēns-ings bissig. myšь : aind. mūša.
pyro : *griech.* πῦρός. *rydati : lit. raudmi neben aind. rud.* synъ :
aind. sūnu. tysąšta : *pr. tūsimtons acc.; ebenso* jętry *usw. Aus*
dem unten folgenden verzeichnisse der im wurzelhaften teile y *ent-*
haltenden worte ergibt sich, dass häufig y *steht, wo man* ъ *oder* u
erwartet: dieser junge laut hat sich weit über seine naturgemässen
grenzen ausgebreitet. Für gybnąti *erwartet man* gъnąti, *das in*
anderer bedeutung vorkömmt. Neben dyhnąti *gilt das regelmässige*
dъhnąti. kynąti *aus* kydnąti, kysnąti, rygnąti *entfernen sich von*
formen wie bъnąti *aus* bъdnąti; *ebenso* dyšati (dyšanije), kypêti
und slyšati *von* bъdêti. ryždь *beruht auf* rъd, *man erwartet*
daher rъždь. *Dasselbe gilt von* četyrije: *lit. keturi. Dem lit. ist*
der laut des y *fremd, der in aus dem slav. entlehnten worten*
häufig durch ui *ersetzt wird.*

7. y *entsteht durch dehnung des* ъ, *ursprachlich* u, *selten* a, *im*
dienste der function bei der bildung der verba iterativa: vъzbydati
expergisci: bъd. dyhati *spirare:* dъh. dymati *flare:* dъm, *aind.*
dam. lygati *mentiri:* lъg. plyvati *natare:* plъ, plŭ. obrydati sę
erubescere: rъd. syhati *siccari:* sъh. sylati *mittere:* sъl, *aind. sar.*
sypati *obdormiscere:* sъp. *Accentuell ist die dehnung des* ъ *in infini-*
tiven: kyti *nutare:* kŭ. tryti *terere:* trŭ. vyti *ululare:* vŭ *usw.*
Gesteigert ist ъ *in* suti *fundere:* sŭp: *vergl.* pluti *usw. Herr*
A. Potebnja, Kъ istorii usw. 224, sagt, es sei augenscheinlich, dass
die verstärkung, usilenie, des ъ *zu* y *dadurch entsteht, dass hinter*
dem ъ *ein* i *eintritt. Diese ansicht stützt sich meiner meinung nach*

nur auf die bezeichnung des lautes y in den beiden aslov. alphabeten. vergl. seite 149.

Vor i, es mag dieses wie i oder wie ji lauten, und vor j pflegt ъ *in manchen denkmählern dem y,* ꙑ *zu weichen: der grund dieser erscheinung liegt in der schwierigkeit der aussprache des* ъ *vor den genannten lauten.* vъї ijakovê *fůr* vъ ijakovê. vъї egÿptê, *für* vъ egÿptê, *d. i.* vъ jegÿptê. vъї imę *fůr* vъ imę. vъї istinê *fůr* vъ istinê. vъznesatъї i *bon. Sreznevskij, Drevnija slav. pamjatniki, einl. 132.* moljahutъї i *ucenici ev.-dêč. 141.* vꙑı imę *bon.* vꙑı iną *ostrom. neben* vꙑına *assem.* vꙑıishoždenie *bon.* vꙑı istiną *neben* vъ istiną *mariencod.* vꙑı judolь *neben* vь judolь *mladên.* vъї imę. vъї istiną. obrêštatъї i *apost.-ochrid. ibid. 98. Vergl. zap. 2. 2. 61.*

8. In manchen formen wechselt y mit ę, ą: *dies findet statt im pl. acc. der nomina m. auf* ъ(a)*:* raby *neben* ınąžę; *im sg. gen. sowie im pl. acc. und nom. der nomina f. auf* a(a)*:* ryby *neben* kožę; *in manchen substantiven im suffix* men: kamy *neben* imę; *im partic.· praes. act.* plety, pletąšta *neben* piję, pijąšta. *Der regel, dass y für* ‚an' *nur dann eintrete, wenn hinter diesem* ‚an' *ursprünglich noch ein consonant s stand, J. Schmidt 1. 177, steht das neutrum* plety *entgegen. Vergl. seite 44. Ob* lyko *ein dem lit.* lunkas *ähnliches* lunka *oder aber* lůka *voraussetzt, ist schwer zu entscheiden. Man vergleicht* dyba *mit* dąbъ; gryzą *mit pr.* grēns-ings *bissig, wobei jedoch lit.* graužiu *nage zu beachten ist;* myslь *mit w.* mandh *und p.* stygnąć *erkalten mit lit.* stugti *steif werden und stingti, gerinnen J. Schmidt 1. 178. Man beachte klr.* hłybokyj *neben* hłubokyj *für aslov.* gląbokъ; yto *in* kopyto *wird aus* an-to *erklärt und* kopan *mit griech.* χόπανον *verglichen Beiträge 6. 92;* yka *in* vladyka *wird als differenzierung von* inka *aus* anka *gedeutet J. Schmidt 1. 178. Man meint,* ‚an' *sei in vorhistorischer zeit zu* ů *geworden.*

9. y, dem ein v vorhergeht, ist im anlaut oft der stellvertreter des aus ů *entstandenen* ъ: vyknąti: *w.* ъk, ůk. vymę: *aus* ymę, ъmę *statt* ydmę, ъdmę. vysokъ: *aus* ysokъ, ъsokъ. vyti: *aus* yti, ъti; *damit hängt* vykati *zusammen.*

10. Das auslautende ъ *eines praefixes schwindet meist vor dem vocalischen anlaut des verbum: manchmahl verbindet sich jedoch* ъ *mit i zu* ꙑ, y. otъimetъ *marc. 2. 20; 4. 15; 4. 25. neben* otьmetъ *zogr.* podъiti *sup. 88. 16.* prêdъiti *84. 3.* vъzъigraite *sav.-kn. 129. neben* razidetъ sę *5.* vъzъide *bon.* vъzъidosta *slêpč.* izъidą *pat.-mih. 50.* izъidete *38.* izъideta *138.* izъidь *31. 38. 120.* obьidą *122 usw. neben* otidosta *86.* otidą *121.* obьimetь *psalt.-dêč. 396.* izъideši *ev.-dêč. 386.* izъiti *apost.-ochrid. 276.* vъzъidetъ *297; ebenso* obьi-šedьše *pat.-mih. 122.* vьzьišьdь *mladên.* prêvьzьišьlь *prol.-rad., da* išьlъ *und* išьdъ *neben* šьlъ *und* šьd *vorkömmt.*

ъ *schwindet auch zwischen dem* b *des praefixes und dem* v *des verbum:* obęzati, obiti *aus* obъ *und* vęzati, viti *usw. Das erstere kann auch aus* obъ *und* ęzati *erklärt werden, da das* v *von* vęzati *wohl nur im anlaute steht.*

11. Dass y, ы *aus* oj *entstanden sei, halte ich für eben so unrichtig, als dass der* u-vocal ъ *(verschieden vom* a-vocal ъ*) ein älteres* o *voraussetze. Für* y, ы *aus* oj *können eben so wenig die formen angeführt werden, in denen* oj *für* y, ы *steht, als für die entstehung des* ъ *aus* o *die anführung jener formen beweisend ist, in denen* ъ *durch* o *ersetzt wird. Man findet, allerdings nur zwei mahl in der ganzen bisher bekannten aslov. literatur,* oj *für* ы: językomъ *sav.-kn. 138. für* językomъ.ˑ pomojslilь sę *izborn. 1073. für* pomy-slilь sę *Sreznevskij, Drevnie slav. pamjatniki, einleitung 180; eben so* isusy *assem. für* isusovi. *Häufiger begegnet man formen wie* nikojže *šiš. 92. für* nikyže *sav.-kn. 13. Dass formen wie* spoitimar *annal.-fuld. aslov.* *spytimêrъ *(moyslaw ist dunkel) die aussprache des* y, ы *als* oj *nicht dartun, ist bereits bemerkt worden; sie genügen eben-sowenig zum beweise der entstehung des* y, ы *aus* oj. *Man beachte* č. buitsov (bydžov), buitic (bytice) *neben* lutomuzle (litomyšl), muslawitz (myslovice); *ferner* č. mými *aus* mojmi, mojimi *und* r. pygraj (ty pygraj, pygraj, dobryj molodecъ *kir. 2. 9) aus* poigraj.

12. Seltener als die seite 152. behandelte vermengung von y *und* ъ *ist die von* y *und* i. *Schon in den ältesten quellen findet man jedoch* kriti, riba *für* kryti, ryba. nesъmyslьni (o nesъmyslьni srьdь-comь židovine *cloz. 1. 17.) für* nesъmyslьny. likujmi *sup. 236. 25. für* likujmy. nepravьdi. riba *izborn. 1073. Dass* bimъ *nicht für* bymъ *steht, ist 3. seite 88. darzutun versucht. Dagegen findet man* y *für* i *in* davydovъ. sъzydana *neben* sъzidaję *zogr.* farysêi *cloz. I. 389.* obygrьstiti συνέχειν. obyhode *prol.-rad. Dieser wechsel ist jedoch in den alten denkmählern sehr selten. Was die späteren denkmähler anbelangt, so behaupten* y *und* i *die ihnen zugewiesenen gebiete in den bulgarisch-slovenischen quellen lange zeit hindurch, was dem fortwirken der tradition zuzuschreiben ist, da sich die unterscheidung beider laute früh verlor. Sicherer waren die gross-russischen schreiber in der anwendung beider buchstaben, während die kleinrussischen sie verwechselten:* ryzi zap. *2. 2. 38. Die Serben*

beachteten schon in der ältesten zeit den unterschied nicht: vsakimi.
knigi. pogibêlь *krmč.-mih.* drugiihь *hom.-mih. und* vъ vytliomi ἐν
Βηθλεέμ, iosypь Ἰωσήφ *nicol. Befremdend ist die verwechslung des* y
und i *in den prager glagolitischen fragmenten.*
Noch seltener ist der wechsel von y *und* u: pastyrь *und*
pasturь *Amphilochij.* dyhati *und* duhati *spirare: die formen scheinen*
indessen nicht gleichbedeutend zu sein, jenes beruht auf dъh *in*
dъhnąti, *dieses ist wohl denominativ:* duhъ. slyšati *III. 2. und* slušati
V. 1. audire: das erste ist primär gebildet. Man findet auch slyhati
und sluhati. *Man beachte aslov.* pritycati *und* pritucati *comparare:*
jenes fliesst regelrecht aus tъk. *Man vergleiche auch* synъ *und*
sunъ *turris;* syrovъ *und* surovъ *crudus;* puhlъ *cavus hängt mit*
puhnati *tumere zusammen, neben welchem auch* pyhati *besteht. Am*
wichtigsten sind die oben angeführten verbalformen, deren gegenseitiges
verhältniss ich nicht ergründet habe.

13. y enthaltende formen. α) Wurzeln. blyskati: č. blýskati.
p. błyskać, błyszczeć, błysnąć *blitzen. ns.* blysk *von* blъsk, blŭsk:
aslov. blistati *von* blьsk, blïsk. bogatyrь *r. heros: mongol. ba-*
ghadur aus aind. bhaghadara *robur tenens Orient und Occident 1.*
137. brysati *abstergere. nsl.* brisati. *w.* brŭs: *vergl. lit. brukšoti,*
braukīti und braukti streichen. brysati *ist durativ, nicht iterativ.*
byti *gigni, crescere, esse. nsl.* buiti *fris.* biti. *klr.* byty, buty. *pr.*
bū, bou. buvas *wohnort. lit.* būti. *aind.* bhū. *abaktr.* bū. *griech.*
φῦ: φύω. *lat. fu·: davon* by-lъ φυτόν: *lit. buitis existenz und pribuitis*
sind wohl entlehnt. Vergl. auch buiša *art und weise.* byda *in*
vъzbydati *expergisci: w.* bŭd *in* bъdêti *vigilare.* byždrь *steht für*
bъždrь. bykъ *bos. nsl.* bik: *w.* bŭk. *aind.* bukk, bukkati, *daher*
auch aslov. bъčela; *verwandt ist aslov.* bučati *mugire.* bykъ *setzt*
ein *bykati *voraus.* byrati *neben* bylati *errare: J. Schmidt 2.*
223. vergleicht aind. bhur, bhurati *zappeln, zucken.* bystrъ *citus.*
nsl. bister: t *ist wohl zwischen* s *und* ъ *eingeschaltet. Das wort soll*
mit bъd *zusammenhangen: lit.* budrus. byvolъ βούβαλος *bubalus.*
r. bujvolъ, *wobei an* buj *und* volъ *gedacht wird, neben dem älteren*
buvolъ. *klr.* bujvôl. *p.* bawoł, bujwoł. *lit.* bavolas. byvolъ *ist fremd*
matz. 23. čctyrije *quatuor. lit.* keturi: *alit.* ketveri *entspricht*
aslov. četvcrъ. *aind.* čaturas. čatvāras. *griech.* τέσσαρες (πίσυρες). *lat.*
quatuor: y *entspricht aind.* u, *nicht* vā, *wie das lit.* zeigt. dybati
clam ire. pridybêti. *p.* dybać *furtim ire, insidiari: w.* dъb. *vergl.*
p. dbać *aufmerken, d. i. aslov.* *dъbati, *daraus lit.* daboti. dyba
r. p. truncus. r. volosy dybomъ stojatъ. *Das wort ist mit* dąbъ

158 u-vocale.

verwandt. dyhati *spirare: w.* dъh *in* dъhnǫti, *minder genau*
dyhnǫti *pat.-mih. nsl.* nadiha, nadeha. dymati *flare: w.* dъm,
dъmǫ, dǫti. *aind. dham.* dymija *inguen.* pobolitь dimijami *misc.-*
šaf. 137. otъ bedru, otъ dymьju *tichonr.* 2. *358:* der dual. lässt
die bedeutung „inguen" als zweifelhaft erscheinen. Stulli citiert das
brev.-glag. und gibt dem worte die form dimjc *n.: jetzt kennt das*
s. dimije, dimlije *bracca nach dem zu bedeckenden körperteile. č.*
dymě *mit dem befremdenden sg. gen.* dyměne *der schambug usw.*
dyměje *tumor inguinum. p.* dymię, dymienia *schambug. nsl.* dimle
(dimlje) *pl. f. schamseite. os.* dymjo. dymъ *fumus. lit. dumai pl.*
got. dauni-. griech. θυμός. *lat. fūmus. aind. dhūma.* dynja *pepo.*
gryzǫ, grysti *rodere. lit. griaužu, graužiu. lett. grauzu. pr. grēnzings*
beissig. Man beachte grizetъ *sav.-kn. 44.* gybnǫti *perire, davon*
gubiti *perdere. Wahrscheinlich verwandt mit* gъb *in* gъnǫti *movere*
und sъgъnǫti *plicare: beide ergeben* gyba: gybati *movere und*
sъgybati *plicare. Bei Mikuckij lit. gaubti flectere.* gymati *palpare.*
gyzda *lautitia in einer späten quelle. nsl.* gizda *superbia. s. comtio.*
Geitler, Lit. stud. 64, vergleicht lit. goda lob. gъmyzati *repere:*
stamm gъmъz *in* gъmъzati. *nsl.* gomzêti, gomaziti *wimmeln. s.*
gmizati, gamizati. *č.* hemzot. hy, *davon* pohylъ *pronus:* pohylь
licemь *prol.-rad. p.* chynǫć. chylić. *klr.* pochyłyj, pocholyj *verch.*
66. Potebnja, Kъ istorii usw. 200, vergleicht lit. sverti wägen.
hyra *morbus. nsl.* hirati, hêrati *languere. klr.* chyrity *kränkeln.*
chyryj *kränklich verch. 76: vergl. p. ns.* chory. *os.* khory *aus*
chvory. hytъ *in* hytiti *rapere: w.* hъt, *wovon das mit* hytiti
gleichbedeutende hvatiti. hytrъ *artificialis: lit. kĩtras listig und kutrus*
hurtig sind entlehnt. hyzъ, hyza, hyža *neben* hyžda *domus. got.*
ahd. hūsa-. krynica *p. fons, cisterna. Dunkel.* kryti *abscondere:*
selbst in den ältesten quellen cloz. sup. sav.-kn. 128. 131. häufig
kri *geschrieben. Hinsichtlich der bedeutung beachte man klr.* kryj
bože! bewahre gott! Geitler 35. vergleicht lit. krauti schichten, laden,
häufen. kyti, kyvati *nutare. nsl.* kimati. *b.* kiva *vb.: lit. kujuoti.*
kyčьlь: *č.* kyčel *m. hüftbein. vergl.* kъkъnь. *Geitler, Lit. stud. 49,*
bringt lit. kuikê elle bei. kyčiti *inflare stolz machen. Vergl. Fick*
2. 538. kyd *in* kynǫti, kydati *iacere.* kyhati *sternutare: w.*
kъh *in* kъhnǫti. *Vergl. aind. kšu, kšāuti.* kyj *fustis, malleus.*
lit. kujis. pr. cugis: w. ku *in* kovǫ, kujǫ. kyj *aus* kъj. kyla
hernia. griech. κήλη. *nsl. s. r.* kila. *klr.* kyła. *č.* kyla. *p.* kiła:
lit. kuila hodenbruch, bruch wird mit aind. kūla abhang verglichen.
kuila kann allerdings aus p. kila *nicht erklärt werden. Auch die*

zusammenstellung von kyla *mit* κήλη *ist anfechtbar. Vergl. matz. 54.*
kypêti *salire: aind. kup, kupjati wallen.* kyprъ *foraminosus:*
zemlja kypra usše *tichonr. 2. 392. b. da raskvasa kipra usta verk.*
66. kysati, kysnąti *fermentari, madefieri: aind. čuš pass. sieden.*
kyšъka: *č.* kyška *handvoll. lit. kuškis Geitler, Lit. stud. 66.* kyta:
nsl. kita *ramus, fasciculus, nervus: lit. kuta faser von tuch, troddel.*
kytъka *corymbus: lit. kutīs beutel.* lobyzati: oblobyzati *deoscu*
lari: stamm lobъzati. lygati: oblygati *calumniari: w.* lъg *in* lъgati.
slovak. lyhati: ne lyhajtc *betrüget nicht.* lykati *slovak. vorare,*
deglutire: horuce ne lykaj. *p.* łykać. lyko *liber r., p.* lyko: *lit.*
lunkas. *pr.* lunkan *acc.* lonks. *Nach Geitler, Fonologie 37, ist* lyko *aus*
lunka *vor dem aufkommen der nasalen entstanden, die w. sei* lank
flectere J. Schmidt 1. 178. lysto, lystъ *tibia* κνήμη: *vergl. nsl.*
listanjck; *ferners r.* lytka. *č.* lytko. *p.* łyta, łytka *und p.* łyst, *s.*
list, *so wie klr.* łydka, łydvyća. lysъ *in* vъzlysъ *calvus, eig. eine*
blässe habend. p. łysy, *wahrscheinlich aus* lyksъ: *lit. lauks. pr.*
lauxnos *stellae. abaktr.* raokšna *lucidus. Mit* lysъ *hängt zusammen*
p. lyska. *r.* lysucha *fulica. Vergl.* (rêsъ) rêhъ *dixi aus* rcksъ. lyža
r. schneeschuh. lett. lužes. monastyrъ μοναστήριον. my *nos.* my
in myti *lavare. pr.* mū: *au-mū-snan.* my *soll mit lit. mauti*
abstreifen zusammenhängen. Man vergl. jedoch mauditi s sich baden.
muilas *seife ist entlehnt: p.* myło. myk *in* mykati *movere:* vsêmь
vêtromь bêahu myčcmi *mladên.: w.* mъk *in* mъknąti. *lit. maukti*
streifen. myk *im r.* mykatь *mugire. nsl.* mukati: *griech.* μυκ *in*
ἔμυκον, μέμυκα. *lett. maut.* myliti: *č.* mýliti. *p.* mylić *irre machen.*
os. mylić (molić). *ns.* moliś: *lit. militi irren ist entlehnt. Vergl. lett.*
melst, melšu phantasieren. maldit irren. mysati sę: *nsl.* misati sc
sich haaren: ahd. mūzōn *maussern.* myslь *cogitatio. lit. mustis*
cogitatio. mustau *cogito Szyrwid. Vergl. got. maudjan erinnern.* myslь
etwa myd-tlь *wie* jasli *aus* jad-tlь. *Vergl. J. Schmidt 1. 178.* myšь
mus. ahd. mūs. griech. μῦς. *aind. mūš, mūša m. mūšā, mūšī f. lit.*
mūs. griech. μῦς. *ahd. mūs. Hieher gehört auch* myšьca *brachium,*
eig. musculus. Vergl. lit. pelê maus, muskel. myto *merces:* myto
ist wohl das ahd. mūta, nicht das got. mōtā-. lit. muitas, mitas.
lett. muita sind entlehnt. Vergl. matz. 61. nejęsytь, nesytь
pelecanus. netopyrъ *vespertilio. Im ersten teil des compositum sieht*
man die bezeichnung der nacht: neto *aus* nekto; *der zweite ist aus*
pъt *fliegen gedeutet worden:* pyrь *für* pъtyrь, *was kaum wahr*
scheinlich ist. ny *in* nyti *languere. č.* nýti, *davon* unaviti: *aind. nu*
wenden. griech. νεύω *sinke. lat. nuere. Vergl. klr.* nyďity *mager*

werden. ny *nos.* nynê *nunc. r. dial.* nonê. *lit. nūnai. ahd. nŭn.*
griech. νῦν. *aind. nūnam.* nyrati, podъnyrêti *se immergere: w.*
nъr *von einem u-stamme. klr.* nyrjatь, nurkovaty *bibl. I. lit. nerti.*
nyrivъ, pronyrivъ *malus. Vergl. r.'* norъ tebja iznyrjaj! nъrь
turris. nyrište οἰκόπεδον: *w.* nъr *in der bedeutung ingredi. Vergl.*
nura *ianua.* οἴκος. *aind. vēśa von viś sich niederlassen, eintreten.*
Curtius, Grundzüge 162. plastyrь πλαστήριον. plyvati *natare: w.*
ply, *wofür* plъ, *d. i.* plŭ. *Vergl. aslov.* plytъkъ. *nsl.* plytev *seicht.*
pryha *in* pryhanije *fremitus kann mit aind.* prūth *schnauben durch*
prūths, *prūs zusammenhängen. lit.* prunkšče *praet.* prunkštavoti
schnauben: Geitler, Lit. stud. 68. 105, vergleicht č. ostýchati *mit* styděti.
prysk *in* prysnǫti *effluere, davon* pryštь *ulcus.* psaltyrь ψαλτήριον.
puţyrь ποτήριον. pyhati *frendere, eig. flare.* pyha *superbia. nsl.*
pihati: *w.* pъh. *aind.* pū *reinigen, reinigend wehen. Vergl. lit.*
putu flo. r. p. č. puch *flaumfedern: lit.* pukas *ist entlehnt.* pyriti
in prêpyriti prêmǫdrostь *lam. 1. 99.* pyro *far. klr.* pyryj *quecke.*
č. pýr, pýř. *lit. purai pl. pr. pure trespe. lett.* pūrji *winterweizen.*
griech. πῦρός. pyrъ, pyrь: č. pýr, pýř *favilla. p.* perz, perzyna *für*
und neben pyrz, pyrzyna. *s.* puriti *torrere.* piriti *ignem accendere.*
č. pýřiti se *glühen. p.* perzyć się *für* pyrzyć się: *vergl. J. Schmidt*
2. 273. pyskъ: č. pysk *aufgeworfene lippe wird mit lit.* putu flo
verglichen. pytati *scrutari.* rogostyrь ἐργαστήριον. ry *in* ryti.
rъvati *fodere. partic.* rъvenъ. č. rýč. *lit. rauti, ravêti jäten. aind.*
ru, ravatē *zerreissen.* ryba *piscis.* riba *neben* ryba *zogr. sav.-kn. 20.*
Fick 2. 646. vergleicht ahd. rūpba quabbe, ein seefisch. rydati: obry-
dati sę *erubescere: w.* rъd. rydati *flere. s.* ridati. *lit. raudmi, raudoti.*
raudê *klageweib. lett.* raudāt. *ags. reotan. ahd. riozan. lat. rudere.*
aind. rud, rudati, rōditi. rygnǫti *ructare: abweichend* č. říhnouti.
p. rzygnąć. *lit.* rugti, raugêti, raugmi. *lett.* raugotē *s: vergl.* rūgt
gähren. lat. erugere. griech. ἐρεύγομαι, ἐρυγγάνω. rykati *rugire: aind.*
ru, rauti, ruvati: *daneben* rjuti. rysь *pardalis. nsl. s.* ris *lynx,*
ungenau leopardus, tigris. č. rys. *p.* ryś *alles m. r.;* rysь *in der*
volkssprache m., in der schrift f. klr. ryś *f. verch. 59. lit. lušis.*
pr. luysis. ahd. luhs. griech. λύγξ. *Vergl. aind.* ruś *in* ruśant *licht,*
hell, das als partic. von ruč *glänzen angesehen wird. Wer bei* ryśь
an ruč *denkt, wird es aus* ryksь *entstehen lassen.* ryždь *ruber*
aus rydjъ, *wohl für* rъždь: *w.* rъd, rъdêti sę. skyk *in* skyčati
latrare. Fick 2. 681. vergleicht lit. šaukti. lett. saukti. skymati
susurrare. skytati sę *vagari. Fick 2. 681. vergleicht aind. ščju, čja-*
vatē *sich regen. got.* skēvjan *gehen. Geitler, Lit. stud. 70, denkt an*

lit. skuisti, skuitau delirare. Vergl. blęd *und* blądi. skytiti *inclinare:* ne imêaše kъdê glavy podъskytiti *antch.* slyh *in* slyšati *audire:* st. slъs, slъh. *lit. klausu, klausti fragen. ahd. hlosên. aind. śruš. abaktr. śraoša gehorsam. Vergl. r.* slytь, slyvu *für aslov.* sluti, slovą. smycati *trahere.* smykati sę *repere: w.* smъk. *lit. smunku, smukti gleiten, davon p.* smyk *fiedelbogen, das lit. smuikas lautet.* sny *in* osnyvati *iterat. fundare: w.* snъ, *d. i.* snŭ. osnovati *ist perfectiv.* spyti *neben* ispyti *frustra.* stryj *patruus. klr.* stryj. *lit. strujus senex.* stydêti sę *erubescere, davon* studъ *pudor: r.* prostygnutь *und p.* stygnąć *vergleicht J. Schmidt 1. 178. mit lit. stugti steif werden.* styd *im r.* stynutь *frigere. p.* stydnąć *und daraus* stygnąć. *Hieher gehört auch s.* stinuti *congelascere, eig. erkalten. aslov.* studenъ *frigidus.* styrъ: *p.* styr *accipenser sturio: ahd. stüro matz. 315.* syh *in* syhati *siccari: w.* sъh *in* sъhnąti. *p.* schnąć. *Man merke* isъsyše *exaruit pat.-mih. 34. für* isъše. syk *im p.* syczeć *gemere. č.* syčeti. *r.* sykatь. *Vergl. lit. šaukti rufen: kaukti heulen ist* kukati *in* kukavica. sylati *mittere: w.* sъl *in* sъlati. synъ *filius. lit. sūnus. pr. soūns. got. sunu-. aind. sūnu. abaktr. hunu. Ob aslov.* snъha *nurus, aind.* snušā, *hieher gehört, ist zweifelhaft:* synoha *findet sich, allein nur in einer quelle des sechszehnten jahrhunderts.* synъ *neben* sunъ *turris scheint eig. etwa ,das aufgeschüttete' zu bedeuten:* synъ *wäre in diesem falle von* sъp *schütten abzuleiten:* syp-nъ. *Andere vergleichen aind. sūna tumidus.* sypati *fundere: w.* sъp *in* sъpą, suti *aus* sŭpti *statt* syti. *s.* nasip (nasypъ) *stammt vom iterat.,* nasap (nasъpъ) *vom wurzelverbum.* sypati *in* usypati *abdormiscere: w.* sъp *in* usъnąti, *daher* usъpъ, *wofür* usypъ *in* usypši ej sь plačemъ *pat.-mih. 118. und klr.* prosyp *bibl. I.* syrъ *humidus, crudus.* syrovъ *neben* surovъ *crudus.* syrêti *virere. Vergl. lit. surus salzig. ahd. sūr sauer.* syrъ *caseus.* syrištc *coagulum, stomachus. lit. suris, surus salzig. s.* sladka surutka, hira *serum lactis. aind. sāra hat unter den vielen bedeutungen auch die ,saurer rahm.' lett. sērs ist entlehnt.* sysati *sibilare. ahd. sūsōn sausen.* sysati *sugere: w.* sъs. *klr.* vysysaty, ssaty. sytiti *im p.* sycić. *r.* sytitь *den honig zerlassen, seimen und trinkbar machen.* sytъ *satur. lit. sotus. lett. sāts. got. sada-:* sada- *satt. sōtha- sättigung. lat. sat, satis, satur. y für lit. o und got. a usw. überrascht; das lett. suits überflüssig entfernt sich von* sytъ *durch die bedeutung. lett. suitis und sīts satt sind entlehnt. Delbrück stellt got. sada- zu aind. san zur genüge erhalten, spenden. lit. suitis reichlich mahnt an p.* sowity. syv: *r.* syvnutь, sunutь. *aslov.* sunąti, sovati. tryti *terere: w.* try *aus* ter. *griech.* τρύειν. *Vergl.* trêti *und* truti. ty *in* tyti, *kroat.* titi, pinguescere. otavan *recreatus. s.* toviti. *p.* otyć. *aind. tu,* taviti, tauti valere. tavas robur. tīv pinguescere. *lit.* tukti, tunku. ty *tu. lit. tu. pr.* tou, *tu. got.* thu. *gr.* τύ, σύ. *aind.* tvam (tuam). tykati *pungere: w.* tъk. tykati: potykati sę *impingere.* potyklivъ *facile impingens.* tykati *in* zatykati *obturare: w.* tъk. tykati: prytycati, pritucati *comparare.* tyky *cucurbita: wahrscheinliche w.* tъk. *lit.* tukti, tunku *pinguescere.* tylъ *cervix. Fick* 2. 572. *vergleicht eine w.* tu *schwellen.* tynъ *murus. s.* tin *paries. klr.* tyn *bibl. I. č.* týn. *got.* *tuna-. *anord. ags.* tūn. *ahd.* zūn zaun. *air.* dún *arx. Wahrscheinlich ist* tynъ *aus dem got. entlehnt. lit.* tuinas *pfahl ist slav. ursprungs.* tysąšta *mille, ein partic. praes. von* *tys, *etwa tumere. lit.* tukstantis *f. pr.* tūsimtons *acc. got.* thūsundi. *Daneben selbst in alten quellen* tysęšta. *r.* tysjača: *č.* tisíc *für* tysíc *m. und p.* tysiąc *entsprechen einem aslov.* tysęštь *aus* tysętjъ, *während as.* tysuća *das aslov.* tysąšta *ist.* vy *praefix: aus aind.* ud *hinauf, hinaus.* vy *für* ъ, y. vy *vos.* vy *in* vyti *ululare. b.* vi. *aind.* u, *avatē.* vy *für* ъ, y. vydra *lutra. r.* vydra. *p.* wydra. *lit.* udra. *lett.* ūdrs. *pr.* vdro. *aind. abaktr.* udra. vygъnь: *č.* výheň *rauchloch, esse hält Geitler, Lit. stud.* 50, *für eine nebenform von* oheň. vyja *collum.* vyka *in* vykanije *clamor. pr.* per-wūk-aut *berufen: vergl.* vy, vyti. vyknąti *assuescere, discere: w.* ъk, *d. i.* ŭk, *davon* obyčaj *mos.* ukъ *doctrina. lit.* junkti *assuescere.* jaukinti *assuefacere. lett.* jūkt. jaukt. *got.* uh: biūhta- *gewohnt. aind.* uč, *učjati.* vymę: *r.* vymja *uber. nsl.* vime. *p.* wymię *usw. lit.* udroti *eutern. ags.* ūder. *ahd.* ūter. *griech.* οὖθαρ. *lat.* über. *aind.* ūdhan, *ūdhar:* vymę *steht für* vyd-mę *wie* damь *für* dadmь. vyръ, vyplь *larus. r.* vyрь *f. ardea stellaris: matz.* 373. *vergleicht schwed.* vipa *gavia.* vysokъ *altus: got.* auhu *in* auhuman- *in verbindung mit lit.* aukštas *für* aušas *wie* tukstantis *für* tusantis *scheint ein slav.* yв *mit* в *aus* k' *zu ergeben. Vergl. jedoch pr.* auctas *und* unsai *hinauf.* vyвръ *sursum:* vyв *scheint mit* vysokъ *zusammenzuhangen, wenn nicht* vъ *isprъ zu teilen.* prъ *möchte man mit* per, prati *volare zusammenstellen. Man merke* izusprъ *de alto tichonr.* 2. 175. vyžьlъ: *nsl.* vižcl *canis sagax. r.* vyžlecъ. *č.* vyžel: *p.* wyżeł: *lit.* višlis *ist wohl entlehnt. Matz.* 89. *vergleicht pr.* wuysis *canis genus.* zybati *agitare.* zypa *in* zypanije *clamor. Vergl.* zukъ *sonus. r.* zykъ. zyčatь. zyvati: prizyvati *advocare: w. nicht* zъv, *sondern* zъ, zŭ. *klr.* zov *von* zŭ *und* zazyv *bibl. I. von* zyva.

β) Stämme. svekry *socrus:* aind. *śvaśrū.* žely *testudo:*
griech. χέλῡς. buky *fagus:* pr. *bucus.* ljuby *amor.* tyky *cucurbita.*
jętry *cognata,* ein jętrъ *voraussetzend: lit. intê. lett. jentere. griech.*
εἰνατέρες. aind. *jātar. Aus* lędvija *lumbus möchte man auf* lędy
schliessen. crъky *ecclesia: ahd. chirichā.* sraky *tunica.* dly *neben*
dlъva *dolium usw. 2. seite 59. Vergl. nsl.* kri (kry) *für aslov.*
krъvь. *Für perdix, attago ergibt sich aus* kuropъtina *für* -pъtъvina
die form kuro-pъty. č. koroptev, kuroptva: *r.* kuropatь *und p.*
kuropatwa *bieten ein durch steigerung entstandenes* a: *w. pat, patati*
fliegen. mêhyrъ *vesica von* mêhъ. *nsl.* mebêr *und* mchur *2. seite*
93. puzyrь *bulla wird mit unrecht mit* φυσάριον *zusammengestellt.*
motyla *fimus.* mogyla *collis.* rogylь *arbor quaedam 2. seite 113.*
mlynъ *mola:* p. młyn. pr. *malunis. lit. malunas.* žrъny *mola 2.*
seite 123. pr. girnoywis, nach Geitler, Lit. stud. 50, girnuiwis. žrъ-
ny *wie* nasteg-ny, osteg-ny. pelynъ *absinthium:* p. piolyn, piolun.
rabynja *serva.* kъnęgynja *und* magdalynja μαγδαληνή 2. *seite 143.*
bogynja *ist wie* gospodynja *zu teilen:* bog-ynja, *nicht etwa* bogy-
nja, *wobei auf* ъ *als* ŭ *gewicht gelegt wird.* pastyrь *pastor 2. seite*
177: vergl. lat. turu. kamy *lapis.* plamy *flamma.* jęčьmy *hordeum*
2. seite 236. Vergl. lit. akmŭ, dialekt. akmun, daher kamy-kъ,
remy-kъ *usw. aus* kaman-kъ *usw. J. Schmidt 1. 178.* kopyto 2.
seite 202. J. Schmidt 1. 178. vladyka *dominus. Vergl. J. Schmidt*
1. 178. językъ *lingua: r.* lęzykъ *dial. lit. lëžuvis. pr. insuwis. armen.*
lezu: językъ *scheint ein deminutivum zu sein: vergl. armen. lezov-ak 2.*
seite 254. kotyga *tunica 2. seite 285.* solyga, šelyga *pertica ferrea*
ist wohl fremd. Die verba wie cêlyvati *osculari,* osnyvati *fundare*
beruhen auf stämmen wie cêlъ, snъ, *deren* ъ *durch dehnung ebenso*
in y, ы *übergeht wie in* bъd: vъzbydati; *es tritt jedoch auch*
steigerung ein: ąrodovati *und* ąrodują *etwa wie* plovą *und* pluti. *s.*
grohitati *neben* grohotati *scheint ein* grohъtati *vorauszusetzen.*

γ) Worte. *pl. acc. der* ъ(a)-*stämme:* raby. *sg. gen. pl. acc.*
nom. der a-stämme: ryby. *partic. praes. uct. der suffixlosen stämme*
auf consonanten: plety *usw. Darüber ist auf seite 44 gehandelt*
worden. pl. acc. der ъ(u)-*stämme:* syny *aus* -nuns, -nūs. *lit. sūnus.*
got. sununs. *aind.* sūnūn *aus* sūnuns. *Der pl. instr.* raby *wird aus*
rabъ-mi *erklärt, indem man annimmt,* ъ *und* i *seien nach dem aus-*
fall des m *zu* y, ы *verschmolzen, etwa wie* dobry *aus* dobrъ *und* i
entsteht, während andere vom lit. ăis (vilkais) ausgehen und meinen,
ai sei nach dem abfall des s *in* y, ы *übergegangen und zwar*
dadurch, dass a *in* o, ъ *verwandelt wurde, das mit* i *wie oben* y

11*

ъı *ergab Geitler, Fonologie 36. Anders Leskien, Die declination usw.*
104; die erste deutung ist wohl aufzugeben, die anderen sehr proble-
matisch. Der dual. nom. syny *entspricht aind.* sūnū, *es steht dem-*
nach y *für aind.* ū. *Auch dem i in* gosti *steht aind.* ī *gegenüber.*
Schwierigkeiten bietet das personalsuffix der I. pl., das mъ, my
und bulg. me, serb. mo *lautet. Als regel ist* mъ *anzusehen.* mi *ist*
fehlerhaft 3. seite 68. vergl. seite 15. Die gleiche schwierigkeit wie
bei der personalendung my *zeigt sich bei den enklitischen pl. acc.*
dat. ny, vy, *die mit den gleichfalls enklitischen aind. pl. acc. dat. gen.*
nas, vas *zusammenhangen. Neben* ni, vi *kennt das serb.* ne, ve.
Daraus scheint zu folgen, dass aind. as *im slav. auf mehrfache art*
reflectiert wird: durch ъ, y *und durch* e, *wozu noch* o *tritt. Zur*
erklärung von my *hat Herr J. Schmidt auf das lit.-žemaitische* mens
für mês, *lett.* mēs, *hingewiesen.* my *ist eigentlich ein pl. acc. und*
entspricht dem lit. mus, *lett.* mūs. *Wie* my *denke ich mir auch* vy
entstanden, das pl. nom. und acc. ist.

Dass die bei weitem meisten casus der zusammengesetzten decli-
nation durch zusammenrückung zweier casus entstehen, kann nicht
bezweifelt werden: sg. gen. m. n. dobrajego *ist* dobra jego, *ursprüng-*
lich zwei worte, entsprechend einem griech. ἀγαθοῦ τοῦ *statt* τοῦ ἀγαθοῦ.
Dasselbe tritt ein im sg. gen. f. dobryję *d. i.* dobry ję, *nicht etwa*
dobry jeję, *da* ję, *wenn nicht älter, doch mindestens eben so alt ist*
wie jeję; ję *verhält sich zu* zmiję *wie* ja *zu* zmija. *Was jedoch*
namentlich die casus betrifft, deren suffixe consonantisch anlauten, so
langte ich nach langem schwanken bei der ansicht an, dass in den-
selben das thema des adjectivs mit dem casus des pronomens ver-
bunden erscheine, indem ich meinte, der sg. instr. m. n. dobryimь,
ДОБРЪИМЬ, *d. i.* dobryjimь, *entstehe aus* dobrъ jimь, *was ich jetzt*
dahin ändere, dass ich dobryimь *aus* dobro jimь *hervorgehen lasse.*
Was mich bestimmte frühere ansichten — denn ich hatte deren mehrere
— aufzugeben, war die wahrnehmung, dass in mehreren slavischen
sprachen in der tat eine verbindung des adjectivischen thema mit dem
casus des pronomens stattfindet. Diese ansicht legte ich dar in der
abhandlung: Die zusammengesetzte declination. Sitzungsberichte, band
68. 133. 1871. Auch jetzt kann ich mir den sg. gen. m. n. dobrego,
dobrega *der dem zehnten jahrhundert angehörenden nsl. freisinger*
denkmähler nur aus dobro jego, dobro jega, *nicht aus* dobra jego,
dobra jega *erklären. Das gleiche gilt von* dobroga, dobrega *des*
jetzigen nsl., vom s. dobrôga, *vom č.* dobrého *usw., und nicht minder*
vom sg. dat. m. n. nsl. dobromu, dobremu, s. dobrômu, č. dobrému *usw.*

*Bei dem hohen in das zehnte jahrhundert zurückreichenden alter
und der weiten verbreitung dieser erscheinung glaubte ich dieselbe
zur erklärung aslov. formen benützen zu dürfen. Diese ansicht glaube
ich noch jetzt festhalten zu sollen, wenn ich auch einzelnes an meiner
erklärung zu ändern mich veranlasst sehe; so deute ich jetzt, wie bemerkt,
den sg. instr. m. n.* dobryimь *aus* dobrojimь, *da ich in* kyimь *aus*
kojimь *die gleiche veränderung eintreten sehe. Diejenigen, die diese
ansicht für irrig halten, meinten, mein irrtum rühre daher, dass ich die
formen ausserhalb ihres zusammenhanges betrachte, was kaum richtig
ist, da meine ansicht gerade auf dem zunächst massgebenden zusammen-
hange der slavischen formen beruht. Herr A. Leskien hat in: Die
declination usw. 131-137 meine erklärung eben so ausführlich als ener-
gisch bekämpft und s. 134 behauptet, es sei wenigstens sehr denkbar,
dass in* dobrъmь - jimь, dobromь - jimь *usw. durch abwerfen des
ersten, inneren, für die charakteristik der formen unwesentlichen der
beiden gleichen bestandteile eine dissimilation, eine erleichterung gemacht
sei, und s. 137 die überzeugung ausgesprochen, dass die zusammen-
gesetzte declination im slavischen und litauischen nur durch zusammen-
rückung der pronominalcasus mit den declinierten adjectivformen ent-
standen ist und alle abweichungen davon nur scheinbar oder spätere
neubildungen sind. Den sg. instr. m. n.* dobryimь *usw. kann man
als eine neubildung ansehen, d. i. als eine form, die wir sprach-
geschichtlich nicht erklären können, weil sie sich nicht aus älteren
formen ergibt. Dabei käme es auf die beantwortung der frage an,
wie alt eine bestimmte neubildung ist, ob nicht der nach meiner
ansicht entstandene sg. instr. m. n. in das neunte jahrhundert versetzt
werden darf. Wie alt ist das slav., wie alt das lat. imperfectum?
und dürfen wir das nsl., kr., s., č. usw.* dobro jego *als jung
ansehen? und das s.* mog budem? *3. seite 246. 4. seite 775 und
die b. formen* ple, ne, gre? *usw. 3. seite 201.*

y *findet sich in entlehnten worten als ersatz verschiedener laute:*
bohatyrь. byvolъ. hyzъ. myto; *griech.* τήριον *wird durch* tyrь *wieder-
gegeben:* monastyrь. plastyrь. psaltyrь. putyrь. kyla *ist mit griech.*
κήλη *unverwandt.*

III. Dritte stufe: ov, u.

1. u, оу, *hat im alphabete den namen* ukъ, оуکъ.
2. u *hat zwar, aind. au (ō) entsprechend, etymologisch die
geltung eines diphthongs; wir haben indessen keinen anhaltspunct zur
behauptung, dass es in der aussprache lang gelautet habe.*

3. Was die schreibung anlangt, so ist zu merken, dass nicht nur das kyrillische, sondern auch das glagolitische alphabet das zeichen dafür dem griechischen ꙩ *nachgebildet ist, denn es besteht aus der verbindung des o mit dem dem griech.* ꙋ *entsprechenden buchstaben. Dies beweist, dass das uns bekannte glagolitische alphabet vom griechischen beeinflusst wurde, ist jedoch kein beweis für den satz, dass das glagolitische alphabet jünger ist als das kyrillische.*

4. u *und das gleichwertige* ov *entspricht* aind. ō *aus* au *und* av, *ist demnach die erste steigerung des* ŭ, *das aslov.* ъ *gegenübersteht. Dieses* u *stammt aus der vorslavischen periode. So entspricht* budi aind. *bōdhaja, lit. baud-.* lupi aind. *lōpa.* suši aind. *śōśa.* govьno *beruht auf aind.* gu, *und würde aind.* gavina *lauten. Es versteht sich von selbst, dass nicht jedem aslov.* u, ov aind. ō, av *tatsächlich gegenübersteht: selbst zwischen aslov. einer- und lit., got. andererseits treten in dieser hinsicht verschiedenheiten auf, weil die etymologisch verwandten worte in verschiedenen sprachen nicht immer denselben bildungsgesetzen folgen oder weil uns genau entsprechende formen nicht immer erhalten sind. Darüber gibt das verzeichniss der* u *enthaltenden worte aufschluss, aus dem sich zugleich ergibt, in welch' ausgedehntem umfange die regel gilt. Mit* ov *ist* ъv *in worten wie* sъkrъvenъ *von* sъkry, umъvenъ *von* umy, pokъvanije *nutus von* ky *nicht gleichwertig: der* u-*laut löst sich in diesen fällen in* ъv *auf, was von der in* ov *vorliegenden vocalsteigerung verschieden ist.* bljują *vomo.* blěvati : *w.* bljŭ. bud- *in* buditi *excitare: w.* bŭd. duhъ *spiritus : w.* dŭh. guba *in* gubiti *perdere: w.* gŭb : pogynąti *perire.* gubь *in* dvogubь *duplex: w.* gŭb: prêgъnąti *plicare.* krovъ *tectum: w.* krŭ : kryti *tegere.* kują *cudo.* kovati. kovъ : *w.* kŭ. ljubъ *carus: w.* ljŭb. aind. lubh. pljują *spuo.* plěvati : *w.* pljŭ. pluti *fluere.* plują *und* plovą : *w.* plŭ. rjuti *rugire.* revą *aus* rjovą : *w.* rjŭ. rovъ *fovea : w.* rŭ. ryti *fodere.* ruda *metallum : w.* rŭd. *Identisch mit* ruda *ist aind.* lōha *rötlich, rötliches metall, metall, aus urspr.* raudha. sluhъ *auditus: w.* slŭs. sluti *clarere.* slovą. slovo: *w.* slŭ. strugъ *scalprum: w.* strŭg. struja *flumen.* ostrovъ *insula: w.* strŭ. studъ *pudor: w.* stŭd. stydĕti *se.* truti *absumere.* otrovъ *venenum : w.* trŭ. ukъ *doctrina : w.* ŭk. vyknąti. uti : obuti *induere: w.* ŭ. lat. ind-uo. utro *mane für* ustro : *w.* ŭs. zovą *voco: w.* zŭ. aind. hu, havatē.

5. u *entsteht in manchen fällen aus* vo, vъ, vь. sъпuzьпъ ἀναβάτης, *eig. qui cum curru est:* vozъ. udova: vьdova. unuka:

vъnuka. upiti, vъzupiti : vъpiti. *Man beachte nsl.* ptuj *für lat. petovio. Dagegen auch* vъgoditi, vъgodьnъ, vъgaždati *sup.*: ugoditi *usw.*: *mir scheint hier das praefix* u *ursprünglich zu sein. Dunkel ist* uzda *habena:* vъzda. *nsl.* uzda, vujzda, gujzda. *b.* juzdъ. *Man ist versucht an* vъzъ *und w.* dê *zu denken.*

6. u *steht manchmahl für* ъ: onude *sup.* 278. 19. *für* onъde. duždevъ 221. 7. *für* dъždevъ. naduždeviti *für* nadъždeviti, nadъžditi *pluere proph.*

7. u *entwickelt sich aus* je *durch assimilation an vorhergehendes* u. *Dies geschieht im sg. dat. m. n. der zusammengesetzten declination: aus* byvъšujemu *entsteht* byvъšuumu 3. *seite 59.*

8. uu *wird in* u *zusammengezogen:* byvъšumu. *Wie* aa *zu* a, êê *zu* ê, ii *zu* i, *so zieht sich nicht selten* uu *zu* u *zusammen. Dies geschieht im sg. dat. m. n. der zusammengesetzten declination:* blaženumu *aus* blaženuumu. *Daneben findet man* oumu *für* uumu: slêpoumu; *ferners* oomu, eemu: strašnoomu. pročcomu; *und schliesslich* omu, emu: drugomu. ništemu 3. *seite 59. Diese abweichungen beruhen auf einer anderen bildung der casus der zusammengesetzten declination, auf jener nämlich, bei welcher an den auf* o (e) *auslautenden stamm des adj. der casus des pronomen gefügt wird: nsl.* dobrega, dobroga *entsteht aus* dobrojega *seite 164. 3. seite 151.*

9. Nach r, l *geht* ju *manchmahl in* i *über:* križь *crux. pr. skrīsin: vergl. ahd. chriuze.* rikati *rugire sup.* 45. 4; 126. 17. *greg.-naz. izv.* 487: *w.* rju;· *das neben* rikati *vorkommende* rykati, *serb.* zarukati, *scheint auf der älteren form derselben w.,* ru, *zu beruhen.* libo *neben* ljubo: *aus* libo *ist vielleicht das adv.* li *entstanden.* plinąti *zogr. neben* pljunąti *spuere. b.* klisav *neben* kljusav *klebrig.* plištь *tumultus ist vielleicht* pljuštь *von* pljusk *in* pljuskъ *sonus. Man vergleiche auch den bosnischen flussnamen* lim *mit alb. ljumi fluss. Zwischen* roma *und* rimъ *ist wohl* rumъ *in* ruminъ. rumьskъ *und* *rjumъ *das mittelglied: so deute ich auch* labinъ *aus* albona. iłьmъ *ulmus ist nicht etwa durch* julьmъ *mit dem lat. worte zu vermitteln: es ist ahd. ëlm. Denselben lautübergang bemerken wir noch in einigen anderen worten.* šiti *suere aus* sjŭ-; šivati *aus* sju-: *vergl. pr. schumeno draht.* ži *aus* gjŭ *in* žijąstiimъ *mandentibus für* žjŭ; živati *aus* gju-. *Vergl. r.* slina *saliva neben* sljuna. *Man denke an r.* šibkij *neben* p. chybki *flink: die formen werden durch* sjŭb *ver·mittelt.* židinъ *iudaeus, lit. žīdas, beruht auf* jud. *Man beachte auch kr.* mir, *lit.* muras, murus. štitъ *scutum ist wohl* skjutъ: *pr. staytan acc. steht für skaytan. Das mittelglied zwischen* ju *und* i *bildet*

dem zu folge jъ. *Aus* je *scheint* i *entstanden in* istъ *verus: lit.*
išćias. lett. īsts : *w. wohl* jes *esse. Vergl. griech.* ἐσθλός *und* neĕte-
tuimъ ζημιούμενος *greg.-naz. 182. aus* -tujemъ.
10. u enthaltende formen. α) Wurzeln. bêlъčugъ *anulus.*
b. bêlčjug. *s.* bioćug. *Das wort ist dunkel und wohl fremd.* bljudą
observo, custodio. bljud *scheint auf* bjud, *w. aind. budh, zu beruhen.*
Vergl. buditi *und got.* biudan *bieten, wissen lassen.* bljudo *patina,*
daraus lit. bludas. lett. blōda: bljudo *ist wahrscheinlich got. biuda-*
tisch. bljują *vomo: w.* bljŭ. *Fick 2. 623. vergleicht lit. bliauju, bliauti*
blöken. bručati: *č.* bručeti *murmurare: lett. braukšĕt prasseln.*
brukъvъ: *č.* brukev. *p.* brukiew. *r.* brjukva *brassica napobras-*
sica: nhd. brucke dial. Vergl. lit. gručkas matz. 119. brusъ:
ubrusъ *sudarium. nsl.* brus *cos. Vergl.* brysati *wischen.* bubrêgъ
ren ist vielleicht bąbrêgъ *zu schreiben: nsl.* bumbreg. *b.* bъbrêg:
êgъ *ist suffix ; matz. 21. vergleicht alb. bubureke iecur.* bučati
mugire: w. aind. bukk. Man erwartet kein u. bukarija *seditio.*
buditi *excitare: w. aind. budh erwachen, das in* bъdêti *so wie im lit.*
budu, busti, budêti, budinti *und im lett. budu, bust erhalten ist.* buditi
entspricht durch sein u *dem aind. bōdhaja. lit. baud: bausti strafen.*
pasibaudêti sich gegenseitig aufmuntern. Vergl. bljudą. bugъ *armilla:*
ahd. boug. buj *insipidus: die wahre bedeutung scheint ,luxurians'*
üppig wachsend zu sein. In diesem falle wäre by *wachsen, werden,*
sein die wurzel. Vergl. r. bujnye chlêba. bujatь *crescere. p.* bujny
fertilis. bujno rosnąć. *Man vergleicht, wohl mit unrecht, tatar.* buj
statura. bujumak *crescere. Von* bujnyj *stammt lit. buinus.* buky
fagus, littera, im pl. wie nsl. bukve *schrift, buch: k bezeugt fremden*
ursprung. got. bōkā- *littera, im pl. bōkōs wie slav. ahd. buoh. pr.*
bucca-reisis buchnuss. *bulja, *č.* boule: *ahd. piŭllā. nhd. beule.*
burja *procella. lit. būris imber. Fick 2. 620. vergleicht lat. furo.*
griech. φυράω. *J. Schmidt 2. 223. 269. matz. 22.* burъ: *p.* bury
dunkelgrau. lit. buras. ču *in* nynê ču ἀρτίως *hängt mit dem pro-*
nominalstamm kъ *zusammen. Vergl. r.* ča. čudo *neben* študo *mira-*
culum. p. cud. čuma *pestis. b.* čjumъ: *magy. csuma.* čuti
noscere. nsl. čuti *audire, vigilare. p.* czuć *sentire, vigilare, custo-*
dire. Vergl. got. skava-: usskavs vorsichtig. usskavjan zur besinnung
bringen. Wer das got. wort mit čuti *zusammenstellt, setzt als ursprüng-*
lichen anlaut št *voraus. Vergl.* štutiti. drugъ *socius: lit. su-drugti.*
draugas. lett. draugs. dudy: *s.* duda *fistula. klr.* dudy *sack-*
pfeife. Vergl. magy. duda und tilrk. dudūk, das auch s., duduk, *vor-*
kömmt. duhъ *spiritus.* duša *anima. lit. dausas. dausa. lit. dukas*

ist entlehnt: w. důs *(dhus). lit. dusu, dusti. Das wort wird mit germ. deuza-. got. diuza-. anord. dýr. ahd. tior zusammengestellt Zeitschrift 23. 113.* duma: *r.* duma senatus. *b.* duma loqui. dumъ *verbum. p.* duma *usw. lit.* duma. dumti. *lett.* dōma. *Vergl. got.* dōma- *sinn, urteil. ahd. tuom: w. aind. dhā. Wer an fremden ursprung denkt, wird wegen des d dem got. den vorzug einräumen. aslov.* u, *nicht das kurze* o, *steht dem got.* o *gegenüber. Gegen die entlehnung matz. 28.* dunavъ, dunaj ᲚᲐ᾽Ϲ᾽᷅ᴮ᷅ᴮᾉᾌ, Ლᾌᴮᾌ᷅ᾌᾉ᷅. *lit. dunojus. ahd. tuonowa.* du-nąti, duti *spirare: w. aind. dhū agitare. got. dauni- f. dunst. Mit dhū hängt auch die w.* důs (duhъ) *zusammen J. Schmidt 1. 157.* duplь, dupьnъ *cavus.* dupina *fovea. lit. dùbti aushöhlen. dubus hohl J. Schmidt 1. 90.* duplja. *lit. daubê.* dupljatica *lampas izbor. 1073: vergl. mlat. duplo candelae species matz. 386: it. doppiero.* gluhъ *surdus.* oglъhnąti *surdescere: w.* glůh, glъh. glumъ *scena. nsl.* gluma *iocus.* glumiti *se iocari. klr.* hłumno *spöttisch bibl. I. Vergl. lit. glaudas spiel. anord. glaumr.* glumъ *ist in* glu-mъ *zu scheiden.* glupъ *stultus: b.* glupav. gnusъ *sordes, scelus. nsl.* gnus *macula: lit. gniusas kleines insect ist wohl entlehnt. Daneben* gnąsiti, gnьsь. govędo *bos. lett.* gōvs. *ahd. chuo. aind.* gō. govędo *aus w. gu,* ędo *ist suffix. Damit hängt auch* gvorь *bulla zusammen.* govorъ *tumultus. lit. gauti heulen: w. aind. gu, gavatē tönen. Vergl. klr.* hvaryty *neben* hovoryty *und p.* gwar. govьno *stercus. aind. gūtha excremente. kurd. gū: w. aind. gu, gavati.* gruda *gleba. lit. graudus spröde. lett. grauds korn. anord. grautr. ahd. grioz. Vergl. lit. grodas gefrorene erdscholle und grusti, grudziu stampfen.* grusti: gruštenije *pusillanimitas. nsl.* grusti *se mi taedio capior. r.* grustitь. *lit. grausti, graudžiu Geitler, Lit. stud. 64. Daneben s.* grstiti *se.* gruša, krušьka, hruša *pirus. lit. grušê aus dem slav. nesselm. kriaušia. pr. crausi, crausios. Der anlaut wechselt auch in den lebenden sprachen: nsl.* hruška. *s.* kruška. gruvati *kr. krachen. lit. grauti, grauju Geitler, Lit. stud. 64.* gubiti *perdere.* pogynąti *interire.* gubь *in* dvogubь *duplo maior. lit. dvigubas: w.* gъb. guditi *deridere: vergl.* kuditi. gumьno *area, horreum.* hralu-pьnъ *cavus: vergl.* skralupa *cortex.* hudъ *parvus. J. Schmidt 2. 257. vergleicht lit. šudas mist und aind. śūdra; andere kšudra parvus, vilis.* hula *blasphemia: lit. kauliti zanken ist unverwandt.* hursarь, husarь *praedo. ngriech.* ᴋ᷅ᴘᾉᾉᾌᾌᾉᾌ. *it. corsaro. Das wort hat weder mit den Chazaren noch mit hansa einen zusammenhang.* ju *und daraus* u, ᴜ-že iam. *lit. jau, jau-gi. got. ju.* jugъ *auster: vergl. lit. užu strepo.* juha *ius. lit. jušê neben dem entlehnten*

juka blutsuppe. *aind. jūša.* jun'ъ *iuvenis.* *lit. jaunas.* *lett. jauns.*
got. jundā- iuventa. aind. juvan. abaktr. javan. ključiti sę *accidere.*
kljuditi: *č.* kliditi, *slovak.* kluditi *wegräumen.* *Vergl. lett. klūdīt*
reflexiv umherirren. kljują *neben* klъvą *rostro tundo. lit. kliuti,*
kliu-v-u anhaken. p. kluć. kljuk: ključь *uncus, clavis.* kljuka *dolus.*
nsl. kljuka *klinke. s. uncus. vergl. p.* skłuczony *für zgarbiony arch.*
3. 59. aind. kruňč, kruňčati krümmen. kljukati *strepitare.* kljunъ
rostrum: vergl. kljuju. knjučati: *č.* kňučeti *eiulare: lit. kniaukti.*
knutъ *r. flagellum. anord. knūtr. got. hnuton-, hnuthon- pfahl. Das*
r. wort stammt aus dem anord. matz. 43. krovъ *tectum: w.* krū:
kryti *J. Schmidt 2. 285.* kruhъ *frustum. lit. kriuša hagel. kriušti,*
kriušu zerstampfen, zerschlagen (hagel). Vergl. krъha *mica.* krukъ:
p. kruk *corvus. lit. kraukti krüchzen. krauklīs krähe. ahd. hruoh.*
got. hruka- das krühen. anord. hraukr, hrōkr seerabe J. Schmidt 1.
144; 2. 288. kruna, koruna *corona. ahd. korōna. mhd. krōne.*
krupa *mica: vergl. lit. kropa grützkorn.* kučьka *canis. b.* kučkъ.
Dunkel. matz. 225. kuditi *vituperare: w. aind. kud, kōdajati. Man*
vergleicht lit. skauditi verklagen, schmerz bereiten; andere denken an
lett. kūdīt reizen, antreiben. pakūdīt ermahnen und halten, mit unrecht,
kuditi *mit* kydati *für verwandt. Vergl.* guditi. kuga *nsl. kr. s.*
pestis. Vergl. nhd. kog, koge dial. matz. 393. kujati *murmurare:*
w. aind. ku, kū, kauti, kavatē tönen. kują, kovą *cudo.* kovъ. *lett.*
kaut schlagen. lit. kova kampf. ahd. houwan. Vergl. aind. ku
tönen. r. kutitь. kukavica *cuculus: lit. kaukti. s.* kukati. kuko-
nosъ *nasum aduncum habens. nsl.* kuka. *b.* kukъ *haken. lit. kukis*
misthaken. aind. kuč, kučati sich krümmen. kukumarь *poculum.*
ngr. κουκουμάριον *matz. 227.* kumirъ, kumirь *idolum. Dunkel.*
kumъ *compater. lit. kumas. Fremd. Vergl.* kupetra. kuna *felis,*
eig. marder. lit. kiaunê. lett. cauna. pr. kaune. kupa *poculum. ngriech.*
κούπα. *mlat. cupa.* kupetra *compater im fem. Vergl.* kumъ. kupiti
emere. got. kaupōn handeln. ahd. koufōn. pr. kaupiskan acc. handel.
kupъ *cumulus. lit. kaupti. kaupas. lett. kōpa. abaktr. kaofa berg.*
kurigъ *pronubus. Ein dunkles wort: lit. kourigas zerrissenes kleid,*
Geitler, Lit. stud. 92, hat mit dem slav. wort keinen erklärbaren
zusammenhang. kuriti sę *fumare. lit. kurti, kuriu urere. aind. čūr*
urere, unbelegt. Vergl. got. haurja- carbo. anord. hyrr ignis J. Schmidt
2. 332. 458: kuriti *beruht auf* kur- *aus* kūr. kurþ *p. bastschuh: pr.*
kurpe. kurъ *gallus. Vergl. aind. w. ku, kū schreien:* ku-rъ. kurъva
meretrix. lit. kurva ist entlehnt. Vergl. got. hōra- *hurer. Matz. 231.*
nimmt deutschen ursprung von kurъva *an, mit unrecht.* kusiti *ten-*

tare. Vergl. lit. kusti, kusu, kusinti *reizen (zum bösen) Kurschat*
346. pr. enkausint. *Hinsichtlich der bedeutung stimmt* kusiti *voll-*
kommen zu got. kausjan *aus* kiusan, *das mit* aind. ǵuš *lieben.* griech.
γεύεσθαι *zusammengestellt wird.* kustъ *r.* virgulta. *lit.* kuksštas.
kutija *s.* capsa: *ngriech.* κουτίον. kuzlo: *č.* kouzlo *artes magicae.*
os. kuzło. *Vergl. p.* gusła. *ahd.* koukal, *das vom lat.* cauculus *zauber-*
becher abgeleitet wird matz. 218. ljubъ carus. *lit.* laupsê *lob.* got.
liuba-. laubjan. *lat.* lubet, libet. *aind.* lubh, lubhati, lubhjati. *Hieher*
gehört auch p. ślub *angelobung. pr.* salauban *acc.* ehe. lubeniks, lūb-
nigs *copulierer.* ljudъ volk. *pr.* ljudь, *pl.* ljudije *leute. lett.* laudis.
pr. ludis *ist wohl entlehnt. got.* -laudi- *mann.* liudan *wachsen. ahd.*
liut *mensch, volk.* liuti *leute.* aind. ruh *für* rudh, rōhati. *abaktr.* rud
J. Schmidt 2. 296. ljuljati *s.* agitare cunas. *lit.* lulêti. ljutъ
acerbus: vergl. lit. lutis *sturm und griech.* λύσσα. lovъ *venatio:*
vergl. aind. lū, lūnāti *schneiden, zerreissen, zerhauen; ferners got.*
launa-. *lat.* lūcrum. lubъ: *p.* łub. *r.* lubъ *baumrinde. Vergl.*
č. paluba *schiffsverdeck. lit.* luba *zimmerdecke. pr.* lubbo *brett und*
aslov. lupiti. luča *radius. nsl.* luč *f. č.* louč *fackel. lett.* lūkōt
sehen. lit. laukti *warten, eig. sehen nach. pr.* luckis *holzscheit.* lauxnos
gestirne. got. liuhtjan *leuchten.* lauh-munijā- *blitz. ahd.* liuhtan. *aind.*
ruč, rōčatē *leuchten. Vergl. r.* blizorukij *myops, eig. der (nur) in*
der nähe sehende. lučij *melior scheint mit dem folgenden verbum*
verwandt. lučiti sę *contingere. aind.* luk *zusammentreffen mit.*
Vergl. połąčiti λαγχάνειν *sup.* ludъ *stultus. klr.* ludyty *locken*
verch. 33. p. łudzić. obłudzić *betrügen. č.* louditi. *Fick 2. 656. ver-*
gleicht ludъ *mit lit.* ludu *bin traurig.* ludъ, *eig. vielleicht klein, wird*
mit as. luttil *zusammengestellt J. Schmidt 2. 276.* lug: *č.* koželuh
cerdo coriarius. s. zalužiti *liquore macerare: man vergleicht nhd.* lohe,
gerberlohe matz. 246: richtig ist nur der vergleich mit ahd. lougā, *lauge.*
lukno *mensurae genus. r. č.* lukno: *vergl. nsl.* lokno. *lit.* lakąnka
art gefäss. Matz. 246. denkt an griech. λίκνον. lukъ *cepa, genauer*
bezeichnet durch črъvenъ lukъ *im gegensatze zu* česnovitъ lukъ.
nsl. usw. luk. *lit.* lukai. *lett.* lōks. *ahd.* louh. *anord.* laukr. *Man*
vergleicht aind. rōčaka · *licht, zwiebelart.* luna luna. *lat.* lūna *aus*
lūcna. *Vergl.* luča. lunь *vultur. nsl.* lunj: *vergl.* lovъ *und aind.*
lū. lupiti *detrahere. nsl.* lupiti *deglubere, exalburnare.* aslov. lupina.
č. lupen. *lit.* lupti, lupu. lupinas. laupiti. *lett.* lupti, lūpu *schälen.*
laupīt. *ahd.* louft *äussere nussschale. aind.* lup, lumpati *zerbrechen,*
rauben. lōpa *abtrennung.* rup, rupjati; rōpajati. *anord.* rjufa
J. Schmidt 2. 292. Vergl. luspa λεπίς *neben* ljuspa. *b.* ljuspъ,

lusk *in* lusnąti *strepere.* *s.* ljusnuti, ljosnuti. *č.* louskati *knacken.*
luska *gluma. aslov.* luska ἔλυτρον: *w. ist lu, aind. lū. Vergl.* lovъ.
Man merke auch lett. lauska splitter. lit. lukštas schote. lutъ: *klr.*
łut *bast.* lute *n. dünne weidenzweige verch. 34.* luzgati *mandere.*
Vergl. lit. lužti frangi. laužti frangere. aind. ruǵ, ruǵati. luža
palus. lit. lugas. mudъ *tardus. nsl.* muditi. *lit. maudziu, mausti*
sich grämen, langeweile haben. mauda. maudoti Geitler, Lit. stud.
67. got. ga-motjan eig. aufhalten Bezzenberger, Die a-reihe usw. 57.
Vergl. mądъ. *w.* mъd: *aind. mad, madati zögern.* muha *musca:*
lit. musê entspricht aslov. mъha *in* mъšica. murava: *r.* murava
caespes. lit. mauras entengrün. lett. maura rasen. murinъ *aethiops.*
griech. μαῦρος. *lat. maurus. lit. murinas, murīnas: aus maurus* μαῦρος
erklärt sich nsl. mavra schwarze, schwarzgefleckte kuh matz. 259.
muzga *lucuna. Vergl. w.* mъz: *nsl.* travnik *vode* mzi. novъ
novus. lit. naujas; navas nur in einigen ableitungen. pr. nawans,
nauns. got. niuja-. aind. abaktr. nava: stamm nu *in* nynê *nunc.*
nuditi *cogere: w. aind. nud, nudati stossen; neben* nuditi *kömmt*
nąditi *vor. Zum got. nauthjan stimmt č.* nutiti. *pr. nautin acc.*
not. nura *ianua. Vergl.* vъnrêti *ingredi.* nuriti: pronuriti *con-*
sumere: w. nŭr, *wofür auch* ner. nurъ: *p.* ponura *finsterer blick.*
lit. nūrêti finster schauen. panurus. nuta *bos in russ.-slov. quellen.*
Das wort wird aus dem anord. entlehnt sein: naut. ahd. nōz nutz-
vieh. Fick 2. 394. hält nąta *für die richtige form und vergleicht es*
mit·fränk. nimid weide. griech. νέμειν. *Das wort ist aus dem anord.*
in das aruss. eingedrungen. nuziti: pronuziti *transfigere: th.* nuz-:
w. nŭz, *wofür auch* nez. oskoruša *sorbus, nsl.* oskoriš, oskoruš.
ovъ *ille. lit. au-rê dort. abaktr. ava.* ovъ *in* ovьca *ovis. lit. avis.*
lett. avs. got. avi-stra-. ahd. awi. aind. avi. Hieher gehört auch ovьnъ
aries. lit. avinas. lett. auns. ovьsъ *avena. lit. aviža haferkorn. avižos*
pl. hafer. lat. avēna aus avesna. pazuha *sinus. nsl.* pazuha, pazduha.
b. pazuhъ. *č.* pazouch *stolo neben* pažc *brachium. lit. pažastis achsel-*
höhle. Vergl. got. amsa- schulter. aind. ãsa und aind. dōs brachium. Das
wort ist mir dunkel. pljują, pljuną *spuo. Neben* pljunąti *bestcht* plinąti:
lit. spjauti, spjauju. lett. spl'auju, spl'aut. got. speivan. pljuskъ *sonus.*
lit.plauškêti klatschen. Wenn pljuskъ *aus* pjuskъ *entstanden, so ist pauš-*
kêti klappern zu vergleichen Fick 2. 610. Vergl. pliѣtь. plugъ *aratrum.*
nsl. b. s. usw. plug: *lit. plugas, pr. plugis sind entlehnt. ahd. phluog.*
Das wort ist dunkel. matz. 67. plušta, pljušta *pl. pulmo. nsl.* pluča,
im äussersten westen pluka: *vergl. hki und das k für aslov. št aus*
tj *in den freisinger denkmählern:* uzemogoki *aslov.* vъsemogąštij.

Nach Fick 2. 162. 612. ist plušta *das schwimmende, weil die lunge im wasser obenauf schwimmt, daher deutsch lunge,* r. lëgkoe *das leichte.* lit. plaučei: plautja. pr. plauti. lett. plauši, plaukšas. pluti, plują *und* plovą, *fluere, navigare.* otьplova *aor. prol.-rad. lit.* plauti, plauju, ploviau. plutis eisfreie stelle. plud: plusti. anord. flaumr. lat. pluere *aus* plovere. aind. plu, plavatē. *Neben* plu *kömmt* ply *vor.* prudъ: *kr.* prud *lucrum.* pruditi *prodesse: mlat. produm matz. 283.* prustъ narthex. *b.* prus *für* prusſ: *matz. 406. denkt an griech.* πρ:στά;. prusьcь *gradarius.* pudъ *r. pondus quoddam: ahd. phunt.* puhati flare. opuhnąti tumere. puhlъ cavus. č. puch. puchýř. lit. pukas. Vergl. lit. puslê blase. pušê blatter: w. pu. lit. put: putlus tumidus. punije vinum ecclesiae oblatum, s. punje, vergleicht matz. 407. mit mgriech. πηνίον: u *für* i *stehe wie in* skupetrъ *aus* σκῆπτρον. pustiti mittere, dimittere: vergl. r. puskatь. pustъ desertus. pr. paustas. paustne. puzdro p. theca. č. pouzdro id. s. puzdro, puzdra, puž-dra penis quadrupedum. lit. puzdra vorhaut. puzra hernia scroti. magy. puzdra pharetra: got. fōdra-. ahd. fuotar usw. matz. 285. klr. *finde ich* puzderok *für* pуvnусa *bibl. I.* puzyrь r. bulla. klr. puzyr bibl. I: matz. 407. denkt an griech. ursprung. puzo klr. r. venter. rjuti, revą aus rjovą rugire. nsl. rjuti, rjovem; rjovêti. s. revati. klr. revty. slovak. lev robi rev, ručí, ryčí. lett. ŕūkt brüllen: rovy sup. 446. 26 und vъzdruvъ 54. 3. haben kein parasitisches j. aind. ru, rauti, ruvati. Hieher gehört rjuinъ september, eig. ein adj. von *rjuj das gebrüll (der hirsche), die brunftzeit derselben. lit. ruja. lett. rōga. rjutiti neben rątiti iacere. p. rzucić. b. večer se ruti kameu po kamen verk. 11. rąti (d. i. rъti) se seme pok. I. 68. Vergl. seite 99. ruda metallum, eig. wohl roterz. lit. rauda rote farbe. rudas rot. lett. ruds. got. rauda- rot. aind. lōha rötlich aus rōdha: w. rъd, aind. rudh-ira. ruho vestis, merx. nsl. ruha, rjuha linteum. s. ruho vestitus. č. roucho. p. rucho. Ein dunkles wort. An ahd. ruchili, mhd. röckel, ist nicht zu denken matz. 71: pr. rūkai kleider ist entlehnt. ruhъ: č. ruch bewegung. rychlý schnell. lit. rušus geschäftig Geitler, Lit. stud. 69. ruj nsl. rhus cotinus. b. s. rujno vino usw. Vergl. griech. ῥοῦς, lat. rhus. rukъ in porukъ durus. poručivъ morosus. rumênъ ruber aus rudmênъ: w. rъd. pr. urminan acc. ruminъ ῥωμαῖος setzt rumъ ῥώμη voraus, woraus rimъ geworden. runo vellus ist ru-no zu trennen und von der w. rū, rъ abzuleiten: vergl. ruti. rupa foramen lit. raupas maser, pocke. aind. rōpa loch, höhle. rupь: p. rup, sg. g. rupia vermis in intestinis equorum. č. roup. lit. rupês. Vergl. ahd. rūpā raupe matz. 299. rusъ flavus. nsl. b. s. rus usw. klr. rusyj blond bibl. I.

entweder aus rud-s *oder entlehnt: lat. russus, russeus: alban. rus und
mrum. rusu stammen aus dem slav. Vergl. matz. 72.* rusъ: *č.* rousý
struppig scheint mit der w. rŭ, rъvati *zusammenzuhangen.* rušiti
solvere, evertere: th. ruhъ. *r.* ruchnuti *cadere.* ruchlyj *mollis. p.* ruch
motus. lit. rausīti *wühlen.* rusas *grube.* ruta *ruta. ahd.* rūtā. *griech.*
ῥυτή. ruta *vestis. b.* rutišta *pl.* ruti: *nsl.* rujem. *aslov.* rъvati,
rъvą *evellere neben* ryti *fodere.* rovъ *fovea. lit. rauti, ravêti, rauju,
raviu.* rava *loch.* rovimas: *aind.* ru, ravatē *zerreissen.* skubą *vello.
Vergl. got. skiuban schieben.* skupьсь: proskupьсь χλεπτήρ *greg.-naz.*
proskupъ λυμεών: *matz. 406. vergleicht griech.* προσκοπή. skutati,
skątati *componere: b.* kъta, skъta *vb. spricht für* skątati. skutъ
extrema vestis pars, amictus. nsl. b. s. skut. *lit. abskutnêti abscheren
bezzenb. w. aind.* sku. *got.* skauta-. *ahd.* scōz. skutъ *und skauta-
sind nur wurzelhaft verwandt: das got. wort entspräche einem slav.*
skudъ *matz. 75.* sljuna *neben* slina *r. saliva. aslov.* slina: sljuna
beruht auf spljŭ, *das in* sljuna *sein* p, *in* plju *sein* s *eingebüsst hat.*
sljuzь, šljuzь *r. canalis: nhd. schleuse aus mlat. exclusa.* sludy *f.
locus praeruptus. Fick 2. 691. vergleicht lit. slêdnas geneigt.* sluga
servus hängt mit slu (sluti) *audire zusammen.* sluhъ *auditus.* sluho
*auris. lit. klausa oboedientia. pr. klausīton hören. abaktr. sraoša;
thema slav.* slŭh *aus* slŭs. *abaktr. sruš.* sluhati *ist ein denominat.
von* sluhъ, *während* slušati *wohl auf das primäre* slyšati, *č.* doslýchati
hingegen auf -slechnouti *(aslov.* *slъhnąti) zurückgeht.* sluti, slovą
clarum esse. slovo *verbum. got. hliutha-. aind. sru, srṇōti. Neben*
slu *findet man* sly. sluzъ *succus, humores.* smučati *repere: w.*
smъk, smŭk. *nsl.* presmeknôti *usw. lit. smukti, smunku gleiten.
Vergl.* bučati. smuglъ *neben* smaglъ *fuscus.* snuti, snują *und*
snovą *ordiri: vergl. anord.* snua *torquere.* snubiti *appetere.* snu-
bokъ *qui appetit. nsl.* snubiti devojku *um ein mädchen werben.*
snubač. sovitъ: *p.* sowity *reichlich: daraus lit. savitai adv. neben
lett. suitis.* stru *in* struga *fluctus.* struja *flumen.* ostrovъ *insula* τὸ
περίρρυτον. *p.* strumień. zdroj *für* struj. *lit. sravêti, sraviu. sraujas,
sravjas fliessend.* strovê, srovê. *sriautas strom. struklé röhre. lett. straut.*
strāve, straume *strom. ahd.* stroum. struot *palus J. Schmidt 2. 282.
griech.* φρυ: βαθύρρους. *aind.* sru, sravati. srōtas: *vergl. lett. srauts
regenbach. b.* struma *ist* στρυμών. stru *in* ostrujati ἀνατρέπειν.
strugati *radere.* strugъ *scalprum: w.* strъg, strŭg. *griech.* στρεύγομαι.
anord. strjūka *tergere J. Schmidt 1. 161: lit. strugas ist entlehnt.*
struna *chorda. ahd. stroum rudens J. Schmidt 2. 286: lit. struna
ist entlehnt. Das slav. wort hängt nicht mit aind. sru zusammen,*

da diesem slav. slŭ *gegentibersteht.*   strupъ *vulnus.*   strusъ *struthio:*
ahd. strūz.   stublь *puteus: vergl. s.* stublina.   *ač.* stbel: *matz. 314.*
vergleicht ahd. stouf becher.   studъ *pudor:* stydêti sę *erubescere.*
studъ *frigus: w.* styd.   stukъ, štukъ *sonus, wofür p.* stęk
gemitus und szczęk: stukъ *findet sich in keiner* ą *und* u *scheidenden*
quelle, während štukъ *in einer solchen mit* u *vorkömmt.*   sugъ *im r.*
dosugъ *musse vergleicht Geitler, Lit. stud. 69, mit saugoti hüten.*
suhъ *siccus. lit. sausas. susti. sausti. lett. sauss. sust: w.* sъh *in*
sъbnąti. *aind.* šuš, *šušjati aus suš. abaktr. huš.*   suj *vanus soll für* sajъ,
svąjъ *stehen und dem aind. sünja entsprechen.* suj *dürfte vielmehr durch*
vocalsteigerung und suff. ъ *oder* jъ *aus der w. su schwellen abzuleiten*
sein. Vergl. Fick 2. 62. 63.   sują, *sovati mittere. lit. šauti, šauju*
schiessen. sunąti *gehört nicht zu* sъp, *da es dann* sъnąti *lauten würde.*
aind. su, suvati (gatikarman).   suka *canis r. wird von Fick 2. 699.*
mit aind. svan in zusammenhang gebracht.   sukati *torquere. ar.*
skatь, sku, skešь, *d. i.* sъką *usw. lit. sukti. Davon* sukno *pannus.*
sulica *hasta: č.* sudlice *zeigt, dass sulica nicht mit lit. šullas zusammen-*
hängt. Vergl. sują.   sulêj *melior hängt nach Fick 2. 673. J. Schmidt*
2. 416. mit got. sēla- tauglich zusammen.   suliti si *inflari: r.* sulitь
bedeutet schleudern und versprechen. lett. sōlīt bieten. surъ: *nsl.*
sur *leucophaeus.* surъna *as. fistula soll mit* sviriti *und lit. surma*
zusammenhangen. Vergl. matz. 79.   suti, sъpą *fundere. nsl. s.* suti,
spem. sypati. *Für u erwartet man die dehnung des* ъ, *d. i.* y.
študo *neben* čudo *res mira. p.* cud: *vergl. lit. skūtiti s mirari Geitler,*
Lit. stud. 70.   študъ γίγας. študovьskъ *gigantum: vergl. r.* čudinъ
bei Nestor.   študь *mos: vergl. klr.* pryčud *schrulle.*   štuka: *nsl.*
ščuka *usw. esox lucius. Dunkel.*   šturъ *cicada.*   štutiti *sentire:*
vergl. čuti.   štuždь, tuždь *alienus: vergl. got. thiudā- volk, viel-*
leicht in der bedeutung ,deutsches volk' und nsl. ljudski *fremd.*
šuba *as. vestis pellicea: mhd. schübe matz. 82.*   šuj *laevus: aind.*
savja. *griech.* σκαιός.   šumъ *sonus.*   šuplь *debilis.*   šurati: *č.* šou-
rati *taumeln: lit. siurūti Geitler, Lit. stud. 69.*   šurь *uxoris frater.*
šutъ: *s.* šut *absque cornibus. b.* šjut. *r.* šutyj. *č.* šuta. *magy.* suta.
Damit hängt vielleicht ošutь *frustra zusammen. Dunkel.*   šutъ *r.*
spassmacher: daraus lit. šutiti scherzen.   trudъ *labor. got. -thriutan,*
-thraut beschweren: usthriutith trudъ tvoritъ κόπον παρέχει *luc. 18. 5.*
anord. thraut. ahd. driozan J. Schmidt 1. 160.   trupъ *truncus.*
truplь *cavus. lit. trupêti, trupu bröckeln. pr. trupis klotz J. Schmidt*
2. 268.   truti, trovą *und* trują, *absumere, wohl auch vesci, daher*
natruti *nutrire, wie s.* najesti, napiti *2. seite 274. aslov.* otruti

veneno interficere. istrovenъ λελυμασμένος *greg.-naz. 207. kroat.* truti
confringere. Vergl. aslov. trýti. *griech.* τρύω. *Mit* truti *hängt* trutiti
zusammen. tuhnɑ̨ti *exstingui, quiescere:* uglije potuhnutь *mladên.*
347. svêšča potuhly *tichonr. 1. 23., d. i.* svêštę potuhly. *Vergl.*
aind. tuš, tušjati *sich beruhigen.* tūšnīm. *abaktr.* tūsna *stille.* tuka:
istukati *sculpere.* istukanъ, stukanъ *statua, idolum: das fehlen des*
i *befremdet. w.* tъk, tŭk. *Die form hat etwas ungewöhnliches: sie ist*
wohl denominativ. tukъ adeps. *lit.* taukai *pl.* tukti *fett werden.*
pr. taukis. *Von einem* tuk *(tŭk) ist auszugehen, wenn auch das tat-*
sächlich vorhandene tukti *auf* taukai *beruhen sollte.* tuliti *in* pritu-
liti *accomodare: vergl.* tulъ. tulъ *pharetra: vergl.* tuliti. tunje
gratis. turъ taurus. *lit.* tauras. *pr.* tauris *büffel, wisent. got.* stiura-.
anord. thjōrr. *aind.* sthūra *stark. abaktr.* štaora *grösseres haus-*
vieh. griech. ταῦρος. *Vergl. hinsichtlich der vocale nsl.* ture *die*
tauern. tuskъ: *r.* tuskъ *obscurus, das Geitler, Lit. stud. 71, mit*
lit. tamsus *und mit* potus(k)nêti *vergleicht.* u *praefix ab, weg:*
s. udati *collocare filiam, eig. weggeben.* umyti *abwaschen. pr.* au:
au-dāt sien sich begeben. au-mu-sna-n *abwaschung. lat.* au: *aufero.*
aind. ava *weg usw. Denselben ursprung hat die praep.* u *apud usw.*
uditi *molestum esse, nur in späten glag. quellen. serb.* uditi. *lit.* uditi.
udъ *membrum. lit.* audis *textura von* austi, audžiu. *Damit ist verwandt*
r. uslo *textura dial. aus* ud-tlo. uho, *dual.* uši, *auris. lit.* ausis. *got.*
ausan-. *ahd.* ōra. *Man vergleicht* av *beachten und, mit mehr recht, vas*
hören ujjv. *190.* uj *avunculus. pr.* awis *(avjas). lit.* av-īnas. ukъ
doctrina. lit. jaukinti *gewöhnen: w.* ъk, vyk. *aind.* uč, učjatē
gewohnt sein. lit. junkti *gewohnt werden.* navycati *discere.* ulij
alveus, apiarium. lit. aulis, avilīs. ulica *platea, ein deminutivum.*
uмъ *mens. aind.* av: udav *auf etwas merken. lit.* umas *ist entlehnt,*
ebenso lett. ōma. uniti *desiderare: vergl. aind. van cupere,*
womit got. vēnjan zusammengestellt wird. Mit uniti hängt uñij melior
zusammen. urъ *dominus in der priča trojanska ist das magy. ur.*
useręgъ *inauris besteht aus dem got.* ausa *(th.* ausan-*) und dem im*
got. unnachweisbaren hrigga-, *as. ahd.* hring, *dessen anlaut als aus-*
gefallen anzunehmen ist. usmъ indumentum. *Man vergleicht aind.* vas,
vastē *vestiri: abseit liegt abaktr.* av, avaiti *gehen, eingehen, aslov.* -uti.
usta *pl. os. lit.* osta *ostium. pr.* austo *os. aind.* ōšṭha *labium, davon*
ustiti *suadere.* ustrica *r.* ostrea. *č.* ústřice. *os.* vustrica. *p.* ostrzyga.
lat. ostrea. *griech.* ὄστρεον. *it.* ostrica *matz. 360.* uti: obuti *induere.*
izuti *exuere. lit.* auti, aunu *schuhe anziehen.* avêti, aviu *schuhe anhaben.*
aulas *stiefelschaft. Ein dem lit.* avêti *entsprechendes slav.* ovêti

existiert nicht. lat. ind-uo, ex-uo. utro *mane: lit. aušra diluculum.*
lett. austra. aind. usra morgendlich. lit. aušti tagen. aind. vas, uččhati.
utro *steht für* ustro. uvy *vae.* uzda *habena. nsl.* vuzda. *b.* juzdъ
usw. Man denkt an vъz-dê: *mit p.* wędzidło, *č.* udidlo, *worten, die*
mit aslov. ąda *zusammenhangen, ist* uzda *unverwandt.* zovą, zъvati
voco. zovolь *cantor. aind. hu, havatē. s.* zvati, zujati. zov *ist steigerung*
des zŭ; *daneben liest man* zъ-v-ą. zubadlo *frenum č.: vergl. lit.*
žabokle̋, žaboti. župa *regio, davon* županъ iupanus. župa *vestis,*
nur in späten glag. quellen. župelъ *sulfur. nsl.* žveplo: *got. svibla-.*
ags. svêfel. ahd. svêbal, swêpol. župište *sepulcrum.* žuželь *scara-*
baeus. r. žuzgъ *vermis genus.* žužžatь. *Vergl. aind. guj́: guńj́, guńj́ati.*
In entlehnten worten entspricht aslov. u *a) fremdem u:* sudarь
συϑάριον. bljudo: *got. biuda-. Vergl.* bugъ *mit ahd. boug,* hursarь
mit ngriech. κουρσάρος, kupiti *mit got. kaupōn,* lukъ *mit ahd. louh,*
ruta *mit ahd. rūtā. b) fremdem o:* aravunъ ἀρραβών. drakunъ *neben*
drakonъ. *kr.* drakun. drumъ δρόμος. episkupъ, piskupъ ἐπίσκοπος.
kanunъ κανών. kubara *navis longa: mgriech.* κομβάριον *matz. 224.*
nurija ἐνορία. plotunъ *tragelaphus: mgriech.* πλατώνιον. ruminъ
ῥωμαῖος. solomunъ σολομών. solunъ Θεσσαλονίκη. uksusъ: *r.*
uksusъ *acetum. lit. uksusas: griech.* ὄξος. uliganь: *s.* uliganj,
oliganj *sepia: lat. loligo.* urarь ὡράριον. vlaskunъ *flasco: griech.*
φλάσκων. *Vergl.* buky *mit got. bōkā-,* duma *mit got. dōma-,* kumъ,
kupetra *mit lat. compater,* rumъ *mit griech.* ῥώμη, *lat. roma.*
c) fremdem ʋ: arhierosuni ἀρχιεροσύνη. arhisunagogъ ἀρχισυναγωγος.
humъ χυμός. kuminъ: *nsl.* kumin. *ar.* kjuminъ. *r.* kminъ. *s.* čimin:
griech. κύμινον *matz. 228.* muro μύρον. panagjurъ πανήγυρις. ruma,
rjuma: *griech.* ῥύμα, ῥεῦμα. struma στρυμών. sturika. *adj.* štura-
kinъ: *griech.* στύραξ. surikъ: *griech.* συρικόν *matz. 316.* ujena ὑαινα.
upatъ *consul: griech.* ὕπατος. upostasь ὑπόστασις. usorъ: *griech.*
ὕσσωπος. vussonъ, vissonъ: *griech.* βύσσος. *d) fremdem* oι: krusъ
χρῖσος. puminъ ποιμήν. stuhij στοιχεῖον. *e) fremdem* ευ: ruma,
rjuma: *griech.* ῥεῦμα. uktimonъ *sup. 104. 3.* εὐκτήμων. *Vergl. nsl.*
ptuj *aus petovio.*

β) S t ä m m e. voluj *bovis. nsl.* osebujni *singularis. r.* mjasuj
2. seite 84. koturъ *2. seite 93.* ągulja. *nsl.* češulja *racemus. r.*
komulja. *č.* čcšule. bêgunъ *fugitivus.* perunъ *fulmen.* židunavъ
succosus: vergl. lit. perkunas. *pr.* waldūns *2. seite 141. lit.* bêgūnas *ist*
entlehnt. čeljustь *maxilla wird mit pr. scalus kinn verglichen.* tъ: bitъ
percussum sup. bytu *esse inf. 2. seite 165.* pêstunъ *paedagogus 2.*
seite 176. pastuhъ *pastor 2. seite 177.* adamovъ. lьvovъ. vračevъ

12

2. *seite 229.* uga: kotuga *neben* kotyga *tunica* 2. *seite 284.* veruga
neben veriga *catena.* r. meluzga *kleine fische.* вopuhъ *siphon.* r.
ptuchъ *avis.* konjuhъ *equiso.* gorjuha *sinapi* 2. *seite 289.* mitusъ
alterne 2. *seite 327. Vergl. nsl.* vrhunec *cacumen. aslov.* zêluto
valde cloz. 1. 140. Als verbalsuffix tritt ova *aus* ŭ (ъ) *auf in*
orądova *stultum esse.* cêlova *salutare.* dêvova *virginem esse usw.* 2.
seite 480.

γ) Worte. *Hier sind zu behandeln der sg. dat. der nomina
auf* ъ *(u),* ъ *(a); der sg. voc. der nomina auf* ъ *(u),* jъ *(ja); der
sg. gen. der nomina auf* ъ *(u); der sg. loc. der nomina auf* ъ *(u);
der dual. gen. loc. aller nomina; der pl. gen. der nomina auf* ъ *(u);
der sg. dat. m. n. der pronomina.*

Der sg. dat. synovi *von* synъ *entspricht aind.* sūnavē. *Der
sg. dat.* rabu (dolu, nizu ϰάτω) *kann mit einer aind. form nicht
mit sicherheit vermittelt werden; eine hypothese darüber findet man
in A. Leskien, Die declination im slavisch-litauischen und ger-
manischen 58; nach einer anderen liegt dem* rabu rabovi *zu grunde,
wie nsl.* domú (domú grem *domum eo) auf* domovi, domovь *beruhe.
lit. besteht* arkliu *neben* arkliui *Kurschat 149. Der sg. voc. und der
sg. gen.* synu *steht dem aind.* sūnō, sūnōs *gegenüber. Nach dem sg.
voc.* synu *ist auch* konju, mažu *usw. gebildet; wichtig ist die tatsache,
dass im lit. die ja-stämme im sg. voc. auf au auslauten:* priêteliau
prijatelju, *und dass im lit. auch der sg. gen. die endung aus hat:
priêteliaus, was slav. nicht vorkömmt Kurschat 147. Vergl. lett. den
sg. voc.* têvŭ *Bezzenberger 122. Als sg. loc. entspricht* synu *aind.*
sūnāu, *alt* sūnavi. *Man beachte auch* bytu, prijętu 2. *seite 72. Im
dual. gen. ist der slav. auslaut* u *aind. os:* rabu, *aind.* śivajōs;
rybu, *aind.* śivajōs, *nicht* raboju, ryboju, *während in der pronomi-
nalen declination dem aind.* tajōs toju *gegenübersteht.* jeju, *aind.*
jajōs. *naju,* vaju *sind* na-j-u, va-j-u *zu trennen:* u *ist aind.* ōs. *Der
pl. nom.* synove *lautet aind.* sūnavas. ije *in* gostije *beruht vielleicht
auf ajas: aind.* avajas, *wie das dem* slaviši *zu grunde liegende* slavi-
ješi *auf śrāvajasi. Der pl. gen.* synovъ *stützt sich auf ein thema*
synovъ *nach dem sg. dat.* synovi *und dem pl. nom.* synove. *Der sg. dat.
der pronomina m. n.* tomu *folgt dem oben als unerklärbar dargestell-
ten* rabu. *Mit* kądu, prêdu, srêdu, blizu *vergleiche man pr.* isquen-
dau, isstwendau, vinadu *auswendig. lit.* pirsdau, sirsdau, *mit* ju *lit.*
jau: *dieses* u *ist der auslaut eines verloren gegangenen casus.*

11. *In manchen fällen wird* u *als zwischen praefix und verbum
eingeschaltet angesehen:* u *ist nichts als das praefix* u. obuimetь *izv.*

451 d. i. obъ-u-imetъ. obuimŠi *tichonr.* 2. 147. obuctъ κατέλαβεν *io.*
1. 5-nic: vergl. kr. obuja *cepit.* obumorenъ *tichonr.* 2. 65. obumi-
rati bêsьnu δαιμονίζεσθαι.

12. *Neben den aus der vorslavischen periode stammenden* ov
in worten wie slovo, plovǫ *besteht ein* ov, *das sich zum teile auf
slavischem boden entwickelt hat. Es nimmt in der stammbildung die
stelle des auslautenden vocals des thema ein und tritt vor vocalisch
anlautenden suffixen auf. Es folgen hier einige nach den suffixen
geordnete fälle.* ь : synovь, *sg. gen.* synovi, synova, ἀνεψιές. ije :
sadovije *collect. fructus. nsl.* sadje. Židovije *iudaei.* bregovje *prip.
80. č.* křoví, kři. *p.* krzewie. *Vergl. aslov.* listvije *folia.* oblist-
vьnêti *von* listъ, *das demnach ein* u-*stamm ist.* umrъtvije. prišь-
stvije. *p.* ostrwie *spitze der lanze.* ostrew, ostrwia. *č.* ostrv, ostrva
leiterbaum. s. ostrva. *ON.* ostrvica. ostve *scheint für* ostrve *zu
stehen. aslov.* lędvija *lumbus: nsl.* ledovje. *aslov.* gvozdvij *f.* ina :
olovina *sicera, das nicht auf einer urform alvina beruht.* istovina
res ipsa. sadovina *fructus.* sicevina *res tales tichonr.* 2. 165. inъ :
Študovinъ *neben* študъ *gigas.* Židovinъ *neben* Židinъ *iudaeus.* ьnъ :
adovьnъ ᾅδου. darovьnъ *doni.* domovьnъ *domus.* dъždcvьnъ *pluviae.*
dьnevьnъ *diei.* hristovьnъ *christi.* istovьnъ *verus.* ledovьnъ *glaciei.*
medovьnъ *mellis.* mirovьnъ: mirovьnaja blagyni *greg.-naz. 184.* olta-
revьnъ *altaris greg.-naz. 52.* plačevьnъ *planctus.* slonovьnъ *elephanti.*
synovьnъ *filii.* udovьnъ *membrorum greg.-naz. 191.* volovьnъ *boum.*
Hieher gehört gromovьnъ *neben* gromьnъ: gromovьnikъ *neben* gromь-
nikъ βροντολόγιον. vlъhovьnъ *magi steht für* vlъhovьnъ. vinovьnъ *culpae
greg.-naz. 185.* rêrovьnъ τῆς πίστεως *sup. 384. 14.* sъndoven (ssandoven)
dak.-slov. Vergl. aslov. medvьnъ *mellis.* medvêdь *ursus. nsl.* medven
habd. p. świątowność. ьïь : synovьïь *filii.* vrъhovьïь *superior.*
atъ : krąglovatъ *rotundus.* sąkovatъ *nodosus. p.* piegowaty *neben*
piegaty. itъ : besplodovitъ *infructuosus.* imovitъ *locuples :* *imъ.
jadovitъ *venenosus. s.* kišovit. *Vergl. p.* sowity *mit lit. suitis reich-
lich.* иšte : stanište *stadium, in russ. quellen* stanovište *mansio.*
ьstvo: svatovьstvo *affinitas.* synovьstvo. nesytovьstvo *insatiabilitas.*
ьskъ: synovьskъ *filii.* vračevьskъ *medicorum.* vranovьskъ *cervorum.*
Židovьskъ *iudaeorum. nsl.* volovski *boum habd.* ьсь : synovьсь ἀνε-
ψιές. *Man beachte die adj.* gadovъ, volovъ *usw. Dieselbe erscheinung
tritt vor verbalsuffixen ein: a in* ati: darovati, darovają, darują
donare. sъdêlovati, sъdêlovają *facere.* lihovati *privare.* pomilovati,-
pomilovają *misereri.* zaštiševati, zaštištują *defendere.* vojevati, voje
vaję, vojują *bellum gerere.* obrągovati, obrągovają *illudere. Vergl.*

12*

raduaše sę. kraljuvaašč *bell.-troj.* i *in* iti: daroviti *donare greg.-naz. 109.* neben dariti *76. 79. 83.* naduždeviti *neben* nadъžditi *pluere.* poloviti *in* raspolovenije *pars dimidia.* žiroviti *pasci.. nsl.* vmiroviti se *prip. 84. p.* zpołowić *małg.* postanowić. *r.* stanovitь sja. ostanovit sja *kol. 22. klr.* sadovyty *neben* sadyty *plantare.* motovyło. smarovyło. *č.* motovidlo. *Aus den hier angeführten fällen behandle ich vor allem diejenigen, in denen vor dem verbalsuffix* a *das* ov *auftritt:* darovati: *das* ov *des inf. ist das im praes. als* u (оү) *erscheinende suffix, das im lit.* û, *au lautet: baltûti weiss schimmern von baltas;* ubagauti *betteln von* ubagas. darovati *verhält sich offenbar lautlich zu* darują *so wie* kovati *zu* kują. *Man beachte, dass das lit. einen inf.* auf *ûti neben einem* auf avoti *hat: vitûti bewirten,* vitavoti *vielfach bewirten.* durnûju, durnavoju, *dieses stärker als jenes. Dem slav. fehlt die erstere bildung, ein* daruti *ist im slav. unbekannt; dagegen stehen dem inf.* darovati *die praes.-formen* darują *und* darovają *gegenüber, während das praes. von* ubagûti ubagûju, *das von* vitavoti vitavoju *lautet.* darovają *ist wohl dem* darują *gegenüber iterativ: letzteres kann im p. perfectiv sein, im s. ist es stets perfectiv. Das lit.* û, *au spricht für die annahme eines suffixes* û, *durch dessen steigerung slav.* u, ov *entsteht, während die dehnung* y *ergibt. Daraus wäre das iterative* darivati (*d. i.* daryvati) *im s. begreiflich, es würde sich zu einem ursprünglichen* darû-ati *verhalten wie* vъzbydati *zu* vъzbûnąti. *Freilich hat* y *von* yvati *nicht immer diesen ursprung. Ähnlich scheint das* ov *in worten zu sein wie* mьgnovenije *nutus.* vъdunovenije *inspiratio.* vъskrъsnovenije *neben* vъskrъsovenije *resurrectio, indem hier dem* nov *das suffix* nû, *dem* ov *in* vъskrъsovenije *das suffix* û *zu grunde liegt. Man denke hiebei an die aind. verbalsuffixe* nu *und* u. *Das suffix* ną *in* vъskrъsnąti *ist erst auf slavischem boden entstanden: Herr Fr. Müller denkt an* nan, *das nach seiner ansicht im griech. auftritt, indem* λαμβάνω *aus* λαβνάνω *erwachsen sei. Die vocalsteigerung usw. 7. Die casus der* ъ(a)-*declination, in denen* ov *auftritt, wie sg. dat.* bogovi. *pl. nom.* duhove. *pl. gen.* bêsovъ. *pl. acc.* vlъkovy *folgen teils der analogie der* ъ(u)-*declination,* bogovi, duhove *nach* synovi, synove; *teils sind darnach auf* ovъ *auslautende themen gebildet worden:* vlъkovy, *nicht* vlъkove, *von einem* *vlъkovъ. Zweifelhaft ist das suffix in formen wie* volovъ *bovis, wofür auch* voluj *vorkömmt. Vergl. 2. seite 84. Man meinte, in allen das bezeichnete* ov *enthaltenden worten sei ein suffix* ovъ *anzunehmen, eine theorie, die auf billigung keinen anspruch machen kann, da ein auf* ovъ *auslautendes thema den* sg. dat. bogovu *usw. ergäbe, abgesehen davon, dass von der dem genannten suffixe zugeschriebenen bedeutung, worüber 2. seite 229. gehandelt ist, in der majorität der fälle keine rede sein kann; nach einer letzten deutung würde das* o *von* ov *der stellvertreter von* ъ *sein und* v *den hiatus aufheben, so dass* jadovitъ *hervorgegangen wäre aus* jadъ-v-itъ, *eine erklärung, für welche die auch sonst im inlaute eintretende veränderung des* ъ *zu* o *oder nach einer anderen theorie erhaltung des* o *angeführt werden kann. Es scheint, dass in älterer zeit in der stammbildung der ganze stamm erhalten wurde, während in einer späteren periode der sprachbildung vor dem vocalisch anlautenden suffixe der vocalische auslaut des thema abgeworfen ward: demnach wäre* gromovъnъ *älter als* gromьnъ. bêdovьnъ *von* bêda *hat entweder sein* a *zu* o *geschwächt oder, und dies ist viel wahrscheinlicher, es ist nach formen wie* gromovьnъ *gebildet. Man merke* baldovinь *chrys.-duš. 29. für* balduin. *Dunkel bleibt* gotovъ *paratus.*

IV. Vierte stufe: av, va.

Av, va *ist in einer anzahl von formen die zweite steigerung des* ŭ. baviti *in* izbaviti *liberare neben* izbyti *liberari: w.* by, aind. *bhū.* hvatiti *neben* hytiti *prehendere: w.* hŭt, hъt. kvasъ *fermentum neben* kysnąti *fermentari: w.* kŭs, kъs. plaviti *facere ut fluat neben* pluti *fluere: w.* plŭ, plъ. slava *gloria neben* sluti *celebrem esse: w.* slŭ, slъ *usw.*

Anhang.

w, ẏ.

Ein zeichen des glagolitischen alphabetes, im Clozianus *nr. 25, mit dem zahlenwerte 700, das dieselbe stelle einnimmt wie* w *im kyrillischen, steht gegenüber dem griechischen* υ, ου; ω, ο; *selten dem* η; *in einheimischen worten vertritt es manchmal das* u, o: *die schreiber haben in der anwendung des* w *geschwankt. Der laut mag in den entlehnten worten* u *gewesen sein, in den einheimischen war er* u *oder* o. zogr. A.* ar'hiswnagoga, arhiswnagogovi. vws'sonъ. kwrinьju κυρηνίου *luc.* 2. 2. kwrêninu κυρηναῖον *marc. 15. 21.* lewǵiją *marc. 2. 14.* lewǵiinъ *luc. 3. 24.* lewǵitъ. mwra. swkamênê *neben* sẏkomariją συκομορέαν *luc. 19. 4.* swrii, swrieją, swrofwnikissanyñi. twru, twrê, twrьskъ *neben* otъ turê περὶ τύρον *luc. 3. 8.* turьską *und* tẏrê. wpokriti *neben* upokriti *zogr. b.* opokriti *zogr. b. und* ẏpokriti. *B.* zavwloñê ζαβουλών *matth. 4. 15.* zavwloñją. isw *matth. 26. 6.* iswvi. *C.* mwsi, mwsêovu, mwsêovahъ *neben* mwsêovê

matth. 23. 2. zogr. b. ɯosi, ɯosêoⰿь *und* ɯoisi *zogr. b.* ɯlo-
kavъtomatъ *pl. gen.* ɯsan'na, ɯsana *zogr. b.* solomɯnъ *neben*
solomunъ, solomuna, solomuⰪ. *D.* rɯsievъ ϸ︤ησϊ *luc. 3. 27.*
sɯrova ἀϲήϸ *luc. 2. 36. E.* bogɯ. ɯ žeuo ὦ γύναι *matth. 15. 28.*
ɯ rode *marc. 9. 19.* ɯbače. ɯbraštь sꙉ. ɯbêma. ɯvi. ɯnъ, ɯna,
ɯni. ɯsta *luc. 2. 43.* ɯstanête ihъ *matth. 15. 14.* ɯtъ. ɯtъ-
vêštašꙉ. ɯtъvêštavъ. ɯtъpuštati. ɯ̈če. ɯ *für* o *findet sich in gla-
golitischen wie in kryrillischen quellen, was die palaeographie zu be-
handeln hat:* ɯsana *cloz. 1. 38.* ɯblaky, ɯtъ *bon.* ɯpisajetь *krmč.-
mih.* ɯni, ɯvьce *hom.-mih. Dieser mannigfaltige lautwert des* ɯ *ist
befremdend: statt* ɯpokriti *erwartet man* ÿpokriti *oder* upokriti:
*jenes findet man im mariencodex, wo das auf der tafel des cloz.
unter 44. aufgeführte zeichen das griech.* ꙋ *darstellt.* vÿsь βύσσος *im
assem. Die kyrillischen quellen gebrauchen das dem griech. entlehnte
y, das ich, um der verwechslung mit dem slav. y vorzubeugen, durch
ÿ bezeichne.* eǵÿpta *cloz. I. 858.* ÿpokryty. porъfÿrꙗ *sav.-kn. 78.* ÿpo-
stavъ *slêpč.* akÿlьlu. ilÿrika. jegÿpьta. jegÿpьtônc *šiš.* sÿrôstôj
krmč.-mih. für sÿrъstêj. vÿsinьnu *tichonr. I. 139. Sonst wird griech.*
ꙋ *durch* ju *oder* u *wiedergegeben:* ljusaniju λυσανίας *assem.* eǵjupta.
eǵjuptêni *cloz. I. 270. 316.* usonъ *sav.-kn. 34.* turьskꙗ *52.* suna-
goga *37.* arhisunagogъ *43.* surofinikisanina. sukamenê συκάμινος.
kurinijska. upokriti *nic.* murьsky *act. 8. 27-šiš.* surêninъ *ephr.-syr.*
asurijskь *triod.-mih. Manchmal steht* i *für* ꙋ: egiptêne. egiftane
slêpč. 81. sikomoriju. sihomorijū́ συκομορέα *nic. Was im aslov.,
geschieht im armen.:* hiupat, hipat ὕπατος. *egiuptaṭhi, egiptaṭhi* αἴγυπτος
Derwischjan VI. VII. Man merke, dass aslov. u auch griechischem οι
gegenübersteht: ukonoɯa οἰκονόμος *nic.* krusъ κροῖσος *op. 2. 1. 32. per.
XXXII. Schliesslich ist noch darauf hinzuweisen, dass man einigemahl
o für u findet:* avgosta. vъkosi. drogъ. koplь *assem.* otъposti
mariencod. sadokejska σαϑϑουκαίων *nic.*

Zweites capitel.

Den vocalen gemeinsame bestimmungen.

A. Steigerung.

*1. Die steigerung der vocale besteht darin, dass den vocalen a, i,
u entweder a oder ā vorgeschoben wird, daher ursprachlich aa, ai, au
und āa, āi, āu. Die steigerung durch vorschiebung des a wird erste,
die durch vorschiebung des ā zweite steigerung genannt: jene heisst*

aind. guṇa, diese vrddhi. *Die steigerung war ursprünglich, so scheint
es, ein den accent begleitendes mittel der hervorhebung einer silbe aus
dem wortganzen.* Den beiden andern flectierenden sprachengruppen,
der semitischen und der hamitischen, fremd, tritt sie im arischen
sprachenkreise in der stamm- und in der wortbildung auf. Im
aind. unter allen historisch bekannten sprachen am reichsten ent-
wickelt, war sie in der arischen ursprache — daran ist wohl
nicht zu zweifeln — noch consequenter durchgebildet, während die
anderen sprachen dieses lautmittel nicht mehr als ein in stamm-
und wortbildung immer von neuem anwendbares, sondern nur in ein-
zelnen bruchstücken kennen, die sie als fertige resultate aus älteren
perioden überkommen haben. Einige von den arischen sprachen sind
an resten der vocalsteigerung arm, am ärmsten wohl das lateinische;
während andere, wie die slavischen und die baltischen sprachen, eine
reiche fülle von in der steigerung wurzelnden erscheinungen bieten.
Die vocalsteigerungen sind in der arischen ursprache begründet und
von allen anderen arischen sprachen ererbt: dies schliesst nicht aus,
dass sich nach analogie vorhandener steigerungen neue bilden, wie
dies in dem dem aslov. gonoziti zu grunde liegenden gonoz- neben
gonezъ aus gonez, got. ganisan, ahd. ganësan, der fall ist. Aus
dem alter der steigerungen folgt, dass die silbenbildenden consonanten
r, l, die man als silbenbildend häufig vocale nennt, eine steigerung
nicht erleiden.

Die oben angeführten ursprachlichen laute haben, wie aus der
lehre vom vocalismus hervorgeht, manche wandlungen erfahren.
Ursprachliches a, aind. a, wird slav. e, während ursprachliches aa,
aind. ā, slavisch o, und ursprachliches āa, aind. gleichfalls ā, slavisch
a wird. Urspr. ai, au wird aind. vor vocalen aj, av, vor consonanten
ē, ō, slavisch unter gleichen umständen oj, ov und ê, u; ebenso
urspr. āi, āu aind. vor vocalen āj, āv, während sich vor consonanten
āi, āu erhält: das slavische wandelt vor vocalen āu gleichfalls in
av, und lässt vor consonanten metathese des av in va eintreten. Ein
reflex des ursprachlichen āi lässt sich im slavischen nicht nachweisen.

Aus dem gesagten ergibt sich folgende übersicht der ungestei-
gerten und gesteigerten vocale in der arischen ursprache, im aind.
und im slav., als dessen repräsentant das altslovenische gelten darf.

urspr.	a	I. aa	II. āa
aind.	a	I. ā	II. ā
aslov.	(e)	I. o	II. a.

urspr.	i	I. ai	II. ăi
aind.	i	I. aj, ē	II. āj, āi
aslov.	(ь)	I. oj, ê	II. fehlt.

urspr.	u	I. au	II. āu
aind.	u	I. av, ō	II. āv, āu
aslov.	(ъ)	I. ov, u	II. av, va.

*Die ungesteigerten vocale des altslovenischen sind eingeklammert,
um nicht den irrtum aufkommen zu lassen, als seien den steigerungen
die vocale e, ь und ъ zu grunde gelegen.*
2. *Die steigerungen zerfallen nach den gesteigerten vocalen in drei
reihen. A. Die steigerungen des a-vocals und zwar a) die steigerung
des a (slav.* e) *zu* o. α. *vor einfacher consonanz: brad:* bred, brodъ;
β. *vor doppelconsonanz und zwar 1. vor rt, lt: smard:* smerd,
smordъ, *woraus aslov.* smradъ; 2. *vor nt: bland:* blend, blęd,
blondъ, *woraus aslov.* blądъ. *b) Die steigerung des a (slav.* e) *zu*
a: *sad:* sed, sadъ. *B. Die steigerungen des i-vocals. i (slav.* ь)
wird zu oj, ē *gesteigert: śvit* (svьt): svêtъ. *C. Die steigerungen des
u-vocals. u (slav.* ъ) *wird* a) *zu* ov, u *gesteigert: ru (slav.* rъ):
rovъ. *bud (slav.* bъd): bud- *in* buditi. *u (slav.* ъ) *wird* b) *zu* av,
va *gesteigert: bhū (slav.* by): bav- *in* baviti. *hut (slav.* hъt) hvat-
in hvatiti.

*A. Steigerungen auf dem gebiete des a-vocals. a) Steigerung
des* e *zu* o. α. *Vor einfacher consonanz: dorъ in razdorъ scissio:
dar, slav.* der. grobъ *fovea sepulcrum: grab, slav.* greb. logъ *in*
nalogъ *invasio: lag, slav.* leg. *Dasselbe tritt ein in* zvonъ *sonus:
zvan, slav.* zven, zvьnêti. β. *Vor doppelconsonanz und zwar 1. vor*
rt, lt. morzъ, *woraus aslov.* mrazъ *gelu: w. marz, slav.* merz *in*
mrъznąti. vortъ, *woraus* vratъ *in* razvratъ *seditio, eig. eversio:
w. vart, slav.* vert *in* vrъtêti. molzъ, *woraus s.* mlaz *die menge der
beim melken auf einmal hervorschiessenden milch: w. malz, slav.* melz.
volkъ *in* vlakъ: oblakъ *nubes: w. valk, slav.* velk. 2. *Vor* nt:
blondъ *d. i. aslov.* blądъ *error: w. bland, slav.* blend *in* blędą.
montъ *d. i.* mątъ *turba: w. mant, slav.* ment *in* mętą. *b) Steige-
rung des* e *zu* a: sadъ *planta: w. sad, slav.* sed *in* sędą, sêsti.
skvara *nidor: w. skvar, slav.* skver *in* skvrêti *aus* skverti. vorta
in vrata *porta: w. var, slav.* ver, *und suffix* to. zolto *in* zlato
aurum: w. zal, slav. zel, *und suffix* to. *Über die steigerungen des
a-vocales vergl. seite 62. 102.*

B. Steigerungen auf dem gebiete des i-vocals. Steigerung des *i zu* oj, ô : bojъ, boj *flagellum: w. bi.* sêtь *laqueus:* sê-tь. *w. si.* svêtъ *lux: w. śvit, slav.* svьt. *Über die steigerungen des i-lautes vergl. seite 136—139. und meine abhandlung ‚Über die steigerung und dehnung der vocale in den slavischen sprachen'. Denkschriften. Band XXVIII.*
C. Steigerungen auf dem gebiete des u-vocals. a) Steigerung des ŭ *zu* ov, u : bud- *in* buditi *excitare: w.* bŭd, *slav.* bъdêti *vigilare.* gubь *in* dvogubь *duplex: w.* gŭb, *slav.* gъb *in* prêgъnąti *aus* prêgъbnąti. krovъ *tectum: w.* krŭ, *slav.* kryti. rovъ *fovea: w.* rŭ, *slav.* ryti. rъvati. *b) Steigerung des u zu* av, va: bav- *in* baviti: izbaviti *liberare neben* izbyti *liberari: w.* bŭ, *slav.* by. kvasъ *fermentum: w.* kŭs, *slav.* kys. *Über die steigerungen des u-vocals vergl. seite 166. 181.*

B. Dehnung.

1. Die dehnung der vocale besteht in der erhöhung ihrer quantität. Die vocaldehnungen stammen nicht aus der ursprache: daraus folgt, dass dieser process in den verschiedenen arischen sprachen verschieden angewandt wird, während in dem gebrauche der lautsteigerungen auf dem gesammtgebiete der arischen sprachen unverkennbare übereinstimmung herrscht; es folgt daraus zweitens, dass man im slav. bei der dehnung von derjenigen form auszugehen hat, welche die ursprachlichen vocale in der slavischen ursprache angenommen haben. Aus ursprachlichem a wird e und o; aus i-ь und aus u-ъ; r und l enthaltende silben büssen in bestimmten fällen den vocal ein, wodurch r und l selbst silbenbildend und der dehnung fähig werden.

Aus dem vorhergehenden ergibt sich folgendes schema der dehnungen:

e	o	ь	ъ	r	l.
ê	a	i	y	r̄	ī.

2. Die dehnungen zerfallen nach den gedehnten vocalen in vier reihen. A. Die dehnungen des a-vocals und zwar a) die dehnung des e *zu* ê : lct, lêtati. *b) Die dehnung des* o *zu* a : kol, kalati. *B. Die dehnung des i-vocals* ь *zu* i : lьp, prilipati. *C. Die dehnung des u-vocals* ъ *zu* y : dъh, dyhati. *D. Die dehnung des* r, l *zu* r̄, ī : *slovak* zdržat. *perfect.* zdr̄žat *iterat.* preplnit *perfect.* preplīnat *iterat. Die dehnung tritt ein* α. *im dienste der function bei der bildung der verba iterativa durch das suffix* a *und bei der bildung des imperfects;* β. *zum ersatz eines ausgefallenen consonanten;*

γ. *bei der metathese des r und l*; δ. *die dehnung scheint manchmahl durch den accent bedingt zu sein. Ausserdem gibt es noch eine mechanische dehnung des ь und des ъ vor j.* A. *Dehnungen der a-vocale.* a) *Dehnung des* e *zu* ê. α. *Functionell 1. bei der bildung der iterativa durch* a: pogrêbati *sepelire*: greb. têkati *cursitare*: tek. sъžagati *neben* sъžigati *comburere*: žeg. *In* sъžagati *ist das dem* ê *zu grunde liegende* ja *bewahrt. 2. Bei der bildung des imperfects*: idêhъ *ibam*: ide *praesensstamm*. žьžahъ *urebam*: žьge, žьže. *In* žьžahъ *ist wie in* sъžagati *die ältere form des* ê *erhalten.* β. *Compensatorisch*: vêsъ *duxi aus* ved-sъ; žahъ *ussi aus* žeg-hъ: *über* ža *vergleiche man das über* sъžagati *und* žьžahъ *gesagte. Man beachte auch* nêstь *aus* nejestь, nejstь; pêsъkъ *sabulum*: aind. *pāsuka*. γ. *Metathetisch*: trêti *aus* terti. mlêti *aus* melti. *Über die dehnungen des* e *vergl. seite 52.* b) *Dehnung des* o *zu* a: α. *Functionell. Bei der bildung der verba iterativa durch* a: nabadati *infigere*: nabod. β. *Compensatorisch*: probasę *transfixerunt*: probod-sę. γ. *Metathetisch*: brati *aus* borti. klati *aus* kolti. *Über die dehnungen des* o *zu* a *vergl. seite 102. Man vergleiche die* s. *on.* rasa, rasь *mit griech.* ἄρσα *und* ražanj, *as.* ražni *pl., mit* ἄρσενα: *im letzteren steht* ž *für* s.

B. *Dehnung des vocals* ь *zu* i: α. *Functionell bei der bildung der verba iterativa durch* a: počitati *honorare*: čьt. β. *Compensatorisch*: čismę *numerus aus* čьt-smen. *Man vergleiche auch* imę *aus* inmen. γ. *Accentuell im infinitiv und teilweise auch in anderen verbalformen*: čisti *honorare*: čьt. počiti *requiescere*: čь, počihъ, počilъ *usw. Mechanisch ist die dehnung des* ь *zu* i *in* božij *divinus aus* božьj. *Über die dehnungen des* ь *zu* i *vergl. seite 122.*

C. *Dehnung des* ъ *zu* y: α. *Functionell bei der bildung der verba iterativa durch* a: vъzbydati *expergisci*: bъd. β. *Accentuell*: myti *lavare*: mъ. *Mechanisch ist die dehnung des* ъ *zu* y *in* kyj *aus und neben* kъj: кⲏ, кꙑн, кꙑн. *Über die dehnungen von* ъ *zu* y *vergl. seite 145.*

D. *Dehnungen des silbenbildenden* r, l: α. *Functionell: slovak.* prehřňat, prehrnúť; otĺkat, otlk. β. *Accentuell*: tĺct *von* tlk.

C. Vermeidung des hiatus.

1. Der hiatus wird im innern jener altslovenischer worte, die zum altererbten sprachschatze gehören, gemieden. Die mittel, den hiatus zu vermeiden, sind die einschaltung eines consonanten oder die verwandlung eines vocals in einen consonanten.

2. *I. Zur beseitigung des hiatus werden eingeschaltet die conso-*
nanten j *und* v; *in aus dem griech. entlehnten worten* g, ǵ; *in ein-*
heimischen worten wird zu demselben ende n *eingefügt. 1. a)* j: *nach*
ê: dêješi. dôjȩ. dêją. dêjati. *Nach einer anderen ansicht ist* je *aus*
ja *das praesenssuffix, daher* dê-je-ši, *während ich* e *für das suffix*
halte: dê-j-e-ši, *wie in* plet-e-ši *usw.: wer von* dê-je-ši *ausgeht, muss*
bei dê *und* plet *eine verschiedene bildung des praes. usw. annehmen.*
Nach o: *in* rąkojȩtь *manipulus scheint* j *eingeschaltet:* ǫtь *aus* em-tь.
moj *meus,* tvoj *tuus,* svoj *suus sind* mo-j-ъ *usw.* *koj *in* kojego
ist ko-j-ъ, *aind.* kaja. *Man merke* obojądu *utrinque neben* kądu,
kein kojądu. *Nach* a: *in* dêjati *wie in* obajati, pomajati *hebt* j *den*
hiatus auf, das a *ist das* a *wie in* bьrati, *nicht das iterative wie in*
odêvati *usw. Man merke* vъ nezajapą *subito aus* vъ nezaapą, vъ
nezaupą. dêlaješi. dêlajȩ. dêlają. ajerьnъ. *Nach* ь: bьješi. bьjȩ.
bьją. bьjate *neben* biješi *usw.* ątrьjądê. *Nach* i: gostij *aus* gostьjъ.
dijakъ διάκονος. kaijapa: kaiêpa χαϊφα *nicol.* ijulь, ijunь ἰούλιος,
ἰούνιος *assem.* ijudêj ἰουδαῖος. ijerdanъ *neben* jerdanъ ἰορδάνης *slêpč.*
ievъ *d. i.* ijevъ ἰέβ ἰzv. 698. bijca *aus* bi-j-ьca *neben* bivьca. vino-
pijca *neben* vinopivьca. *Der ausgang* -ije *n. ist aus* io *hervorgegangen.*
Nach y: myješi. myjȩ. myją. myjaahъ: *vergl.* bodêahъ. *Man beachte*
s. krijući *neben* krivući. *Nach* u: raduješi. radujȩ. radują. besê-
dujaše *sup. 223. 21.* šiją *suo aus* siują. *Nach Schleicher, Compen-*
dium 794, gehört je *zur bildung des praesensstammes:* zna-je-tъ *usw.*
In stojati *ist* oj *vielleicht steigerung eines* i. *b)* v: *nach* ê: plêveši.
plêvą. plêvi: *die formen beruhen auf dem inf.* plêti *aus* pelti. porê-
vati *greg.-naz. 125.* posêvati, *verschieden von* posêjati. poblêdêvati.
odolêvati. velêvati. *Nach* o: rąkovȩtь, *worin man wegen* rąkavъ
einen u-*stamm gesucht hat:* rąkŭ-ǫtь. iovanь ἰοάννης *nic. matth. 3. 1.*
Nach a: dêla-v-ъ *partic. praet. act. I:* dêla. obavati, pomavati
neben den perfectiven obajati, pomajati. oklevetavati. prokopa-
vati. opravьdavati: opravьdavajetъ sȩ slêpč. *neben* opravьdajetь se
διακιοῦται šiš. *iac. 2. 24.* otъvêštavati: *eben so ist zu beurteilen*
davati, *wofür auch* dajati. davьсь *in* izdavьсь. stavati *neben* stajati.
pristavъ. *Die annahme von wurzeln wie* du, stu *lässt sich nicht recht-*
fertigen. Man merke s. blavor, blavur *neben* blaor, blor: *rumun.*
bъlaur. *Nach* i: bivъ *aus* bi-v-ъs. bivьca *neben* bijca. bivenъ. pobi-
vati. vinopivьca. pivъkъ *qui bibi potest.* pivo: *pr.* piwis *bier mag*
entlehnt sein. Vergl. sliva *und ahd.* slêha. r. *besteht* tiunъ *neben*
tivunъ. *Jüngere formen sind* ukarivati *exprobrare nomoc.-bulg. 41.*
umnoživati *tichonr. 2. 406. Vergl. nsl. usw.* ivan *ioannes. Nach* ъ

für ŭ: pъvati *fidere: w.* pŭ, *daher* pъ-v-ati. *Eben so* zъvati: *w. hu (ghu).* rъvati: *nsl. s.* rvati. *p.* rwać. *Nach anderen ist* zъvati *aus* zovati *hervorgegangen: o sei zu* ъ *herabgesunken wie in* kъlati *aus* kolati, *formen, die nebenbei gesagt, unmöglich sind.* blѣvati *vomere: w.* bljŭ, *daher* bljъ-v-ati, blѣ-v-ati. *Eben so* klѣvati. plѣvati. rѣvati *rugire.* žъvati *mandere. Nach einer anderen ansicht ist* ьv *durch zerdehnung von* ū *entstanden:* bljū-ati *würde jedoch wohl* bljuvati *ergeben.* bъvenъ *in* zabъvenъ *quem obliti sunt beruht auf* bъ *aus* bŭ, *blŭ, slav.* by: bъ-v-enъ. *So erklärt sich* umъvenъ: umyti. *In gleicher weise* brъvь *aus* brŭ-v-ь, *lit. bruvis, wohl bru-v-is.* krъvь. *Ferners* krъvenъ *aus* krъ, krŭ: krъ-v-enъ, *nicht aus einem älteren* krovenъ. rъvenъ *in* rъvenikъ *puteus.* trъva *in* rastrъva ἀπώλεια *beruht auf* trъ, trŭ, *slav.* try. *Andere werden vielleicht eher geneigt sein* v *in* krъvenъ *aus dem* ъ, ŭ *entstehen zu lassen:* krъv enъ; *wieder andere meinen* brъvь *sei zunächst aus* brovь *entstanden. Das mit* neplody *zusammenhangende* neplodъvь *ist* neplodъ-v-ь: *das dem* neplodъvamъ *zu grunde liegende* neplodъva *ist* neplodъ-v-a. *Vergl.* junakvica. šestakvica *usw. Nach einer deutung entspringen* svekry *und* svekrъvь *aus einer form auf* ūi. šivati *ist* sjuvati. živati *entspringt wohl aus* zjuvati. šьvъ *sutura ist als* sjŭ-v-ъ *zu erklären.* mlъva *entsteht aus* melva. *Nach* y: byvъ *aus* by-v-ъs. byvati. pokryvati. umyvati. izdryvati. cêlyvati. natryvanie *op. 2. 3. 161. Vergl. s.* krivući *neben* krijući. *Nach* u: obuvъ *ist* obu-v-ъs. obuvenъ. *klr.* zasuv *riegel.* obuvь *f. calceus.* bljuvati. opljuvati. *Vergl.* pomiluvati. vêruvati. uva, *griech.* ούά. *Dem hier vorgetragenen gemäss wird* staj, *d. i.* stajъ, *von* sta, *odêvъ, č.* odêv, *von* dê *abgeleitet:* staj *und* odêvъ *sind nach dieser annahme den formen* stajati *und* odêvati *coordiniert. Nach einer anderen ansicht beruhen jedoch* staj *und* odêvъ *auf* staja *und* odêva. *Eben so sollen* obava, počuvъ, proliva, pripêvъ, *r.* zasêvъ *von* obava(ti), počuva(ti), proliva(ti) *usw. entstanden sein. Diese entstehung ist möglich, und dass r.* otryvъ *und* pozyvъ *von* otryva(ti), pozyva(ti), *so wie aslov.* zêvnąti *von* zêvati *stammen, ist unleugbar; dass ähnliches auch bei* staj, odêvъ *stattgefunden habe, ist jedoch unbeweisbar.* 2. *In den aus dem griechischen stammenden worten wird zwischen* ȣ (w ӱ) *und den darauf folgenden vocal* g, g̑ *eingeschaltet; das eingeschaltete* g, g̑ *erhält sich auch dann, wenn* ȣ *durch* u, *und selbst dann, wenn es durch* v *ersetzt wird:* lewg̑iją. lewg̑iinъ. lewg̑itъ *zogr.* leӱg̑iją *assem.* eӱg̑a *sup. 368. 11. und sonst achtmahl.* leӱg̑itь *ant.* naӱgginь *ephr.* paraskeӱg̑i *ostrom. 184. b. 193. c. usw.* eӱg̑a *naz. 9. —* nauginъ *exarch.* leug̑iju *nic.* leug̑itъ *sav.-kn. 41.*

euga. cužinъ *brev.* — ninevъgitomь. paraskevъg̃ii *zogr.* paraske-
vъg̃ijǫ *cloz. I. 555.* levg̃itъ. paraskevg̃ii *sg. nom. assem.* levъgijǫ
sav.-kn. 67. levъgitъ *ostrom. 3. c.* levgiinъ *bon.* levgitь *hom.-mih.*
ninevgitêninъ *pat.-mih.* paraskevg̃ii *nic. 70.* paraskevg̃i *209. 267.*
levъg̃iti *215.* levg̃i *143.* levgitь *165.* nevg̃itomь *168.* ninevъg̃ii
triod.-mih. levgyjǫ *ev.-mih.* lev'gity *izv. 494.* levgyjevo *tichonr. 1.
110.* sevgirъ σευῆρος *meth.* evžinь *glag. Doch findet man auch* cÿa
sup. 7. 4; 374. 15. cÿǫ *181. 17.* nineÿi *298. 26. und* jevva *hom.-
mih.* ninevitênomь *prol.-rad. Man merke auch* alelugija *izv. 448.
neben* aliluia *bon.; ferners* olъguino ἀλέτης *io. 19. 39. zogr.* alъguj
cloz. I. 890. algoino *assem., das nach J. Schmidt 2. 69. für* alo-
gino *steht.* al'guj, alguj *sup.* algoj *hom.-mih. Hieher gehört auch* pri-
wizlauga *Wattenbach, Beiträge 50, für aslov.* prъvislava. *Diese den
lebenden sprachen unbekannte erscheinung befremdet in hohem grade.
Da das* g, g̃ *ursprünglich nur zwischen vocalen eingeschaltet ward, so
mag es als den hiatus aufhebend angesehen werden, bis eine bessere
erklärung gefunden wird. 3. Das in verbindungen wie* kъ njemu
eintretende n *halte ich für parasitisch, für hiatus aufhebend so lange,
als keine befriedigendere deutung aufgestellt wird. Darüber wird
unter* r. l. n *gehandelt.*

II. Zur beseitigung des hiatus wird ъ, ü *in* v *verwandelt.* lędvija
lumbi beruht auf einem auf ъ, ü *auslautenden stamme; dasselbe gilt
von* oblistvъnêti. listvъnatъ *lam. 1. 101. aus* put.; *von* medvъnъ
neben medьnъ. medvêdь *ursus.* omedviti; *von* dva *neben* dъva.
kvati *neben* kъvati. bêhъ *eram muss eben so gedeutet werden:* bъvêhъ
ergibt kein bêhъ, *so wenig als aus* bъvcnъ *ein* bcnъ *entsteht.* gen-
varьskъ *op. 2. 3. 587. entspringt aus* genvarь ἰανουάριος.

*3. Der hiatus erhält sich in wortverbindungen, die nicht als ein-
heiten gefühlt werden. Dies tritt bei den verbindungen von praefixen
mit verben und in compositionen ein: a)* poostriti. poustiti. priobrê-
sti. priustroiti *usw. b)* goloąsъ. ncizmêrimъ. naąsъ ἀρτιγένειος.
praotьcь *usw. Der hiatus findet sich ferner in jüngeren bildungen.
Hieher gehören a) die formen der zusammengesetzten declination:*
novaago *aus älterem* novajego. novuumu *aus* novujemu. novêêmь
aus novêjemъ. novyimь *aus* novyjimь. novyihъ *aus* novyjihъ *usw.*
imašteimъ τοῖς ἔχουσιν. ištąšteimъ τοῖς ζητοῦσιν *aus den themen* imą-
šte, ištąšte *und dem pronomen* imъ *sind wahrscheinlich* -ejimъ
zu lesen. Zweifelhaft ist любаи ὁ ἀγαπῶν, *das wie* ljubęi *und*
ljubej *gelesen werden kann. b) Die praesensformen der verba V. 1:*
prebyvaaši *sup. 36. 15.* gnêvaaši *300. 22.* byvaatъ *263. 23.* vьme-

štaat' *347. 3. aus älterem* prêbyvajcši *usw.* c) *Die imperfectformen
jüngerer bildung:* vcdêahъ, tvorjaahъ *für* vedêhъ, tvorjahъ *nach
analogie der a-stämme 3. seite 92. 93. Selten wird hier der hiatus
aufgehoben:* strojajaše *sup. 289. 10.* tvorjajašc *360. 4.* tvorêjaše
329. 8. tvorjaêše *205. 29.* tvorêêšc *146. 15.* rastvarêêšc *218. 1.*
d) *Entlehnte worte:* alьfeova. anьdrêovъ. ar'hiereovъ. arhiereomъ.
mosêomь. mysêovê. olêomь. farisêomъ *zogr.* andreova *assem.* ioanъ
sup. 90. 14. iovъ *169. 23.* iona *196. 19.* iordanъ *217. 14.* iosifъ
176. 2, wofür in späteren glag. quellen osipь. lentiomь λεντίῳ *nicol.*
olêomъ *sav.-kn. 125.* jeleomь, oleimь *mladên.* iskariotьsky *ev. 1372.*
        Auch sonst ist der hiatus in der schrift nicht selten: blagaa.
pokaati sę *neben* pokajati sę. blagočьstia. božia. učeniu. vcštią.
vêruątъ. dêati. vьvêavъ. sêati. velikąą. istinьnąą. nanesonąą *usw.
sup.* laatelehъ. laątъ. rizoą. božijeą. morskąą *bon.* tvoa *usw.*

        *4. Mit dieser darlegung sind nicht alle sprachforscher einverstan-
den. Weil das glagolitische alphabet kein* je *kennt und die kyrillischen
quellen häufig* e *bieten, wo man nach dem gesagten* je *erwartet; weil
ferner dem glagolitischen alphabete die lautverbindung* ja *fehlt (denn
dass* ê *in bestimmten formen die geltung des* ja‾ *habe, scheint man in
abrede zu stellen) und auch die kyrillischen denkmähler nicht selten
a an stellen haben, wo die regel* ja *fordert, so hat man die lehre von
der aufhebung des hiatus zwar nicht ganz beseitigt, jedoch formen wie*
smêeši *für älter als* smêješi *erklärt. Unter älteren formen können
hier nicht die vorslavischen, auch nicht die vor der entstehung des
altslovenischen, sondern nur solche verstanden werden, die in den uns
erhaltenen altslovenischen denkmählern nachweisbar sind. Daneben geht
die behauptung einher, die glagolitischen und die kyrillischen denk-
mähler stellten zwei von einander geschiedene dialekte des altslove-
nischen dar, was in verbindung mit dem eben gesagten nur den sinn
haben kann, dass die glagolitischen denkmähler eine auf einer ültern
stufe stehende sprache zum ausdruck bringen, eine behauptung, die,
wenn auch für einige erscheinungen nicht unberechtigt, für den hier
behandelten punct nicht wahrscheinlich gemacht werden kann. Vor
allem kann ich die behauptung nicht gelten lassen, der laut* je *sei der
sprache unbekannt gewesen, weil die glagolitischen quellen ihn nicht
von* e *sondern. Ohne die annahme, es sei* je, *nicht* e *gesprochen worden,
wird man* e *neben* to *wohl nicht erklären können; ponjcže ist nur
durch die annahme erklärbar, es sei* je, *nicht* e *gesprochen worden,
also so wie die kyrillischen quellen meistens schreiben und wie gegen-
wärtig ausnahmslos gesprochen wird. Nur das* j *bewirkt die verände-*

rung des folgenden o *in* e, *wie* lentiomь *nic. neben* lentijemь *zeigt, daher* imênije *aus* imenijo, *nicht aus* imênio. žitьe *soll aus* žitьje, *das daher doch wohl älter ist, durch ausstossung des* j *hervorgegangen sein. Vergl. seite. 7. Dass namentlich zwischen* i *und einem vocal ein* j *leicht als selbstverständlich fallen gelassen wird, zeigt der streit, ob pol.* -ia *oder* -ija *zu schreiben sei. Daher auch aslov.* diakonisa *slêpč. neben* dijakonisa *šiš.-rom. 16. 1.* kaati *neben* kajati. *Im allgemeinen darf gesagt werden, dass in lautverbindungen, die in der sprache unbekannt sind, von der sonst notwendigen genauigkeit der schreibung abgegangen wird: wenn das slav. ein* moe *nicht kannte, so wurde* moje *auch dann gelesen, wenn das* j *fehlte. Der Slave, der* moe *aussprechen will, muss sich nicht geringen zwang antun, und es ist nicht wahrscheinlich, dies sei vor etwa tausend jahren anders gewesen. Wer auf grund glagolitischer quellen* moe *für eine wirklich gesprochene form erklärt, gerät in gefahr eine sprache zu construieren, die, nie gesprochen, ein wahres hirngespinnst wäre, während derjenige, der den jetzt geltenden lautgesetzen in der alten sprache folgt, möglicherweise eine spätere form in frühere jahrhunderte zurückversetzt: im vorliegenden falle ist die erstere gefahr viel grösser als die letztere, denn während man sich für die aufhebung des hiatus auf unzweifelhafte gesetze berufen kann, bauen die gegner nur auf der hypothese, die glagolitische schrift sei der aussprache in allem und jedem vollkommen adaequat gewesen, während sie doch aus mehr als einer erscheinung sich vom gegenteil überzeugen können: oder ist es wohl glaublich, dass man* glagolęšta *cloz. II. 54.* molę *81.* sъlątъ *1. 627. und nicht* glagoljęšta. molją. sъljątъ *gesprochen habe? Ein gesetz, das gegenwärtig alle slavischen sprachen beherrscht, hat wahrscheinlich schon im neunten jahrhunderte geltung gehabt. Dass in dem Panonien benachbarten Karantanien, in dem dem aslov. so nahe stehenden nsl. der hiatus im zehnten jahrhunderte gemieden wurde, zeigen die freisinger denkmähler:* bosigę božiję. bosigem božijemь. bratriia bratrija. ze caiati sę kajati. po ngese po nježe. pigem pijemъ. zcepasgenige *sъpasenije.* ugonjenige *ugoždenije.* vueruiu *vêrują.* j *fällt manchmahl aus:* bosie božie. bosiem božiemъ. bratria bratria. vueliu *velią.* vuezelie *veselie.* ese *eže.* po nese *po nječe. Vielleicht wird man einwenden, da habe man* angefangen *den hiatus zu meiden.* v *soll zwischen hellen vocalen, zu denen auch* a *gezählt wird, nie euphonisch, richtig: aus in den sprachorganen liegenden gründen, eingeschaltet sein:* davati, stavati *seien aus den wurzeln* du, stu *durch steigerung entstanden, wie aus dem lit. hervorgehe. Wenn unter den* *beweisenden lit. formen stovêti angeführt wird, so steht dem der umstand entgegen, dass der unzweifelhafte u-stamm u vor dem verbal-suffix ê die erste steigerung eintreten lässt: avêti, nicht die zweite, die in stovêti angenommen werden müsste.* Die anderen slav. verba auf vati, daher wohl auch verba wie opravъdavati, sind, wie man meint, nach der analogie von davati, stavati und ähnlichen verben gebildet. Auch in odêvati soll v zum stamm gehören: lit. dêvêti. Die ansicht bedarf wohl keiner weiteren widerlegung: nach meiner ansicht ist lit. stoti slav. stati. stoju *staju usw. Die w. da folgt im lit. allerdings eigenen gesetzen, an denen das slav. jedoch nicht teil nimmt. Vergl. Potebnja, Kъ istorii usw. 231.

5. Daraus, dass der hiatus nun in allen slavischen sprachen gemieden wird, folgere ich, dass schon das urslavische denselben nicht duldete. Dasselbe gewahren wir im lit.: j: mo-j-u, aslov. mają nuto. ranko-j-e, aslov. rącê, für eine form rąka-j-ê. pa-j-eiti neben pa-eiti fortgehen. pri-j-imti neben pri-imti annehmen. lĭ-j-a neben lĭ-n-a es regnet: aslov. lijetъ; anders das perfective li-netъ. pri-j-eiti hinzugehen. dangū-j-e im himmel. v: siū-v-u ich nähe. žū-v-u ich komme um Kurschat 31. dêvêti, stovêti (lett. stāvēt), worte, die aslov. dêvêti, stavêti lauten würden: mit jenem kann dem sinne nach imêti, sêdêti usw. verglichen werden; dieses wird durch stojati ersetzt. lett. līja es regnet: lit. rīju ich schlinge: rīti. triju pl. gen. von tri. lett. vāijāt verfolgen: w. vi. pūvu ich faule: pūt. Der horror hiatus scheint ein merkmahl der slavischen und baltischen sprachen zu sein: sie unterscheiden sich dadurch von den germa-nischen. Dieser horror hiatus ist kein aus der ursprache stammendes gesetz, wie man aus der herrschaft desselben im aind. zu folgern versucht sein könnte. Es darf jedoch nicht unbeachtet gelassen werden, dass das aind. mit denselben mitteln wie das slav. und lit. den hiatus aufhebt: vergl. śivā-j-āi, śivā-j-ās, śivā-j-ām usw.; kṛī-v-aja glücklich machen; kijant und kīvant; ich rechne hicher auch die ein-schaltung des n in śivā-n-ām, vārī-ṇ-ām usw., obwohl ich weiss, dass man diese erscheinungen auch anders zu erklären versucht hat.

D. Assimilation.

1. *Die assimilation besteht darin, dass ein vocal dem vorhergehenden vocale oder dem dem vorhergehenden consonanten verwandten vocale gleich gemacht oder näher gebracht wird:* novaago aus novaego, novajego. jego aus jogo.

2. *Die assimilation eines* o *an folgendes* a *oder* e *kömmt im aslov.
nicht vor:* nsl. gospa *aus* gospaa, gospoja, aslov. gospožda. dobrega
aus dobreega, dobrojega. s. *besteht die assimilation des* e *an vorher-
gehendes* o: dobroga *aus* dobrooga, dobrojega. *Wie die asstmilation
des* oa *zu* aa, a, *des* oe *zu* ee, e *und des* oe *zu* oo *dem aslov. fremd
sind, so scheint auch diejenige, durch welche* oją *zu* ą *wird, dem aslov.
unbekannt zu sein, indem sich* rąką *und* rąkoją *zu einander verhalten,
wie* rabu *zu* toju, *wie* nsl. te *aus* tę *zu aslov.* toję *usw. Dasselbe verhält-
niss besteht zwischen* *mьną *und* mьnoją: *neben* ą, *sg.* acc. f.,
kömmt, allerdings nur zweimahl, oją *vor:* na šujeju *mladên. 63.* a.
vьniti vъ kelią svoeą *ingredi in cellam suam pat.-mih. 27.* b.

3. A. a) êje. *Aus* êje *wird durch* êe *zunächst* êê, *aus diesem
durch das den hiatus aufhebende* j - êja *und aus* êja - êa *im sg.* loc. m.
n. *der zusammengesetzten declination:* dobrê-jemь: adьstêêmъ *sup.
348. 19.* amidъstêêmъ *214. 3.* blaženêêmь *85. 29.* božьstvьnêêmь
216. 9. usw. svoitьnêiêmь. tvoritvьnêiêmь. jedinoimenьnêiêmь.
nesobьnêiêmь *svjat. für das richtige* svoitьnêjamь *usw. Sreznevskij,
Drevnie slav. pamjat. jusovago pisьma 179 der einleitung. seite 54.*
vêčьnêamъ. grêšnêamъ. nebesnêamъ *assem.; daneben besteht die
urform:* domovъnêemь. novêemь. crьk'vnêemь *zogr.* druzêemь.
istinьnêễmь. jestьstvъnêễmь. lukavьnêemь *greg.-naz. 9. 16. 38. 236.
usw. Vergl. 3. seite 59. Abweichend ist* êiмь *aus* êjemь: glagola-
nêiмь *greg.-naz. 7.* dobrêiмь *op. 2. 2. 78.*

Denselben vorgang gewahren wir in dêêši: dêêši li, *etwa: lat.
ain' μή 225. 18 und ausserdem eilfmahl neben* dêješi *299. 15 und
dem wohl fehlerhaften* deši *223. 3: vergl. nsl.* djati *dicere. Die
gleiche bedeutung wie* dêêši li *hat* dêi li *329. 11, das vielleicht mit*
dobrêiмь *zu vergleichen ist.*

êja. *Aus* êja *wird* êê *im imperf. Aus der urform auf* êhъ *ent-
stehen nach der analogie der* a-*stämme erweiterte formen:* grędêhъ
(vergl. nsl. natrovuechu, tepechu *fris. für* natrovêhą, tepêhą), *grę-
dêahъ und daraus* grędêêhъ: grędêêše *sup. 257. 29.* jadêêše *201.
3; 218. 1.* rastêêše *29. 19.* bêêše *34. 7.* bêêhą *116. 13. Eben so*
mьnêêše *228. 17.* trъpêêše *121. 12 usw. 3. seite 92. Anders* ras-
tvarêêše *218. 1,* d. i. rastvarjajaše.

b) aje. *Aus* aje *wird durch* ae - aa *im sg. gen. m. n. der zusam-
mengesetzten declination:* blagaago: galilejskaago. velikaago *zogr.
Daneben besteht in den ältesten denkmählern die urform:* byvъšaego.
drugaego. živaego *zogr. 3. seite 59.*

13

Dasselbe findet statt im praes. der verba V. 1: gnêvaaši *sup.*
300. 22. prêbyvaaši *30. 15.* sъvêštaaši *393.* 21. byvaatъ *263.* 23.
vъmêštaat' *347. 3.* vъskrêšaatъ *355. 5 usw.*, *einmahl mit aufhebung
des hiatus* pominajatъ *151.* 23. podobaa *274. 9.* izbavъjatъ *197.*
22. *für* izbavъjaatъ. *In den späteren quellen nur* gnêvaješi *usw.*
Man beachte imaamь *habeo.* imaaši. imaаtь. imaamъ *habemus.* imaate
ostrom.: aus dem das praes.-e entbehrenden imamь, imaši *entstand*
imaamь *usw. 3. seite 113.*

c) ije. ije *wird* ii, *das wie* iji *lautet, im sg. loc. m. n. der
zusammengesetzten declination:* vъskrъsъšiimь. kająštiimъ sę. poslêdь-
niimъ *usw. Man merke* prêljubodêimь (vъ rodê semь prêľjubo-
dêimь ἐν τῇ γενεᾷ ταύτῃ τῇ μοιχαλίδι *marc. 8. 38-zogr.) aus* prêlju-
bodêji-jemь. kająšteimь sę *luc. 15. 10-zogr. aus dem thema* kająšte
und jimь *aus* jemь: blagoslovêstvovavьšeiimь διὰ τῶν εὐαγγελισαμένων
1. petr. 1. 12-šiš. 193. *ist der sg. instr. sg. m. 3. seite 59. 60. Die
urform auf* i-jemь *kömmt nicht vor.*

Im sg. i. m. n. der nomina auf jъ, jo *(ia):* kraimь *d. i.* kra-
jimь *aus* krajemь. kopiimь *d. i.* kopijimь *aus* kopijemь: bezumi-
imъ. bogočьstiimъ. govêniimъ. *Dasselbe tritt im dual. dat. instr.
und im pl. dat. ein:* kopiima. kopiimъ *3. seite 16. 23. Man beachte*
oleimь *neben* jeleomь *mladên. Diese erklärung ist möglich: ich halte
jedoch an der seite 84. vorgetragenen als der wahrscheinlicheren fest,
nach welcher* kraimь *aus* krajъmь *hervorgeht.*

*Älter als in den oben angeführten formen ist die assimilation
des* ije *zu* iji, ii *und schliesslich durch contraction zu* i *in den meisten
praesensformen der verba III. 2. und IV. Aus der I. sg.* viždą, ·
hvaľją *ergibt sich* vidją, hvalją *aus* vidiją, hvaliją; *darauf leitet
auch* hvaľjahъ, *da es auf* hvalijahъ *beruht: neben* prêstavľjenъ
besteht prêstavijenъ *sup. 11. 2. Die II. sg.* vidiši, hvališi *setzt
zunächst* vidiiši, hvaliiši *aus* vidiješi, hvaliješi *voraus: ii erklärt
das lange* i *im s.* vidiš *und im č.* vidiš; *die urform ist im ns.* poro-
žijo, *aslov.* *porodijetъ, *erhalten. Der III. pl.* hvalętъ *gehen vorher*
hvalentъ, hvalintъ, hvaliintъ, hvalijentъ, hvalijontъ, *während die
I. sg.* hvaľją *voraussetzt:* hvalja, hvalьją, hvaliją, hvalijom. *Die
I. pl.* hvalimъ *beruht auf* hvalijemъ, *wie* vedemъ *zeigt, während
das partic.* hvalimъ *aus* hvalijemъ, hvalijomъ *entsteht: ursprünglich
ist allerdings auch statt* vedemъ-vedomъ. *Das hohe alter der con-
traction erklärt den mangel der erweichung, kein* hvaľimъ. *Ursprüng-
lich hat in den praesensformen zwischen* bi *und* hvali *kein unterschied
bestanden, daher* biješi, hvaliješi: *der unterschied ward wahrscheinlich*

durch den accent bewirkt: bijéši, hváliješi. *Zu diesen aufstellungen nötigt die geschichte der formen seite 133. Wenn man jedoch die II. sg. aor.* bi *wegen* nese *auf* bьc. bьjc. bije. bie. bii *zurückführt und die II. dual. aor.* vъzъpista *wegen* nesosta *aus* vъzъpьosta *usw. erklären will, so hat man vergessen, dass vocalische stämme keinen bindevocal annehmen, sondern den charakter des aorists* s, h *unmittelbar an die wurzel fügen, was ursprünglich auch consonantische stämme taten 3. seite 77.*

d) uje. uje *wird durch* ue *zu* uu *im sg. dat. m. n. der zusammengesetzten declination:* imąštjuumu *usw. Daneben besteht die urform:* imąštjuemu. ląkavъnuemu. slêpuemu *usw. zogr. 3. seite 59.*

e) au *wird* aa *in* vъnezaapъvą, *dem* zaпpъva(ti) *zu grunde liegt. Mit unrecht wird assimilation angenommen in* sąštii, *das aus* sąštei *entstehen soll, während die formen* sąšte *und* sąšti *neben einander bestehen. Dasselbe gilt von* vidêvъše *und* vidêvъši, *und ich halte die behauptung,* vidêvъšii *stehe für* vidêvъšei *für unrichtig. Vergl. Potebnja, Kъ istorii usw. 25. Auch die ansicht,* rąkają, nąždąją *seien aus* rąkoą, nąždoą; rąkoją, nąždeją *entstanden, kann ich nicht billigen:* rąką, nąždą *sind mir die älteren formen,* rąkąą *und* nąždąą, *die, den lebenden sprachen unbekannt, in den aslov. denkmählern je nur éinmahl nachweisbar sind, halte ich für schreibfehler. Die veränderung tritt in dieser assimilation meist bei dem zweiten, nicht bei dem ersten vocale ein. Wenn man den unterschied zwischen* bery *aus* beronts, beront *und* žьnję *aus* žьnjonts, žьnjont *in der bei dem letzteren worte eintretenden assimilation sucht, so stehen dem die formen* žьnjąšti, žьnjąšta *usw. entgegen.*

4. B. a) jo. jo *geht in* je *über, indem das* o *dem dem* j *verwandten* i *näher gebracht wird: für unrichtig halte ich die ansicht, die veränderung des* o *in* e *stamme aus jener periode, wo dem* o *das* i *noch unmittelbar vorhergieng:* morje *aus* morjo, morio. *Dasselbe gilt von den aus der verbindung eines harten consonanten mit* j *hervorgegangenen consonanten:* lice *aus* likjo, likio. kričemь *aus* krikjemь, krikiomь. pišteją *erklärt sich aus* pitšeją, pitjeją: e *bleibt auch nach der metathese des* t *und* š. *Vergl. seite 17.*

b) jê. jê *wird in* ji *verwandelt.* ijê *geht in* iji *über, woraus* ij *und* i *werden kann, daher sg. loc.* krajê, konjê-krai, *d. i.* kraji. koñi. prêdanьjê: prêdanьi, prêdaпii. *pl. l.* krajêhъ, konjêhъ-kraihъ, *d. i.* krajihъ. koñiihъ. kopijêhъ: kopiihъ. kamenijêhъ: kameпiihъ *zogr. sg. d. l. f. und du. nom. acc. f. n.:* stajê: stai, *d. i.* staji. kopijê: kopii, *d. i.* kopiji. *Im impt.* bijê, bijête: biji, *daraus* bij;

bijite, *daraus* bijte: *vergl.* dêlaj. dêlajte; kupuj. kupujte *usw.*
Wann die contractionen bij, bijte *eintraten, darüber lässt uns die*
aslov. schreibung in zweifel. Aus hvalijê, hvalijête *entwickelten sich*
die formen hvaliji, hvalijite; hvali, hvalite, *heutzutage auch* hval,
hvalte *neben* pij, pijte. *Alt sind die seltenen formen* izbavii *libera*
sup. 165. 13. mą̄čiite *excruciate 105. 3.* sъmotriimъ *consideremus*
39. 17. In einer älteren periode ward jê *durch* ja *ersetzt, es mochte* ê
durch dehnung des e *oder, wie im impt., aus altem* ai *erwachsen sein:*
in dem letzteren falle ist ja *auf den inlaut beschränkt, daher* piji,
pij *und* pijate *aus* pijaite *neben dem jüngeren* pijite, piite, pijte.

c) jy. jy *geht in* ji *über:* krajy: krai, *d. i.* kraji. konjy: koñi
aus konji. dêjanijy: dêjanii, *d. i.* dêjaniji. dobljyj: dobľij: *vergl.*
dobryj. *Anders verhält es sich mit dem pl. acc. der* ъ(a)- *und der*
ā-stämme, so wie mit dem partic. praes. act., wo dem raby, ryby,
grędy *die formen* mążę, dušę, każę *gegenüberstehen, da dem* y
wie dem ę *hier altes* ą *entspricht. So deute ich auch* kamy *und* korę.
Vergl. seite 44.

d) ja. ja *wird nur selten in* je *verwandelt:* jenuarь *aus* januarь
ἰανουάριος. jehati *aus* jahati *seite 18.*

e) oa. oja *wird* aa, a. *nsl.* gospá *aus* gospoja, *aslov.* gospožda.
bati se *neben* bojati se.

f) oą. oją *wird* ąą, ą. *nsl.* gospô *aus* gospoją *sg. acc. und instr.*

g) oe. oje *wird* ee, e. *nsl.* dobrega *aus* dobrojega. dobremu *aus*
dobrojemu. dobrem *sg. loc. m. n. aus* dobrojemь. *nsl. findet sich*
jedoch im osten auch dobroga, dobromu, dobrom, *das im s. aus-*
schliesslich gilt. Dass dobrega *und* dobroga, *so wie* č. dobrého *nicht*
nach der analogie der pronomina gebildet sind, ergibt sich aus dem
č. dobrého *neben* toho, *aus dem s.* dobrôga *neben* toga *und dem*
nsl. dobrega *neben* togo *der freisinger denkmähler.*

E. Contraction.

1. Die contraction besteht in der verschmelzung zweier gleicher
vocale in einen einzigen: dobrago *aus* dobraago, *das aus* dobrajego
hervorgegangen ist.

a) êê *wird* ê: dobrêmь *aus* dobrêêmь *und dieses aus* dobrê-
jemь. vetъsêmь *cloz. I. 354.* grobьnêmь *755.* heruvimьscêmь *38.*
Dasselbe tritt ein in imêhъ *habebam aus* imêêhъ *und dieses aus*
imêahъ *3. seite 94.*

b) aa *wird* a: dobrago *aus* dobraago *und dieses aus* dobrajego.
Dagegen imaamь *aus* imamь, *nicht aus* imajemь; imaatъ *aus* imatъ,

nicht aus iṃajetъ *3. seite 113; ferners nsl.* gospa *aus* gospaa *und dieses aus* gospoja.

c) ii *wird* i: *sg. loc. m. n.* poslêdьńimь *aus* poslêdińiimь *und dieses aus* poslêdьńijemь; *pl. g.* velihъ *aus* veliihъ *und dieses aus* velijihъ; *pl. dat.* pogybъšimъ *aus* pogybъšiimъ *und dieses aus* pogybъšijimъ, pogybъšyjimъ; *eben so sg. instr.* govênimь *aus* govêniimь, *d. i.* govênijimь, *neben* pьsanimь *aus* pьsaньimь: pвaньimь *cloz I.* 55. ispytanimь *240.* bliscanimь *821.* podražanimь *sup. 62. 18. neben* cêlomądrъstviemь *406. und* hotêniimь *197; sg. loc.* pьsanii *neben* učeni *io. 7. 17.-zogr.* pogrebeni *cloz. I. 753 und* prêdanьi *248.* na ovьči *(für* ovьčii*)* kạpêli *zogr.; ferners* hvališi *aus* hvaliiši *und dieses aus* hvaliješi *seite 194: vergl.* primeši *cloz. I. 71. aus* priimeši: milosrъdi *prag.-frag. ist č.*

d) uu *wird* u: dobrumu *aus* dobruumu *und dieses aus* dobrujemu. vêčьnumu *cloz I. 153.* prъvumu *155.* drêvъnumu *599.* kradomumu *709.* gospodьskumu *914.*

e) ąą *wird* ą: *nsl.* gospô *sg. acc., d. i.* gospą, *aus* gospąą *und dieses aus* gospoją.

f) oo *wird* o: *s.* dobrôga *aus* dobrooga *und dieses aus* dobrojega.

g) oą *aus* oją *wird* ą: *diese contraction wird häufig im sg. i. der a-stämme angenommen:* rybą *aus* ryboą, ryboją: ryboją *soll das ursprüngliche sein: nach meiner ansicht sind beide auf verschiedenen stämmen beruhende formen gleich alt. Man beachte den sg. acc. f.* svoeą *in* vьniti vъ vnątrьneą kelią svoeą *pat.-mih. 27. b.*

h) ee *wird* e: *nsl.* dobrega *aus* dobreega *und dieses aus* dobrojega; *eben so č.* dobrého *aus* dobreeho *und dieses aus* dobrojeho. *p.* dobrem *aus* dobreem *und dieses aus* dobrojemь.

i) yi *wird* y: dobrymь *aus* dobryimь *und dieses aus* dobryjimь. *Den sg. nom. m.* ДОБРЪИ, ДОБРЪІ *erkläre ich aus* dobrъj, *das dem* dobryj *so zu grunde liegt wie* dobljъj *dem* dobŕij *aus* dobljyj. *Für* ii, *d. i.* ij, *tritt oft* i *ein:* boži *cloz. I. 66.* krêpli *142.* luči *208. neben* bolii *148. 446.* krêplii *144.* lučii *197.* mьnii *148. und den ursprünglichen* bolьi *3. 4.* lučъi *227. für* lučьi *und* gorьi *cloz. II.* boži *assem.* bolii *sav.-kn. 84.* poslêdьnъi *70. für* poslêdьnьi. bolъi *svrl. für* bolьi. bolii. mьnii *neben* bolьi *greg.-naz.*

k) Stämme auf ija *gehen zunächst in* iji *über, woraus sich leicht* ij *entwickelt, das in* i *übergeht:* mosi. mlъni *luc. 17. 24.-zogr.* bali *cloz. I. 200.* sądi *933. Ich nehme an* balija. baliji. balii. bali. *nsl.* bali *fris.*

Contraction ist auch in jenen ъ(a)-, o- *und* a-*stämmen eingetreten, in denen dem auslaut ehedem* j *vorhergieng:* коñь *entsteht aus* конjъ *und dieses aus* конио, конijо, коньjo, *ursprachlich* -ia: *neben* prozmonaѓь *findet man* prozmonarij. polje *aus* polio, polijo, polьo, *ursprachlich gleichfalls* -ia; pišta *aus* pitia, pitija, pitьja, pitja, *ursprachlich* -iā. *Dieselbe erscheinung gewahren wir in* gorja, hvalja, straždą *aus* gorią, gorija, gorьją *usw.*

F. Schwächung.

Das herabsinken des ursprachlichen i *und* u *zu* ь *und* ъ *ist als schwächung anzusehen. Diese schwächung ist urslavisch, nicht vorslavisch seite 109. 141; dasselbe gilt von dem herabsinken des* e *und* o *zu* ь *und* ъ *seite 19. 76, und nicht minder von dem . herabsinken des slavischen* i *zu* ь *seite 117. so wie des* ê *zu* i *seite 133.*

G. Einschaltung von vocalen.

Bestimmte consonantengruppen werden durch vocale getrennt: so wird e *zwischen* ž *und* r, l *eingeschaltet:* želêzo *aus* žlêzo *usw. seite 19.*

H. Aus- und abfall von vocalen.

Als regel gilt, dass der vocalische auslaut von stämmen vor vocalischen anlauten von suffixen abfällt: sądiište *aus* sądij(a)ište. velijstvo *aus* velij(ъ)ьstvo. razląka *aus* razląk(i)a. polagati *aus* polog(i)ati. *Nach* j *fällt* ъ *ab:* moj *aus* mojъ. kraj *aus* krajъ. *Dasselbe tritt in* коñь, plaštь *usw. ein:* konjъ. plastjъ.

I. Vermeidung des vocalischen anlautes.

Vocalischer anlaut wird in vielen fällen gemieden. So gibt es kein wort, das mit ь *oder* ъ *anlautete, jenes wird zu* i, *dieses zu* y, *das gleichfalls im anlaute nicht stehen kann, sondern den vorschlag eines* v *erhält:* imą *prehendam aus* ьmą. vykną *discam aus* ykną *und dieses aus* ъkną *seite 123. 155; auch* ê *ist dem anlaute fremd, es mag aus* e(a) *oder aus* i *hervorgehen: es erhält den vorschlag eines* j *und geht nach gewöhnlicher vorstellung in* a *über:* jadь *esca aus* êdь, jêdь, *w. ad, slav.* ed *seite 53. Richtiger ist es zu sagen, in* ja *sei der ursprüngliche laut erhalten, der sonst häufig in* ê *verwandelt wird. Dass* e *im anlaut in* je *übergeht, ist seite 7. gesagt: daher* jevga εὔχ. jevergetica εὐεργέτις. jevreinъ ἑβραῖος. jevtuhъ εὔτυχος. jegupьtъ αἴγυπτος. jcdemъ ἐδέμ. jelêj ἔλαιον usw. Auch in jelenь. jesmь. ježь beruht j auf dem slavischen lautgesetze: man vergleiche nsl. iezem, gezim, gezm, ie fris. Daraus, dass anlautendes e durch je ersetzt werden muss, folgt, dass auch anlautendes ę den vorschlag eines j erhält: jędijaninъ indus aus endijaninъ. jęti prehendere aus emti. jętro hepar. jęza neben ęza assem.: in vęzati ligare — jęzati kömmt nicht vor — scheint v auf vęza zu beruhen. a kann im anlaute stehen: a sed. abije statim. ablъko pomum. agnę agnus. azъ ego. armeninъ armenus. ašte si. ašjutь frustra. aijerъ aër; daneben jablъko. jagnę. jazъ. jarmeninъ. jašte. jašjutь. jajerьskъ, nie etwa jabije. Slavischen ursprungs ist j auch in jabedьnikъ, anord. embœtti, älter wohl amb-. jagoda neben agoda granum sav.-kn. 19. jajce neben ajce sav.-kn. 54. jarьmъ. jarьcь. jasika. jasinъ ἀλανός usw. Dagegen steht akъ. amo für jakъ. jamo: w. jъ. Dieselbe rolle, die j bei a, spielt v bei ę: ętъkъ neben vętъkъ. ęgrinъ neben vęgrinъ. ęsъ neben vęsъ. ęsênica neben vęsênica usw. Die vocale, die im aslov. von ihrer stellung im anlaute nicht verdrängt werden, sind demnach i. o. u: izъ. onъ. uho usw. u verliert manchmahl stammhaftes j: u neben ju iam. uha op. 2. 3. 24. neben juha. ulijanъ lam. 1. 28. ἰουλιανός. Auch das lit. meidet häufig vocalischen anlaut Kurschat 30. gęsênica findet sich neben vęsênica: p. gęsienica neben wąsionka. gążvica vimen scheint mit vęzati verwandt: nsl. gôža. b. gъžvъ turban. s. gužva. klr. huž bibl. I. č. houžev, womit rumun. gnž funis e libro zu vergleichen ist: ngriech. γουστερίτσα neben βοστερίτσα ist nsl. guščer. s. gušter. Man beachte lit. gīventi, vīventi Bezzenberger 74.

K. Vermeidung der diphthonge.

Das aslov. besitzt keine diphthonge: es ersetzt diese durch mit j und v schliessende silben: kitovrasъ in r. quellen κένταυρος, woraus später kentavrъ. lavra λαύρα vicus, monasterium. pcvgъ πεύκη: daneben peygь men.-serb. pevъkinъ. sveklъ σεύτλον beta. p. ćwikla: lit. sviklas ist entlehnt. svcklъ beruht auf sevklъ, so wie hvatiti aus havtiti entstanden ist seite 181. nsl. mavra, mavrica regenbogen: griech. μαῦρος. mota: nhd. maut. pavel: lat. paulus usw.

L. Wortaccent.

Da die ältesten aslov. denkmähler den ton nicht bezeichnen, so ist uns nicht bekannt, welche silbe eines mehrsilbigen wortes den ton hatte. Nur im glag.-kiov. haben einige silben ein zeichen über sich, das *man als tonzeichen anzusehen geneigt sein kann.* *Das in mehr als éiner bezeichnung interessante denkmahl setzt den acut, seltener den gravis:* čьstçcê *536.* dóstojni *532.* ćsi *533. 537.* izbavlcniê *533.* ízdrêšeniê *531.* mariì *538.* mąčcniê *530.* molítvą *532.* naplьncnì *531.* nášc *534.* nášê *532. 535.* náši *533.* nášimь *532.* ncbesьscêì *533.* nosímъ *531.* očiščcnie *535.* oči̇̈ščeniê *532.* očisti *537.* otъdázь *534.* otъpádъša *533.* podázь *531. 535.* pomílova *531.* prósi *532.* prósimъ *532.* raz-drêšcnie *535.* silahъ, sily *537.* svętъи *532.* svóją *531.* svoóją, svóç *537.* sъdravic *533.* sъpáscniê *531.* sъtvorí *538.* tébê *532. 533. 536.* tělesc *531.* tvóê, tvóç *532.* tvoihъ *537.* upъvanie *532.* uslýši *532.* utvrьdí *537.* vêčьnáê *532.* vêčьnêть *531.* výšьnimi *532.* [vъ]nьmćmъ *532.* *Jene zeichen finden sich auch über einsilbigen worten:* dà *530. 532. 533.* dázь námъ *537.* ì *535.* ésmъ *533.* ná balьstvo *534.* námъ *531. 532. 533. 534. 535. 536.* násъ *532. 534. 535.* нášь *535.* нъì, нъи *531. 532. 535. 536. 537.* nъ *538.* sь *533.* tò *536.* *Man beachte* vьse *531.* vьsёhъ *537.*

M. Länge und kürze der vocale.

Über länge und kürze der vocale im altslovenischen lassen sich nur hypothesen aufstellen.

ZWEITER TEIL.

Consonantismus.

Den arischen sprachen liegen folgende consonanten zu grunde: r, aus welchem sich schon früh teilweise l entwickelte, n; t, d, dh; p, b, bh, v, m; k, g, gh; s und j. Die aspirierten consonanten dh, bh, gh haben im slav. die aspiration eingebüsst. Aus k, g, gh entwickeln sich teils ts, das durch c bezeichnet wird, und dz, das regelmässig seinen anlaut abwirft; teils tš, wofür č geschrieben wird, und dž, dessen d gleichfalls abfällt; s geht in vielen fällen in h über: aus diesem wie aus s entsteht unter bestimmten bedingungen š. Daraus ergeben sich folgende consonantenclassen: A. r. l. n. B. t. d. C. p. b. v. m. D. k. g. h. E. c. z. s. F. č. ž. š und j. Die consonanten sind hier nicht nach ihrer physiologischen, sondern nach der in der slavischen lautlehre massgebenden qualität geordnet: es bilden daher r mit l und n eine besondere classe usw.

Erstes capitel.

Die einzelnen consonanten.

Die slavische grammatik hat in diesem teile die aufgabe die schicksale der consonanten der arischen ursprache in den slavischen sprachen darzulegen. Sie wird daher nachzuweisen suchen, dass und unter welchen bedingungen aus r in den verschiedenen slavischen sprachen ř, rj, ř̦ entsteht: mořc, *nsl.* morjc, *č.* mořc.

Die consonantenclassen benenne ich nach dem ersten consonanten der reihe und spreche demnach von r-consonanten, von t-consonanten usw. Der grund dieser abweichung von den von vielen sprachforschern angenommenen benennungen liegt darin, dass physiologische namen der

in der slavischen lautlehre zusammenzufassenden consonanten fehlen:
so ist physiologisch r eben ein r-laut, n hingegen ein nasaler tönender
dauerlaut, sie gehören demnach physiologisch in verschiedene kategorien,
während sie in der slavischen lautlehre nicht getrennt werden können,
weil sie meist denselben gesetzen folgen.

A. Die r-consonanten.

Die r-consonanten *sind* r, l, n. *Sie sind der erweichung fähig,*
welche in der verschmelzung derselben mit folgendem j besteht, und
dann eintritt, wenn auf j ein vocal folgt: moře *aus* morje *usw.*
Sie haben auch die eigentümlichkeit mit einander gemein, dass sie in
vielen slavischen sprachen nicht vor consonanten stehen können: aus
merъ *entsteht in diesen sprachen* mrъtь: *sъmrъtь* mors; *aus* merti
entspringt mrêti *neben* r. meretь; *aus* smordъ *entwickelt sich* smradъ.
Aus penti *wird* pęti, *aus* ponto pąto *usw.*

B. Die t-consonanten.

Die t-consonanten *sind* t, d. *Die slavischen sprachen dulden die*
combination tja, dja *nicht:* tja, dja *werden nach verschiedenheit der*
sprachen auf verschiedene weise ersetzt: pitja *wird aslov.* pišta *aus*
pitja, pitža, pižta; *č.* píce *aus* pitza, pitsa *usw.*

C. Die p-consonanten.

Die p-consonanten *sind* p, b, v, m. *Mehrere slavische sprachen*
dulden nicht die lautverbindungen pja, bja, vja, mja: *diese laut-*
gruppen werden, allerdings erst in einer jüngeren periode, ersetzt
durch plja, blja *usw.* Archaistisch sind die formen pija, bija; pьja,
bьja *usw.*

D. Die k-consonanten.

Die k-consonanten *sind* k, g *und das auf slavischem boden aus*
s *hervorgegangene* h: k, g, h *hatten im hinteren gaumen ihre articu-*
lationsstelle, konnten daher mit einem nachfolgenden hellen vocale, der
ja seine articulationsstelle im vorderen gaumen hat, nicht gesprochen
werden. Dies hatte eine veränderung der k-laute zur folge: k, g, h
mussten in c *aus* ts, z *aus* dz *und* s *oder in* č *aus* tš, ž *aus* dž
und š *übergehen:* duhi *wurde* dusi, duhe *hingegen* duše. c *und* č,
z *und* ž *entspringen stets aus* k *und* g: *dagegen besteht neben dem*
aus h *entsprungenen* s *auch ein ursprüngliches und ein aus einem*
ursprünglichen k *(aind.* ś*) entstandenes* s: dusi *aus* duhi; svoj *aus*
sva; sъto *aus* kąta, aind. śata. *In gleicher weise besitzen die sla-*

vischen sprachen neben dem aus g *auf slavischem boden entstandenen* z *ein aus ursprachlichem* glĭ *hervorgegangenes:* mъnozi *aus* mъnogi; vezą *aus* vahāmi, *ursprachlich* vaghāmi. *Es ist demnach zweck-mässig, noch eine* c- *und eine* č-*classe aufzustellen.*

E. Die c-consonanten.

Die c-*consonanten sind dem gesagten gemäss* c, z, s.

F. Die č-consonanten.

Die č-*consonanten sind* č, ž, š. *Hieher gehört in der slavischen lautlehre* j.

A. Die r-consonanten.

1. r *und* n *lauten im aslov. wie in den lebenden slavischen sprachen. Hinsichtlich des* l *ist zu bemerken, dass in den slavischen sprachen ein dreifaches* l *unterschieden werden muss: das weiche:* nsl. ljudje; *das mittlere, deutsche:* nsl. letêti; *das harte:* pol. łani. *Die meisten slavischen sprachen besitzen nur zwei* l-*laute:* l *und* ł, *wie etwa russisch, oder* l *und* ł, *wie nslov. Im klruss. unterscheidet man* l, ł *und* l: *das letzte ist jedoch ziemlich selten. Zu den sprachen, welche* l, ł *und* l *besassen, mag das aslov. gehört haben: dass in* ljudije *das anlautende* lj *wie* ł *gesprochen wurde, ist unzweifelhaft; ebenso sicher ist die aussprache des* l *in* letêti, *das nie* łetêti *geschrieben wird; dagegen ist nicht festzustellen, ob* ланн łani *oder* lani *gelautet hat. Das* l *entlehnter wörter ist in vielen fällen ein* ł: avełê. izdrailê (iłê) *sg. gen.;* izdrailju (iłju). izdrailcvъ (iłevъ). mcłьhievъ *zogr.* avełь *sup.* 224. 27. uałi *sg. loc. neben* uala *141. 15.* izdraiłь *256. 12.* izdraiłevъ *239. 18.* izdrałitъskъ *144. 11.* izdrałitêninъ *256. 8.* antinopołь *288. 20.* antinopołi *114. 26.* dekapołitъskъ *97. 29.* skўthopołъskъ *211. 23.* cўaggcłistъ *70. 8.* rahiiłь *286. 25;* łegeonъ *350. 22, das wohl für* legeonъ *steht.* izrailê *sg. gen. svrl. In mehreren der angeführten worte erwartet man* l *für* ł: izdrailitъskъ. antipołь. dekapolitъskъ. rahiiłь.

In den gruppen ri, re, rę; li, le, lę *und* ni, ne, nę *haben* r, l, n *ihren einfachen, unerweichten laut. Bei den gruppen* rь, lь *und* nь *ist zu unterscheiden, ob dieselben aus* rjъ, ljъ, njъ *oder aus* ri, li, ni *hervorgegangen sind: im ersteren falle sind* r, l, n, *wie im folgenden gezeigt wird, weich, daher* cêsařь, mołь, konь; *im letzteren falle ist anzunehmen, dass das* ь *als halbes* i *gehört wurde, da man sonst bei der notwendigen annahme nicht weicher aussprache die regelmässige anwendung des* ь *nicht zu erklären vermöchte:* zvêrь, obrêtêlь, danь. *Die erweichung ist durch das fehlen des* ˆ *ausgeschlossen.*

2. *Eine grosse anzahl von veränderungen der consonanten werden durch deren verbindung mit anderen consonanten veranlasst. Hier werden jene consonantengruppen behandelt, in denen* r, l, n *die erste stelle einnehmen. Von diesen verbindungen · werden vor allem jene erwogen, in denen auf* r, l, n *ein* j, *d. i. eine mit* j *anlautende silbe folgt; worauf jene verbindungen behandelt werden, in denen* r, l, n *vor anderen consonanten stehen.*

3. *Wenn auf die consonanten* r, l, n *eine mit* j *anlautende silbe folgt, so erleiden* r, l, n *jene modification des lautes, die man erwei- chung (mouillierung) nennt. Sie besteht in der verschmelzung des* r, l, n *mit* j *Brücke 93. Im aslov. unterliegen nur* r, l, n *der erweichten aussprache.* ·

4. *Die weiche aussprache wird dadurch bezeichnet, dass* r, l, n *das zeichen* ˆ *erhalten:* ŕ, ĺ, ń; *oder durch die praejotierung des fol- genden vocals:* rja, lja, nja, *kyrill.* ρıи, лɪа, нɪа: *häufig werden beide bezeichnungsweisen zugleich angewandt:* vaŕją. ĺjutê *luc. 11. 53-zogr. Selten ist* na nьи *men.-vuk.* für *na* nju, *na* nją. utrêsnьi (dnъ) *ev.-dêč. 390. für* utrêšnij. *Häufig wird die erweichung unbezeichnet gelassen. a) Die erste bezeichnungsart ist bei* i *und* ъ *die einzig mög- liche, da die schrift eine praejotierung der vocale* i *und* ъ *nicht kennt:* kъńiga *aus* kъnjiga. grъdyńi. magdalyńi μαγδαλγνή. pustyńi. rabyńi. voŕi. moŕi *marc. 5. 13.* osъŕi *adj.* domašьńii. drevьńiimъ. drevъ- ńimъ. gospodьńi (gńi). okrъstъńiihъ *marc. 6. 36.* poslêdьńi. poslêdь- ńii. utrьńi. boŕii. mьńii. mьńi. шьńii. въ ńimь. prêdъ ńimi. o ńihъ. posъŕi *mitte.* — pŕьvati. dêlateŕь *aus* dêlateljъ. krьstiteŕь. sъvê- dêteŕьstvьê. iêkovŕь. matusaŕь. salańь. simońь. tarańь. rabyńь. ogńь *aus* ognjъ *neben* ognь, *daher sg. gen.* ognja *neben* ogni. ogńьnają. ogńьną. mьńьšьmi. ńь: въ ńьže domъ vьnidete *luc. 10. 5.* razdêŕь *partic. praet. act. I. Ebenso* moŕe. ogńemь. dêlateŕe. dêlateŕemъ. sъvêdêteŕe. težateŕemъ. žęteŕe. maleleiŕevъ μιλελεήλ *luc. 3. 37.* salatiŕevъ. vъnątrьńee. vьnešьńee. boŕe. mьńe. za ńe. bežńego. kъ ńemu. po ńemь. otъ ńeliže. bêŕena. cêńenaego. icê- ŕeny. okameńeno. povapŕenomъ. gońeniju. huŕenie. okameńenii. pomyšŕeniê. vlъńeniju. dovьŕetъ. posъŕetъ. vъzglagoŕete. dêlateŕe. roditeŕe. težateŕe. rabyńę. voŕę. okrъstъńeję. vьnêšьńeję. solomońę. na ńę. vь ńę. o ńę. žьńę. žьńęi. voŕą. sъtvorą zogr. *b) Die zweite bezeichnungsart tritt teils allein, teils und zwar öfter mit der ersten combiniert ein: 1.* burê *(d. i. burja) marc. 4. 37.* gospodьnê (gńê).

cêsarê *(crê)*. rybarê. večerêhъ *marc. 12. 39.* varêję ζὅάνων. pomyšlêjątъ. razdêlêję sę. tvorêaše. sъtvarêaše, sъtvarêahą, *d. i.* -rjaa-. cêsarju (crju). morju. prêmьnjają. *2.* poñêvica. aveľê *subst.* krstiteľê, krъstiteľê. ogñê. mytarĉ. pastyrê. rybarê. ѕąрьrê. въręzъïê. pьrĉ *luc. 22. 24.* raspьrê *io. 10. 19.* voľê. mofê. gomoŕênemь *marc. 6. 11.* dьnesъñêago. iskrъïêego. poslêdьïêê. poslêdьïêa. simoñê. vyšьñêego. vyšïĉego. vyšьïĉgo. въnątrъïêa. nyñê, *d. i.* nynja. sъblažñĉetъ *neben* blažnĉahą *und* sъblažuaetъ. vъzbrañêjašta. cêľêaše. icêľêahą *marc. 6. 13.* udvarêašc. izgañêahą. hrañĉaše. poklañêahą, prêklañêti. moľêaše. domyšľêaše sę. pomyšľĉete *neben* pomyšlêjątъ. osêñêję. slavľêhą. ostavľêti. tvorêaše. vaľêaše. zakľjuči. ľjuby. ľjudie. ľjutê. oľtarju. učiteľju. morju. vь ñję. milostyñją. voľją. kromêšьñjają. na ñją. pomoľją sę, razorją, rosъľją. tvorją. varją. veľją. prozьrją. žñьjatъ. glagoľjąštei.

Die erweichung bleibt häufig unbezeichnet: mytarc. mytaremъ. ognemь. oľtaremь. sąrьrcmь. morc. gore. iž-ncjеžc. o ncmьžc. posъletъ. tvorena. tunc. kniga. rybari. mori. grъdyni. poganyni. drevlьniihъ. drevlьnihъ. drevьniimъ. poslêdьnii. utrьnii. vyšьniihъ. bližьnęję. večerą. sъtvorą. vъžľjublą. cêsarь (crь). mytarь. sъvêdêtelьstvo. gospodьnь (gñь). ognьnêj. gorьši. morьskaago *zogr. Unrichtig ist die erweichung in* obitêľь. pečaľь. zeľii *matth. 13. 32.* sviñij *pl. gen. matth. 8. 30.* sviñiêmi, *wofür auch* svinije, svinьję. mñê *mihi. zogr.*

In den glagolitischen denkmühlern ausser dem zogr. findet sich das erweichungszeichen nur sporadisch angewandt: cloz. *I.* nyñê *412. neben* nynê *411.* ·dьnesьñêgo *427.* -ñejže *234.* tuñe *233. Häufiger ist die praejotierung:* cêsarê *50. 51. 843. 861. d. i.* cêsarja. sъmirêjaštei *514.* okarêjemy *686.* zatvarêjaštъ *729.* cêsarjuetъ *677. In den meisten füllen wird die erweichung unbezeichnet gelassen:* more *565.* bratrьne *522.* za ne *quia 1. 210. 289. 290. 451.* vьselenają. gospodьnu (gñu). volą *402.* glagolą (glą) *190.* molą *452.* glagoląšte (glašte) *246.* gubitelь *315.* propovêdatelь *661.* svoboditelь *806.* sъvêdêtelь *72. 718.* sąditelь *642.* vъ nь *usw.*

Unter den kyrillischen denkmühlern wetteifert der sup. mit dem zogr. in der genauigkeit der bezeichnung der weichen consonanten. a) kъñiga *15. 25.* kñihčii *103. 9.* ñiva *288. 10.* blagyñi *82. 29.* magdalyñi *334. 15.* ogñi *loc. 4. 14:* ogñь *8. 10.* bañi *56. 8.* voľi *95. 29.* nedêľi *209. 5.* koñi *2. 14; 44. 2.* koñihъ *22. 19.* čistiteľi *161. 5.* učiteľi *225. 24.* bezumľi *20. 19.* dijavoľi *50. 7.* her'soñi *414. 20.* poslêdьñimъ *247. 23.* siωñi *239. 9.* tomiteľi *dual. acc. f.*

adj. 164. 27. bolii *222. 23.* - ńima, - ńimi *usw.* glagoľi *impt. 25. 12.* glagoľite *51. 9. neben* glagoľjatc *33. 15.* posъľi, posľi *78. 19. 134. 13.* steńi *302. 24.* — avcľъ *224. 27.* izdraiľь *256. 12.* końь *162. 12.* ogńь *8. 10.* stèńь *183. 7.* zcmľъ *233. 6.* blagodèteľъ *292. 7.* dèlateľъ *45. 11.* tomiteľъ *158. 2.* zъdateľъ *323. 28.* ziżditeľъ *348. 6.* dobľъstvo *62. 9; 379. 5; 379. 7.* mǫčitcľъstvo *165. 26.* vlasteľъskъ *358. 22.* bezumľъ *136. 6.* gospodьńь *2. 15.* kostantińь *140. 8.* końьskъ *22. 25.* poľъskъ *128. 10.* dobľьno *68. 19.* końьnъ *143. 7.* ogńьna *4. 21.* priobrèteľьnikъ *122. 15.* pustyńьnyihъ *429. 2.* učiteľьnyihъ *424. 4.* učiteľьnyihъ. dovьľenъ *404. 16. fűr* dovьľьnъ. boľъèejc *429. 24.* boľъš'mi *379. 1.* grǫbľьi *280. 21.* mъńьša *360. 10.* uńьšc *63. 15.* - ńь. dèľьma *218. 15.* osèńьšь *368. 22.* sъhrańь *19. 16.* pomoľьšь *95. 5. Ebenso* aveľъ *169. 16.* pomyšľaj *189. 20.* pomyšľasta *359. 20.* poľe *67. 7.* blagodèteľevi *377. 29.* dèlateľe *42. 2.* roditeľema *204. 22.* końemь *67. 8.* sъvczńemъ *347. 24.* dijavoľe *281. 7.* paўľъ *9. 24.* boľc *316. 28.* mьńe *374. 4.* suľə *293. 5.* uńe *98. 21.* - ńe, - ńego, - ńcmu, - ńcliže *usw.* svèńe *1. 11.* tuńe *222. 8.* dovьľetъ *29. 28.* koľemъ *partic. praes. pass. 41. 16.* iscèľenъ *403. 23.* isplъńenъ *444. 13.* naseľenъ *138. 13.* pomyšľenije *182. 11.* ľutostь *155. 28.* pľyskъ *168. 4. fűr* pľuskъ. końu *157. 23.* ogńu *120. 5.* bližьńuumu *279. 6.* końę *34. 22.* dèlateľę *159. 12.* voľę *124. 12.* vońę *431. 2.* blagyńę *322. 13.* makedońę *148. 20.* vladyčьńę *358. 20.* vъčeraš'ńeję *377. 19.* - ńę. glagoľę *1. 9.* žьńę *379. 10.* bańǫ *58. 17.* ncdèľǫ *209. 7.* vońǫ *109. 8.* voľǫ *12. 11.* srъdoboľǫ *397. 28.* gospodьńǫ *35. 5.* kromèšьńǫją *280. 3.* posrèdьńǫ *350. 11.* srèdьńǫją *248. 18.* sъvyšńǫją *382. 7.* - nǫ. - ńǫdu. brańǫ *379. 9.* cèľǫ *356. 6.* glagoľǫ *6. 4.* izvoľǫ *96. 8.* pomьńǫ *194. 14.* veľǫ *147. 27.* posьľǫ *125. 8.* glagoľǫtъ *33. 14.* rožьńǫtъ *269. 13.* zakoľǫtъ *87. 26.* glagoľǫštь *29. 27.* goŕǫštь *4. 17.* stcľǫšte *251. 23.* steńǫšte *388. 4. b) 1.* iraklju *55. 27.* ognju *17. 7.* vasilê *61. 7. d. i.* vasilja. doblê'go *122. 21. d. i.* dobljaago. *2.* boľjarinъ *146. 18. neben* boľêrinъ *48. 7.* žęteľêninъ *31. 24.* końê *142. 28.* primyšľêj *125. 27.* umyšľjaj *2. 22.* mǫčiteľja *4. 22. neben* mǫčiteľê *60. 1.* voľja *119. 21.* kropľêmi *37. 3.* dijavoľêhъ *62. 28.* nynjaš'ńêago *30. 28.* vyšьńjago *51. 15. neben* vyšьńêgo *164. 25.* dobľjajšii *62. 17.* - ńja. byľja *170. 13.* dèľja *388. 16.* nyńja *11. 5. neben* nyńê *17. 7.* gońêaše *30. 8.* huľêaše *30. 11.* moľêše *73. 22.* moľjasta *4. 11.* paľê'hǫ *28. 19.* pokaŕêjǫšte *105. 4.* klańjati *20. 22. neben* klańêti *87. 10.* nasiľjati *445. 2. neben* nasiľêti *402. 9.* obońêti *78. 7.* pokaŕêti *43. 22.* pomyšľjati *38. 5.*

neben pomyšľêti *190. 18.* vъzbrańjati *22. 4. neben* vъzbrańêti *70. 19.* isplъńjenъ *54. 17.* hristoľjubivъ *293. 20.* mǫčiteľję *339. 6. d. i.* mǫčiteľję. daľję *210. 18.* poslêdъńjeję *273. 11.* glagoľję *225. 8.* poklońją *5. 18. c)* more *260. 6.* cêsare *261. 12. -ne 125. 7.* kniga *139. 4.* klučь *174. 10.* neklučimъ *274. 1. neben* ključь *385. 7.* neključimъ *115. 5.* iraklu *133. 3.* ognu *193. 1. usw.:* ognъmъ *309. 22. und* ognъ *408. 7. für* ognь *können mit dem zur i-decl. gehörenden* ognь *zusammenhangen. Unrichtig ist die erweichung des ersten* l *in* cêľiteľь *323. 20; des* l *in* obrêtêľь *288. 20; in* antinopoľi *114. 19; 114. 26 neben* antinopoli *114. 22; des* n *in* ogńi *sg. gen. dat. und pl. acc. 108. 4; 165. 13; 230. 18; des* n *in* dъńešъnjaago *147. 16. für* dъnesъnjaago; ńikъcjskyj *79. 2; des* l *in* voľęi *197. 24. vom thema* voli: *dasselbe gilt von* końьčati *149. 27. und* prêľъštati *1. 13. izv. 1. 92.*

Die bezeichnung der erweichung durch ˆ *findet man auch in russ. quellen:* жеńьńьмь *(für* жеиьńьмь γωναικός) *prêlъšteniemь greg.-naz. 251.* zemľi. uńe *usw. svjat. Sreznevskij, Drev. slavj. pamj. jus. písьma 179 der einleitung.* zemľę *izv. 10. 421.* samuiľъvy *469.* sъtrêľjati *475.* povêdateľь *479.* drêvľъnjuǫ *480. Ostrom. wendet hie und da das erweichungszeichen an:* boľe. za ńe. na ńegože. kъ ńemu. po ńemь. glagoľetь. ispъlńenija; *in den meisten füllen wird die praejotation angewandt; in manchen füllen die erweichung unbezeichnet gelassen:* gore. bura. kesara. cêsara. enuara. fevrýara. samaraninъ *neben* samarjaninъ, samarêninъ. večerają *neben* večerjahъ. al'tara. oktębra *neben* oktębrja. cêsaru *neben* cêsarju. večerǫ. tvorǫ *neben* tvorjǫ. prozbrǫ. razorǫ *neben* razorju. udarajte.

5. Da die erweichung der laute r, l, n *in deren verbindung mit unmittelbar darauf folgendem* j *besteht, so ist die erweichung durch ein auf die genannten consonanten folgendes* ja, je, ju *usw. bedingt, da ein* j *nach* r, l, n *nur in dieser verbindung vorkömmt, daher* gońenъ, gonjenъ *pulsus aus* goni-j-e-nъ, gonь-j-e-nъ, gon-j-e-nъ; *rybaŕa, rybarja piscatoris aus* rybaria. *Wenn* i *und* ь *auf erweichtes* r, l, n *folgen, so sind sie aus praejotierten vocalen hervorgegangen: sg. nom.* pustyńi *beruht auf dem thema* pustynja, *dessen auslaut* a *in* i *übergegangen; dem sg. nom.* gospodъńь *domini liegt das thema* gospodьnjь *zu grunde, dessen auslaut abgefallen; razdêľь* χωρίζει *ist aus dem thema* razdêli *und dem suffixe* ŭs *hervorgegangen:* razdêli-ŭs, *dessen* s *abfällt:* razdêliŭ, razdêljь. *Daher der unterschied zwischen dem* n *in* końь *und dem in* dьnь, *da jenes auf* konjъ, *dieses auf* dьnь *für altes* dьni, *nicht etwa* dьujъ, *beruht. Auch in den romanischen sprachen*

entspringt, wie es scheint, ausschliesslich, die erweichung aus der ver-
bindung des l, n mit ja, je, ji usw.: it. vigna (viña) *aus vinja,*
vinea; vegnente; figlio usw. Diez 1. 324, daher fz. ville aus villa
mit unerweichtem, fille aus filia mit erweichtem l. Romanische sprachen
erweichen l *und* n *nur in den bezeichneten füllen; einige slavische*
sprachen gehen viel weiter und lassen die erweichung von r, l, n
auch vor e *und* i *eintreten: nslov. kroat. und serb. beschränken die*
erweichung auf dieselbe weise wie das aslov., daher nslv. konj (koń)
neben dan, den: ŕ, *das schon im aslov. zu schwinden und dem* r *zu*
weichen begann, wird im nslov. entweder durch r *oder durch* rj, *d. i.*
durch die verbindung des r *mit einem davon deutlich unterschiedenen*
j, *ersetzt:* cesarja *im westen und* cesara *im osten: die vertretung*
des aslov. ŕ *durch* rj *hat ein analogon im čech.* ř *und im pol.* rz.
Man beachte, dass auch andere consonantenclassen durch die ver-
bindung mit praejotierten vocalen eigentümliche veränderungen erleiden:
aus rъdja *wird* rъžda, *aus* kapja - kaplja, *d. i.* kapľa; *aus* nosją-
noša. *In allen diesen füllen haben starke zusammenziehungen statt-*
gefunden: kapja *ist aus* kapija *hervorgegangen und für* konjъ *ist*
eine form konijъ, konija *vorauszusetzen, wie neben dem sg. gen.*
savorja *sup. 186. 15.* savorija *197. 27. besteht.*

6. *Weiches* r, l, n *findet sich im thematischen teile der wörter:*
kъńiga, ńiva, ljubъ, ljudije, ljutъ, ključь, kljunъ, kljusę *iumentum,*
pľъvati. *Viel häufiger sind diese laute in dem stamm- und wortbilden-*
den teile: I. bogomoľь *religiosus.* -molijъ: *th.* moli. volja *voluntas*
aus volija. moľь *tinea.* dijavoľь *diaboli.* vepŕь *aper.* klevetaŕь *accu-*
sator. grъnъčaŕь *figulus.* mêhyŕь *vesica.* srebrodêľь *argentarius.*
sokaľь *coquus.* zovoľь *wohl: cantor.* grъnyľь *fornax.* obidъľь *qui*
iniuriam infert. činjenъ *compositus aus* činijenъ. stêňь *umbra.*
bogynja, *sg. nom.* bogyńi, *dea.* blagodêteľь *benefactor.* pastyŕь
pastor. steljç *sternens aus* stclją, steljont. mьńьšь *minor aus* mьn[ъ]
-jъsjъ: kupľь ἀγοράσας *aus* kupi-ъs. strêljati *sagittas iacere. Vergl.*
2. seite 41. 44. 72. 73. 87. 89. 93. 105. 107; 3. 113. 115. 120.
143. 175. 177. 202. 322. 328. 458. II. melją *molo.* velją *volo.*
hvalją *laudo;* hvaljaahъ *laudabam.* kolją *macto;* kolješi *mactas;*
koľi *macta;* koljaahъ *mactabam. Vergl. 3. seite 107. 113. 115. 120.*

7. *Die erweichung bleibt vor allem häufig beim* r *unbezeichnet, bei*
dem sie schon sehr früh mag geschwunden sein: more *sup. 260. 6.*
cêsarc *261. 12.* umorenъ *137. 4.* vъperenъ *318. 7.* tvorenъ *36. 9.*
tvorenьe *422. 10.* cêsarę *49. 21.* mytarę *360. 4.* burą *360. 3.*
cêsarą *caesaream 188. 15.* vъzьrą *408. 16.* tvorą *47. 28.* umorą

144. 27. razorą *356. 7.* mytara *390. 21.* bura *57. 27.* utvaraje
314. 12. zatvaraješi *345. 3.* pritvarajetъ *377. 6.* morу̑ *58. 1. usw.*
*Aus dergleichen schreibungen, die wohl nicht alle der nachlässigkeit
der schreiber zur last gelegt werden können, darf gefolgert werden,
dass die erweichung des r im aslov. frühzeitig zu schwinden begann,
ein satz, dessen bestätigung im nslov. und serb. zu finden ist. Am
seltensten wird r vor e als erweicht bezeichnet:* o gorje tebê *hom.-mih.
14.* morje *mladên. 256. prol.-rad. 109. Die hieher gehörigen ent-
lehnten nomina schwanken zwischen der declination* rabъ *und* konjъ
3. seite 9. 10, daher pl. dat. kumiromъ *20. 7. neben* kumiremъ
5. 18. pl. loc. kumirêhъ *65. 27. sg. loc.* lazarê *222. 10. neben*
lazari *229. 30.* lazarovъ *225. 9. Von geringer bedeutung sind formen
wie* kumira *26. 1. neben* kumirê *16. 12, d. i.* kumirja. lazara *249.
27. neben* lazarja *345. 20.* manastyra *212. 26.* monastyra *138. 6.
neben* manastyrê *32. 2.* monastyrê *398. 24.* petrahilь ἐπιτραχήλιον,
d. i. petrahilь, *hat* petrahilemь, petrahiljemь *prol.-rad. 145.*

8. Aus ungenauer schreibung entspringen folgende formen:
glę̄. glą̄. glątъ. glą̄šta. glą̄šte. glą̄štemъ. molą sę. sъlątъ. volą.
gną̄. vъčerašънeję *cloz.* glę̄. kleplę. nedêlę. na nę. samarênynę.
volę. vyšneję. žьnęi *assem.* glą̄. sъnirajaštei. umolą. na ną. vъ
ną̄že mêrą. upodoblą. tvorą. velą *66.* žьnątъ. glę̄. vъ nъ *7.*
moru *21. sav.-kn.* cêlaahu se *luc. 6. 18.* cêlaše *1. 19.-nic.*

9. Falsch, d. i. unslovenisch, ist die erweichung in gnjetątь,
pogybñetь *ostrom.* vъ pljesnê *svjat. lam. 1. 104.* rimľjañemъ *svjat.
prog̈ñeva svjat. usw. Sreznevskij, Drev. slavj. pamj. jus. pisьma 179
der einleitung.* gospodьna. javlajuštu. poklanajemuju. poklananije.
projavlahu *krmč.-mih. Befremdend ist* razljučaete *cloz. I. 133.*

10. Wenn auf r, l, n *ein anderer consonant folgt als* j,
dann ist zwischen den formen tert, telt; tort, tolt *einer- und den
formen* ent, ont *andererseits zu unterscheiden.*

a) die formen tert, telt *gehen entweder in* trъt, tlъt, *d. i.* trt,
tlt, *über oder erhalten sich als* tert, telt, *oder sie werden ersetzt durch*
trêt, tlêt; teret, telet; tret, tlet; *die formen* tort, tolt *gehen in*
trat, tlat; torot; tolot; trot, tlot *über. Vergl. seite 29. 84. Der
grund dieser veränderungen liegt in den sprachwerkzeugen der sla-
vischen völker, denen teilweise die aussprache von silben auf* rt, lt
minder bequem ist. Formen wie trъt, tlъt, *d. i.* trt, tlt, *finden sich
auch in entlehnten worten:* irъveretêj ὑπερβερεταῖος *krmč.-mih.* prъ-
sida *persia.* prъskъ *persicus neben* persьskъ. prъvarь *februarius,
das eine form fervarius voraussetzt.* mlъhъ μοχλός, *das auf einer*

14

form μολχός *beruht. Neben dem richtigen* pcrьnatъ *alatus findet sich*
prьnatъ, prъnatъ *aus* pernatъ. *Geringer als die zahl der aus* tert,
telt *entstandenen worte mit silbenbildendem* r, l *ist die zahl jener*
hieher gehörigen worte, deren slavische urform trït, trût *ist: aus*
krïs *wird* vъskrъsnǫti *excitari wie aus dem griech.* τριμίσιον
trъmisъ, *wohl* trъmísъ *vergl. seite 119. Neben* crъky *besteht* cirky
(cirъkъve *glag.-kiov.* 536); *aus* blüha *wird* blъha *pulex usw. Vergl.*
seite 149.

Dass schon aslov. brzъ, vъskrsnǫti, blha *gesprochen wurde,*
ergibt sich nicht nur daraus, dass im nsl. kr. s. und č., ehedem und
teilweise noch jetzt im b. r *und* l *in dergleichen worten silbenbildend*
auftreten oder auftraten, sondern auch aus einer betrachtung der
bildung der verba iterativa. Diese werden nämlich durch das suffix
a *und dehnung des vocals gebildet, daher* pogrêba *aus* pogreb,
osvobažda *aus* osvobodi, svita *aus* svъt, dyma *aus* dъm. *Da nun*
aus krьs, krъs; mlьk, mlъk *weder* krisati, krysati; *noch* mlicati,
mlycati *entsteht, sondern das verbum iterativum stets* krьsati, krъ-
sati; mlьcati, mlъcati *lautet, so ist es klar, dass die themen nur*
krs *und* mlk *können gelautet haben. Vergl. meine abhandlung: Über*
den ursprung der worte von der form aslov. trъt *in den Denkschriften,*
band XXVII. seite 38. A. Leskien, Die vocale ъ *und* ь *usw. seite*
53. 69. 73. Nach meiner ansicht wird in grd *zwischen* g *und* r
kein, wenn auch noch so geringes vocalisches element gehört: auf das
g *folgt unmittelbar* r *und auf das* r *unmittelbar* d; *dabei wird*
davon abgesehen, dass, wie Herr A. Leskien bemerkt, neben vrьt
oder vrъt *eine form* vret *nie vorkümmt. Die annahme des silben-*
bildenden r, l *wird von den meisten Slavisten verworfen.*

Da die sprachen, in denen uns slav. worte mit silbenbilden-
dem r, l *aus alter zeit erhalten sind, ein solches* r, l *nicht kannten,*
so ist es begreiflich, dass abweichende schreibweisen nicht gegen die
hier dargelegte ansicht eingewandt werden können: man vergleiche
drisimer drъžimêrъ; tripimir, terpimer trъpimêrъ; tridozlau,
tordasclaue, trudopulc, turdamere tvrъdoslavъ, tvrъdoplъkъ, tvrъ-
domêrъ *und* zantpulc, szuentipulc svętoplъkъ; vulkina vlъčina;
uulcote vlъkota *aus der evangelienhandschrift zu Cividale von C.*
L. Bethman aus dem neunten oder zehnten jahrhundert; vulkina
steht in der conversio carantanorum 873, tridozlau *in einer frei-*
singer urkunde von c. 1150.

Dass silbenbildendes r, l *gedehnt werden könne, ist seite 185.*
186. erwähnt.

Die 209. angeführten verätnderungen gewahren wir auch an lehnworten: arca, raka; ramênьskъ *neben* armenъskъ *und* armeniiskъ armenus *sup.; marmor,* mramorъ; *polycarpus,* polikrapъ; *sirmium,* srêmъ; *germ.* helma-, šlêmъ; *ebenso* μουσουλμάνος, muslomaninь, musromaninь *in serb. quellen; selten pulcheria,* puhlerija, *nicht etwa* pluherija; *melchisedek,* mehlisedekъ *neben* melьhisedekъ *und* melhisedekъ, *wo dem slav. lautgesetze auf andere weise genügt wird. In entlehnten worten wird die lautfolge häufig dadurch den slavischen sprachorganen gemäss gemacht, dass zwischen* r, l *und den consonanten ein halbvocal eingeschaltet wird:* ar'hierej. ior'danъ, far'firą. kor'vanъ. nar'dьny. var'tolomea *zogr.* ar'haggelъ *sup. 120. 19.* ar'hiereωnъ *358. 13.* arьnêj *445. 29.* arьtemona *163. 10.* gister'ną *434. 24.* epar'šьskъ *149. 9.* her'soni *414. 20.* mar'ta *10. 19.* patriar'ha *273. 2.* naradь *io. 12. 3-nic. für* narьdь. porьfýrą *sav.-kn. 34.* ar'hierej. zmÿr'no. icr'danъ. kar'vauą. mar'tha. nar'tha *ostrom.* alьfeova. dalьmanufanьsky *marc. 8. 10.* al'tarь. p'salьmêhъ *ostrom.* ol'tařju *zogr.* al'guj *sup. 340. 23.* del'matiju *124. 7.* el'pidij *420. 12.* golьgothinъ *344. 9.* hal'kidonьskъ *442. 18.* psal'mosa *53. 14.* psal'mъ *51. 14. Über die schreibung im menaeum von 1096—1097, im psalt.-čud., im novgoroder menaeum, in der vita Theclae, im greg.-naz. des eilften jahrhunderts vergl. Archiv I. seite 371—375. Man merke* selivestrъ *assem. für lat.* silvester; selumunъ *für* σελμών *bon. Die erscheinung ist auf die entlehnten worte beschränkt. Abweichungen von der regel sind nicht selten:* iordana. alfeova *zogr.;* pohusiti προνομεύειν *op. 2. 2. 400. hängt wie* husarь *danil. 273. mit it.* corsaro *zusammen. Im nsl.* vardêvati δοκιμάζειν *ist* vard- *fremd.*

b) Die formen ent, ont *gehen in* ęt, ąt *über:* načenti *wird* načęti, načьną; *ponto* pąto *aus w.* pen, pьn. *Auch auslautendes* en *geht in* ę *über. Was von* ent, ont, *gilt auch von* emt, omt *vergl. seite 32. 86.*

11. Die lautverbindung nrêti *entspringt aus* nerti, *praes.* nьrą. *Sonst wird* nr *häufig durch* mr *oder durch* ner, nar *ersetzt:* nrêstь: *s.* mrijest *f.* ova piscium; *dem s.* mrijestiti se *coire (de gallinis, anatibus) entspricht nsl.* brêstiti. *r.* nerestь *coitus:* nerstъ *ist wahrscheinlich aslov.* *nrъstъ. *nrastъ: *s.* nerast, narast. *r.* norovъ *froschlaich.* po-nravъ *vermis: č.* ponrav, pondrav. *p.* pandrov: *urform* ponorvь. nravъ *mos: nsl.* narav. *č.* mrav. *Vergl. r.* indrikъ. kondrykъ *var. 14; lit.* gendrolus *general. Räthselhaft ist* vьnraditi, *das auch* vьnьraditi *geschrieben wird, spectare, perspicere, das einige aus einem* vьnêdriti *erklären wollen, wobei sie sich auf* vьnadriti *im*

14*

apost.-synod. berufen konnten. *Von* raditi *ausgehend ist man versucht in* vьn *die praeposition* vъ, vą *zu erblicken und die hypothese durch* sъngraždane *Sreznevskij, Drevnie pamj. jus. pisьma 98. a. zu stützen.* *12. Die ersetzung von* nt, nk *durch* nd, ng *ist griechisch: a)* jelefandinъ *man.-vost.* kendinarij *op. 2. 3. 23.* kostandiju *sabb. 77. neben* kostantina grada *krmč.-mih.* lefandinovь rogъ *misc.-šaf.* lenьdij *typ.-chyl. aus* lendij *neben* lentij λέντιον *sup.* pendikostię. *b)* janьgura ἄγκυρα. onьgija *prol.-rad.* protoasingritь. sinьglita *lam. 1. 109.* sinьgelija *danil. 383;* asinhitъ *op. 2. 3. 750. tichonr. 2. 217. ist* ἀσύγχυτος.

13. Wechsel von r *und* l *ist nicht selten:* krikъ *und* kliknąti *usw.* gligorê *dialoga svêtk. 32. klr.* repjach *neben* lopuch *bibl. I. slovak.* breptať, bleptať *garrire.* r *ist aus* ž *entstanden:* dori *aus* dože i *hat mit* lit. dar *„noch" keinen zusammenhang. nsl. sehr häufig:* kdor *qui relat.* kir *qui relat. für alle genera: aslov.* kъdeže. kajgoder *ev.-tirn.* najmre *nämlich: aslov.* na imę že. lestor *nur: wohl* lêtь sъ to že. nudar *age.* vendar : vêmь da že. znamdar *vermutlich:* znają da že. dajdar. dajtedar. *b.* duri, dur *verk. 1. 12. kr.* neger *sed:* nego že. poglejder *hung. usw.* j *für* lj : językъ : *r.* jazykъ *neben dial.* ljazykъ. l *für* n : mlêahu *putabant* mladên., *ebenso p.* multany, *daraus Moldau, rumun.* muntên *gebirgsbewohner: ziemia muntańska, zwana tak od gor Linde. Dunkel ist* malъženъ : *vergl. č.* manžel. *p.* małžonek. *Dunkel ist auch kr.* skroz. *klr.* skrôž. *p.* skroś. *r.* skrozь, skvozь *neben aslov.* črêsъ, črêzъ. l *für* j : lezero *aus* jezero *kol. 12.* n *aus* m : rastinati *und* tьmetь *izv. 601.* m *aus* n : mesta *aus nestus flussname Jireček, Geschichte der Bulgaren 41.* l *aus* v : sloboda : *vergl. klr.* slavołyty *für* svavołyty *verch. 64.*

14. In vielen füllen tritt ein n *ein, das man gemeiniglich für ein der bequemeren aussprache wegen eingeschaltetes ansieht, d. h. für ein solches, das den organen die aussprache minder schwierig macht. Hier soll vor allem der tatbestand dargelegt werden. Die worte, vor welchen dieses* n *eingeschaltet erscheint, lauten entweder mit einem vocal oder mit* j *an. Es sind folgende: pronominalstamm* jъ : n *tritt mit ziemlich zahlreichen ausnahmen ein, so oft ein casus des pronomen* jъ *von einer einsilbigen praeposition abhängt, daher* do njego. kъ njemu. pri njemь. sъ nimь. vъ ńь. na ńь, *d. i.* vъ njь. na njъ *usw. An die stelle des casus von* jъ *kann ein davon abgeleitetes wort treten:* do ńьdeže *zogr. sup.* (dondêže *nicol.) wohl für* donjъdeže *neben* doideže *zogr. assem. nicol.* otъ nądu *sup. 258. 20.* vъ njegda. sъ njeliko. otъ njeliže, otъ njelêže *ostrom. nsl.* k njemu. s njim

usw. č. od něho. k němu *usw. Der regel entsprechend ist* prêžde
jeju. radi ihъ. posrêdê ihъ *usw;* ebenso do jego otьca, kъ ihъ
materi *usw. Dagegen findet sich r. dial.* u ego. vъ ёmъ. въ imi
kol. 21. 73. na ego. vъ ego. kъ imъ *usw. nsl. hat fast nur* njega,
njemu *usw.*, *kein* jega, jemu *usw.* ьm, em: vъnęti. въnęti. otъ-
njęti *neben* otъjęti. vъznęti *neben* vъzęti *und* vъnimati. въnimati;
ferners sъnętie συνεδρία. въпьmъ. въпьmište. vъпьmi *sup. 98. 12.*
vъnemi *16. 4.* vьnemьję̌štiimъ *317. 1.* otъnę *256. 22.* otьnę *23.*
26. otьпьmą *395. 22. usw. nsl.* sneti, snamem; snêmati. *r.*
ńanjatь. obnjatь. otnjatь. perenjatь. ponjatь. prinjatь. vnjatь *usw.*
wr. pereńać; *daneben ohne praefix r.* njati (vêru) *zag. 649. č.* odňati.
sněm. sňatek. vyňati *neben* najíti *usw. Vergl. lett. ńemt neben jemt.*
lit. imti, imu. Man merke p. zdję̌ć, zdejmę; zdejmować *für* въnęti
herabnehmen neben zję̌ć, zejmę, sejmę; zejmować, sejmować *für*
sъnęti *zusammenfassen.* jestь: *č.* není *für aslov.* ne je, jestъ, nê,
nêstь. i: sъniti *descendere.* sъniti sę *convenire.* vъniti; *dagegen*
doiti. priiti. *č.* vniti. vzníti. vyndu, *jetzt* vyjdu. nandu *slovak. für*
najdu. *kaš.* vyndze. iska: sъniskati. êd, *im anlaute* jad:
sъnêsti. sъnêdь. *č.* snisti. snêdl *neben* pojísti. êdro κόλπος *sinus,*
ἰστός, ἰστίον, *im anlaute* jadro: vъ nêdrêhъ *sup. 178. 23.* nadra
greg.-naz. bus. 916. 922. 230. für njadra. *p.* nadro. *č.* ńádro. *nsl.*
njêdra. *kr.* nidra. *s.* nedra. njedra. nidra *sinus.* jedro *velum. nsl.*
nêdra. nadra. *klr.* ńidro; *daneben* vь jadrê *lam. 1. 148.* vь jadrêhь
hom.-mih. uzъ *für* vozъ *currus:* sъnuzьnъ ἀναβάτης: *manche denken*
an uzda. uzъ *aus* vъzъ: *s.* nuz *neben* uz: nuz čašu poigra.
nuzgredno *in Dalmatien für* uzgred. uzda: *r.* zanuzdatь *neben*
raznuzdatь, vznuzdatь *und* obuzdatь. uho *auris:* vъnušiti *audire.*
r. vnušitь. ušta: onušta ὑπόδημα: *vergl.* obuti. ąglъ *angulus:*
s. ugal *und* nugao. *os.* nuhl. *ns.* nugel: l *gegen die regel.* ąglь
carbo: vъnągliti *in carbonem redigere.* ąhati *odorari: nsl.* njuhati
kroat. neben vôhati. *klr.* ńuchaty. *s.* obnjušiti. *os.* nuchać. *ns.* nuchaś.
ątrь: vъnątrь. vъnątrьję̌du *zogr.: vergl.* izątrьądu *zogr. nsl.* nôter,
nôtri. *č.* nitř. *Man füge hinzu* f *num dak.-slov. für* vъ umъ; nizvoro
ort in Thracien aus izvorъ; *eben daher* νίσβαρι *ort in Aetolien neben*
ἰσβόρι *ort in Epirus;* nektorъ *bell.-troj. 25. 27. für* ektorъ *hector;*
nepjemida *put.-lam. 1. 101. für* epomida ἐπωμίς: *vergl. p.* nieszpor
vespertinae. os. ńešpor. *lett. nešpars; ferner lit.* nedvai, nedva *kaum*
neben advu, *aslov.* jedva *und p.* ledwo, ledwie; *lit. li-n-a neben*
li-j-a pluit Kurschat 32; ngriech. nomos *für agriech.* ὠμός. *Eigen-*
tümlich ist č. nandati. odundati *weggeben.* přendati *übertragen.* sun-

dati *herabnehmen.* vyndati. zandati, *formen, die ich nicht zu erklä-*
ren vermag.

Das hier behandelte n *ist seinem ursprunge nach dunkel. Das*
bestreben, die zahl der die aussprache erleichternden elemente immer
mehr einzuschränken, hat die sprachforscher bestimmt zu versuchen,
ob es nicht gelänge, dieses n *als teil des praefixes oder der praepo-*
sition nachzuweisen. Man beachtete ą *neben* vъ, *są neben* sъ *und ver-*
glich kъ *mit lat.* cum *und* kam *zum resultate, dass in* vъnęti vъn *für*
ą, *in* sъnęti sъn *für* są *steht und dass wohl auch in* kъ njemu kъn
auf analoge weise zu erklären ist. Wenn ich dagegen einwendete, dass
są *aus* sam *hervorgegangen ist, dass man demnach* sъmęti *erwarten*
sollte, so würde man mir mit dem oben seite 35 angeführten sъngra-
ždane *und mit dem pr.* sen, *lit.* san, *antworten, dem ich wieder sam-*
dīti *entgegenstellen könnte. Was mich abhält diese lehre anzunehmen,*
ist der umstand, dass, wenn sъ, są *desshalb durch* sъn *ersetzt werden*
müsste, dass es eigentlich sъn *ist, man nicht einsähe, warum man*
sъ otьsemь *und nicht* sъn otьsemь *sagt, da ja doch* dą *in* dъm
übergeht, so oft ihm ein vocal folgt: dъmą. dъmi. dъmêhъ *usw.*
Ich will kein gewicht darauf legen, dass są *nur ausnahmsweise als*
praefix gebraucht wird, muss jedoch fragen, wie man do njego,
pri njemь, otъ ńihъ *usw. erklärt. Ich halte daher* n *in den ange-*
führten verbindungen für euphonisch, womit freilich diejenigen nicht
einverstanden sein werden, die die euphonie selbst in dem oben ange-
deuteten sinne für einen überwundenen standpunkt erklären. Dass im
aind. n *zur vermeidung des hiatus eingeschoben wird, lehrt Benfey*
seite 141 der kurzen sanskritgrammatik; und dass dasselbe in den
heutigen sanskritsprachen geschieht, sagt E. Trumpp: In the modern
indian tongues (of sanscrit origin) the anuswāra is frequently used
to prevent hiatus Journal of the Roy. as. society XIX. 1862. seite 5.
Mir scheint demnach noch jetzt, dass in vъnątrь n *des hiatus wegen*
eingeschaltet ist, daher für vъ ątrь *steht. Was worte wie* sъnêsti
anlangt, so ist zu bedenken, dass ê *nicht im silbenanlaute stehen*
kann. In do njego *hat* n *allerdings nicht die bestimmung den hiatus*
aufzuheben: dass es jedoch ein parasitischer einschub ist, halte ich
dennoch für wahrscheinlich. Er findet, so scheint es, nur dort statt,
wo die praeposition den accent des pronomen an sich reisst oder die
praeposition im laufe der zeit ihren vocal verloren hat: dó njego. sъ
ńimь *d. i.* s ńimь *für* dó jego, s jimь. *Bei manchen worten, wie etwa*
bei nuz, *ist der gedanke an hiatus natürlich abzuweisen und man kann*
nicht umhin anzunehmen, dass einem anlautenden vocal manchmall n

vorgeschoben ist. Überhaupt muss, scheint mir, festgehalten werden, dass vorschub und einschaltung des n nicht selten willkürlich ist und dass n zu den elementen gehört, die sich unschwer mannigfachem gebrauche fügen. Vergl. über diesen gegenstand J. Baudouin de Courtenay, Glottologičeskija (lingvističeskija) zamétki. Vypuskъ I. Voronežъ. 1877.

B. Die t-consonanten.

1. T und d, im alphabete tvrъdo und dobro genannt, lauten im aslov. wie im nslov. usw.

2. d steht ursprachlichem d, dh gegenüber.

3. Das griech. θ, th wird entweder bewahrt oder durch t, manchmahl durch f ersetzt: a) arimatheę. vithanii. vithleeme. vithleomi. methodia. nathanailь. thoma assem. gotьthinь prol.-rad. b) vitanję zogr. vitleomьska. nazaretъ. toma assem. vitliomь nic. mattêj cloz. II: dagegen mytharê für mytarê. c) vifanją marc. 11. 1-zogr. matfêiku bus. 749. Über die vertretung des θ durch f Brücke 130. Vergl. Šafařik, Památky XIX. Zap. 2. 2. 31. Sreznevskij, Glag. 73.

4. Hinsichtlich der verbindung von t und d mit darauf folgendem vocal ist nur éines zu bemerken, dass nämlich ti, di nicht etwa wie russ. čech. ti, di, sondern wie nslov. ti, di zu sprechen sind.

5. In beiden aslov. alphabeten besteht neben шт auch das compendium щ, in welchem ш auf das т gesetzt erscheint. Dass in Pannonien so wie in Bulgarien št, nicht etwa šč gesprochen worden ist, kann nicht bezweifelt werden: die gruppe šč findet sich nur im glag.-kiov. aus sk, st. Ob шт oder щ geschrieben wird, ist demnach für das aslov. gleichgiltig. Zogr. hat im älteren teile und cloz. nur шт; der mariencodex bietet шт und щ; assem. ebenso häufig щ aus шт; sup. nur ausnahmsweise щ: χοιιєтъ 336. 7; bon. шт und щ: нοштъ, злпрѣштεнниз; пλλλщιъ, сѣдλλнιιн; apost. ochrid. desgleichen: нджштн; нмλжцιн; im ostrom. (нλрεштн, нштλднιє) und in den Sborniks des eilften jahrhunderts kömmt шт ziemlich häufig vor. Vergl. zap. 2. 2. 42. 62. 64. Man beachte щт für шт in 1зχοдн-щтнхъ, ноιιтннз, сѣдλλнιιтн 98. und žč für žd: vъžčelajete 36.

6. Die gruppen tja, dja usw. werden im aslov. durch die gruppen šta, žda usw. ersetzt. št und žd sind daher davon abhängig, dass auf t und d ein j mit einem vocal folgt: vraštenъ versus aus vrati-j-e-nъ, vratь-j-e-nъ, vratjenъ; každenъ suffitus aus kadi-j-e-nъ, kadь-j-e-nъ, kadjenъ. Vor i und ь tritt die veränderung dann ein, wenn diese vocale auf praejotierten vocalen beruhen: ljuštij acerbior. Vergl. 2. seite 322. každь καπνίσας aus kadi-ъs. Man hat daher

neben einander každь *aus* kadi-ъs *und* kadь *cadus aus* kadi, pątь *aus* pąti, svobodь *aus* svobodi. *In den imperativen* daždь, jaždь, viždь *und* vêždь *ist* ь *aus* i *und dieses aus* ja *hervorgegangen: als impt. ist auch* daždь *in* daždьbogъ *dispensator divitiarum aufzufassen vergl. 2. seite 365.* i *aus* ja *auch in* sąšti *aus* sąštja. *Vergl. 3. seite 91.* hošti *ist wie* daždi *zu erklären: es findet sich als imperativ:* ne hošti jasti plьtьskyą pištą (plьtьskyję pištę) *noli comedere carnalem cibum pat.-mih. 66.* ne vьshošti narešti *52.* ne vьshošti tuždemu *ne concupisce aliena 124.* hošti *fungiert jedoch auch als II. sg. praes.:* čto hošti, brate, da bądetь? *quid, vis, frater, ut fiat? 135:* hoštiši *hval. 88. scheint im original ein* hošti *vorauszusetzen. Vergl. 4. seite 11. Eigentümlich ist* zašticati *sup. 259. 28; 308. 9. neben* zaštištati *304. 15, iterativform von* zaštititi: *jenes bildet aus* tja - ca *durch* tza, tsa, *wie in der zweiten classe der slavischen sprachen. Falsch ist* utvrъdena *bon.* svobodena *prol.-rad. Dem* šta *und* žda *aus* t, d *und* ja *entspricht die erweichung von* r, l, n: *vergl. seite 204. und die einschaltung des* l *in* plja *aus* pja *und die verwandlung des* sja *in* ša. agnęštь *agni aus* agnętjь *von* agnęt-. komištь *comitis aus* komitjь *von* komitъ. graždь *stabulum aus* gradjъ *von* gradi. voždь *dux von* vodi: *wenn* gradjo *für* gradjъ *gesetzt wird, so kann der eig. auslaut immer nur* ă *sein.* velьbąždь *cameli aus* velьbądъ. bolêždь *aegrotus ist* bolêdjъ: *vergl.* bolêdovati. prêždь, zaždь: prêdjъ, zadjъ. ryždь *neben* rъždь *ruber: w.* rъd. plaštь *pallium gehört nicht hieher.* *byštь *in* *byštьnъ, byštьnikъ *rapax aus* bytjъ *von* byti *rapere: wie* byštьnikъ *ist* nąždьnikъ βιαστής *von* nądi *zu erklären.* vêšte *senatus aus* vêtje *von* vêtъ *consilium.* vъzdažda βραβεῖον *aus* -dadja *von* dad. nadežda *spes von* ded: *w.* dê. gražda *grando von* gradъ. kražda *furtum von* krad. mežda *fines aus* medja. nąžda *necessitas von* nądi. rъžda *rubigo aus* rъdja *von* rъd. sažda *fuligo von* sadi. vêžda *palpebra aus* vêdja *von* vid. žęžda *sitis aus* žędja *von* žęd. gospožda *domina von* gospodja *durch motion.* krištaninъ κρής *aus* kritjaninъ *von* kritъ. graždaninъ *aus* gradjaninъ *von* gradъ. ljuždaninъ *neben* ljudêninъ *laicus von* ljudъ. roždakъ *consanguineus aus* rodjakъ *von* rodъ. ništь *humilis aus* nitjъ: *aind. ni niederwärts mit dem suffix* tja: *nach Geitler, O slovanských kmenech na u 78, ist* ništь *ein lit. naikstius, naistius, das auf naikius vergänglich beruhe. Wie* ništь, *deute ich auch* obьstь *communis: praep.* obь *circum, daher eig. qui circum est. Ebenso:* *domaštь *qui domi est: nsl.* domači. *serb.* domaći *usw. in* domaštьńь οἰκιακός. kromêštьńь *externus, woför* kromêčnuju *tichonr. 2. 196.* vъnêštьńь

externus, in späteren quellen domašьńь, kromêšьńь, vъnêšьńь *vergl.*
2. 172. izęštьnъ *eximius scheint ein subst.* izęšta *vorauszusetzen.* dêtištь
puer aus dêt-itjь. grъličištь *pullus turturis aus* grъličitjь. pъtištь
pullus avis aus pъtitjь *von* *pъtъ, pъta *avis vergl.* 2. *seite* 197. *lit.*
bernītis *jüngling aus* bernītjas *von bernas.* êrītis *lamm aus* êrītjas *von*
êras, êris. *ažaitis böcklein Bezzenberger. Vergl. pr. svintian schwein. wer-*
stian kalb. ljuštij *acerbior.* slaždij *dulcior von* ljutъ. *sladъ *in* sladъkъ:
so ist auch prêžde *aus* *prêždij *zu erklären; eben so* poslêžde *aus*
*poslêždij *vergl.* 2. *seite* 322. sąšta ἔντος *aus* sątja *von der w.* jes
vergl. 2. *seite* 202. tysąšta *mille got. thūsundjā- aus* tysątja *vergl.*
2. *seite* 203. očrъšta *tentorium aus* očrъtja: *vergl. aind. krtti domus.*
št *in* prigrъšta *pugillus beruht auf* grъstь. pišta *cibus aus* pitja *von* pit
in pitati. obręšta *inventio aus* obrętja *von* rętъ, rêtъ; sъręšta *occursus.*
svêšta *lampas aus* svêtja *von* svêti. vrêšta *saccus von* vrêtja: *vergl.*
vrêtište. *Ebenso* obušta, onušta *calceus aus* obu-tja, onu-tja. *Vergl.*
gašti *tibialia mit p.* gatki. mašteha *matertera ist* matjeha. svo-
baždati *liberare aus* svobadjati *von* svobodi. vêštati *loqui und*
obêštati *polliceri. klr.* zavičaty *unglück verkündigen. č.* veceti *dicere*
sind denominativa von vêšte *senatus. s.* vjeće. *č.* vêce. *p.* wiece.
pr. empryki-waitiaintins pl. acc.: vergl. serb. zboriti *und rumun.*
kuvint: *dagegen ist* *vêtati *im aslov.* obêtovati *und im nsl.* obêtati
polliceri ein denominativum von vêtъ: *bei* obêtati *ist die imperfectivität*
befremdend. vrъštą *verto aus* vrъtją: vrъtêti. viždą *video aus* vidją:
vidêti. *Abweichend ist das an das nsl. erinnernde* hočetъ *assem. für*
das regelmässige hoštetъ *vergl.* 3. *seite* 115. prêštą, každą. prê-
štaahъ, každaahъ. prêštь, každь. prêštenъ. každenъ *aus* prêtją,
kadją. prêtjaahъ, prêtjêahъ, kadjaahъ, kadjêahъ *usw. von* prêti.
kadi. napyštenъ *inflatus setzt ein verbum* napytiti *voraus, das mit*
lit. put: putu, pusti flare verwandt ist. Für odeždenъ (rizoju koži-
juju odeždenь) καλυπτόμενος *erwartet man* odêjanъ. meštą, straždą;
meštemъ, straždemъ *aus* metją, stradją *usw. von* metje, stradje.
vlagemь (*d. i.* vlagemь *in:* my vsêmь rodomъ, vlagemь *mladên.*)
für *vlaždemъ: *jenes stimmt mit dem slovak.* vládzem (ne vlád-
zem chodit *sbor.* 30.) *überein: vergl.* uveždetъ *marcescit:* uve-
ždeть *hom.-mih.* deždą *aus* dedją: *w.* dê. *Falsch sind die formen*
hodêahъ. radêahъ. utrudena duša *op.* 2. 3. 35. obьnahodeni
byvъše φωραθέντες *prol.-rad. Das č.* hezký *schön, das mit lit.* gražus
in verbindung gebracht wird, würde aslov. goždьskъ *lauten, dessen*
goždь *von* godi *dem r.* gožij *entspricht.* vraždevati *odisse wird*
richtig vražьdovati *geschrieben: vergl.* žde *aus* žьdo.

Eine besondere beachtung verdient das wort für ‚baummark‘:
aslov. strъža *neben dem darauf beruhenden* strъžcnъ *medulla.* nsl.
stržen *neben* srdek *holzkern.* s. strž *f.* u drvetu pod bjelikom.
srž, srč *f. medulla. klr.* stryžiń *aus* stržiń *und* serdce. *wr.*
strižeń *mark, butz im geschwür, schnellere strömung des flusses.*
r. sterženь, sercevina *le cœur d'un arbre.* č. stržen *m.* strženь
f. neben strzen, strěň *und* dřeň, dřen, zřeň. *p.* zdrzeń, drdzeń,
drzeń, rdzeń. *os.* džeń *statt* rdžeń *und* žro, žŕo. *ns.* džeń. *Vergl.*
lit. širdis. *lett.* serde. *fz. le cœur d'un arbre. Dass r.* sterženь
mit serdce, sreda *zusammenhängt, hat schon Ph. Reiff bemerkt. Dass*
im aslov. strъža, *nicht* strъžda *steht, schreibe ich dem vorhergehen-*
den str *zu. In demselben umstande' sind die meisten anderen abwei-*
chungen von der regel begründet. s. strž, srž *und* srč *stehen für*
strdj, srdj, *d. i.* срЬ, *das, wenn das genus fem. nicht jungen*
ursprungs ist, aus strdja *usw. entstanden. Im č. ist* strzen, *einem*
aslov. *strъždenь *entsprechend, die ursprüngliche form. p.* zdrzeń
steht für str-zeń. *Mit unrecht würde man aind.* sarġa *harz der*
vatica robusta und diese pflanze selbst herbeiziehen. Bedenklich ist
das nsl. stržen *für* strjen.

7. *Da* št, žd *in worten wie* svêšta, mežda *aus* tj, dj *dadurch*
entstehen, dass nach verwandlung des j *in* ž *metathese eintritt, so*
erwartet man nicht formen wie svêštja, meždja, *deren* j *jedoch nament-*
lich vor u *nicht selten angetroffen wird:* oštjutitъ. oštjutetъ; въnь-
mištju; imąštju. imąštjumu. ištąštju. molęštju. nepьštjują, nepьšt-
jujątъ. naležęštju otemŕjąštjumu. sąštju. vêrująštjumu. vъzležeŝštju
usw. neben molęštu: *singulär ist* straždąštję *marc.* 6'. 48.-*zogr.* gla-
goljąštju *cloz 1. 112. 135. 384; 2. 10.* nepьštjustъ *1. 153.* sąštju
1. 329. svьtęštju *1. 676.* sъizvêstują̈štju *1. 134.* dyhają̈štju. gla-
goljąštju. imąštjumu. sъhodęštju. sąštju. tvoręštju *neben* glago-
ljąštu *assem.* štjudi *fol.-mac. 231.* dadąštju. šjumęštju *naz.* diveštju
se. suštju *hom.-mih.* protiveštju *krmč.-mih.* ovoštju *tichonr. 1. 139.*
meždju. vъždjęždetъ *io. 4. 13.-zogr.* mcždju *cloz 1. 527.* meždju
neben meždu *assem.* meždju *sav.-kn. 64. 90.* nadeždju *hom.-mih.*
Häufig ist jedoch mangel der praejotation, daher auch utuždą̈. utu-
ždenъ *von* utuždi.

8. *Vor dem stammbildenden verbalsuffix* u *fällt das auslautende*
i *häufig ab:* poglъtati, poglitati *neben* poglъštati *von* poglъti.
hodati *neben* haždati *von* hodi. *Wer* poglъtati *für denominativ hält,*
wird zu erklären haben, wie ein praefixiertes denominativum imper-
fectiv sein könne. Wie poglъtati *ist* gospoda *domini, deversorium,*

collect. von gospodь, *zu erklären; daneben* gospožda *domina: formen wie* gospodju *sg. d. usw. sind jung und unorganisch.*

9. *In den prager fragmenten lesen wir* hvaljęcimъ, obidjęcъ, tajęcago, tekucъ, vъprъjuce; nasucъšago, prosvêcь; utvrъzenie; rozъstvo *neben dem allerdings nicht hieher gehörigen* sudišči, *dessen* šč *aus* sk *entspringt. In glag.-kiov.* čьsti čьstęce *530. 536.* hodatajęciu *530.* nasyceni *536.* obêcêlъ *533.* obêcêniê *531.* [o]bêcênie *534.* lêta obidącê *531.* lêta ogrędącê *530.* picę *534.* pomocьją *535.* prosęce *536.* protivęcihъ *536.* tako ze *534. 536.* toję ze radi *531.* o tomь ze *532. 535.* dazь namъ *532. 537.* otъdazь *534.* podazь, podázь *530. 531.* podasь našъ *532.* tuzimъ *534.* *Man dürfte geneigt sein den prager fragmenten und dem glagolita kioviensis denselben ursprung zuzuschreiben, d. h. beide denkmähler für čechisch zu erklären: das wäre nach meiner ansicht ein irrtum. So gewiss das schwanken im gebrauche der nasalen vocale verbunden mit der anwendung des* c *für* tj *und des* z *für* dj *in den prager fragmenten ein čechisches denkmahl erkennen lässt, eben so sicher dürfen wir trotz des regelmässig für* tj, dj *eintretenden* c *aus* tz, ts *und* z *aus* dz *wegen der regelrechten setzung der vocale* ą *und* ę *den glagolita kioviensis für altslovenisch ansehen. Was nun altslovenisches* c, z *statt* št, žd *für* tj, dj *anlangt, so scheint die erklärung desselben in folgender betrachtung zu liegen. Wenn man meint, eine lautneigung beginne bei den sprachorganen eines ganzen volkes und verändere daher den gesammten sprachstoff, so halte ich diesen satz nur mit einer einschränkung für richtig, wie ich an den veränderungen dartun will, die* tj, dj *im altslovenischen erleiden. Die lautneigung geht dahin kein* tj, dj *zu dulden, nicht etwa dahin an die stelle von* tj, dj *bestimmte laute zu setzen. Die mittel die gruppen* tj *und* dj *zu vermeiden können verschieden sein, so dass entweder bei demselben worte bald zu diesem bald zu jenem mittel gegriffen, oder so, dass das das eine mittel in diesem, das andere oder ein anderes in einem anderen teile des sprachgebietes angewandt wird: so kann* pišta *neben* pica *aus* pitja, *so* daždь *neben* dazь *aus* dadjъ *bestehen. Unrichtig wäre es die doppelformen stets aus dem einfluss einer anderen sprache erklären zu wollen, da ein solcher einfluss sich nie auf einen punkt beschränkt. Was im glag.-kiov., tritt auch sonst ein: das nsl. besitzt das jetzt als regel geltende* č *neben* c *und* k: noč nox *neben* nicoj hac nocte *und* pluka, *wofür aslov.* plušta: *die annahme* pluka *laute etwa wie s.* pluća *ist unrichtig; eben so unrichtig ist die meinung, in den freisinger denkmählern habe* uzcmogoki vsemogoći *gelautet.*

vielmehr ist in beiden fällen ehemaliges tj *in* kj *und dieses in* k
übergegangen. bulg. *ersetzt* tj *durch* št *und durch* k, *das wohl
wie* ć *lautet:* pozlakeni *milad.* 65: aslov. pozlašteni. fakjaš 66:
aslov. hvaštaješi *usw.* *Und wenn die russ.* *volkslieder* mladъ *neben*
molodъ *bieten, so erkläre ich dies durch die annahme, das russ.
habe die form* moldъ *auf zweifache weise gemieden, sowohl durch
metathese des* l *und dehnung des* o *zu* a *als auch durch ein-
schaltung des* o *zwischen* l *und* d. *Vergl. meine abhandlung: Über
den ursprung der worte von der form aslov.* trêt *und* trat. *Denk-
schriften, band XXVIII. Aus einer dem lit.* ardas *(ardai) entsprechen-
den form konnte* radъ *und* odrъ *entstehen, da auch durch die letztere
form der zweck erreicht wird: man vergleiche lit.* maldīti *und aslov.*
moliti *aus* modliti, *nicht* mladiti; *im* č. *besteht* koblúk *neben* klobúk,
im p. kabłuk *neben* kłobuk *aus einem dem magy.* kalpak, *s.* kalpak,
nahe stehenden form usw.; in plesna *ist nur metathesis, keine dehnung
des* e *zu* ê *eingetreten; das* nsl. *meidet* tja *teils durch veränderung
des* j *in* ž, š, *teils durch verschmelzung des* t *mit* j *zu* einem *laute,
wie aus* nja ńa *hervorgeht, daher* kozlíča *aus* kozlitja, kozlitša *und,
im äussersten westen,* kuzlíća: *ein drittes ehedem, wie es scheint,
häufig angewandtes mittel der vermeidung von* tja *ist die verwandlung
des* tja *in* kja, ka, *daher* pluka *aus* plutja.

10. *Wenn aus* trja štrja, *aus* drja ždrja *usw. hervorgeht, so
scheint der grund des* št, žd *in der durch* ja *usw. bewirkten erweichung
des* r *zu liegen:* sъmoštrą *sup.* 245. 15. *für* sъmoštrją. rasma-
štrêhъ 220. 25. *für* rasmaštrjahъ. sъmoštraahą 137. 8. rasmaštrają
247. 26. obęštrenije 243. 29. rasmoštrjaaše *naz.* 199. uhyštrjati
hom.-mih. umąždrenъ *apost.-bulg.* prêmąždrjati *naz.* 74. bъždrъ *vigil
aus* bъd- rjъ. prêmąždrjanije *izv.* 487. *Daneben besteht* sъmatra'še
sup. 66. 11. sъmotraaše 69. 2. sъmotrêše 175. 7. izmądrêvaahą
297. 1. sъmotrenije 230. 18. sъmotrenьe *cloz.* I. 794: *diese formen
beruhen darauf, dass das* ŕ *frühe in* r *übergieng. Dem* uhyštrjati
ähnlich ist umrъštvljenъ *men.-mih. von* uшrъtvi, *wofür auch* umrъ-
štvenъ *sup.* 443. 7. *und* umrъštenъ 257. 21; 344. 15. *vorkömmt:
daneben findet man* umrъtvenije 442. 12. blagodarьstvêaše 220.
14. *und* blagoslovestvenьja 378. 6. poštenьju *cloz.* I. 141. *ist* počь-
tenьju: počъtenьemь 569. 570. *Abweichend ist* straždьba *passio
pat.-mih. neben* stradьba; *roždьstvo* nativitas, natalitia, generatio
zogr. sup. ostrom. nic. krmč.-mih. usw., *wofür im* cloz. I. 877.
878. 879, *mit ersetzung des* žd *durch* z, rozьstvo *vorkömmt, neben*
rождьstvo 687. 893. 895. *und* rožъstvo 881. *für* roždьstvo. rodь-

stvo *halte ich für die richtige form*, roždьstvo *durch den einfluss
von formen mit* žd (roždenъ *usw.*) *entstanden*.

11. Der ursprung des št, žd *im wurzelhaften teile der worte ist
teilweise zweifelhaft, da aslov.* št *ebenso wie s.* ć. *č. p.* c *sowohl auf*
tj *als auch auf* kt *beruhen kann; noch zweifelhafter ist der ursprung
dann, wenn ein entsprechendes wort im serb. usw. fehlt.* bašta *pater.*
b. batjo. *s.* baština *hereditas. r. dial.* batja: *das wort ist fremd: magy.*
bátya *frater natu maior: andere sprechen von einer w.* bat, *etwa*
,ernähren'. brêžda *praegnans: lit. pa-brёdïti gravidam reddere.* broštь
purpura: nsl. broč. *b.* broš *aus* brošt. *s.* broć. *klr.* brôč. lęšta *lens:*
nsl. leča. *s.* lеćа. *lit. lenšis. lett. lēces: lat. lent: lens, lentis.* nъštvy
pl. mactra: nsl. načke. *b.* nъštvi. *s.* naćve. *č.* necky. *os.* ńecki. *ns.*
ńacki. ovoštь, voštь; ovoštije, voštije *fructus: s.* voće. *klr.* ovoč.
č. ovoc: *die form* ovotja *beruht wahrscheinlich auf einem got.* ubata-
für ags. ofät, *ahd.* obaz *essbare baumfrucht: die entlehnung mag an
der unteren Donau stattgefunden haben.* plešte *humerus: nsl.* pleče.
b. plešti. *s.* pleće. *r.* plečo *neben* bêloplekij, naplekij *mit* k *aus*
tj. *č.* plece: *vergl. lett.* plāce. plušta *pl. pulmo: nslov.* pljuča, *wofür
in Drežnica* pluka *gesprochen wird Letopis mat. slov. 1875. 227.*
s. pluća. *r.* pljušče *(aslov.). č.* plíce. *p.* płuca. *lit.* plaučei. pъštьka.
obulus, calculus: vergl. č. pecka. *ns.* ṕacka. ręštą *in* obręštą *inve-
niam wird auf ein rant, lit. rand, zurückgeführt.* štavьstvo, gnjus-
nostь, nečistoe žitie *op. 2. 3. 712. 726: dunkel.* študъ *gigas: dunkel.*
študь *f. mos: s.* ćud *f. č.* cud *m.* štutiti: oštjutiti *zogr. neben*
očjutišę·*matth. 24. 39-assem.* očjutêše *prol.-rad. sentire: nsl.* čutiti.
b. fehlt das wort. s. ćutiti. *klr.* očutyty śa *verch. 45. und* oščuščať
bibl. I. č. cítiti. *p.* cucić. tuždь, štjuždь, štuždь, čjuždь, čuždь *pere-
grinus: nslov.* tuj. *s.* tudj. *č.* cizi, *das, aus dem slav. unerklärlich, mit
got.* thiudā- *in zusammenhang gebracht worden ist.* vęštij *maior: nslov.*
več. *serb.* veći. *čech.* více: *nslov.* vekši *ist* večši; *č.* větsí *ist* věcši.

Dunkel sind neben anderen folgende worte: čudo *res mira,
nach Šafařík auch* študo: *nsl. s. r.* čudo. *b.* čjudo, *dagegen p.* cud:
lit. cudas *und* čudas *sind entlehnt.* koštuna *nugae, das an ngriech.*
κοτζοῦνα *puppe erinnert.* nepъštь *f.* πρόφασις, nepъštevati *cogitare.*
svrъštь *cicada: r.* sverščь. *p.* świerszcz, *das wohl irgendwie mit* svrъk:
svrъčati *zusammenhängt.* štavъ *rumex.*

Mit ždati, *eig. cupere, richtig* žьdati, *möchte ich* ždo, žьdo *in*
koliždo, koližьdo *quandocunque zusammenstellen, es mit lat. -libet, -vis
in quilibet, quivis vergleichend: iže* koližьdo *quicunque.* vъ ńьže koliždo
gradъ *in quamcunque urbem.* iždе koližьdo ὅπου ἐάν *marc. 6. 10.*

edinъ koždo ihъ *apost.-ochrid. srez. jus. 276.* kožьdo. komužьdo.
edinъ koždo *matth. 26.* 22-zogr. kojemьždo *sup.* kaêždo *šiš.: neben*
žьdo, ždo *findet man das minder genaue* žde: egože koližde prosite
assem. kaêžde *slêpč.* kogožde. komužde *apost.-ochrid.* komužde
boli *ant. 246.* kojemužde *krmč.-mih. leont.* vsakogožde člověka
mladěn. Dem ursprunge und der bedeutung nach verschieden ist žde,
selten und unrichtig ždo, *das dem lat.* -dem *in* idem *entspricht:*
tъžde *idem.* takožde *zogr.* togoždo. togoždь. takovajaždo *krmč.-
mih.* sьžde *idem.* sikožde *danil. 183.* togdaždo pridą *zogr. Dieses*
ždo *beruht wie lat. dem auf einem pronomen da,· wovon im abaktr.
sg. acc. dim, im pr. sg. acc. gleichfalls dim usw. Für diesen
ursprung des* žde *spricht das seite 219. aus glag.-kiov. angeführte*
ze, *serb.* dj: takodjer *aeque, aslov.* takoždeže. takogere *gram.
152,* onuge *illac mon.-serb.* osugje *ex hac parte:* potokь osugje
glavice *chrys.-duš. 16. Hieher gehört auch aslov.* tъzъ ἐπώνυμος *mit
verwandlung des* dj in z *statt in* žd: tъzica. tъzьnъ. tъzьnikъ *usw.
neben* teždije ταὐτότης. ižde ὅτι, ἐπειδή *zogr.* šiš. iždeže ὅπου *zogr.
assem. sind gleichbedeutend mit* ide, ideže; *neben* doňьdeže. doideže
zogr. findet man donьždeže *op. 1. 108;* vьsežde (slêdovaše jemu
vьsežde golubь *lam. 1. 29.) ist* vьsьde; drugojžde, drugyjžde, dru-
gyžde *alio tempore. Dunkel ist* iždo *in* iždekoni *ab initio ippol.
110.* iždekoньnъ *antiquus, wofür sonst* izъ *steht:* iskoni *usw.*

ašto *si geht auf* atje *zurück: es ergibt sich dies aus nsl.* če, *as.*
aće, akje, ake: *r.* ašče *ist aslov.*

Das *suffix, das adverbia bildet, mit denen meist auf die frage
,wie oft?' geantwortet wird, ist hinsichtlich seiner urform dunkel.
Auf* kt, *das im lit.* dvokti *,abermahls' auftritt, können zurückgeführt
werden asl.* sedmišti. *nsl.* prvič. *b.* dvaš *für* dvašt. *serb.* jednoć.
klr. tryčy. *r.* troiči, *während andere formen davon abweichen. Vergl.
2. seite 204.*

12. *Die laute, die aus* tja, dja *usw. hervorgehen, sind in den ver-
schiedenen slavischen sprachen verschieden. Hiebei ist die wandlung
des* j *massgebend: im aslov.* geht j *in* ž *über, daher* vratženъ, kad-
ženъ *und durch metathese und beim ersten worte assimilation* vraštenъ,
každenъ *aus* vratjenъ *und* kadjenъ; *der impt.* straždi, straždate
beruht auf stradijê, stradьjê, stradjê *usw.; formen wie* idjahъ *sind
r.: sie lauten aslov.* idêhъ *oder* idêahъ; vъshytati *entspringt aus*
vъshyt[i]ati. *Im nslov. ohne metathese:* vračen *aus* vratšen, vratžen:
dj *entledigt sich des* d: kajen *aus* kadjen. *Im bulg.:* vrašten, každen,
wie im aslov. Im kroat. durch verschmelzung des t *mit* j, *wie bei* r,

l, n, vraćen; *durch verlust des* d: kajen: vraćen *stimmt mit dem
serb.*, kajen *mit dem nslov. überein. Im serb.*: vraćen, kadjen (kaɪ̯en)
durch verschmelzung des t, d *mit* j. *Im klruss.*: voročenyj.
kadženyj, *wofür meist mit verlust des* d -kaženyj. *Im russ.*: voročenyj, kaženyj.
Im čech.: vráćen, kazen *aus* vrátzen, vrátsen, kadzen: kazen *durch
ausstossung des* d. *Im pol.*: wrocony, kadzony *aus* wrotzony, wrot-
sony, wrotjony *und* kadzony, kadjony. *Im oserb.*: vroćeny, kád-
ženy: *beide formen sind unorganisch: in jener hat sich* ć *aus den
praesensformen in das partic. praet. pass. eingeschlichen;* kadženy
steht für kadženy: vroćiš, kadžiš *für* kadžiš *usw. Im nserb.*:
rošony, kažony: *in beiden formen sind* t, d *ausgefallen:* rotšony,
kadžony. *Aus dem gesagten ergibt sich eine differenz zwischen dem
alt- und dem neuslov. und eine übereinstimmung zwischen dem aslov.
und dem bulg. hinsichtlich der behandlung des* tj *und des* dj: *wenn
daraus, wie oft geschehen ist und noch geschieht, gefolgert wird, aslov.
sei abulg., so hat man übersehen, dass in jenem lande, das uns die
geschichte als die heimat des aslov. kennen lehrt,* tj *und* dj *in* št *und
žd übergiengen, wie sich aus den magy. worten masteha, pest (palast)
und rozsda rost neben ragya mehltau für aslov.* mašteha, пешть,
(плашть) *und* ръжда *ergibt.*

*13. Im ältesten denkmahl des norisch (neu)-slovenischen findet man
für das aus* tj, kt *entstandene aslov.* št *regelmässig* k: choku, chocu,
aslov. hoštą *aus* hotją. imoki, *aslov.* imąšti *aus* imątji. prigemlioki,
aslov. prijemljąsti *aus* prijemljątji. lepocam, *aslov.* *lêpoštamъ *aus*
lêpotjamъ. moki, *aslov.* mošti *aus* mokti. pomoki, *aslov.* pomošti
aus pomokti. malomogoncka, *aslov.* malomogąšta *aus* malomogątja.
uzemogoki, uzemogokemu, *aslov.* vьsemogąšti *aus* vьsemogątji.
zavuekati, *aslov.* zavêštati *aus* zavêtjati. *Vergl.* crisken, *aslov.*
krъštenъ *aus* krъstjenъ *und beachte den* on. gradiška. *In diesen
formen hat man das* s. ć *gesucht, daher* hoću *usw. gelesen. Dies halte
ich für einen irrtum, indem ich der ansicht bin, es müsse* k *wie* k
*gelesen werden, wie man im äussersten westen des nsl. sprachgebietes,
im norden von Görz,* pluka, hki *für aslov.* plušta, дъšti, *nsl. sonst*
pluča, hči, *spricht; bei Šulek 38. finde ich* pluk *neben* pluć *lungenmoos.*
tj *ist in* kj, k *übergegangen.* šč *aus* sk *wird* št: postedisi, *aslov.*
poštędiši; postete, postenih *sind aslov.* počьtête, počьtenyhъ. *Für*
žd *aus* dj *steht wie jetzt* j: segna, *aslov.* žęždьna. žde *wird durch*
je *wiedergegeben:* toie, tige, tage, tomuge, *aslov.* tožde *usw.*: žde
ist demnach dje, *was sich auch aus ze des glag.-kiov. seite 219 ergibt;
dagegen* chisto, comusdo, *aslov.* kъžьdo, komužьdo *seite 221.*

*14. Die lautgruppe tj und dj erzeugt im griech. lautverbindungen,
die den slav.* ts, št *und* dz, žd *an die seite gestellt werden können.
So beruht* μέλισσα *auf* μελιτϳα, μελιτσα, μελιτσα; σϳίζω *auf* σϳιδϳω,
σϳιδζω, *d. i. mit slav. lautbezeichnung shidzō, woraus später shizō.
Vergl. Curtius, Grundzüge 603. 653. Ähnlich entsteht it. mezzo, d. i.
medzo, aus medius, terzo aus tertius. Im lit. haben wir verčju aus
vertšju, vertžju, vertju und meldžju aus meldju: čju und džju mögen
aus älterem ču und džu hervorgegangen sein: auch im aslov. begegnet
man einem jüngeren j nach* št, žd, *so wie nach* č, ž, š. *Im lett.
findet sich zuša sg. gen. aus zutja, nom. zuttis aal für zuttjas. brēža
sg. gen. aus brēdja, nom. brēdis hirsch für brēdjas: das lett. hat t
und d vor* š *und* ž *eingebüsst. Vergl. it. giorno (džorno) aus diur-
num (djurnum).*

*15. Aus dem gesagten ergibt sich, dass es in der geschichte der
slovenischen sprachen eine periode gab, wo* vratjati, kadjati *für aslov.*
vraštati, každati *gesprochen wurde. Die* Σκλαβηνοί *des Prokopios und
die Sclavini des Jordanes, die im sechsten jahrhunderte am linken
ufer der unteren Donau sassen und von da aus wanderungen nach
süd und west unternahmen, sprachen* vratjati, kadjati. *Aus tja, dja
entwickelte sich bei den nach dem süden ausgewanderten Slovenen, die
später Bulgaren hiessen,* šta, žda: vraštati, každati: *so in den meisten
gegenden; in einigen gewann allerdings für* št *der laut* k, *d. i., wie
im serbischen, der laut* ć *die oberhand:* kerka, *d. i.* ćerka, *für und
neben* drъšterka. *Bei jenen Slovenen, die zuerst nach dem westen
zogen und in dieser richtung am weitesten vordrangen, bei jenem volks-
stamm, der sich noch jetzt den slovenischen nennt, gewahren wir* č,
d. i. tš, tž, tj *und* j, *vor welchem* d *ausgefallen. Bei jenen, die später
ihre wohnsitze an der unteren Donau verliessen, gieng, wie bei den
Bulgaren,* tja, dja *in* šta, žda *über: es sind dies jene Slovenen, deren
sprache zuerst von deutschen missionären und im neunten jahrhunderte
von den brüderaposteln Kyrill und Method als mittel zur verkündigung
des wortes Gottes angewandt wurde, eine sprache, die nie anders als
slovenisch hiess. Die an der unteren Donau zurückgebliebenen Slo·
venen, die man dakische Slovenen nennen kann, schliessen sich hin-
sichtlich dieses punktes an die pannonischen an. Im lit. geht tj, dj
in tž (č), dž über:* verčiu, meldžiu *aus* vertju, meldju. *Daraus
folgt, dass im slavisch-litauischen tj, dj noch keine veränderung
erlitten hatten.*

16. t *tritt an die stelle von* d *und umgekehrt oder der gebrauch
schwankt zwischen* t *und* d; *hier ist das lit. berücksichtigt.* drobьnъ

minutus: *lit.* *truputis* *brocken*: *der fall, dass die anlautenden tenues zweier auf einander folgender silben zu mediae herabsinken, tritt öfters ein.* gadati, gatati *coniicere.* gladъkъ *lēvis: lit. glotus.* gospodь. *dominus:* podь *steht lit. patis, aind. pati gegenüber.* lebedь *cygnus,* p. łabędź, *aslov.* *labądь *und č.* labuť. nąta*: *p.* nęta, ponęta, wnęta *lockspeise, köder und č.* vnada. *aslov.* *nątiti, nąditi *und č.* nutiti. neto-pyrь *vespertilio und p.* niedopierz *aus* nieto-. otъ *ab: nsl. usw.* od, *aind.* ati. papratь*: *č.* kapradí *aus* papradí, *r.* paporotь, *p.* paproć. rêdъkъ *rarus ist nicht lit. retas, sondern erdvas.* rêt *in* obrêt, obrêsti *invenire vergleicht man mit lit. randu ich finde.* svobota *neben* svoboda *libertas: thema* *svobъ. štitъ *scutum. pr. staitan und lit.* škīdas. trądъ *fomes. s.* trud *und nsl.* trôt. *r.* trut. *lit. trandis staub von verfaultem holze: w.* ter. trątъ *crabro. nsl.* trôt. *ns.* tšut *und p.* trąd. *rumun.* trənd. trъvati*: *č.* trvati *dauern, auf etwas bestehen und pr.* druvît *glauben.* tvrъdъ *firmus: vergl. lit. tvirtas. Vergl. Geitler, Lit. studien, 53. 54.* svadьba *neben* svatьba *beruht auf assimilation.*

17. *Das personalsuffix* tъ *füllt selbst in den ältesten denkmählern häufig ab:* dostoi. podobaje. podobaa. byvają. są *usw. Vergl. 3. seite 63.*

18. *Die gruppen* tr, dr *finden sich sowohl im an- als auch im inlaute:* trapъ, tratiti, trepati, tretiji, tri, trizna, troj, troha, trudъ, trupъ, trъgъ, trъnъ, trêba, trêzvъ, trądъ; dragъ, drati, drevlje, drobьnъ, dročiti se, drugъ, drъžava, drъzъ; bratrъ, chytrъ, bъdrъ, mądrъ *usw.* r *von* bratrъ *verliert sich sporadisch schon in den ältesten quellen:* bratra *neben* brata *zogr.* bratrъ, bratra, bratru, bratrьê *neben* bratъ *cloz. I.* brate *II.* bratrъ, bratra, bratromъ *neben* bratъ, brata, bratu *usw. assem.* bratrъ *mariencod.* [bra]trêhъ *glag.-sin.* bratrь, bratriê, bratrii *usw. pat.-mih.* bratre *slêpč.* bratrъ *naz.; sup. und ostrom., wie die freisinger denkmähler kennen die ältere form nicht. pr.* bratrīkai. prostъ, *wohl für* prostrъ. tl, dl *findet sich im anlaute:* tlapiti, tlo *neben* tьlo: *lit. pa-talas lectus;* tlъstъ, tlêti *neben* tьlêti; dlanь, dlъgъ, vlъko-dlakъ *usw.; im inlaute werden* tl *und* dl *gemieden: aus* plet-lъ *und* pad-lъ *entsteht* plelъ, palъ. šьlъ: šьd *ire.* račrъlo *naz.:* črъt *caedere.* prosmrъla (bê plьtь *mladên.):* smrъd-nąti *foetere.* rasêlь *scissio:* rasêd-lь. jela *abies. r.* elь: *vergl. č.* jedla. *lit. eglê, aglê aus edlê usw. pr.* adle. grъlo *guttur aus* grъdlo: *lit. gerklê.* bylъ φυτόν *ist* by-lъ. vilicę *pl. fuscina: vergl. č.* vidle. *In* sveklъ *ist* tl *durch* kl *ersetzt worden:* σεῦτλον, *was an das lit. erinnert.* čislo *numerus,* vęslo *ligamen sind aus* čıt, vęz *und dem suffix, das ursprünglich* tlo *lautete, hervorgegangen;* gąsli *cithara und* jasli *praesepe bestehen aus* gąd, jad *und dem suffix* tlь, *duher* gąslь

aus gąd-tlь, gąs-tlь *usw.* raslь *in* lêtoraslь *ist* rast-tlь. *Ähnlich ist wohl* myslь *cogitatio zu erklären:* мъd. *Nach J. Schmidt 1. 178. ist in* myslь *und* raslь *der dental vor* lь *zu* s *geworden. russ.* uslo *textura dial. ist* udtlo : *lit. aud, austi. Eine abweichung scheint in* metla *scopa und in* sedlo *sella (selten ist* osedъlati *sup. 162. 13), lett. sedli, segli. got. sitla-. ahd. sezal vorzuliegen, worte, die aus den* w. met, sed *und dem suffix* lo *(vergl. auch slovak.* ometlo, pometlo) *bestehen. Die entscheidung, ob* sedlo *oder* sedъlo *usw. zu schreiben, ist schwierig, weil die gruppe* dl *nicht nur im* čech., *poln.*, oserb. *und* nserb., *sondern auch im westen des* nsl. *sprachgebietes vorkömmt (3. seite 163) und sich im* aslov. *aus alter zeit erhalten konnte. lit.* solas *sitz ist nach Bezzenberger 91.* sadlas. *Das suffix des partic. praet. act. II. scheint ursprünglich* tlъ *gewesen zu sein 2. seite 94. Dem aslov.* mlъčalivъ *von* mlъčalъ *entspricht* ač. mlčedliv. *Dem* ač. zrziedlny (zředlný) *sichtbar würde ein aslov.* zьrêlьnъ *gegenüber-stehen.* podlje *apud in russ. quellen und* vlъkodlakъ *vulcolaca beruhen auf syntaktischer verbindung und composition. Man beachte* titьlь cloz. *I. 686.* kotъlomъ. svêtъlo *zogr.* svêtъlъ, svêtъlъ *neben* svêtlo *usw. sup.* svêtьlъ ostrom. pêtlъ *neben* pêtelinъ. vitlъ, vitъlъ : nsl. vitlo *habd. b.* vitlo : *lit.* vītulas. dętlъ, dętelь. bodlь *spina. Ferners* obidьlivi *cloz. I. 117.* mьdlъ *neben* mьdьlьnъ *ostrom. Eigentümlich ist aslov.* moliti, *č. und* nsl. *in den freisinger denkmählern* modliti *usw., dessen entwicklung ist:* meld *(lit. meld in* melsti, *meldžiu), durch steigerung* *mold-, *davon* molditi, *durch metathese behufs der vermeidung von* old-modliti, *wofür aslov.* moliti. vъsedli (vzedli) *aor. fris. Die prager glag. fragmente bieten folgende čech. formen dar :* modlitva. svetidlъna. vъsedli sję *neben* iselenъ. tn , dn *scheinen im anlaute nicht vorzukommen:* dna *morbus quidam wird wohl ursprünglich* dъna *gelautet haben; für* dno *fundus ist* dъno *die richtige schreibweise:* *dъbno, *lit. dugnas aus dubnas; im inlaute fällt* t, d *vor* n *aus:* ogrъnąti *aus* ogrъtnąti; kręnąti *aus* kręt-nąti; svьnąti *aus* svьtnąti; *ebenso beruhen die verba* -bъnąti, *prę-* nąti, zagunąti, svęnąti, vęnąti *auf den* w. bъd, pręd, gad, svęd, vęd; *doch* padnąti. *Man beachte auch* prazuą *sup. 294. 2. für* praz-dьną. *Die gruppen* tt *und* dt *gehen in* st *über:* plesti, pasti *inf. aus* pletti, padti; gręsti *ire naz. aus* grędti. grъstь *pugillus aus* grъtti. rasti *aus* rastti; vlastь *aus* vladtь; sъvrъstь *coniux aus* sъvrъdtь. daste *dabitis,* vêste *scitis aus* dadte, vêdte; pêstunъ *paedagogus aus* pêttunъ *(vergl. 2. seite 176) : w.* pĭt. zvêzdobljustelь *astronomus aus* -bljudtelь. *Vergl. lit. ved:* vesti, vez-dinu *usw.* tv, dv *kommen*

im an- und im inlaute vor: tvoj, tvorъ, tvrъdъ; dva *neben* dъva;
dvoj, dvorъ, dvьrь, molitva; jedva *usw. neben* cdъva *sav.-kn. 40.*
In davê, javê, vêvê *fällt* d *aus:* dad, jad, vêd; *dasselbe findet in*
damь, jamь, vêmь *und* damъ, jamъ, vêmъ *statt.* ramênъ *vehemens,*
celer: vergl. aind. rādh, rādhati, rādhnōti *gelingen und aslov.* radъ.
rumênъ *ruber: w.* rŭd, rьdêti. têmę *vertex: vergl. ahd. sceit-ilā.*
vymę *uber: aind.* ūdh-ar, ūdh-an. *griech.* οὖθαρ. *lit.* udroti *eutern.*
osmь *octo aus* ostmь: *aind.* aštau. *got.* ahtau. *lit.* aštŭni. čismę *numerus*
aus čьt-smę *von* čьt: *man vergleiche lit.* ver-smê *quelle: ver.* gě-smê
lied: gěd. verk-smas *weinen: verk. Die verbindung* dm *erhält sich in*
sedmь *septem aus* septmь, *aind. saptan: dass zwischen* d *und* m *ein*
ъ *gesprochen worden sei, ist nicht wahrscheinlich; sup. bietet nur zwei-*
mahl -d'm-: *21. 5; 305. 16. vergl. r.* semь. semyj. sedьmoj. *Vor*
h *fällt* t, d *aus:* sъmęhъ *turbavi von* męt. obrêhъ *inveni von* rêt.
povêhъ *adduxi von* ved. sъbljuhъ *servavi von* bljud *usw. Vergl.*
č. brach, *lit. brosis žem.; r.* prjacha, *w.* pręd; *r.* nerjacha, *aslov.*
rędъ; *aslov.* svaha, svatъ. thorь αἴλουρος *steht für* dъhorь. *Ausfall*
von t, d *findet auch vor* s *und* š *statt:* probasę *transfoderunt von* bod.
ištisę *enumerarunt von* čьt. vъzmęšę *aus* -męhę *turbarunt von* męt:
vergl. lit. mesiu aus metsiu Kurschat 40. jasomъ *edimus von* jad. privêsę
adduxerunt von ved. rusъ *flavus ist, wenn einheimisch, aus* rъd-sъ
hervorgegangen. kopysati *fodere,* vъskopysnąti *vergleiche man mit*
kopyto. kąsъ *frustum: lit. kandu mordeo, daher* kand-sъ. *Vergl. č.*
rysavý *mit* rъd, ostýchati *mit* stъd. *Vergl. 3. seite 77—79.* prêêvъ-
šumu *marc. 5. 21-zogr. beruht nicht auf* jad, *sondern auf dem älte-*
ren ja: *vergl. id und* i. *Auslautendes* t *und* d *der praefixe schwindet*
nach dem abfalle des ъ *häufig in den älteren denkmählern vor*
bestimmten consonanten: ohoditi *assem. sup. 71. 12. ostrom. neben*
otъhoditi *sup. 275. 29. ostrom.* osêci *abscide izv. 693.* ošъдъ *sup.*
97. 15; 374. 28. ošьдъ *ostrom.* ošeдъ *assem. neben* otъšъдъ *sup.*
212. 26. otъšьдъ *ostrom.* ošьlъ *assem. ostrom. neben* otъšьlьcь *sup.*
397. 10. otręsti *437. 10. neben* otъtrêbiti *219. 11.* okrъvenъ *343.*
b. okrъvenije ἀποκάλυψις *ostrom.* okryvati *sup. 451. 1. neben* otъkryti
344. 28. ostrom. otъkrъvenъ *ostrom.* otъkrъvenije *sup. 451. 3.*
ostąpati *cloz. I. sup. 339. 12.* ozemьstvovati *pat. Ebenso schwindet*
d *in* prêstojati *351. 1; 354. 15. In den meisten fällen erhalten sich*
t *und* d *in den praefixen* otъ, podъ *und* prêdъ: otъpadь *lam. 1.*
155. otъbêgati *sup. 448. 22.* otъstupьnikь *lam. 1. 142.* otъčajati
74. 19. podъdrъžati *108. 23.* podъložiti *271. 26.* prêdъvesti *88. 9.*
prêdъležati *76. 22 usw. Man merke* edeгъ *assem. für* etcгъ.

15*

1. Die consonanten p, b, v, m *werden trotz ihrer teilweise ver-schiedenen physiologischen qualität zusammengefasst, weil sie in einem wichtigen punkte derselben regel folgen.*

2. p, b, v, m, *im alphabete* pokoj, buky, vêdê, myslite *genannt, lauten im aslov. wie im nsl. usw.* f, *im alphabete* frъtъ, *ist unslavisch.* b *ist ursprachliches* b *und* bh.

3. p, b, v, m *stimmen darin überein, dass im aslov. die gruppen* pja, bja, vja, mja *durch* plja, blja, vlja, mlja *ersetzt werden.* plja, blja *usw. sind demnach dadurch bedingt, dass dem* p, b *usw. ein* j *mit einem vocale folgt:* kupljenъ *emtus aus* kupi-j-e-nъ, kupь-j-e-nъ, kupjenъ; ljubljenъ *amatus aus* ljubi-j-e-nъ, ljubь-j-e-nъ, ljubjenъ; lovljenъ *captus aus* lovi-j-e-nъ, lovь-j-e-nъ, lovjenъ; lomljenъ *fractus aus* lomi-j-e-nъ, lomь-j-e-nъ, lomjenъ. *Man füge hinzu* r. oliflenъ. *Vor* i *und* ь *tritt die einschaltung des* l *dann ein, wenn diese vocale vertreter von praejotierten vocalen sind:* krêplij *fortior.* grąblij *indoctior.* trêblje *phil. 1. 24-slêpč. šiš.* *drevlij *antiquior, das nur in* drevlje: drevьe *sup. 236. 1. (unrichtig* dṛevje *348. 12),* č. dṛíve, *olim erhalten ist. Vergl. 2. seite 322.* krêplъ *qui firmavit,* ljublъ *qui amavit,* lovlъ *qui cepit,* lomlъ *qui fregit aus* krêpi-ъs, ljubi-ъs, lovi-ъs, lomi-ъs. *Vergl. 2. seite 328. Dasselbe findet statt in* stъblъ *caudex.* korablъ *navis.* doblъ, doblъnъ *fortis.* doblъstvo. bezumlъ *stultus.* duplъ *vacuus.* piskuplъ *episcopi.* isavlъ *adj. esau.* iosiflъ *ioseph.* zemlja *terra.* rimljaninъ *romanus.* aravljaninъ *arabs usw.* hapljati *mordere.* razdrabljati *conterere.* ulavljati *insidiari.* prêlam-ljati *neben* prêlamati *frangere: formen wie* pristąpati, prêlamati *entstehen durch vernachlässigung des* ь, i. stavljati *aus einem stamm* stavь (stavь-jati) *zu erklären geht nicht an.* hoplją *mordeo aus* hopją, droblją *contero aus* drobją, lovlją *capto aus* lovją, lomlją *frango aus* lomją *neben* hopiši, drobiši *usw.* hopljaahъ *mordebam.* drobljaahъ *conterebam usw.* kąplją *lavo.* jemlją *sumo usw.* kąplješi. jemlješi *usw. Aus dem gesagten ergibt sich der grund der differenz von* davlъ *aus* daviъs *und von* črъvь *aus* črъvi. *Das hier behan-delte* l *nennt man das labiale, richtig das epenthetische: es ist ein-geschaltet, nicht etwa aus* j *entstanden. Daraus folgt, dass* l *stets weich sein muss: das gegenteil kann nicht durch formen wie* ostavlenьe *cloz. I. 383. und* vъzljublenъ *ostrom. bewiesen werden. Es ist nicht allgemein slavisch, da es dem čech., pol., oserb., nserb. fehlt: selbst die in mehr als einer hinsicht mit einander näher verwandten sprachen,* *aslov., nsl., bulg., kroat. und serb., unterscheiden sich in betreff des epenthetischen* l, *da das bulg. es nicht anwendet: es sagt* kapь *stillo,* kipь *aus* kapją, kyplją *für aslov.* kaplją, kyplją. *nsl.* kapljem. *Selbst die aslov. formen stehen auf drei stufen: auf der ältesten stufe gewahren wir nach dem labialen consonanten das ungeschwächte* i; *auf einer jüngeren geht* i *in* ь *über; auf der jüngsten ist* ь *ausgefallen, was die epenthese des* l *zur folge hat: die jugend des epenthetischen* l *ergibt sich auch aus der unveränderlichkeit der dem* l *vorhergehenden mit* m *schliessenden silbe:* jemlją. lomlją. *a)* izbaviaše *sup.* 260. 2. pristavijenъ 11. 2. *Selbst in späteren denkmählern hat sich* kupija ἐμπόρευμα *prol.-rad. für das jüngere* kuplja, *das selbst im zogr. vorkömmt, erhalten. Hieher gehört slavij luscinia,* mravija *formica neben* graždь *stabulum,* jažda *vectura. Vergl. 2. seite 41. b)* ostavьjenъ *sup.* 60. 21. tomьjenije 1. 4. stavьjati 430. 26. ulovьjenъ 242. 13; 380. 13. javьjaše 60. 21. divьjahą 102. 9. krêpьjahą 54. 4. postavьją 1. 16. slavьją 4. 3; 87. 9. sramьjajete 87. 22. otъnemьję 244. 19. zybьjemo 452. 3. *Folgende formen sind durch ausfall des* ь, i *entstanden:* ostavenъ 160. 2. otravenъ 156. 5. ujazvenъ 64. 14. blagoslovenъ 240. 18. ulovenije 89. 29. nastavenije 203. 16. razlomenъ 160. 3. tomenije 122. 28. vъzljubenъ *assem.; ebenso* umrъštvenъ *sup.* 443. 7. umrъtvenije 442. 12. *neben* umrъštenъ 257. 21; 344. 15. blagodarьstvêaše 220. 14. blagoslovestvenьja 378. 6; *ferners* pristav'enьe. sъpodobьšej sę *neben* divlêahъ sę *zogr.* zemi *sg. loc. cloz. I.* 179. 361. 363. 758. 789. *aus* zemьi. zemьskъ 466. prêlomь 378. korabь *neben* korabľъ *sup.* korabi. prêlomь *usw. assem.* rasypi *sup.* 16. 12. *von* rasypati *nach V.* 2. głąbьêuja 351. 9: zemją 97. 21. *und* drevje 348. 12. *sind schreibfehler, man wollte denn annehmen, es sei nach* zemьją *vor der bildung von* zemlją - zemją *gesprochen worden, was nicht wahrscheinlich ist.* korabicemь. vьncmête sav.-kn. 56. 153. rubêahą. istrêzvьše. kolêbešti se (kolêbljąsti sę) *mladên.* zemьskъ. zemьnъ. korabicь *ostrom.* prijem'jetь. jav'jenii. potreb'jenije *für* prijemьjetь *usw.* avraamja *ist fehlerhaft greg.-naz. c) Die formen der jüngsten stufe bilden auch im sup. die regel:* vьpь 224. 1. pristąpь 344. 19. kaplêmi 37. 13; korablь 298. 16. oslablь 353. 26; javlь 182. 29. *neben* pristąpь. vъzljubь. ulovь. protivь. proslavь. ostavь. sъlomь. ustrъmь *sup. usw. für* pristąpľъ. vъzljubľъ *usw.* jakovľji 289. 11. krъčьmljavati 139. 26. zemlę 79. 21. *Dass in bulg. denkmählern das epenthetische* l *regelmässig fehlt, ist selbstverständlich:* umrъtvêjemi. uhlêbêj. jemetъ *slêpč. für* jemljetь. umrьštvljajemi. uhlêbljaj *šiš.* davêaše ἔπνιγε *matth. 18. 27-zogr. b.*

korabь. korabъ. korabi. zemi. zcmǫ. ljubǫ *amo neben* korable.
pogubljǫ *perdam.* pogublêaše *bell.-troj.* divêhą sǫ. glumêahъ *lam.*
l. 10. 97; ebenso in den prag.-frag. proêvêvaše. prêstavenie. zemja
neben prêpolovlcnie. obaviti *revelare* steht *für* obъjaviti, objaviti:
einem obljaviti *musste ausgewichen werden. Man beachte noch folgen-*
des: duplь *cavus.* dupljatica *lampas, s.* duplir, dublijer, *das mit*
mlat. dupplerius cereus *zu vergleichen ist.* črъvljcnъ *ruber aus* črъ-
vьenъ : črьvьjcnь *sup. 424. 23. neben* črъvenъ. konoplja *cannabis:*
griech. κάνναβις. *ahd.* hanaf. pljują, prьvati *spuere. č.* pliti. *lit.*
spjauti. *lett.* splaut: *vergl.* bljują, bľьvati. *č.* blíti. pljuskъ *sonus.*
bljudo *patina: got.* biuda-: *lit.* bludas *ist entlehnt.* bljusti, bljudą
spectare, videre scheint mit aind. budh *scire zusammenzuhangen, das*
auch in der form bъdêti *vorkömmt.* godovablь *ist ahd.* gotawebbi:
p. jedwab. *č.* hedbav: bľь *ist aus* bi-ъ *entstanden.* zmij *draco,* zmija
serpens beruht wohl auf w. zmi *serpere: suffix ist* ъ, a, *daher*
zmi-j-ъ, zmi-j-a: *neben* zmija *besteht* zmlija, *d. i.* zmľija, *dessen* ľ
an das ľ *von* boľij *erinnert: wäre* êja *das suffix von* zmľija, *so*
würde man zmljaja *erwarten vergl.* lǫžaja. tъčaja *2, seite 82. 83,*
denn ê *ist hier ein* a-*laut.* velьbądъ *camelus lautet in späteren quellen*
velьbludъ, *wobei einfluss des* blądъ *scheint angenommen werden zu*
sollen: lit. verbludas *ist aus dem russ. entlehnt.*

4. *Die anwendung des epenthetischen* l *steht gegenüber der*
erweichung des r, l, n; *der verwandlung des* t, d *in* št, žd *und des*
z, s *in* ž, š.

5. *Eine grosse anzahl von formen ohne das epenthetische* l *bietet*
der umfangreiche codex sup.: daraus kann jedoch die priorität dieses
denkmahls vor den glagolitischen quellen nicht gefolgert werden, da
im sup. das epenthetische l *häufig vorkömmt, und die glagolitischen*
codices dasselbe häufig entbehren.

Zogr. opľjują̇tъ. kapľǫ *pl. nom.* kupľą *sg. acc.* krêpľi, krêpľij
comparat. klepľǫ *significans.* krêpľêašc. stąpľьêa. kupľь ἀγοράσαι.
pristąpľь, pristąplь *neben* pristąpь, pristąpьše. bľjudê, bľjudomъ
und bljudê. bľjudête sǫ *und* bljudête sǫ. korabľь, korablь, korabľê,
korabľju, korabľǫ, korabľemь *neben* korabь, korabi *sg. loc.,* dъva
korabica. upodobľją. vъžljublą. pogybľetъ. istrêbľêjǫ. pogublь.
vъzľjublь *neben* въpodobьšej. vъzľjubľeny. oslabľeny *neben* vъzlju-
b'eny. *b.* iêkovľь, iêkòvľê. drevľe *comparat., daher* drevľьniihъ,
drevlьnihъ *neben* drevьĩiimъ. podavľêją̇tъ. ostavľêemъ. prista-
vľêetъ *neben* êvêete. ostavêetъ *b.* divľêahą sǫ, divľahą sǫ. mlъ-
vľêaše; slavľêahą. slavľêhą. ostavľêaše *neben* davêaše. divêahą sǫ *b.*

izbavľьšemъ *neben* divьše sę, ostavь, ostavьša. pristavľeni. izbavľenьe.
avľenie. ostavľenьe *neben* blagoslovenъ *und* pristav'enьe *luc. 5. 36. so
wie* izbavenie *b.* zemľê, zemľę, zemľi, zemli, zemľja, zemľą. na zemľê
marc. 9. 3. falsch neben zcm'i *zweimahl,* zcmi *neben* zemją *b.*, *wo stets*
zemi, *nie* zemľi : zemъnyhъ *bietet der ältere teil.* neľtalimľją. imľêue.
sodomľênemъ. avraamľь *neben* avraamlъ *b.* vlasvimľêeši. emľetъ,
vъzemľjątъ, vъspriemľevê, obemľjątъ, pocmľetъ, priemľetъ, pri-
emľete, priemľątъ, sъnemľjątъ sę, usramľêjątъ sę *luc. 20. 12.* vъnem-
ľête, otęmľjąštaago *luc. 6. 30.* emľęi, priemľę *neben* priem'etъ, pri-
emetъ, priemjątъ. usramêją sę, usramêjątъ sę *matth. 21. 37. b.*
prêlomь.

Cloz. *I.* kaplê *928.* kaplę *928.* kuplą *236.* sъvъkuplêjąšte
534. prilêplêjęi *131.* zybląšti *683.* vъzljublenaa *541.* iêkovlь *12.*
drevle *593.* ispravlêeši *505.* êvlêetъ *60. 642.* izbavlêjątъ *637.*
êvlêje *866. 871. 873. 876.* gotovlêahą sę *251.* êvlь *714. 716. 814.*
ostavlьše *648.* izbavlenьe *859.* ispravlenьe *506. 741.* ispravlenьju
575. 577. protivlenьe *18.* ostavlenьe *383.* zemlê *563. 683. 761.*
zemlę *798.* zemlą *422. 787. 798.* zemleją *790. 811. neben* zemi
179. 361. 362. 363. 367. 644. 758. 768. 789. 797. zemьskaê *466.*
zemъny *901.* priemlą *74.* priemletъ *531. 631. 887.* priemlemъ
531. priemlątъ *441.* vъzemlę *680.* priemlę *578.* priemląštiê *452.*
priemląštej *435. 438.* prêlomь *378.*

Assem. vьplь. kuplja, kuplьnaago. trъplją. kleplę. kuplь *neben*
sovъkupьša. korablь, korablъ, korablê, korablę *neben* korabь,
korabъ, korabi, korabicju, korabicemъ. ljublja. upodoblją. ljubljê-
aše. oslablenъ *neben* vъzljubą, vъzljubją, vьzljubenъ. iakovlь,
iakovlê. slavlją. êvlą sę. divlêahą sę. slavlêhą, proslavъlenъ.
avlenie, êvlenie. oчrъvlenoją. prêpolovlenie *neben* ostavlją. avra-
amlê, avraamle. zcmlê, zemlja, zemli, zemlę, zemleją *neben* zemь-
nii, zemьnaa, zemъnaa. iersmlênъ. nevtalimlihъ. siloamli, siloamlją.
vlasvimlêeši, vlasvimlêetъ. emlete, emlę, vьzemlja, vъzemlęi, vъs-
priemlevê, izemleši, priemletъ, priemlją, priemlete, priemljąšte,
sъnemljątъ. prêlomlenie *neben* prêlomь *partic. praet. act. I. Man
beachte, dass im assem.* l *häufig über der zeile steht.*

Sup. vьplь *224. 1.* vьpľmi *202. 21.* kaplę *288. 16.* kaplêmi
37. 13. kupli *409. 9.* kuplą *40. 11.* kapletъ *259. 1.* kapląštę *37.*
12. sъvkuplêą *5. 26.* pristąplь *344. 19.* ukrêplenъ *49. 14.* sъvъ-
kuplenъ *234. 15.* sъvъkuplenije *63. 10. neben* kropami *290. 17.*
krêpьšiihъ *243. 4.* rasypi *impt. 16. 12. neben* rasypľi. kapьju *sg.*
acc. 384. 3. krêpьjahą *55. 4.* oslêpьją *436. 4.* oslêpьjajetъ *330.*

13. oslêpьjahą *297. 4.* oslêpьjenii *3. 7.* oslêpьjeną *237. 24.* oslêpь-
jenije *158. 9. usw.* korablь *298. 16.* korablę *115. 18.* doblaja *71.*
29. doblê'go *122. 21.* doble *45. 29.* doblii *43. 19.* doblьno *68. 19.*
doblьstvo *62. 9.* doblêjšiimъ *424. 19.* grąblьi *280. 21 neben* gląbь-
šaja *351. 9.* oslablь *353. 26.* jakovli *289. 11.* drevle *348. 11.*
divlą *115. 15.* divlêhą *13. 25.* javljają *260. 9.* postavlêję *36. 8.*
javlь *182. 29.* ostavlij *346. 24.* ostavlьše *63. 3.* postavljenъ *63.*
26. neben izbaviaše *260. 2.* pristavijenъ *11. 2.* ostavьjenъ *60. 21.*
prêstavьjenьje *373. 9. und* blagoslovenъ *240. 18.* ujazvenъ *64. 14.*
ulovenije *89. 29.* ostavenъ *160. 2.* otravenъ *156. 6.* nastavenije *203.*
16. blagodarьstvêaše *220. 14. für* blagodarьštvljaaše. blagoslovest-
venьja *378. 6.* umrьštvenъ *443. 7.* umrьštvenъ *257. 21; 344. 15.*
umrьtvenije *442. 12.* drevje *348. 12.* zemlę *79. 21.* zemlą *45. 12.* krъ-
mĩą *401. 28.* krъčьmljavati *139. 26.* prijemletъ *126. 18.* jemlątъ
102. 18. jemląšte *132. 12.* jemlęi *280. 5.* prijemlę *69, 3. neben* tomь-
jenije *1. 4.* zemją *97. 21.* razlomenъ *160. 3.* lomenije *122. 28.*
Sav.-kn. kaplę *86.* krêpli *142.* krêplij *144.* krêplêše sę *137.*
kleplę *6.* pristąpь *80.* pristąpьše *52.* pristąpьši *16.* pristąpъši *37.*
korablь *11.* korablê *21.* korabь *16.* korabъ *14.* korabi *11. 21.*
korabicemь *153.* ljublą *2. 5.* ljublêše *6. 69.* vъzljubenъ *2.* vъzlju-
beny *138.* oslabenъ *14.* javlą *2.* ostavlą *92.* postavlą *80.* javlêetъ
76. ostavlêete *5.* divlêhą sę *64.* slavlêše *43. neben* mlьvêše *120.*
blagoslovlь *84.* ostavlь *86.* ostavlьše *27. 87.* upravlenъ *42. neben*
blagoslovena *118.* proslavenъ *7.* javenie *36.* zemlê *56.* zemlę *56.*
153. zemlą *16. 86. 153. neben* zemьja *77. 113. 146.* zemьją *22.*
80. 119. neben zemi *17. 56.* zemьnii *22.* zemьskaja *77.* avraamlê
131. sramlą sę *51.* emlcte *1.* priemletъ *18.* vьnemête *impt. 56.*
126. sramlę sę *51.* vъzemęi *145.* priemlęi *10.* prêlomь *20.*
Pat.-mih. sypęšte sę. pristąpь *partic.* ukrêpenije. korabê
sg. gen. pogubę *I. sg. praes.* vъzljubenь. osklabь sę *partic.* oskrъ-
bena. oslabeni. ostavę *I. sg.* ostavêeть. prêpolavêeть. protivьše sę.
iskrivenoe. javenyj. blagoslovenь. ulovenь. ostavenь. uêzvenь. zemlę
sg. gen. und sg. acc. zemli *neben* zemê *sg. nom.* zemę *sg. acc.* zemi.
vъzьdrêmita. glumenie.
Bell.-troj. ljubę. nasypę *neben* pogublę *1. sg.*
Tur. kleplę ςημαίνων. korablь, korablja, korabli, korablica.
zemli.
    Aus dem angeführten ist ersichtlich, dass die bulgarische varie-
tät des aslov. von der einschaltung des l einen spärlicheren gebrauch
macht als die pannonische, serbische und russische: es erhellt dies

*aus dem jüngeren durch b. bezeichneten teile des zogr. und aus pat.-
mih., daher* vьsemu vêru jemljetь *1. cor. 13. 7-šiš. und* vъsemu
vêrą jemetъ *slêpč. 32.*

Im folgenden wird von jedem der fünf p-consonanten *besonders
gehandelt.*

6. *I.* P *fällt vor* n *sehr häufig aus:* kanąti *stillare.* usъnąti
obdormiscere. utrъnąti *obrigescere von* kap, sъp. trьp. utonąti *findet
man neben* utopnąti *submergi,* prilьnąti *neben* prilьpnąti *adhaerere.*
sъnъ *somnus von* sъp: *lit. sapnas. Man merke* sedmь *septem (*sedъmь
ist minder gut beglaubigt) aus septmь *oder aus* sebdmь: *vergl.*
ἕβδομος.

P *fällt vor* t *aus:* počrêti *haurire aus* -čerti *für* -čerpti. suti
fundere aus sъpti *mit steigerung des* ъ *zu* u: *ebenso nsl. s., man
erwartet dehnung.* dlato *scalprum für* dlabto *aus* dolb-to: *w.* delb.
tętiva *chorda: lit. temptīva; tempti spannen.* netij *nepos. got. nithja-:
aind. naptar: s.* nebuča *filia sororis beruht auf dem it. nepote: es ist*
nebutja *mit* č *für* č. *In späteren quellen findet man aus anderen
sprachen zwischen* p *und* ti *ein* s *eingeschaltet:* počrъpsti, *daraus*
počrъsti *bell.-troj. und* počrêsti *prol. testi aus* tepsti, *das auch nsl.
ist:* testi *lam. 1. 34. In entlehnten worten wird zwischen* p *und* t *ein*
ъ *eingeschaltet:* lep'tê *zogr. In lebenden sprachen findet man* pt:
p. łeptać. pt *wird in entlehnten worten manchmahl durch* kt *ersetzt:*
sektebrь. *Vergl.* sьштębrь *mat. 12.*

p *entfällt vor* s *aus:* osa, vosa *vespa: lit. vapsa. pr. wobse.
ahd. wefsa.* osina *espe. p.* osa, osina: *lett. apse. lit. apušis, epuše.*
lisъ *vulpes: vergl. lit. lapê. lett. lapsa.* lysъ *calvus: vergl. w. lit. lup
schälen, daher für* lypsъ: *das wort kann jedoch auch auf* lŭk *zurück-
geführt werden:* lyksъ *seite 239.* kysati *madefieri, eig. wohl fermen-
tari, wird unrichtig aus* aind. kup *wallen gedeutet:* kypsati *vergl.
seite 159. č.* drásati *ritzen will man aus* drápsati *erklären. Auch in
entlehnten worten wird* ps *manchmahl gemieden:* s'palъmьskyhъ *zogr.,
doch auch* anepsej.

p *fällt aus zwischen* s *und* l: slêzena *splen für* splêzena *aus*
spelzena: *lit. blužnis für splužnis. Man vergleiche auch* slina *saliva
aus* splina, spljuna. *r.* slina, sljuna. *č.* plina.

pêhyrь *bulla scheint mit* mêhyrь *identisch. pravija danil. 375.
ist griech.* βραβεῖον.

7. *II.* B *fällt vor* n *häufig aus:* gъnąti *plicare von* gъb: *dagegen*
gybnąti *perire neben* gynetь *bus. 548. Man stellt* glina *argilla
zu* glьbnąti. *Wer* koňь *mit* kobyla *vergleicht, wird vielleicht jenes*

aus kob-nь *erklären: man beachte* komonь *equus lavr. und klr.* luhova
komanyća *neben* końučyna *wiesenklee.*

Auch b *pflegt vor* t *zu schwinden :* greti *fodere von* greb. *Jünger
ist* grebsti, *woraus* gresti. *kr.* dlisti *entspräche einem aslov.* dlêsti
aus dlêpsti, delpsti. dlato *entspringt aus* dolbto.

Vor s *scheint* b *ausgefallen zu sein in* osoba *persona: lit.*
apsaba. *Sicher ist der ausfall in* pogrêsъ *sepelivi von* greb. *Vergl.
2. seite 78.*

In *dąbrъ *arbor, woher* dąbrava, *ist* b *wahrscheinlich ein ein-
schub zwischen* ą, *d. i.* on, *und* rъ : *vergl. pr.* damerowa *eichenwald.*
*dąbrъ *verliert sein* r ; *dasselbe widerfährt dem* ząbrъ, *woraus* ząbъ :
s. zuberina. krъčьbnikъ *caupo ist aus* krъčьmьnikъ *entstanden.* lam-
bada *lampas ist* λαμπάς *nach der späteren aussprache des* μπ: *daneben*
lampada. kуmьbalъ *ist griech.* κύμβαλον *für* kуmьvalъ.

8. III. v *fällt vor* t *aus:* plêti *eruncare von* plêv : plêvą ; žiti
vivere von živ : živą, *daher auch* žito, *doch ist dies nicht sicher:*
plêti *wird richtiger auf* pel-ti *zurückgeführt.*

Vor n *scheint* v *in alter zeit nicht vorzukommen : formen wie*
zêvnąti *von* zêvati *sind ziemlich jung.*

Nach b *schwindet* v : obaditi *sup. 162. 7.* obetъšati *339. 16.*
obiti *414. 6. ostrom.* obitati *347. 3.* obitêlь *ostrom.* oblasti *inf.
izv. 660.* oblastь *sup. 112. 23.* oblъkъ *217. 19.* oblêšti *93. 25.*
oblakъ *155. 9.* obonjati *318. 25.* obratiti *19. 5.* obêsiti *350. 10.
ostrom.* obêtъ *sup. 35. 16.* obęzati *198. 4.* obarovati *usw. aus* obъ
vaditi. obъ vetъšati. obъ viti *usw. Selten* obьvetъšati *sup. 168. 28.*
obvivati. *Ebenso entsteht* bêhъ *eram aus* bvêhъ, *wohl nicht etwa aus*
bъvêhъ, *von* by, *w.* bu, *daneben* zabъvcnije *oblivio.* oblъ *rotundus
aus* ob-vlъ, *vielleicht für* ob-vъlъ : *vergl. lit. apvalus. lett. apals.
Hier mag auch* obaviti *nuntiare aus* obъjaviti *erwähnt werden, das
auf* objaviti *beruht. Aus* vъzъvъpiti *cloz. entsteht* vъzupiti, vъzo-
piti, vъzъpiti ; *aus* hvrastije - hrastije ; *aus* skvrada - skrada. *Neben*
skvozê *findet man* skrozê. *svrêpъ *aus* sverpъ *wird zu* sverêpъ
und nsl. zu srêp. svraka *verliert im nsl. und sonst* v : sraka.

Ursprünglich anlautende vocale erhalten oft den vorschlag eines
v. *Dies ist notwendig bei* ę, у, ъ : vęzati *ligare aus* çzati. vyknąti
discere aus yknąti *für* ъknąti. vъ *aus* ъ *für* ą ; *ebenso*
vъtoryj *secundus aus* ъtoryj *für* ątoryj. vъšь *pediculus wird mit
lit. utis in verbindung gebracht und* v *demnach als vorschlag ange-
sehen* Geitler, *Lit. stud. 71. Ebenso soll* vъnukъ *nepos mit lit.* anu-
kas *zusammenhangen.* vąsъ *barba findet sich neben* ąsъ, vąza *und*

sъvąza *vinculum* neben ązа. vonja *odor kann das* v *nicht entbehren.*
Auch im lit. kömmt rŭga *für und neben* ŭga *vor Kurschatt 31.*
Vergl. seite 198.

v *ist aus* m *entstanden:* črъvь *vermis:* aind. *krmi. lit. kirmis.*
kambr. pryf. čislovъ *greg.-naz. 273. ist überraschend: vergl. den*
sg. instr. der a-*stämme auf* om, ov *im nsl. s.* vêrom, vêrov *2. seite*
211; ferner s. meredov *und* neredov *retis genus.*

In vielen *fällen verdankt* v *sein dasein dem bestreben der*
sprache den hiatus aufzuheben. prista-v-ъ. by-v-ati. pokrъ-v-enъ,
d. i. pokrv-enъ *aus* -krŭ-cnъ. brъvь, *d. i.* brvь, *aus* bhru-ь. pi-v-o.
Vergl. seite 187. Die lautfolge: vocal, v,* consonant wird durch*
metathese gemieden, daher kvasъ *aus* kavsъ *von* kŭs: kysnąti;
daher č. kvapiti *aus* kavpiti *von* kŭp : kypêti ; *daher auch*
sveklъ *beta aus griech.* σεῦτλον. *Über* lavra λαῦρα. kitovrasъ κένταυρος
vergl. seite 199.

Ἄγνω, ἐξαίφνης, ἐξάπινα, ἀθρόως *repente, subito wird durch ein*
wort übersetzt, das sehr verschiedene formen annimmt. Es lautet
vь nezapą *sav.-kn. 56. ostrom.* šiš. *33.* vъ nezapьvu šiš. *18.*
vъ nezaapą *zogr. assem. sup. sav.-kn. 134. ostrom.* vь nezaapu
šiš. *45.* vъnezaapъ *sup.* vь nezaapьvu *ant.* vъ nezajapą *ostrom.*
lam. 1. 25. vъ nezaêpą *slêpč. strum.* zajapljati sę *suspicari.* vь neza-
lьpu *luc. 2. 13; 21. 34-nic. aus* vь nezapьvu. *Dass das wort mit*
pъvati *sperare zusammenhängt, ist unzweifelhaft: es ist demnach die*
form auf - pъvą *zu grunde zu legen. Allein woher das doppelte* a,
aja? *Vielleicht, wie gemutmasst wurde, durch assimilation aus* au:
vъ ne zaupъvą.

9. IV. m *geht im inlaute vor consonanten mit dem vorhergehenden*
vocale in einen nasalen vocal über: daher dąti, dątъ, dąlъ *aus* domti,
domtъ, domlъ *usw. von* dom: dъmą *flare;* jęti, jętъ, jęlъ *aus* emti,
emtъ, emlъ *usw. von* em *prehendere.* komkati *wird genau* komъkati
geschrieben und ist das lat. communicare. tymьpanica *mladên. hängt*
mit griech. τύμπανον *zusammen. Im auslaute geht* m *mit vorhergehendem*
a *in* ą *über: daher sg. acc.* rybą; *daher die I. sg. praes.* vezą, *das*
auf einem ursprachlichen vaghāmi, *aind.* vahāmi, *beruht. Im pl. g. ist*
ursprüngliches ām *zuerst in* ą *und dieses in* ъ *übergegangen:* rabъ: pątij
ist pąti-j-ъ. *Das* ą *des sg. instr.* rybą, ryboją *setzt gleichfalls am*
voraus: die vermittlung dieses am mit formen der verwandten sprachen
ist zweifelhaft. Nach den anderen vocalen ist (vergl. seite 78. 101.
102. und über den pl. gen. Leskien, Die declination usw. 84) m
abgefallen, daher synъ, pątь, kostь, matere *aus* synъ-m, patь-m,

kostь-m, matere-m; *ebenso ist* m *geschwunden in* vedъ, vedohъ, vêsъ *duxi aus* vedъ-m, vedohъ-m, vêsъ-m.

Die w. svid im aind. sviditas geschmolzen, svēdanī eiserne platte, pfanne, lautet aslov. verschieden: svęd: p. swąd m. nsl. vôditi (meso). č. uditi. smęd: nsl. smôd m. Unnasaliert findet sich svid im aslov.* mêdь: *lit. svidu glänze. svidus glänzend. svidenu mache glänzend Szyrwid 59. 137. 272. svidiklas politur Geitler, Lit. stud. Wir dürfen demnach ansetzen svid.* svęd. vęd. smęd *und* mêdь. *Dagegen scheint im lit. viddus mitte altes m in v übergegangen, wie umgekehrt p.* malmazyja *für und neben* malwazyja.

Das mь, mi *des · sg. pl. instr. steht ursprünglichem bhi, bhis gegenüber. Auch das* m *von* tolьmi, tolьmê, tolьma *usw. ist aus bh hervorgegangen, während bh im sg. d.* tebê, sebê *als* b *erhalten ist.*

10. V. Der laut des f *ist den slavischen sprachen ursprünglich fremd; es hat daher selbst das glagolitische alphabet dafür ein dem griechischen* ϙ *nachgebildetes zeichen; auch die lettischen sprachen kennen den laut des* f *nicht.* f *erhält sich nicht selten in entlehnten worten:* afredomь *sg. i.* ἀϙεδρών. afredonъ *sg. n.* finikъ. gnafej. nefʼtalimIją *zogr.* farisej. filipъ. filosofъ *assem.* filosofisa *slêpč.* frążьskъ. dafinije. porьfira *lam. 110. 150. 164.* evьfimerije *sg. g.* ἐϙημερία. forь ϙόρος *nic.* dafinovo *misc.-šaf.* frugь. fružьskь *danil. 8. 110.* rofeja ῥομϙαία *misc.* prosfora πρoσϙορά *krmč.-mih. usw.* vlasfimisati *ostrom.* iosiflь *tichonr. 1. 192.* prosfura 2. 321. f *und* th *werden verwechselt, daher* o rybê thokê *op. 2. 3. 685.* omohorь *pat. steht für* omoforь. *Für* f *steht häufig* p *oder* v: *a)* kaijapa *lam. 1. 152.* kaiêpa ϰαϊάϙα. aльpeova τοῦ ἀλϙαίου. apendronь *nic.* osipь. filosopь *ant.* pilipъ; vlaspimija. eprêmь. parisêj. pilipь. paraonь. pênikь ϙoῖνιξ *glag. Man beachte noch* opica *simia:* ahd. affo; pila *serra:* ahd. fīla; pogača *panis genus: it.* focaccia; pênęgъ: ahd. phennïng; popъ: ahd. phafo; plavianь *prol.-vuk. Auch im lit. geht* f *in* p *über Kurschat 22. b)* vlasvimiê βλασϙημία *zogr.* vlasvimisati *assem.* mladên. prosvora πρoσϙορά *assem. sup. 398. 25.* prosvira *tichonr. 2. 193. 194.* vlasvimijati *izv. 6. 284.* vunьdь *fundus dial.* vlaskunь *flasco pat.-mih. Man merke* proskura *tichonr. 2. 307. für* πρoσϙορά. povora *gestatorium ist mit griech.* ἀπoϙορά *zu vergleichen. Man füge hinzu s.* rovito (rovito jaje): *griech.* ῥοϙητός *sorbilis. nsl.* vodêr *vas foenisecae: it.* fodero. f *hat sich, einmahl bekannt geworden, über seine grenzen hinaus verbreitet:* efifanij *pl. g. sav.-kn. 142.* farfiru *zogr.* faropsida πρoψίς. filatь *nic.* forьfira *lam. 1. 150.* fropitъ *cloz. I. 134.* funьskomu πovτίῳ *nic.* safožьnь *lam. 1. 160.* skorьfię *sav.-kn. 43.* skorьfiju *lam. 1. 163*

und sogar fišta τροφή *matth. 10. 10-nic.* fъfati, fъ0ją *blaesum esse
ist schallnachahmend.* volfy *lavr. 103. aus* volhvy.

Im s. und sonst entsteht f *manchmahl aus* hv: fala *aus* hvala.
Vergl. zeitschrift 23. 121. klr. kvartuna *aus* chvartuna *für* far-
tuna *Bezzenberger 74. 77.*

D. Die k-consonanten.

1. K *und* g *lauten im aslov. wie Brücke's* k^2 *und* g^2, *laute, die
an der grenze des harten und weichen gaumens articuliert werden,
nicht wie* k^1 *und* g^1, *die am harten gaumen ihre articulationsstelle
haben. Das aslov.* h *ist das aus* k^2 *entwickelte reibungsgeräusch, das
Brücke mit* χ^2 *bezeichnet Grundzüge 60. 64. Dass* k, g, h *nicht wie*
k^1, g^1, h^1 *lauteten, ergibt sich daraus, dass keiner von diesen conso-
nanten vor* i *und* e *stehen kann, und daraus, dass* k, g, h *in fremden
worten vor* i, e *und vor den mit* i, e *verwandten vocalen in* k̂, ĝ, ĥ
übergehen, die nach meiner ansicht wie k^1, g^1, h^1 *lauteten. Gegen das
vorhandensein der laute* k^3, g^3, h^3 *im aslov., deren articulationsstelle
am weichen gaumen ist, spricht der umstand, dass diese laute den
lebenden slavischen sprachen ganz und gar fremd sind.*

2. Die gruppen, in denen k, g, h *die erste stelle einnehmen, sind
teils solche, in denen an zweiter stelle ein consonant steht, teils solche,
in denen die zweite stelle ein vocal einnimmt.*

A. 1. krabij, krava; krada *rogus;* krovъ, kroiti; kropa *gutta;*
krъvь; krъkyga *camara;* krъma; krupa, kruhъ, krušька; kryti;
kragъ; krapъ *parvus;* krątъ, kremy, krivъ, krilo; križь *aus* krjužь
crux; krenąti, krêpъ, krêsъ *usw.,* grabiti; gradъ *murus, grando;*
graj, grobъ, groza, grozdъ, grъbъ, grъdъ; grъkъ *graecus;* gruda,
gryzą, grąbъ, grądь; grąstokъ *saevus;* grebень, grebą, griva,
greda, grędą, grêza, grêhъ *usw.,* hrabrъ, hrakati; hralupъ *cavus;*
hromъ; hrъzanъ *flagellum;* hrъtъ, hrąštь, hribъ, hristijaninъ *usw.*
klada, kladezь; klakъ *calx;* klobukъ, klokotъ, klopotъ; klъkъ
trama; klъcati *scopere;* kląbo, kląpь; klevrêtъ *conservus;* klepati,
kliknąti, klinъ; klęzь, sklęzь *numus: ahd. scilinc;* klętva, klêj,
klêtь, klêšta; kljuka *dolus;* kljunъ, kljusę *usw.;* glava, glavьnja,
glagolъ, globa, glota, gluma, gluhъ, glъbokъ, glъka, gląbokъ,
gleznъ, glina, ględati, glênъ *usw.,* hladъ, hlakъ, hlapъ, hlupati,
hlъmъ, hlądъ, hlębь, hlêbъ, hlêvina *usw.,* kňiga *neben* kъňiga,
knęzь *neben* kъnęzь: *ahd. kuning;* gnati *neben* gъnati, gnetą, gniti
und gnoj, gnusъ, gnьsь, gnêvъ, guézdo, gnêtiti; hąhnati.

II. K *füllt vor* t *in der wurzel aus:* plet *aus* plekt, *lat. plecto,*
ahd. flëhtan. letêti *volare: lit. lêkti, lêkiu, lett. lēkt.* pẹtyj *quintus:*
lit. penktas, pr. piencts, lett. pēkts. netopyrь *vespertilio scheint für*
nektopyrь *zu stehen und im ersten teile mit* noštь (noktь) *verwandt*
zu sein. k, g, h *gehen mit* t *des inf., des supin. und des suff.* tь *in*
št *über: daher die inf.* sêšti *secare,* mošti *posse,* vrêšti *triturare aus*
sêkti, mogti, vrêhti, *w.* sêk, mog, vrъh: vrêšti, *aslov. unbelegt,*
wird bestätigt durch s. vrijeći. *supin.* obleštь *decumbere ostrom. aus*
oblegtъ. peštь *fornax, woher* peštera *specus,* moštь *vis aus* pektь,
mogtь. malomoštь *f. aegrotus aus* mog-tь: malomoštiją *marc. 9.*
43-zogr. Ebenso entsteht št *in* noštь *nox:* noktь; dъšti *filia:* dъgti,
aind. duh-i-tr für dugh-i-tr, abaktr. dughdar, got. dauhtar-, armen.
dustr, lit. dukter-. veštь *res aus* vek-tь: *got. vaihti-, ahd. wiht ding.*
loštika *lactuca aus* loktjuka: *nsl.* ločičje. *s.* lоćikа. *č.* locika;
abweichend p. loczyga: *ahd. ladducha. lit. laktuka. lett. latukas. Die*
verwandlung des kt, gt, ht *in* št *ist wohl nicht durch ein folgendes*
i, ь *bedingt, wie das supin.* obleštь *(das andere allerdings durch*
die analogie des inf. erklären: ь *für* ъ *wegen* št) *zeigt. Da* kt *usw.*
dasselbe resultat ergibt wie tj, *so darf an die reihe* kt, jt *(vergl.*
fz. fait aus fact, nuit aus noct), tj *gedacht werden. Der glag.-kiov.,*
der c *an die stelle von* tj *treten lässt, verwandelt auch* kt *in* c:
pomоcь, pomосьją 535. 536. *für* pomoštь, pomoštьją. *Andere*
haben folgende wandlungen angenommen: č. pek-ti, pek-s-ti,
pe-s-ti, péci, *wodurch weder* péci *noch* pešti, pеći, pеči *erklärt*
werden kann. ktitorъ, *wofür auch* htitorъ, *ist griech.* κτήτωρ. *Wenn*
neben der I. sg. prijẹhъ *die II. dual.* prijẹsta, *die III. dual. so*
wie die II. pl. prijẹste *lauten, so ist* st *nicht etwa auf* ht *zurück-*
zuführen, vielmehr hangen diese formen mit dem alten aoristthema
prijẹs *zusammen.* kd *findet sich nur in* kde *für* kъde, hd *gar nicht;*
gd *kömmt vor in dem entlehnten* gdunije *aus* *kъdunije κυδώνιον
μῆλον, *s.* gunja, dunja, *č.* kdoule, gdoule, *p.* gdula, *im aslov.* gdê
für kъde *und in* kogda. hto, htêti *stehen manchmal statt* kъto,
hъtêti, hotêti.

III. Kp, kb, gp, gb, hp, hb *kennt die sprache nicht.* kv *findet*
sich in kvažnja *aus und neben* skvažnja *foramen: vergl.* skvozê.
kvasъ *aus w.* kys. kvati *caput movere aus* kŭ-ati: *vergl.* kyvati.
kvočiti *adulari. Das nsl. und s.* kvar *damnum ist wohl nicht das*
magy. kár. cvičati *grunnire.* cvilêti *flere.* cvisti *florere und* cvêtъ
flos zeigen im č. p. os. ns. k *im anlaute.* gv *finden wir in* gvozdь
clavus, silva, gvorъ *bulla, aquae;* zvizdati *sibilare,* zvêzda *stella*

bieten in den oben genannten sprachen h, g: *das letztere hat im lit.*
ž: *żwaigzdê, żvaizdê.* hv *gewahren wir in* hvala; hvatiti *prehendere
von w.* hyt; hvorovati *impendere;* hvostъ *cauda aus einer russ.
quelle;* hvrastije *neben* hrastije *sarmenta;* hvêjati sę *moveri aus
einer russ. quelle. Singulär ist* volfy lavr. 103. *aslov.* vlъhvy *von*
vlъhvъ. kыn *findet sich nur in dem entlehnten* kmetь *magnatum unus,
das vielleicht das lat. comes — comit — ist.* gm *kommt nicht vor:*
gъmъzati *repere lautet s.* gыnizati, gamizati. hm *findet sich nur in*
hmêlь *lupulus, magy. komló.* lysъ *in* vъzlysъ *kahl, eiy. eine blässe
habend, hat* k *vor* s *verloren: vergl. lit. laukas blässiy, eig. licht, lett.
lauka. Dasselbe ist eingetreten in* têsta *cucurrerunt aus* teksta *von*
tek; *in* rêhъ *dixi aus* rekhъ, reksъ *von* rek; *in* bêsę *fugerunt aus*
bêgsę; *in* vъžasę *aus* vъžegsę *und in* aнъtrasъ ἄνθρᾳξ *bus. 65;
vielleicht auch in* brysati *und* desьnъ. *Die gruppen* skn, zgn *bilssen*
k, g *ein:* blьsnati. lusnati. pisnati. tьsnati *von* blьsk. lusk. pisk.
tъsk; *p.* ślizną̀ć się *von* ślizg.

3. *B. Die gruppen, in denen an zweiter stelle ein vocal steht, sind
teils solche, vor deren vocal* k, g, h *unverändert bleiben, teils solche,
in denen sie in* c, z, s *oder in* č, ž, š *übergehen. Die veränderung
findet statt vor den a-vocalen* e, ь, ê *und vor den i-vocalen* i, ê, ь,
so wie vor den praejotierten vocalen, da j *aus* i *hervorgegangen ist.
Vor consonanten bleiben* k, g, h *in historischer zeit eben so unver-
ändert wie vor a, o, u, ъ, y und ą.*

Da jetzt k, g, h *in der verbindung mit* e *aus* ę *usw. unverändert
bleiben können, so muss in den sprachorganen der slavischen völker
eine veränderung eingetreten sein, und wenn der Serbe heutzutage* vuci
sagt, so ist ihm dies überliefert, da es ihm ebenso gut möglich ist
vuki *zu sprechen.*

4. *I.* k, g, h *vor* a, o, u, ъ, y, ą: korę, kъblъ, kurъ, kyvati,
kąsъ; gavranъ, gora, gъbežь, gumьno, gybêlь; halaga, hopiti,
hъtêti, hudъ, hyža, hądogъ.

5. *II. Vor den oben angeführten hellen vocalen erleiden* k, g, h
veränderungen und zwar in c, z, s *oder in* č, ž, š. ki *geht in* kji,
tji, tsi *über, daher* vlъtsi, *d. i.* vlъci; *ebenso verändert sich* gi *in*
dji, dzi, *daher* bodzi *aus* bogi: bodzi *verliert jedoch in den meisten
fällen sein* d, *daher* bozi. *Die veränderung des* h *besteht darin, dass
wegen des folgenden vocals* i *der aus der enge hervortretende luft-
strom gegen die zähne gerichtet ist, nicht gegen den gaumen, wodurch
eben das* s *entsteht:* grêsi *aus* grêhi. *Wir haben demnach* vlъci,
bozi *für und neben* bodzi, grêsi *für* vlъki, bogi, grêhi. *Eine andere*

veränderung von k, g, h *ist die in* č, ž, š, *die, wie es scheinen kann, die erstere zur voraussetzung hat. Wenn nämlich an* duhъ *ein* i *angefügt wird, entsteht nach dem gesagten* dusi, *und wenn nun an* dusi *noch* a *antritt, so entsteht* duša *aus* dusia, dusja, *da* sja *notwendig in* ša *übergeht; consequent entwickelt sich aus* alъcja- alъča *und aus* lъzja- lъža. *Diese ansicht lässt sich sprachgeschichtlich nicht rechtfertigen, indem* k *unmittelbar in* č *übergeht und ebenso* g *in* ž. *Der unterschied zwischen beiden reihen besteht darin, dass die verwandlung des* k *in* č, *des* g *in* ž *im allgemeinen älter ist als die in* c *und* z: *im einzelnen richtet sich die verwandlung nach dem vocal und* vlъče *ist nicht älter als* vlъci. *Die gründe für den satz, dass* č, ž *in* otročištъ, mąčiti, družina *älter sind als* c, z *in* otroci, pъci, druzi, *werden unten dargelegt.*

Es werden nun die veränderungen von k, g, h *dargelegt vor* i. ê. ъ. e. ę. je. ja. ju. *Diese veränderungen treten entweder in der stamm- und wortbildung oder im anlaut der wurzel ein: die verwandlungen der letzteren art sind alt und folgen teilweise anderen gesetzen.*

6. I. Vor i. *Vor* i *gehen* k, g, h *über entweder in* c, z, s *oder in* č, ž, š. *In* c, z, s *a) im pl. nom. der* ъ(a)-declination: raci, bozi, dusi *von* rakъ, bogъ, duhъ; krêpъci, blazi, susi *von* krê-pъkъ, blagъ, suhъ. *Hieher gehört* vlъsvi *von* vlъhvъ: *falsch ist* vlъsvomъ *für* vlъhvomъ. *b) In der 2. und 3. sg. des impt. der verba erster classe:* sêci, strizi, vrъsi *von* sêk, strig, vrъh; *in der 2. und 3. pl.* sêcête, strizête, vrъsête. *Die relative jugend dieser wandlungen ergibt sich daraus, dass sie nicht so consequent durchgeführt sind wie die in der stammbildung eintretenden:* r. peki 3. *seite 320. usw. In allen anderen fällen werden* k, g, h *vor* i *in* č, ž, š *verwandelt: vor den nom.-suff. und zwar 1) vor dem suff.* ijъ: otro-čij. čij *cuius von* kъ. pročij *reliquus von* prokъ. vražij. *2) vor dem suff.* ije, ъje: veličije. obušije. pristrašije. *3) vor dem suff.* ija, ъja: alъčija. *4) vor dem suff.* inъ: lučinъ. *5) vor dem suff.* ica: vladyčica. gorušica. mušica *von* vladyka. goruha. muha. lъžica *cochlear scheint auf* *lъga *zu beruhen. Dunkel ist* ižica stamen. *6) vor dem suff.* ina: mękъčina. paąčina. užina *caena von* ugъ, jugъ *auster, meridies, daher eig. mittagmahl.* družina. *7) vor dem suff.* itъ: naročitъ. očitъ. *8) vor dem suff.* itjъ: otročištъ. *9) vor dem comparativ-suff.* ijъs: tačij *deterior,* lъžij *levior,* lišij *uberior von* *takъ, lьgъ *in* lьgъkъ, lihъ *vergl. 2. seite 322. 10) vor dem suff.* ivъ: plêšivъ *calvus und* ivo: sêčivo *securis. Vor dem verbalsuff.* i, *das aus nomina verba bildet:* mąči, *inf.* mąčiti. lêči. lьgъči. moči. blaži. mъnoži.

služi. tąži. uboži. vlaži. suši. vrъši *usw. von* mąka. lêkъ. lьgъkъ *usw.*

k, g, h *gehen vor* i *in* c, z, s *über in jenen fällen, in denen* i
einem älteren ê *gegenübersteht, das wie ein hohes* é *lautete, ein laut,
vor welchem diese verwandlung von* k, g, h *allein begreiflich ist
vergl. 3. seite 7. 89. Für diesen laut des* ê *kann unter anderem der
umstand geltend gemacht werden, dass* ê *nach* j *in* i *übergeht: sg.*
loc. krai, *d. i.* kraji, *aus* krajê. *Neben* vъdrąžiti *infigere von* drągъ
findet sich minder genau vъdrąziti; vъnožiti *neben* vъnoziti, vъnu-
ziti *und* vъnъznąti *infigere ist wahrscheinlich durch die annahme
zu erklären, dass sich neben* noz- *auch* nog- *geltend machte. Wenn
aus* razląki, razląči-razląka *entsteht, so ist abfall von* i *anzu-
nehmen. Formen wie* mlъz *mulgere,* vcz *vehere usw. sind nicht wie*
strizi *auf slavischem boden entstanden. In den wurzelhaften bestand-
teilen findet sich* č, ž *usw. vor* i: *a)* činъ ordo. čirъ ulcus. čislo
numerus, das mit w.* čьt *zusammenhängt:* čьt-tlo. čisti *numerare aus*
čьt-ti. čistъ *purus, lit.* skīstas, *neben* cêstъ *in* cêstiti *purgare, lit.
skaistas.* čiti *in* počiti *requiescere: w.* ki, *aind.* kši *sich niederlassen
aus* ski. žica *filum, nervus.* židъkъ *succosus: man vergleicht mit unrecht
lit.* žindu, žįsti *saugen.* žila *vena, lit.* gīsla. žirъ *pascuum, wohl nicht lit.
gérus deliciae, sondern vom nachfolgenden oder vom iterat.* žira *vorare.*
živ *vivere, aind.* ǵīv. *lit.* gīv *in* gīvas, gīvata, gīventi. *lett.* dzīvs: žito
fructus ist vielleicht identisch mit pr. geits brot. židinъ, židovinъ *ist*
ἰουδαῖος: ž *ist, was sonst selten ist, aus* j *entstanden:* židinъ *steht für*
žudinъ. *b)* sracininъ *ist* σαραχηνός. zidati *condere beruht wahr-
scheinlich auf* zъdati *aus* sъdati. *Alt:* zi *ist mit* že *und* go *iden-
tisch.* zima *hiems. lit.* žěma, *aind.* hima *n. aus* ghima. *abaktr.* zima
m. zijati *hiare, lit.* žioti, *aind.* hā, ǵihītē *usw. c)* šiba *virga.* šiditi
irridere. šipъkъ *rosa, nsl.* ščipek. širokъ *latus.* šiška *galla usw.
Die personalendung der 2. sg.* ši *wird auf* hi *aus* si *zurückgeführt,
eine annahme, für die der umstand geltend gemacht werden kann,
dass das* s *von* si *zwischen vocalen in* h *und* š *übergeht, daher*
hvališi, dêlaješi, imaši *neben* dasi, jesi *aus* dadsi, jessi *usw., während
die formen wie* hvališi *usw.* hvalihi *usw. voraussetzen. Das auslau-
tende* i *hat man auf* ê *zurückgeführt, mit unrecht. Vergl. seite 134.*

7. II. Vor ê. *Vor* ê *werden* k, g, h *in* c, z, s *oder in* č, ž, š
verwandelt. In c, z, s *1) im sg. loc. der nomina auf* ъ(a), o, a:
racê, bozê, dusê *von* rakъ, bogъ, duhъ; krêpъcê, blazê, susê *von*
krêpъkъ, blagъ, suhъ; vêcê *von* vêko; rącê, nozê, snъsê *von* rąka,
noga, snъha *usw. 2) im dual. nom. der nom. auf* o, a: vêcê; rącê,
nozê, snъsê *von* vêko; rąka, noga, snъha. *Hieher gehören die adv.*

16

auf. ê, *daher auch* lьzê *in* lьzê jestъ *licet von* *lьgъ *für* lьgъkъ.
3) im pl. loc. der nomina auf ъ(a) *und auf* o: racêhъ, bozêhъ,
dusêhъ *von* rakъ, bogъ, duhъ *usw.* *4) im sg. instr., dual. dat. instr.,
pl. gen. loc. dat. instr. der pronom. declination:* tacêmь, tacêma,
tacêhъ, tacêmъ, tacêmi. *5) im impt. der verba erster classe mit
ausnahme der 2. und 3. sg.:* sêcête, strizête, vrъsête *von* sêk, strig,
vrъh. *Eine nur scheinbare abweichung bilden die impt. wie* plačate
flete, lъžate *mentimini aus* plakjête, lъgjête *neben den jüngeren formen*
plačite, lъžite, *die mit formen des sg. loc.* plači *aus* plakjê *über-
einstimmen: man vergl.* ištate *quaerite aus* iščjête *und* pojate *canite
aus* pojête. *In allen anderen fällen treten* č, ž, š *ein, nach denen*
a, d. i. *das ältere* ja, *für* ê *steht: 1) vor dem suff.* êj, jaj: obyčaj
consuetudo aus obykjaj. lęžaja *gallina von* lęg *für* leg, *eig. die
brütende.* brъžaj *fluentum beruht auf* *brъgъ *für* brъzъ. *Dunkel ist*
lišaj *lichen.* *2) vor dem comparativsuff.* êjъs, jajъs: krêpъčaj, mъno-
žaj, tišaj *von* krêpъkъ, mъnogъ, tihъ. *3) vor dem suff.* êlь, jalь:
mlъčalь *silentium.* pečalь *cura.* prążalь *offendiculum: vergl. das lit.
suff.* êlis *m.* êlê *f. mit abweichender bedeutung.* *4) vor dem suff.* ênъ,
janъ: pêsъčanъ *ex arena factus.* rožanъ *corneus.* snêžanъ *niveus.*
voštanъ *ceretus von* voskъ. moždanъ *medulla impletus, nsl.* mož-
džani, možgani *cerebrum, von* mozgъ. *5) im impf.:* tečaahъ, moža-
ahъ, vrъšaahъ *neben* pletêahъ, nesêahъ *usw.* *6) vor dem verbalsuff.*
ê, ja, *das aus wurzeln und nomina verba bildet:* buča, *inf.* bučati,
mugire. mlъča *tacere.* drъža *tenere.* slyša *audire und* omъzъča *odio
esse.* vъzblaža *bonum fieri.* vetъša *antiquari von* mrъzъkъ. blagъ.
vetъhъ. ubožati *entsteht aus* ubogjati, *nicht etwa aus* ubogьjati.
umnožati *multiplicari ist* umnogjati, umnožati *multiplicare, frequent.
von* umnožiti, *dagegen* umnožьjati. sьcati *mingere lässt ein aus* sьk
durch ê, ja *gebildetes verbum* sьčati *erwarten. Aus der w.* blъsk *entsteht*
blъstê *und* blъšta sę: *in jenem ist* sk *durch* sc (sts) *in* st, *in diesem
durch* šč (štš) *in* št *übergegangen. Der grund der verschiedenheit
zwischen* rącê *und* obyčaj *aus* obykjaj *ist nicht etwa verschiedene laut-
liche geltung des* ê *als ein hohes, dem* i *nahe kommendes* ć *und als* ja,
da ê *in* rącê *ursprünglich wohl auch* ja *war, als vielmehr die relative
jugend von* rącê, *eine ansicht, für welche man auf slovak.* ruke,
nohe, *auf nsl.* rôki, nogi, *auf* dъskê *der vita Quadrati hinweisen
darf. Wenn behauptet wird,* s *in* susê, tisê *sei nicht aus* h *hervor-
gegangen, sondern sei das ursprüngliche* s, *so ist dies unrichtig, da*
sušiti *aus* susiti *von* suhъ *siccus ebenso unbegreiflich ist wie* duše
von dusъ. *Die wurzelhaften bestandteile weisen* č, ž *usw. vor* ê, ja

in čavъka *monedula, lit. kovas.* čadь *f. fumus, das mit* kaditi
zusammenhängt. čajati, čakati *exspectare;* časъ *hora.* čarъ *incantatio:
lit. pakeréti.* čaša *poculum: in allen diesen füllen steht* ča *für* čja.
cê *neben* ča *mit* i *хаⁱ* το*.* cêditi *colare: vergl.. lit. skaidrus.* cêvь *in*
cêvьnica *lyra.* cêglъ *solus.* cêlъ *integer: pr.* kaila- *in* kailūstiskun
valetudo. cêna *pretium, lit.* kaina, *das nach* Mikuckij *im* Šavelskij
ujezd vorkömmt. cêpiti *findere.* cêsta *platea.* cêstiti, *lit. skaistinti,
neben* čistiti *purgare.* cêšta *praep. gratia.* cêsaŕь, *woraus* cьsaŕь *zap.
2. 2. 122. und r.* carь, *ist* хаⁱсар: *magy.* császár *begründet kein aslov.*
časaŕь: *daneben besteht* kesarъ. žaba *rana: vergl. pr.* gabawo *kröte.*
žadati *desiderare: vergl.* žьdati, *lit. geidu, geisti, lett. gaidu, gaidīt
exspectare.* žaliti, žalovati *lugere: lit. žêlavoti ist entlehnt.* žalь *sepul-
crum.* žalь *ripa: vergl. alb. zâl-i sand, rinnsal eines winterbaches.*
žarъ *in* požarъ *incendium: lit. žêrêti.* žasiti *terrere: got. usgeisnan,
usgaisjan: befremdend ist wr. has terror.* zêlъ *vehemens, lit. gailus.*
zênica *pupilla, wohl von* zêna: *w.* zê, *r.* pozêtь *spectare. Man
merke* cêpiti *neben* r. raskêpiti: *kostь ne bjaše prelomila sja prêki,
no podlê raskêpila sja bjaše izv. 674.*

8. *III. Vor* ь. *Auslautendes* ь *ist entweder ursprüngliches i oder
ia, aus dem sich slavisches* jъ *entwickelte.*

a) *Vor* ь *aus* i *steht* č, ž, š *für* k, g, h: bъšь *in* bъšijǫ *neben*
bъhъ *in* bъhъma *omnino.* lъžь *mendacium: w.* lъg. močь *urina:
w.* mok. myšь *mus setzt* myhь *voraus: vergl. lat. mūs, mūrium.*
oblišь *abundantia:* lihъ. obrъšь *pars superior:* vrъhъ. opašь *cauda:
w.* pah. ozračь, ozrъčь *aspectus: w.* zrъk. plêšь *calvitium: č.* plchý.
rêčь *verbum: iterativum* rêka *von w.* rck. rъžь *secale: lit. rugiei.*
sušь *siccitas:* suhъ. sьčь *urina: w.* sьk *in* sьcati. tьčь *in* tьčijǫ
solum. vetъšь *res antiquae:* vetъhъ. vrъšь *frumentum: w.* vrъh *tri-
turare.* žlъčь *bilis: w.* gelk. *Die angeführten worte sind subst. gen.
fem. Hieher gehören auch die adv. auf* ь: rǫčь *manibus aus* rǫka-i;
die indeclinablen adj. različь *diversus:* liko. sǫvražь *inimicus:* vragъ.
srêdovêčь *qui mediae est aetatis:* vêkъ. *Auch vor* ь *für ia,* jъ *steht* č,
ž, š: alъčь *fames: w.* alъk. dračь *saliunca: w.* drak, *vergl. bulg.*
drakъ *virgulta.* inorožь *monocerotis:* inorogъ. ježь *erinaceus, griech.*
ἐχῖνος, *lit. ežīs, ist wahrscheinlich* jezjъ. kličь *clamor: w.* klik. ključь
clavis: w. kljuk. lъžь *mendax: w.* lъg. obrǫčь *armilla:* rǫka, *pol.*
obręcz *f.* otročь *adj. pueri:* otrokъ. plačь *fletus: w.* plak. stražь
custos: w. sterg. ženišь *adj. sponsi:* ženihъ. *Hieher gehört
auch* mǫžь *vir; das entlehnte* mьčь *ensis, got. mēkja- usw.;* križь
crux beruht auf dem ahd. chriuze. *jedinačь *in* jedinače *pariter*

neben jedinakъ. č, ž, š *finden sich auch in suffixen:* bičь. igračь.
rągočь. vrьkočь. kolačь; *wohl auch* gradežь *saepes, dessen suff.* ежь
vielleicht im lit. agis *aus* agjas *in* melagis *lügner sein vorbild hat usw.*
Dunkel ist svêžь *recens aus r. quellen: r.* svêžъ. *č.* svěží. *p.* świcży:
lit. svěžias *ist entlehnt. Im inlaut ist* ь *regelmässig ursprüngliches* i,
vor welchem č, ž, š *steht:* strьšьlъ *crabro.* kašьlь *tussis: w.* kah,
lit. kos, *aind.* kās. гažьnъ *vallus neben* гаždьnъ *stimulus, fuscina:*
vergl. razga *neben* rozga *virga.* mlêčьnъ. dlъžьnъ. rążьnъ. vlažьnъ.
gorušьnъ. grêšьnъ. strašьnъ; *daher auch* trъžьnikъ. brašьno *cibus*
setzt brah- *aus* borh- *voraus: vergl. umbr.* farsio *speltkuchen Fick*
2. 418. *In* vlъšvьnъ *hindert* v *die wirkung des* ь *nicht.* vladyčьñь.
prêizlišьñь. blizočьstvo. množьstvo. vlъšьstvije *aus* vlъšvьstvije.
ženišьstvo. *aus* bêžьstvo *fuga wird* bêstvo *zogr. sav.-kn.* 76: *selten*
ist bêjstvo. vražьda. alъčьba: *w.* alъk. hlačьba: hlakъ. lêčьba: lêči.
vlъšьba *für* vlъšvьba. skačьkъ *locusta:* skaka. družьka. tęžьkъ,
žežьkъ *bestehen neben* tęgъkъ, žegъkъ *aus den* u-*themen:* tęgъ,
žegъ. brъčьhъ πλόχαμος: *s.* brk. hlêboрečьсь. sąčьсь. krъčažьсь.
mêšьсь *pera.* grъčьskъ. mnišьskъ. *Man merke* nedążьlivъ. oslušь-
livъ. strašьlivъ *neben* strahlivъ; skrъžьtati *frendere neben* skrъgъ-
tati. *Dunkel ist* krъčьma *caupona, ursprünglich wohl poculum: vergl.*
nhd. krug: *č.* kerzma *scyphus in einer handschrift des* XIV. *jahr-*
hunderts. Dass vor ь *für* i *nur* č-*laute vorkommen, hat darin seinen*
grund, dass ь *für* i *durchgängig der stammbildung und die formen*
der älteren lautschicht angehören.

b) Vor ь *aus* jъ *gehen* k, g *in* c, z *über. Es sind durchweg*
jüngere formen: boгьсь *pugnator.* vênьсь *sertum.* junьсь *taurus von*
junъ: *lit.* jaunikis *sponsus von jaunas.* otьсь *pater von* *otъ *in*
otьñь: *aind.* attā. *griech.* άττα. *Man füge hinzu* sicь *neben* sikъ *talis.*
Die veränderung des gjъ *in* zь *für* zjъ *findet in mehreren aus dem*
deutschen entlehnten wörtern auf ing *statt:* kladęzь *puteus scheint*
ein got. kaldigga- *von* kalda- *vorauszusetzen: vergl. nsl.* studenec:
eine andere form ist kladenьсь. kъnęzь *neben* kъnęgъ *princeps:*
ahd. chuning, *vergl. got.* kunja- *geschlecht: andere denken an* konati.
pênęzь *neben* pênęgъ *denarius: ahd.* phenning. *pr. pl. acc.* pennin-
gans. useręzь *neben* useręgъ *inauris beruht auf einem got.* *ausahrigga-
ohrring. vitęzь *miles: vergl. den namen* vittingui *bei Trebellius Pollio*
und der withingi *(*wikingi*) bei Adam Bremensis. Abweichend ist*
aslov. gobьzъ *abundans aus got.* gabiga-, gabeiga-. *Dunkel ist* *retęzь,
klr. retaz, *č.* řetěz, *p.* rzeciądz, wrzeciądz *usw. lit.* rêtêžis. *Diese*
themen werden in der stammbildung den auf g *auslautenden themen*

gleichgestellt: kъnęžьskъ. kladęžьnъ *neben* kladęzьnъ. pênęžьnikъ.
vitežьstvo. *Das russische bewahrt das g der worte auf ing:* kolbjagъ
bus. 395. korljagъ: rimljane, nêmьci, korljazi *karolinger nest.* 2.
varjagъ βάραγγος. *In dem wurzelhaften teile der worte finden wir* č,
ž, š *in* čь: začь *cur.* čьto *quid: aind. ki.* čьtą, čisti *numerare:*
aind. čit, kit. - čьną, - čęti *incipere: vergl.* konь *in* iskoni *ab initio.*
žьvati, žьvą *und* žują *mandere: ahd. chiuwan.* žьdati *exspectare*
neben goditi: *lit. geidu. lett. gaidu. ahd. kit geiz.* žьzlъ, *richtig*
žezlъ, *virga: lit. žagarai dürre reiser. lett. žagars: lett. zizls ist*
entlehnt. žьmą, žęti *comprimere: man vergleicht aind. ǵūmi verwandt.*
žьnją, žęti *demetere: lit. genêti die äste behauen.* zьdati *aedificare,*
womit lit. žêdu bilde, forme zusammengestellt wird. šьd *ire aus* hed,
hьd: *vergl.* hodъ, *aind. sad mit dem praefix ā herzugehen.* рьсьlъ,
wofür auch pьklъ, *wird als* pьkjülъ *gedeutet.* kосьlъ *neben* kоcelъ
ist ahd. hezil.

. *Man hat behauptet,* plačь *sei aus* plak *nicht durch das suff.*
jъ *(ia), sondern durch das suff.* ь *(i) hervorgegangen, und hat dafür*
jene casus der subst. wie plačь *geltend gemacht, die mit den casus*
der i-declination übereinstimmen, wie pl. nom. stražije, *pl. gen.* vračej
aus vračij, *pl. acc.* mąži *sup.* 55. 5. *(viždą* vy mąži rastomъ dobry)
usw., so wie den satz aufgestellt, die i-declination gehe wohl in der
ъ(a)-*declination unter, nicht aber umgekehrt jene in dieser. Was nun*
diesen satz anlangt, so halte ich ihn für unrichtig und berufe mich,
da die i- und die u-declination in dieselbe kategorie gehören, auf jene
casus der ъ(a)-*declination, die nach der* ъ(u)-*declination gebildet sind,*
wie pl. nom. dvorove, straževe, *sg. voc.* mąžu *usw. Vergl.* 3. *seite*
19. 33. *Wenn man die subst. auf* teľь *zur i-declination rechnet und*
sich dabei auf lat. auctoribus beruft, so ist dies 'ein *irrtum, da das*
suff. teľь *nicht dem lat. suff. tor, sondern dem suff. tor-iu- entspricht,*
abgesehen davon, dass auctoribus nicht zur i-declination gehört.

9. *IV. Vor* e. *Vor* e *geht* k, g, h, *selbst in jüngeren formen, in*
č, ž, š *über* 1. *Im sg. voc. der nom. masc. auf* ъ *(a):* vlъče, rože,
pastuše *von* vlъkъ, rogъ, pastuhъ: *so auch* vlъševe *von* vlъhvъ.
2. *Vor dem* e *der verbalflexion, es mag* e *der thematische vocal*
oder ein bindevocal sein: praes. rečeši, možeši, vrъšeši; *aor.* reče,
može, vrъše *aus* rečet, možet, vrъšet; *impf.* bêše *erat aus* bêšet.
bêašeta, bêašete *aus* bêahete *usw.* rečenъ, moženъ, vrъšenъ *von*
rek, mog, vrъh. pьšeno *von* pьh *aus* pïs. 3. *Vor dem* e *des suff.*
es: očes, ižes, ušes, *daher die sg. gen.* očese, ižese, ušese *usw.*
Der sg. nom. fehlt, denn oko, igo, *got.* juka-, uho, *got.* ausan-,

gehören zu den gen. oka, iga, uha. *Der sg. gen.* ličose *gehört weder
zum nom.* *liko *in* dlъgolikъ, *noch zu* lice, *gen.* lica, *dessen ce aus*
kje *so entstanden ist wie* zь *in* kъnęzjъ *aus* gjъ. čelesьnъ *praeci-
puus führt auf ein mit* čelo *frons verwandtes* thema čeles. *Das aus*
ložesno *uterus erschlossene thema* ložes *lautet im sg. nom.* lože:
dieses ist im aslov. der einzige regelrecht aus einem thema auf s *sich
ergebende sg. nom. seite 73.* nsl. *besteht* olé, *sg. gen.* olésa *ulcus.
Vergl. 2. seite 320. Die sg. nom. der thema* očes, ižes, ušes, ličes, čeles
*sind ebenso wenig vorhanden als die sg. nom. der aus dem dual. sich
ergebenden themen* očь, ušь *f., die sich lit. finden:* aki, ausi. *In
mehreren anderen suffixen:* večerъ, *lit.* vakaras; stežerъ, *lit. stege-
rъs;* mьšelъ *aus* mьhelъ: *aind.* miša *betrug;* srъšenь, strъšenь;
krečetъ: kovčegъ *ist dunkel. Im wurzelhaften teile der wörter:*
bъčela *apis, die summende: w.* bъk; čeljadь *familia soll mit* čelo
zusammenhangen und eig. capita bedeuten: jadь *ist wohl suffix;* čelo
frons, das nicht mit aind. śiras *caput verwandt ist: vergl. lett. kjēlis;*
čemerъ *venenum, lit.* kemeras, *ahd.* hemera; čerênь *tripus, richtig
wohl* črênъ; česati *pectere: lit.* kasu *grabe;* četa *agmen, das nicht
mit aind. čit zu vergleichen;* četyrije *quattuor;* čeznąti *deficere steht
mit* kaziti *in zusammenhang;* žegъzulja *cuculus, wr.* žažula, *lit.* gege,
lett. dzeguze; želêti *lugere, cupere:* žēlavoti *ist poln.;* želъvь *testudo:
gr.* χέλυς: zelъvь *soll älter sein;* žena *mulier: pr.* genno, ganna; ženą
ago, inf. gъnati, *neben* gonъ, gonją, goniti *wird mit aind.* han
(ghan) *schlagen, abaktr.* ǵan, *lit.* genu *kappe, nach Szyrwid auch
schlage, lett.* dzenu *treibe in verbindung gebracht;* žeravije *car-
bones;* žestъ, žestokъ *durus;* žezlъ *virga.* zelenъ *viridis, lit.* žalias.
zelije *olera.* zemlja *terra: lit.* žemê. cerъ *terebinthus, eig. zereiche,
ist entlehnt. Das gleiche gilt vom r.* žemčugъ, žemčjugъ *gemma, eig.
margarita, das an griech.* ζάμυξ, ζάμβυξ *erinnert Pott 2. 1. 811:
lit.* žemčiugas *ist slav. In* želądь, želądъkъ, zelêdьba, zelêzo,
žeravь *ist e zwischen* ž, l *und* ž, r *eingeschaltet.* žegą *uro wird mit
lit.* degu *und mit aind. dah (dagh) zusammengestellt, mit unrecht:
auf* raždegą *für* razžegą *darf man sich nicht berufen, da* zž (ždž) *unter
allen umständen* žd *werden kann.* dj *würde* s. gj; č. z; p. dz
ergeben: s. žditi *IV. entspringt aus* žž, žьž. *r.* žludi *hat sich des e
wieder entledigt. Das suff.* ište *ist aus* isko-ije *entstanden. Vergl.
2. seite 274.* ьce *aus* ькje *314.* že *ẻẻ vero:* iže *qui, eig. ille vero,*
ὅγε, *daher urspr. nicht reflexiv. Neben* že *besteht* go: negъli, nekъli
aus negoli: *aind.* gha, ha, *griech. abweichend* γε. *Mit* že, go *den
ursprung teilend, ist* zi *davon im gebrauche einigermassen verschieden:*

onъzì, вьzì *ille, hic, wobei* zi *nur eine hervorhebende wirkung äussert.
lit. gi: kur gi? wo denn? dŭki gi gib doch.* aind. *ghi, hi. abaktr.
zī denn, also. armen. zi. z in* zi *ist nicht auf slavischem boden ent-
standen.*

Der durch folgendes e hervorgerufene consonant erhält sich auch
dann, wenn durch eine metathese auf denselben r oder l folgt: črênъ,
člênъ *aus* černъ, čelnъ *usw.* žlêdą *aus* želdą, *das nach Bezzen-
berger, Beiträge zur kunde usw. 59, auf einem europ. ghal beruht.*

Die wandlung des kе in čе *ist zwar urslavisch; es sind jedoch
manche* kе *von der lautlichen umwälzung nicht ergriffen worden, die
sich bis heute nachweisen lassen. So besteht* nsl. krez *neben* črez *für*
krêz *und* črêz: *jenes beruht auf* kerz, *dieses auf* čerz. *nsl.* krêpa
ubit lonec *tolm. neben* črêp. *klr. gilt* kerez *neben* čerez. grъlo *hat
urslavisch* gerdlo *gelautet, das im* č. hřidlo (gerdlo, grêdlo) *erhalten
ist und das man nicht aus* žřidlo (žerdlo) *entstehen lassen kann; so ist
auch* č. hřibě *zu erklären, nämlich aus* gerbę; *č.* hliza, hláza, *neben
dem* žláza, *beruht auf* gelza; *ebenso entspringt* aslov. krъtъ *talpa aus*
kertъ; *krъtъ: *s.* krt *spröde entsteht wohl aus* kertъ: *got. hardu.
griech.* χρατύς. *Ich glaube ferner als thema für* gaga *in* izgaga
πύρωσις, *für* gasiti *exstingere und für* kaziti *corrumpere die formen*
geg, ges *und* kez *ansetzen zu sollen, von denen die erste als* žeg *I,
die letzte als* čez *II. vorkömmt. nsl.* žrêbelj *nagel und* č. hřeb *sind
wohl mit ahd.* grebil *zusammenzustellen.*

10. V. *Vor* ę: *vor* ę *gehen* k, g, h *in* č, ž, š *über:* 1. *vor dem
suff.* ent, ęt: otročę *puer:* otrokъ. mьštę *mulus für* mьščę: mьskъ
aus mьzgъ. 2. *Vor dem* ęt *der 3. pl. aor.:* bišę, dašę, ješę *aus*
bihęt, dahęt, jǫhęt, *d. i.* bihent *usw. Aus einem thema* bis *müsste
sich notwendig* bisę *ergeben, wie* ję sę *aus* jęs *von* ein; *dagegen* bêhą
erant aus bêhont. *Abweichend sind die partic. praes. act.* pekę,
tlъkę, mogę, strъgę *custodiens,* vrъhę *triturans, die auf* peką,
tlъką *usw. beruhen. Vergl. 3. seite 95.* pekę, mogę *können wohl
nicht durch* peką, mogą *erklärt werden, eher durch die annahme,
dass in dergleichen worten* ę *nicht vollkommen so wie in* otročę
*gelautet habe: im nsl. usw. ist dergleichen häufig. In den wurzel-
haften teilen findet man* č, ž *und* c, z: čędo *infans: vergl. deutsch*
kind. čęstъ *densus.* čęstь *pars: vergl. aind. čhid, abaktr. sčid (sčin-
dajĕiti) spalten, das* štęstь *erwarten lässt. -čęti aus -čenti, -čьną inci-
pere.* žędati *sitire: vergl. lit.* gend *in* pasigendu desiderare. žęlo,
p. žądło *stimulus, hängt mit lit.* gilti *stechen.* gelŭ, gelonis, gilis. lett.
dzelt, *zelt nicht zusammen:* žęlo *kann mit nsl.* žalec *nur durch die*

annahme vermittelt werden, es sei en *einer* w. gen (*vergl.* ženą) *in* ę
und in ê *übergegangen: lit. gin-klas.* žęti *aus* žemti, žьną *comprimere.*
žęti *aus* ženti, žьnją *demetere: vergl. lit. genêti.* šęga *iocus.* šętati sę
fremere. Dagegen cętъ *numus, got. kintu-.* zębą *dilacero, woher* ząbъ
dens, womit lit. žaboti *verglichen wird.* zębnąti *germinare: lit.* žembêti.
zętь *gener: lit.* žentas *gener neben gentis cognatus, affinis.*

11. VI. *Vor* je *findet man* c *in dem deminutivsuff.* ьce: vinьce:
vino. slъnьce: *slъno. srъdьce: *srъdo. ьce *ist die neutralform
von* ьcь *m.* ьca *f., lit. ikja, ikê.* lice *facies ist aus* lik *entstanden:*
c *beweist die jugend dieser formen. Man beachte den sg. voc.*
otьče *von* otьcь. aže *beruht wohl auf* w. cg: agcs *seite 268.* ložcs
auf loges. *Die comparative* pače. lьže, lišc *setzen* pakjc. lьgje. lihje
voraus. lъžeši *mentiris ist* lъgjcši.

12. VII. *Vor* ja *gehen* k, g, h *in* č, ž, š, *in jüngeren bildungen in*
c, z, s *über.* alъča *fames: w.* alъk. luča *radius: aind. w. ruč. lit.*
lukêti (aussehen nach), warten. moča *palus: w.* mok. pritъča *parabola, kroat.* pritač: *w.* tъk. sêča *caedes: w.* sêk. smrêča *cedrus.*
tąča *pluvia.* vodotcča *canalis: w.* tek. noriča (noriča, iže sutь
slovêni *izv. 670) aus* *norikъ νωρικός *ist ein collectivum durch* ja.
Dunkel ist pečatь *sigillum: man denkt an* pek-jatь. luža *palus: lit.*
lugas. lъža *mendacium: w.* lъg, *got. lug, liugan.* mrêža *rete ist
dunkel.* osteža *chlamys: w.* steg. vclьmoža *optimatum quidam: w.*
mog. duša: *w.* dъh: *vergl. das entsprechende lit. dvasê.* junoša
iuvenis: *junohъ, č. jinoch. suša *siccitas:* suhъ. *Neben* suša *besteht*
sušь, *beide aus* suhъ, *jencs durch* ja, *dieses durch* ь *gcbildet: dagegen
ist bemerkt worden,* suša *sei aus* sušь *durch erweiterung mittelst des*
a *hervorgegangen, daher* sušьa, suša; *eben so soll* straža *aus* stražь
*entstanden sein: die ansicht halte ich für unbeweisbar und was dafür
angeführt wird, dass* stragja *nur* straza *ergeben könntc, für unrichtig.*
vênьčati *beruht auf* vênьkjati: vênьčê *zogr. kr.* branča *mar. ist
lat. branchia;* čaval *wahrscheinlich it.* chiavo. ca *aus* kja *findet sich
in dem häufig vorkommenden suff.* ica: bolьnica *mulier aegrota.*
gorьnica *editior domus locus.* junica *puella: vergl. lit. jaunikê aus
jaunikja; ferner in dem primären suff.* ca: jadьca φάγος *vergl. 2.
seite 315. Neben* bolьnica *wurde eine masculinform* bolьnicь *vorausgesetzt, eine voraussetzung, die nicht nur entbehrlich, sondern sogar
unrichtig ist, da die masculinform nur* *bolьnikъ *lautet.* za *aus* gja
kommt vor in jęza *morbus, nsl.* jeza *ira: lett. w.* ig: idzu, igstu
schmerz haben, verdriesslich sein. īdzinät (*ing*) *verdriesslich machen.*
polьza *utilitas, r.* polьga: *w.* lьg *in* *lьgъ, lьgъkъ. stьza *semita:*

w. stьg, stignąti. *Verschieden sind* riza *vestis*, slъza *lacrima, daher*
sg. gen. jęzę *und* rizy, slъzy *usw.*

Wenn *aus verben der ersten oder zweiten classe verba itera-*
tiva gebildet werden, so geschieht dies durch das suffix a, *vor welchem*
k, g, h *meist in* c, z, s *übergehen, ein übergang, den man durch die*
annahme erklärt, a *sei ursprüngliches* ja: *daher* sъtęzati *aus* sъtęg-
jati. *Dafür spräche p.* żwierciadło, *daher* aslov. *zrъcjati. zrьcêlo
bus. 156. Die annahme wird dadurch bedenklich, dass sonst nur
a *als iterativsuffix auftritt. Vergl. 2. seite 455.* bręcati. gracati
neben grakati: *s.* graknuti. klicati. lęcati. męcati. mlьcati. mrъcati
neben mrъkati. nicati. ricati *neben* rêkati. sêcati *neben* sêkati.
sęcati. smrъcati. strizati. ticati, têcati *neben* têkati. tlъcati. tycati:
pritycati, pritucati comparare. vycati. drъzati: sъdrъzati *horrere.*
dvizati. mizati. pręzati: strêlami oprezahomь *men.-mih. 260.* sęzati.
stizati. strъzati *radere.* tęzati *neben* tęgati. trъzati, trêzati *neben*
trъgati. vrъzati *iacere misc.-šaf.* zгъcati: prozгъcati *providere.* zvę-
cati. żizati *neben* żigati, żagati. nasmisati sę *neben* nasmihati sę
und nasmêhati sę. *Vergl. č.* míchati *und aslov.* mêsiti; *aslov.* bliscati
neben blistati *aus* blьsk. *Vergl. 2. seite 456. nsl.* scati, *aslov.*
sьcati, *wofür klr.* scaty, ssaty *und* scety *verch. 68, ist ein verbum*
III, daher nsl. ščim, *es ist wie* sъpati *zu beurteilen: w.* sьk.

Der *unterschied zwischen* sъgrêšati *und* polagati *beruht darauf,*
dass jenes aus sъgrêhia, *dieses aus* polog(i)a *hervorgegangen ist. Vergl.*
meine abhandlung ,Über die steigerung und dehnung der vocale in
den slavischen sprachen'. Denkschriften, Band XXVIII. 89.

13. VIII. Vor ju. *Vor* u *für* ju *stehen* č-consonanten: žują, žьvati
mandere aus gjują: *vergl. ahd.* chiwan, chiuwan. župište, žjupilište,
sepulcrum, cumulus. žuželica, žjužclь *insectum: nsl.* žužek. *s.* žižak.
lit. žižêti. šuga *scabies: b.* šjugъ, *s.* šuga *usw. Vergl.* ošajati sę *mit*
ohati sę *izv. 578. abstinere. Unenträtselt ist das weit verbreitete und*
historisch wichtige župa χώρα *regio. nsl.* župa *gemeindecongress Wochein.*
kroat. župa *familia luč. s.* župa (budimьskaja. budimlьskaja. rasinь-
skaja. rašьskaja *danil. 25. 115. 170. 293.* ili u gradu ili u župê
chrys.-duš.) župa *pagi sub curatore mik. regio, paroecia, populus stul.*
ar. župa *für* selenie: *davon* županъ. *mgriech.* ζουπάνος. *mlat. zupanus,*
jupanus regionis praefectus. iopan. hispanus. županъ krьčьmьničьskь
qui super caupones erat constitutus. nsl. župan *dorfrichter.* županja
f. rib. žъpanja *und* špaja. *b.* žjupani *šaf. ok. 23. s.* župan *villicus*
mik. r. županъ *Karamzins I. 76. nota 170. pr.* supûni. *lit. zuponê*
hausfrau. Hieher gehört auch magy. serb. türk. išpan, *nsl.* špan : *daher*

rumun. žупъn *dominus. mhd. sōpān adelicher herr. suppan Haltaus 1596. barones et suppani urk. 1189. bei Kosegarten 1. 156. nsl. die Tragomer sup in einer urk. 1625. Mitteilungen 1863. 38. bair. gespan, gespanschaft Schmeller.*

14. IX. č, ž *so wie* c, z *stehen vor den consonanten* r, l *im* aslov., nsl., b., kr., s. *und* č.: *dies beruht darauf, dass in den genannten sprachen die lautverbindungen* tert, telt *in* тrъt, тlъt, *das ist* trt, tlt, *und in* trêt, tlêt *übergangen sind, und dass sich auch nach diesem übergange* č, ž *und* c, z *erhalten haben:* 1) cръky *aus* kerky, cerky, *nicht* čerky, ahd. chirihhā, *doch* b. čръkvъ; kr. *besteht* crêkva, *jetzt* crikva. nsl. cvrknôti *ist vielleicht wie* cviliti *zu erklären, während* aslov. cръknąti *pipire neben* kръknąti *besteht. Das* z *von* zръcalo *speculum und* zръno *aus* zercalo *und* zerno *ist wie* z *in* vezą *veho zu beurteilen, worüber weiter unten. Für aslov.* zlъva *bietet p.* želwica. čръnъ. čръstvъ. čръta. čрътogъ. čрътъ. čръvъ *setzen mit* kc *anlautende formen voraus. Dasselbe gilt von* čръmiga, črъpati, *wofür auch* črêmiga, črêpati *vorkömmt.* štръbina *beruht auf* skerb-, ščerb-. člъnъ *entsteht aus* čclnъ. *Mit* s. čvrljak *vergleiche man* ccvrljuga. *Wie* čръnъ *ist* žръdь, lit. žardas *holzgerüst.* žръlo. žръlъ. žръny *und* žlъčь *neben* zlъčъ. žlъdêti. žlъna. žlъtъ. žlъvij *zu erklären. as.* kръvašь *ist Gervasius. kr.* crsat, trsat *ist tersacte.* krk *curictae, name der insel Veglia.* žely *ulcus würde im sg. g. wohl* žlъvc *aus* želve *lauten. nsl.* žvrgolêti *zwitschern ist abweichend.* šlъkъ *ist aus russ.* ščlkъ *slovenisiert: vergl. seite 29.* grъlo *beruht auf* gerlo, žrêlo *auf* žerlo: grъlo *ist die ältere form, die auf* gorlo *deswegen nicht zurückgeführt werden darf, weil aus diesem* gralo *entstehen würde. Aslov. existiert* žlêsti *neben* žlasti *wie* tetrêvъ *neben* tetravъ, *wie* žeravъ *aus einem älteren* žerêvъ, žrêvъ *entstand;* žlêd *beruht auf* geld, *es mag dieses sonst unbekannte wort entlehnt sein oder nicht.* 2) zrêti, zrą, aslov. zьrêti, zьrją, *spectare aus* zerti: *vergl.* zръcalo *und* zръno. črêda *aus* kerda, čerda: *wie* črêda *sind entstanden* črêmušь. črêmъsa. črênъ. črêръ. črêsla pl. črêslo. črêsti. črêsъ. črêšnja. črêti *aus* čerti, čerpti. *črêtъ.* črêvij. črêvo. žlêbъ. žlêdą. žlêdica. žlêza. želêzo *aus* žlêzo. žrêbъ. žrêbij. žrêda, *das wohl mit* žръдь *zusammenhängt.* žrêlo. žrêti *vorare.* žrêti *sacrificare: vergl. lit. girti rühmen. garbê ehre usw.* slêmъ *aus* ščlmъ *vergl. seite 29. 31.* zlato *entsteht aus* zol-to, *dessen* zol *aus* zel *durch steigerung des* e *zu* o *erwachsen ist. Abweichend ist nsl.* s. čvrčati *zirpen. nsl.* čмrkati *muttire. Das* s. *ersetzt* čr *durch* cr: cръnorizьcь. cръvenъ *lam. 1. 23. 26. sind daher* s.

15. k wird namentlich in entlehnten worten manchmahl durch g ersetzt. So liest man neben jeretikъ αἱρετικός, jeretici *nicht selten* jeretigъ: jeretigь *lam. 1. 21.* jeretizy *1. 24. 26. für* jeretizi. jeretižica αἱρετική *prol.-rad.* zlatigъ: zlatigь *lam. 1. 31. für* zlatikъ. glistirь *misc.-šaf. 162:* κλυστήριον. *Selbst in slavischen worten findet man diese veränderung:* gniga *strum. für* kniga. gnida *niss steht für* knida: *griech.* κονίδ, κονίς *aus* κνιδ. *ags.* hnitu. *ahd.* niz *aus* hniz.

gnêtiti *accendere wird mit pr.* knaistis *titio und mit ahd.* gneisto *funke zusammengestellt.* gnêzdo *nidus wird von manchen von den gleichbedeutenden worten der verwandten sprachen getrennt.* t *in* gnetą *depso passt nicht zum* t *im ahd.* knetan.

16′. Oben wurde gesagt, dass bozi *aus* bodzi *und dieses aus* bogi *hervorgegangen ist, wie sich* raci, *d. i.* ratsi, *aus* raki *entwickelt habe.* bozi *bildet die fast ausschliessliche regel der jüngeren denkmähler, während die älteren* bodzi *neben* bozi *desto häufiger bieten, je älter sie sind. Beide aslov. alphabete, das glagolitische und das kyrillische, haben eigene zeichen für* dz *und* z, *das kyrillische* ꙃ *und* ꙁ, *selten* ꙃ *für* dz, ꙁ *hingegen für* z: *die verwandtschaft der glagolitischen zeichen ist unverkennbar, nicht minder die der kyrillischen. Ich gebrauche im aslov.* ꙃ *für* dz, z *hingegen für* ꙁ. *I. Glagolitische quellen. Im cloz. findet man nur* ꙃêluto *I. 140. neben* zêlo *I. 567. 774.* knꙃzъ *I. 89.* kъnꙃzꙁ *I. 104.* bozê *I. 586.* polьze *I. 220.* polьzą *II. 71. usw. Zogr. a.* boꙃê. druꙃêmь. kladꙃzъ. kъnꙃzь, knꙃzi. mnoꙃi. noꙃê. oblꙃzi. pênꙃzь, pênꙃzii. sluꙃê. ꙃêlo. ꙃvêzdy, ꙃvêzdahъ *und, nach Sreznevskij, Drev. glag. pam. 122,* aꙃъ. *b.* kъnꙃzi. mъnoꙃi. noꙃê. otvrъꙃi. pênjꙃzъ, pênꙃzju. skъlꙃzъ *numus.* stꙃzati sę. vrъꙃi, vъvrъꙃi, vъvrъꙃêtc. ꙃêlo. ꙃiždeta *neben* kladꙃzi. mnozi. pênꙃzь. polьza. stьzę *in a. assem.* boꙃê, boꙃi. brêꙃê. druꙃêmъ, druꙃi, druꙃii. jęꙃą. kьnꙃzь, kьnꙃzi. mъnoꙃê, mьnoꙃi, mnoꙃi. ncdąꙃê. noꙃê. pênꙃzь, pênꙃzu. podviꙃajte sę. pol′ꙃa, polьꙃę. pomoꙃi. proꙃębnetъ. sъtęꙃająštema sę, sъtęꙃanie. vrъꙃi. ꙃêlo. ꙃvêzdahъ. ꙃьlyj. *In anderen glagolitischen denkmählern und zwar im mariencodex* ꙃêlo *marc. 1. 35.* mъnoꙃi *Sreznevskij, Drev. glag. pam. 109. 111.* noꙃê *108.* pênꙃzu *103. neben* pênꙃzu *101; im evangelium von Ochrida* druꙃii *83; auf einem blatt aus Macedonien* m′noꙃi *233.* otvrъꙃêm[ъ] sę *229.* polьꙃьпъ *235. II. Kyrillische denkmähler. Im apostol von Ochrida aus dem XII. jahrhundert.* ꙃ. ꙃ: knązemъ *Sreznevskij, Drev. slav. pam. 371. für* knꙃzemъ. stratiꙃi *371.* stąząą są *272. für* stꙃząę sę: tą *für* tę *ist selten. Im slêpč. apostol aus derselben zeit.* ꙃ. ꙃ: boꙃê. druꙃi. polꙃi *ibid. einl. 113. Im*

· *Pogodin'schen psalter aus dem XII. jahrhundert.* s. 2: boʒê. knęʒь, knęʒi.
mnoʒi. noʒê. ʒêlo *ibid.* 53. *In einem menaeum aus dem XII—XIII.
jahrhundert.* s: nebrêʒêmъ. podviʒa *neben* podviʒa. raždiʒaǫ. ʒvê-
zdy *neben* zvêzda. ʒvêrь. ʒvękъ. ʒižditelju. ʒêlo. proʒębyj. mnoʒi.
noʒê. stьʒǫ. juʒê *ibid.* 63. *Im žeravinъskyj ustavъ:* proʒębь *ibid.*
70. *Im zograph. trephologion aus dem XII—XIII. jahrhundert.* s:
ʒvêzdy *344.* istęʒaemъ *345.* stъʒę *345. Im sbornik sevast.:* druʒi
ʒvêzda. mnoʒi. noʒê. trъʒê. *Aus den pannonischen und bulgarischen
quellen fand* ʒ *den weg in die serbischen. So findet man in einem
serb.-slov. menaeum aus dem XV. jahrhundert.* s: knęʒju. ʒêlo. ʒvêri
zap. 2. 2. 72. *In einem leben des hl. Sava in der Wiener Hof-
bibliothek:* črъtoʒê. mnoʒêmi. noʒê. ʒêlo. ʒyžde *fitr* ʒižde. ʒvêzda.
ʒ'mic; krъtovê noʒê *misc. In den russ. quellen wird* s *meist nur
als zahlzeichen gebraucht, so in den izbornik von 1073 und 1076; im
ostrom. finden wir neben* s *zweimahl* 2 38. a.; 281. a.; *später bis zum
beginne des XV. jahrhunderts wird nur* 2 *angewandt zap.* 2. 2. 11,
das zuletzt dem s *weicht zap.* 2. 2. 60. 2 *findet sich als zahlzeichen
auch in bulgarischen quellen: im apostol von Ochrida Sreznevskij,
Drev. slav. pam.* 273. 275; *in den kyrillischen randnoten des marien-
codex; in der bulgarischen handschrift von* 1277 *starine I.* 87.
J. Dobrovský, Slavin 430, *wollte* s *nicht als lautzeichen anerkennen,
meinte jedoch später, Institutiones* 32, *es sei sitte geworden — mos
obtinuit — im anlaut* ʒ *zu schreiben:* ʒvêzda. ʒvêrь. ʒelic. ʒlo. ʒmij.
ʒlakъ. ʒêlo. ʒênica. *In einer von I. Bodjanskij in den Čtenija* 1863.
II. herausgegebenen russ.-slov. quelle findet man s *als zahlzeichen* 6.
und als lautzeichen in boʒê 4. 6. 14. 23. otvrъʒi 4. ʒla 4. slezami
5. 20. 28. obraʒi 8. obraʒê 28. mnoʒi 9. 12. 20. 23. 28. druʒii
9. druʒi 21. boʒi 9. mnoʒê 11. sluʒê 11. jaʒykъ 11. 16. 21. 28.
vъʒiska 11. riʒy 13. 28. ʒêlo 13. 16. 17. 19. 22. 23. sъtęʒacmъ
14. stęʒaše sę 28. obrêʒanii 14. 15. *neben* obrêʒanii 14. 15. stъʒę
15. raʒidoša 19. 21. jaʒju 20. 28, *d. i.* jęʒǫ. vraʒi 21. lobʒa 22.
ʒvêzda 22. knęʒь 22. knęʒi 23. otvrъʒaetь 23. polʒu 26. sъʒida-
niju 27. ʒloby 29. ʒ, *findet sich in bulg. denkmählern, und zwar im
Kyrillus hierosolyt. aus dem XI. jahrhunderte:* boʒê. mnoʒi. polʒê
(*sg. nom.*) *Sreznevskij, Drev. slav. pam. einl.* 37; *im psalter von
Bologna:* boʒi 242. vraʒi 365. 369. 378. otъvrъʒi 364. otvrъʒêmь
355. raždiʒaetъ 366. ʒvêstъ *stellarum* 361. ʒvêrcmъ 368. sъʒiždi
363. sъʒiždǫtъ 364. ʒêlo 358. 370. 375. 378. 379. do ʒêla 370.
372. knęʒi 355. 371. 379. knęʒcmъ 356. pomoʒi 353. 375. 376.
mnoʒi 241. 243. 379. noʒê 373. stǫʒa. 376 *für* stьʒa. stǫʒǫ 371.

für stьʒą. isteʒąątь sę *354: ausserdem* vъzъdviʒati. ʒiždą. sъʒydaą. polъʒa. pomyʒąąštej. trъʒati *einl.* 129. 130. 131; *im Pogodin'schen psalter aus dem XII. jahrhundert.* ʒ: boʒi 248. boʒê 250. 253. vraʒi 248. ʒvêrije 259. ʒvêriny 248. ʒvêzdy 257. ʒênicą 247. kneʒa 257. loʒa 248. loʒijemъ 257. noʒê 254. snêʒi 258; *ausserdem* ʒêlo. kneʒь, kneʒi. noʒê *einl.* 53; *im slêpč. apostol aus derselben zeit.* ʒ: boʒê 314. otvrъʒi 311. druʒii 317. noʒê 319. polъʒa 315; *ausserdem* blaʒemъ *statt* blaʒêmъ. vraʒi. stąʒaą są *für* steʒaą sę *einl.* 113. polʒi; *im apostol von Ochrida.* ʒ: blaʒê 281. vraʒi 281. otvrъʒe sę 286 *für* otvrъže sę. druʒi 279. druʒii 286. ʒvênęštii 299 *statt* ʒvьnęštii. kneʒъ 288. mno i 294. 296. mъnoʒê 276. noʒê 283 polъʒa 299. polъʒi 300. polъʒą 299; *ausserdem* boʒi, boʒê. podviʒąąi są *statt* podviʒąęi sę. raždiʒaą. ʒvêzda. ʒvêrie. ʒvęcaą. sъʒiždetъ. lьʒê. pomoʒi. naʒi. slъʒy. osąʒaą *statt* oseʒae. rastrъʒavъ. vъsteʒaą. stąʒaą są *statt* steʒae sę *einl.* 96. 161; *in einem triodion aus dem XII—XIII. jahrhundert.* ʒ: kneʒъ 336. kneʒę 341; *in einem paremejnik aus derselben zeit:* ʒvêremъ 265. ʒvêrej 266. kneʒę 264. stъʒę 264. 265. ʒvjarę *statt* ʒvêrç *einl.* 69; *im evangelium von Dêčany aus dem XII—XIII. jahrhundert:* vrъʒi 386. druʒêmъ 389. vъžiʒąjaï 385 *statt* vъžiʒajęi. uʒrętъ 385. ʒêlo 392. mnoʒi 391. mnoʒii 392. mnoʒê 388. sluʒê 386; *ausserdem* ʒvêzdy. ʒiždąštej. proʒębaetъ. kneʒemь. pomoʒi. pênęʒь, pênęʒy, pênęʒniky. steʒąąšte *einl.* 140; *im evangelium von Chilandar aus derselben zeit:* brêʒê. vrъʒête. druʒii 351; *im Ephraem syr. aus dem XIII—XIV. jahrhundert:* črьtoʒê 399; *ausserdem* mnoʒê. ʒêlo *einl.* 147; *im pat.-mih. aus dem XIII. jahrhundert.* ʒ: blaʒi, blaʒii 112. boʒê 95. 126. neboʒi 159. brêʒêhь 44. druʒi 83. 102. 103. 108. druʒii 54. druʒêj 96. druʒêmь 95. nedąʒê 79. ʒvêzda 69. ʒiždąštej, sъʒiždetъ 45. ʒêlo 2. 14. 57 *usw. im ganzen neun und zwanzig mal.* ʒêlu 109. kneʒi 114. kneʒii 112. polʒę 48. 52. 59. 61. 62. polʒą 104. polʒ[ą] 77. polʒi 47. 73. mnoʒi 2. 4. 69. 153. 175. mnoʒê 4. 9. 44. 81. 148. mnoʒêmi 3. 4. mnoʒêhь 15. moʒi 142. pomoʒy 82. pomoʒi 85. 137. 156. noʒê 2. 49. 51. 106. 109. 155. trъʒê 154. isteʒaą 79: *auffallend ist* otъvrъʒi *aperi* 131; *daneben* boʒê 65. brêʒê 119. polʒę 60. mnoʒi 153. moʒi 17 *usw.; in einem spätteren denkmahle aus der Bukowina:* boʒi. vrъʒi. druʒii. kneʒь, kneʒi, kneʒę. mnoʒi. nedąʒê. noʒê. pol'ʒa. pênęʒь, pênęʒę; *in der priča trojanska.* ʒ: ʒvêzdy 24. 4. ʒizdь 30. 19. ʒizdati 9. 14. ʒizdaaše 9. 16. ʒizdaahą 9. 19. ʒiždati *I.* zaʒizdati 42. 17. priʒizda *I.* sъʒizda *I.* sъʒizdati *I. neben* zizdalъ *I.* prizizda *I.* ʒêlo *I.* 16.

22; 41. 21. do zêla *14. 3.* viteza *l. 7. 19; 40. 8.* vьvrъzi *5.*
23. s: pirzô πύργος. mnozi *neben* mnozi.˙ *Man bemerke, dass in
der chronik des Manasses* c *für* z *steht:* vъcimati, caklania *und*
cicdalъ, pricizda *für* vъzimati, zaklania *und* zizdalъ, prizizda
*zap. 2. 2. 23. 24. Auch in späteren aus Russland stammenden
quellen liest man* knjazja. zilo. zižduščej *pam.-j. b. 14. 15. 20.
41. 52. 56.* rozdrazivъ *tichonr. 1. 175. Die Ragusaner schreiben*
cora, *das sie* dzora *sprechen; auch* spenca *wird wohl* spendza
lauten: bei Vuk Stef. Karadžić spenza, spendje *und* spendžati.
Dass der bischof Konstantin im X. jahrhundert zêlo *und* zakonъ
*unterschied, kann nicht bezweifelt werden Sreznevskij, Drev. glag. pam.
23. In denselben fällen gebraucht* dz *das bulg. der von den brüdern
Miladin herausgegebenen volkslieder:* bladze *53. 120. 148. 276.*
dirodzi *3. von* direg *für* direk. drudzi *337.* dzvczda *15. 83. 139.
173. 193. 256. 472.* dzvere *12.* dzvekni: dinar dzvekni *426.* dzizd,
dzid *253. 528.* dzizd dzizdosano *531.* dzidale *253.* dzizdanje *3.*
dzvono *stück 534: poln.* dzwono, zwono. *oserb.* zveno. kovčedzi
159. mnodzina *376.* moldzeše *mulgebat 361.* nejdzin *19. 39. 90 neben*
nejzin *159. 499: aslov.* nję zi *(aind.* gha, ha) *und suff.* inъ. nodze
5. 17. 25. skъrsnodze *60.* polodzi *448 von* polog. predlodzi *43.* pre-
snedzi *349. von* presneg *für* presnek. sъldza *20. 30. 31. 71.* soldzi
245. neben slъza *50. Bei Cankov 7. liest man* dzvêzda *stella.* dzêrnъ
mi sъ *mihi apparuit.* ondzi *ille.* dzadnicъ *nates.* dzvunce *campana neben*
zvêzdъ. zêrnъ mi sъ *usw.; in M. Leake's Researches in Greece, London
1814, finden wir* trutzi *384.* tiretzi *398.* notzi *400. d. i.* drudzi. dire-
dzi. nodzi; *auch die Bulgaren von Vinga in Ungern sprechen* dzvezdi.
ondzi *neben* zvczdi, onzi. *Die tatsache, dass pannonische und bulga-
rische denkmähler* z, *an jenen stellen bieten, wo später und noch gegen-
wärtig hie und da* dz *gesprochen wurde und wird, zeigt, dass die ange-
führten buchstaben nicht den laut* z, *sondern* dz *hatten, ein satz, der mit
den lehren der lautphysiologie vollkommen übereinstimmt:* dz *aus* gj
wie tz, ts *aus* kj. *Diese lautliche geltung von* z, *einer- und von* z *ande-
rerseits erklärt das vorhandensein verschiedener buchstaben in beiden
aslov. alphabeten. Die richtige ansicht wurde bereits von P. J. Šafařík
in den Památky hlaholského pisemnictví 18 aufgestellt, wo auf die
aussprache der Moldauer hingewiesen wird. Dass uns die griechischen
und lateinischen umschreibungen im stiche lassen, kömmt davon her,
dass der laut* dz *dem griechischen und dem lateinischen fehlt, daher*
ζελώ *und* ζεπλέα *bei Banduri und* zéllo *und* zémia *im abecenarium
bulgaricum für* zêlo, zemlja. *Wenn jedoch Chrabrъ im X. jahr-*

hunderte lehrt, der Grieche könne mit seinen buchstaben die worte
bogъ, животъ, zêlo, *richtig* sêlo, *usw. nicht schreiben; wenn er unter
die vierzehn buchstaben, die dem Griechen mangeln, auch* s *anführt,
so dürfen wir daraus schliessen, dass* s *nicht den laut des griechischen*
ζ, d. i. *unseres* z, gehabt hat. *Eine spur dieser lehre finden wir bei
einem grammatiker des XV. jahrhunderts, bei Konstantin dem philo-
sophen, mit dem wir durch herrn Gj. Daničić bekannt geworden sind:
nach ihm ist die wahre bedeutung der buchstaben* s *und* з *vergessen:*
ne vêdoma, gde koe položiti *Starine I. 13; nach ihm gehört* s
*unter die neun buchstaben, die mit dem griechischen nichts gemein
haben:* ta съ грѣчьskyimi тьčiju nikoeže učestie imutь *16; derselbe
lehrt, man müsse schreiben* sêlo *und* svêzdy *und dagegen* земlja,
знаemь: imatь отьlučьny glagoly s оть see з *19: unmittelbar
darauf wird dem* s *im serb. nur ein zahlenwert eingeräumt:* s тьčiju
оть čislь sръbьsko êstь *30. Auch im serb. findet man* dz *neben* z *in
Crna Gora und der benachbarten meereskűste:* dzipa, dzora, dzub
statt zipa, zora, zub, *eine erscheinung, deren grund nicht im italie-
nischen ‚zio' zu suchen ist Vuk Stef. Karadžić, Poslovice XXX. Auch
sonst kann* g *in* dz *übergehen, so slovakisch in* stridze *von* striga,
wofür č. střize *von* střiha; *man beachte auch die dialektischen formen
klr.* dzełenyj (verblud pase koło morja koło dzełenoho *kaz. 67),*
dzerkało, dzvizda, dzveńity, dzveńkaty, dzvôn, dzvonyty, dzvonok,
dzvenkôt *neben* zełeuyj *usw.* kukurudza *neben* kukuruza *und* dzer,
džуr *Schafmolken, rumun.* zьr, *das nicht lat. serum ist. Im poln.
geht* g *regelmässig in* dz *über:* szpiedzy, srodzy, nodze, niebodze
von szpieg, srogi, noga, nieboga; *man beachte* dziob *schnabel.*
dziobać *picken:* dziobie *mak* rog. 45. Pott 5. 300. *dźwięk.
Wie* g *in* dz, *so ward ehedem ohne zweifel* g *in* dž *verwandelt:
man findet* bulg. gъmdži *neben* gъmži *es wimmelt.* dželezo *neben*
železo *eisen.* polodže *neben* polože *deminut. ovum in nido romanens
Cankov 7.* bedže *sg. voc. von beg milad. 178.* bedžici *313.* nodžište
106. nodžina *512.* knidžovniče *341; im serb. hat man* džasnuti
für aslov. žasnąti *stupefieri;* džak *saccus für nsl.* žakelj; *džep
funda neben* žep; *džebrati für* č. žebrati; *im slovak.* stridžisko *von*
striga; *in klr.* džereło *fons gen. 7. 11.* džavoronok, džur *neben*
žavoronok, žur. *Welches gewicht den vereinzelt vorkommenden formen*
inoroždь *monocerotis mladên. für* inorožь *von* inorogъ *und* hudoždь-
stvo *lam. 1. 147. für* hudožьstvo *von* hudogъ, hądogъ *beizumessen
sei, ist schwer zu bestimmen. Vergl. meine abhandlung: ‚O slovima*
s, z'. *Rad. IX.*

Im vorhergehenden wurden die mannigfaltigen wandlungen von k, g, h *dargelegt. Was noch zu beantworten ist, ist die schwierige frage nach der physiologischen erklärung der angenommenen vorgänge und nach dem alter der einzelnen im vorhergehenden betrachteten laute.*

17. *Über die vorgänge, wodurch die* k-consonanten *in* č- *oder in* c-consonanten *übergehen, ist folgendes zu bemerken: die veränderungen von* k, g, h *haben ihren grund darin, dass das aslov. in seinem einheimischen wortschatze* k¹, g¹, h¹ *nicht kennt, dass daher demselben die lautverbindungen* ki, gi, hi *usw. fremd sind. Wenn demnach im pl. nom. der* ъ(a)-declination k *mit* i *zusammentrifft, so muss die articulationsstelle von der grenze des harten und weichen gaumens nach vorne gerückt werden, wobei ein* t *entsteht, das sich mit einem parasitischen* j *verbindet, welches in* z *übergeht, daher* ki, tji, tzi, tsi, ci: raki, raci. *In anderen fällen geht das parasitische* j *in* ž *über, so vor dem verbalsuffix* i: ki, tji, tži, tši, či: vlaki, vlači. *In ähnlicher weise entsteht* dz *aus* g, *mit dem unterschiede, dass sich hier das* d *vor* z *nur in den ältesten denkmählern erhalten hat:* gi, dji, dzi, zi: bogi, bodzi, bozi; *während das* d *vor* ž *selbst in den ältesten quellen nicht mehr vorkömmt:* gi, dji, dži, ži: ubogi, uboži *pauperem facere. Wer die hier dargelegten lautentwickelungen mit denen von* tje, dje *zu* tše, dže *und zu* tse, dze *vergleicht, wird sich von deren richtigkeit leicht überzeugen, namentlich dann, wenn er von* tši *usw. zu* ki *usw., nicht umgekehrt fortschreitet; er wird einsehen, dass es nicht anders sein kann: unsere einsicht in den ganzen process würde freilich gewinnen, wenn die physiologie uns über die entstehung des* tji *aus* ki *belehrte und uns zeigte, auf welche weise* j *in* ž *und* z *übergeht. Dass* j *in der tat in* ž *und in* z *verwandelt wird, das zeigen, wie bemerkt, die veränderungen des* tje *und* dje: aslov. vraštenъ *und* každenъ *aus* vratženъ *und* kadženъ, vratjenъ *und* kadjenъ *neben* p. vracony *und* kadzony *aus* vratzen *und* kadzen, vratjen, kadjen *von* vrati, kadi. *Vergl. seite* 222. *Der unterschied zwischen beiden reihen von verwandlungen besteht darin, dass bei* k, g, h *sich der übergang des* j *in* ž *und in* z *in derselben slavischen sprache vollzieht, während der wandel des* j *in* z *bei* t *und* d *in einigen slavischen sprachen stattfindet, in anderen dagegen die verwandlung des* j *in* ž *eintritt. Diese ansicht wird wahrscheinlich auf widerspruch stossen, indem man* c *auf* č *zurückzuführen geneigt ist. Ascoli, Corsi di glottologia I.* 203, *sagt:* ,Vedemmo di sopra, come č, pure essendo suono unico e momentaneo, pur si risolva in t + s + h̃, e così ǵ si risolve

in d + ź + j, *ora, la stretta complessa, non preceduta da contatto, ci ridurrà a* s + k̃ (= š), ź + j (ź), *e per semplificazione della stretta stessa, si può finalmente arrivare a semplici* s, ź.' *Auf romanischem gebiete tritt* c, d. i. k, *vor* i, *e usw. in den beiden östlichen sprachen als* č, *in den vier westlichen als sibilant* ç, d. i. slav. s, *auf. Es scheint nun, dass man sich aus* cedere, d. i. kedere, *zunächst* čedere, it. cedere, *und aus diesem* sedere, fz. céder, *entstanden denkt. Wer sich an die übergänge im slav. erinnert, wird eher geneigt sein sowohl* čedere *als* sedere *unmittelbar aus* kedere *hervorgehen zu lassen und sich den übergang etwa so vorstellen:* ke, kje, tže, tše, če *und* ke, kje, tze, tse, se. *Vergl. die deutsche aussprache von* cedere. *Wie sich jedoch die sache in den romanischen sprachen auch verhalten möge, slav.* c *aus* č *hervorgehen zu lassen, geht nicht an. Man beachte hier griech.* θρῆσσα *aus* θρηκjα, θρητjα, θρητζα, θρητσα *und* ἐλάσσων *aus* ἐλαχjων, ἐλατjων, ἐλατζων, ἐλατσων. *Curtius 654.*

Ich halte daran fest, dass in einer früheren periode die č-, *in einer späteren hingegen die* c-*consonanten an die stelle der* k-*consonanten traten. Wenn gesagt wird, dass in der stammbildung vor bestimmten vocalen die* č-, *in der wortbildung hingegen die* c-*consonanten eintreten, so ist dies allerdings richtig, denn neben* отрочištь *besteht* отроci, *allein die antwort ist wenig befriedigend, da man fragen muss, wie es denn komme, dass vor* d e n s e l b e n *vocalen* k *in der stammbildung* č, *in der wortbildung hingegen in* c *verwandelt wird. Wenn andere meinen,* c *sei aus* č *hervorgegangen, und dabei voraussetzen, ehedem habe der pl. nom.* отрокъ отроči *gelautet, woraus* отроci *entstanden sei, so bedarf diese ansicht wohl keiner widerlegung, da es unbegreiflich wäre, warum sich ein teil der* č *erhalten hätte, der andere dem* c *gewichen wäre. Die erklärung scheint in der annahme zu liegen, neben* отрочištь *habe der pl. n.* отрокê, *der impt. in der 2. 3. sg.* пькê *usw. bestanden, woraus sich später* отроcê (*lit.* -kai), пьcê *und daraus* отроci, пьci *entwickelt haben. Nach dieser hypothese wären in verschiedenen perioden verschiedene richtungen in der entwickelung der* k-*laute herrschend gewesen: auf die* č-*periode wäre die* c-*periode gefolgt. In die letztere periode fallen bildungen wie* къпеzь, pênęzь, userезь *neben* къпęгъ, pênęгъ, useręгъ *aus* kuning, phenning, **ausahrigga- usw. Für diese ansicht spricht der umstand, dass die verwandlung in die* c-*laute nicht so consequent durchgeführt ist als die in die* č-*laute, daher r. sg. loc.* bokê *usw.: wer hier die analogie der anderen casus von* bokъ *für bestimmend hält, wolle an die impt.* peki, pekite *usw. nicht vergessen.*

Bei der betrachtung des alters der k-*consonanten und jener, die damit zusammenhangen, wird vor allem* h *behandelt; dann das daraus entstandene* s *und die beiden damit nicht unmittelbar zusammenhangenden* s; *das auf slavischem boden entstandene* dz, z *und das vorslavische* z; ž; g; c; č: *dieser teil des buches schliesst mit der betrachtung von* k̂. ĝ. ĥ. *Das* h *von* jahati, zêhati *usw. entspricht dem desiderativen* s *des aind.* hĭs, dips, īps *aus han, dabh, āp usw.

18. *Während slav.* k, g *auf ursprüngliches* k, g *zurückgehen, beruht slav.* h *auf ursprünglichem* s: ąhati *odorari hängt mit aslov.* on *in* vonja *odor, aind. an,* aniti, *got.* an, *durch* *an-s *zusammen.* blъha *pulex: lit.* blusa. dъhnąti *spirare beruht auf dus aus aind.* dhū: *vergl. lit. lett.* dus. grahъ *faba, aus urslav.* gorhъ, *lit.* garšva *L. Geitler, Fonologie 117.* hlъpati *in* ishlъpati *scaturire.* vъshlêpati *neben* vъslêpati *ist wohl identisch mit* slъpati: *aind. w. sarp,* sarpati. hobotъ *cauda hängt mit* ošibъ *und griech.* σόβη *zusammen. Curtius 383: w. sab.* hoditi *ambulare: w. aind. sad.* hrabrъ *pugnator: vergl. die unbelegte aind. w. sarbh,* sarbhati *ferire.* hraniti *custodire, nsl. nutrire: vergl. aind.* *sar, *abaktr.* hareta *genährt.* hyra *debilitas: man vergleicht lit. svarus taumelnd, schwer: mit* hyra *hängt r.* chvoryj *zusammen. as.* jelъha *alnus: ahd. elira und erila. nhd. eller, erle. holl. else. lit.* alksnis, elksnis *für alsnis, elsnis. pr. alskande.* juha *iusculum: pr.* juse, *aind.* jūša *m. n.* jahati *vehi beruht auf* *jās, *aind.* jā. kašьlь *tussis: aind.* kās, kāsatē, *lit.* kosu, kosti: *ursl.* kah. kъhnąti, kyhati *sternutare: vergl. aind.* kšu, kšāuti. lêha *area: lit.* līsê, *ahd.* leisa, *lit.* lira. lihъ *malus: lett.* lēss *mager. lit.* liesas p. *chudy; listu chudnę Szyrwid 27. 101.* mahati *vibrare: w.* ma *in* manąti, *daher* ma-s. mêhъ *pellis: lit.* maišas, *lett.* maiss, *aind.* mēša *widder, fell.* muha *musca: lit.* musê. mъhъ *muscus: lit.* musai pl. *ahd.* mos. *lat.* muscus: *klr.* mšeď *flechte ist wohl* mъšadь. orêhъ *nux: lit.* rëšutas, *lett.* rēkst, *pr.* buca-reises. pazuha *sinus, d.i.* paz-uha: *lett.* pazusē, pad-usē: *mit* uha *vergl. aind.* āsa (amsa), *griech.* ὦμος, *lat. umerus, armen.* ūs. pêh: pêšь. p. *piechota* pedites *aus* ped-s. pьhnąti *calcitrare.* pьšeno: *aind.* piš, pinašţi, *lat.* pis *in* pinsere. pęstь. pryhati *in* pryhanije *fremitus: vergl. aind.* pruth, prōthati *pusten:* průt-s. pyhati *frendere.* puhati *flare setzt* *pus *aus aind.* pu, punāti *flare voraus. lett.* pūsis *windstoss. lit.* put, pusti. ruh- *in* rušiti *solvere, p.* ruch *bewegung: lit.* rušus *tätig.* slyh *in* sluho *auris,* slyšati *audire ist slus, aind.* šru, šrṇōti. *lit.* klausīti. *pr.* klausīton. *lett.* klausīt *neben* sluddināt *hören machen. ahd.* hlosēn *audire.* smêhъ *risus beruht auf* smi-s: *aind.* smi, smajatē, *lett.* smeiju, smēt. smêh-ъ: *andere ziehen*

smê-hъ *vor.* snъha *nurus. nsl.* sneha: *ahd. snurā. aind. snušā.*
spêhъ *studium, celeritas:* spê-s: *lett. spēks kraft ist entlehnt.* soha
fustis. o-sošiti *abscindere,* rasohъ, *č.* sochor, *vergleicht man mit aind.*
šas, šasati metzgen. srъhъkъ *asper aus einer w. sars: vergl.* srъstь
pili. styh: *č.* ostýchati se *sich scheuen:* styd-s. suhъ *siccus,* sъhnąti
siccari: lit. sausas, aind. šuš, šušjati für suš. tuh: potuchnąti *quie-*
scere. tušiti *exstinguere: pr. tusnans acc. stille. aind. tuš, tušjati.*
tihъ *gehört wohl nicht hieher:* tjuh *würde etwa* štih *ergeben.* ušes,
sg. nom. uho, *auris: lit. ausis, got. ausan-.* vetъhъ *vetus: lit. vetušas.*
vêh: *nsl.* vêter vêha: vê-s. vih: *klr.* vyvychnuty. uvychaty *ša*
neben zvyvaty *ša verch.* 72. vlahъ: *griech.* Βλάσιος, *dagegen* blažь: *lat.*
Blasius. vrъhą *trituro: griech.* ἀπό-ϝερσε. vrъhъ *vertex, lit. viršus,*
aind. varšman *höhe: dass dem* h *in* vrъhъ *das* š *des lit. viršus zu*
grunde liege, halte ich für falsch. zêh: *nsl.* zêhati *hiare: vergl.*
smêhъ. *aserb.* nероpьhь: *griech.* μέροψ. *aslov.* časъ. *s.* stas *statura.*

Im aslov. entsprechen hądogъ *peritus.* hlêbъ *panis.* hlêvina
domus. hlъmъ *galea.* hyzъ *domus den got. würtern handuga-. hlaiba-.*
hlija- oder hlijan-. hilma-, ahd. hëlm. hūsa-. Es ist daher slav. h,
d. i. χ, *aus deutschem* h *hervorgegangen.*

Das ältere s *wechselt nicht selten mit dem jüngeren* h: *es liegt*
hierin ein beweis, dass die lautgesetze keine naturgesetze sind. česati,
čehati *nsl. bei Linde:* osmorgać. čymsaty, čymchaty *klr. rupfen*
verch. 80. črênsa *nsl. prunus padus. r.* čeremcha *usw.: zwischen* m
und s, h *ist ein vocal ausgefallen.* dręselъ *für* dręslъ *neben.* dręhlъ
tristis, dręhnovenije *aslov.: w.* dręs. kołysaty *und* kołychaty *klr.*
agitare. -mêsъ *aslov. und* pomicha *klr. impedimentum.* morochъ *r.*
feiner regen und morositь *nieseln: das wort ist wahrscheinlich mit*
mrakъ *verwandt.* -noch: wodonoch *p. dial. für* nosiwoda. pojasa:
opojasat' *und* opojachat' *klr. bibl. I.* poros *klr. loderasche.* porosnut'
klr. für rosporošyty *und* porochno *wurmfrass.* prosyty *und* prochaty
klr. bibl. I: aind. praš. ręs: ures, resiti *und* ureha *kr. ornatus.*
slêpati *neben* vъshlepati *für* -hlêpati *svrl.* ishlьpati *scaturire men.-*
mih. 341. slyzhavyća, sołzenyća, sołhanka *klr. glatteis und* chły-
zanka, chołzanyća *verch. 65.* posmisati *und* posmihati *aslov.* sztursać
und szturchać *p.* trjasti *und* trjachnutь *r.* tьstь *aslov.: test und*
tchán, tchynĕ *č.* vlъsnąti *balbutire neben* vlъhvъ *magus aslov.* vołos
und vołochatyj *klr.:* vołochata škôra *rauchleder.* žasъ: užasъ, užahъ
aslov. und žach *klr.* nežachłyvyj *bibl. I.* huhota *sup. 221. 11. mag*
ein schreibfehler sein. Hieher gehört der pl. loc. auf hъ, *wofür aus-*
nahmsweise sъ: rabêhъ. ramêhъ. rybahъ. têhъ *neben* č. dolás, lužás,

polás 3. seite 16; der pl. gen. der pronominalen declination: têhъ.
sihъ : im pl. gen. und loc. nasъ. vasъ ist s bewahrt: ich teile na-sъ,
va-sъ auf grund von dolá-s usw. Anders Leskien, Die declination
usw. 148. Im aor. haben die vocalisch auslautenden themen nur h:
bihъ. byhъ, während die themen auf consonanten neben älterem s
jüngeres h bieten: vêsъ und vêhъ aus ved-sъ und ved-hъ 3. seite
77. 78. Die formen biste. byste usw. beruhen auf bisъ. bysъ, denn
ht würde št ergeben. Wir haben demnach den aor. byhъ. by aus
bys-s, bys-t. byhovê, bysta, byste. byhomъ, byste, byšę und das
impf. bêahъ, bêaše. bêahovê, bêasta, bêaste neben bêašcta, bêa-
šete. bêahomъ, bêaste neben bêašete, bêahą. byšьstvo substantia
setzt ein nomen byh- voraus.

Regelmässig geht zwischen vocalen stehendes s in h über:
blъha. Dass sich auch hier s manchmal erhält, ergeben einige der
angeführten formen. žasъ lässt sich durch die w. gand-s, gend-s
erklären. brašьno beruht auf bors-, woraus brah-, boroch-, broch-,
vlasъ auf volsъ, woraus vlasъ, volosъ, włos. Auf dъhnąti, sъhnąti
usw. haben vielleicht auf hъ auslautende formen wie duhъ, suhъ
usw. eingewirkt. Anlautendes s kann vor vocalen in h übergehen:
hodъ; hrana aus horna hängt wahrscheinlich mit der w. sar zusam-
men. sr geht in hr über in hromъ, aind. srāma. In prochaty beruht
h auf ś, das sonst s wird: aind. praś. hohotati cachinnare kann
man mit aind. kakh, kakhati vergleichen.

Einige h sind bisher nicht erklärt: bъhъ und daraus bъšь f.
čehlъ velamen: vergl. česati. gluhъ surdus. grohotъ sonitus. r. gro-
chatь ridere: vergl. glasъ aus golsъ. ohajati sę: ochaj śa sego
izv. 578: vergl. ošajati sę, otъšajati sę. hohlovati bullire. hotêti,
hъtêti velle: man vergleicht lit. ketêti. pr. quoitê. p. chować. hramъ
domus. klr. chrustačka cartilago. hubavъ pulcher: matz. 6. vergleicht
aind. śubha schmuck, hübsch. hudъ parvus, tenuis: lit. kudas ist ent-
lehnt. hyra: s. hira serum lactis ist wohl mit s. surutka verwandt
und daher mit aslov. syrъ. kohati amare und raskošь voluptas stellt
man mit lit. kekšê hure zusammen. lihva usura: vergl. got. leihvan:
pr. līkt verleihen ist wohl entlehnt. lihъ redundans: lett. lēks über-
zählig ist entlehnt. rah: nsl. rahel locker erinnert an aind. arš,
aršati fliessen, gleiten: vergl. r. rochljadь füχ vjälyj, slabyj čelo-
vêkъ aus rohlъ 2. seite 209. rêšiti solvere: vergl. lett. risu, rist
das ‚binden‘ und ‚auftrennen‘ ‚schlitzen‘ bedeuten soll Ullmann 226.
tihъ tranquillus: lit. tīkas ist entlehnt. Ebenso dunkel ist eine grössere
anzahl anderer h enthaltenden worte.

Aus dem oben gesagten ergibt sich, dass h *jünger ist als* k, g, *dass es erst auf slavischem boden entstanden ist.*

19. Bei der frage nach dem alter des s *sind drei verschiedene* s *auseinander zu halten.*

I. Es gibt vor allem ein s, *das aus dem* h *hervorgegangen ist:* mêsi *pl. nom. von* mêhъ. *Das auf diese art entstandene* s *ist jünger als das ihm zu grunde liegende urslavische* h. *Wenn dem entgegen behauptet wird,* mêsi *habe das ursprüngliche* s *bewahrt, das* s *desselben sei nicht aus* h *hervorgegangen, so hat man vergessen, dass unter dieser voraussetzung der sg. voc.* mêše *unerklärbar wäre, der notwendig* mêhe *voraussetzt: dasselbe gilt von* mêšьcь; slyšati *ist nur aus* slyh, *nicht aus* slys *begreiflich usw. Wenn man dies deswegen unbegreiflich finden sollte, dass in der sprache nicht wurzeln und themen, sondern fertige worte, daher die nomina in bestimmten casus überliefert werden, wenn man sich demnach vorstellt, aus ursprünglichem* mēsas *sei* mêhъ, *aus* mēsāt - mêha *usw. entstanden, so kann diese im allgemeinen richtige vorstellung in diesem falle nicht richtig sein, es muss vielmehr angenommen werden, es sei auf slavischem boden die form* mêhъ *massgebend geworden und zwar entweder als sg. nom. oder dadurch, dass die form mit* h *in den meisten, in zwölf unter den sechszehn verschiedenen, casusformen auftritt; dem sg. nom. scheint auch in der natürlichen, durch keine reflexion beeinflussten rede · eine hervorragende stellung zuzukommen. Mit dem aorist steht es merklich anders: da erhält sich das ursprüngliche* s *dort, wo es durch einen nachfolgenden consonanten,* t, *geschützt ist, daher* vêsta, vêste *von* vês *neben* vêsę *von demselben* vês *und* vêšę *von* vêh, *wobei jedoch oserb.* plećeštaj, plećešće *und nserb.* pleßeštej, pleßešćo *beachtung verdient: hier hat die aus dem der bildung nach verwandten imperfect ersichtliche praeponderanz der* h- *vor den* s-formen *ein anderes resultat herbeigeführt.*

II. Das zweite s *verdankt seinen ursprung einem älteren* k. *In den indoeuropäischen sprachen unterscheidet man nämlich ein zweifaches* k, *von denen das eine durch* k, *das andere durch* k[1] *bezeichnet werden kann: das erstere* k *bleibt, natürlich abgesehen von den auf slavischem gebiete und sonst sich vollziehenden späteren wandlungen, in allen sprachen* k: aind. katara. abaktr. katāra. (armen. okn oculus). griech. κότερος (πότερος). lat. cuter in ne-cuter. got. hvathara-. lit. katras. aslov. kotorъ in kotoryj. Das zweite k, k[1], hingegen ist im aind. abaktr. armen. lit. slav. wandlungen unterworfen: aind. š. abaktr. s. armen. s. lit. š. slav. s: alt: dakan. griech. δέκα. lat.

decem. air. deich aus dec-n. cambr. dec. got. taihun, dagegen aind.
daśan. abaktr. dasan. armen. tasn. lit. dešimtis. slav. desętь. *Dieses*
aus k¹ entstandene slav. s *begegnet uns in folgenden themen, von*
denen einige nur lit. (š) und slav. (s) *nachgewiesen werden können.*
desętь *decem: aind. daśaṅ usw.* desiti *invenire: aind. dāś, dāśati*
gewähren: die zusammengehörigkeit ist nicht einleuchtend, die vocale nicht
zu einander stimmend. desna *gingiva: vergl. klr.* jasna, *pl.* jasły.
aind. daś, daśati mordere. armen. ar-tas-uk δάκρυ *Derwischjan I. 21.*
griech. δάκνω: *doch auch lit. daknůti beissen Geitler, Lit. stud. 80: p.*
dziąsła *pl. os.* džasno. *ns.* żêsno *beruhen auf einer w.* dęs, *aind. dāś.*
desьnъ *dexter: aind. dakšina. lit. dešinê, dagegen got. taihsva-: ausfall*
eines k *vor* s *ist im slav. möglich.* kosa coma: *vergl. aind. kêśa.*
armen. gēs. krъsati: *č.* krsati *deficere, tabescere. p.* karślak *ver-*
kümmerter baum: lit. karšti, karšu alt werden. aind. karś, karśjati
abmagern. lososь *russ.: lit. lašis, lašišas, bei Kurschat nur lašiša.*
mêsiti *miscere: aind. miś in miśra mixtus. mikš, mimikšati miscere.*
lit. mišti, maišīti. mlъsati: *č.* mlsati *lecken, naschen: vergl. aind.*
marś, mrśati berühren. nesti *ferre: aind. naś, naśati erreichen.*
lit. nešti, dagegen griech. νεκ.: ê-νεγκ-εῖν.   osmь *octo: aind. ašṭan.*
abaktr. astan. lit. aštůni, dagegen griech. ἐκτώ.   ostrъ *acutus: aind.*
aś, aśnōti durchdringen. lit. aštras, aštrus neben akuota p. ościsty
Szyrwid 94. griech. ἄκρος. ἀκ-ωκ-ή. *lat. acies.* osla cos. osь *achse:*
lit. ašis, ešis. ostъnъ: *lit. akstinas.* osъtъ *genus spinae. lit. aśaka*
gräte neben akotas hachel an den gerstenühren: ahd. ahsa. griech.
ἄξων *usw. wird vielleicht von* ostrъ *zu trennen sein.* pasti *pascere,*
servare: aind. paś, paśjati sehen neben spaś sehen: vergl. abaktr.
śpaś, śpaśjēiti sehen, bewachen. armen. š: *pšel, pš-nul betrachten*
neben spasel abwarten. Vergl. pьsъ *canis, eig. custos: andere denken*
wohl richtiger bei pьsъ *an aind. abaktr. paśu vieh. Slav.* pastyrь
(w. paś) und lat. pastor (w. pā, daraus pasc: pasc-tor) sind wurzel-
haft unverwandt Fick 1. 132. 252. pelesъ φαιός *pullus: aind.*
prśni bunt. lit. palšas fahl: griech. πέρκος. pêsъkъ *sabulum: vergl.*
aind. pāśu neben pāsu. armen. posi Derwischjan I. 7: lit. pëska ist
entlehnt. prasę *porcus: lit. paršas, dagegen lat. porcus. ahd. farh.*
prositi *petere: aind. praś, prčchati. praśna frage. abaktr. pereś.*
pereśka preis, eig. forderung. lit. praśīti, piršti, dagegen lat. precari.
prъsi *pectus: aind. parśu rippe.*   prъstъ *digitus: aind. sparś, spr-*
śati berühren. lit. pirštas. pьsati *scribere: aind. piś, pīśati aus-*
schneiden, bilden, dagegen got. faiha- gestalt: apers. pis in nipis ein-
reiben, schreiben gehört zu pis, pinsere. pьsь *canis: aind. paśu. got.*

faihu-. Abweichend lit. pekus. pr. pecku. гувь *lynx: armen. lūsan'n Derwischjan I. 50. lit. lušis. Vergl. 2. seite 319.* вąкъ *surculus: aind. šāku: armen. mit. š̌: šaḱil sprössling Derwischjan I. 31. npers. šāch. lit. šaka.* вѣдъ *canus ist* sê-dъ: *vergl.* ві *in* sijati. вѣмь *persona.* sêmija ἀνϑρά̈πϲϑα. *russ.* вемьja *familia: vergl. aind. šēva, šīva traut. lit. šeimīna gesinde. pr. acc. seimīns. lett. saime. saimnēks. Vergl. auch aslov.* posivъ *in der bedeutung ,benignus' mit got. heiva-fraujan- hausherr. Unverwandt ist lit. këmas dorf.* sêno *foenum, eig. gedörrt: aind. šja: šjāna gedörrt. lit. šĕnas.* sêrъ *glaucus.* sêra *sulfur. nslov.* sêr *flavus. aslov.* sêrъ. *s.* sijer *rubigo: aind. šīra hellgelb. lit. širmas. pol.* szary *entsteht aus* siary: *befremdend ist čech.* šerý. *sijati splendere: aind. šjā, šjātē brennen. šjēta, šjēna weiss: dagegen got. haisa- fackel. Mit* sijati *ist* sêvanije *splendor verwandt.* sikora *p. meise. nsl.* sikora *usw., č.* sykora *geschrieben, beruht auf einer w.* sik, *wie das p. zeigt: verschieden davon ist die w.* syk: *p.* syczeć, *das mit lit. šaukti zusammenhangen mag.* siñь *caeruleus: aind.* sjēna *weiss.* sipěti *č. zischen: vergl. lit. šaipīti auslachen.* sirъ *orbus: vergl. šeirīs witwer.* sivъ *canus: vergl. aind. šjāva braun. armen. seav dunkel. npers. sijāh und aind. šjāma dunkelblau. lit. šēmas blaugrau. lit. šivas canus:* sivъ, siñь, sijati *sind wurzelhaft verwandt.* slama *stipula: ein lit. šalmas fehlt: lett. salms: dagegen griech.* χάλαμοϲ. *ahd. halam.* slana *pruina: lit. šalna: vergl.* slota. slatina. slatina *palus: lit. šaltinis quelle, eig., wie aslov.* studeньсь, *kalte quelle, wie Kurschat das wort erklärt.* slava *gloria: lit. šlovê. Vergl.* sluti. slêmę *trabs: lit. šalma.* sloniti *lehnen. nsl.* slonêti *intrans.: lit. šlëju, šlëti. lett. slēnu, slēt. aind. šri, šrajati. ahd. hlinēn. griech.* κλίνειν. *Verschieden ist aslov.* kloniti. *č.* cloniti: *lit. klonoti s ist* klanjati *sę. Entlehnt ist auch lett. klanitē s.* slota *hiems. r. č.* slota. *p.* słota. abaktr. šareta. npers. sard. armen.* ʄurt *Derwischjan I. 78. lit. šaltas kalt. Vergl.* slana. slatina. sluti *vocari: aind. šru, šrṇōti audire. abaktr. šru, šurunaoiti. griech.* κλύω. *lat. cluo. got.* hlu (hliuman-). *Mit* slu *hängt* slava *zusammen. Vergl.* sloves-, slyšati. *sloves-: aind. šravas. abaktr. šravañh. griech.* κλέοϲ. *Vergl.* sluti. slyšati *audire: aind. šruš-ʄa auditus. abaktr. šrus-ti f. auditus: davon* sluhъ *auditus. abaktr. šraoša oboedientia. Abweichend lit. klausīti.* slъzъkъ *lubricus: vergl. lit. šlaužu schleiche.* soha *fustis: vergl. aind. šas, šasati.* sokolъ *falco. nsl.* sokol *usw.: vergl. aind. šakuna: lit. sakalas ist entlehnt.* somъ: *nsl. s.* som. *č. p.* sum *silurus: lit. šamas. lett. sams.* somъ *ist aslov. nicht nachweisbar.* sorъ *in* vъsorъ

asper. nsl. oɜoren *severus. aslov.* srъninъ *e pilis factus: vergl. lit.*
šeras borste. šerti s sich haaren. aind. śalja stachelschwein. ɜopą
blase vergleicht man mit lit. švapsêti, švepsêti. ɜramъ *pudor. r.*
ɜoromъ *wird mit ahd. harm verglichen: verwandtschaft mit aind. śram,*
śrāmjati sich abmühen ist nicht zuzugeben. srênъ: *nsl.* srên *pruina,*
russ. serenъ: *vergl. lit. šarma, šalna, šerkšnas.* srênъ *albus: lit.*
širmas, širvas apfelgrau: vergl. das vorhergehende wort. srъdьce
cor, deminut. von *srъdo: *lit. širdis. armen. sirt, sg. gen. srtí: dagegen*
griech. καρδία. *lat. cord-. got. hairtan-. air. cridhe. Abweichend aind.*
hrd. abaktr. zarezdan. srъstь *pili: vergl. lit. šeras borste. aind. śalja*
stachelschwein. strъrьtьnъ *asper: vergl.* ɜoгъ *und lit. šerpeta splitter.*
Wenn die worte verwandt sind, so steht aslov. strъp- *für* srъp-.
suj *vacuus: aind. śūnja hohl, leer. abaktr. śūna mangel. armen. sin*
leer: suj *soll für* svąjŭ *stehen, was unwahrscheinlich ist.* suka *r. canis*
hündinn: aind. śvan, sg. gen. śunas. abaktr. śpan, śūni. armen. mit š:
šun. lit. šŭ für švŭ, švans, sg. gen. šuns. šuva. suka *soll für* svąka
stehen: griech. κύων. *lat. canis.* sunąti *effundere: lit. šauti, šauju*
schiessen: aind. śu, śavati gatïkarman ist unbelegt. sverêpъ *ferus*
aus svrêpъ: *vergl. lit. šurpti schaudern.* svьt: svьnąti, svьtêti,
svitati *illucescere: aind. śvit, śvētatē splendere. armen. spitak weiss.*
npers. sipēd. lit. švit: švisti, švintu. lett. svīst neben kvitēt flimmern.
Hieher gehört svêtъ *lux: aind. śvēta; ferner* svêtiti. svêšta: *aind.*
śvētjā und got. hveita-. svętъ *sanctus: vergl. aind. śvātra opfer. abaktr.*
śpeñta sanctus. lit. šventas. svraka *pica. nsl.* sraka *usw.: vergl.*
lit. šarka. švarkšu, švarkščti quaken. sъto *aus* sąto *centum: aind.*
śata. abaktr. śata. lit. šimtas: griech. ἑκατόν. *lat. centum. got. hunda-.*
sь *hic: armen. sa. zeitschrift 23. 37. lit. lett. šis, dagegen got.*
hi-mma, ei-hidrē. griech. ἐκεῖ. *lat. ce, ceciter.* svrъčati *sibilare: lit.*
švirkšti: hiemit hängt vielleicht svraka *pica zusammen.* syčeti
sibilare: lit. šaukti rufen neben kaukti heulen. tesati *caedere: lit.*
tašīti und aind. takš, takšati, lat. texere, griech. τέκτων, *hat* k *vor*
s *eingebüsst.* trъsa, trъstь *seta: vergl. lit. trušas rohr arundo.* veselъ
hilaris: aind. uśant willig. abaktr. an-uśañṭ widerwillig, dagegen
griech. ἑκ.οντ: ἑκών. visêti *pendere: aind. viś mit ā in der luft*
schweben. vьsь *vicus: aind. vēśa. viś-pati. abaktr. vaēśa. viš-paiti.*
lit. vēš-pats, dagegen griech. Fοῖκος, οἶκος. *lat. vicus.* vьsь *omnis:*
aind. viśva. abaktr. vīspa. apers. viśa: lit. visas weicht ab: ent-
lehnung aus dem slav. ist unwahrscheinlich.

    Die verwandtschaft der nun folgenden, manchmahl zusammen-
gestellten worte ist teilweise problematisch; bei den wirklich verwandten

finden sich abweichungen: brysati *abstergere: lit.* braukti *streichen,*
abstreifen. cêvь *in* cêvьnica *lira: lit.* šeiva. čelo, *lett.* kjẽlis, *frons:*
vergl. aind. śiras. *abaktr.* śarańh *haupt.* kamy (kamen-) *lapis: aind.*
aśman. *lit.* akmen-. krava *vacca: abaktr.* śrva *hörnen.* krъmiti
nutrire: lit. šerti. rogъ *cornu: aind.* śrńga. svekrъ *socer: aind.* śva-
śura *aus* svaśura. *abaktr.* qasura. *armen.* skesur *f. lit.* šešuras. *griech.*
ἑχυρός. *Vergl. zeitschrift* 23. 26.

    Das hier behandelte s *ist vorslavisch, es ist jedoch der ursprache
fremd. Nach Fr. Müller, Die gutturallaute der indogermanischen
sprachen, Sitzungsberichte, band* 89, *besass jedoch schon die indo-
germanische ursprache zwei reihen von gutturallauten, die er vor-
dere (k*[1]*) und hintere gutturale (k) nennt.* s *in worten wie* desętь *ist
keinesfalls auf slavischem boden erwachsen. Dem entgegen hat man
behauptet, das slav. habe in worten dieser art ursprünglich* š *gehabt
und habe es später in* s *verwandelt. Die berechtigung zu dieser theorie
glaubt man im lit. gefunden zu haben, das in den betreffenden worten
š bietet. Hiebei wird eine einheitliche lituslavische sprache voraus-
gesetzt, die für aind. daś in dasan zehn nur deš kannte, eine vor-
aussetzung, die weder bewiesen, noch beweisbar ist. Dass im lett., das
den š-laut kennt, die hieher gehörigen worte:* desmit *decem.* mist
misceri. nest *ferre.* astoń *octo.* ass *acutus.* palss *gilvus.* prasīt *inter-
rogare.* sēns *foenum.* sams *silurus.* sirds *cor usw.* s *für lit.* š *bieten;
dass im preuss. dasselbe stattfindet, darf gegen die ansicht von einem
lituslavischen deš angeführt werden. Die spaltung hinsichtlich des š,
die zwischen slavisch und litauisch eintritt, besteht auch anderwärts:
die arischen sprachen des heutigen Indien haben die unterscheidung
zwischen s und ś aufgegeben, es wird dasa für daśa gesprochen
Beames I.* 75. *und vom prākrit sagt Lassen, Institutiones* 219: ,Solus
huius sermonis sibilus s est, qui ś et š sanscritica in se continet.'
Dagegen bietet das sich den arischen sprachen Indiens anreihende
zigeunerische für š regelmässig š: beš sich setzen: aind.* viś, upaviś.
biš *zwanzig: aind.* viśati. deš *zehn: aind.* daśan. kuš *beschimpfen:
aind.* kruś. naš *weggehen: aind.* naś. ruš *böse werden: aind.* ruś,
ruś. saštró *schwiegervater: aind.* śvaśura *aus* svaśura. šach *kohl:
vergl. aind.* śākha. šastó *gesund: aind.* śasta *faustus.* šastír *eisen:
aind.* śastra *telum.* šel *hundert: aind.* śata. šeló *strick: aind.* śulva.
šeró *kopf: aind.* śiras. šil *kälte: aind.* śita. šing *horn: aind.* śrńga.
šošój *hase: aind.* śaśa. šučó *rein: aind.* śuča *blank.* šukár *schön:
aind.* śukla *licht, weiss, rein.* šukó *trocken: aind.* śuškha. šulav *fegen:
aind.* śudh *rein werden, npers.* šustan *reinigen.* vaš *wegen: vergl.*

aind. *vaš wollen, armen.* *vašĕn wegen.* avg. *vas kati desshalb.* *šun*
hören: aind. *śru.* *šung neben sung riechen:* aind. *śingh in upaśinha.*
šut essig: aind. *śukla.* *šuvló angeschwollen:* vergl. aind. *śvi schwellen.*
śūna angeschwollen. *trušúl kreuz:* aind. *triśula dreizack.* Sollen wir
nun sagen, dass die heutigen arischen sprachen Indiens ehedem š für
aind. *ś besassen, es aber später in s verwandelten?* Oder dass die
vorfahren der Zigeuner *s für* aind. *ś sprachen und es später durch*
š *ersetzten?* Weder das eine noch das andere. Aus altem k[1] hat sich
hier *s,* dort *š entwickelt:* bei den Slaven jenes, bei den Litauern
dieses, bei den den Litauern so nahe verwandten Letten und Preussen *s*
wie bei den Slaven. Es gibt keine lituslavische sprache; es hat auch
keine einheitliche sprache gegeben, aus der sich litauisch, preussisch,
lettisch entwickelt hätten. Vergl. A. Hovelacque, La linguistique 398.

III. Das dritte в ist ursprachliches *s:* bosъ *pedibus nudis:* lit. basas.
gasiti *exstinguere:* lit. išgesiti. glasъ *vox:* lit. garsas. kyвnati *made-
fieri, fermentari:* aind. čūš, čūšati *sieden.* męso *caro:* aind. māsa.
armen. *mis.* got. *mimza-.* samъ *ipse:* abaktr. hāma *gleich.* sedmь
septem: aind. *saptan.* sēвti *considere.* sēdêti *sedere:* aind. *sad.* sęk-
nati *fluere:* lit. *senku, sekti.* slêpъ *caecus:* lit. *slêpti celare.* lett. *slēpt:*
vergl. pr. *auklipts occultus.* sočiti *indicare:* lit. *sakīti.* struja *fluen-
tum:* lit. *srovê.* aind. *w. sru.* svoj *suus:* aind. *sava.* synъ *filius:*
aind. *sūnu usw.* sъsati *sugere:* lett. *sukt, sucu.* lat. *sugere:* sъs *glaubt*
man aus sŭk-в *erklären zu können.*

Das slavische besitzt demnach in der tat dreierlei в: das
ursprachliche: sedmь, das vorslavische, jedoch, wie meist behauptet
wird, der ursprache fremde: desętь und das slavische, d. i. auf
slavischem boden erwachsene: mêsi von mêhъ.

20. Mit ausnahme von šestь *sex:* abaktr. khšvas. aind. šaš. lit.
šeši *(Ascoli, Studj 2. 408) ist š durchgängig auf slavischem boden*
entstanden, entweder, wie gezeigt worden, aus h, oder, wie später
dargelegt werden wird, aus в, das sowohl das ursprachliche als das
aus k[1] entstandene sein kann.

21. I. Eine entwicklung des g-lautes ist z, d. i. dz, in bestimm-
ten fällen, namentlich der stamm- und der wortbildung; sie findet sich
jedoch auch im wurzelhaften teil der worte: a) kladęzь. kъnęzь.
pênęzь. skъlęzь. vitęzь; jęza, polьza, polьzьnъ, вtьza. Daneben
finden wir auch obrazi; loza, riza, slъza; podvizati sę, pomizati,
osęzati, sъtęzati sę, trъzati, raždizati und lobzati. b) bozê.
brêzê. črьtozê. juzê. nedazê. nozê. pirzê πύργος. sluzê. lьzê.
druzêmь. mnozi. snêzi. stratizi. oblęzi. pomozi. vrъzi. nebrêzêmъ.

vъvrъz̧ête. c) az̧ъ. jęz̧ykъ. raz̧iti sę. obrêz̧anie. otvrъz̧aetь. otvrъz̧e sę. vъz̧iska. z̧elie. z̧êlo. z̧ênica. proz̧ębnąti. z̧idati. z̧lakъ. z̧ъlyj, z̧loba. z̧mij. uz̧rêti. z̧vêrь. z̧vecati. z̧vękъ. z̧vêzda. z̧vьnêti. *Es sind dies die seite 251 nachgewiesenen worte mit* z̧, *d. i.* dz, *die den stempel ihrer entstehung aus formen mit* g *noch an der stirne tragen. Man kann jedoch nicht behaupten,* dz *sei in allen diesen worten gleich berechtigt: man darf über das vorkommen desselben in jenen formen überrascht sein, die ein altes* z *darbieten:* az̧ъ. jęz̧ykъ. otvrъz̧ati. vъz̧iskati. uz̧rêti; *dasselbe gilt von* lobz̧ati. loz̧a. obraz̧ъ. raz̧iti sę. obrêz̧anie. riz̧a. slъz̧a: *in allen diesen formen ist eine verwechslung des* z̧ *mit* z *in der schrift vorauszusetzen, da die annahme kaum erlaubt ist, es habe sich bei einigen derselben uraltes* dz *erhalten. Das in der stamm- und wortbildung aus dem* g *entstandene* dz, z *gehört der slavischen periode an. Hieher rechne ich auch manches* z *in dem wurzelhaften teile der worte wie* zêlъ *vehemens, lit.* gailas; *zvêzda, lit.* žvaizdê *stern neben* gvaiždika *lichtnelke, lett.* zvaigzne; *zvizdati, lit.* žvingu, žvigti; *zvьnêti, zvonъ: dasselbe gilt von dem etymologisch dunklen* zъlъ *malus: wenn der s. g. Margarethen-psalter* zgłoba, zgłobić, zgłobliwy *bietet, so glaube ich* zg *als aus* dz *entstanden erklären zu dürfen, so dass* zgłoba *für* dzłoba *stünde, da man das wort doch unmöglich von* zъlъ *trennen kann: vergl. rumun.* sglobjŭ *petulans. Das vorkommen von* dz *ist im poln. bezeugt durch* dzwon *compana, aslov.* zvonъ *sonus, das mit aslov.* zvьnêti *zusammenhängt usw.*

II. *Älter sind diejenigen slav.* z, *die lit.* ž *gegenüberstehen, von denen nun zu handeln ist.*

Wie sich k *in* k *und* k¹ *gespalten hat, so sind auch* g *und* g¹ *so wie* gh *und* gh¹ *zu unterscheiden.* g, gh *sind wandlungen in c-laute nicht unterworfen, während* g¹, gh¹ *im abaktr., armen., lit. und slav. veränderungen unterliegen.* g¹: *aind.* ǵ. *abaktr.* z. *armen.* ts. *lit.* ž. *slav.* z. gh¹: *aind.* h. *abaktr.* z. *armen.* z, ḍ (dz), ṭ (ts). *lit.* ž. *slav.* z. *Daher* agni: *aind.* agni. *lat.* igni-s. *lit.* ugni-s. *aslov.* ognь.

Slav. z *für* g¹ *und* gh¹ *findet sich in den hier verzeichneten worten, denen jene beigefügt erscheinen, in welchen slav.* z *lit.* ž *gegenübersteht, wenn auch aind.* ǵ, h *usw. nicht nachgewiesen werden können. Einige von den angeführten formen bleiben problematisch: sie können von den sicheren leicht geschieden werden.*

Azъ, jazъ ego. gh¹. *aind.* aham. *abaktr.* azem. *apers.* adam. *armen.* es *für* ez. *lit.* aš *für* až. *pr. lett.* ez: *anders griech.* ἐγώ. *got.* ik. azno, jazno *corium detractum für* azьno, jazьno. g¹. *aind.* aǵina. *abaktr.* izaêna. *Vergl. aind.* aǵa *bock. abaktr.* azi. *armen.*

aiṭ. lit. ožīs. griech. αἴγίς. ązъ *in* ązъkъ *angustus. gh¹. aind. ăhu. ăhas.*
abaktr. ăzańh. armen. anḍuk angustus. *ązъ, *aind. ăhu, in* ązъkъ
hängt mit vęzati *für* çzati *ligare zusammen: griech.* ἄγγω. ąžika *consan-*
guineus und ąglъ *angulus dagegen setzen eine w.* ęg *voraus.* bezъ *sine.*
gh¹. aind. bahis draussen. bahja der draussen ist. lett. bez: lit. be
wohl aus bež. Vergl. Pott 1. 390. blazina *nsl. polster, matratze.*
gh¹. aind. barhis matte. abaktr. berezis. armen. barḍ. blizna *cicatrix.*
gh¹ wird mit ursprachlichem bhligh, lat. flīgere, got. bliggvan, lett.
blaizīt quetschen, schlagen vermittelt: von der gleichen w. bliz *stammt*
blizь, blizъ *prope,* blizъkъ *propinquus, daher eig. anstossend;* bliznьcь
geminus, testiculus: griech. ἀδελφοί, *mnd. broderen. č.* ubližiti, ubli-
žovati, ublihóvati *nahe treten, verletzen und aslov.* približiti *appro-*
pinquare. bližika *consanguineus setzen eine w.* blig *voraus.* brêza
betula. g¹. aind. bhūrǵa. osset. barze. lit. beržas. ahd. birchā. brъzъ
citus. gh¹. b. hat g neben z: bъrgo *milad. 2. 52. 75. 158. 332.*
525. p. bardzo, ehedem barzo, *valde. aslov.* brъzina *beruht auf*
brъzъ, brъžaj *auf* brъgъ. *Dasselbe findet statt bei aslov.* lêz *durat.,*
lazi *iterat., das b.* leg *verk. 22. milad. 150. 305. lautet, und s.* izljeći,
izljegnem *neben* izljesti. *Man vergl. aslov.* blaznъ *error. nsl.* blazen
stultus und klr. błahyj *usw.* nizъ *und das auf* nigъ *beruhende*
nižaje. brъzъ: *aind. barh, brhati stärken. barhaṇā valde; andere*
denken an aind. bhuraǵ, das aus bhurǵ entstanden sein soll. drъzъ
audax, eig., wie es scheint, fortis. gh¹. aind. darh festmachen. abaktr.
dereza band. lit. diržas riemen: vergl. drъžati *tenere, welches nicht*
auf drъz, *das* drъzêti *ergeben würde, sondern auf* drъg *beruht Fick*
I. 619. 634. II. 581. gryzą *mordeo: lit. grauźiu, graušti. gruži-*
nêti. gъziti* *p.* gzić *stechen, beissen, toben. lit. gužêti für r.* kipêtь,
kišêtь. izъ *ex. lit. iš für iž. lett. iz. pr. is.* jazva *vulnus. lit.*
iž in suižu abbröckeln. pr. eysico (aizwo) wunde. lett. aiza spalte im
eise. jazъ *canalis, eig. wohl agger. nsl.* jêz. *b.* jaz. *klr.* jiz. *r. dial.*
ezъ. *č.* jez. *p.* jaz: *lit. ežê. lett. eža feld, rain.* jezero *lacus: lit.*
ežeras. pr. azaran acc. ježь *erinaceus. gh¹. griech.* ἐχῖνος. *ahd. igil.*
lit. ežīs, ažīs. lett. ezis: ježь *beruht wahrscheinlich auf* jezjъ. lizati
lingere. gh¹. aind. rih, rihati. lih, lēḍhi. armen. lizel, lizanel. lit. lëžti,
laižīti. griech. λείχω. *got.* laigon. *lat. lingere. Hieher rechne ich auch*
językъ *lingua. armen. lezu. pr. insuwis (d. i. inzuwis). lit. lëžuvis.*
loza *palmes: lit. laža flintenschaft neben* lažda *haselstrauch, lett.*
lagzda, lazda. mêzьnъ *iunior: lit. mažas klein.* mlъza*: *čech.* mlza
monstrum. lit. milžinas gigas. mlъzą *mulgeo. g¹. Man merke b.*
moldzeše *milad. 361: aind. marǵ, mrǵati. abaktr. marčz. armen.*

mardel reiben. lit. melžu, milžti, apmalžīti, dagegen griech. ἀμέλγω.
mьzêti. *gh¹. nsl.* mzêti, muzêti *stillare : iz* brêze mzi *aus der birke*
träufelt es : s. mižati *V. mingere ist denomin. lit. mẽžu, mĩšti. lett.*
mĩzu, mĩst. mĩzals. aind. mih, mēhati mingere. mihira. mēha. abaktr.
miz. gaomaēza. osset. mēzun mingere. armen. mēz urina. mizel min-
gere. griech. ὀμιχέω. ὀμίχλη. *lat. mingere zeitschrift 23. 25: lit. migla*
ist entlehnt. Abweichend aslov. mêzga *succus.* mьgla *nubes usw.*
nьzą *infigo: vergl. lit. nêžt, lett. nēzt jucken.* paziti *attendere: man*
vergleicht anord. speki verstand. Das wort ist dunkel. plьzêti
repere: vergl. aind. sphūrǵ und slьzъкъ. *Das wort ist dunkel.* rêzati
caedere: lit. rêžti, rêžiu. anord. raka Bezzenberger. rьzati *hinnire.*
nsl. hrzati: *ž ist aus dem praes. eingedrungen: klr. eržaty. r. ržatь.*
č. ržáti: *lit. aržti Geitler, Fonologie 69.* slêzena *lien. gh¹. lit.*
blužnis, blužnê. aind. plīhan. abaktr. spereza. npers. supurz: vergl.
armen. ṗaitaγn Dervischjan I. 56. griech. σπλάγχνα. σπλήν. *lat. lien*
aus plêhen. slьza *lacrima, eig. quod emittitur, effluit. g¹. aind.*
sarǵ, srǵati von sich lassen, ausgiessen und sargas ausfluss, tropfen.
abaktr. harez loslassen. Zweifelhaft wegen sarg. slьzъкъ *lubri-*
cus: vergl. lit. slaužu, slaušti schleiche und plьzêti *aus* splьzêti.
vezą *veho. gh¹. aind. vah, vahati. abaktr. vaz. armen. vazel. lit.*
vežu. griech. Fόχος. *lat. veho. got. ga-vag-jan.* veznąti: *nsl.* povez-
nôti *modo inverso collocare:* vezel *lonec: vergl. lit. vožu, vošti mit*
einem deckel zudecken. vrьzą: povrêsti *ligare. g¹. lit. veržiu, veršti.*
Vergl. aind. varǵ, vrṇakti drängen und abaktr. varez, varezjēiti
wirken Fick 2. 233. 234. vъzъ ἀντί: *lit. už.* ząbъ *dens. g¹.*
aind. ǵabh, ǵabhatē, ǵambhatē mit dem maule packen. ǵambha.
abaktr. zafra rachen. lit. žambas kante eines balkens. lett. zōbas zahn.
Damit hängt zusammen č. zubadlo, *lit. žaboti frenare. žaboklis fre-*
num. Dagegen griech. γόμφος. *ahd. champ. nhd. kamm. Vergl.* zębą.
zelenъ *viridis. gh¹. aind. ghar, ǵigharti, ghrṇōti glühen, brennen.*
gharma calidus. hari gelb. hiranja gold. abaktr. zairi. garema. armen.
zarik flittergold: w. zer, zьrêti *spectare. zorja splendor. zelo olus.*
zlakъ *herba aus* zolkъ: *ein r.* zolokъ *usw. ist unnachweisbar.* zrakъ
visus aus zorkъ. zlato *aurum aus* zolto. *lit. želti virere. žalias viri-*
dis. želmen-. žolê. žiurêti spectare. žerêti splendere. Davon dürfen
auf gh zurückweisende formen nicht getrennt werden: žlьčь *neben*
zlьčь *bilis,* žlьtъ *flavus aus* želčь, *želtъ; ferners nsl.* golen *unreif*
(golene hruške). golenec *unreife frucht, wofür auch* zelen *gebraucht*
wird. gorêti *ardere.* gorькъ *amarus.* grêti *calefacere: gr-ê. Schwierig*
ist die erklärung von žarъ: *požarъ neben žer- in žeratъкъ, žaratъкъ.*

zemlja *terra.* gh¹. *abaktr.* zem f. *armen.* ṭamaḱ. *lit.* žemê, *griech.* χαμαί. *lat. humus und abweichend* aind. gam, sg. gen. gmas *und* ǵam, sg. gen. ǵmas. zębą dilacero. g¹. Vergl. aind. ǵabh, ǵambhatē. *abaktr.* zemb *zermalmen.* zaf-an, zaf-ra *mund, rachen. lit.* žebêti. *aslov.* zobati. *lit.* zêbti: *aslov.* zęb (zębnąti) *germinare. lit.* žembêti *mag mit* zębą dilacero *zusammenhangen und eigentlich 'spalten' bedeuten Fick 2.* 560: *auch* zębą frigeo *gehört hieher: vergl.* ząbъ *zeitschrift 23. 25.* zętь *gener.* g¹. aind. ǵan, ǵanati nasci. *abaktr.* zan. *armen.* ṭnanil. *lit.* žentas *gener neben dem abweichenden gentis cognatus: griech.* γίγνομαι. *lat.* gigno. zi *hervorhebend:* ovъzi, onъzi: aind. hi aus ghi. *abaktr.* zī. *armen.* zi. *Neben lit.* gi, pr. dīgi, deigi *besteht lett.* dz *in nedz neque und aslov.* že. aind. ha, gha. zidati *condere: lit.* žêdu. zima hiems. gh¹. aind. hima *aus* ghaima. *abaktr.* zima. *armen.* ḍmern. ḍiun *schnee. lit.* žëma. *griech.* χειμών. zinąti hiare. gh¹. aind. hā, ǵihītē. *abaktr.* zā, zazaiti *auseinandergehen machen. lit.* žioti, žioju. *griech.* χαίνω. *lat.* hiare. zlъva *glos: vergl. griech.* γαλόως. *lat.* glos. znati *noscere.* g¹. aind. ǵñā, ǵanati. *abaktr.* zan *neben* žnū. žnūtar. *osset.* zond *kenntniss. armen.* ṭanōth. *lit.* žinoti. *griech.* γνω: γιγνώσκω. *lat.* [g]nosco. *got.* kan. zobati *edere.* g¹. *lit.* žebti. žebêti. aind. ǵabh, ǵambhatē *vergl.* zębą. zovą *voco.* gh¹. aind. hu, havatē. hvā, hva-jati. *abaktr.* zu, zavaiti. zbū, zbajēiti. *armen.* n-zov-kh *fluch.* zrêti *maturescere.* g¹. aind. ǵar, ǵarati *morsch, gebrechlich werden. abaktr.* zaurva *alt. osset.* zarond *alt. armen.* ṭer *alt. griech.* γέρων. *Hieher gehört auch* zrъno *granum. avg.* zaχai *kern. lit.* žirnis: *daneben* žrъny. *lit.* girnos pl. *zeitschrift 23. 25.* zvêrь *fera.* gh¹. *lit.* žvêris. *Für* gh¹ *spricht griech.* θῆρ *neben* φῆρ, νιφ *in* νίφει snigh *neben* θερμός gharma. zvêrь, ζvêrь, *ursprünglich vielleicht schlange, kann mit* aind. hvāra m. *schlange zusammengestellt werden.* zvęgą cano. zvizgъ *sibilus.* r. zvjaga *blatero. lit.* žvengti hinnire: *hiemit ist aslov.* zvьnêti *sonare,* zvonъ *campana,* p. dzwono; *aslov.* zvęknąti, b. dzveknъ *zu verbinden. Vergl. got.* qvainōn *weinen.* zъlъ *malus, eig. wohl schwach: nsl.* slab *schwach und schlecht: vergl.* aind. ǵur *in verfall kommen, nebenform von* ǵar, ǵarati. *Vergl. seite* 267.

brêzgъ *diluculum ist zu vergleichen mit* aind. bhrāǵ. *abaktr.* barāz: *vergl.* mêzga *seite 269. unter* mьzêti. *Abweichungen:* gąsь *anser. osset.* npers. ghāz. *armen.* sag *aus* gas. aind. hāsa. *lit.* żąsis *neben* žansis, žousis. s. pizma *inimicitia ist ngriech.* πεῖσμα *und mit lit.* pīkti *zürnen unverwandt.*

z *findet sich in den aus dem deutschen entlehnten worten für* s: gonьznąti, genьznąti *salvari: got.* ganisan *genesen, gerettet werden.*

hyzъ *domus:* got. *hūsa-.* miza *nsl. tisch:* dagegen *aslov.* misa πίναξ
patina: got. *mēsa-* πίναξ, τράπεζα *aus lat. mensa: vergl. aslov.* bljudo
patina mit got. *biuda- tisch.*

z *tritt, wie es scheint, an die stelle eines ursprünglichen* zd:
groza *horror.* groziti *minari: lit. grumzda minae. grumzditi minari.*
grẹznąti *immergi.* grẹza *coenum.* grąziti *immergere: lit. grimsti,*
grimstu, grimzdau immergi. gramzditi immergere. z *und* ž *lieben es*
sich der sie begleitenden consonanten zu entledigen, daher bozi *für*
bodzi. božij *für* bodžij.
Dunkel ist slêzъ *malva, nsl.* slêz, sklêz, *p.* ślaz, *lit. žlugies*
bei Szyrwid 341.

22. *Zu den aus* g *entstandenen lauten gehört auch* ž, *das, wie* z *in*
bestimmten füllen, wahrscheinlich erst auf slavischem boden sich ent-
wickelt hat: žaba *rana: pr. gabawo kröte.* žalь *dolor.* žasnąti
stupefieri: eine hypothese seite 60. že *vero: lit. gi. aind. gha, ha:*
vergl. zi. žegъzulja *in* žegъzulinъ *cuculi. č. žežhule: lit. gegužê.*
lett. dzeguze. želêti *cupere, lugere: aind. har, harjati desiderare.*
žely *testudo: griech.* χέλυς. žena *femina: pr. ganna, genno. got. qinōn-.*
armen. kin, pl. gen. kananṭ. abaktr. ghena, ǵeni. aind. gnā, ǵani. že-
ravь *grus aus* žravь, žrêvь: *lit. gervé.* žica, *d. i.* ži-ca *aus* *ža *oder*
*žija *nervus. b.* žicъ. *s.* žica *filum: aind. ǵjā. abaktr. ǵja bogen-*
sehne. lit. gija faden: hieher gehört auch žila *vena, eig. sehne: lit. gisla*
von gleicher bedeutung. živъ *vivus: lit. gīvas. aind. ǵīv. ǵīva. armen.*
keal vivere. apak'inel reviviscere. žlêdą *compenso aus* želdą. žlъdêti
desiderare: aind. gardh, grdhjati. žьrą *voro.* žrêlo, grъlo *aus* žerą, žerlo,
gerlo. *lit. geriu. armen. -ker in compositis. abaktr. -gara in com-*
positis. garaṅh kehle. aind. gar, girati. žьrą *sacrifico aus* žerą, *eig.*
wohl laudo: lit. giriu. aind. gar, grṇāti. žrъny *pistrinum aus* gerny.
lit. girna. got. qairnu-. lett. dzirna. aind. ǰar morsch werden. žьdati,
žadati *neben* židati *desiderare: lit. geidu. lett. gaidu. Vergl.* žẹdêti.
žьmą, žẹti *comprimo.* žьnją, žẹti *demeto: lit. genêti bäume beschnei-*
den, hauen. žьvą, žavają *neben* živają *mando. p.* žuć, žwać: *ahd.*
chiuwan. stežerъ *cardo: lit. stagaras stengel.* ažь *anguis: lit. angis.*
lett. ōdze. aind. ahi. abaktr. aži. armen. iž neben ōḍ. griech. ἔχις.
ahd. unc: ązjъ. *Hieher gehört auch der name des schlangenleibigen aals:*
aslov. ągorь *in* ągorištь. *lit. ungurīs. griech.* ἔγχελυς. *lat. anguilla.*

ž *ist in einigen entlehnten worten aus* j *entstanden:* židinъ,
židovinъ *iudaeus. nsl.* židov. *s.* žudio, *sg. gen.* žudjela. žukъ
iuncus glag. župa *glag.* županъ *vestis genus: mlat. jupa. kr.* žežin
ist lit. ieiunium. ž *scheint unmittelbar aus* dj, dž *hervorgegangen.*

Deutschem s (tönend) entspricht ž in folgenden worten: papežь
papa: ahd. bābes. župelъ *sulfur: ahd. sueful. Man merke ž in* križь
crux aus *krjužь: *ahd. chriuze, krūzi aus lat. crux, crucem. Vergl.*
kaležь *calix, calicem, das ahd. kelih lautet: kr.* kalež.
Ursprachliches g hat sich erhalten in: ąglь *carbo: aind. āgāra.*
lit. anglis.   bogъ *deus: aind. bhaga glück, herr.*   gadati *coniectura*
assequi. p. gadać *loqui: aind. gad loqui. lett. gūdāt curare: abwei-*
chend lit. žadêti sagen. Man beachte die teilweise auseinander gehenden
bedeutungen und a für a. gasnąti *exstingui: aind. ģas, ģasatē fessum*
esse. abaktr. zah abwenden. Auch lit. bewahrt das ältere g: gestu,
gesti, *woraus lett. dzestu, dzist.*   glagolъ *verbum, d. i.* gla-golъ:
aind. gar, grnāti *rufen.*   gora *mons: aind. giri. abaktr. gairi. lit.*
girê wald: vergl. b. gorъ. *s.* gora *wald und sp. monte berg und*
gehölz; im zürcherschen 's pirg berg und wald. govędo *bos: aind. gō.*
abaktr. gāo. npers. gāv. armen. kov. govьno *stercus: aind. gūtha.*
abaktr. gūtha. npers. gūh. armen. ku. kurd. gū.   griva *iuba.* grivьna
collare: aind. grīvā cervix. abaktr. grīva.   grъlo *guttur aus* gerlo:
aind. gar, girati.   igo *iugum aus* jъgo: *aind. juga neben juģ, junakti.*
abaktr. jaokhta. armen. zojg paar. lit. jungas. jungti, junkti.   nagъ
nudus: aind. nagna. lit. nogas.   ognь *ignis: aind. agni. lit. ugnis.*
pêgъ *varius: aind. piñģ, piñktē usw. g ist im slav. wie im lit. zugleich*
der nachfolger des ursprachlichen gh: degotь *r. teer: aind. dah,*
dahati. abaktr. daz, dažaiti. lit. degu, degti uri. degutas birkenteer.
p. dziegieć.   dlъgъ *longus: aind. dīrgha. abaktr. darĕgha. lit. ilgas*
wohl für dilgas.   gladъ *fames: aind. gardh, gardhjati. got. grēdu-.*
lьgъкъ *levis: aind. raghu rennend. laghu leicht. abaktr. reñģ hurtig*
sein. armen. erag rasch. lit. lengvus, lengvas.   mьgla *nebula: aind.*
mēgha. abaktr. maēgha. osset. miegha. armen. mēg. lit. migla, das
jedoch entlehnt ist seite 269.   sнêgъ *nix: aind. snih, snēhati feucht*
werden. abaktr. śniž, śnaēzhaiti. lit. snigti, sniga. snёgas. stignąti
venire: aind. stigh, stighnōti. griech. στείχω: stьza *semita ist auf*
slav. boden entstanden usw.

23. *Wie* dz, z *aus dem g-laute, so ist* c *aus dem* k *hervorgegangen.*
Dies tritt ein in der wort- und stammbildung, seltener im wurzel-
haften teile der worte. a) raci *von* rakъ. sêci *von* sêk. racê, racêhъ
von rakъ. tacêmь, tacêma *usw. von* takъ. sêcête *von* sêk. *b)* borьcь
pugnator. slъnьce *sol.* bolьnica *mulier aegrota.* sêcati *neben* sêkati
von sêk. *c)* cêditi *colare.* cêvь *in* cêvьnica *lyra.* cêglъ *solus.* cêlъ
integer. cêna *pretium.* cêpiti *findere.* cêsta *platea.* cêstiti *purgare.* cêšta
praep. gratia. nicь πρηνής *pronus überrascht: aus der w.* nik *würde*

ničь *zu erwarten sein: mit* sicь *aus* sikjъ *ist* nicь *nicht zu ver-
gleichen.*

24. *Der jüngere ursprung des* c *im aslov.* cvilêti *plangere.* cvêliti
affligere, eig. facere ut quis plangat, und cvьtą *floreo erhellt aus dem
in anderen slav. sprachen erhaltenen* k: *č.* kvíliti *lamentari aus und
neben* kviéliti, *eigentlich lamentari facere. p.* kwilić. roskwilać.
kwielić : nie godziło się im ledwie dumy kwielić. *Vergl. klr.*
zakvylyt *bibl. I.* kvilyty *wimmern und* čvilyty *schlagen verch. 77. r.*
razkvelitь *tichonr. 1. 264. Dalь. und os.* cvila, cvela *cruciatus: man
vergleicht ahd. quelan; andere denken an lit. kaulīti und ags. hvelan.*
č. ktvu *aus* kvtu, kvísti. *p.* kwtę: zakwcie, *aslov.* zacvьtetъ, kvišć.
os. ktu *florent für* kvtu, *aslov.* cvьtątъ. *ns.* kvitu, kvisć; *wr.* gilt
cvisć *und* kvisć: *lit. kvëtka ist entlehnt. Dasselbe tritt ein bei nsl.*
cvičati. *s.* skvičati *stulli und č.* kvičeti. *p.* kwiczeć, kwiknąć *gan-
nire. klr.* kvyčaty *und* skovyčaty. *r.* kvičatь. *lett. kvēkt; nsl.* cvrčati
sonum edere und s. skvrčati, kvrčati. *p.* skwierczeć. *Dagegen bietet
aslov.* skver : raskvrêti *liquefacere, für nsl.* cvrêti. *p.* skwar *schmel-
zende hitze.*

25. *Wie ferner ž aus g, so ist č aus ursprachlichem k entstanden.*
česati *radere, pectere : aind. kas; vikas findere.* četyrije *quatuor: aind.
čatvar-. abaktr. čathvar. lit. keturi.* črъvь *vermis aus* červь: *aind.
krmi aus* ka₁rmi. *lit. kirminis. lett. cirmis.* čь *in* čьto *quid : aind.
ki-m. ki-s. abaktr. či-š. či-ṭ.* čьtą *numero: aind. čit bemerken usw.*

26. *Ursprüngliches k hat sich erhalten in* krъtъ *talpa: aind.
kart, krntati schneiden.* krъvь *sanguis : aind. krū in krū-ra blutig.
lit. kraujes. kruvinas.* kupa *acervus: abaktr. kaofa berg, buckel. lit.
kaupas.* kъ *in* kъto *quis : aind. ka. lit. kas.* kъkъ *coma: abaktr.
kača.* līk, lьk *in* otlêkъ *reliquiae: aind. rič, riṇakti.* lük *in
luna luna aus* lukna, luča *radius: aind. ruč, rōčatē.* peką *coquo :
aind. pač, pačati. abaktr. pač, pačaiti.* teką *fluo: aind. tač cur-
rere. lit. teku.* vlъkъ *lupus: aind. vrka. abaktr. vehrka. lit. vilkas.*
vyknąti *assuefieri, discere aus* ъknąti: *aind. uč, učjati gefallen finden.
učita gewohnt. lit. junkti: ukis aus ukjas wohnhaus vergl. mit aind.
ōka haus, wohnsitz und serb.* zavičaj *ort, an den man sich gewohnt
hat, heimat, aslov.* *za-vyč-aj. *lett. jūkt. got. ūh: biūhts gewohnt.*
-kъ *suff.* lьgъ-kъ *levis: aind.* -ka : dhārm-i-ka *gerecht usw.*

27. *Griech χ geht nicht selten in k über: izь* kersonê *neben* kъ
hersonu *lam. 1. 24.* krizьma *triod.-mih. neben* hrizma· krъstijanъ
slêpč. kristijaninь *lam. 1. 149. neben* hristijaninь šiš. hristijanica
lam. 1. 30.

28. *Ausser* č, ž, š *und* c, z, s *gibt es im aslov. noch eine ver-
wandlung von* k, g, h. *Wenn nämlich diese laute in fremden worten
vor* i, e, ь, ę *stehen, so gehen sie häufig weder in* č, ž, š *noch in* c, z, s
*über, es rückt bloss ihre articulationsstelle nach vorne an den harten
gaumen, wodurch* k *und* g *in* tj, gj *übergehen, während* h *jenen laut
erhält, den Brücke 64. mit* χ[1] *bezeichnet. Der gleichen modification
unterliegen* k *und* g *im serbischen in worten wie* ćeremida, ćesar,
ćiril κεραμίς, καῖσαρ, κύριλλος *und* gjeorgjije, gjuragj, magjistrat
γεώργιος, *magistratus usw. Dass das dem* ǵ *entsprechende glagoli-
tische zeichen den laut des magy. gy, serb.* ђ, *gehabt habe, ist auch
P. J. Šafařík's ansicht: Über den ursprung und die heimat des
glagolitismus 23, der das magy. evangyeliom, angyal und gyenna für
eine erbschaft nach den aus diesen gebieten gewichenen Slovenen erklärt.
Dass sich in* levьgity *aus* i *ein* j *entwickelt habe und dass dieses* j
graphisch durch g *ausgedrückt sei, ist unwahrscheinlich, eben so un-
wahrscheinlich, dass dem* ǵ *in den seite 188 behandelten fällen die
rolle des den hiatus aufhebenden* j *zugefallen sei. Für serb.* ć *und*
gj *wendet das kyrillische alphabet die zeichen* ћ *und* ђ *an. Die hier
in frage kommenden laute werden auf verschiedene art bezeichnet: in
den ältesten glagolitischen quellen findet man* k̀, ǵ, *das durch das
glagolitische zeichen bei Kopitar nr. 12 ausgedrückt wird,* h̀. *In den
späteren denkmählern hat dasselbe zeichen die geltung des* j. *In den
ältesten kyrillischen quellen wird* k̀, ǵ, h̀ *angewandt; spätere kyrillische
denkmähler bieten das aus dem erwähnten glagolitischen zeichen ent-
standene* ћ *für* k̀ *und für* ǵ *neben* k, g *vor praejotierten vocalen:*
kje *und* gje, kju *und* gju. *Ich gebrauche durchaus die zeichen* k̀, ǵ,
h̀: *Zogr.* k̀: gazofilak̀iovi. gazofilak̀iją. gazofulak̀ija. k̀enьturiona.
k̀esara. k̀esarê. k̀esarevъ. k̀esarevaê. k̀esarevi. k̀esariję καισαρείας.
eliêk̀imovъ ἐλιακείμ. k̀insъ. k̀itovê τοῦ κήτους. k̀ifa κηφᾶς. paras-
k̀evьǵii. pistik̀ii πιστικῆς. k̀wrinьju κυρηνίου. saduk̀ei. saduk̀ejska
neben k̀esarevi. k̀esarevoe. k̀inъsъ. pistik̀iję. skiniję. skinopigiê
und in b. kesarevi. kinъsъ. kinъsъnъj. sadukei. sadukeę. ǵ: aǵli.
aǵly. anǵeli *b.* [i]ǵemonovi ἡγεμών. ǵenisaretьską. ǵenisaretьscê.
ǵen'simani γεθσημανῆ. ǵeoną. ǵeonê. ǵeeną *b.* ǵerǵesinьskyję. ǵer'-
ǵesi[nьską]. evaǵlie. evaǵliê. evaǵliju. evaǵeliju εὐαγγέλιον. leǵeonъ.
lewǵitъ. lewǵiją λευΐ. lewǵiinъ. naanǵeovъ τοῦ ναγγαί *luc. 3. 25.*
nineuьǵitomъ. [ni]neuьǵitьsci. parask̀evьǵii παρασκευή. vit'aǵiją
βιθθραγή. voanirǵisi βοανεργές. *Überraschend sind* ǵelьgota. ǵelъgota.
ǵolъgota γολγοθά. gazofilak̀iją *neben* gazofilak̀ija γαζοφυλάκιον *neben*
anǵli *b.* geenê *b.* skinopigiê. g *ist das zeichen für 30.* h̀: arh̀ierei. arh̀ie-

reomъ. arȟiereova *neben* arhierei, ar'hierei. *Cloz. I.* a͞gʌъ *881. 889.*
ang̅lъ *866. 880. 898.* aglmъ *266. 467.* arhg͞lomъ *266.* arhang̅mъ
469. ang̅lъskyję *558.* evng̅lьê *87.* evang̅listъ *168. 178. 241. 665.*
evang̅lskają *28.* evang̅skymi *45.* egjupta *270. 300.* egẏpta *858.*
egjuptêni *316. neben* vidъfagiję *43: 555. ist* paraskevьg̅iją *zu*
lesen. Als zahlzeichen findet sich g̅ *211. 230. 232. 386. 391. Assem.*
ang̅li. ang̅ely. areopag̅itъ. evang̅elie. evg̅listъ. evg̅enъ. egẏpetъ.
egẏpta. ig̅emonъ. g̅edьsimani. g̅enada. g̅enisaretьską. g̅eonê. g̅eor-
g̅ij. g̅erg̅esinьską. ig̅emonu. lev'g̅ij. levg̅iją. levg̅itъ λευίτης. legeonъ.
paraskevg̅ii *sg. nom.* paraskevg̅iją. serg̅ê *sg. gen.* skinopig̅ia *neben*
pistikyję. *Auch im assem. findet sich* g̅ *als zahlzeichen. Mariencodex.*
evū͞ug̅lie. paraskevg̅ij. *Kiever glag. fragmente:* ang̅elъ *zapiski imp.*
akad. nauk XXVIII. 537. 538. Dafür bietet der ostrom. angely.
paraskevg̅iją, *die sav.-kn.* gemonu *109.* gerъgesinomъ *16.* gerь-
gesinьskyję *39.* egẏpetъ *139.* levьg̅iją *67.* leug̅itъ *41.* paraskevь-
g̅ija *123.* vitьfag̅iją *72. neben* arhng̅lъ *149. Sup.* k̅: akak̅ij *50. 15.*
afrik̅ia *132. 8.* thrak̅ia *142. 4.* patrik̅ij *433. 9.* pinak̅idy *107. 3.*
halьk̅idonьskъ *15. 2; 442. 18.* pringk̅ips *123. 19.* primik̅irij *434.*
27. eẏdok̅ija *207. 8.* ekъdik̅ij *50. 15.* ezek̅ija *174. 5.* dek̅ij *73.*
4; 94. 18; 132. 3. isak̅ij *202. 19.* sik̅ilija *98. 2.* laodik̅ija *170. 1.*
lik̅inij *61. 3.* mark̅ianъ *148. 20.* k̅itъ *298. 25.* k̅ivotъ *169. 18.*
kapadok̅ijskъ *50. 10.* srak̅inьskъ *447. 28. neben* sracinъ *435. 17;*
450. 24 usw. nik̅ejskъ *79. 2; 140. 11; 147. 23.* neok̅esarija *434.*
10. sak̅elarь *92. 4.* sak̅erdon *50. 14.* mak̅edoni *94. 20.* k̅ela *90.*
16. k̅enturionъ *133. 16.* k̅erastъ *136. 27.* k̅esarь *326. 21.* k̅esa-
rijskъ *163. 27.* ak̅ẏla *256. 3.* prisk̅ẏla *256. 3.* dek̅ębrь *420. 24.*
dek̅embrь *216. 12.* afrik̅ьskъ *132. 9.* patrik̅ь *433. 22.* rẏndak̅ь
88. 10. g̅: agg̅ij *50. 18.* frẏg̅ijskъ *101. 23.* g̅isterьna *434. 24.*
trag̅ijanъ *445. 17.* serg̅ij *434. 9; 437. 14. neben* sergja *447. 26;*
448. 26. d. i. serg̅a. mag̅istrijanъ *13. 4.* agg̅elъ *93. 6.* g̅eona
365. 18. g̅eonьskъ *65. 24.* g̅eonьna *353. 28.* eẏg̅enij *420. 11.*
eẏagg̅elij *213. 3.* l̅egeonъ *für* legeonъ. rig̅eonъ *423. 29.* h̅: rahiilь
286. 25. Nic. bezeichnet k̅ *und* g̅ *durch dasselbe zeichen:* k̅: skyno-
fig̅iê *234.* g̅. ang̅elь. g̅enisьratьsku. g̅ensaritscêmь. g̅eonu. g̅eonnê.
g̅eonьskago. g̅erg̅esinьskye. g̅etьsimani. evang̅elie. legг̅eonь. leug̅iju.
levg̅i *sg. nom.* vitьfag̅iju *neben* kiriêmi χειρίαις *io. 11. 44. In Srez-*
nevskij, Drev. glag. pam. g̅eorъg̅i *257. Man merke* sev'g̅iri *Srez-*
nevskij, Drev. slavjan. pam. jus. pisьma 221. egjupetъskyhъ *286.*
geta *385. für* ἰῶτα. kjura *krmč.-mih.* kjupriêna *slêpč.* kitovê. kjurь-
jakъ. levg̅ity *izv. 443. 595. 640.* kjedrъskъ *ev. 1372.* igjemonь.

gjeona. gjeorgije *pat.-šaf. In den späteren denkmählern fehlt jedes
zeichen:* ninevgitomъ. aggelъ *bon.* legeonь. geonu *hom.-mih.* lev-
gyją *ev.-mih.* pri kelari. eūgeliamь. liturgiinamь. gramatikiję *lam.
1. 19. 27.* prikija *misc.-šaf.* carъ kesarъ. kesarьstvo *mladên.* levъ-
giją *tur.* rasplogenije. zahogenije *tichonr. 2. 367. für serb.* -gje-
nije. *Man merke* oroгьčistъ ἐπορχιστής *op. 2. 2. 58.* k̂ *und* ĝ
*würden im s., das ja die laute auch in einheimischen worten kennt
wie* kraći, mlagji, *nicht überraschen: dass aber im aslov. für diese
laute zeichen bestehen, ist sehr auffällig:* ĥ *ist auch dem s. fremd.*

E. Die c-consonanten.

1. C *lautet wie* ts, z *wie tönendes* s, s *wie tonloses* s. *Die namen
dieser buchstaben sind* ci, zemlja *und* slovo: *von* zemlja z *ist zu
unterscheiden* dzêlo s, ʒ *und* ɀ *seite 251.*

2. c, z, s *gehen unter bestimmten umständen in* č, ž, š *über.*

A. Hinsichtlich der verwandlung des c *gilt als regel, dass vor den
lauten, vor denen* k *in* č *übergeht, auch* c *in* č *verwandelt wird,
weswegen man geneigt sein kann* konьčina *auf* konьkjъ, konьk-ina,
und nicht auf konьcjъ, konьcь *zurückzuführen.* lovьčij *venator von*
lovьcь. ovьčij *ovilis von* ovьca. masličije *olivae von* maslica. vьdo-
vičinъ *viduae von* vьdovica. zajęčina *caro leporina von* zajęcь.
vênьčitъ στεφανίτης *von* vênьcь. grъličištь *pullus turturis von* grъlica.
dêvičь *virginum von* dêvica. lastovičь *hirundinum von* lastovica.
pъtičь *avium von* pъtica. konьčьnъ *finis von* konьcь. nêmьčьskъ
germanicus von nêmьcь. masličьnъ *olivae von* maslica. sгъdьčьnъ
cordis von sгъdьce. opičьsky *adv. simiae modo von* opica. žьгьčьskъ
sacerdotis von žьгьcь. otьčьstvo *patriae von* otьcь. vьdovičьstvo *vidui-
tas von* vьdovica. otьčevъ *patris von* otьcь *neben dem unrichtigen*
telьcevъ *vituli op. 2. 3. 93. von* telьcь. nističę *defluens aus* nisticję:
inf. nisticati; *ebenso* nističąšti. obličaj *figura aus* oblicjaj *von* lice.
grъnьčaгъ *figulus von* grъnьcь. konьčati *finire von* konьcь. otьčuhъ
vitricus von otьcь. *Man merke* narusičavъ *subrufus von* *narusica
und hądožavъ *peritus von* hądogъ. *Die verschiedenheit, die hin-
sichtlich der verwandlung in* č, ž, š *zwischen* c *einer- und* z, s
andererseits eintritt, ist in der relativ späten entstehung des c *aus*
k *begründet, ein satz, der in den veränderungen des jüngeren* z,
d. i. dz, z. *b. in* kъnęzь *neben* kъnęgъ *usw. eine bestätigung findet.*

B. Hinsichtlich der veränderungen des z *ist zwischen dem jungen,
auf slavischem boden entstandenen und dem vorslavischen* z *zu unter-
scheiden: für das erstere gelten dieselben regeln wie für* c, *daher*

knęžij *principis.* knęžije *principatus.* knęžištь *princeps iuvenis.* knę-
žiti *regnare.* knęžь *principis von* knęzъ, *wofür auch* knęgъ. vitęžь-
stvo *militia in glag. quellen: daneben besteht* gobьzije *ubertas.* gobь-
ziti *divitem reddere von* gobъzъ *abundas, got. gabiga-, gabeiga-.*
Neben vъdrążiti *infigere ist häufiger* vъdrąziti, *das mit* drągъ *tignum*
zusammenhängt. z *in* dviza *movere ist zwar auf slavischem boden ent-*
standen, kömmt jedoch vor i, ę, ê, ь *usw. nicht vor:* dviži *impt. ist*
dvizji, dvižę *partic. praes. act.* dvizję *usw.* pokažate *ist nicht* pokazête,
das diese form bewahren würde, sondern pokazjête; *so sind auch*
die imperfecta wie kažahъ, gъmьžahь *prol.-rad. 21. zu erklären.*
Für das vorslavische z *gilt die regel, dass es eine verwandlung nur*
vor den praejotierten vocalen erleidet, es hat jede erinnerung an g
aufgegeben: gъmyžь *insectum von dem iterativen* gъmyz *in* gъmy-
zati. nožь *culter aus* nozjъ *von* nozi *infigere: vergl. jedoch pr. nagis*
feuerstein. hyža *neben* hyžda *domus aus* hyzja *von* hyzъ *(vergl.*
dažde *marc. 14. 30-nic. für* daže). *Ebenso* rogožь *papyrus und*
rogoža *tapes von* rogozъ. *Dagegen* polьzevati *prodesse von* polьza.
ąže *funis ist wohl* ąge *von* ęg, vęz, *während* lože *lectus unzweifel-*
haft loges *von* leg *ist, daher* ložesьno. omražati *exsecrari aus*
omrazjati *von* omraziti; *ebenso* priražati *illidere von* priraziti.
plъžą *repo aus* plъzją *von* plъz *in* plъzêti. lažą *repo.* lažaahъ.
lažь. lаženъ *aus* lazją. lazjaahъ. lazjъ. lazjenъ. . plêžą, plêžesi.
impt. plêži *partic. praes. act.* plêžę *aus* plêzją, plêzješi. plêzji *usw.*
von plêz *in* plêzati. mrъžę *in* mrъžuštamь vodamь *mladên. aus*
mrъzję *von* mrъz *in* mrъzati *congelari.* mrъža: *r.* merža *aqua*
congelata: w. mrъz. maža *aus* maz-ja: *andere meinen,* maža *beruhe*
zunächst auf mazь, *sei demnach eig.* mazь-a. *Praejotierte vocale*
nach z *sind selten:* pênęzju *zogr. b.; selten sind formen wie* vъžlju-
blją. *Nsl.* željar *inquilinus ist deutsch: vergl. mhd. sidelen; anders*
matz. 92; nsl. žvegla *fistula: ahd. swëgala schwegelpfeife; aslov.*
župelъ, *nsl.* žveplo, *sulfur: ahd. swëval, got. svibla-. Dass* ražьnъ
stimulus auf orz- *beruht, ist aus r.* roženъ. *p.* rožeń *usw. zu folgern:*
raždьnъ *weiset auf* razga, rozga *hin seite 244. Vergl.* nižaje *und*
die bemerkungen seite 268.

C. Während c *in allen fällen jung ist, muss man bei* z *zwischen*
jungem und altem z *unterscheiden.* s *ist wie altes* z *einer verwand-*
lung in š *nur vor praejotierten vocalen unterworfen:* našь *noster,*
вašь *vester ist wohl* nas(ъ)jъ, vas(ъ)jъ: *vergl. lit. musu-jis der*
unsrige. lett. mūsejs. fineešь *aus* fineesjъ. chamošь χαμώς: *dagegen*
vьsь *vicus aus* vьsї. kaša *in* kašica *puls leitet Potebnja, Dva izslê-*

dovanija 24, von kas *in* kasatь, dratь, rvatь *ab, daher* kasja.
paša *pascuum von* pas *durch* ja. byšę *futurus ist* bysję *von* bys.
sulêjši *praestantior aus* sulêjsja *von* sulêjs. byvъši γενομένη *aus*
byvъsja *von* byvъs. jefešaninъ ἐφέσιος. perъšaninъ *neben* perъsê-
ninъ *persa.* glašati. mêšati. -našati. prašati. vêšati *aus* glasjati.
mêsjati. -nasjati *usw.* mitušati *alternis pedibus calcare setzt ein mit*
mitusъ *alterne zusammenhangendes* mitusiti *voraus.* višą *pendeo aus*
visją *von* vis *in* visêti. nošą *fero.* nošaahъ. nošь. nošenъ *aus*
nosją. nosjaahъ *usw. von* nosi *in* nositi. šiti *suere aus* sjuti: *w.* šь
aus sjŭ. šuj *sinister, aind. savja, abaktr. havja, enthält im slav.* u
wie im aind. av eine steigerung des u*:* šuj *ist* sjuj: *č.* šever *ist das*
md. schif. Abweichend ist blagoslovesenъ *für* blagoslovešenъ. pišą,
pišeši. *impt.* piši. pišę. pišemъ *aus* pisją, pisješi *usw. von* pьs:
pьsati. *Unrichtig ist* rušky *sabb.-vindob.* rušьskyj *lam. 1. 113. danil.*
350. für rusьskyj; *ebenso* mьčenošьсь *für* mьčenosьсь. pokošьnъ
conveniens findet man neben pokosьnъ: *w. scheint* koh *zu sein.*
Abweichend ist vьsь, vьsego *omnis aus* vьsjъ: *die prag.-frag. bieten*
v̄ši. v̄šêčьskaê. *č. hat* všeho. *p.* wszego *usw. 3. seite 367. 440.*
Aus dem gesagten ergibt sich, dass in der verwandlung in š *zwischen*
dem s *aus ursprachlichem* s *und dem* s *aus ursprachlichem* k *kein*
unterschied obwaltet.

Die gruppen zja, sja *usw. werden dem gesagten zu folge durch*
ža, ša *usw. ersetzt. Die verwandlung des* sja *in* ša *geschieht dadurch,*
dass j *in* χ *übergeht, denn* ša *ist [s*χ*]a Brücke 81;* ža *wird durch*
[zy]a dargestellt 84.

3. A. c *kann nur mit* v *und* r *verbunden werden:* cvilêti.
cvisti; crъky *aus* cerky; crъkъtênije *ist abweichend. Über* kv
für cv *vergl. seite 273.*

B. Das tönende z *kann mit allen tönenden consonanten eine ver-*
bindung eingehen: zvati. zvizdъ. zvьnêti. zdati. zlato. zmij. znati.
zrakъ. z *vor einem tonlosen consonanten geht in das tonlose* s *über:*
vesti *vehere aus* vezti. uvęstъ *coronatus aus* uvęztъ. istočьnikъ
sup. 13. 26. vъstręse *162. 18.* isprositi *116. 14.* гаврьга *350. 10.*
neiskusьnъ *235. 27.* rashoditi sę *205. 16.* vъshvaliti *19. 8; ebenso*
bes togo *7. 29.* vъs *toliko 335. 22.* bes pravьdy *cloz. 1. 640.*
bes pečali. bes poroka *ostrom.* vъs kąją *sup. 210. 19.* is hlêba *447.*
11 usw. Selten ist izъhvaliti *169. 21. Unrichtig ist* bezplačьnъ
322. 1. izhoditi *296. 2. Zwischen* z *und* r *wird sehr häufig* d *ein-*
geschaltet, es mag die verbindung zr *wurzelhaft oder* z *zur praeposition*
oder zum praefix gehören: im letzteren falle ist ъ *zwischen* z *und* r

ausgefallen: vъzdrydaete. izdreče. izdrąky *e manu.* bezdrazuma
sine ratione zogr. izdrešti *cloz. 1. 47.* razdrěši *460. 629.* razdrěšъ
784. razdrěšająšte *78.* razdrušenьe *618. 720.* vъzdradovati sę.
vъzdradovaěę sę. vъzdrastъ. vъzdraste. razdrěšite *und sogar*
vъzstraste *assem.* vъzdrastetъ. izdrěšeniê *glag.-kiov. 432. 536.*
vъzdrasti *sup. 23. 10.* vъzdradovati sę *112. 2.* vъzdrevъnovati
7. 5. vъzdruti *52. 12.* izdrešti *51. 29.* izdreką *267. 5.* izdreče
115. 11. neizdrečen'nъ *15. 22.* neizdričemъ *66. 26.* izdrędь *128.*
10. izdrędьnъ *429. 17.* razdrušiti *354. 1.* razdrěšiti *7. 25.* razdrě-
šenъje *373. 1.* nerazdrěšimъ *351. 22.* bezdrazuma *263. 9.* bezdrala
294. 16. bezdranъ *61.ˊ16.* bezdrąku *349. 27.* izdrova *5. 7.* izdrěky
60. 18. izdrebrъ *368. 26.* izdrąku *135. 12;* *ebenso* izdrailê *363.*
22. izdrailьtinъ *slêpč. Ungenau* izъdrailju *izv. 626. neben* izrailь-
têninь *šiš. und* israilitinь *prol.-rad.; ferners* izьrasti *288. 11; ungenau*
ist auch vъz'draste *183. 16.* iz'dreče *45. 2.* izdryę *steht für* izdryją
effodiam pat.-mih. 120. vъzdryvaęšta *für* vъzdryvająšta *59. Man merke*
lanity izьdraženy *105.* izьdricanie *95. und* vъzdradovati se *mladên.*
vъzьdradovati se *io. 5. 35-nic.* izdravenia ἐξ ἰσότητος *2. cor. 8. 13-slêpč.*
šiš. izdručenije. izdrьvani udove. kozê izdryvajušti se *prol.-rad.*
vъzdrasti. vъzdradovati sę. vъzdrydati. razdrušenije. razdrěšiti
ostrom. zdrêlь *maturus pent.* izdrodъ ἔκγονος. bezdrьpъtivъj ὁ ἀγόγ-
γυστος. vъzdreklъnъj *antch.* izdrutila sę *svjat.-lam. 1. 102.* razdrě-
šitelьnъ λυτήριος *irm.* vъzdru *tichonr. 1. 33. Befremdend ist* nozdri,
s. nozdra, nozdrva, nares, *von* nosъ, *das lit.* nasrai, nastrai *rachen*
lautet, womit nhd. nüster *zusammenhängt, das daher mit ,niesen'*
nichts zu tun hat; męzdra, *vielleicht von* męso: *nsl.* mezdra. *klr.*
mizdra *usw.; p.* puzdro *theca, scrotum equi. č.* pouzdro. *s.* puzdro,
puzdra, puždra *penis quadrupedum hängt mit got. födra- scheide,*
allerdings nicht unmittelbar, zusammen matz. 285.

Vor erweichtem l, n *geht* z *in* ž *über:* vъžljubą, vъžljublją
neben vъzljubi *zogr.* sъblažnją. sъblažnějątъ. sъblaž'nêetъ. sъblaž-
naetъ *für* sъblažnja-. ižnego *d. i.* ižňego *zogr.* ižnego *cloz. 1.*
51. bežnego *assem.* vъžljublenii. vъžljublenyę. bež nego *glag.-*
kiov. 534. 535. 536. iž ňego *sup. 348. 22.* iž ňeję *97. 20. neben*
iz ňego *sup. 8. 27.* iz njego *ostrom.; daher* skvožnja *foramen:* skvozê;
blažnją. blažnjaahъ. blažňь. blažnjenъ *von* blazni; *minder gut*
kaznêahu *prol.-rad. von* kazni. *Man vergleiche* blažňь *mit* kaznь
aus kaznï. bližьňь *propinquus beruht auf dem adv. comparat.* bliže.

zt *wird* st: vъstręse *sup. 162. 18.* istrêzviti, *ungewöhnlich*
izьtrêzviti *lam. 1. 150.* gonьsti *neben* gonьznąti. lêsti *von* lêz-

lêstvica *von* lêz. ispokastiti *vastare kann mit* kaz *in* kaziti *und mit* čez *in* čeznąti *zusammengestellt werden.* ztlo *geht in* stlo, *dieses in* slo *über:* maslo *unguentum aus* maztlo, mastlo *von* maz. veslo *remus aus* veztlo, vestlo *von* vez. uvęslo *diadema aus* uvęztlo, uvęstlo *von* vęz. zdn *büsst meist* d *ein:* praznina τὸ λεῖπον *von* prazdьnъ. *Befremdend ist* zd *in* ljubьzdni otьci *greg.-mon.* 87. zp *wird* sp: isplêti. bes piry ἄτερ πήρας *zogr.* zk, zh *wird* sk, sh: isklati. nishoditi *neben* nizъhožденьju *zogr.*

zc *wird entweder* sc *oder* st *oder* c, *selten* s: *a)* iscêlją. iscêli *zogr.* iscêlenьe *cloz.* I. 461. 600: *ungenau* bezcênnago 940 iscêliti. iscêlitelь *assem.* iscêliti *sup.* 243. 17. iscêlêvša *luc.* 7. 10-*nic.* neiscêlna *lam.* 1. 27. iscêliti 95. *und* prol.-rad. *b)* istêli *matth.* 21. 14-*zogr.* istêlitъ *sup.* 86. 27; *vergl.* blistati, bliscati *von* blьsk. *c)* icêlją. icêlitъ. icêlite. icêli. icêlьše. icêľeny. icêlêetъ *usw.* icrъkъve *ex ecclesia zogr.* icêlją. icêlitъ. icêlê. icêlêę. icrkve *assem.* îcêlêti *sup.* 14. 3; 225. 7; 445. 25. icêliti 226. 14. icêlenьje 408. 1; 413. 14 *usw.* icrъkve 167. 24. icrъkъvъ 148. 9. icêliti *sav.-kn.* 23. icêlêję 11. icêliti *prol.-rad.* icêljajeta *izv.* 638. *d)* isêli *matth.* 4. 24. isêlê 8. 13-*zogr.*

zz *wird* z: bezakonьe *cloz.* 1. 365. bezakonьnъ *sup.* 115. 7. bezlobьnъ 130. 14. vъzavidêti 288. 26. vъzъvati 35. 29. vъzyvati 374. 25. vъzъvati. vъzьrêti *ostrom.* *Ebenso* bezakona *sine lege sup.* 214. 2. bezapętija 430. 10. bezъlobi *sine malitia* 270. 4.

zs *wird* s: vьsmijati sę *sup.* 128. 16. vьslêdovati 79. 3. rastojati 19. 21. isêčenъ. rasypati *ostrom.* besapogъ. bestraha. isъnъmišta *zogr.* besêmene. bestuda. besъmąštenija. besyna. besytosti. besъblazna. isvojeję. isvętaago *sup.* židove rasuše se *mladên.* rasêčenь *lam.* 1. 110. *Selten* razьsla *mladên.*

zč *wird entweder* št *oder* č: *a)* beštęda ἄτεχνος *luc.* 20. 28; beštьsti *marc.* 6. 14. ištędьê. ištistiti. raštьtetъ *luc.* 14. 28. *zogr.* beštislъnąją, beštislъni *cloz.* 1. 176. 771. beštinьnъ *sup.* 381. 29. beštislьnъ 337. 23. išteznąti 399. 9. ištazati 353. 10. ištędia. beštedьnь *mladên.* išteznąti. ištistiti. ištьtenъ. ištędije. ištrêva *mit* ци. ištędije *ostrom.* išteznąšja. raštitaja *izv.* 455. 614. *Seltener* besčinьnъ *sup.* 296. 10. besčinaje 237. 26. besčьstvije 241. 29. besčьstije 54. 17. vъsčuditi sę 220. 27. besčędъnъ 182. 9. besčisla *sabb.-vindob.* iz'čisti *assem.* bezъčьstvovati *sup.* 157. 22. bezъčuvьstvьnъ 87. 21. vъs'čuditi sę 40. 14. is'čeze 372. 15. izъčitati 134. 8. isьčisti *enumerare.* isьčitajemь *mladên.* rasьčinihъ šiš. *und* razъštinihъ *slêpč.* 1. cor. 16. 1. *b)* bečьstij *matth.* 13. 57. ičrêva

zogr. ičistiti. ičistišę. ičrêva. ičьteni *assem.* bečislьnъ *sup. 422.*
29. bečismenьnъ *333. 4.* bečьstvuję *393. 18.* bečьstije *286. 1.*
bečьstьnъ *336.˙5.* ičrêpati *296. 20.* ičrъpati *431. 9.* ičazati *438.*
20; ebenso bečinu *446. 26.* bečьsti *69. 16.* ičrêva *46. 29.* bečina
bon. račrъlo *greg.-naz. 141.* bečisla. bečismene. bečislьnii *hom.-mih.*
ičistiti καθαρίσαι *marc. 1. 40-nic.* bečьstnikomь *lam. 1. 143.* bečьsti
krmč.-mih. ičrъplęšti ἀλλομένου *io. 4. 15-ev.-buc. für* -pljǫ-.

zž *wird regelmässig durch* žd *ersetzt:* iždenete *expelletis.* ižde-
nǫtъ. vъždelêšę *zogr.* vъždelêhъ *cloz. 1. 672.* iždenǫ *expellam.*
vъždędati sę *sitire assem.* vъždelati *sup. 184. 10.* vъždelêti *389.*
18. iždegošę *4. 8.* iždenǫ *275. 4.* raždešti *120. 6.* raždizati *271. 2.*
raždъzi *105. 13.* raždъženъ *108. 29.* raždenǫ *286. 4.* raždigahu
mladên. ognь iždeže *hom.-mih.* iždegajušte *krmč.-mih.* raždeni *dis-
sipa antch.* iždьgu *uram izv. 665: nach demselben gesetze entsteht*
raždije *ostrom. aus* razga. *Man merke* vъžčędahъ sę *kryl.-mat. 13;
in den prag.-frag.* vъžčelenije *für* vъždelênije *und* vižčь *für* viždь
Sreznevskij, Drevnie glag. pamjatniki 52. Ferner ž'degǫtъ *ap.-ochrid.*
229. ždeguть *šiš. 238.* *Auch im* č. *tritt* žd *für* zž *ein:* roždi *von*
rozha, mižditi *von* mizha, moždênice *von* mozh; zabřeždênie *beruht
auf* brêzg. *Im* č. *geht auch* zz *in* zď *über:* rozdêv *das aufreissen
des maules aus* rozzev: *vergl. Listy filologické 4. 305.*

zš *wird* sš, šš, š: išъdъ *sup. 436. 15.* išedъ *111. 19.* rašъdъ
214. 4. išьlъ. raširjati *ostrom.* išьstije *hom.-mih.* *Seltener ist*
izšedъ *sup. 163. 12.* izъšъдъ *147. 8.* izъšьдъ *ostrom.* nizъšьдьše
triod.-mih.; befremdend ištъдъše, ištьдъše *ostrom.* ˙iščьlo *izv. 629.*
mit щ.

zs *wird* s *mit dehnung des wurzelvocals in* vrêsъ *aor. aus* verzsъ.
p. zgłobień *lautete ehedem* złobień, *heutzutage besteht nur die
form mit g:* zgłoba. zgłobić. *Ebenso b.* razglobi se *milad. 245.*
izglobi *534. s.* zglob.

C. s *geht verbindungen ein mit* r, l, n; t; p, v, m; k, h: sramъ
(*b.* sram, stram. *r.* soromъ, stramъ), slava, sнoръ; stanъ; spêhъ,
svoj, *das jedoch* sfoj *lautet;* skutati, pasha, *das fremd ist.* *Vor* d,
b, g *muss* s *tönend werden, d. i. in* z *übergehen:* zdravъ *aus älterem*
sъdravъ: *falsch* sъzdravь *io. 7. 23-nic.;* zdêjati *hom.-mih. aus* sъdê-
jati; zborь *hom.-mih. aus* sъborъ; z gospodemь *hom.-mih. aus* sъ
gospodemь; *aus* istъba *tentorium, das auf dem mlat.* stuba *beruht,
entsteht* izba; zvęzati *sup. aus* sъvęzati. *Die gruppe* sr *wird manch-
mahl durch* t *getrennt:* ostrъ *acutus:* w. os *mit suff.* rъ; pьstrъ
variegatus: w. pьs *gleichfalls mit suff.* rъ; sestra *soror. pr.* svestro

neben lit. sesù (sg. g. sesers). got. svistar. aind. svasr; ostrovъ *insula: praef.* o *und* w. sru *fluere: mit dieser* w. *hangen auch* struja *flumen und* struga *fluctus zusammen: lit.* strovê *neben* srovê, *ahd.* stroum; strêgą, strъgą *custodio ist mit lit.* sergu, *daher* straža, *zu vergleichen; neben* srъšenь *crabro besteht* strъšenь, strъšьlъ; *neben* sracininъ *saracenus kömmt* stracininъ *vor; neben* srêda *medium liest man* strêda; *lit.* struba *brühe; dass* strъža, strъženь *medulla mit* srêda *zusammenhangen, ist eine ansicht, die durch nsl.* ž *statt* j *bedenklich wird vergl. seite 218; p.* strzežoga, śrzezoga *frostbrand hängt mit nsl.* srêž, strêš. *p.* śrzež *zusammen. Dunkel sind* bystrъ *citus, worüber Daničić, Korijeni 150;* strêla *sagitta usw. Dieselbe einschaltung zeigt got.* svistar, *eine form, die auf* -sr- *beruht und vielleicht auch nhd.* nuster; *sie findet sich im lit.:* aštrus *scharf, neben dem* ašrus *vorkommen soll; gaistra, gaisra wiederschein;* ịstra, ịsra Inster; straigê, sraigê *schnecke;* strovê, srovê *strömung;* strutoti *fliessen; lett.* mistra *mischmasch: lit.* išdroditi *verraten ist entlehnt.*

Vor erweichtem l, n *geht* s *in* š *über:* umyšljaj *cogitatio aus* umysli; poмyšljati *cogitare aus* pomysljati; myšlją *cogito aus* myslją; myšljaahъ. myšĺь. myšljenъ *aus* mysljaahъ *usw; neben* osъĺь *asini aus* osъljъ *liest man* ošĺь: čeljustiju ošleju *lam. 1. 164; neben* posъĺją *mittam* pošĺją; *ebenso* oklošnją *mancum reddam aus* oklosnją. oklošnjaahъ. oklošńь. oklošnjenъ *aus* oklosnjaahъ *usw.; aus* prъvêsъńь *primus entsteht* prъvêšńь, prъvêšьńь; *ebenso ist* dьnesъńь *und* dьnešьńь *zu beurteilen: verschieden ist* vyšьńь *qui supra est von* vyše.

Utro mane entsteht aus ustro: *vergl. oserb.* jutry *pl. ostern und lit.* aušra *f. aurora und aind.* usra *matutinus: w.* us, *aind.* vas; *auch* jato *cibus* (nê vъkusila ni jata ni pitija *sup. 402. 21.) scheint für* jasto *zu stehen: w.* jad; poslani *prol.-rad. ist selten für* postъlani. sttl *wird* sl: otraslь *palmes aus* otrast-tlь; tripêska *sg. g. steht für* tripêstъka: tripêstъkъ *simia, richtig* tripęstъkъ; krilo *ala, wofür nic.* krelina, *hat anlautendes* s *eingebüsst: p.* skrzydło: *lit.* skrēti, skrēju *in der runde tanzen. lett.* skrēt *volare;* męzdra, *minder richtig* męždra, *membrana:* vrъbova mêzdra *misc.-šaf. 160. ist ein rätselhaftes wort, dessen* ę *nicht gesichert ist: nsl.* mezdra *die zarte haut auf frischer wunde.* medra *membrana hung.* mezdrou, znôterna mehka skorja têh dreves *Linde.* mezde *leimleder. klr.* mjazdra *borke. r.* mjazdra, mezdra *nach Linde* strona sierciowa skory. *č.* mázdra. *p.* miazdra *häutchen.* miezdrzyć mięso wyrzynać: *zusam-*

menhang dieses dunklen wortes mit mêzga *succus arboris ist unwahr-
scheinlich.* nozdri *nares, r.* nozdrja, *ist von* novъ *durch* rь *abgeleitet:*
nodri *greg.-naz. 102. ist ein schreibfehler.* jazdrь *in* vъsporena
jazdrъ ῥινότμητος *ist ein zweifelhaftes wort.*

ss *wird* s *mit dehnung des vorhergehenden vocals in* nêsъ
aor. aus nessъ.

Zwischen s *und* l *scheint manchmahl* k *eingeschaltet zu sein:
aslov.* vъslanjati *neben* vъsklanjati; sluditi *neben* skluditi; vъslêpati
neben vъsklêpati *stockh.;* slêzъ *und nsl.* sklêz; *nsl.* solza *und* skuza
aus sklza. *Regelmässig findet dieser einschub statt in der schreibung
der slav. worte bei den Deutschen: doblisclaug* dobljeslavъ. *dobra-
musclo* dobromyslъ. *miramuscle* miromyslъ. *stradosclauua* strado-
slava *neben primusl* primyslъ *Aquileja und dobramuzlj* dobromyslъ
Salzburger verbrüderungsbuch. Dunkel ist visla im pl. loc. visljahъ
meth. 7. vistula.

smoky, *got. smakkan-, steht wahrscheinlich für* svoky: *griech.*
σύκον *aus* σϝέκϝον *Ascoli, Studj 2. 405. 409.*

4. In manchen fällen scheint z, s *eingeschaltet zu sein:* udobьnъ
neben udobьznъ, udobiznъ, *das mit lit. dabšnus zusammengestellt
wird;* ljubьznъ *neben* ljubьzdnъ, *womit man pr. salubsna trauung
vergleicht;* žiznь. basnь. pêsnь *usw. 2. seite 119: vergl. pr. biāsnan
furcht.* clovêčьskъ, človêčьstvo *2. seite 179.* ląkotь *neben* ląkostь:
vergl. lit. lankatis haspel. ązostь: *aind. añhati.* plъnostь: *lit. pil-
natis 2. seite 169. usw. lit. dúsnus freigebig. Wenn man hier von
der einschaltung eines* z, s *spricht, so tut man es, weil die verwandten
sprachen ein solches* z, s *meist entbehren; die natur dieses* z, s *ist
noch unerforscht. Vergl. 2. seite 119. und got. filu-snā-.*

5. Nach c *finden wir nicht selten praejotierte vocale:* očju *patri.*
slъnьcju *zogr.* očju *864. 908. cloz. 1. 83.* slъnъcju *329. 333. 852.*
čjudotvorcju. korabicju. očju. slêp'cju. slьnьcju *neben* slъnьcu *assem.*
slъnъcu *mariencod.* hristorodicju *krmč.-mih.* korablicju. ovьcjamъ
ev.-tur. unicju. ljucju *für* licju *izv. 652. 660.*

6. Die verbindungen st *und* zd *verändern sich vor den prae-
jotierten vocalen in mehreren slavischen sprachen auf eigentümliche
art.* st, zd *gehen in* št, žd *über, daher* puštą, jaždą *aus* pustją,
jazdją: *im glag.-kiov., in welchem* tj *in* c *übergeht, wird* stj *in* šč
verwandelt: očiščenie *532. 535.*

A. hrąštь *scarabaeus aus* hrąstjъ *von* hręst. krъvopuštь *venae
sectio aus* -pustj *von* pusti. leštь: *r.* leščь *cyprinus brama. p.* leszcz
neben kleszcz: *lett. leste, daraus ehstn. lest butte.* okoštь *gracilis, eig.*

ossosus, *aus* okostjъ *von* kostь; *ebenso* slaĕtь *iucundus.* vêstь *peritus.*
vlaĕtь *proprius von* slastь. vêstь. vlastь; čęšta *fruticetum aus* čęstja
von čęstъ; tlъĕta *pinguedo aus* tlъstja *von* tlъstъ; *ebenso* pušta
desertum von pustъ: radoštę *pl. laetitia nicht etwa aus* radostьa,
sondern aus rado-tja, *wie nsl.* velikoča. *serb.* bistroća *usw. zeigt*
2. seite 173. Dagegen tьĕta *socrus durch motion aus* tьstьa, *serb.*
taĕta. prigrъĕta *manipulus aus* -grъstь. puštij *vilior aus* pustjij *von*
pustъ *wie* ljuĕtij *aus* ljutjij *von* ljutъ *2. seite 322.* krъĕtati *bapti-*
zare aus krъstjati *von* krъsti. mьĕtǫ *ulciscor.* mьĕtaahъ *ulciscebar.*
mьĕtь *ultus. partic. praet. act. I.* mьĕtenъ *partic. praet. pass. aus* mьstjǫ.
mьstjaahъ. mьstjъ. mьstjenъ. *Falsch ist* krъstenьe *cloz. 1. 98. für*
krъĕtenьe. *Wie* trja, *so geht auch* strja *in* ĕtrja *über:* oštrjǫ *acuo*
aus ostrjǫ *von* ostri. *Man filge hinzu* *brъĕtь: *nsl.* brĕč. *r.* borĕčь.
p. barszcz. *os.* barĕč. *lit.* barĕtis *ist slav.;* jaĕterъ *lacerta. klr.* ješčur
gefleckter salamander. č. ještĕr. *p.* jaszczur: *dagegen os.* ješćeŕ *otter.*
pr. estureyto, also jaĕterъ *aus* jastjerъ, jastjurъ: *vergl.* guĕterъ *lacerta.*
nsl. guĕčer. *b. s.* guĕter; ĕturъ *cicada. nsl.* ščurek, ĕčiriček, čriček
gryllus. s. ĕturak *stulli. r.* ščurъ. *č.* ĕtir. *p.* szczur; ĕtirъ *scorpio:*
nsl. ĕtir *hung. Alles unklar.*

B. prigvaždati *clavo iungere aus* -gvazdjati. zagvoždǫ *clavo*
figam. -gvoždaah. -gvoždь *partic. praet. act. I.* -gvoždenъ *aus* -gvo-
zdjǫ. -gvozdjaahъ -gvozdjъ. -gvoždenъ. upraždьnaetь χατιργεῖ *luc.*
13. 7-nic., richtig -njajetъ, *lautet meist* upražnjajetъ: žd, ž *beruhen auf*
dem erweichten n. *Man merke* prigvožgij *lam. 1. 5. für* prigvoždij
und prijazgja *lavr.-op. 37. für* prijažda.

Hieher gehört vielleicht dъždь *pluvia. nsl.* deĕ, *sg. g.* deža. *b.* dъĕ
(dъžd). *s.* dažd. *klr.* doždž. *r.* doždь. *č.* déĕť. *p.* deždž. *os.* deĕć.
ns. dejĕć. *Die russ.-aslov. formen* dъžgja. odъžgjaetь *lam. 1. 5.*
dъžčitь *mat. 13.* dъžčêvnyj *26. beruhen auf der ersetzung des*
erweichten d *durch* gj *und dieses durch* č. *Dass dem* dъždь *nicht*
eine w. *dhadh zu grunde liegt, zeigen die s. usw. formen.*

7. Nach dem gesagten geht stja, zdja *in* ĕta, žda *über:* puštǫ,
jaždǫ *aus* pustjǫ, jazdjǫ: *daneben* čiščenьe *und* roždžije (rožčije).
skja, zgja *wird gleichfalls durch* ĕta, žda *ersetzt:* iĕtǫ, moždanъ
aus iskjǫ, mozgjanъ. skê, zgê *wird in* stê, zdê *verwandelt:* eleonъstê,
dręzdê, *formen, neben denen auch die älteren* eleonьscê, dręzdzê
bestehen. zč, zž *ergibt* ĕt, žd: beĕtьsti, iždenǫ; *neben* beĕtьsti *findet*
man bečьsti. *Dabei ist das etwas seltene* ĕt *aus* sĕ *nicht zu ver-*
gessen: iĕtьdъ *neben* iĕьdъ *qui exiit.* zc *wird* st: istêliti: *daneben*
besteht ausser iscêliti *auch* icêliti *und* isêliti. zz *geht čech. in* zď

über: rozděv *aus* rozzev. *Von einzelnen erscheinungen ausgehend möchte man* puštą, *jaždą aus* pusětą, *jażdą erklären: wer alle formen zu rate zieht, wird die älteren formen* puštšą, *jażdžą zu grunde legen und in* puštą, *jażdą eine erleichterung der form durch ausstossung des dem* št, *žd folgenden* š, *ż erblicken. Er wird demnach auch* iětą, *moždanъ aus* ištšą, *moždžanъ;* eleonъstê, dręzdê *aus* eleonъscê (*d. i.* eleonъstsê) *und* dręzdzê *entstehen lassen und in den älteren formen* očišcenie *und* roždžije (rožčije), eleonъscê *und* dręzdzê *eine bestätigung dieser ansicht finden.* ištate quaerite *ist aus* ištěate *entstanden. Hier fällt zur erleichterung der gruppe der dem* t-*laute folgende* c- *oder* č-*laut aus, während in* icêliti, bečьsti *der dem* t *vorhergehende* c- *oder* č-*laut schwindet:* istsêliti, beštšьsti, *und* isêliti *das* t *selbst ausfällt:* istsêliti. *Man sieht auch hier altes neben neuem:* stja *wird zwar gemieden, jedoch nicht immer auf dieselbe weise ersetzt. Das nsl. hält im osten die älteren formen fest:* puščati, *auch im rez.* púščat; moždžani, *das im westen* možgani *lautet: letzteres hat sich demnach der gruppe* ždž *auf andere weise entledigt als aslov.* moždanъ. *bulg. folgt hinsichtlich des* stja, zdja *der aslov. regel. serb. bietet* očišćen *und* očišten *neben* uhićen *Daničić, Istorija 395. čech.* puštěn, *alt* puščen, *und* hyzděn *neben* chycen, rozen *und* zhromaždžuji, zohyždžuji. *pol.* puszczę, zagwoždžę *neben* tracę, sądzę. *Das čech. und pol., die aus* tje, dje *mit veränderung des* j *in* z tse, dze-ce, dze (ze) *bilden, lassen aus* stje, zdje *mit veränderung des* j *in* ž puščen, puszczą *entstehen: singulär und weder zur ersten noch zur zweiten regel stimmend ist* p. oczyścion *koch.* 2. 35. *Vergl. Archiv* 1. 58.

8. *Der ursprung des* zd *ist mir in vielen formen dunkel.* brazda *sulcus, womit vielleicht* s. brazgotina *cicatrix zusammenhängt: vergl. s.* bazag, *nsl.* bezg *mit lit.* bezdas *holunder;* brezdati *sonare: vergl. lit.* brizgêti. *lett.* brāzt; brъzda *neben* brъsta, *nsl.* brzda, bruzda, *frenum: vergl. lit.* brizgilas; drozgъ *carduelis: klr. č. p.* drozd. *aind.* tarda. *lit.* strazdas. *lat.* turdus. *anord.* thröstr. *ahd.* droskelā, drosgilā. *drozdъ ist älter als* drozgъ: *das anlautende* d *steht für* t *in folge einer angleichung an den auslaut, die auch in* zlъza *und* prozlъziti *sup.* 71. 24; 232. 22. *wahrzunehmen ist. w. ist wahrscheinlich* trad (trъnatti) *spalten;* gnêzdo *nidus: vergl. lit.* lizdas. *aind.* nīḍa *aus* nisda, nasda *von* nas *wohnen. ahd.* nëst: *die verwandtschaft von* gnêzdo *mit den übrigen worten für ,nest' wird indessen bezweifelt;* gorazdъ *peritus;* grez *in* gręznąti, pogrąziti *vergleiche man mit lit.* grimzd, *inf.* grimsti; groza *horror.* vъzgrozditi. groz-

denьstvo ognьno *pat.-mih. 178. a. mit lit. grumzda*: *vergl.* loza *und*
lit. lazda; grozdъ, grezdъ *uva;* gruzdije *glebae neben* grudije, gruda;
gvozdь *clavus;* gvozdь *silva*: *nsl.* gojzd: *unrichtig ist die herbei-*
ziehung des ahd. hard; jazditi *vehi. p.* jazda, jezda: *vergl.* jadą
vehor. lit. jodīti. *lett.* jādīt; jęzdro *neben* jędro *cito; s.* jezgra *für*
aslov. jędro; mьzda *merces:* abaktr. mīzdha. *got.* μισθός. *got.* mizdūn-.
ahd. miata; *č.* ozd, *ungenau* hvozd, ozdnice, *siccatorium. nsl.* ozdica.
p. ozd, ozdnica, *daher lit.* aznīča, *ist germanisch: ags.* āst; *nsl.*
pezdêti, *p.* bździć, *hängt mit* *prъdêti, *w.* pard, *zusammen; nsl. p.*
pizda. *č.* pízda. *lett.* pīzda. *pr.* peisda; pozdъ *im r.* pozdoj *dial.*
und in pozdê *sero, das mit* po, podъ *und lit.* pa *verwandt scheint:*
neben poz *kömmt auch* paz *vor im aslov.* pazderъ, *p.* paździor;
nsl. pazduha, pazdiha *und im č.* paždí achselhöhle, *eig. unter der*
schulter: uha *für aind.* āsa. pazuha *steht für* pazduha: *lett.* duse,
paduse. paz *findet sich auch in* paznogъtь *usw. lit.* panagutis: *vergl.*
pos-nagas; uzda *habena: klr.* uzdečka, vudyło. *r.* obuzovatь *dial.*
kolos. 35; zvêzda *stella: lit.* žvaigždê; zvizdъ *sibilus neben* zvizgati.
Aus dem gesagten ist ersichtlich, dass zd *mit* zg *wechselt:* drozgъ
und drozd; zvizdъ *und* zvizgati: *vergl.* muzga *lacuna mit lit.* mau-
dīti *waschen; dass ferner* zd *neben* d *vorkömmt:* gruzdije *und* gru-
dije; jazditi *und* jadą; jęzdro *und* jędro. *Man merke ferner s.*
brzdica *neben* brzica *locus ubi flumen per silices deproperat; r.* pri-
vuzdъ *neben* priuzъ *dreschflegel;* sъzizdati *o perev. 24. und* sъzidati;
s. gmežditi *depsere neben* meždenik *vergl. man mit lit.* migu, migti
drücken.

9. *Auch die lautverbindungen* sk *und* zg *erleiden teilweise eigen-*
tümliche veränderungen.

A. ski *wird nicht nur* sci *sondern auch* sti: farisêjsci. ljudь-
scii. ninevьgitьsci *zogr.* zemъstii *im jüngeren teile derselben quelle.*
poganьscii *cloz. 1. 843.* ijudejstii *assem.* ncbesьscêj *glag.-kiov. 533.*
koprъsti i kjurinejsti *slêpč.* kiprьscii i kirinêjscii *šiš. act. 11. 20.*
In jenen formen, in denen k *in* č *übergeht, tritt analog dem* st *aus*
sc *für* sk *št aus* šč *ein: impt.* išti, ištite *von* isk *nach V. 2, nicht*
nach V. 3, da in diesem falle isti, istête *zu erwarten wäre: vergl.*
beri, berête *und* pьci, pьcête; mьštij *mulorum von* mьskъ *aus*
mьzgъ; gąštij (guščij *in einer späteren quelle) anserum steht für*
gąsъčij *von* gąsъka; voština *alveare von* voskъ *cera; têštiti fundere*
in pêny têštiti ἀρρίζειν *spumare vergleiche man mit* tisk: *p.* ciskać
eiicere; tъštivъ *sedulus ist secundär und daher nicht von* tъsk, *sondern*
vom adj. tъštь *abzuleiten. Abweichend ist* pustiti *dimittere, das, wie*

r. puskatъ *zeigt, auf* pusk *zurückgeht, woraus sich ergibt, dass* pustъ *zunächst auf* pusti *beruht: mit* pusk *hängt das* nebèn pustiti *gebräuchliche s.* puštiti *zusammen. Das mit lit. skaudus empfindlich, got.* sku *in* us-skava- *vorsichtig, ahd.* skawōn *schauen, zusammengestellte* čuti, čjuti *intelligere, nsl.* čuti, *č.* číti, *p.* czuć *usw. hat, wenn die zusammenstellung richtig ist, č an die stelle von* št *treten lassen.* št *für* č *bemerkt man im aslov.* lęšta λέγχη *lancea, nsl.* kr. lanča, *magy.* láncsa: *das klr.* bietet lača *und das befremdende* lašta *pisk. 61, jenes entspräche einem aslov.* lęšta. skê *wird* scê *oder* stê: galilêjscêmъ, galilejscêmъ. gomorscê. ğenisaretъscê. iordanъscêj. ijudejscêj. nebesъscêmъ, nebesъscêemъ. sodomъscê. eleonъscê, eleonscê. člověčъstêmъ; *daneben* galilêjstêmъ *zogr.* eleonъstê *im jüngeren teile derselben quelle; damit hängt zusammen :* bliscajǫ. bliscajǫšti sę *luc. 9. 29.* bliscanьemь *zogr. neben* blistati, blistanije *anderer denkmähler : aslov.* blъštati *gehört zu III. 2. Der* cloz. *hat* sc : vavilonъscê *350.* heruvimъscêmъ *38.* plъtъscêj *151. Der* assem. *bietet* st : bêsovъstê. galilejstêmъ, galilejstêj. eleonъstê. ierusalimъstê; *der* sup. sc *und* st : humijanъscê *12. 12.* asijstêj *6. 7.* nebesъstêemъ *49. 8.* pastê *289. 21; 302. 3. vъ* klimatêhъ ahajstêhъ *slěpč. neben* vъ klimatêhь ahajscêhь *šiš. 2. cor. 11. 10; der ostrom. ebenso* sc *und* st : genisaretъscê. ierusalimъscê. sinajscêj. ierdanъscêj *neben* člověčъstêj. jeleonъstê. galilejstêemъ; *svjat.* scê : apostolъscêehъ *pl. loc.* božъscêemь *usw.; * žьrьčъstê *greg.-naz; im leben s. Quadrati (Kodratъ) findet man* krъstijanъscê *neben* dъskê. *Dem* ča *aus* kja, kê *entspricht* šta *aus* skja, skê : blъštati sę *splendere von* blъsk : *lit.* blizgêti. lъštati sę *splendere von* lъsk. tъštati *urgere von* tъsk : *vergl.* tъsnǫti sę *aus* tъsknǫti sę *festinare.* vištati *hinnire von* visk : vozviščavъ *tichonr. 2. 151.* koni viskaahu *laz.* pištalь *fistula von* pisk. ištate *quaerite aus* iskjête *von* isk. pleštate *plaudite von* plesk : *vergl.* vęžate *ligate von* vęz *3. seite 90.* skь *d. i.* skjъ (skь *für* skī *scheint nicht vorzukommen) wird* štь : plištь *tumultus von* pljusk. pryštь *ulcus aus* pryskjъ *von* prysk. tъštь *vacuus aus* tъskjъ *von* tъsk : *aind.* tuččha *aus* tuska : *lit.* tuščas *ist* r. toščij. gǫštь (gušče *salo in einer späteren quelle) anserum steht für* gǫsъčь *von* gǫsъka. skc *wird wie* skje *in* šte *verwandelt:* išteši *quaeris aus* iskeši *nach V. 3.* iskǫ *oder aus* iskješi *nach V. 2.* ištǫ. pišteši *tibia canis aus* piskješi; *hieher gehört auch* ristati *currere, wofür auch das ursprüngliche* riska *in* riskanije *vorkömmt:* rišteši *aus* riskješi *oder dem späteren* ristješi: *in diesen worten ist* sk *ein verbalsuffix vergl. 2. seite 480. Das suffix* иšte *ist eine verbindung des suffixes* иsko *mit dem suffix*

ije, *woraus* ьje, je *vergl.* 2. *seite 274:* kapište ἀνδριάς, βωμός, ξό-
ανον, ξόανα. nyrište *castellum.* poprište, popьrište *stadium, wofür*
auch prъpьrište *zogr.* prьprište, pьprište *und sogar* pьprištь *pat.-*
mih. 38.ʹ 117: *vergl. r.* poprištъ *und* popryskъ *var.* 86. 91 *und* 2.
seite 274. trêbište rekše crъkvište *krmč.-mih.* 127. vrêtištc *saccus.*
žrъtvište. *Man beachte* sudišči *prag.-glag.-fragm.* ѕkja *wird* šta:
ploštadь *platea aus* ploskjadь *von* ploskъ. skorolušta *cortex, wofür*
man aslov. skralušta *erwartet:* lušta *ist mit* luska *hülse, woher*
nsl. luščiti, *verwandt. Hieher gehört auch* ѕ. kraljušt, kreljušt,
krljušt. *Dunkel ist* klêšta *forceps, das auf ein thema auf* sk
oder st *zurückgeht: man kann an* klesti *im* č. klestiti *kappen,*
behauen denken: vergl. štipьci *pl. zange und nsl.* ščipati *zwicken.*
In dem wurzelhaften teile der worte finden wir mit zahlreichen aus-
nahmen dieselben verwandlungen. ski *wird* šti: *štirъ integer, aslov.*
nicht nachgewiesen: klr. ščyryj *aufrichtig. r.* ščiryj. č. štirý
lauter, rein, manchmahl širý. *p.* szczéry, *richtig* szczyry : *vergl.*
got. skeirja- *klar, deutlich;* štitъ *scutum aus* štjutъ, skjutъ :
vergl. lat. scutum. lit. skĩdas *scutum.* kiautas *hülse und aslov.* skutъ :
i *für* u *wie in* libo, židovinъ *usw.* sk *geht im glag.-kiov. in* šč *über:*
zaščiti, ʹzaščititъ 531. 535. 536. 538. *Man merke* ščedrota *prag.-*
frag. skê *wird* scê, cê : scêglъ *solus.* scêglo *adv.* κατ᾽ ἰδίαν *seorsim:*
neben scêglъ *kömmt* cêglъ *vor. serb.* cigli, cikti : *vergl. r.* ščegolь
stutzer, brautwerber und dial. skogolь *brautwerber. p.* szczegoł *das*
einzelne, besondere; scêpiti *findere:* proscêpiti *pat.-mih.* 42. 148.
neben cêpiti 109. *nsl.* cêpiti. *b.* scepi. *s.* scjepati *živ.* 79. *klr.* roz-
ščep *spalt.* ščipa *steckreis.* ščipa, skypka *span.* ščipyty *pfropfen.*
ćipok *leitersprosse. p.* szczep. *os.* śćepić : *r.* raskêpitь, skepatь,
raskepina *und* ščepatь. *lit.* čěpas *donal.* cěpas *Szyrwid* 361. *lett.* škjeps
spiess. aslov. scêpi *ist denominativ: p.* szczep *entspricht wohl einem*
aslov. scêpъ. sc *geht p. leicht in* szcz *über:* scyzoryk *und daraus*
szczyzoryk. skê *wird ferner* stê, tê, sê: stênь *m.* umbra. *nsl.* stênj.
s. stjenj. *r.* stênь. *č.* stíň. *os.* sćên : *w.* ski *im aind* čhãjã. *griech.*
σκιά: *daneben* *tênь *im nsl.* tênja *und im p.* cień; *ebenso* sênь *f.*
umbra, tentorium im nsl. sênca *für aslov.* *sênьса. *kroat.* sinj. *č.*
síň *atrium. p.* sień, sionka. *ns.* seń. *as.* skîmo *schatten, schattenbild.*
Zu derselben w. ski *gehört* têlo σκῆνος *tentorium, imago, corpus. Ver-*
schieden von stênь *ist* stêna *murus, das vom got.* staina- *m. nicht zu*
trennen ist. skê *wird* cê : cêditi *colare: vergl. lit.* skêdu, skêsti *ver-*
dünnen. *cêstъ *in* cêstiti *purgare, wofür auch* čistъ *und* čistiti,
entspricht lett. skaist *schön, eig. klar, während* čistъ *für* štistъ *lett.*

škjista rein. *lit. kīstas.* *pr. skystan gegenübersteht.* Befremdend sind cêlъ integer und cêna pretium: jenes findet sich in der form scêlъ, deren s im verwandten got. haila vermisst wird; neben cêna kömmt scêna *in* scêniti vor, letzteres nicht nur aslov. sondern auch serb.: s von scêna fehlt im abaktr. kaēna strafe, so wie im lit. kaina, das nach Mikuckij im Šavelskij ujezdъ vorkömmt. skъ wird stъ: stъgno femur. nsl. stegno. klr. stehno. p. ściegno, ścięgno: ahd. skinkā crus. aind. khaṅǵ aus skang, daher skъg-no, stъg-no. sk geht in št über: mit plištъ ist pljuskъ zu vergleichen; štъgъtati, aslov. in dieser form nicht nachgewiesen, nsl. ščegetati, žgetati titillare. r. ščekotatъ: aslov. skъkъtati; r. ščelь rima. ščeljatь: klr. ščelyna: lit. skelti. lett. škjelt findere. lit. skilti findi; r. ščetь brosse à égrener du lin. b. četkъ bürste. klr. ščitka weberdistel. č. štětka bürste. p. szczotka: vergl. lit. skêtas rohrkamm; štędêti parcere, p. szczędzić, hängt mit skądъ inops zusammen: im č. entspricht št dem aslov. št, in den prag.-fragm. šč: ščedrota; štъp *in* štъnąti minui und štърь eclipsis haben die w. mit skąpъ parcus, avarus gemein; štrъbina fragmentum aus skerb-: ahd. skirbi scherbe. Beachtenswert sind die veränderungen, welche ski im got. skiligga-, ahd. skillinc, erleidet: stъlęzь *in* stlęzъ, štъlęgъ. skъlęzъ matth. 22. 19-zogr. b. sklęzь. klęzь (klezь): klr. šeljuh setzt das nhd. schilling voraus. Dunkel sind štъbъtati, štebetati fritinnire, womit šъръtati zusammenhangen mag; štenьcь catulus, klr. ščenja, wobei man ohne grund an canis denkt: eine hypothese Rad 61. 172; štipъci pl. zange und nsl. ščipati. b. štipa und aslov. šiръkъ rosa, nsl. ščipek; ebenso dunkel ist ješte adhuc, nsl. še, ešče hung. este fris., b. ošte, p. jeszcze: die formen setzen št aus sk st voraus: postedisi, crisken fris., aslov. poštędiši, krъštenъ. Dasselbe gilt von plaštь, praštь pallium.

Die gruppe sk ist in einigen worten dunklen ursprungs: vergl. iskra scintilla mit r. zgra dial. p. skra, iskra; krêk in iskrêknąti obrigescere: vergl. lit. strêgti. got. gastaurknan; lusk in lusnąti strepere:, aind. ruj́ zerbrechen: vergl. luzgati mandere; skok in skočiti salire: vergl. lit. šokti; skorъ citus: ahd. skiaro, skioro; skyk in skyčati ululare: lit. šaukti. lett. saukti rufen.

B. zgi wird dort in ždi verwandelt, wo g in ž, altes dž, übergeht: roždije, raždije palmites aus rozdžije, razdžije von rozga, razga, in mat. 13. rožčьje. zgê geht in zdzê, zdê über: drędzdê sup. 9. 6. drędzê lam. 1. 98. izv. 454. mladên. aus dręzgê von dręzga silva, daneben dręzъzê vost.: für dręzga findet man auch dręska, daher drezъcê men.-mih.; moždanъ medulla impletus aus mozgjanъ

19

von mozgъ; izmъžditi *debilitare.* izmъždati *debilitari in* izmъždalъ
debilis: vergl. seite 77; zviždati *sibilare aus* zviždžati *von* zvizg:
daneben findet man zvizdati. *Vergl. lit.* žvingti, žvẽgti, *daher viel-
leicht* zvig. zvizg. zvizd. svist; *nsl.* draždžiti *im osten, wofür sonst*
dražiti, *irritare, č.* dražditi, *beruht auf* drazg-: *p.* draźnić, *r.* draz-
nitь; drẹždьnъ *silvae lam. 1. 98. aus* drẹždžьnъ *von* drẹzga. *Nach*
z *hat sich, wie aus den angeführten formen erhellt, das ältere* dz
für z *erhalten:* drẹzdê *verhält sich zu* drẹzdzê *wie* eleonьstê *zu*
eleonьscê. *Und wenn* iždivą *für* izživą *steht, so liegt dem* iždivą
die ältere form dživą (aind. *ǵiv) zu grunde: ursprünglich hiess es*
izdživą. *Die entstehung des* zg *ist nicht überall klar: man vergl.* pro-
brêzgъ *diluculum, č.* břesk *neben dem alten* zabřeždenie, *p.* obrza-
sknąć *mit aind.* bhrāǵ *glänzen,* glühen. *bhraǵǵ rösten; r.* ne brezgivatь
(pticamъ ne brezgivalъ *ryb. 1. 14.) contemnere: nach acad. bedeutet*
brezgatь *ohne* ne *dasselbe:* aslov. ne brêšti; obrêzgnąti *neben*
obrъzgnąti *acescere; nsl.* brêzg *in* brêždžati *schreien: kaj tako* brež-
džíš? *Unterkrain;* luzgati *mandere: aind.* ruǵ *zerbrechen; r.* mêzga
succus. nsl. mêzga. *č.* mízha, miza. *p.* miazga: *aind.* mih *aus* migh;
mozgъ *medulla: aind.* maǵǵā *aus* mazǵā. *abaktr.* mazga. *ahd. mark:
vergl. lit.* smagenês *pl. lett.* smadzenes *und lit.* mazgoti *mit aind.*
maǵǵ *immergere;* mьzgъ, mьskъ *mulus, das mit aind.* miš *mischen
verglichen wird Fick 2. 635; r.* rozga *virga, collect.* roždije. ŗožčьje
mat. 13; zvizg *in* zviždati *sibilare: lit.* žvingti, žvẽgti; *man vergl.
aslov.* ąglъ, *r.* ugolъ, *mit r.* uzgъ *angulus dial.; pol.* jaždž, jaszcz,
jazgarz *perca cernua. č.* ježdík *lautet lit.* ežgīs *und* egžlīs; *r.* morož-
žitь *nieseln stammt von* morozga, *das mit* morgatь *trübe werden
zusammenhängt; r.* meluzga: *mêl. Hieher ziehe ich auch* droždiję
pl. mladên. droštija *pl. faex, eig. trester, nsl.* droždže.] *s.* drožda.
klr. drôždži, drôšči. *r.* droždi. *č.* droždí. *p.* droždže. *os.* droždźe.
ns. droždžeje: *stamm* drozg *in der form* trosk *im nsl.* troska,
troskje *bei Linde für* trošče. *nhd.* trester. *ags.* dürste. *pr.* dragios.
lit. drage *Bezzenberger. In r. quellen liest man* rožčьje *und* vъžčę-
dahъ sę *mat. 13.*

zg *und* sk *wechseln miteinander in einigen worten: vergl.* blьstêti
mit lit. blizgêti: zg *ist das ursprüngliche: aind.* bhrāǵ *fulgere;* obrêzg-
nąti *acescere mit p.* obrzask; mьzgъ *und* mьskъ; trêska *und č.*
tříska *neben* dřizha, *worin alle consonanten tönend geworden sind;*
vrêsk *in* vrêštati *und r.* verezglivyj *usw.*

10. *In einigen fällen geht* s *in* z *über:* črêzъ *neben dem älteren*
črêsъ. *Hieher gehört vielleicht auch* zъdъ *neben* sъdъ *murus, eig.*

quod conditum est: sъdê. zdati. zьdati *usw.: vergl. chorv.* zišit *con-
sutus.* zi svojum vojskum *usw. hung. serb.* zad, zid.

11. Der griechischen gruppe σμ *steht aslov.* zm *gegenüber gemäss
der aussprache der späteren Griechen:* glikizmo γλυκισμός. hrizma
μύρον, *eig.* χρῖσμα, *nic. hom.-mih.* kuz'ni *für* κόσμια *prol.-rad.* matizmъ
ἱματισμός *zogr.* orizmo ὁρισμός *gram.* 22. pizma *odium* πεῖσμα. pizma-
torъ *inimicus.* prozmonarъ. zmaragdъ, izmaragdъ σμάραγδος. zmila-
kija σμῖλαξ. zmirъna σμύρνα *bon.* zmjurna *lavr.-op. 46.* zmrъna
cloz. I. 888. 889. zmÿrъna *sup.* zmÿrno *assem.* zmÿr'no *ostrom.*
zmъrno *zogr.* izmirna *men.-mih.* ozmureno vino *assem. Die ver-
einzelt vorkommende schreibung* ζμικρός, ζμέρδειν *spricht für die tönende
natur des s in der gruppe* σμ *schon im agriech. Leo Meyer 1. 197.*

F. Die č-consonanten.

1. Š *ist der laut, den Brücke durch [*sχ*] ausdrückt; tönt die
stimme mit, so entsteht der laut* ž: *[zy];* č *ist* tš *81—84.* j *wird
von Brücke durch* yⁱ *bezeichnet. Die namen dieser buchstaben sind*
črъvь. živête. ša: *das unter den massgebenden denkmählern nur im
glag.-kiov. vorkommende* šč *heisst* šča.

2. Nach č, ž, š *geht die praejotation regelmässig verloren:* mǫčą,
tǫžą, strašą; mǫčaahъ, tǫžaahъ, strašaahъ; mačenъ, tǫženъ, stra-
šenъ *aus* mačją, tǫžją, strašją *usw. von* mǫči, tǫži, straši, *verba
denominativa von* mǫka, tǫga, strahъ. *Unrichtig ist es* blaženъ
beatus von blagъ-enъ *abzuleiten.* istačati *effundere entsteht aus* -tačjati
von -toči; umnožati *multiplicare aus* -množjati *von* -množi, *während*
umnožati *multiplicari dem* bogatêti *gegenübersteht. Neben* istačati
ist istakati *in derselben iterativen bedeutung gebräuchlich:* istakati
stammt wie istačati *von* istoči: *der unterschied beruht darin, dass
das erstere sein* i *eingebüsst, das letztere bewahrt hat; wie* istakati
ist auch polagati *ponere aus* položiti *zu deuten: so besteht auch*
prilogъ *emplastrum neben* vračь *medicus von* priloži *und* vrači,
zaloga *pignus neben* oblača *vestitus von* založi *und* oblači. *Wer*
istakati *als ein denominativum ansieht und auf* tokъ *zurückführen
will, bedenkt nicht, dass* istakati *dann perfectiv sein müsste.* pri-
ključaj *casus aus* priključi *steht formen wie* brъzêja *gegenüber 2.
seite 82.*

Die praejotation nach č, ž, š *ist jedoch namentlich in den
ältesten quellen vor allem dann nicht selten, wenn ein* u *folgt: hier
wird auch auf* št *und* žd *rücksicht genommen.* čjueši. čjuete. čjusta.
čjulъ. čjuždaahą sę. čjudesa. žjupьlъ. o šjują. šjuica. sjumъ. byvъšju.

hodęštju. hotęštju. ishodęštju. mrъkъšju. priključъšju sę. sêdęštju.
sъzъdavъšju. vъzležęštju. žiždąštju. meždju *usw. zogr.* čjueši *cloz.*
1. 667. čjuêše *2. 41.* nečjuvъstvьe *2. 113.* čjudesa *1. 205. 304.*
631. 811. 833. 880; 2. 121. čjudesъ *1. 253. 614.* čjudesemъ *1.*
743. tęžju *1. 145.* ašjutъ *1. 6. 539.* byvъšju *1. 127. 756. 935.*
otъrekъšju *1. 129.* otъvrъzъšju sę *1. 595.* prodavъšju *1. 394.*
vъskrъsъšjumu *1. 731.* meždju *assem.* čjueši. čjuetъ. čju. čjuste.
čjudesъ. čjudotvorcju. čjudite sę. čjuždaahą sę. mążju. šjuica.
slyšavъšjuju. šedъšjuju. vъsiêvъšju *assem.* šjuma. šjuica. byvšju
sav.-kn. 14. 56. 58. šjumęštju. bolьšju. rekъšju *greg.-naz.* čjuvьnь. na
čjuv'nêmь mori. čjudesa *mladên.* čjudo. vračjujutь. prijemъšju.
byvšju *hom.-mih.* vlačjuštago *triod.-mih.: pannon.* vlačęštago. čjudo-
tvorьсь. pritčju. byvъšju. roždьšju *krmč.-mih.* očjutêše ἤσθετο: *pannon.*
očjuštaaše *sentiebat.* čjudesemь *prol.-rad.* plačjušti se. dušju. slyšju.
vьlêzъšju *nic.* šjumenь. ašjutь *lam. 1. 94. 98.* čjudesy. krilu ptičju.
žjukovinu. tęžju. dušju *tichonr. 1. 63. 154. 257; 2. 16. 280.*
žьnčjugomъ. rêžjutь. mižjušče *izv. 618. 667. 692. Man füge hinzu*
čêsъ *zogr.* učję *cloz. 2. 45.* pritъčją. človêčją. lobьžją. položją.
ištją *usw. assem. Die praejotation nach* č, ž, š *und nach* št, žd *ist
schwer zu erklären, und wenn die bildung der genannten laute aus*
kj, gj *usw. nicht so fest begründet wäre, wären formen wie* čjuješi,
hotęštju, hodęštju *geeignet die ganze theorie zu erschüttern. Man
muss annehmen, aus* kju *sei zuerst* tšu, čı *und aus* ču *durch para-
sitisches* j *erst* čju *entstanden. Über das parasitische* j *vergl. J. Schmidt,
Beiträge 6. 129.*

3. Dass žr, žl *häufig durch einschub des* e *getrennt werden, woher*
žeravъ, želêzo, *ist seite 19. gesagt. Im s.* ždrknuti *deglutire ist* d
eingeschaltet wie oft zwischen z *und* r. *Vergl. seite 278.*

4. šьв *geht in* s *über, daher* poslustvo *für* poslušьstvo *Sreznev-
skij, Drevnie slav. pamj. jus. pisьma 317. Ähnlich wird klr.* ždьв
in z *verwandelt:* rôzdvo, *aslov.* roždьstvo *neben* rozьstvo, *das wahr-
scheinlich* rostvo *gelautet hat.* dъšt *scheint durch* st *ersetzt zu werden:*
pastorъka *aus* padъšterъka: *aus* pastorъka *ist* pastorъkъ *entstanden.*

5. A. Der consonant j *hat weder im glagolitischen noch im kyril-
lischen alphabete ein eigenes zeichen: im letzteren haben die verbindungen*
ja. je. ju. ję *und* ją *eigene, combinierte buchstaben, von denen im
glagolitischen alphabete* je *fehlt, während* ja *mit* ê *durch dasselbe
zeichen ausgedrückt wird.* ji *fehlt beiden alphabeten: zwischen dem
sg. loc., pl. nom. instr.* kraji *und dem sg. nom.* kraj *unterscheidet
die schrift in den älteren denkmählern nicht: erst in späten quellen*

finden wir krai, кⷢли *für* kraji *und* kraꙇ, крⷶй *für* kraj. *Dass*
luči *in* ne bi lučii bylъ *einsilbig war,* lučij, *ergibt sich daraus,*
dass dafür auch luči *geschrieben wird. Ob* ladiica *zogr.*
zwei- oder
dreisilbig war, lässt sich nicht bestimmen: dass es ursprünglich
ladijica *lautete, ist unzweifelhaft. Dieser mangel des einen wie des*
anderen alphabetes beruht darauf, dass beiden das griechische alphabet
zum vorbilde gedient hat, dem der buchstabe j *fehlt, wie der sprache*
der laut unbekannt ist.

Einige schreibungen zeigen jedoch, dass die schreiber den mangel
eines j *fühlten und demselben abzuhelfen strebten:* buii, *d. i.* buji
greg.-naz. 200, wofür sonst bui; *otъ* suiihъ *act. 14. 15 bei vost.,*
d. i. otъ sujihъ, *sonst* suihъ *geschrieben;* prileži iemь *ev.-mih. b. und*
das nach meiner ansicht unrichtige iide mariencod. *Sreznevskij, Drevnie*
glag. pam. 110. für ideže ostrom. *Hieher gehören auch die schreibungen*
гꙑⷭ҇ти гꙑ҃дⷱннꙗ своⷷг҄ⷯ *usw. vergl. seite 54.*

B. Man kann zwischen praejotierten und postjotierten vocalen
unterscheiden. Im letzteren falle ist j *stets ein consonant:* krai, *d. i.*
kraj; *im ersteren falle ist* j *im anlaute so wie im inlaute nach*
vocalen gleichfalls ein consonant: jama. kraja; prięti, vêru'ęi ostrom.
für prijęti, vêrujęi; *dasselbe was in* kraja, *tritt nach* č, ž, š *und*
nach št, žd *ein:* čjuti, чютн; *auch nach* s *mag* j *als consonant gelten:*
vьsją *usw. Nach* r. l. n *hat jedoch die praejotation die bestimmung*
die erweichung der genannten consonanten anzuzeigen: cêsarju. uči-
telja. konjemь, *d. i.* cêsaṙu. učiteꙇu. koṅemь. *Weiches* n *vor* i *wie*
in ṅiva *kann nur durch das erweichungszeichen ausgedrückt werden.*
r *hat früh die erweichung einzubüssen angefangen, daher* moru *neben*
morju. rje *ist ziemlich selten:* o gorje tebê *hom.-mih. 14.* morje
prol.-rad. 109. borjete *šiš. 190: nsl.* morje, cesarja *hat kein er-*
weichtes r, *die verbindung* rj *beruht jedoch auf einem solchen: anders*
s. mora. ćesara.

C. Dass in gar vielen fällen die praejotation vernachlässigt wird,
geht aus dem über weiches r. l. n *gesagten hervor:* glagolę. molą
sę. volą cloz. *für* glagolję. molją sę. volją *vergl. seite 205. 208. In*
den glagolitischen quellen stehen manchmahl praejotierte vocale für
unpraejotierte: desjęte *marc. 10. 32.-zogr. Häufig in dem jüngeren,*
wahrscheinlich bulgarischen, teile ją *für* ą: bjądeši. bjądjątъ. desują.
desnjąą devętją. otidją. mjąžъskъ. mogjąi. pristjąръ. obrêtją.
rjącê. sjątъ *neben* sątъ. ženją *mulierem. Im assem* ję *für* ę: grjędą.
knjęzь. ležęštję. načjęsę. otročję. pjętь. vъspjętь. raspjęti. raspjęsę
neben raspęsę. rêšję. sję. sjędi. *Im ochrid.* priložišję. sję. vêrovašję.

In den prager fragmenten: sję. *Im sup.* kьnjęzu *160. 1.* rêžję *99.*
22. sję *8. 23; 99. 22.* tję *76. 25.* protjęgъše *75. 21:* mję *176.*
19. ist ein druckfehler für mę. *Mit* ją *für* ą *vergleiche man* livrju
λίτραν *io. 12. 3.* rjuky χειρός *io. 10. 39. nic.* je *für* e *in den nach-*
stehenden worten schreibe ich dem einflusse des russ.· zu: dostanjetь
ostrom. отъкrъvjenъ ἄπεγος *antch.; ebenso* umrjetь žiž. *56. 229.*
koljesnicami, peljeny *prol.-rad. und* počjetanьje *izv. 426. für*
dostanetь. отъкrъvenъ *usw.*

D. Anlautendes e *ist den slavischen sprachen fast ganz fremd;*
dasselbe gilt von dem inlautenden nach vocalen: daher jepiskupь.
jeterь *krmč.-mih.* jedemьle *tichonr. 1. 94. für* jedemle. 'eda, *d. i.*
jeda *ostrom.* veselije. e *steht für* je *notwendig in den glag. quellen,*
sonst neben je *häufig:* eterъ *bon.* etъ ἐπίασεν *io. 8. 20.-zogr. für*
jętъ. *Wenn gegen praejotiertes* e *im anlaute das lit. in worten wie*
elnis, ežeras, ežis *angeführt wird, so folgt daraus allerdings, dass*
jelenь, jezero, ježь *auf unpraejotierten formen beruhen, es folgt*
jedoch daraus nicht, dass die Slovenen Pannoniens im neunten jahr-
hundert elenь, ezero, ežь *gesprochen hätten. Aus* agnecь *cloz. I. 850.*
neben êgnьcь *324. 325. folgt, dass das wort* jagnьcь *lautete; und*
wenn der zogr. avê. avili, *sav.-kn.* agoda *19.* ajca *54. bietet, so*
werden wir dennoch javê. javili.˛ jagoda. jajca *als die wahre aus-*
sprache ansehen; auch werden wir dêjanij *sprechen trotz* dêanij *cloz.·*
I. 64. jako *trotz* ako; *ebenso halte ich* ju *iam.* juha *iusculum für*
die wahre aussprache trotz der manchmahl vorkommenden schreibung
u. uha.

E. j *ist entweder ursprachlich oder auf slavischem boden ent-*
standen: jenes tritt ein in jego. jemu. jemь. jeterъ. jelikъ. jakъ. j *in*
dobrъj, добрꙑн; dobryj, добрꙑн *usw.: aind.* ja. jadą *vehor: aind.*
jā. jarъ: *nsl.* jar *veris:* abaktr. jūre. pojasъ *cingulum: abaktr.* jāh.
junъ *iuvenis: aind.·juvan.* abaktr. javan. juha *iusculum: aind.* jūša.
jętry *fratria: aind.* jātar. *Auf slavischem boden entstanden sind*
zahlreiche j, *die teils im anlaut stehen, teils zwischen vocalen ein-*
geschaltet sind: a) javê *manifesto: aind.* āvis. jamь edo: aind. ad.
jętro *iecur: aind.* antra. jesmь *sum: aind.* as. jesenь *f. auctumnus:*
pr. assanis. *got.* asani- *f. usw. b)* -ьje, -ije *ist aind.* ia: gostьj,
gostij *pl. g. entsteht aus* gostь-j-ъ. dêješi, biješi *aus* dê - e - ši *usw.*
Manche·von diesen j *sind dem urslavischen abzusprechen: hieher*
gehört jad, *wie aus* obêdъ, medvêdь *hervorgeht; ferner* jęti, *wie*
rąkojętь *neben* rąkovętь *zeigt: man vergleiche* obęti, otęti. jagnę
agnus, wovon obagniti sę *usw.; doch ist dies nicht für alle worte*

zweifellos. j *in* językъ *lingua steht wahrscheinlich für* l: lęzykъ: *vergl. armen. lezu: w. ligh (lih), rih (righ). lat. lingo.* Dunkel ist j *in dem mit* na *zusammenhangenden* naj *in* najvęšte, *wofür* nsl. im *osten* naj, *im westen* nar, *das auf* naže *führt, im ap.* na *besteht.* *Man merke* dunaj, dunavъ *danubius.*

F. *Der consonant* j *bewirkt zahlreiche veränderungen im vocalismus und im consonantismus.* jo *geht in* je *über seite 17. 195.* jŭ *wird durch* ь, ju *durch* i *ersetzt seite 80. 83: diese assimilationen beruhen auf der verwandtschaft des* j *mit dem vocale* i. *Die lautverbindung* ьj *geht durch dehnung des* ь *zu* i *in* ij *über:* imênije *aus* imênьje. velij *aus* velьj; *ebenso wird vor* j *ъ zu* y *gedehnt:* dobryj *aus* dobrьj. *Die dehnung kann in beiden fällen unterlassen werden seite 122. 145. 186.* rja. lja. nja *werden zu* r̃a. l̃a. ñа *seite 204.* tja, dja *werden in* šta. žda *verwandelt seite 215.* pja. bja. vja. mja *werden durch* plja. blja. vlja. mlja *verdrängt seite 228.* zja. sja *weichen dem* ža. ša *seite 277.* stja, zdja *werden* šta, žda *seite 283. usw.*

Zweites capitel.

Den consonanten gemeinsame bestimmungen.

A. Assimilation.

Die assimilation von consonanten besteht darin, dass ein consonant dem andern irgendwie näher gebracht wird: massgebend ist regelmässig der zweite consonant. Das zusammentreffen ist meist durch den ausfall eines vocals bedingt. a) *Ist der zweite consonant tönend, so wird es der erste gleichfalls; ebenso umgekehrt:* x) gdunja *neben* kidonije κυδώνιον μῆλον. izba *aus und neben* istъba. β) opšteno-živьсь *aus* obъšteno-. lekkyj *aus* lьgъkyj. oblekъčiti *aus* oblъgъčiti. iscêliti *aus* izcêliti. *Man merke* nsl. jispa *neben* izba. b) *einen fall der assimilation erblicke ich auch in dem übergange von* kji *in* tji, *von* gji *in* dji *usw.:* raci, d. i. ratsi, *aus* ratji, ratzi. bozi, *ursprünglich* bodzi, *aus* bodji *usw. Vergl. seite 256.* c) *ein c-laut geht vor einem č-laut in den letzteren über:* beštęda *beruht auf* beštšęda *und dieses auf* bezčęda *seite 284.*

B. Einschaltung und vorsetzung von consonanten.

A. *Eingeschaltet werden consonanten* a) *zur vermeidung des hiatus:* n: vъnęti *aus* vъ ęti *seite 189. 212.* v: rąkovętъ *aus* rąkoętъ.

j : dêjati *aus* dêati *seite 187 : über* g, g̑ : eȳga εὔα, lewg̑ijǫ λεύίν *seite 188.*
b) l *zwischen den* p - *consonanten und den praejotirten vocalen:* kup-
ljenъ *aus* kupjenъ, kupьjenъ, kupijenъ *seite 228.* *Die einschaltung
des* l *findet statt, weil die* p-*consonanten im aslov. der erweichung
nicht fähig sind, daher aslov.* kupljenъ *neben p.* kupiony. *Der grund,
dass sich aus* bijenъ, bьjenъ *kein* bljenъ *entwickelt hat, liegt in der
festigkeit des* i, *das zwar zu* ь *geschwächt, jedoch nicht vollends ver-
drängt wurde. Aus dem gleichen grunde ist im aslov. aus* vъpijǫ,
vъpьjǫ *kein* vъpljǫ *geworden, das erst im r.* voplju *vorkömmt. c)* t,
d *zwischen* s, z *und* r: pьstrъ *aus* pьsrъ. izdrǫky *aus* iz rǫky
*seite 278. 281. B. Vorgesetzt werden consonanten meist um bestimmte
vocale aus dem anlaut zu verdrängen. Die vorsetzung ist mit aus-
nahme des* j *vor* e *keine notwendige.* j : jepiskupъ ἐπίσκοπος *seite 7. 198.*
v : vęzati *aus* ęzati *seite 234.* n : nadra *aus* njadra *seite 213.* g :
gǫsênica *aus und neben* vǫsênica, ǫsênica *eruca: vergl.* eȳga. lewg̑ijǫ.

C. Aus- und abfall von consonanten.

a) Ausfall von consonanten.

r *fällt aus in* bratъ *aus und neben* bratrъ, *das auf einem
älteren brātra beruht; in* dǫbъ *und in* zǫbъ *seite 225. 234.* t *und*
d *fallen meist aus vor* l, *vor* n, *vor* m, *vor* h *und* s: plelъ *aus*
pletlъ. sêlъ *aus* sêdlъ. svьnǫti, -bъnǫti *aus* svьtnǫti, bъdnǫti. damь
aus dadmь. obrêhъ, povêhъ *aus* obrêthъ, povedhъ. ištisę, probasę
aus ištьtsę, probodsę *usw. seite 225. 226. 227. Es schwindet ferner*
d *vor* z *und vor* ž: bozi *aus* bodzi; božo *aus* bodže *seite 251.
255.* ze *aus* dze, djc *für das regelmässige* ždc *seite 219. Dasselbe
geschieht im nsl.* žeja *aus* žedja, *aslov.* žęžda. p *fällt aus vor* n,
vor t, *vor* s: kanǫti, sъпъ *aus* kapnǫti, sъpnъ. pročrêti *aus* počerti,
počerpti. osa *aus* opsa. slêzena *entsteht aus* splêzena *seite 233.* b
schwindet vor n, *vor* t, *vor* s: gъnǫti *aus* gъbnǫti. greti *aus* grebti.
osoba: *vergl. lit. absaba seite 233.* v *entfällt nach* b: obetъšati *aus*
obvctъšati *seite 234.* s *entfällt im anlaut:* vęd *aus und neben* svęd
seite 236. Die gruppe sc, *d. i.* sts *und* šč, *d. i.* štš, *kann im aslov.
auf mehrfache weise erleichtert werden: neben* iscêliti *besteht* icêliti,
d. i. i(s)tsêliti; istêliti, *d. i.* ist(s)êliti; *selten ist* isêliti, *d. i.* is(t)-
sêliti. *Aus* beščьsti, *d. i.* beštšьsti, *entsteht* bečьsti, *d. i.* be(š)tšьsti ;
beštьsti, *d. i.* bešt(š)ьsti *seite 284.*

b) **Abfall auslautender consonanten.**

Das gesetz der vertilgung der ursprünglichen endconsonanten im slavischen ist zuerst von Bopp ausgesprochen worden. Vergl. grammatik I. 113. 154. Es trifft 1. t: vlъka *sg. gen.,* aind. -āt. vedi, aind. -ēt *aus* -ait. bądą ἔστωσαν *2. seite 70. und oben seite 102.* vede d-uxit, aind. -at. telę *aus* telęt, *sg. gen.* telęte. bery, byję *für* berą, biją *aus* -ąt, aind. -ant, *sg. gen. m. n.* berąšta, biąšta *aus* berątja, biątja. to, aind. tat. *Dagegen* vedetъ ducit, aind. -ati. *Nach dem verstummen des* ъ *der 3. sg. praes. konnte auch das* t *abfallen:* besêduje *sup. 285. 23.* blêdêje *121. 24.* byvaje *246. 17.* igraje *176. 27.* ishaždaje *303. 5.* podobaje *276. 22.* porêje *323. 11.* bądе *26. 6.* drъzne *435. 9.* otъmešte *115. 10.* povine *386. 6.* sъsęde *299. 16.* hъšte *117. 1; 128. 22.* sêdi *389. 26.* są *28. 1; 105. 7; 388. 3; 410. 15 usw.; in* e *385. 29. cloz. I. 82. assem.* je *sup. 84. 20. sind beide consonanten abgefallen:* jestъ. *Aus dem praes. stammt das* tъ *des aor. und des impf.:* ubitъ. prijętъ. umrêtъ. êstъ *comedit.* bystъ. dastъ; možaašetъ. vьprašahutь *žiž.* (vъprašahątъ) *3. seite 68.*

2. s: synъ, aind. sūnus; synu *sg. gen.,* aind. sūnōs. synove *pl. nom.,* aind. sūnavas. synъmi *pl. instr.,* aind. sūnubhis. vedi, aind. -ēs *aus* -ais. vede duxisti, aind. -as. *So ist auch* *nebe, *wofür* nebo, *sg. gen.* nebese, *aus* nebes *entstanden vergl. seite 73: für* nebe *spricht nsl.* olé, olésa; *ferners* č. nebe, nebese *und ap.* niebie, *pl.* niebiosa, *so wie os. ns.* ńebjo: *č. sg. gen.* nebe, *p.* niebia, *os. ns.* ńebja *so wie das č. dialekt.* nebjo *erklären sich durch den übertritt des thema unter die* o(a)-*themen 3. seite 359. 431.* s *ist auch im comparat.* dobrêje *abgefallen 2. seite 322; ebenso im partic.* hvalъ *und* hvalivъ *neben dem sg. gen. m. n.* hvalъša, hvalivъša *2. seite 328: die formen* hvaľij, hvalivyj *zeigen, dass sie durch zusammenrückung entstanden sind. Die personalendung der 1. pl.* mъ *wird auf mas zurückgeführt, zu dem* me *stimmt. Daneben kömmt* mo *und* my *vor, formen, von denen die letztere mit dem pronomen* my *identisch sein dürfte seite 15.*

3. r: dъšti, mati *aus* dъšter, mater *durch die mittelstufe* dъštê, matê: *vergl. seite 120. Aus* bratrъ, *das auf älterem* brātra *beruht, entsteht* bratъ.

v *fällt nicht ab, denn* svekry *beruht nicht auf* sverkrъvь, *sondern auf einer auf* ū *auslautenden form, die dem sg. gen. usw. zu grunde liegt:* svekrъvь *verhält sich zu* svaśrū *wie* brъvь *zu* bhrū.

4. m *fällt nach kurzen vocalen und nach i ab, daher nach e:* matere *sg. acc.,* aind. -ram: *vergl. seite 14; nach* ъ *aus* ă: azъ,

aind. aham; vlъkъ, *aind. -am; ebenso* berątь, hvaľšь, dobrêjšь *aus -tjam, -sjam, und* vedъ, vêsъ, vêhъ, vedohъ *duxi und* vedêahъ *ducebam. Nach* ъ *aus* ŭ: synъ, *aind.* -ŭm; *nach* ь *aus* ĭ: gostь, kostь, *aind.* -im, *und nach* i *für* ь *(nach seite 110) s.* kosti *sg. instr. aus* kostim *wie* rybą *aus* rybām: *neben* kosti *ist ein jüngeres* kostim *nachweisbar, dessen* m *älteres* mь *ist.* kostiją *ist durch* ryboją *hervorgerufen. Für* kosti *aus* kostiją *lassen sich vielleicht lit. formen anführen Archiv 3. 287. Was den aor.* bimь, bimъ *anlangt, so trenne ich es wegen seines von den massgebenden quellen festgehaltenen* i *und wegen seiner syntaktischen bedeutung, worüber 3. seite 81, von* byhъ, *glaube jedoch nach abermahliger prüfung des gegenstandes, dass dessen* mь, mъ *dem praes. entlehnt ist.* ām *geht in* ą *über, daher sg. acc.* rybą. *Auch das* ą *des sg. instr.* rybą, *wofür auch das auf ein thema* -oja *weisende* ryboją, *beruht zunächst auf* -ām; *ebenso die sg. instr.* mьnoją, toboją, soboją, *in den lebenden sprachen auch* mьną, tobą, sobą *von einem thema* mьna *usw., woher auch* mьnê *usw. Dasselbe gilt vom* ą *der 1. sg. praes.:* vezą, *zunächst aus* vezām: ā *von* ām *ist* aa (a₁), *nicht* āa *seite 101. 183.* vezām *hat nach Brugman (Osthoff und Brugman, Untersuchungen 1. 13) sein* m *von den tempora mit secundärer personalendung bezogen. Dem gesagten zu folge wird* ām *zu* ą *und zwar durch* on, *woraus* õ, *d. i.* ą. *Im inlaute ist aus* am *zunächst* on *und daraus erst* ą *entstanden:* dąti *aus* damti, domti, donti; *ebenso* ęti *aus* emti, enti. *Wenn trotz* rybą *und* vezą *aus* -ām *dieses in* ъ *übergeht, so muss verkürzung des* ā *zu* a *angenommen werden:* vlъkъ *luporum,* rybъ *piscium aus* -ām, -am, *wie* vedъ *aus* -am. *Anders Leskien, Die decl. usw. 84. Die pl. gen.* nasъ, vasъ *scheinen ebenso erklärt werden zu können: na-s-ām wie tē-s-ām vergl. seite 79.* ma *des dual. dat. instr.* vlъkoma, rybama *beruht auf* mām, *dessen end-m vor der speciellen entwickelung des slav. abgefallen sein wird. Den aind. sg. acc.* mām, tvām, svām *entsprechen pr.* mien, tien, sien, *aslov.* mę, tę, sę, *dafür aind.* mām, tvām: *als mittelform zwischen* mę *und* mām *nimmt man* mên *an, das sich vom aind. durch den helleren vocal unterscheide. Oben ward angenommen,* ъ *in* vlъkъ *lupum entstehe aus* am: *den übergang bildet eine form* vlъkom *vergl. seite 76. Ehedem war ich geneigt, eine mittelform* ą *anzunehmen, gestützt auf* są *aus* sam *(seite 78) und auf die regelmässige schwächung des* ą *zu* ъ *im bulg., erscheinungen, denen ich nun den lit. pl. gen.* ponuň, *ponung, Kurschat 149, hinzufügen möchte, der einem aslov.* *paną *(daraus* *panъ) *entspräche.*

5. Ursprüngliches n *mit oder ohne folgenden consonant wird verschieden behandelt:* mъ *des pl. dat. wird auf ein ursprüngliches* mans, *das preuss. vorkömmt, zurückgeführt: als mittelformen werden* muns, mus *angenommen. Das* i *des pl. acc. der i-declination beruht auf* ins*: tri, lit. trins neben tris Archiv 3. 295. Eben so sind zu deuten* gosti. kosti*; analog* syny*, dessen* y *auf ursprünglichem* uns, *aind.* ün*, beruht. In diesen fällen hat sich kein nasal entwickelt: dass* mans *kein* mą *ergeben hat, ist bei dem positione langen* a *befremdend; in den beiden anderen fällen fehlt der nasale vocal wegen des* i *und* u. *Dass beide gedehnt sind, darf aus* ns *erklärt werden vergl. seite 122. In allen übrigen fällen resultiert aus vocal und* n *mit oder ohne folgenden vocal ein nasaler vocal: welcher? dies ergibt sich entweder aus dem helleren oder dunkleren klang des* a (a₁, a₂), *denn nur von diesem vocale kann die rede sein, oder daraus, ob auslautendes* ą *erhalten oder zu* ę *geschwächt wird.*

ę *entsteht A) aus dem helleren klange des* a, e: ę *entspringt aus* an, en: korę *aus* koren, *sg. g.* korene: *hier zeigt sich die verschiedene behandlung von ursprünglichem* em *und* en: *matere,* korę; *eben so* bremę *aus* brêmen. ę *entsteht ferner aus* ant, ent: otročę *aus* otročent, *sg. gen.* otročęte. vêsę, vêšę, vedošę *duxerunt aus* vêsent, vêhent, vedohent; *ebenso* bêšę *aus* bêhent. *Dagegen entspringt* ą *aus* ant, ont: vedą *duxerunt.* vedêahą *ducebant. Jung ist* b. dadohъ *dederunt aus* -hą. *Die differenz zwischen dem* ent *des zusammengesetzten aor. und dem* ont *des impf. und des einfachen aor. ist sicher nicht alt: ob darin mit recht ein streben nach differenzierung des aor. und des impf. erblickt wird, ist sehr zweifelhaft.* pletątъ *plectunt ist aus* pletontъ *vollkommen erklärbar: in* hvalętъ *laudant ist eine aus* hvalintъ *entstandene form* hvalentъ *anzunehmen. Andere sind geneigt ein* hvaljątъ *vorauszusetzen und meinen,* ją *habe sich zu* ę *zusammengezogen, ehe noch das gesetz der erweichung bei den consonanten geltung erlangt hatte: so wollen dieselben auch* vêdętъ, jadętъ, dądętъ *erklären, indem sie sich auf* vêždь *usw. berufen; auch die 3. pl.* hotętъ *neben der 1. sg.* hoštą *wird so gedeutet: was dieser lehre entgegensteht, ist die unnachweisbarkeit der zusammenziehung des* ją *zu* ę. *Das suffix* men *ergibt* my *(aus einstigem* mą) *und* mę: kamy *aus* kamą, kama₂n: *lit.* akmū, akmū *neben* akmun; *dagegen* brêmę *aus* brêmen. kamą *kann allerdings auf* -mans *beruhen, allein der endconsonant übt auf den vocal keinerlei einfluss, wie* vêsę *aus* vesent *zeigt. Bei* kamy *muss eine bei* brêmę *nicht eintretende verdumpfung des ursprünglichen a-lautes in der end-*

silbe ·angenommen werden. Bulg. kámik *beruht auf* kamy, kámъk *hingegen auf* *kamąkъ.

ę *resultiert B) aus der schwächung des auslautenden* ą. *Hier werden auch fälle behandelt, in denen* n *für* m *eintritt. Wenn aus* ant, ont *nach dem gesagten* ąt *entspringt, so kann das partic. praes. act. im sg. masc. und neutr.* nur grędą *iens lauten, wie es* hvalę *aus* hvalint, hvalent *lautet: das letztere gibt zu keiner erörterung veranlassung: sg. gen.* hvalęšta *usw. Was jedoch* grędą *anlangt, so erscheint das* ą *desselben nur in* grędąšta *sg. gen. m. n.,* grędąštę *f. usw.* grędą *wird durch* grędę *und* grędy *ersetzt und die vergleichung der casusformen zeigt, dass* ę *und* y *nur im auslaut auftreten, ein umstand, der die vermutung rechtfertigt,* ę *und* y *seien schwächungen des* ą, *hervorgerufen durch die stellung dieses vocals im auslaute.* grędę *ist die in alten denkmählern manchmahl auftauchende und den entsprechenden formen der lebenden slavischen sprachen zu grunde liegende form,* grędy *hingegen als* aslov. *regel anzusehen 3. seite 95.* ę *für* ą *erhält sich nur nach* j *usw., daher* biję. zъrję, straždę *usw. Die differenz von* grędy *und* biję *ist in dem* j *usw. gesucht worden,* ę *für* ą *stehe in folge des* j, *eine ansicht, welcher nicht nur das neben* grędy *vorkommende* grędę, *sondern vor allem die formen* bijąšta *usw., nicht* bijęšta *usw., entgegengesetzt werden darf. Die wirkung des* j *auf folgendes* o *ist jünger als die entstehung des der wirkung des* j *nicht unterliegenden* ą *aus* on. j *hat* ę *nicht hervorgerufen, wohl aber die schwächung des* ą *zu* y *gehindert. Manche haben zwar erkannt, dass die veränderung von* ą *in* ę *nicht einer erweichung zuzuschreiben ist: sie glauben jedoch die veränderung dem streben nach differenzierung zuschreiben zu sollen, da überall, wo man* ę *neben* y *finde, eine unbequeme zweideutigkeit die folge der erhaltung des* ą *gewesen wäre. Dass* ę *durch schwächung des* ą *entstanden, kann durch formen wie* blęd, *das zu* blądъ *gesteigert wird, seite 184, durch p.* ręka *und* rąk *wahrscheinlich gemacht werden, abgesehen von analogen erscheinungen im lit. und lett. Archiv 3. 261. 301. Was das nur im aslov. vertretene* grędy *anlangt, so wird wohl auch zugegeben werden, dass dessen* y *schwächer ist als* ą. *Die regel lautet demnach: das auslautende* ą *des partic. praes. act. wird nach* j *usw. im auslaut notwendig zu* ę, *ausserdem zu* ę *oder zu* y *geschwächt.*

Wenn wir nun formen finden, in denen nach j *usw. notwendig* ę, *sonst entweder* ę *oder* y *steht, so können wir mit einiger wahrscheinlichkeit diese formen auf solche zurückführen, die auf* ą *auslauteten. Hieher gehört a) der sg. gen. der a-stämme, in denen dem*

aslov. staję *nsl.* ribe *und aslov.* ryby *gegenüber stehen: dass in* ribe
e *dem aslov.* ę *entspricht, kann nicht bezweifelt werden.*

*Man kann
daher als urslavische form* dušą, rybą *ansetzen und sich dabei darauf
berufen, dass* staję, ryby *ohne annahme der silbe am, an mit natura
oder positione langem a nicht erklärt werden können. Mir scheint der
aind. sg. loc. der ā-stämme zur grundlage der erklärung geeignet:*
stają, rybą *würden demnach auf* stajām, rybām *beruhen: ām ergibt
nach dem oben gesagten* ą: ęs *des lit.* manęs *ist bei seite zu lassen, es
würde* ryby *nicht erklären 3. seite 4. Leskien, Die declination usw. 123.
Wir haben nun* grędą: grędę: grędy - rybą: *nsl.* ribe (rybę): ryby
und biją: biję - stają: staję. *Was von* staję, *gilt auch von dem sg. gen.
f.* toję, *der von* toja *auf dieselbe weise abgeleitet wird wie* staję *von*
staja: *nsl. usw.* te *ist wie nsl.* ribe (rybę) *zu beurteilen. Für verfehlt
halte ich demnach die zusammenstellung von* toję *mit aind. tasjām.*
toję *ist vom nsl.* te (tę) *nicht zu trennen: beide sind nach der nomi-
nalen declination gebildet wie lit. tos: wenn gesagt wird, im fem.
erscheine* j *anstatt eines* ś *aus* sj, *so ist dies ein irrtum. Vergl. meine
abhandlung: ‚Über den ursprung einiger casus der pronominalen decli-
nation'. Sitzungsberichte band 78. Bezzenberger, Beiträge usw. 1. 68.*

b) Der auslaut des pl. acc. der ъ(a)-*stämme ist* ą: grędą:
grędę: grędy - rabą: *nsl.* robe (robę): raby *und* biją: biję - mążą:
mążę. *Das* ą *von* rabą *beruht auf ursprünglichem ans, woraus aind.
ān. Vergl. preuss. got. -ans: vilkans. vulfans.*

Was vom pl. acc. der ъ(a)-*stämme, gilt c) von dem gleichen casus
der a-stämme:* grędą: grędę: grędy - rybą: *nsl.* ribe (rybę): ryby
und biją: biję *wie* stają: staję. ą *entsteht aus* ăns, preuss. ans *usw.
A. Leskien, Die declination usw. 105. Der pl. nom. der a-stämme
ist ein wirklicher pl. acc. Wie im slav., fallen auch im preuss. die
pl. acc. m. und f. vollständig zusammen.*

y *von* grędy *hat man dem vernehmen nach als nasaliert ange-
sehen und demnach ein zweifaches y angenommen: das nasalierte y soll
wie etwa rumun.* жн *in* мормжнт *gelautet haben. Diese annahme
ist nach meiner ansicht unbeweisbar.*

Anders ist kamy *neben* imę *zu erklären: vergl. seite 299.*

*Es würde noch erübrigen von dem comparativ und dem partic.
praet. act. I. zu sprechen, wenn diese formen wirklich einen nasalen
vocal enthielten. Schwierig ist die deutung der pl. acc. ny, vy und
des pl. nom. my, vy seite 164. 3. seite 45. Vergl. Müllenhoff 437.*

Was hier über m *und* n *vorgetragen wird, ist das resultat
einer neuen bearbeitung dieses schwierigen gegenstandes, zu welcher*

mir K. Müllenhoff's Abhandlung: ,Zur geschichte des auslautes im altslovenischen', Monatsberichte der k. Akademie der Wissenschaften in Berlin, Mai 1878, veranlassung geboten hat. Was ich hier lehre, weicht teilweise von dem ab, was im buche über denselben gegenstand an mehreren stellen, vorzüglich seite 44. 101, dargelegt wird. Wenn ich auch weit entfernt bin von der meinung das rätsel gelöst zu haben, so hege ich doch die hoffnung, die arbeit werde einiges dazu beitragen, dass ein anderer dem geheimnisse näher tritt: diese hoffnung ist ja doch die einzige befriedigung, die dergleichen arbeiten gewähren können. Die neueren arbeiten, die diesen gegenstand oder einzelne punkte desselben behandeln, sind ausser der erwähnten schrift K. Müllenhoff's folgende: A. Ludwig, Über einige nasale formen im altslovenischen. Sitzungsberichte der königlich böhm. gesellschaft der wissenschaften. Prag 1874. 169. A. Leskien, Die declination usw. Leipzig 1876. A. Brückner, Zur lehre von den sprachlichen neubildungen im litauischen. Archiv 1878. III. 233.

D. Verhältniss der tönenden consonanten zu den tonlosen.

Die tönenden consonanten im auslaute, d. h. nach ъ, ь, werden tonlos: gradъ *lautet* gratъ; *daher auch* zvêstъ *stellarum bon. Ausserdem ist zu bemerken, dass nach einer regel des spätteren griechisch in entlehnten worten* t *und* k *nach* n *tönend werden:* lendij λέντιον. janьgura ἄγκυρα *seite 212. Einige, teilweise zweifelhafte, fälle des wechsels von* t *und* d *bietet seite 224. In einigen worten sinken alle consonanten zu tönenden herab:* trêska, *das klr.* triska *und* droska *splitter,* č. třiska *und* dřízha *span, lautet usw. Man vergleiche lit.* šiurkštus *und* šiurgzdus *rauh Kurschat 225. Dem lat.* scabies, *it.* scabbia, *entspricht rumun.* zgaibę. *alb.* sgjebe (zgjebe) *neben* skjebe *A. de Cihac, Dictionnaire 254.*

E. Metathese von consonanten.

Der wichtigste fall der metathese von consonanten tritt bei den gruppen tert *und* tort *ein:* brêgъ *aus* bergъ. mlêti *aus* melti *seite 31.* brada *aus* borda. mladъ *aus* molodъ *seite 85. Wenn aus* berzъ *und* velkъ- *brъzъ und* vlъkъ *entsteht, so ist keine metathese, sondern ausfall des* e *eingetreten seite 29. In den spätteren quellen findet man* dьvrьnъ *für* dvьrьnъ. sьvtêti *für* svьtêti. pomьžariti: *w.* mьg *usw.*

ZUSÄTZE. VERBESSERUNGEN.

12. z. 9. veprъ: *die ableitung vom aind. vap, vapati, Potebnja,*
Kз ist. 200, wird unsicher durch ahd. epar, nhd. eber, lat. aper.
28. z. 29. Die entstehung von blêskъ *und* mênъ *ist mir zweifelhaft.*
41. z. 13. wrzeciadz *lies:* wrzeciądz. *42. z. 3. Mit* sęšть *prudens*
vergleiche man das europ. sent, *vertreten durch lat.* sentire *usw.*
Brugman, Das verbalsuffix ā *usw. 34. 43. z. 25. litt. lies lit.*
45. z. 31. In vêdętъ *habe ich e als bindevocal angenommen, in* sątъ
hingegen o, *allerdings wenig consequent. Vielleicht ist* ą *dem ein-*
silbigen sątъ *ebenso eigen wie* ę *dem zweisilbigen* vêdętъ. *Wenn andere*
vêdętъ *aus* vêdjątъ *erklären, so fragt es sich, warum nicht* sjątъ *gesagt*
wird. Abgesehen davon ist ę *aus* ją *nicht nachgewiesen. 53.z.18. und*
103. z. 12. In dem ā *der verba von der form jā-ti, psā-ti wird ein suffi-*
xales element erkannt. Dieses ā *wird im slav. durch* a *und* ê *vertreten:*
a: bra *in* bratrъ *Brugman, Das verbale suffix a 46.* gra *in* grajati *50.*
gra *im* s. granuti *illucescere, vergl. 50.* gra *in* gramada *62.* pla
in planąti *neben* polêti. ra *in* rarъ *39.* tra *in* trajati *42.* vla *in*
vlajati: *vergl. lit. vel:* velti. *lett. vel:* velt. zna *in* znati *46.* ê: blê
in blêjati *52.* drê *in* drêmati, *das denominativ ist und* drêm- *voraus-*
setzt. drêmati *ist mit dormio nicht zusammenzustellen, denn es gibt*
kein derem-, drem- *43.* grê *in* grêti *51.* jê, *woraus aslov.* ja *in*
javъ, jadą *3.* prêti: *r.* prêtь *sudare 52.* sê *in* sêjati *33.* sê *in* sêno,
wenn sê *auf* šjā *beruht und* sêno *mit aind.* šjāna *trocken geworden*
identisch, nicht aus si (ši) *gesteigert ist: vergl. 6.* spê *in* spêti *24.*
vê *in* vêjati, vêtrъ *27. Dass* brati sę *pugnare,* klati *mactare,* mrêti
mori nicht hieher gehören, sondern aus borti, kolti, merti *entstehen,*
ist klar. Auch slana *kann nicht auf einer w.* sla *beruhen. Dass*
bьrati, stьlati, zvati, mьnêti *nicht wie* gra *in* grajati *und nicht wie*
grê *in* grêti *zu beurteilen sind, zeigen die praes.* berą, stelją, zovą,

mьnją, *nicht* brają *usw., abgesehen von dem* ь *in* bьrati, stьlati, mьnêti, *trotz lat. stratus, aind. mnā und aind. huā 10. Dass indessen* a *in* gra *und* ê *in* grêti *die vorbilder von* bьrati, mьnêti *und* żelêti *waren, ist nicht unwahrscheinlich vergl. 70. 60. z. 7.* żaba *wird mit pr.* gabawo *kröte zusammengestellt. Wenn man sich auf eine form* gêba, żêba *beruft, so soll damit nicht ein älteres* gêba, żêba *als dem* żaba *zu grunde liegend vorausgesetzt, sondern nur ausgedrückt werden, dass hier* a, *ja dem* ê *anderer formen gegenübersteht, was ja für so zahlreiche fälle nicht geläugnet werden kann. Die richtigkeit der zusammenstellung vorausgesetzt, entsteht die frage, durch welche mittelformen* żaba *mit* gabawo *zusammenhängt.* a *in* żaba *unmittelbar von* ai *abzuleiten scheint mir nicht möglich. Die frage ist vor allem: wie entsteht* ai *aus älterem* a? *und weiter: wie hängt* ai *mit den durch* ê *dargestellten lauten oder, wenn dieses nicht in frage kommen soll, mit* a, *ja zusammen? 61. z. 12.* abaktr. štāvaēsta *neben aind.* stavištha *zeigt, dass der stammauslaut eines mehrsilbigen adjectivs vor dem suffix des superlativs und folglich auch des comparativs in der sprache des avesta erhalten bleiben konnte wie im slav. und preuss. Göttinger gel. anzeigen 1878. 276.   78. z. 38. auslant lies: auslaut. 85. z. 8.* bardhā *lies:* bhardhā.   93. z. 24. Die behauptung hinsichtlich des dem aslov.* ą *entsprechenden* nsl. ô *ist dahin zu berichtigen, dass* ô̄ *nur langes* o *ist, daher* moudri *und* boug *hung., aslov.* mądryj *und* bogъ: *auch* nsl. e *für aslov.* ê *ist gedehntes* e: pet *und* led, *aslov.* pętь *und* ledъ.   94. z. 38. bąbьnъ *and.* bumba. 101. z. 22; 192. z. 15. lit.* rankoje, *in dessen* e *ich das slav.* ê *und das lit.* e *von* vilke *suchte, wird ganz anders erklärt Leskien, Die declination usw. 45.   102. z. 24.* mara *mentis emotio,* omarêti *animo moveri beruhen auf der w.* mer. *Eine steigerung des* e *zu* a *bietet auch* posagъ: *vergl. lit.* segiu *binde um, binde an Brugman, Das verbale suffix* ā *usw. 22. Ferners* val- *in* valiti: *w. vel im lit. lett. 109. z. 24. A. Die i-vocale lies: B. Die i-vocale.   111. z. 17. v. ist zu tilgen.   114. z. 29.* tęgъkъ *und* tęžьkъ *beruhen auf* tęgъ, *d. i.* tęgŭ *und* tęžь, *d. i.* tęgja. *Das gleiche verhältniss findet statt zwischen lit.* gražu *und* gražia, *zwischen got.* hardu *und* hardia, *zwischen griech.* πολυ *und* πολιο *und zwischen aind.* āśu *zu* *āśja *Göttinger gel. anzeigen 1878. 276. Vergl. lit.* saldus *neben* saldžiam. *116. z. 4. Auch der glag.-kiov. bewahrt* ь *im auslaute des suffixes des sg. instr.:* mь. *120. z. 21. Auf* dъbti *und* mati *aus* dъštê *und* matê *mögen die nominative der fem. auf* i *eingewirkt haben.   164. z. 17. Während des druckes erhalte ich ,Die sprache in Trubers Matthäus' von Fr. Levec. Laibach. 1878.*

*Der verfasser untersucht 10. 43. den sg. g. der zusammengesetzten
declination m. und n. und kömmt, auf Trubers singuläres* zlejga, zlêga
*gestützt, zum resultate, durch zusammenziehung und rückwirkende assi-
milation sei aus* zla + jega *zuerst* zle + jega, zlejega, zlêega, zlêêga,
endlich zlêga *entstanden: ebenso* zlêmu *aus* zlu + jemu, zle + jemu,
zlêemu, zlêêmu, zlêmu. *Dadurch werde es klar, warum das unbetonte*
êga, êmu, êm *in der zusammengesetzten declination die volkssprache
zu* ŭga, ŭmu, ŭm *sinken lassen konnte, was mit* e *(aslov.* e) *doch
nicht so leicht geschehen wäre. Dagegen ist zu erinnern, dass die volks-
tümlichkeit von* zlejga, zlêga *nicht unzweifelhaft ist und dass* ê *für*
e *im accent seinen grund haben kann wie das* ê *in* v nêmar kaj
pustiti; *es ist ferner zu beachten, dass* oje *unzweifelhaft in* e *über-
geht in* mega *aus* mojega *usw., während* e *aus* aje *sonst wohl nicht
nachgewiesen werden kann, und dass das serb.* dobroga, *das auch im
osten des nsl. sprachgebietes gehört wird, nicht von* dobra + jega,
wohl aber von dobro + jega *stammen kann, man wollte denn ein
älteres* dobro + joga *annehmen; endlich ist nicht zu vergessen, dass
nsl.* e *für aslov.* e *ebenso leicht wie* ê *in* ъ, ŭ *übergeht:* kámъn:
kamenь; *izmъd neben* izmed; *pъró neben* pero *usw. Diese gründe
bestimmen mich vorläufig an meiner ansicht festzuhalten, nach welcher
aus* oje *durch assimilation des* oj *an* e *vor allem* ee *und daraus* e
entsteht, nicht etwa durch auslassung von oj, *wie man mir zumutet
seite 193. 167. z. 26. Man füge hinzu* klivati *aus* kljuvati: neja-
sytь čadoljubiva pъta estь, proklivaetь rebra svoja *Vostokovъ, Lex.
2. 135. sub voce* pъta. *172. z. 10.* omuliti sę *adfricari. 225. z. 38.
Zu* čislo, vęslo *kommen noch* veslo *und* *črêslo: *nsl.* črêslo. *klr.
r.* čereslo *hinzuzufügen.* pręslo *ist etymologisch dunkel Beiträge 7.
241: wer bei* pręslo *von der bedeutung des* r. prjaslo, *fach, ausgeht,
wird die ableitung von* pręt (prętati) *wahrscheinlich finden. 225. z. 39.
Bei* gąsli, jasli *nehme ich wie bei* lêtoraslь *ein dem* tlo *verwandtes
suffix* tlь an. *J. Schmidt, Beiträge 7. 242. hat sich für* slь *als das
wahrscheinlichere ausgesprochen: derselbe lässt* myslь *aus* man-slь
hervorgehen und schwankt bei črêsla lumbi, *das er mit anord. herdhar
schultern zusammenstellt, so wie bei* remeslo (remьstvo) *zwischen* tlo
und slo. *Vergl. 2. seite 101. 226. z. 12. Wenn das suffix des partic.
praet. act. II.* lъ *auf* tlъ *beruht, was nicht unwahrscheinlich ist, so
hat es sein* t *in vorslavischer zeit eingebüsst: für das urslavische ist*
lъ *anzunehmen 2. seite 94. 227. z. 8. Über* čismę *vergl. Beiträge
7. 243. 227. z. 10. Für* sedmь *gegen* sedъmь *spricht die entstehung
des wortes aus* sept-mь *und das* r. semь. *227. z. 22.* kopysati *hat*

20

mit kopyto *nur die w.* kop *gemein:* ysa *ist ein davon unabhängiges verbalsuffix, wohl nominalen ursprungs, das mit* yha *im nsl.* sopihati *anhelare von* sop *identisch ist. 230. z. 21. Über r.* dvumja *vergl. Archiv 1. 56. 233. z. 39.* glina: *vergl. griech.* γλία. γλίνη. γλοία. *lit. glutus zähe Orient und Occident 3. 312. 238. z. 1. Zu den versuchen, aslov.* št *aus* kt *usw. zu erklären, tritt nun ein neuer hinzu Archiv 3. 372. Es ist hier nicht der ort die neue erklärung zu widerlegen. Ich bemerke nur, dass nach meiner ansicht ein urslavisches* tji *angenommen werden muss, woraus sich die formen aller sprachen ganz regelmässig ergeben vergl. 215. Wie* tji *aus* kti *entsteht, mag als zweifelhaft angesehen werden: ich denke an metathese, wie sie im serb.* dojdem, dogjem -доɴєм- *vorliegt. Richtig ist, dass* kt *nicht notwendig* št *usw. ergibt, wie* plet *aus* plekt *usw. zeigt: allein dieser umstand steht auch der neuen erklärung entgegen, welche aus* pekti *nicht* pešti *usw., sondern* peti *erwarten lässt. Vergl. V. Thomsen, Mémoires de la société de linguistique 3. seite 106—123. 239. z. 8. Mit* lysъ *kahl, eigentlich licht, ist aind.* rukša *glänzend zu vergleichen. 241. z. 18.* žica *filum, nervus ist aind.* ǵjā *bogensehne* βιός, *identisch, wie es scheint, mit* ǵjā *gewalt* βία. *Vergl. aslov.* sila *vis und* silo *laqueus: das bewältigen wird unter dem bilde des bindens vorgestellt. 257. z. 28. Hinsichtlich des auslautenden* ê *ist das verhältniss des lett. pl. nom.* grēki *zum lit.* grēkai *und des lett. adv.* labi *zum lit.* labai *lehrreich. 274. z. 14 und 188. z. 34. Dem griechischen* παρασκευή *steht in den ältesten aslov. denkmählern* paraskevьgija *(thema) gegenüber. Wenn man voraussetzt,* παρασκευή *habe im munde der Griechen des neunten jahrhunderts wie jetzt,* paraskeví, *gelautet, so ist die aslov. form unerklärbar: sie wird es nur durch die annahme, zu jener zeit sei, vielleicht nur dialektisch,* paraskevgí *gesprochen worden. Um dies wahrscheinlich zu machen, darf man auf die im griech. dialekt von Bova in Unteritalien gebräuchlichen formen wie* vasilégguo, xaforégguo, zulégguo *für* βασιλεύω, ἐξαγορεύω, ζηλεύω *hinweisen Rivista di filologia. 1878. fasc. 10—12.* eggu *für* ευω *ist auch tzakonisch.* gguo, ggu *scheint aus* vgo, vgu *entstanden. Das homerische* κατεσκεύFασε *ist zu alt, als dass ich es wagte mich darauf zu berufen. Vergl. G. Curtius, Etymologie 584. 597 und W. Hartel, Homerische studien III. 37—39, dem ich die anregung zur gegebenen lösung verdanke. 281. z. 18. s.* žditi *urere, w.* žeg, žьg, *entsteht aus* ždžiti, *dessen* ž *nach* d *ausgefallen ist. 282. z. 35. Zu got.* filu-snā- *menge ist noch hinzuzufügen* hlaivasnā *und mit* z arhva- znā. *285. z. 40.* gręzditi sę στύφεσθαι *condensari.* kosti suhy žilami sъgrezdivšeje se preklonьše se *danil. 31.*

 sъgrъzditi *contrahere.* sъgrêziti sę συμφύρεσθαι, συμπίπτειν, ἀναστρέφεσθαι. *288. z. 12. Man füge hinzu nsl.* klestiti *(d. i.* klêstiti) *in* zelenje klestiti *frondare lex. 290. z. 1. aslov.* mozъčiti *debilitare:* bojaznь i mozъčitь i vêkъ sušitь *timor et debilitat et robur exsiccat:* mozъčiti *steht für aslov.* mъžditi *(vergl.* mъždivъ *tabescens), das in r. quellen* mъžčiti *lauten kann.* izmъždalъ. pomoždati *debilitare. Vergl.* promъždati *nutare. r.* mozglъ *schwindsüchtig.* mozglivъ *kränklich. Zusammenstellung mit* mozgъ *ist unstatthaft.* mъzg *hätte unter den* ъ-*wurzeln 143. z. 36. nach* mъt *angeführt werden sollen. 302. z. 16. Die abhandlung: ,Kleine beiträge zur declinationslehre der indogermanischen sprachen' I. Von H. Osthoff in ,Morphologische untersuchungen' I. 207. konnte nicht mehr benutzt werden. H. Zimmer's anzeige von A. Leskien, ,Die declination' usw, Archiv 2. seite 338, enthält manche beachtenswerte bemerkung über diesen gegenstand.*

ABKÜRZUNGEN.

Aquileja: die so bezeichneten personennamen, wie es scheint, ausschliesslich dem slov. volksstamme angehörig, sind entlehnt aus: ,Die evangelienhandschrift zu Cividale von L. C. Bethmann'. Neues archiv usw. II.   Archiv für slavische Philologie. *Herausgegeben von V. Jagić. 1876. ff.*   Ascoli, I. I., Studj critici. II. Roma, *Torino, Firenze. 1877.*   Bell.-troj. *Trojanska priča bugarski i latinski na svijet izdao Fr. Miklošić. Starine III.*   Bezzenberger, A., *Beiträge zur geschichte der littauischen sprache. Göttingen. 1877.*   Bibl. *Ruska Biblioteka I. Onyškevyča. I. Lьvôvъ. 1877.*   Brugman, K., *Zur geschichte der nominalsuffixe* -as-, -jas- *und* -vas- *zeitschrift 24. 1.*   Dakoslovenisch: *s. meine abhandlung: ,Über die sprache der Bulgaren in Siebenbürgen' Denkschriften band VII.*   Geitler, L., *Starobulharská fonologie. V Praze. 1873.*   Geitler, L., *Litauische studien. Prag. 1875.*   Geitler, L., O slovanských kmenech na u. *Listy filolog. i paedagog. II. III.*   Glag.-kiov. *Rimskokatoličeskij misalъ vъ drevnemъ glagoličeskomъ spiskê. Zapiski I. Akademii naukъ XXVIII. 259. Vergl. 490.*   Grot, I. K., *Filologičeskaja razyskanija. Sanktpeterburgъ. 1873.*   Izv. *Izvêstija I. akademii naukъ. Sanktpeterburgъ. Vol. X.*   Kolosovъ, M. A., Očerkъ *Istorii zvukovъ i formъ russkago jazyka usw. Varšava. 1872.*   Kolosovъ, M. A., *Zamêtki o jazykê i narodnoj poэzii vъ oblasti sêverno-*

velikorusskago narêčija Zapiski XXVIII. **Lam.** *V. Lamanskij, O nêkotorychъ slavjanskichъ rukopisjachъ. Sanktpeterburgъ. I. 1864.* **Leskien, A.,** *Die declination im slavisch-litauischen und germanischen. Leipzig. 1876.* **Leskien, A.,** *Die vocale ъ und ь in den sog. altslovenischen denkmühlern des kirchenslavischen. Leipzig. 1875.* **Mar.** *Marko Marulić von L. Zore in programmen des gymnasiums von Cattaro, 1876, 1877.* **Matz.** *A. Matzenauer, Cizí slova ve slovanských řečech. V Brně. 1870.* **Mikuckij,** *St., Otčety o putešestvii in den Izvêstija der russ. Akademie. Band II. III. 1853—1855.* **Müllenhoff, K.,** *Zur geschichte des auslauts im altslovenischen. Monatsbericht der k. preuss. Akademie der wissenschaften Mai 1878.* **Potebnja, A.,** *Dva izslêdovanija o zvukachъ russkago jazyka. Voronežъ. 1866.* **Potebnja, A.,** *Kъ istorii zvukovъ russkago jazyka. Voronežъ. 1876.* **Rad** *jugoslavenske akademije znanosti i umjetnosti. U Zagrebu.* **Schmidt, J.,** *Zur geschichte des indogermanischen vocalismus. Weimar. 1871. 1875.* **Sreznevskij, I. I.,** *Drevnie slavjanskie pamjatniki jusovago pisьma. Sanktpeterburgъ. 1868.* **Starine** *na svijet izdaje jugoslavenska akademija. U Zagrebu.* **Szyrwid, C.,** *Dictionarium (lit.). Vilnae. 1713.* **Šulek, B.,** *Pogled iz biljarstva u praviek Slovena. Rad. XXXIX.* **Thomson, V.,** *The relations between ancient Russia and Scandinavia. Oxford and London. 1877.* **Tichonr.** *N. Tichonravovъ, Pamjatniki otrečennoj russkoj literatury. Sanktpeterburgъ. 1863.* **Večernyći,** *klr. zeitschrift. Lemberg.* **Verch.** *J. Verchhratskyj, Znadoby do slovarja južnorusskogo. U Lьvovi. 1877.* **Vost.-gram.** *Grammatika cerkovnoslovenskago jazyka. Sostavlena A. Ch. Vostokovymъ. Sanktpeterburgъ. 1863.* **Zagoskinъ, N.,** *Opytъ ukazatelja slovarja kъ svedennomu tekstu ustavnychъ gramotъ. Izvêstija i učenyja zapiski I. kazanskago universiteta. 1876.* **Zap.** *Učenyja zapiski II. oddêlenija I. akademii naukъ. Sanktpeterburgъ. 1854—56. I. II. 1. 2.* **Zeitschrift** *für vergleichende sprachforschung. Berlin.* **Zogr.** *Evangelium zographense.*

INHALT.